개정 4판

현대 행정의 이해

Understanding Modern Public Administration

신승춘 · 하재룡 · 최미옥
신현기 · 신윤창 · 장덕희 · 김병준

도서출판 대영문화사

개정 4판 머리말

2015년 전정 3판에 이어 만 4년 만에 개정 4판을 내게 되었다. 그동안 우리 사회는 역사의 또 한 페이지를 넘겼고, 그 과정에서 인류사에 남길 장면들을 만들었다. 박근혜 정부는 소위 '민간인에 의한 국정농단 사건'이 빌미가 되어 탄핵되었다. '촛불혁명'을 이끈 민심은 문재인 정부를 탄생시켰고, 이어 진행된 지방선거에서 전례 없는 지지를 여당에게 보냄으로써 강력한 개혁욕망을 보여주었다. 새로운 정부는 한편으로는 '적폐청산'을 기치로 전 정부의 실정을 고발하고, 다른 한편으로는 보수정권 하에서 심각한 교착상태에 빠졌던 남북 간 대화의 물꼬를 트는 과감한 행보를 걷고 있다. 탄핵된 박근혜 대통령은 현재 뇌물수수 및 공무상 비밀누설, 직권남용 및 강요죄 등 13가지 혐의로 구속되어 재판을 받고 있고, 전임 이명박 대통령도 뇌물수수와 배임, 횡령 및 직권남용 등 혐의로 구속된 채 재판을 받고 있다. 동시에 전 정권에서 일했던 많은 공직자들이 적폐청산의 대상이 되어 법정을 오가고 있다.

한편, 핵개발과 장거리탄도미사일 실험으로 미국을 위협하며 한반도를 핵선생 일촉즉발의 위기로 몰아갔던 북한은 2018년 초부터 남·북 간, 미·북 간 대화분위기를 주도하면서 국제사회의 이목을 집중시키고 있다. 이 과정에서 문재인 정부는 적극적으로 남북 화해무드를 조성하며 미·북 간 핵협상의 촉진자, 나아가 중재자 역할을 모색하고 있는 상황이다.

과도한 대북유화책에 대한 일부 보수층의 우려에도 불구하고, 문재인 정부의 외교정책은 남북 긴장해소와 대화무드 조성 등으로 대체로 긍정적인 평가를 받고 있지만, 경제정책의 성과는 아직까지 부정적인 평가와 우려가 높다. 소위 '소득주도성장'으로 명명된 문재인 정부표 경제정책은 2020년까지 시간당 1만 원 달성을 목표로 빠르게 최저임금수준을 인상하고, 취약노동자의 고용안정과 취업기회를 개선하기 위해 공공부문을 중심으로 비정규직의 정규직화와 신규 일자리 확대정책을 추진하였다. 그러나 2018년 말까지 새로운 일자리 창출실적은 부진하고 경제 성장 전망도 전례 없이 어둡다. 과연 소득주도성장론은 유효한 경제성장모형인지에 대한 의구심이 깊어가고 있는 실정이다. 모든 정책은 목표를 실현하는 데 일정한 시간이 소요된다는 점에서 아직은 정책의 성패를 판단하기 힘든 시점이다.

격변하는 국내·외적 상황 속에서 대학들도 힘든 도전에 직면하고 있다. 무엇보다도 저출산 학령인구의 급감으로 인해 대학 정원이 축소되면서, 많은 대학들은 학문발전보다는 생존을 위한 구조개혁에 내몰리고 있다. 이런 위기감은 인문학을 넘어 학문 전 분야에 확산되고 있다. 단지 취업전망이 낮다는 이유로 일부 전공은 신입생모집을 중단하고, 기존의 전통적인 전공명칭은 입시지원자의 이목을 끌기 위해 보다 매력적인 이름으로 개명하는 일도 다반사로 벌어지고 있다.

행정학도 예외는 아니어서 일부 대학에서는 이미 전공을 폐지했거나, 유사학문 분야와 통합하여 정체성이 흐려지기도 하였다. 오래 전부터 행정학을 일생의 연구 주제로 정하여 일로 매진해온 우리 집필진으로서는 참으로 애석한 오늘이 아닐 수 없다. 행정학은 고대문명 발생 이래로 인류 국가사회를 유지해온 지혜를 담은 상자다. 대한민국의 빛나는 오늘도 일정 부분 행정학의 기여라고 할 수 있다. 그런 의미에서 오늘 우리를 둘러싼 학문 환경이 아무리 불리해도 더 나은 내일을 위해 우리가 쌓아온 행정학의 지혜를 후학에게 전할 의무를 저버릴 수 없다. 『현대 행정의 이해』가 여전히 행정학을 배우길 원하는 청년학도들에게 길라잡이가 되길 희망하면서 개정 4판을 낸다.

2019년 1월

저자 일동

초판 머리말

지난 40여 년 간의 경제 성장이 국가 주도로 이루어져 온 까닭으로 우리 사회에서 행정의 역할과 행정학의 위상은 그 어느 국가사회에서보다 높았던 것이 사실이다. 국가 주도의 경제성장전략은 행정관료에 의해 수립되고 집행되었으며, 많은 부작용에도 불구하고 그 결과는 대체로 "기적에 가까운" 경제 성장을 달성하는 데 긍정적으로 작용했다는 평가를 받아왔다. 거의 모든 대학에서 행정학과를 설치하고 행정학 전공자들을 양성해 왔으며 행정학을 전공한 졸업자들은 정부나 각종 공공 부문에서는 물론이고, 다양한 민간 분야에서도 상당한 지도력을 발휘해 왔다고 자평(自評)할 수 있다.

그러나 21세기의 도래를 전후해 행정환경이 급속히 변화하고 그로 인해 행정학의 정체성이 전례 없는 도전을 받게 되었다. 무엇보다도 국가 주도의 경제 성장 전략은 더 이상 과거처럼 유용하지 못한 것으로 결론이 난 지 이미 여러 해가 지났다. 새로운 정부는 관료제의 무능과 나태를 비판하면서 틈만 나면 경제 원리의 도입을 정부실패의 대안으로 제시하고 있으며, 관존민비의 전통적인 관념도 — 물론 이런 전통적 관념이 그대로 유지되어야 한다고 주장하는 것은 전혀 아니다 — 급속히 해체되어 더 이상 행정관료가 입신양명의 본보기로 간주되지 않고 있다.

이런 조류의 영향으로 대학에서 행정학을 가르치는 사람들은 두 가지 점에서 전에 없던 어려움을 겪고 있다. 우선 새로운 행정환경에도 적용될 수 있는 유효한 과학적 행정이론을 수립하는 일이 난해한 과제가 되고 있다. 물론 이런 어려움이 어떤 시대에도 없었던 것은 아니지만 변화의 속도와 폭이라는 점에서 이전 시대와 크게 다르다는 것이다. 전통적인 행정이론으로는 빠르게 변화하는 행정 현상을 적절히 설명할 수 없게 되면서 과학적 지식 축적을 위한 행정학자의 분발을 재촉하고 있지만 많은 행정학자들은 이러한 요구에 신속하게 대응하지 못하는 자신을 발견하게 된다. 새로운 과학적 행정이론의 정립을 위해서는 행정학 이외의 다학문적 협동 노력이 요구되기 때문이다.

한편으로 행정학자들은 신세대들이 더 이상 이전 세대가 행정학에 대해 보였던 관심과 열의를 갖지 않고 있다는 것을 발견했다. 한편으로 이런 현상은 발전의 결과로서 바람직한 것이기도 하다. 지난 세기의 눈부신 경제 성장으로 인해 우리 사회의 지배적인 가치관은 몰라보게 다원화되었다. 한때 우리 사회에서는 공직에 진출하는 것이 거의 유일한 신분 상승의 길로 인식되던 시절이 있었지만 이제는 옛일이 된 것이다. 신세대가 공직 진출을 유일한 사회적 성공의 길로 생각하지 않게 되면서 행정학자들은 공직을 신세대들에게 아직도 한 인생을 바쳐 해볼 만한 직업으로 권유해야 할 의무감도 떠안게 되었다.

이 책을 저술하면서 우리 필자들은 이런 점에서 고뇌하지 않을 수 없었다. 새로운 행정 현실을 반영하면서 신세대들의 취향에도 맞는 새로운 유형의 행정학 교과서를 집필하고자 계획했다. 그러나 갖춘 재주와 지식도 부족해 처음에 세운 뜻에 맞게 제대로 된 교과서를 완성하지 못했다는 점을 깊이 반성하고 있다. 그러나 좋은 저술은 수많은 시행착오와 오류를 겪으면서 차차 세상에 모습을 드러낼 것이라고 스스로 위안하면서 부족한 저술을 세상에 감히 내놓게 되었다. 독자들의 지도편달을 바란다.

마지막으로 이 책을 출간하도록 협조해 주신 대영문화사 임춘환 사장님께 감사드린다.

2001년 9월
저자 일동

차 례

Contents

개정 4판 머리말 / 3
초판 머리말 / 5

Chapter 01 행정의 이해

제1절 행정의 본질 ······ 19
1. 행정의 의미 19
2. 정치와 행정의 관계 22
3. 행정과 경영의 관계 25

제2절 현대 행정의 특징과 과제 ······ 29
1. 현대 행정의 특징 29
2. 새로운 사회환경과 행정의 과제 33

제3절 행정의 기본 이념 ······ 42
1. 의 의 42
2. 행정의 이념 43
3. 행정 이념 간의 우선순위 49

제4절 행정환경과 행정문화 ······ 51
1. 행정환경의 의의 51
2. 글로벌 거시환경 52
3. 행정의 일반환경 54

4. 한국의 행정환경 57
5. 행정문화의 의의 60
6. 선진국의 행정문화 62
7. 한국 행정문화의 특징 64

Chapter 02 행정학의 이해

제1절 행정학의 학문적 성격 ······ 71
1. 행정학은 사회과학의 한 '분과 학문'이다 71
2. 행정학은 '응용과학'이다 72
3. 행정학은 '과학'과 '기술'의 영역을 동시에 포함한다 72
4. 행정학은 '전문직업적'인 학문이다 73
5. 행정학은 '종합학문적'인 성격을 지닌다 73

제2절 행정학의 성립과 발달 ······ 74
1. 유럽 행정학의 성립과 전개 74
2. 미국 행정학의 성립 및 발달 배경 79
3. 한국에서 행정학의 전개 과정 81

제3절 주요 행정이론의 변천 ······ 84
1. 과학적 관리론 84
2. 인간관계론 85
3. 비교행정론 86
4. 발전행정론 88
5. 신행정론 89

제4절 행정학의 주요 접근 방법 ······ 90
1. 접근 방법이란 무엇인가? 90
2. 전통적 접근 방법 91
3. 상호작용성에 근거한 접근 방법 95
4. 변화와 혁신을 위한 접근 방법 97

5. 비판행정학적 접근 방법 103

Chapter 03 정책 과정

제1절 정책 연구의 필요성과 의의 ········· 109
1. 정책 연구의 필요성 109
2. 정책의 의의 112
3. 정책의 구성 요소 114
4. 정책의 유형 115
5. 정책환경과 정책 체계 117

제2절 정책 과정 ········· 120
1. 정책 과정의 의의 120
2. 정책 과정의 참여자 121
3. 정책의제 설정 122
4. 정책 결정 126
5. 정책 집행 132
6. 정책 평가 139
7. 정책 종결 144

제3절 정책결정모형 ········· 145
1. 합리모형 145
2. 만족모형 147
3. 점증모형 148
4. 혼합관조모형 151
5. 최적모형 152
6. 기 타 153

제4절 현대 사회에서 정책의 위치 ········· 154

Chapter 04 행정조직

제1절 조직의 기초 개념 ······ 159
1. 조직의 의의 159
2. 조직 목표 164

제2절 조직이론의 변천 ······ 167
1. 조직이론의 의의 167
2. 고전적 조직이론(과학적 관리론) 169
3. 신고전이론(인간관계론) 170
4. 현대이론 172

제3절 행정조직의 구조 ······ 176
1. 조직구조의 의의 176
2. 조직의 구조 176
3. 기타 다양한 조직 형태 184
4. 조직 분석 188
5. 집권화와 분권화 190

제4절 조직과 인간 ······ 191
1. 의 의 191
2. 인간관 191
3. 동기부여 193
4. 리더십 198
5. 갈등관리 201

Chapter 05 인사행정

제1절 인사행정의 개념과 발달 과정 ······ 209
1. 인사행정의 개념 209

2. 인사행정의 발달 212

제2절 인사행정 제도와 기관 218
1. 직업공무원제 218
2. 직업공무원제의 장·단점 219
3. 직업공무원제와 실적주의의 관계 219
4. 유연근무제 220
5. 중앙인사기관 222

제3절 공직의 분류 225
1. 직위분류제 225
2. 계급제 227
3. 공무원의 종류 229
4. 고위공무원단 제도 230

제4절 채용과 교육훈련 232
1. 모집과 시험 232
2. 임용의 의의와 주요 절차 234
3. 개방형 임용 236
4. 교육훈련 237

제5절 근무성적 평정과 승진 및 보수 239
1. 근무성적 평정의 의의 239
2. 승 진 242
3. 보수 및 연금 체계 244

Chapter 06 재무행정

제1절 재무행정과 예산 251
1. 재무행정의 개념과 범위 252
2. 예 산 253
3. 예산의 원칙 257

제2절 정부 재정의 구조 ······ 260
1. 정부예산의 분류 260
2. 정부예산의 법률 체계 269

제3절 예산 제도의 변천 과정 ······ 273
1. 품목별 예산제도 273
2. 성과주의 예산제도 276
3. 계획 예산제도 278
4. 목표관리 예산제도 280
5. 영기준 예산제도 283
6. 감축관리와 일몰법 286

제4절 예산 과정 ······ 288
1. 예산 과정의 일반론 288
2. 예산 편성 289
3. 예산 심의 의결 292
4. 예산 집행 295
5. 예산 결산 299

Chapter 07 지방자치와 로컬 거버넌스

제1절 지방자치의 의의와 지방자치단체의 조직체계 ······ 305
1. 지방행정론의 연구 대상과 개념 305
2. 지방자치의 구성 요소와 자치유형 306
3. 우리나라 지방자치의 역사 308
4. 지방자치단체의 조직체계 310
5. 자치권의 의의와 개념 313
6. 공공사무의 개요와 단체사무의 유형 315

제2절 지방자치 재정과 지방자치단체 기관 구성 ······ 319
1. 지방자치 재정 319

2. 지방자치단체 기관 구성의 형태 323
3. 자치단체의 기관 구성 325

제3절 지방의회와 지방자치단체의 집행기관 ······ 326
1. 지방의회의 의의와 지위 326
2. 지방의회의 권한 326
3. 지방의회의 조직과 운영 및 기능 328
4. 지방의회 의원의 권리와 의무 및 금지 사항 329
5. 집행기관의 개념과 지위 330
6. 지방자치단체장 331
7. 지방자치단체의 보조기관 333

제4절 교육자치와 자치경찰 ······ 335
1. 교육자치 335
2. 자치경찰 336

제5절 지방공기업과 로컬 거버넌스 ······ 340
1. 지방공기업과 제3섹터 340
2. 제3섹터의 개념과 현황 342
3. 로컬 거버넌스 343

Chapter 08 행정정보화와 전자정부

제1절 지식정보화사회의 대두 ······ 349
1. 지식정보화사회의 의의 349
2. 지식행정 패러다임의 등장 351
3. 지식정보사회의 행정환경 변화 352

제2절 행정정보와 행정정보 체계 ······ 359
1. 행정정보의 개념과 특징 359
2. 행정정보 체계의 개념과 특징 360

제3절 행정정보화와 전자정부 363
1. 우리나라의 행정정보화 과정 364
2. 전자정부의 구현 367
3. 지식기반 사회의 지식관리 행정 372

제4절 정보화정책 375
1. 정보공개 제도 375
2. 개인정보 보호 377
3. 지적재산권 보호 380

제5절 미래 새로운 전자정부 382

Chapter 09 공무원 노사관계

제1절 공무원 노사관계의 의의 및 특징 387
1. 노사관계의 일반적 개념 387
2. 공무원 노사관계의 특수성 388
3. 민간과 공무원의 노사관계 제도 비교 391

제2절 공무원 노사관계 제도의 발전 397
1. 국제적 경향 397
2. 각국의 공무원 노사관계 제도 발전 398

제3절 우리나라의 공무원 노사관계 제도 408
1. 공무원 노사관계 제도의 발달 408
2. 공무원 노사관계 제도의 주요 특징과 쟁점 413

제4절 노사분쟁의 관리 419
1. 분쟁 해소 방식의 유형 419
2. 분쟁 해소 방식에 대한 평가 422
3. 우리나라 공무원 노사분쟁 조정제도 423

Chapter 10

행정개혁과 행정책임

제1절 행정개혁의 의의 ······ 429
1. 행정개혁의 개념 429
2. 유사 개념과 비교 430

제2절 행정개혁의 과정 ······ 431
1. 필요성의 인식 단계 431
2. 입안 단계 432
3. 시행 단계 433
4. 평가 및 환류 단계 433

제3절 행정개혁의 장애와 극복 방안 ······ 434
1. 행정개혁의 장애 434
2. 장애 극복 방안 438

제4절 한국 정부의 행정개혁 전개 과정 ······ 441
1. 이승만 정부의 행정개혁 441
2. 박정희 정부의 행정개혁 442
3. 전두환 정부의 행정개혁 445
4. 노태우 정부의 행정개혁 447
5. 김영삼 정부의 행정개혁 449
6. 김대중 정부의 행정개혁 451
7. 노무현 정부의 행정개혁 453
8. 이명박 정부의 행정개혁 455
9. 박근혜 정부의 행정개혁 456
10. 문재인 정부의 행정개혁 457

제5절 행정책임 ······ 459
1. 의 의 459
2. 유 형 459
3. 기 준 461
4. 행정책임을 보장하는 방법: 행정통제 462

5. 통제 과정 466
6. 시정 조치 467

참고문헌 / 469
찾아보기 / 488

CHAPTER 01

행정의 이해

제 1 절 행정의 본질
제 2 절 현대 행정의 특징과 과제
제 3 절 행정의 기본 이념
제 4 절 행정환경과 행정문화

개 관

인간은 사회적 동물이며, 사회 역시 개인과 동떨어진 독립적 실체로서 존재할 수 없다. 인간이 사회적 동물이기 때문에 사회라는 구조나 시스템 속에서 공생과 조화, 그리고 협력과 연대를 통해 공동체의 목적과 목표를 함께 이루는 노력을 하게 된다. 인간의 역사는 단순성에서 복잡성으로 전개되는 문명 발전의 역사로서 집단, 조직 및 사회 내에서 인간들의 협업적 노력을 통해 이루어져 왔다. 특히 현대 사회는 축적된 역사와 문명으로 인해 다양하고 복잡한 시스템을 이루고 있어 일명 관리사회, 서비스사회, 시스템사회 등으로 지칭되고 있다. 사회적 메커니즘은 다양한 행위 주체들 간의 관계 속에서 동태적인 상호작용으로 이루어지며, 합의된 또는 조작된 그 무엇을 위해 협동적인 연대를 필요로 한다.

그 과정에서 다양한 행위와 활동이 나타나게 되며, 그것들을 누가, 무엇을 위해, 무엇을 가지고, 어떠한 방법으로 추진하거나 달성할 것인가에 관심을 갖게 된다. 그러한 행위와 활동에는 공통적인 현상이 존재하게 됨으로써 우리의 지적 호기심을 자극하게 되며, 특정한 의미를 부여하는 작업이 있게 된다. 동서고금을 통해 사회적으로 협업 지향적인 인간의 일상생활은 행정이라는 현상과 불가분의 관계에 있다. 따라서 행정이란 구체적으로 무엇을 의미하는지, 행정은 우리의 일상과 얼마나 밀접히 연관되어 있는지, 그리고 행정이 정치나 경영 및 사회와는 어떤 관계에 있는지를 이해할 필요가 있다.

사회 현상이나 학문을 이해하는 기초로서 용어나 개념은 매우 중요하다. 그러나 개념은 추상성이 높고 다의적이기 때문에 보편타당하고 일반적인 정의를 구하기는 대단히 어렵다. 행정 현상도 그 의미가 넓게 또는 좁게 이해될 수 있다. 행정이라는 의미를 어떻게 규정하는가에 따라 그것에 대한 이해가 달라지며, 또한 행정의 범위와 대상도 상이해진다. 나아가 행정학의 학문적 성격과 실천성에 대한 논의 기준의 범위와 내용도 달라질 수 있다. 따라서 행정에 대한 기본적인 이해는 학문으로서의 행정학을 이해하는 선행 과정이 된다.

이 장에서는 행정의 본질이 무엇이며, 다른 영역과는 어떻게 구분되는지, 그리고 지난 20세기 행정의 특징은 무엇이며, 21세기 행정의 새로운 방향과 과제는 어떻게 설정해야 하는지에 대해 살펴본다. 또한 바람직한 행정의 구현을 위한 기준으로서 행정의 이념이나 가치는 무엇인지에 대해서도 이해한다. 그리고 사회 체제에서 결코 독립적이지 않은 행정이 스스로를 유지・발전시키기 위해 영향을 주고 받는 환경은 무엇이며 어떤 관계의 작용이 있는지를 알아본다. 또한 특정 국가의 행정에 고유하게 내재화된 의식과 행태의 총체로서 행정인들의 태도와 행동을 규정하거나 정보활동의 기획, 결정, 집행 및 평가 등의 과정에서 암묵적으로 많은 영향을 미치는 행정문화에 대해서도 이해한다.

Chapter 01

행정의 이해

제 1 절 행정의 본질

1. 행정의 의미

행정은 인류 역사상 가장 오래된 직업 중의 하나에 해당하며,[1] 오늘날 우리의 모든 일상생활과 밀접하게 관련되어 있는 활동이며 사회 현상이다. 행정은 역사적으로 인류 문명의 발전과 함께 존재해 왔고, 고대 중국 · 이집트 · 로마제국에서의 행정 제도는 매우 발전된 수준을 보였다고 할 수 있다. 특히 산업혁명 이후 사회적 · 경제적 변화에 대응하고 문제를 해결하기 위한 정부행정의 역할과 기능이 크게 부각되었다. 그러나 행정의 내용에는 특정한 시대의 사회와 국가 체제, 정치 이

1) 가장 오래된 직업은 샤먼(shaman)이고, 그 다음이 교회에서 장부를 정리하는 관리행위로서의 행정이라고 할 수 있다(김광웅, 1983: i).

념, 그리고 문화 등 다양한 속성과 공간적 특성들이 내포되어 있다. 즉, 행정의 개념은 다양성과 시간적 · 공간적 제한성 및 구속성을 띠고 있기 때문에 일의적으로 규정하기 어렵다. 따라서 "행정은 정의(定義)할 수 없고, 다만 기술(記述)할 수 있을 뿐이다"라는 포스토프(Ernst Forsthoff)의 견해는 일견 타당한 주장으로 이해될 수 있다(안해균, 1986: 56).

그럼에도 불구하고 학문의 대상인 사회 현상에 대해 공유할 수 있는 개념을 정립하는 것은 학문의 체계적 · 과학적 접근을 위해 필요한 작업이다. 이러한 측면에서 볼 때, 행정에 대한 개념 정의는 일반적으로 광의와 협의로 나누어서 이해할 수 있다. 넓은 의미에서는 조직 일반에 적용할 수 있는 인간의 협동적 측면에 초점을 맞추어 "고도의 합리성을 수반하는 인간의 집단적 협동행위"를 뜻한다. 반면, 좁은 의미에서는 정부관료제, 즉 행정부의 구조와 기능 및 공무원의 활동을 중심으로 이해하려는 개념이다. 하지만 이러한 행정 개념도 시대에 따라 변천해 왔다. 행정을 국가 목적을 실현하기 위한 사람과 물자의 관리로 보는 행정관리설, 행정을 정치와 구별하지 않고 정책 결정과 집행을 중심으로 하는 통치 과정의 일부로 보는 정치기능설, 행정을 공동 목표를 달성하기 위한 합리적이고 집단적인 협동행위로 보는 행정행태설, 행정을 바람직한 방향으로 사회를 변화시키고 발전을 유도하는 동력으로 보는 발전기능설 등이 그러한 예가 된다(이종수 외, 1997: 24).

그러나 일반적으로 행정의 개념은 근대국가의 등장과 함께 나타난 3권분립 제도와 관련해 입법, 사법에 대한 대립적 또는 상대적인 개념으로 성립 · 발전되어 왔다. 특히 현대에 와서는 행정학의 연구 대상인 행정 현상이 매우 다양하고 복잡하게 나타나고 있고, 행정 수요의 증대에 따른 행정 기능의 양적 · 질적 변화가 요구되면서 행정의 개념 정의가 더욱 다의적으로 이루어지고 있다. 이와 관련해 몇몇 학자들의 견해를 살펴보는 것은 행정의 개념적 의미를 이해하는 데 도움이 될 것이다.

우선 나이그로(Felix A. Nigro)에 의하면, 행정이란 ① 공공문제에 대한 협동적 집단행동, ② 행정 · 입법 · 사법을 포함하며 이들 간의 상호작용, ③ 정책 형성에 중요한 역할을 하는 정치 과정의 일부, ④ 사행정과 구별되고, 좀 더 중요한 기능을 수행하며, ⑤ 사회에 서비스를 제공하기 위해 많은 사람과 집단이 상호 연결되어 있는 것으로 정의하고 있다(Nigro, 1984: 11). 한편, 디목(M. E. Dimock & G. O. Dimock)은 행정을 정치적 기능과 밀접히 연관시켜 정의하고 있는 바, 정치적으로 결정된 목적 달성을 행정의 기능으로 보고 있다. 그러나 행정이 단순한 행정 사무의 질서 있는 집행이나 기술에 그치는 것이 아니고 정책에 광범위하게 관련되어 있는 것으로 본다. 또한 행정은 목표 달성이나 문제 해결의 실제적(practical)인 면과 그것을 효과적으로 달성하기 위한 최선의 방법을 모색하는 혁신적(innovative)이고 실험적(exploratory)인 것의 양면을 지니고 있다고 보았다(Dimock & Dimock, 1969: 3).

이와 같이 행정의 개념은 시대 변천뿐만 아니라 다양한 연구자의 관점에 따라 상이하게 정의된다. 더구나 오늘날은 산업화, 도시화, 지식정보화, 세계화, 융합화, 스마트화와 같은 급격한 사회 변화에 수반되는 교통, 주택, 쓰레기, 환경오염, 실업, 인플레이션, 정보 격차 등의 사회문제와 갈등적 요소가 더욱 복잡하고 다양하게 나타나고 있고, 이를 해결하기 위해 정부활동에의 의존성은 더욱 높아지고 있는 실정이다. 이와 같이 행정의 성격과 역할, 폭(외연)과 깊이(내포)는 지속적으로 변화해 왔으며, 시간적 · 공간적으로 달리 인식되어 왔다. 더욱이 처방성 · 실용성을 위한 종합학문적 성격으로 인해 실제 행정의 개념 · 내용 · 범위와 대상 · 지향성 등은 다양한 집근과 함께 꾸준힌 변친을 겪이 왔디.

따라서 행정은 공공문제를 해결하거나 개선하기 위한 행위 주체나 관리 주체로서 정부행정이나 공공행정을 의미한다. 그렇기 때문에 일반적이고 포괄적인 의미에서의 행성 또는 관리의 한 측민으로서 행징과는 구별되어야 힐 깃이다. 걸국 행정이란 "정부, 자치단체 및 공공기관이 특정한 공공 목적을 달성하기 위해 수행하는 제반 활동이나 인적 · 물적 자원의 내부적 관리"를 의미하는 것으로 이해할 수 있다.

2. 정치와 행정의 관계

1) 의 의

일반적으로 민주주의 체제에서 정치는 국민들의 의사를 수렴하는 '가치개입적 행위'이며, 행정은 수렴된 의사를 실행에 옮기는 '가치중립적 행위'로 간주되어 왔다(이종수 외, 1997: 55). 이러한 구별의 근거는 정치를 국민들에 의한 국가 목표의 설정 과정으로서 국민의 수임자인 정치인의 영역에 속하는 것으로 보기 때문이다. 반면, 행정은 설정된 목표를 달성하기 위해 효율적 수단을 모색하는 과정으로서 공무원(관료)의 관리 영역으로 보기 때문이다. 정치 영역에서는 어떻게 하면 국민들의 의사를 잘 반영시킬 수 있을 것인가의 문제가 중요하게 되는 반면, 행정 영역에서는 국민이 원하는 것을 얼마나 더 저렴하고 편리하며 신속하게 제공할 수 있을 것인가의 문제가 중요하게 된다. 따라서 본질적으로 정치는 민주성을 확보하는 과정인데 반해, 행정은 능률성 또는 효율성을 확보하는 과정으로 볼 수 있다.

이와 같이 정치와 행정을 엄격히 구분하거나 행정의 관리적 성격을 강조하는 입장이 정치 · 행정이원론이다. 반면, 정치와 행정을 구분하지 않거나 행정의 정치적 성격을 강조하는 입장은 정치 · 행정일원론이다. 그러나 행정과 정치는 어디까지나 경쟁적이기보다는 상대적이고 보완적 관계로 작용하며, 특히 현대 국가에서의 행정은 관리적 성격과 정치적 성격을 동시에 내포하고 있다고 하겠다. 이와 같이 행정의 관리적 성격과 정치적 성격에 대한 차별적 또는 무차별적 입장은 시대에 따라 다르게 변화되어 왔다.

2) 정치 · 행정이원론(기술적 행정학, 1880년대 후반)

정치 · 행정이원론은 정치와 행정을 분명히 구분함으로써 공 · 사행정일원론과 기술적 행정학을 강조하는 입장이다. 19세기 입법국가 하에서 정치의 역할은 가치배분적 활동을 수행하는 것이었고, 행정은 사실집행적 활동을 수행함으로써 이들 양자 간에는 많은 차이점이 있었다. 행정은 정치가 결정한 가치와 정책을 단순히 구체화하거나 집행하는 영역으로 인식됨에 따라 정치와 행정의 구분이 강조되었다. 이러한 입장은 행정을 정책의 효율적 집행을 위한 관리 기술, 즉 경영으로 이해하기 때문에 기술적 행정학이라고도 한다.

정치 · 행정이원론의 대두는 무엇보다도 19세기 미국 사회에 만연되었던 엽관주의(spoils system)에 따른 비능률과 부정부패의 폐해를 극복하고, 행정을 정치로부터 분리시켜 행정의 독자성, 전문성, 기술성을 확보해야 한다는 인식에서 출발하고 있다. 그리고 테일러(F. W. Taylor)에 의해 주창된 '과학적 관리론'의 등장도 행정을 중립적 · 비권력적 현상으로 이해함으로써 정치 · 행정이원론의 발전에 기여했다. 또한 행정을 정치로부터 분리하여 독자적인 행정학의 성립을 추구하고자 한 윌슨(W. Wilson), 화이트(L. D. White) 등과 같은 학자들의 활발한 학문적 노력이 있었기 때문이다.[2] 그리고 행정 기능의 변화에 대응하기 위해 전개되기 시작한 활발한 행정개혁운동도[3] 정치 · 행정이원론의 주요 배경으로 작용했다. 이러한 시대적 · 역사적 배경 속에서 대두되기 시작한 정치 · 행정이원론은 정치와 행정을 분리시키고 행정 영역에 과학적 연구 방법을 적용함으로써 조직과 관리의 원리를 발견하려고 했으며, 능률(efficiency)을 행정의 최고 지도 이념으로 인식했다.

3) 정치 · 행정일원론(기능적 행정학, 1920~1930년대)

19세기의 입법국가에서 20세기의 행정국가 또는 복지국가로 변모하는 과정에서 정치와 행정이 다 같이 가치배분적 활동을 수행하기 시작했다. 이 때문에 정치와 행정은 차이점보다 상호간의 유사점이 많다는 점에서 정치 · 행정일원론이 주장되기 시작했다. 즉, 행정은 정치가 결정한 법률이나 정책을 단순히 구체화하거나 집행만 하는 것이 아니라 가치나 목표를 설정하고 이를 배분하는 정책 결정 기능까지도 담당하는 것으로 인식했다. 이와 같은 입장은 정치와 행정을 불가분의 관계에 있는 것으로 보고, 공행정과 사행정(경영)의 영역과 역할은 다른 것으로 구분하기 때문에 공 · 사행정이원론 또는 기능적 행정학으로 불리기도 한다.

---

2) 윌슨(W. Wilson)은 「행정의 연구(The Study of Administration)」(1887)라는 논문에서 "행정 분야는 사무 분야이고, 행정은 정치의 고유한 영역 밖에 존재하며, 행정문제는 정치문제가 아니다"라고 함으로써 정치 · 행정이원론의 입장을 취했다.

3) 예를 들면, 1881년의 전국공무원제도개혁연맹, 1910년의 절약과 능률에 관한 대통령위원회 등의 활동이 그러한 개혁운동에 속한다.

정치 · 행정일원론이 대두하게 된 배경에는 무엇보다도 1929년의 세계대공황을 극복하기 위한 능동적 정부정책의 추진과 행정의 적극적 역할에 대한 요구에 따라 행정 기능이 확대 · 강화된 데에 기인한다. 이 과정에서 행정의 준입법권과 재량권 범위가 확대 · 강화되었으며, 목표 설정 · 정책 결정과 같은 행정의 정치적 기능과 역할이 더욱 확대되었다. 또한 입법부와 행정부의 관계는 과거의 입법부 우위에서 행정부 우위로 전환된다. 그리고 기계적 능률과 경제적 합리성을 기준으로 행정 현상과 문제를 다룬 전통적 행정학에 대응해 능률성과 민주성을 조화시키고자 하는 사회적 능률(social efficiency)이 강조되기 시작했다. 이러한 정치 · 행정일원론은 정치와 행정의 관계를 연속적이고 상호 보완적인 통치 과정으로 파악하고 있다. 그리고 정치에 대한 행정의 절대 우위를 인정해 행정이 종래의 정치 기능을 대체할 가능성이 있다고 보기도 한다.

4) 새 정치 · 행정이원론(행정행태론, 1940~1950년대)

1940년대에는 사이먼(H. A. Simon)을 비롯한 행태주의(behavioralism) 학자들이 초기의 정치 · 행정이원론과는 다른 새로운 이원론을 제기했다. 행태론자들은 행정학의 과학화를 위해 '가치' 판단과 '사실' 판단을 구분해야 하며, 행정 연구의 대상은 사실적인 것에 한정되어야 한다는 점에서 초창기의 이원론과 차이가 있다. 즉, 행정 연구는 논리실증주의(logical positivism)에 입각한 경험적 검증가능성(verification)에 따라 가치 판단적인 것은 배제하고 사실 판단에 국한해야 한다고 했다. 따라서 행정의 정책 결정 기능, 즉 가치 판단적인 것을 부정하는 것은 아니지만, 정책 결정 기능은 가치개입적이라는 점에서 행정 연구의 대상에서 배제되어야 한다고 했다. 이러한 측면에서 행정행태론적 입장은 행정과 정치를 구분하는 새로운 정치 · 행정이원론의 입장을 취하고 있음을 알 수 있다.

5) 새 정치 · 행정일원론(발전행정론, 1960년대)

1960년대에 와서는 와이드너(E. W. Weidner), 에스만(M. J. Esman) 등에 의해 행정이 국가 발전을 위해 정치 · 경제 · 사회의 변동을 유도해야 한다는 발전행정론이 제기되었다. 발전행정론자들은 정치와 행정 간의 밀접한 관계를 인정하면서도 기존의 정치우위론과 대비되는 행정우위론의 입장을 강조하는 새로운 정치·행정일원론을 주장했다. 이는 특히 정치·경제 체제의 저발전 상태에서 시급히 사회 발전을 추진할 필요성이 있는 개발도상국에서 행정의 주도적인 역할을 강조한 것으로 볼 수 있다. 왜냐하면 신생국이나 발전도상국의 경우, 발전에 대한 욕구와 기대는 강하지만 그것을 담당할 인력, 조직, 비용 등의 자원을 정치나 경영 부문에서 얻기 어려운 실정이었기 때문이다. 따라서 행정과 정부관료제는 국가 발전 목표를 설정하고 추진할 수 있는 주도적인 집단이거나 유일한 역할 주체가 될 수밖에 없었다.

그러나 이러한 관점은 국가 발전을 위한 행정의 유도적·선도적 역할을 불가피하게 강조하는 것이지만, 과도한 행정의존성과 행정우위성은 또 다른 문제를 수반할 수 있음에 유의해야 한다. 즉, 행정의 지나친 권력화, 관료주의화, 비민주화를 조장하고 행정의 책임성과 대응성의 확보를 어렵게 한다는 비판을 받기도 한다(박동서, 1991: 133－135). 즉, 행정이 정치를 대행 또는 대체하는 기능까지 독점함으로써 정치적 민주주의는 물론 민간 부문의 자율성을 크게 저해하는 결과를 초래할 수도 있다는 것이다. 따라서 정치와 행정의 관계는 기능과 역할 면에서 견제와 균형을 통해 국가 발전과 국민복지의 향상을 위해 상호 보완적 관계를 이루어 가야 한다.

3. 행정과 경영의 관계

1) 의 의

사회 현상은 점진적으로 또는 급진적으로 변화하며, 사회 현상에 대한 인간의 인식도 시간과 공간에 따라 변화한다. 현상과 문제 인식에 대한 관점은 궁극적으로 인간의 필요(needs)와 욕구(desire)를 충족시키는 방향에서, 그리고 바람직한 문제 해결과 개선을 위해 다양하게 접근된다. 최근 '행정의 경영화', '경영행정', '기업가적 정부' 등에 대한 관심의 증대와 인식의 변화는 정부와 행정의 비효율성 문제를 혁신적 방법에 의해 개선하는 동시에 국제화·개방화와 경쟁적 환경에 지극적으로 대응하고자 하는 것이다. 그리고 그 내용은 정부 부문과 행정 분야에 민간 부문의 주된 원리인 시장 원리와 경쟁 원칙을 도입해 효율성, 성과지향성, 고객지향성 등을 제고하기 위한 것이다.

그러나 '행정의 경영화'와 같은 변화의 모색은 그것이 추구하는 본래의 목적을 달성하기 위해 행정과 경영이 내포하고 있는 특성에 대한 이해를 전제로 한다. 행정과 경영은 한편으로 서로 유사한 면이 있지만, 다른 한편으로는 양자가 뚜렷이 구분되는 차이점도 있기 때문이다.[4] 전통적으로 행정과 경영의 관계에 대한 입장은 양자 간의 유사성을 강조하는 '정치 · 행정이원론'과 양자 간의 차이점을 강조하는 '정치 · 행정일원론'으로 대립되어 왔다. 앞에서 설명했듯이 전자는 행정을 기술적 과정으로 인식하고 행정의 과학화를 추구해 왔으며, 후자는 행정의 정치적 성격과 정책 결정 기능을 강조해 왔다. 다시 말하면, 정치 · 행정이원론적 입장은 행정과 경영의 유사성을 강조하는 것인 반면, 정치 · 행정일원론의 입장은 행정과 경영의 차이점을 강조하는 것과 연관된다.

2) 행정과 경영의 유사점

행정은 일반적으로 공행정과 사행정으로 구분되는 바, 공행정은 일반적으로 행정(public administration)이라 하며, 사행정은 경영(business administration)이라 부른다. 이와 같은 구별은 행정 운영이 국가기관에 의해 이루어지고 그 운영 주체가 공권력을 갖는가, 아니면 개인 또는 비공공기관과 같은 비권력적 주체에 의해 이루어지는가에 따라 나뉜다. 이와 같이 공행정과 사행정은 엄격하게 구분되는 개념이긴 하지만 동시에 목표 달성을 위한 관리적 수단이라는 측면에서 양자는 다음과 같이 유사성을 갖기도 한다.

첫째, 관리 기술적인 측면에서 양자는 매우 유사성을 갖는다. 행정과 경영은 모두 목표 달성을 위해 인적 · 물적 자원을 동원 · 배분 · 관리하는 방법에서 거의 차이가 없다. 즉, 기획, 조직, 인사, 관리, 조정, 통제 방법 등 관리 · 운영상의 기술적

---

4) 행정과 경영은 공행정과 사행정으로 구분되기도 하는바, 공행정은 국가 또는 공공기관이 공익이나 특정 목표를 달성하기 위해 정치 권력을 배경으로 하여 행하는 활동이다. 반면, 사행정은 사기업이나 민간단체가 조직의 목표를 달성하기 위해 행하는 전반적인 관리활동을 의미한다.

측면에서 유사하며, 궁극적으로는 능률성(efficiency)과 효과성(effectiveness)을 지향한다.

둘째, 관료제적인 성격을 갖는다. 관료제는 분업, 전문화, 계층제, 합리성, 안정성 등의 순기능적 특징과 형식주의, 획일주의, 문서주의, 할거주의, 몰인간성(비정의성) 등의 역기능적 특징을 갖는다. 정부, 기업, 대학교, 종합병원 등은 모두 이와 같은 관료제적 특징을 갖는 대규모 조직이라는 점에서 서로 유사성이 높다.

셋째, 협동행위를 통해 이루어진다. 협동은 사회생활과 조직생활에서 불가피한 요소가 된다. 행정과 경영은 각각 공동의 목표 달성을 위해 의식적이고 합리적인 협동행위와 집단적인 노력을 추구한다. 이 과정에서 가능한 한 많은 대안과 다양한 의견을 통해 최선의 또는 최적의 대안을 선택・결정하게 된다.

넷째, 목적 달성을 위한 수단이다. 행정과 경영은 목적은 서로 다르지만 각각의 목적 달성을 위한 수단이라는 점에서 유사한 성질을 갖는다.

다섯째, 구성원의 행태에서도 유사성이 발견된다. 즉, 공행정과 사행정의 구성원들은 승진, 처우, 위신, 안정, 참여, 능력 발휘 등에 대한 욕구와 기대를 가지며, 이러한 욕구는 구성원의 동기부여와 조직효과성에 영향을 미치게 된다.

3) 행정과 경영의 차이점

첫째, 행정과 경영은 추구하는 목적이 서로 다르다. 행정은 공익(public interest)의 추구, 질서 유지 및 공공봉사 등을 위해 다원적 목적을 갖지만, 경영은 일반적으로 이윤극대화라는 단일의 목적을 추구한다. 즉, 행정은 국가의 운영과 경제사회 발전에 대해 책임을 지며, 정의・형평 등과 같은 공적 가치(public good, common good)에 더 큰 관심을 갖는다. 반면, 경영은 사적 가치에 더 큰 매력을 가지며 비용과 이익을 철저히 계산한다. 그러나 오늘날 경영의 주체인 기업도 사회적 책임을 요구받고 있으며, 행정의 주체인 정부도 때로는 공익을 해치지 않는 범위 내에서 또는 공익 추구의 수단으로서 사익(수익)을 추구하기도 한다. 따라서 양자는 상이한 목적을 추구하지만 그것의 차이는 상대적인 것이다.

둘째, 행정과 경영은 법적 규제에서 차이가 있다. 행정은 조직의 신설・증설・폐지 등의 변화, 인력의 충원, 그리고 예산의 운영 등에서 경영보다는 엄격한 법적 규제를 적용받는다. 반면, 경영은 법을 어기지 않는 범위 내에서 정관이나 내부규칙에 의해 모든 활동이 이루어지기 때문에 행정과 같이 직접적인 법적 규제를 받지는 않는다. 이에 따라 행정은 경영에 비해 환경 변화에 대한 대응과 적응을 느리게 하는 경직성을 나타낸다.

셋째, 정치 권력적 성격에서 차이가 난다. 행정은 본질적으로 정치적 성격을 가지고 있으며, 강제적 · 일방적 권력과 구속력을 통해 행정 기능을 수행하게 된다. 왜냐하면 행정은 국민, 의회, 정당, 이익집단 등으로부터 감독과 통제를 받기 때문이다. 그러나 경영은 특별한 경우(예를 들면, 정부의 규제 대상인 사업의 경우)를 제외하고는 정치로부터 분리된다. 그리고 경영은 행정이 갖는 강제력과 권력적 수단이 없고, 다만 공리적 권력만을 갖기 때문에 정부나 국민으로부터 직접적인 규제나 감독을 받지 않는다.

넷째, 평등성의 측면에서 차이가 있다. 경영은 이윤을 추구하는 기업활동 과정에서 수익자 부담 원칙에 따라 고객과 소비자에 대한 차별성이 용인된다. 그러나 행정은 모든 국민을 대상으로 하기 때문에 법에 의해 일관성과 엄격한 평등 원칙을 유지해야 한다. 물론 실제적으로는 항상 평등 원칙이 지켜지는 것은 아니다. 특히 정치 · 행정의 수준이 낮은 일부 국가나 지역에서는 불평등하거나 특수한 행정작용이 이루어지기도 한다.

다섯째, 독점성의 정도에 차이가 있다. 경영(기업)은 원칙적으로 자유로운 시장원리에 의해 경쟁이 보장되거나 요구됨으로써 재화와 서비스의 질적 향상을 고려하게 된다. 그러나 행정(정부)은 재화와 서비스의 공급 측면에서 독점성을 가지며, 실제로 행정은 전기 · 철도 · 우편 등 독점성이 강한 사업을 담당하며, 이로 인한 비효율성이 문제가 되기도 한다. 물론 기업 영역에서도 현실적으로 독과점 현상이 나타나기도 하며, 이러한 현상이 과도하게 나타날 경우에는 사회적 효율성(social efficiency)과 사회적 후생(social welfare)이 감소하게 됨으로써 다수의 국민과 이해집단에게 불이익을 초래하게 된다. 이외에도 행정과 경영은 규모, 영향력, 공개성, 계량화 여부 등에 의해서도 차이를 갖게 된다.

제 2 절 현대 행정의 특징과 과제

1. 현대 행정의 특징

1) 현대 행정의 역할

현대 행정이란 19세기 영국과 미국 등의 정치사에서 볼 수 있는 입법부 우위의 국가(즉, 입법국가)에 대칭되는 기능적 개념으로서 20세기 행정국가 하에서의 행정을 의미한다. 행정국가란 국가 권력 및 국가의 통치 기능인 입법 · 사법 · 행정 중에서 행정권과 행정 기능이 상대적으로 우월한 지위에 있는 국가를 의미한다. 19세기의 야경국가 사상과 자유방임주의 하에서 입법국가는 국방과 치안과 같은 질서 유지 기능만을 담당해야 하는 것으로 인식되었다. 이에 따라 행정은 국민의 기본적 자유와 권리를 보호하기 위한 소극적인 역할을 담당하는 값싼 정부(cheap government)로서의 기능만을 요구받았다.

그러나 산업혁명 이후 대규모의 기업조직이 출현하고 과학기술과 교통 · 통신 수단이 발달함에 따라 산업화 · 도시화와 같은 급격한 사회 변화가 이루어졌다. 그뿐만 아니라 19세기 이래 급격한 인구 증가, 도시문제, 노사 대립, 계층 간의 갈등, 식민지 확보를 위한 국가 간의 경쟁 등과 같은 문제들이 나타났다. 20세기 초에는 세계대공황(1929년)에 따른 실업문제 · 고용문제 · 생산양식 문제, 그리고 제1 · 2차 세계대전과 그 결과로 나타난 냉전 이데올로기에 대응하는 과정에서 정부의 적극적 기능이 요구되었다. 다양하고 복잡한 문제의 대두와 이에 따른 신속한 문제 해결을 위해 행정은 명령, 규칙, 조례 등을 제정할 수 있는 준입법권과 위반에 대한 강제적 규제 수단인 준사법권의 권한을 위임받게 되었다. 이에 따라 행정 업무의 증대, 행정기구의 증설, 전문인력의 충원, 재정 규모의 증가 등이 불가피해졌다.

이와 같이 행정을 둘러싼 정치 · 경제 · 사회적 환경은 20세기 적극적인 국가(정부)의 역할을 요구하면서 행정 기능의 확대 · 강화를 촉진했고, 정책의 집행과 관리 기능 외에도 정책 결정 기능까지 담당함으로써 큰 정부(big government) 또는 비싼 정부(expensive government)를 등장시켰다. 이러한 현상은 대부분의 국가에 공통적으로 나타나는 현상이기는 하지만 행정의 영향 범위와 구속력 · 강제력의 정도는 국가에 따라 다르게 나타나기도 했다. 즉, 정치 · 경제 체제의 형태와 이념에 따라 차이를 보였으며, 특히 권위적 정치 체제나 계획적 경제 운영을 추진하는 국가에서 정부와 행정의 역할과 영향은 더욱 크게 나타났다.

그러나 20세기에는 국가에 따라 정도의 차이는 있지만 대부분은 과학 기술의 육성, 경제 성장, 경제적 기본 욕구의 충족 등과 같은 다양한 사회경제적 수요에 부응하기 위한 복지국가(welfare state) 또는 급부국가를 지향해 왔다. 이에 따라 현대 행정은 규모의 양적 확대와 기능의 질적 강화를 가져오게 되었다. 이러한 경향은 20세기 대부분 국가의 정책지향성과 행정의 성격에서 공통적으로 찾아볼 수 있는 현상이다.

2) 현대 행정의 양적 · 구조적 특징

(1) 행정 기능의 확대와 업무량의 증가

인구 증가에 따른 새로운 행정 수요가 증가하면서 이에 대응하기 위한 행정 업무의 양적 증대를 초래했다. 특히 지방행정의 기능과 사무의 증가는 지방자치단체의 고유사무보다 국가위임사무를 통한 일선행정 업무의 수행을 위해 양적인 증가를 가져왔다.

(2) 행정기구의 확대

행정 기능과 업무량의 증가는 행정기구의 팽창을 가져왔다. 우리나라의 경우, 이러한 현상은 중앙정부 차원뿐만 아니라 일선기관이나 특별행정기관 및 지방자치단체 차원에서도 크게 양적으로 확대되어 왔다. 경제 발전 과정에서 국가 역할의 확대와 시장 개입 및 규모의 경제가 갖는 이점이 기구 팽창의 요인으로 작용했다.

(3) 공무원 수의 증가

행정 기능의 확대와 업무량의 증가 및 행정기구의 증가는 필연적으로 공무원의 수를 증가시켰다. 일반적으로 공무원 수의 증가는 특정 국가의 인구, 경제 체제, 사회계층, 기술의 발달, 정치적 · 역사문화적 특성 등이 중요한 요인으로 작용한다.

이와 같이 조직이 규모화를 지향하는 것은 "공무원의 수는 업무의 경중이나 유무, 그리고 업무량의 증감에 관계없이 일정한 비율로 증가한다"는 '파킨슨 법칙(Parkinson's law)'[5]으로 설명된다.

(4) 예산 규모의 팽창

행정환경의 변화를 통한 행정 수요의 증대는 행정 기능과 기구의 확대 · 강화, 업무량의 증가, 공무원 수의 증가를 수반하며, 국민총생산의 증가는 재정 규모의 팽창을 가져온다. 이에 따라 중앙정부와 지방자치단체 및 공공기관이 필요로 하는 재정 규모를 팽창시켰다. 특히 1960년대 이후 고도 경제 성장을 이루어 온 한국의 경우, 재정 규모의 급속한 증가 현상을 보여 왔다. 이러한 재정 규모의 팽창은 경제 성장의 결과이기도 하지만, 반대로 민간 부문에 대한 정부의 지원 증대, 사회간접자본(social overhead capital)에 대한 투자 등에 의한 것이기도 하다.

(5) 공기업의 증가

공공성과 기업성의 조화를 목적으로 정부가 설립 · 경영하는 공기업이 꾸준히 증가해 왔다. 공기업의 운영은 종래의 자본주의적 경제 운영에서 나타나는 독과점의 폐해, 소득의 불평등, 외부불경제 등과 같은 시장실패(market failure)의 개선을 위한 역할뿐만 아니라 공공재의 생산과 외부경제 효과를 얻기 위한 정부정책으로 추진되었다. 특히 제2차 세계대전 이후 신생독립국과 개발도상국에서는 경제 발전의 유도자로서, 전략적 경제정책의 추진자로서, 그리고 경제 안정의 촉진자로서 공기업의 양적 증대를 통한 공공재 및 서비스의 생산과 공급을 추구해 왔다.

3) 현대 행정의 질적 · 기능적 특징

(1) 행정의 전문화

사회문제가 복잡해질수록 문제 해결에 어려움이 가중되고, 행정 기능이 증대하

5) 파킨슨 법칙은 부하 배증의 법칙과 업무 배증의 법칙을 포함한다. 전자는 공무원이 자신의 지위와 권한 강화를 위해 부하의 수를 늘리고자 하는 성향을 의미하며, 후자는 부하의 수가 증가함에 따라 부하를 통솔하기 위한 지시 · 협조 · 승인 · 감독과 같은 파생적 업무 증가를 초래해 또 다른 부하와 업무의 증가를 수반하는 경향이 있음을 의미한다.

게 되면 행정 업무의 효율적인 처리가 요구된다. 문제 해결을 위해 행정은 점차 전문화·기술화되고, 전문적 기술의 필요성은 관리과학과 같은 기술적 분야를 발달시킨다. 컴퓨터를 이용한 행정전산화와 행정정보화가 촉진되고, 체제분석(system analysis), 프로그램평가·검토 기법(program evaluation and review technique: PERT), 운영연구(operation research: OR) 등의 관리과학과 각종 관리 기법이나 관리정보체계(management information system: MIS)가 문제 해결, 의사 결정, 정책 분석 등에 폭넓게 활용된다. 이러한 현상은 전문기술관료(technocrats)의 필요성과 증가를 가져오며, 다양한 행정 수요에 대응하기 위한 행정의 분화 현상 때문에 조정과 통합 기능 또한 중시되고 있다.

(2) 기획과 조사·통계의 중시

국가 발전을 위한 행정의 주도적 역할이 강조되었고, 행정의 합리화를 위한 기획 기능의 충실화가 요구되었다. 이를 위해 목표의 설정, 정책 결정, 기획의 입안과 계획의 수립 등이 중시되었다. 또한 행정 실태와 현황 및 행정 수요의 정확한 진단과 파악은 합리적인 정책 결정과 선택을 위한 전제가 되는 것이다. 이러한 행정 업무 수행을 위한 체계적·과학적인 조사활동과 함께 그 기초가 되는 다양한 기술·기법 및 통계의 중요성이 높아지고 있다.

(3) 유연한 조직 및 행정 기능의 중시

급속한 환경의 변화에 능동적으로 대응하기 위한 조직 운영과 행정 기능이 요구되고 있다. 이를 위해 행정조직의 경직성을 타파하고 능동성과 신축성을 확보하기 위한 동태적 조직과 기능(team, velcro, ameba, agile 조직 등)의 활용이 강조되고 있다.

(4) 신중앙집권화와 광역행정의 진전

과학기술과 교통통신의 발달, 정보화의 진전, 경제생활권의 확대 등에 따른 능률성 확보의 필요에 의해 중앙정부에 의한 지방자치단체 사무의 흡수와 지방에 대한 중앙통제의 강화라는 신중앙집권화 현상이 나타나고 있다. 또한 교통망의 발달,

도시화 및 경제 발전에 따라 지역의 생활권과 경제권이 확대됨으로써 인구의 유동성이 증가된다. 이에 따라 생활경제권과 행정권의 일치 및 행정문제의 광범위화에 대응하기 위한 광역행정의 필요성이 높아지고 있다.

2. 새로운 사회환경과 행정의 과제

1) 21세기 주요 사회환경

(1) 정보화 · 지능화

20세기에서 21세기로 이행하면서 가장 두드러지게 나타난 변화는 정보화의 진전이다. 이러한 현상을 토플러(Alvin Toffler)는 '제3의 혁명' 또는 '제3의 물결(the Third Wave)'이라고 했다. 또한 벨(Daniel Bell)은 정보사회의 특성을 컴퓨터와 통신기술의 발달과 양자의 결합에 의해 이루어지는 '제3의 기술혁명(Third Technological Revolution)'으로 보았다. 즉, 정보화는 C&C(computer and communication)혁명을 통해 모든 부문에서 이용 가능한 정보 기술의 범용성을 가져왔으며, 개인의 행태 · 조직의 운영 원리 · 사회 시스템의 혁신에 커다란 변화를 가져왔다. 특히 정보처리 기술과 통신 기술의 급속한 발달은 종래의 물리적 · 유형적 자원의 중요성을 비물리적 · 무형적 자원인 정보와 지식으로 대체시키고 있다.

사회적 측면에서 볼 때, 정보의 생성 · 가공 · 검색 · 교환에 이르기까지 사용자의 정보활동이 비약적으로 신장됨으로써 정보에 대한 접근이 용이하게 되고 이용능력이 향상되고 있다. 이는 정보를 사회 각 계층 및 각 구성원에게 확산시킴으로써 정보의 자유화를 초래해 사회정보화(social information) 또는 사회자동화(social automation)를 가져오고 있다.

또한 산업적 측면에서는 산업정보화를 통해 기존 산업의 생산구조를 변화시키며, 정보의 생성 · 가공 · 처리 · 유통 등 정보를 다루는 정보산업과 인간의 창의성을 바탕으로 한 지식집약적 산업 또는 인공지능(AI)에 기반한 제4차 산업혁명을 등장시키고 있다. 이와 같은 정보화 · 지능화의 진전은 정보의 공유성과 정보 기술의 범용성을 통해 사회 전체의 정보화 능력과 지적 수준을 향상시키고 그것의 확장을 가속화시키고 있다. 나아가 상품뿐만 아니라 정보 · 지식의 수명주기(life cycle)를 단축 및 융합하면서 새로운 가치의 등장을 촉진시키고 있다.

(2) 국제화 · 세계화

과학기술과 교통통신의 급속한 발달은 인적 · 물적 자원 및 정보의 공간적 이동을 촉진시키고 있다. 종래의 중화학공업 위주의 대량 생산 · 대량 소비에서 지식 및 정보산업 위주의 유연적이고 다원적인 산업으로의 이행을 통해 산업활동과 경제활동의 공간적 · 시간적 · 기술적 제약을 급격히 완화시키고 있다. 이러한 현상들은 독립적으로 작용하는 것이 아니라 상호 밀접한 관련을 맺으면서 기존의 사고 및 행동 방식을 대체하는 새롭고 보편적인 변화의 흐름을 만들고 있으며, 세계화라는 이름으로 나타나고 있다.

세계화(globalization)는 국제화와 유사하거나 혼용되는 개념이긴 하지만 엄격하게는 경제 · 사회 · 문화 등 각 부문에서의 국경의 장벽이 무너지고 사람 · 물자 · 정보 · 기술의 국가 간 교류가 활발해지면서 경쟁과 협력이 동시에 중시되며(경쟁협력, competeration), 국제적으로 통용될 수 있는 사고 방식이 용인되는 방향으로의 변화를 의미한다. 즉, 세계화라는 현상을 통해 경제 · 사회 · 문화 등 모든 면에서 다른 나라와 공유하는 공통적인 면이 증가하며, 경쟁과 상호 협력이 심화된다. 따라서 세계화는 개별 국가의 개념이 희박해지면서 지구적으로 세계 단일공동체로 확산되는 현상이다(임정덕 · 최병호, 1996: 24).

한편, 세계화와 유사한 개념으로서 사용되고 있는 국제화(internationalization)는 개별 국가가 경제 · 제도 · 문화 · 의식 등의 주체성을 지키면서 국가 내부의 고착성을 뛰어넘는 국가 간의 교류를 의미한다. 그러므로 국제화는 세계화의 하위 개념으로 볼 수 있으며, 기본적으로 경제적 측면에 치중하는 개념이다. 이와 같은 국제화와 세계화의 과정에서 경제 주체들은 무국경 · 무경계의 가속화를 통해 치열한 경쟁환경에 직면하게 된다.

특히 경제적인 측면에서 세계화는 산업 및 경제활동의 세계화를 의미한다. 이는 세계경제가 단일시장화되고 제품 개발, 생산, 부품 조달, 영업 및 금융활동 등 기업활동 전반이 자국의 울타리 안에서만 이루어지는 것이 아니라 국경을 초월해 이루어지는 것을 의미한다(황재민, 1995: 242). 따라서 세계화란 경제활동을 할 때 개방을 통해 세계와 적극적으로 교류하고 제도나 관행을 세계적으로 통용시키는 기준과 조화시키는 것을 의미한다.

(3) 분권화 · 지방화

분권화(decentralization)란 의사결정권이 조직의 하위계층, 하급기관, 지방 등으로 분산되는 것을 의미한다. 행정구조의 분권화는 지방분권화, 지리적 분권화, 수직적 분권화 및 수평적 분권화로 나누어 볼 수 있다. 특히 수직적 분권화는 행정권한의 탈집중화(deconcentration)를 의미하며, 수평적 분권화는 독립규제위원회, 공사, 행정재판소 등의 설치와 같은 수평적 분화를 의미한다(이종수, 2000: 145). 이러한 분권화는 지식 · 정보화 현상과 함께 종래의 중앙집권적 · 하향적 의사 결정 방식이나 제도에서 점차 분권화되고 상향적인 의사 전달을 중시하는 제도나 절차들이 확대되는 현상으로 나타나고 있다. 특히 정보통신의 발달은 일방향에서 쌍방향으로의 정보 교환을 용이하게 하고, 상하를 막론하고 정보의 동시적 공유를 가능하게 함으로써 권한의 위임 · 이양 현상을 가속화시키고 있다. 이에 따라 관리권이나 통치권의 분산 현상이 나타나게 된다.

국내적으로는 지방자치의 진전과 함께 지방정부의 역할과 권한이 더욱 강화되고, 지방기업들의 역할 비중이 높아지게 된다. 그리고 국제적으로는 국가나 정부간 조직과 기구들의 역할과 권한이 더욱 커지게 되며, 초국가적 · 다국적 기업들의 역할 또한 더욱 확대된다(김문성, 2000: 52). 그뿐만 아니라 환경 · 인권 · 평화 · 복지 등 인류 공동의 문제에 대응하기 위한 비정부조직(NGO)과 비영리조직(NPO)의 역할도 두드러지게 된다.

이와 같은 분권화는 의식 변화와 새로운 문화 창출을 통해 지방의 자율성과 특수성에 대한 관심을 증대시킴으로써 정치 · 경제 · 사회적으로 중앙에 비해 상대적으로 지방의 역할과 권한이 확대되는 지방화를 가져오게 된다. 지방화(localization)란 정치적 의사 결정과 집행, 경제적 자원의 동원과 관리, 문화의 창조 및 향유 등과 관련된 지역공동체적 활동에서 종래 중앙 중심의 정책 · 제도 · 논리로부터 지방의 자율적 의사 결정과 적실성 있는 정책 추진이 좀 더 확대되는 과정이다.

우리의 경우, 지방화는 1995년에 실시된 전면적인 지방자치제가 그 핵심적인 배경이라고 할 수 있다. 지방자치제는 분권화와 지방화라는 패러다임이 제도적인 형태로 나타난 것이라 할 수 있다.

(4) 친환경주의

경제활동을 포함한 인간의 제반 활동은 인류의 번영과 함께 파괴를 동시에 가져왔다. 특히 영국에서 시작된 산업혁명 이후 동·서양과 선·후진국을 막론하고 이루어진 공업화와 산업화, 그리고 20세기 중반 이후 미국과 구소련을 중심으로 한 냉전 시대는 성장과 개발지상주의 및 국가 간의 안보경쟁을 통해 인간의 삶의 질과 자연환경을 크게 훼손시켜 왔다. 환경문제는 “인간의 제반 활동이 환경의 구성요소에 직·간접으로 부정적 영향 또는 피해를 미침으로써 발생하는 문제”(최석영, 1990: 95)를 의미한다. 환경문제의 중요한 원인으로는 인구의 급속한 증가, 경제 성장과 공업화, 도시화, 불확실한 과학기술의 개발 및 이용 등을 들 수 있다. 이들의 복합적 작용에 의해 오늘날 지구온난화, 산성비, 자원 고갈, 지구사막화, 토양오염, 수질오염, 대기오염, 폐기물, 생물종 다양성의 감소 등과 같은 심각한 환경오염과 피해가 초래되고 있다.

이러한 환경 피해의 증가와 환경문제에 대한 인식이 범세계적으로 확산·공유됨에 따라 20세기 말에 와서 국내·외적으로 ‘환경’에 대한 관심이 크게 높아지게 되었다. 국내적으로는 도로, 주택, 건설, 산업단지 개발 등과 관련된 정부의 주요 정책 결정과 집행은 불가피하게 ‘환경’에 대한 고려를 강하게 요구하고 있다. 또한 국제적으로도 ‘환경’은 냉전 체제의 종식 이후 국제 정치무대의 새로운 의제가 되고 있다. 국제 경제 분야에서도 ‘환경’은 이른바 그린 라운드(Green Round: GR)가 점차 가시화되는 과정에서 뉴 라운드(New Round)의 다자간 협상의제와 무역 장벽의 보호막이 되고 있다. 이와 같이 ‘환경’은 개별 국가의 성장과 국가경쟁력의 핵심으로 작용할 뿐만 아니라 국제사회가 공동으로 대응해야 하는 중요한 과제가 되고 있다.

지구적으로 심각해지고 있는 환경문제에 대응하기 위한 주요한 노력으로 ‘지구의 날’이 제정되었고(1970), 유엔인간환경회의(스웨덴 스톡홀름, 1972), 리우환경회의(브라질 리우 UN환경개발회의, 1992) 등이 개최되었다. 그리고 세계자연보호헌장(1982), 국제열대목재협정(1983), 비엔나협약(1985), 몬트리올의정서(1987), 바젤협약(1989) 등 다수의 국제환경조약이 체결되었다. 특히 리우회의를 통해 인류의 번영을 위한 미래 지향적 대안으로서 '지속 가능한 개발(Environmentally Sound and Sustainable Development: ESSD)' 패러다임이 대두되었다. '지속 가능한 개발'이라는 개념에는 첫째는 세대 간의 형평성(후세대에 대한 전세대의 책임), 둘째는 환경 용량의 한계 내에서의 개발(정화 능력 고려), 셋째는 사회 정의적 관점에서의 개발(절대 빈곤의 추방)이라는 의미가 내포되어 있다. 리우회의의 결과는 이러한 지속 가능한 개발을 지방정부 차원에서 실천하기 위한 '지방의제 21(Local Agenda 21)'을 각국 지방정부가 수립 · 추진하도록 권장하는 계기가 되었다. 이후 2002년 지속 가능 발전의 효과적인 이행을 위해 남아프리카공화국 요하네스버그에서 개최된 '지속 가능발전 세계정상회의'에서 채택된 '요하네스버그 이행계획'을 재확인했으며, 2012년 6월 리우에서 개최된 'Rio+20정상회의'를 통해 새로운 전환점을 맞이했다.

결국 환경문제는 에너지 · 자원문제와 관련되며, 각국은 에너지원의 다양화 및 신재생에너지 개발에 주력할 수밖에 없게 되었다.[6] 최근 교토의정서 등 국제환경규제의 강화는 대체 에너지 수요를 더욱 촉발시키면서 환경산업의 발전을 가속화시킬 것으로 전망된다.[7] 대부분의 국가는 교토의정서의 발효에 따라 대체 에너지에 대한 투자를 확대하고 있으며, 특히 독일 등 일부 유럽 국가들은 이미 기준을 통과하고 제2차 교토의정서에 대비해 추가 감축 대책을 준비하고 있기도 하다.

6) 예를 들면, 미국의 'Vision 21 Project', 일본의 'New Sunshine Program', EU의 '신재생에너지 개발 프로그램' 등이 대표적인 정부정책들이다.

7) 교토의정서는 구속력 있는 온실가스 배출 감축 목표를 설정하고, 5년 단위의 공약 기간을 국가별로 적용해 평균적으로 5.2%의 감축을 규정하고 있다.

2) 행정의 새로운 과제

(1) 행정의 정보화 강화

1990년대 이후 급속한 정보혁명과 정보 인프라 확충으로 시간적인 한계와 공간적인 제약을 극복하게 됨으로써 국경과 경계가 무너지면서 무한경쟁 시대가 전개되고 있다. 정보사회의 진전에 의한 정보의 자유화는 집권적·폐쇄적·위계적인 사회경제 구조를 분권적이고 개방적인 구조로 변화시키고 있다. 이러한 사회적·경제적 환경의 변화에 대한 능동적 대응 필요성에 따라 행정관리의 패러다임도 공급자 중심에서 수요자 중심으로, 생산력 중심에서 고객 만족 중심으로, 그리고 양적 성장 위주에서 질적 내실화를 중심으로 그 내용이 변화하고 있다. 특히 그동안 구조화되어 온 중앙집권적·폐쇄적·위계적 패러다임이 정보통신기술의 발달에 의한 정보의 공유와 개성의 중시 등으로 인해 지방분권적·고객 지향적·참여적인 방향으로 패러다임의 전환이 이루어지고 있다. 이러한 변화에 따라 사회 각 부문의 조직들은 특정 분야에서 중심적 위치를 차지하기 위해 자율적이고 창의적인 방법과 수단을 동원하고 있다. 또한 각 부문의 자율성이 강조되면서도 전체의 조화와 통합적 효과(synergy effects)를 추구하는 방향으로 전개되고 있다.

정보통신기술의 획기적인 발달은 시민과 주민의 정보 활용 능력을 향상시켜 정보접근성을 용이하게 하고, 정치 과정에의 참여를 활성화시킴으로써 행정과 정치의 책임성을 더욱 강조하게 한다. 특히 정보화 시대의 정부와 행정은 독점적 정보관리 체제에서 벗어나 민간과 자유롭게 정보·지식을 공유하는 방식으로 행정정보 관리 시스템을 구축하고 운영해 나갈 수 있어야 한다. 이를 통해 행정의 능률화, 행정비용의 절감, 행정 서비스의 질적 향상, 정책 결정의 합리화, 전자민주주의 등을 실현하도록 하고, 민주적이고 창의적이며 혁신적인 행정 조직환경을 만들어 가는 데 비중을 두어야 한다. 이 같은 행정의 정보화를 통해 국민과 기업에 대한 행정의 책임성을 확보하고, 정부와 행정은 실제로 '노를 젓는(rowing)' 역할이 아니라 '방향을 잡는(steering)' 조정자가 되어야 한다.

(2) 행정의 세계화 확대

1980년대에 영국에서 출발한 '작은 정부(small government)'운동은 하나의 정책 패션(policy fashion)처럼 유행하면서 많은 국가에 확산되었다. 그 주요 내용은 저효율·고비용의 정부를 개혁하기 위한 공공조직의 재구조화, 성과측정, 민영화, 정부혁신 등이다. 이러한 경향이 매우 빠르게 전 세계로 확산된 것은 강한 정부나 큰 정부(big government)가 내포하고 있는 다양한 문제의 개선 필요성뿐만 아니라 과학기술과 교통통신의 발달에 따른 국가 간의 상호작용과 변화의 파급성이 그만큼 크다는 것을 의미한다. 즉, 국제정치·경제의 환경 변화는 정부나 기업의 세계화에 대한 대응을 불가피하게 하고 있다.

그리고 세계화의 근저에는 국가 간의 보이지 않는 경쟁이 작용하기 때문에 국가경쟁력을 위한 다양한 전략과 방안을 강구하게 된다. 경제적인 측면에서 볼 때, 세계화는 경제 체제의 세계화 및 경쟁 주체의 다양화를 내포한다. 이 때문에 지역(local)은 세계화의 흐름 속에서 국제경제 주체로서 역할에 그 중요성이 더욱 커지고 있다. 즉, 국가의 역할은 축소되고 있는 반면, 지역의 독자적인 영역과 기능은 점차 확대되고 있는 것이 세계적인 추세이다. 따라서 지방을 단순히 국가의 하위체제로 보는 소극적 입장에서 벗어나 다양한 경제 주체 중의 하나로서 좀 더 능동적이고 적극적인 역할 담당자로 인식해야 한다.

이러한 세계화의 흐름은 국가나 경제 주체로 하여금 통합과 분열, 경쟁과 협력 등과 같은 상호 이질적인 가치들을 함께 고려하도록 한다. 또한 세계화의 영향은 우리에게 다음과 같이 대응하도록 요구한다. 첫째, 세계적인 변화의 흐름에 우리의 사고와 인식 체계를 정비하는 것이다. 둘째, 사회적 규범, 즉 각종 법률·제도·관행 등을 포함한 사회 시스템의 변화가 필요하다. 셋째, 새로운 변화에의 신속한 적응과 새로운 전략의 모색이 필요하다(임정덕·최병호, 1996: 25).

세계화로의 변화에 따라 다양하고 전문화된 행정 수요가 창출되기 때문에 이에 부응하는 정부의 새로운 역할이 필요하게 된다. 특히 국제정치·경제와 관련된 정보를 정확하고 신속하게 제공해야 하며, 이를 위한 인력의 충원과 활용, 효과적 국제협력 시스템과 제도의 정비, 그리고 관리 운영상의 절차와 관행의 표준화 등이 이루어져야 한다.

또한 새로운 국제문제를 공동으로 해결하기 위한 능력을 갖추어야 한다. 나아가 다양한 국제규범 및 협약을 준수하는 도덕적 · 실천적 노력과 행동이 필요하다. 이러한 과정에서 공공 부문과 민간 부문 모두 사람 · 조직 · 제도 등을 국제 표준에 접근시키고 내부적 효율성을 갖추기 위해 감축관리(cutback management), 다운사이징(down-sizing), 아웃소싱(outsourcing), 규제 완화(deregulation), 정보화의 진전 등과 같은 변화와 개혁을 지속적으로 추진해야 한다.

(3) 행정의 분권화 확산

일반적으로 사회와 조직은 양적 규모가 커지거나 복잡성의 정도가 높아짐에 따라 분업을 통한 효율성을 고려하게 된다. 행정 부문에서도 고대로부터 현대에 이르기까지 효율성 · 생산성 · 전문화를 위해 구조와 역할의 분화가 지속적으로 이루어져 왔다. 그러나 20세기의 급부행정의 수요 증대, 성장 이데올로기의 추구, 국가안보 강화 등에 따른 행정권의 확대는 한편으로는 행정국가와 '큰 정부'와 '강한 정부'를 등장시키면서 기능적 사회복지와 물량적 경제 성장을 증진시켰다. 반면, 다른 한편에서 행정국가 현상은 인력, 조직 · 기구, 재정 등 공공 부문의 양적 팽창과 권위적 · 위계적 · 중앙집권적 통제 위주의 정부구조와 운영을 통해 관료화와 비효율성을 초래했다.

또한 20세기 과학기술 혁명은 포디즘(Fordism)과 현대성(modernity)과 같은 경제적 · 사상적 조류를 대두시켰고, 집권화 · 집중화 · 규모화 · 대량화 · 규격화 · 획일화 등과 같은 성숙한 산업사회의 특징을 초래했다. 그러나 첨단과학기술 및 정보통신의 발달과 삶의 질에 대한 욕구의 증대는 사회 시스템과 조직 운영 및 가치관에 변화를 초래했으며, 이에 따라 분권화 · 분산화 · 다품종 소량 생산 · 경박단소 · 다양화 · 개성화 등과 같은 현상과 가치들이 강조되고 있다. 이러한 변화는 포스트포디즘(post-Fordism) 및 포스트모더니즘(post-modernism)과 같은 새로운 사회경제적 조류를 등장시켰다.

이와 같은 현상들은 결국 사회 모든 부문에서 유연성 · 탄력성 · 신축성과 인간성의 실현이 요구되고 있음을 의미하지만, 특히 행정 부문에서는 급변하는 환경 변화와 더욱 다양해지는 행정 수요에 대한 신속한 대응을 필요로 하는 것이다. 대외적으로는 복잡한 사회문제를 개선·해결하고 주민 만족의 행정 서비스를 제공하기 위해 기존의 계층제적 구조와 함께 다양한 사회 주체들, 예를 들면 공공기관, 기업, 비정부조직(NGO) 및 비영리조직(NPO) 등과의 협업적 연계(networking)를 이루어 가야 한다.

행정은 이러한 네트워크 구조에서 일방적인 자원 공급자나 의사결정자가 아니라 공생산(co-production)을 위한 유도자 또는 조정자 역할을 해야 한다. 그리고 대내적으로 행정은 조직의 자율성과 창의성을 높이는 방향으로 조직 하위계층에 대한 권한 부여(empowerment)나 조직의 민주적 운영(예: Management By Objectives: MBO)을 더욱 확대할 필요가 있다. 또한 분권을 통해 이루어지는 현장 중심 및 고객 위주의 행정에 대한 평가(성공 사례 또는 실패 사례)를 지속적으로 학습(learning)할 수 있는 여건을 마련해야 한다. 동시에 그러한 활동들이 조직 전체의 통합적 효과를 창출할 수 있도록 해야 한다.

(4) 지속가능성을 위한 행정

환경문제는 인간의 가치관이나 자연관의 산물이다. 인간의 가치가 성장과 개발에 우선순위를 둠으로써 개발은 개선을 향한 변화를 수반했고 자연환경을 인위적 환경으로 대치해 왔다. 환경문제에 대한 국가적·사회적 대응을 무관심, 상징적 표명, 그리고 적극적 대응의 단계로 구분한다면, 우리나라는 두 번째와 세 번째의 중간 단계에 있는 것으로 평가할 수 있다(김문성, 2000: 63). 이러한 단계에서 중요한 것은 환경문제를 적극적으로 대응하려는 국가 차원의 인식과 실천적 노력이다. 즉, 환경에 대한 관심을 동원하여 실천으로 연결시키려는 정치적 의지가 중요하다. 그러나 환경문제에 대한 시각은 각자의 사회문화적 경험 또는 가치관의 차이에 따라 상이하기 때문에 환경문제에 대한 대응은 개인, 집단, 국가에 따라 크게 달라질 수 있다. 이에 따라 환경정책과 관련한 상충적 이해는 행위 주체 간, 원인 제공자와 피해자 간, 행정기관 간, 그리고 지역 간의 첨예한 갈등으로 표출될 수 있다. 그뿐만 아니라 제품의 환경유해성 유·무를 둘러싼 국가 간의 경제적·비경제적 관계에도 지대한 영향을 미칠 수 있다.

20세기 후반부터 환경을 위해 국제적으로 합의 또는 수용되고 있는 '지속 가능한 발전'은 기존의 성장지상주의적 개발이 더 이상의 보편적 적실성을 가질 수 없다는 인식에서 대두되었다. 이에 따라 사회 발전과 관련해 경제 중심의 논리에서 경제와 환경을 조화시킴으로써 장기적으로 지속 가능하고 사회 가치 및 제도와 양립할 수 있는 개념과 전략으로 인식되고 있다. 환경의 원인과 문제 인식에 대한 차이를 좁히고 공동체적 삶의 질을 향상시키기 위해서는 정책 결정의 모든 과정에서 환경이 고려되어야 한다. 다시 말하면, 지속가능성과 경제 성장 양자를 위해 전통적 개발전략으로 인해 발생하는 문제를 해결하고 환경 친화적 적실성을 확보할 수 있어야 한다. 결국 환경 가치가 중시되는 시대에 걸맞게 행정의 역할과 과제는 환경문제에 대한 사회적 공동 인식의 유도, 환경정책에 대한 높은 정치적 지지, 환경관리를 위한 적절한 제도와 절차의 수립, 일정한 강제성을 통한 합리적인 정책 운영과 형평성 있는 자원 활용 등을 이루어 가는 것이다.

제 3 절 행정의 기본 이념

1. 의 의

행정 이념이란 행정의 철학적 요소로서 행정이 지향해야 할 당위적인 방향이나 규범을 의미한다. 이와 유사한 개념으로서 행정가치는 행정이 추구해야 하는 바람직하고 객관적인 요소 또는 당위를 의미한다. 행정 이념은 행정 개념과 마찬가지로 시대와 장소에 따라 다르게 추구되며, 여러 가지 요인에 의해 형성된다. 일반적인 가치로서 행정 이념에는 자유, 평등, 정의, 공익 등이 있으며, 수단적인 가치로서 행정 이념에는 자유, 평등, 정의, 공익과 같은 상위 가치를 실현하는 수단으로서 합법성, 능률성, 효과성, 합리성, 민주성, 정치적 중립성, 사회적 형평성 등이 포함된다.

그러나 행정 가치와 행정 이념은 목적–수단의 관계라기보다 유사한 개념으로 혼용되기도 한다. 왜냐하면 목적과 수단의 관계는 그것을 엄격하게 구분하기보다는 상호 연결되어 상대적인 개념으로 사용될 수 있기 때문이다. 즉, 행정 이념은 지도 정신 또는 최고 목표를 의미하기 때문에 추상적인 가치이며, 단계적으로 하위의 여러 이념과 목표 또는 가치 및 정책을 포함하게 된다. 행정이 견지해야 할 이러한 이념들은 특정한 시대와 장소에 따라 이념 간의 우선순위가 다르게 나타난다. 또한 특정 시대와 사회에서 여러 이념은 상호 보완적이거나 경쟁적이기도 하지만, 다양한 가치 간의 상대적 강조에 따라 특정한 가치가 더 선호되기도 한다.

2. 행정의 이념

1) 합법성

합법성(legality)은 시민권과 자유권의 보호에 관심을 두었던 19세기 입법국가 시대에 대두된 이념으로서 행정의 합법성은 국민의 자유와 권리를 보장하려는 정치적 요청과 민주행정의 역사적 요청에서 발달한 이념이다. 왜냐하면 자의적인 행정작용으로부터 시민권을 신장하고 보호하는 것은 합법적 또는 법률적합적 행정행위를 통해 가능하리라는 기대를 가졌기 때문이다. 따라서 입법국가와 자유민주주의 국가에서 모든 행정행위와 행정 과정은 법률에 의하거나 법률에 적합하지 않으면 안 된다는 합법성이 중시되었다.

그러나 '법률에 의한 행정'이라는 합법성이 지나치게 강조될 경우, 급격한 사회변화에 대응하고 기술성 · 전문성 · 신속성을 확보해야 하는 현대 행정은 그 본래의 목표가 왜곡되는 동조과잉 현상과 형식주의를 초래하게 되거나 목표 달성 자체가 곤란하게 된다는 점을 간과해서는 안 된다. 또한 오늘날 직업공무원제의 확립에 따라 신분 보장의 폭이 넓어진 공무원들이 소극적인 자세로 법규의 형식적 준수에 안주하거나 재량권이 확대된 공무원들이 법령을 개인적 이해관계에 따라 자의적으로 해석 · 적용하려는 것도 경계해야 한다(이종수 외, 1997: 161).

다른 한편으로 오늘날은 적극적 · 능동적인 행정이 요구되고 있고, 행정 대상의 복잡화 · 전문화 · 기술화의 경향은 행정에 대한 위임입법과 자유재량권을 확대시키고 있다. 이러한 현상은 행정에 대한 엄격한 합법성의 적용을 어렵게 하고 있고, 동시에 지나친 합법성의 강조는 민주적이고 능률적인 행정 업무 수행을 저해하는 요인으로 작용할 수도 있다.

2) 능률성

능률성(efficiency)은 일반적으로 '투입(input)에 대한 산출(output)의 비율'로 표현된다. 즉, 산출에 대한 합리적 비용의 관계라는 조직 내의 조건으로 이해된다(Urban, 1982: 35). 따라서 이 비율은 숫자로 계량화하여 측정될 수 있는 것이기는 하지만, 사익을 위한 산출량 측정과는 달리 공익(public interest)과 같이 행정에서는 산출(output, outcome)이 분명하게 파악될 수 없는 경우가 많다. 행정학에서 능률의 문제는 행정과 경영의 유사성을 강조한 초기 정치·행정이원론 시대에 발달한 과학적 관리론이 도입되면서 본격화되었다.

과학적 관리론은 공·사행정 모두에 통용되는 원리이다. 특히 능률주의자들은 능률성을 따르게 되면 행정 업무 수행이나 정책 집행에 '최선의 방법(one best way)'을 구할 수 있으며, 행정관료들은 그러한 최선의 길을 발견하기 위해 노력해야 한다고 가정했다(Morrow, 1975: 16). 이러한 능률관을 '기계적 능률(mechanical efficiency)'이라고 하며, 능률이야말로 제1의 공리(axiom number one) 또는 기본적 선(basic good)이라고 보았다. 이는 능률을 수량적으로 명시할 수 있는 기계적·물리적·금전적 측면에서만 파악한 개념이다. 그러나 귤릭(Luther H. Gulick)은 이러한 능률성이 정치에서 다른 가치, 즉 민주성과 상충될 수도 있으므로 경우에 따라서는 능률성의 수정도 필요할 것이라고 했다(Gulick, 1937: 192–193). 또한 달(Robert Dahl) 역시 행정에서 능률을 최상의 가치로 보았으나, 능률성은 불가피하게 민주적 이념과 상충하기 때문에 양자를 조정하는 것이 용이하지 않다고 보았다(Dahl, 1947).

한편, 사회적 능률(social efficiency)은 1930년대 중반 이후 인간관계론의 등장으로 사용되기 시작한 개념으로서, 특히 디목(Marshall E. Dimock)이 강조한 행정의 가치이다(Dimock, 1936). 사회적 능률은 조직 내적인 목표와 생산성보다는 구성원들의 인간적 가치의 실현, 사회 목적의 구현, 다양한 이해의 통합과 조정 등

사회적 차원에서 추구되는 능률관이다. 따라서 사회적 능률은 민주성(democracy)의 개념과 동일하게 이해되기도 한다.

3) 효과성

효과성(effectiveness)은 능률성과 매우 비슷한 개념으로서 넓은 의미에서의 능률성으로 보기도 하지만 다음과 같은 근거에서 양자를 구별하기도 한다. 능률성은 '투입 대 산출의 비율'을 의미하는 데 반해, 효과성은 '투입(input) 대 효과(effect)' 개념을 사용한다. 또한 능률성은 수단과 목적을 분리한 상태에서 제한된 자원과 중립적 수단을 사용해 산출의 극대화를 도모하는 정태적·기계적·경제학적 개념이며, 이때의 '산출'은 행정활동의 직접적인 결과로서 나타나는 가시적이고 물리적인 것을 가리킨다. 이에 반해 효과성은 좀 더 추상적이며 목적−수단의 계층구조에서, 즉 목적과 수단을 연결한 상태에서 산출이 당초의 목적을 어느 정도 충족시켰는가 하는 동태적·기능적·사회학적 개념이다(Price, 1968: 2−3).

따라서 효과성은 '목표의 달성도(degree of goal achievement)'를 나타내는 개념으로서 조직과 그 효과가 나타나는 환경과의 관계를 의미한다(Urban, 1982: 35). 이렇게 보면 능률성은 수단적 개념인 데 비해, 효과성은 목적적 개념이며, 이 때문에 효과는 산출보다 한 차원 높은 수준에 있는 것으로서 양자를 구별할 수 있다. 효과성의 개념은 1960년대 이후의 발전행정적 사고에 의해 행정이 사전적·정책적·계획적으로 의도한 발전 목표를 어느 정도 달성했느냐가 중요시되면서 강조되었다(이종수 외, 1997: 159). 오늘날에도 행정에서의 효과성 개념은 매우 중요하게 여겨지며, 비용의 투입 정도가 아니라 정해진 목표를 얼마나 성과 있게 달성했는가에 관심을 갖는다.

4) 합리성

합리성(rationality)이란 라틴어의 '이성(reason)'을 그 어원으로 하는 매우 일반적이며 포괄적인 개념이다. 이성은 의식적으로 자아를 형성하는 인간의 특유한 힘으로서 목적지향성을 갖는다. 합리성은 어떤 행위가 목표 달성을 위한 최적 수단이 되느냐의 여부를 가리는 개념이지만 민주성이나 공익성의 개념만큼 의견 일치를 얻기 어려운 개념이다. 왜냐하면 합리성은 역사적으로 또는 학자에 따라 그 의미를 다르게 사용해 왔기 때문이다. 합리성은 주로 개인적 차원의 의사 결정 및 선택과 관련해 논의되거나 때로는 집단 차원에서도 논의되지만 양자 모두 의도성(intentionality)이 전제되는 개념이다. 따라서 합리성은 바람직한 목표 설정(정치적 결정)과 관련될 뿐만 아니라 주어진 목표 하에서 최선 또는 차선의 대안을 선택하는 행위, 즉 대안 선택 과정의 절차(경제적 결정)와 관계 있는 것으로서 의도적이고 분석적이며 과학적인 방법이나 수단과 관련된다.

이러한 합리성에 대해 전통적 합리주의에서는 목적 그 자체나 궁극적 가치 또는 궁극적 목적과 관련해 이해되어 왔다. 그러나 근세에 와서는 이러한 전통적 합리주의에서 벗어나 수단과 관련된 개념으로 이해되고 있다. 이러한 입장에 있는 대표적인 학자가 베버(Max Weber)이다. 베버는 자본주의 경제활동, 사법 제도, 그리고 관료적 지배 유형을 규정하기 위해 '합리성'이라는 개념을 도입했다. 그에 따르면, 합리성은 사물 그 자체에 원천적으로 존재하는 것이 아니라 특정 사물이나 현상에 부여되는 것이다. 그리고 합리성은 관계적(상대적) 개념이기 때문에 어떤 특수한 관점에서 볼 때만 합리적(또는 비합리적)일 수 있으며, 그 자체로서는 결코 합리적인 것도 또는 비합리적인 것도 아니라는 것이다(Brubaker, 1984: 35). 베버는 이러한 속성을 갖는 합리성을 다시 실용적 합리성, 이론적 합리성, 형식적 합리성, 그리고 실질적 합리성으로 구분하고, 의도된 목표의 성공적인 달성과 관련된 행위를 수단-목적 합리적(means-ends rational)이라고 하면서 행위의 본질적 가치와 관련된 가치합리적(value-rational) 행위와 구분했다(Kalberg, 1980: 1151-164).[8)]

베버의 이와 같은 합리성에 대한 논지 이래로 행정은 합리성의 문제와 깊이 관련 있는 것으로 인식되어 왔다. 특히 어반(Urban, 1982: 35)은 합리성을 행정적 세계관(Administrative Weltanschauung)의 핵심 요소로 파악하고, 행정 이념은 행정

8) 사이먼(H. A. Simon)은 합리성을 실질적 합리성(substantive rationality)과 절차적 합리성(procedural rationality)으로 나누어 설명했다. 실질적 합리성은 목표에 비추어 적합한 행동이 선택되는 정도를 의미하며, 절차적 합리성은 결정 과정이 이성적인 사유에 따라 이루어졌을 때 존재한다고 했다.

에 합리적인 조직 형태를 도입함으로써 효과성과 능률성의 극대화를 추구하는 것으로 이해하고 있다(이종수 외, 1997: 161).

5) 민주성

행정 이념으로서 민주성(democracy)이란 행정이 국민의 의사를 충실히 반영하고 절차와 과정에서 국민을 위하는 것이어야 함을 의미한다. 행정의 민주성을 두 가지 측면에서 살펴보면, 하나는 행정과 국민의 관계에서의 민주성이며, 다른 하나는 행정조직 내부에서의 민주화이다. 전자는 행정이 국민의 의사를 존중하여 국민의 요구를 수렴해 행정에 반영시킴으로써 대응성 있는 행정을 실현하고, 국민에 대한 책임행정을 구현하는 것과 관련된다. 후자는 조직 내 구성원의 비합리적·감정적·사회심리적·환경적 요인을 중시하는 인간관리를 통해 하의상달, 권한의 위임, 의사 결정에의 참여, 능력 발전, 자기 실현 등에 대한 기회와 욕구가 충족되도록 하는 것과 관련된다(이종수 외, 1997: 160). 따라서 행정의 민주화는 행정 자체의 민주화를 통해 국민을 위해 봉사한다는 행정 내외의 민주성을 의미하는 것이다.

민주성의 가치는 행정 과정상의 민주적 절차도 내포하기 때문에 행정의 반응성(responsiveness) 및 책임성(responsibility)과 관련된다. 국민과 주민을 위하는 행정이라는 점에서 민주성은 합법성, 즉 법에 근거한 행정보다 적극적인 개념이다. 민주적 행정을 위해서는 정치의 민주화가 전제되어야 하기 때문에 민주성은 행정 영역보다 정치 영역에서 더욱 요구되는 개념이다. 현대 국가는 이념적 민주정치와 봉사적 민주행정을 통해 국가의 역할과 행정의 기능을 추구한다. 따라서 자유민주정치 체제에서는 행정의 민주성이 다른 행정 이념보다 우선되어야 한다. 더구나 행정의 재량적 여지와 가치 창출적 기능이 점차 확대되는 행정국가, 분권화와 자율성이 강조되는 정보화사회, 그리고 사회 각 부문의 유연성과 창의성이 강조되는 지식사회에서는 행정의 민주성이 더욱 강한 요구를 받게 된다. 결국 행정에서의 민주성은 국민(주민)의 참여 확대, 행정의 공개성·투명성, 행정 과정의 민주화, 행정윤리의 확립, 행정 수행의 공평성·형평성과 같은 개념들을 포함하는 것이다.

6) 정치적 중립성

정치적 중립성(political neutrality)이란 원래 행정을 능률적으로 수행하기 위해서는 정치와 행정을 분리해야 한다는 정치 · 행정이원론에 입각한 것이다. 이는 행정공무원이 불편부당하고 능률적으로 업무를 수행하기 위해서는 정치로부터 자유로워야 한다는 것이다. 다시 말하면, 행정은 특정한 정당과 밀착되거나 특정 정당을 선호해서는 안 된다는 뜻이다. 미국에서 1883년 제정된 「펜들턴법」(Pendleton Act)과 「해치법」(Hatch Act)은 바로 이러한 이유에서 공무원의 정치적 활동을 금지한 법률이다.

행정과 정치는 기능적인 면에서 연속적이고 순환적 과정 속에 함께 연결되어 있다. 즉, 정치는 행정활동의 울타리와 가치 설정과 실천적 방향을 제공한다. 따라서 양자의 분리는 어렵기도 하거니와 분리될 수도 없는 관계에 있다. 그렇다고 하더라도 행정은 정치 권력의 구조 형성에 개입해서는 안 되며, 정치로부터 부당한 영향을 받아서도 안 된다. 이러한 정치적 중립성과 자율성의 확보를 위해 공무원의 신분 보장 · 전문화 · 실적주의를 제도화하는 것이 하나의 방안이 되고 있다(백완기, 1992: 93－94). 이와 같이 행정의 정치적 중립성은 행정이 독자적인 영역과 활동을 지키고 공무원이 정치에 개입하지 않음으로써 행정의 안정성, 계속성, 능률성을 유지해야 한다는 것이다. 따라서 행정의 정치적 중립은 능률적 행정을 가능케 하는 이점이 있으며, 또한 실적주의의 근간이 된다.

7) 사회적 형평성

형평성(equity)은 자유와 평등의 가치를 종합한 것으로서 동등한 자유(equal right)와 합당한 평등(just equality)을 의미하기도 하지만(박응격, 1984: 73), 일반적으로는 공정성(fairness) 혹은 사회 정의(social justice)의 개념과 같은 의미로 쓰여진다. 형평의 원리는 "각자의 몫은 각자에게로"라는 로마의 격언에 따르는 것이며, 사회적 형평은 동등한 것을 동등한 자에게, 동등하지 않은 것을 동등하지 않은 자에게 처방하는 것을 의미한다. 즉, 동일한 것은 동일하게 취급하고, 서로 다른 것은 서로 다르게 취급하는 것을 뜻한다. 이러한 사회적 형평의 개념에는 '정당한 불평등'의 개념이 내포되어 있기 때문에 어떠한 불평등이 정의라는 기준에서 용인될 수 있는가를 밝혀내는 문제가 포함되어 있다.

사회적 형평성(social equity)이 현대에 와서 강조되기 시작한 것은 신행정론(New Public Administration: NPA)이 대두되면서부터이다. 신행정론자들은 1960년대 이후 미국 사회에 심화된 실업, 빈곤, 무지, 정치적 · 경제적 소외층의 문제 등은 비민주적이고 대표성을 상실한 기존 관료제의 무관심에 의한 것이라고 보았다. 그리고 이를 개선하기 위해 행정공무원은 새로운 가치와 패러다임으로써 사회적 형평을 실현시켜야 할 윤리적 책임이 있다고 주장했다. 특히 신행정학에서 강조되는 사회적 형평의 이념은 적극적인 분배의 평등관을 함축하고 있고, 이것은 사회적 · 경제적 · 정치적 환경이 불리한 계층에게 더 많은 그리고 양질의 행정 서비스를 제공하는 것을 의미한다. 이러한 사회적 형평의 문제는 정책을 결정하는데 중요한 기준이 된다. 사회적 형평의 기준과 수단을 확보할 수 있는 자는 공무원이며, 국민에 대한 배분적 정의의 실현을 통해 국민복지 증진에 기여할 수 있는 자도 공무원이다. 따라서 사회적 형평의 이념은 현대 행정에서 매우 중요한 가치와 이념이 된다.

3. 행정 이념 간의 우선순위

1) 행정 이념의 우선순위 문제

앞에서 언급한 행정 이념들은 행정과 행정인이 추구해야 하는 규범적인 가치에 해당한다. 그러나 이들 행정 이념이 동일한 비중을 가지고 동시에 추구되기는 어렵다. 왜냐하면 국가나 시대에 따라서는 상대적으로 더 강조되는 가치나 이념이 있기 때문이다. 이 경우에 행정 이념 간의 충돌 현상이나 우선순위 문제가 대두된다. 개인의 자유와 권리의 보호가 최대의 과제가 되는 국가나 시대일 경우에는 합법성이 더욱 중요시될 것이다. 그러나 개인의 자유와 권리를 억압하는 권위적 정치 체제일수록 질서 유지와 합법성을 강조하는 모순된 상황이 나타나기도 한다. 또한 정치에 의한 행정 영역의 침해와 엽관제의 폐단이 만연할 경우에는 이에 대한 반작용으로서 정치적 중립성과 능률성이 더욱 강조되기도 한다.

그리고 현대에 와서 선진국일수록 행정 이념 중 민주성에 우선적인 비중을 두는 경향이 강하게 나타났다. 이는 자유민주주의의 체제와 가치를 지향하는 국가라면 무엇보다도 민주성을 중요한 이념으로 생각하기 때문이다. 민주성은 행정 외적으로 국민의 요구에 대한 행정의 대응성이나 반응성(responsiveness) 및 책임성(responsibility)을 확보하는 것이다. 반면, 행정 내적으로는 조직 내의 분권화, 권한의 위임, 자율성을 통한 행정의 생산성과 효과성 및 구성원의 자아 실현을 위한 중요한 기준이 된다. 그러나 제2차 세계대전 이후의 신생독립국이나 저개발국들은 절대 빈곤으로부터의 해방과 근대화를 통한 경제 성장이 국가의 최우선 과제였다. 따라서 이들 국가에서 최우선의 행정 이념은 효과성과 능률성에 두어진 반면, 합법성, 민주성, 정치적 중립성은 상대적으로 우선순위에서 밀려버리게 되었다.

2) 행정 이념 간의 충돌문제

다양한 행정 이념들은 때로는 상호간에 동일한 방향으로 추구되기도 하지만, 경우에 따라서 반대되는 방향으로 추구됨으로써 갈등을 초래하기도 한다. 일반적으로 합법성과 민주성은 다 같이 국민의 자유와 권익을 보호하고 신장한다는 의미에서 동일 방향에서 조화를 이룬다고 할 수 있다. 능률성과 효과성은 목표의 신속하고 경제적인 달성을 강조한다는 의미에서 조화가 가능하다. 또한 능률성과 중립성도 모두 기술성과 수단성을 강조한다는 점에서 조화를 이룰 수 있다. 그러나 행정 이념 간에는 갈등이 초래되거나 충돌하는 경우도 있다. 즉, 민주성과 효과성은 대립적인 갈등 관계로 나타날 수 있다. 민주성은 정당한 절차와 과정을 중시하게 되지만, 효과성은 목표 달성을 위해 과정과 방법이 무시될 수 있다. 이는 합법성과 효과성에도 적용된다. 그리고 민주성과 중립성 역시 갈등 관계로 나타날 수 있다. 왜냐하면 민주성이 가치성, 대표성, 합의성을 추구할 때에 중립성은 기술성, 도구성, 공정성을 추구하기 때문이다(백완기, 2006: 68－69).

반면에 민주성과 능률성은 한편으로 밀접한 관계에 있기도 하며, 다른 한편으로는 서로 반대 방향으로 진행하면서 갈등 관계로 나타나기도 한다. 즉, 민주성과 능률성이 동일한 방향에서 조화 가능한 것은 민주성이 조직, 인사, 재정 부문 등을 합리적으로 운영하도록 함으로써 능률성을 확보할 수 있기 때문이다. 특히 민주성의 실현을 위해서는 능률성, 효과성, 합법성 등과 같은 행정 이념의 확보가 필요하기 때문이다. 그러나 갈등적인 측면은 민주성이 강조될 때에는 능률성이 희생되기 쉽고, 능률성이 제고될 때에는 민주성이 유보되어야 할 때도 있기 때문에 두 가치가 충돌하게 된다.

이와 같이 행정 이념의 우선순위 문제와 충돌문제는 언제나 일어날 가능성이 있지만, 행정의 목적가치와 수단가치를 고려하면서 특정한 시대정신과 사회 여건에 적합하게 가치를 부여하거나 배열하는 것이 바람직할 것이다.

제 4 절 행정환경과 행정문화

1. 행정환경의 의의

환경(environment)이란 인간, 생물체 및 조직이나 체제에 영향을 미치는 모든 주변 여건으로 이해된다. 생명체적 관점에서 보면, 환경이란 생물이 생명력을 유지하는 일생 동안 영향을 미치는 모든 것을 의미하며, 이는 은유적 생명체인 조직이나 사회 및 국가 등에도 해당된다. 따라서 넓은 의미에서 환경은 자연적으로 또는 인위적으로 조성되거나 만들어져서 관점의 주체가 되는 것에 영향을 미치는 모든 것을 의미한다.

하나의 사회나 체제에서 모든 주체나 객체는 스스로 독립적이지 않다. 즉, 존재의 유지와 발전을 추구하는 개방 체제로서 경계 밖의 외부적인 사건이나 현상과 끊임없이 상호작용해야 한다. 행정 또한 진공 속에서 존재할 수 없고 사회 변동이나 다양한 사회 현상과 불가분의 관계를 맺고 있다. 행정과 정부조직은 개방 체제이기 때문에 대외적인 환경 조건 및 환경 요인과 지속적으로 상호작용하면서 변화하게 된다. 사회 변화에 대응하고 바람직한 방향으로 변화를 유도하기 위해서는 행징 기능도 변화해야 한다. 물론 행정이 주체가 됨으로써 다양한 정부활동과 정책을 통해 환경에 영향을 미치기도 한다. 다시 말하면, 환경에 대해 단순히 수동적으로 반응(reactive)하는 것이 아니라 환경과 끊임없이 상호작용(interactive)하는 관계라는 점에서 생태(ecology)의 개념을 내포하고 있다(Barton & Chappell, 1985; 정우일 외, 2010: 11).

이처럼 행정환경이란 행정의 경계 밖에서 행정에 영향을 미치는 모든 자연적 여건 또는 인위적 조건이라 할 수 있다. 즉, 국내・외적인 사회적 환경, 정치적 환경, 경제적 환경 등과 자연발생적이거나 불가항력적인 자연적 환경 등이 행정의 반응과 대응을 요구하는 영향 요인들이다. 특히 오늘날의 급속한 변화의 소용돌이와 높은 불확실성의 환경은 행정에 지대한 영향을 미치고, 변화에 대응한 행정 수요의 투입과 산출 및 환류의 과정을 통해 행정의 진화를 가져오게 된다. 그러나 환경의 변화에 능동적으로 대응하지 못하게 되면 행정 체제 역시 도태되거나 경쟁력을 갖기 어렵게 된다.

2. 글로벌 거시환경

1) 개방화와 세계화

개방화란 국가 간의 인적・물적 교류가 자유로워지는 것을 의미하며, 세계화(globalization)란 개방화의 결과로 자연스럽게 나타나는 현상이며, 의식과 행동을 세계적으로 지향하도록 요구한다. 이러한 개방화와 세계화의 조류에 의해 무국경, 무경계, 무한경쟁, 협력, 융합 등의 가치가 함께 나타나게 된다. 이에 따라 과거의 배타적이고 비개방적인 체제의 운영 방식에 큰 변화가 일어나면서 다음과 같이 행정에 다양한 영향을 미치게 된다.

첫째, 국민의 의식에 영향을 미쳐 행정의 변화를 요구한다. 개방화와 세계화의 속도와 폭에 비례해 활발한 인적 교류와 문화적 소통 등을 통한 학습 효과와 기대심리를 작용하게 된다. 이에 따라 효율적인 정부 운영과 질 높은 행정 서비스에 대한 국민적 요구도 증대하게 되고 행정은 이러한 환경 변화에 대응해야 한다.

둘째, 국가 간의 활발한 물적 교류가 행정 시스템을 변화시킨다. 무국경의 무한 경쟁과 블록경제(bloc economy)의 보호주의 흐름에서 국내의 산업과 기업은 대외적인 질적 경쟁 우위를 추구해야 한다. 이에 대한 행정의 적극적 지원이나 적절한 보호가 필요하게 된다. 그러나 과도한 규제는 기업의 활동을 위축시키고 경쟁력을 저하시킬 수 있기 때문에 규제 강화(regulation)와 규제 완화(deregulation)에 대한 적정한 정책 조절이 필요하다.

셋째, 세계화는 행정인의 확대된 능력을 요구한다. 세계화의 물결은 국가 간의 교류와 협력은 물론 이해관계를 둘러싼 분쟁을 촉진할 수 있다. 즉, 통상, 농업, 어업, 환경, 자연재해, 자원, 각종 범죄 등과 관련된 공동협력과 갈등을 해결하기 위한 역량이 더욱 요구된다. 따라서 정부의 책임성과 행정인의 전문적 역량 증진이 필요하게 된다(이종수 · 윤영진 외, 2012: 56).

2) 지식정보화와 디지털화

지식정보사회로 일컬어지는 후기산업사회는 사회나 산업을 불문하고 정보와 지식을 통한 가치 증강을 위해 자원 투입과 시스템 운용이 이루어지는 정보집약적이고 지식집중적인 모습으로 진전되어 가고 있다. 이는 정부 시스템과 행정 운용에도 적용되는 현상이다. 지식정보사회로의 대변혁은 정부와 행정에 대해 전통적 의식과 구조에 의한 행정 체제와 운용에서 벗어나 합리적이고 협입적인 창조적 기업가형 시스템으로 전환하게 하고 있다.

또한 현대 사회는 메가트렌드(megatrend)뿐만 아니라 보이지 않는 마이크로트렌드(microtrend)에 의해 움직어지고 있다. 정보통신과 컴퓨터 및 인터넷의 급속한 발전에 따라 시간과 공간의 경계가 무너지면서 전통사회와 산업사회의 양식과 양태에 큰 변화를 초래하고 있다. 다양한 디지털 기기는 개인 차원의 일상생활과 의식에 놀라운 변화를 일으키고, 사회적으로는 대중적 문화 양태를 획기적으로 변화시키고 있다. 그리고 정부 차원에서는 전자정부(e-government) 구축에 의한 행정관리 시스템을 변화시켜 구매, 정보 제공, 서비스 제공 등에서 효율성과 경쟁력을 제고하기 위한 방향으로 변화를 유도하고 있다.

3) 환경위기와 자원 갈등

지구촌의 환경문제는 21세기의 화두가 되고 있고, 지구온난화에 따른 자연재해와 환경호르몬과 슈퍼바이러스와 같은 생물학적 환경재앙이 점점 심화되고 있어 인류의 미래를 위협할 수준이라는 것이 일반적인 견해이다. 이러한 환경위기는 각 국가와 세계기구뿐만 아니라 시민사회에 위기 대응과 친환경적 대안 모색을 요구하고 있다. 즉, 환경위기를 초래한 '공유의 비극(tragedy of commons)'을 넘어 '공유자원의 관리(governing the commons)'를 위한 국내 · 외적인 노력들이 이루어지고 있다. 선 · 후진 국가를 막론하고 환경산업 및 환경 기술과 같은 친환경 분야가 경제 발전의 중심축이 될 것으로 전망되고 있다. 이에 따라 환경과 자원에 대한 인적 · 물적 투자와 육성을 위한 정부와 행정의 역할은 향후 더욱 확대 · 강화될 수 있다.

한편, 기후 변화와 함께 대두되고 있는 자원 고갈 문제도 인류가 해결하거나 개선할 중요한 현안이다. 산업화 시대의 성장을 견인해 왔던 동력으로서 화석연료의 과용과 그로 인한 지구온난화 등의 환경문제에 대응하기 위해 새로운 성장 동력으로서 대체에너지와 친환경자원을 확보하는 새로운 성장 및 생존 패러다임으로 바뀌고 있다. 이에 따라 대체에너지와 신재생에너지의 개발과 확보를 위한 세계적인 자원전쟁 역시 정부 시스템과 사회 운영의 틀을 변화시키고 있다.

3. 행정의 일반환경

1) 정치적 환경

민주주의 체제 하에서 정치와 행정의 기본 관계는 삼권분립에 의한 견제와 균형의 원리 적용, 그리고 결정과 집행 및 사법적 판단의 구조로 이루어진다. 대의제 형태의 수권정치 권력은 국민의 의사를 실현하기 위해 정책을 결정하고, 행정부는 이를 민주적이고 효율적으로 집행하는 것이다. 이러한 체제 내에서 공공기관과 행정은 외부와 끊임없이 교호관계를 가지며, 특히 정치적 환경에 민감하게 반응하게 된다. 다시 말하면, 현대 사회에서 경제적 · 사회적 · 기술적 · 문화적인 문제나 현상은 끊임없이 발생하면서 정치 권력에 대해 요구와 투입 요인으로 작용한다. 이에 대해 정치 메커니즘은 이를 선택적으로 수렴하고 의제화(agenda setting)함으로써 행정에게 이를 구체화하도록 한다. 즉, 입법부, 대통령, 정당은 국가의 목표와 방향을 설정함으로써 행정기관의 집행력을 구속하는 환경적 변수로 작용한다.

특정 국가의 정치 체제가 민주적이냐 아니면 권위적이냐에 따라 행정에 미치는 영향은 크게 차이가 날 것이다. 민주적인 정치 체제의 경우, 다원화된 행위 주체들 간의 활발한 상호작용과 의사소통이 이루어지게 되고, 이 과정에서 행정에 대한 다양한 정치적 투입이 나타나게 된다. 반면, 권위적인 정치 체제의 경우, 정치 · 행정일원론적 측면에서 정치 또는 행정에 의한 권위적 결정성이 지배하게 된다. 이에 따라 사회 내의 활발한 교호작용이 상대적으로 규제됨으로써 정치적 투입만이 행정에 영향을 미치는 변수가 되고 시민사회의 참여와 여론은 무시된다. 또한 민주주의 정치 체제에서도 대통령중심제를 택하느냐 또는 내각책임제를 택하느냐에 따라서도 차이가 날 것이다. 그리고 정당정치의 운용상의 실제 또는 형식에 따라서도 차이가 날 수 있다.

2) 경제적 환경

정치적 환경에서는 주요 행위자가 비교적 명확하게 드러나는 반면, 경제적 환경을 구성하는 기업과 노동계는 단일한 성격을 갖는 제도적 행위자가 아니다. 다만 경제적 환경 인자들도 안전과 복지 및 임금 등과 관련된 규제 강화, 규제 완화, 복지 확대, 임금 투쟁 등의 요구를 통해 행정에 영향을 미치게 된다. 즉, 행정의 환경 요인으로서 경제는 시장의 효율성에 대한 추상적 논의와 정부의 시장 개입 여부에 대한 규범적 논의가 양자 관계의 중심이 된다(이종수 외, 2014: 48).

전자는 시장에서의 재화와 서비스가 사회적 적정 생산량을 보장하지 못해 초래되는 시장실패(market failure)를 전제로 두고 있으며, 후자는 시장실패에 대한 교정책으로서 정부 개입의 정당화나 정부 개입의 축소를 논거로 주장한다. 문제는 정부 개입의 결과가 시장의 비효율성과 불평등을 개선하지 못하고 오히려 경제적 상황을 더욱 악화시키게 되는 정부실패(government failure)를 초래할 수도 있다는 것이다. 시장은 그 자체의 자율성 또는 정부의 규제성만으로는 그 기능을 제대로 발휘하기 어렵기 때문에 시간과 공간적 여건을 고려해 자율성과 규제성의 완급을 적절히 조절할 필요가 있다.

3) 법적 환경

민주주의는 권력 분립과 법치주의라는 가치에 근거를 두고 있다. 권력 분립은 입법권, 행정권, 사법권을 분리해 상호간의 견제와 균형을 통해 국가 권력의 남용과 오용을 제어하고 국민의 기본권을 보장하기 위한 통치구조의 원리이다. 법치주의는 국가와 정부가 국민의 자유와 권리를 제한하거나 의무를 부과하기 위해서는 반드시 법률에 근거해야 한다는 원리이다. 즉, 모든 행정행위는 국민의 권리 보장과 복리를 위해 자의성을 배제하고 법률적 근거에 기반해 이루어져야 한다는 것이다.

만일 국민의 권리가 침해되었을 경우에는 사법부의 심사 · 판결을 통해 구제받게 된다. 이때에 사법부는 행정기관의 위법한 행정작용에 대한 사후 권리구제 장치로서 행정에 직접 영향을 미치게 된다. 특히 헌법재판소의 위헌 결정은 정부정책의 실질적인 심사 및 수정이라는 과정과 결과를 통해 행정부의 정책 결정이나 집행을 뒤바꿀 수 있을 정도로 그 영향력이 크다(이종수 · 윤영진 외, 2014: 49－50).

4) 사회적 환경

사회 전반의 양극화 · 불평등, 고령화, 다문화, 복지 수준, 이념 간 · 집단 간 · 지역 간 · 세대 간 갈등 등의 문제는 국가에 따라 수준과 범위에 차이가 있을 수는 있지만, 경제적 문제를 내포하고 있는 사회적 환경이라 할 수 있다. 특히 사회적 복잡성이 높아질수록 다양한 양상의 갈등은 불가피하게 나타나는 현상이지만, 극복 과정과 자정 노력을 통해 사회를 건강하게 하는 측면도 있다. 특정 이슈와 관련해 일반 국민이나 특수한 이해관계 집단은 언론과 다양한 매스커뮤니케이션을 통해 여론을 형성하거나 집단행동(collective action)을 함으로써 정치와 행정에 영향을 주기도 한다.

또한 정부(제1섹터)와 시장(제2섹터)이 충족시키지 못하는 틈새 수요는 정부와 시장의 사이에서 제3섹터인 비정부기구(non-government organization: NGO)와 비영리단체(non-profit organization: NPO)들이 담당하고 있다. 이들 역시 정부와 행정에 영향을 미치는 환경적 변수인 동시에 자발성에 입각해 자체적으로 공공 서비스를 생산하고 제공하기도 한다. 최근에는 네트워크, 융합, 협업, 거버넌스, 집단지성 등이 강조되는 사회 현상과 함께 '신뢰'를 포함하는 사회적 자본(social capital)이 크게 중요시되고 있다. 왜냐하면 국가의 건강성과 경쟁력이 그 사회에 내재하는 신뢰 관계의 수준에 의해 좌우될 수 있다는 인식이 높아지고 있기 때문이다. 이러한 사회적 자본도 정부와 행정의 역량과 대응에 영향을 미치는 중요한 변수가 되고 있다.

4. 한국의 행정환경

1) 스마트 사회 진전

세계적인 IT 강국의 기술력과 디지털 기반의 문화 양식의 발전에 따라 사회 전반에 걸쳐 스마트한 생활과 활동이 더욱 확산되고 있다. 스마트 사회는 진화되는 IT기술을 바탕으로 유비쿼터스(ubiquitous), 컨버전스(convergence), 인공지능(artificial intelligence) 등을 기반으로 하는 지능형 사회를 의미한다. 다양한 분야의 IT 융합 현상과 함께 Smart Phone, Twitter, Blog, Instagram 등과 같은 SNS(social network service)와 LBS(위치정보 서비스) 등 디지털기기 활용의 급속한 확산은 생산성 향상, 사회적 투명성, 생활의 편리성, 사회적 권리 신장, 정치 참여 확대 등의 긍정적 효과를 기대하게 하면서 똑똑한 사회를 만들어 가고 있다.

반면, 우리 사회의 가치와 규범이 정보화의 속도에 미치지 못하면서 나타나는 프라이버시 침해, 정보 격차(digital divide), 사이버 폭력 등을 포함한 다양한 역기능을 확대시키기도 한다. 따라서 이러한 요인들은 스마트 역기능을 해결하고 스마트 사회의 진전을 위한 정부의 정책적 · 제도적 개입뿐만 아니라 스마트 사회의 진화에 대응하는 정부개혁의 근거가 된다.

2) 저출산 · 고령화 현상

인구 규모는 국가별로 성장의 토대냐 아니면 발전의 장애냐 하는 차이를 가져온다. 선진국의 규모 있는 인구는 내수시장의 확보를 통해 안정적인 경제와 성장의 기반이 될 수 있다. 하지만 대체로 과다한 인구와 적은 일자리를 가진 후진국은 빈약한 정부의 경제적 · 재정적 부담을 가중시켜 성장과 발전에 오히려 걸림돌이 될 수 있다. 세계적으로는 인구가 지속적으로 증가하는 추세이지만, 선진국의 경우에는 저출산을 억제하기 위한 정책적 대응에 고민하고 있다. 우리나라의 경우, 세계적으로 가장 높은 저출산율로 인해 향후 학령인구 감소와 대학의 위기, 경제활동인구의 감소에 따른 사회적 생산성 저하 및 관련 산업의 붕괴, 노인 부양과 국민연금에 대한 재정적 부담 및 세대 간 갈등, 그리고 지방소멸 등이 우려되고 있다.

또한 과학기술의 발달과 경제 발전에 의한 보건 · 의료환경의 개선 및 평균수명의 연장은 후진국의 인구를 증가시키는 반면, 선진국에서는 저출산 · 고령화를 촉진시킴으로써 급속하게 인구구조를 변화시키고 있다. 특히 선진국의 경우, 인구고령화에 따른 경제활동인구가 지속적으로 감소할 것으로 예상된다. 우리나라는 세계적으로 유례없이 급속한 속도로 고령화사회(2000)에서 고령사회(2019)와 초고령사회(2026)로 진입할 것으로 전망되고 있다. 이는 고령인구에 대응하는 새로운 산업별 수요 패턴과 시장 규모를 확대시킴으로써 기회 요인이 될 수도 있다.

그러나 분명한 것은 저출산 · 고령화는 심각한 노동력 부족과 성장의 둔화와 같은 문제를 초래한다는 점이다. 또한 노인복지 수요의 증대와 고령인구에 대한 부양은 정부의 재정적 부담을 가중시키는 위협 요인이 된다는 점이다. 따라서 한국사회에서 저출산 · 고령화에 따른 인구구조의 변화는 저개발 시대와는 다른 고도산업사회의 경제구조나 산업 발전과 밀접하게 관련되어 있어 중장기적으로 이에 대한 정부의 정책적 · 제도적 대응과 사회공학적 대안 모색이 필요하다.

3) 복지 수요 증대

경쟁과 성과 및 유연성 등을 중심으로 하는 신자유주의의 사회경제적 가치 정향은 차이와 차별의 구조를 통한 불평등과 비형평을 초래하게 된다. 이 과정에서 소득계층 간, 직업 간, 지역 간, 영역 간 등에서 양극화가 심화될 수 있다. 자연에서 나타나는 황금률과 같이 경제학자 파레토(Vilfredo Pareto)가 제시한 '80대 20'구조의 사회적 양극화 현상이 심화되고 고착화되면 각 영역 간의 갈등과 대립구조로 인해 건전한 사회공동체의 운영이 어렵게 된다. 특히 점점 커지는 복지 수요에 대응하는 과정에서 복지 부담자인 경제활동인구와 복지 수혜자인 사회적 약자 간의 충돌까지 예견되고 있어 문제가 된다. 그러나 이러한 문제에 대한 교정을 가족, 교회, 기업 등의 민간 영역에 기대하기는 어렵다.

사회경제적 양극화, 첨단기술화 현상 및 수명 100세(Homo Hundred) 시대에 따른 빈곤층, 실업자, 장애인, 아동, 고령인구 등 사회적 약자의 기본적 행복추구권과 적정한 보호 및 복지는 국가와 정부의 몫이 된다. 결국 시장실패(market failure)와 사회적 비형평성(social inequity) 문제는 정부와 행정이 부담해야 한다. 이에 따라 조세정책, 재정정책, 산업정책, 복지정책 등에 대한 정부의 적극적인 노력이 필요함은 물론이며, 자원봉사와 같은 민간 차원의 사회적 관심과 배려가 거버넌스 시스템으로 보완되어야 한다. 그래서 보편적 복지와 사회 서비스의 확대에 대한 시민사회적 요구는 정부의 부담과 과제가 되는 것이다.

4) 지방자치의 진전

21세기의 정치환경은 국가 운영의 패러다임을 '통치(government)에서 협치(governance)로'의 전환이라는 기본 틀 속에서, '중앙에서 지방으로, 관에서 민으로, 폐쇄에서 개방으로, 소외에서 참여로'라는 권력구조의 재편과 정부 간, 그리고 정부 · 민간 간의 관계 재설정을 통한 체질 개선을 이루고자 하고 있다. 그리고 세계화 시대에 국가와 지방의 경쟁력을 위해 제도와 시스템을 혁신시키는 분권 · 분업 · 분산 등의 3분정책(三分政策)이 요구되고 있다. 또한 다양한 분야에서 민주적인 시스템과 운영에 대한 욕구가 확대되고 있는 것은 민주주의가 제도적으로 성숙하는 과정으로 볼 수 있다.

1995년 전면 시행된 지방자치는 그동안 점진적으로 발전을 하고 있지만, 선진적으로 정착시키기 위해 주민들의 애향심과 지역문제 개선을 위한 적극적 주민의식과 주민참여가 요구되어 왔다. 지방자치는 지역문제와 지역 발전에 대한 권리와 함께 책임도 주민이 감당해야 하는 제도이기 때문에 자치단체의 자치권과 재정력은 중요한 요소가 된다. 그러나 중앙과 지방의 수직적 관계와 정치적 권력구조 및 행 · 재정적 분권의 미흡 때문에 2할 또는 3할 자치라는 자조 어린 평가를 받아왔다. 다행히 지방자치제가 의식적·제도적으로 시행착오의 경험을 겪으면서 점진적으로 성숙하고 있다고 보여진다.

이러한 과정에서 지방자치의 형태를 단체자치에서 주민자치로 전환하고자 하는 변화도 일어나고 있다. 예를 들면, 중앙정부의 과감한 지방분권 추진과 자치권 확대에 대한 지속적인 요구, 기초자치단체의 선출직 정치 후보자들에 대한 정당공천제 폐지 요구, 행정의 효율성을 위한 광역행정의 필요성과 함께 정치적 민주성의 토대인 지역공동체 중심의 근린자치(주민자치회)에 대한 요구 등은 지방자치를 성숙시키려는 변화로 보인다.

5. 행정문화의 의의

사회는 일반적으로 특정한 영역에 살면서 생각을 공유하고 통일된 특별한 실체를 구성하고 있다고 느끼는 사람들의 집단으로 이해된다. 공동체 구성원들이 갖는 동질적이거나 유사한 의식과 행동은 다른 공동체와의 관계에서 절대적인 고유성과 상대적인 차이성을 보인다. 이것을 무엇이라 할 수 있는가? 인류학의 아버지라 불리는 타일러(Edward Burnett Tylor)는 『원시문화(*Religion in Primitive Culture*)』, (1871)에서 문화(culture)란 "지식, 신앙, 예술, 도덕, 법률, 관습, 그리고 사회구성원으로서의 인간이 획득한 모든 능력과 습관을 포함하는 복합적인 전체(complex whole)"라고 정의한 바 있다. 즉, 사회인이 자연 및 원시와 대립해 인위적인 무엇을 더해서 새로운 것을 만드는데, 이 과정에서 만들어지는 모든 결과물을 문화로 보았다. 이러한 포괄적인 문화 개념에 따르면 문화는 인간의 유형화된 생활양식(patternalized way of life)의 전체를 의미한다(임희섭, 1995: 6). 이와 같이 문화는 한 사회가 가지고 있는 가치, 규범, 신념, 관습, 지식, 법률 등과 같은 행동 양식과 사고 방식의 총체를 의미하며, 특정 사회와 그 구성원을 구분하는 유형, 특성, 규범의 집합적 개념이다.

행정문화(administrative culture)란 "특정 국가의 행정관료들이 공유하는 의식구조, 사고 방식, 가치관, 태도와 일반국민의 행정에 대한 가치의식의 총합"이며, 일반문화에 대한 하위문화의 성격을 띤다(백완기, 2006: 185). 즉, 특권의식과 행정

우월주의, 선례우선주의, 형식주의, 계서의식 등과 같이 관료사회에 고유하거나 배타적인 의식은 일반문화와 다른 특성을 지닌다. 그러나 행정문화는 상위문화인 일반문화에 의존하며, 특정 사회의 일반문화가 변화하면 행정문화도 변화한다. 이러한 맥락에서 일반문화는 행정문화의 성격을 결정하는 환경 변수가 된다. 행정 체제는 환경과 지속적인 상호작용을 통해 역사적으로 형성되고 고착화된다. 따라서 정치·경제·사회적 환경의 변화는 행정 체제와 기능에 직·간접적으로 영향을 미치면서 체제 내의 구성원인 행정인의 가치관이나 의식에 변화를 일으킨다. 그뿐만 아니라 역으로 행정인의 변화된 의식과 행동의 결과가 환경의 변화를 유도하기도 한다.

결국 행정문화는 행정 체제를 구성하는 사람들이 내부적으로 공유하는 사고 방식과 행동 양식의 총체로서 행정인들의 태도와 행동을 규정한다. 나아가 정부활동의 기획, 결정, 집행 및 평가 등의 과정에서 암묵적으로 많은 영향을 미친다. 따라서 이러한 행정문화는 특정 국가의 고유한 행정을 이해하는 데 도움을 주는 중요한 개념 및 분석의 도구가 될 수 있다. 예를 들면, 제도와 현실 간에 나타나는 괴리 현상을 행정문화라는 프리즘을 통해 접근하면 그 현상에 대한 이해가 용이해질 수 있다. 행정문화를 연구하는 것은 첫째, 한 국가나 특정 조직이 지닌 행정의식과 행태적 측면의 특성을 이해하고 왜 그러한 현상이 나타나게 되었는지를 이해하는 데 중요한 도구가 된다. 둘째, 행정문화의 특성을 유형화하고 분석·연구하는 것은 발전행정과 비교행정을 이해하는 데 도움이 된다. 셋째, 행정문화의 이해는 거시적인 한 사회의 문화를 발전시키는 데 중요한 역할을 한다(김한배 외, 2001: 36).

이러한 행정문화는 한 국가에 한정했을 경우에는 전체 문화 속에서 정치·경제·종교·예술·교육·역사·군사 등의 다른 문화와 비교되는 하위문화가 된다. 그러나 국가 간에, 그리고 국가별로 비교할 경우에는 일반문화의 속성과 크게 구분되지 않는다. 일반적으로 서구 선진국의 행정문화는 그들의 역사와 전통 속에서 몇 가지 특성으로 나타난다. 즉, 합리주의, 몰인간주의, 성취주의, 과학주의, 사실주의, 보편주의, 전문가주의, 중립주의 등으로 특징화되고 있다. 반면, 발전도상국이나 후진국의 행정문화는 권위주의, 가족주의, 의식주의, 연고주의, 사인주의, 관중심주의, 일반주의, 정적 인간주의 등으로 정리된다(백완기, 1982: 21-109; 김광웅, 1983: 248－261; 백완기, 2006: 185－190; 오석홍, 2004: 190－196).

6. 선진국의 행정문화

1) 합리주의

합리주의는 모든 객관적 지식을 동원하고 분석해 최적의 의사 결정을 추구하려는 태도를 말한다. 즉, 사실과 진리의 진위 여부를 끊임없이 추구한다. 합리주의가 보편화되어 있는 사회에서는 자유로운 의사소통과 논쟁으로 주관의 객관화를 추구하는 반면, 감정이나 편견이 의사 결정이나 판단에 미치는 영향을 최소화하려 한다.

2) 성취주의

성취주의는 인간의 능력을 출신 성분, 종교, 출신 지역 등의 귀속적인 요소에 의해서가 아니라 실적, 능력, 자격 등 객관적인 요소에 근거해 평가하려는 문화를 말한다. 성취주의가 일반화되어 있는 사회에서는 출신 성분이나 신분상의 이유로 차별을 받는 경우가 적으며, 객관적인 기준과 합리적인 원칙에 의해 평가되고 채용, 승진, 처우 등 인사관리가 비교적 공정하게 이루어진다.

3) 상대주의

상대주의는 이 세상에 고정되거나 영원 불변한 것은 없으며 모든 가치나 현상은 상대적이고 유동적이라고 보는 태도이다. 인간의 생각이나 이념도 변할 수 있고, 이를 '가치의 유동성(fluidity of value)'이라고 한다. 상대주의가 용인되거나 강조되는 사회에서는 특정 가치에 대해 집착을 하지 않기 때문에 변화에 적응하기 용이하고 의사 결정이나 정책 결정이 급진적이지 않고 점진적으로 이루어진다.

4) 모험주의

모험주의는 더 나은 상태를 얻기 위해 항상 도전하는 태도가 강하며 시행착오(trial and error)와 실패를 두려워하지 않는다. 오히려 도전과 실패를 통해 개선과 발전이 가능하다고 하는 생각과 실행력이 일상화되어 있다. 이러한 사회에서는 시행착오를 통해 문제가 해결된다고 보기 때문에 행정을 문제 해결 과정 자체라고 본다. 이 때문에 창의적인 사고와 그에 따른 결과를 더 많이 얻을 수 있다.

5) 사실정향주의

사실정향주의는 가치 판단의 제1의 기준을 주관적인 가치가 아니라 사실(fact)에 근거하려는 태도이다. 사실정향주의가 보편화되어 있는 사회에서는 구성원들이 현상을 정확하게 관찰하고 객관적인 실체에 접근하려 하기 때문에 다양한 실험기법과 도구들을 동원한다. 이러한 사회에서는 감정이나 주관적인 주장에 의해서가 아니라 객관적인 사실에 의해 동의(agreement)와 설득(persuasion)이 이루어진다.

6) 중립주의

행정은 정치 과정의 최종 단계로서 집행 기능을 하기 때문에 정치와 행정은 기능적으로 밀접히 연결되어 있다. 그러나 민주적인 권력분립 하에서 운영의 독립성에 의해 정치와 행정은 상호 간섭을 하지 않아야 한다. 즉, 행정은 그 본래의 성격상 도구성 · 관리성 · 수단성이 강하기 때문에 정치 영역에 개입해서는 안 되며, 정치에 의해 간섭을 받아서도 안 된다는 것이다. 대부분의 국가에서는 정쟁이나 선거에서 행정의 중립성을 위해 제도적인 장치를 가지고 있기도 하다.

이와 같이 선진국의 행정문화는 대체로 합리적 성격이 강한 것이 사실이지만, 각 국가를 비교할 경우에는 차이가 있기도 하다. 독일과 프랑스는 규정 · 절차 등에 집착하는 경향이 있으며, 미국 · 영국은 실용주의적 · 경험주의적 성격이 강하다 할 수 있다. 또한 강성국가인가, 연성국가인가, 내각책임제인가, 대통령중심제인가에 따라 문화적으로 많은 차이가 있을 수 있다. 일본의 경우에는 전통적 요인과 근대적 요인을 잘 융합해 국가 발전에 성공했다고 할 수 있으며, 조직에서 상하 간 인간 관계가 상대적으로 중시되어 온 문화를 가지고 있다고 평가된다(김규정, 1997: 157－158; 오창섭 · 이재호, 2000: 56).

7. 한국 행정문화의 특징

오늘날 한국의 일반문화는 많은 변화가 있기는 하지만, 조선왕조 시대의 통치 이념인 성리학과 유교적 전통이 강하게 영향을 미치고 있다. 물론 현대적인 문화와 부딪치는 부정적 측면도 많지만, 순기능적 측면도 간과할 수는 없을 것이다. 즉, 학문의 숭상, 근검 절약, 인격 수양, 인간 관계의 조화, 겸손과 정직 등과 같은 긍정적 가치들은 재평가될 만하다(김규정, 1997: 158). 한국의 행정문화 역시 일반 사회문화의 하위문화로서 이러한 긍정적 의식들이 배어 있기는 하지만, 전통적으로 중앙집권적인 통치 체제, 관우월주의, 남성중심주의, 그리고 서열의식 등의 부정적인 측면에 의해 문제가 되기도 한다.

1) 권위주의

권위주의는 인간 관계에서 평등 관계보다는 수직적인 상하 관계의 위계질서와 지배·복종의 관계를 중시함으로써 관우선주의 또는 관존민비사상이 일반화되어 있는 문화로서 권력의 거리(distance of power)가 먼 특성을 띤다. 권위주의가 보편화된 사회에서는 권력과 권한이 상층부에 집중되고 민에 대한 관의 책임성이 약하다. 정책 결정 과정에서도 상급자나 강자가 군림하고 흑백 논리가 지배하며 구성원의 참여가 제한된다. 그러나 계서적 질서를 통해 사회나 조직을 안정화시키기도 하며, 특히 국민의식이 낮은 사회에서 유용한 측면도 있다.

2) 가족주의

가족주의는 혈연·지연·학연 등과 같은 사적인 관계를 중시하며, 이러한 유대를 행정의 공식적 부분에도 적용하려는 문화이다. 즉, 행정행위나 공적인 업무를 가족의 일이나 가족 관계로 간주하려 한다. 이러한 사회에서는 구성원 간의 화합과 계서적 질서가 강조되지만, 공·사 간의 구분이 분명하지 않아 역기능이 나타날 수 있다.

3) 연고주의

연고주의는 가족 · 친족 · 동문 · 동향 등의 혈연, 지연, 학연 등 일차적 집단의 유대를 다른 사회적 관계보다 중시하는 의식과 태도를 일컫는다. 이에 따라 2차적이고 공식적인 관계보다 배타적이고 특수한 관계를 더 중시한다. 연고주의가 만연하게 되면 비공식적인 부문이 조직이나 집단의 분위기를 좌우하게 되어 갈등이 심화되고 채용 · 승진 · 전보 등의 인사행정이 공정하게 이루어지기 어려운 문제가 생긴다. 반면, 인간적 유대감이 경직된 공식조직에 활력소가 될 수도 있다.

4) 형식주의

형식주의는 외형(공식)과 내실(비공식) 간 괴리가 나타나는 현상을 의미한다. 즉, 내용이나 실리보다 형식 · 절차 · 의례에 의존하거나 집착하는 성향이다. 의식주의 하에서는 도덕적 책임(responsibility)보다 법적 책임(accountability)이 강조되고 선례를 답습하려는 경향이 높아진다. 형식, 외양, 의례, 예절 등을 존중하지만 지나치게 의식하기 때문에 이를 '의식주의(ritualism)'라고도 한다. 형식과 의례가 강조되면 변화에 저항적이 되며, 창의적 활동을 발휘하기 어렵게 된다.

5) 정적 인간주의

정적 인간주의는 인간 관계를 이해타산이나 직무 관계로 보지 않고 정적인 유대 관계로 보려는 성향을 의미하며 '온정주의'라고도 한다. '우리'라는 의식 속에서 타인과 밀착된 유대 관계를 맺으려는 태도이다. 따라서 공적 관계나 계약상의 권익과 이해보다 인간 간의 신의를 더 앞세운다. 정적 인간주의가 보편화되어 있는 사회는 상하 간의 관계가 직무 대 직무의 관계가 아니라 인격 대 인격의 관계로 맺어진다. 이러한 사회에서 정책 결정은 객관적 사실보다 주관적 감정이나 편견에 의해 이루어지기 쉽다.

6) 운명주의

운명주의는 인간 이외의 초자연적인 힘이나 신비적 존재 등 외재적인 힘에 의해 인간의 길흉과 성공·실패가 좌우된다는 사고를 말한다. 운명이 인간의 의지와 능력보다 진인사대천명하는 성향이 강하다. 즉, 주체성이 빈약해 환경을 극복하거나 환경에 대응하기보다 순응하려는 행동양식이다. 이러한 문화는 행정을 하면서 운을 핑계로 책임 전가를 하기 쉽고, 보수적이고 현상 유지적인 행태를 보인다. 또한 합리적인 리더십보다는 카리스마가 강한 리더십을 기대하게 된다.

7) 일반주의

일반주의란 세상일은 상식 수준에서 이해되고 처리할 수 있다고 보기 때문에 전문지식과 기술을 가진 사람보다 보편적 상식과 교양을 가진 사람을 선호하는 성향이다. 업무상의 역할 분화와 전문화보다 조직의 통합과 업무의 융통성을 존중한다. 이에 따라 일반주의가 지배하는 사회에서는 전문가주의(professionalism)가 자리를 잡기 어려우며, 행정의 전문화가 정착하지 못하게 되고 계서 중심의 행정이 이루어지게 된다. 그러나 일반주의는 조직의 안정성을 가져다 주며 부문 간의 조정이 비교적 용이할 수 있는 장점이 있다.

8) 관직이권주의

관직이권주의는 관직을 직업으로 생각하기보다 입신양명의 출세와 이권의 수단으로 생각하는 의식이다. 즉, 관직을 특권 향유와 출세의 수단으로 생각하게 된다. 이러한 사회에서는 관료들이 국민에 대한 공복의식을 갖기보다 특권의식을 우선시하게 되고, 관료들 사이에서 이권의 가능성이 많은 자리를 경쟁적으로 선호하게 된다.

연습 문제

1. 자신의 일상생활에서 경험할 수 있는 행정 현상에는 어떤 것들이 있는가?
2. 대중매체를 통해 접할 수 있는 행정문제에는 어떤 것들이 있으며, 특정 행정문제를 예시해 그 원인과 개선 방안 또는 해결 방안은 무엇인지 설명해 보시오.
3. 행정은 그것의 환경인 '정치'와 '경영'과는 어떤 관계에 있는가?
4. 공행정과 사행정 간의 유사점과 차이점은 무엇이며, 양자 간의 관계는 어떻게 변화하고 있는가?
5. 행정을 넓은 의미에서 '의식적인 협동행위'로 규정한다면, 개인들이 자신의 이익만을 우선하거나 극대화하고자 할 때 나타나는 사회적 · 공공적 문제는 무엇인가?
6. 21세기 행정환경의 특징은 무엇이며, 이에 대응해야 하는 행정의 새로운 과제는 무엇인가?
7. 행정이 추구하거나 고려하는 보편적 기준 또는 가치로서 다양한 행정 이념을 설명하시오.
8. 행정 이념인 능률성과 민주성 및 형평성 간의 가치 충돌 현상이 발생할 경우에는 어떻게 해야 하는가?
9. 행정에 고유하게 내재되어 행정인의 의식과 행태 및 정부활동에 영향을 주는 한국 행정문화의 특성들은 무엇인가?

CHAPTER 02

행정학의 이해

제 1 절　행정학의 학문적 성격
제 2 절　행정학의 성립과 발달
제 3 절　주요 행정이론의 변천
제 4 절　행정학의 주요 접근 방법

개 관

우리가 살아가는 사회는 실제로 눈에 보이지 않아 그 실체가 뚜렷하지 않지만, 여러 사실이 존재하는 것임에는 틀림없다. 그러나 존재하거나 발생하는 수많은 사실을 안다고 하여 사회 자체를 안다고 할 수는 없을 것이다. 왜냐하면 사회적 사실이나 현상은 매우 복잡하고 다양하며 해석과 의미 부여에 따라 달라질 수 있기 때문이다. 이러한 사회 현상을 과학적이고 체계적으로 이해·설명·예측 및 처방하기 위해 연구하는 학문 분야가 사회과학이며, 사회 현상의 다양성과 관련하여 다시 여러 분과 학문으로 나뉘어 진다. 행정학은 사회과학 분야 중 하나의 분과 학문으로서 사회 현상의 일부인 행정 현상을 연구하는 학문이다.

하나의 학문 분야가 체계적이고 과학적이기 위해서는 갖추어야 할 전제들이 있다. 즉, 학문으로서 성립한 배경, 독특한 성격과 연구 대상, 고유한 이론과 지향하는 가치나 이념, 연구에 도움을 주는 다양한 접근 방법들, 역사적으로 발전해 온 단계나 과정 등이 누적적으로 체계화되고 그 내용들이 공유될 수 있어야 한다. 사회과학과 행정학은 자연 현상이나 물질세계를 연구 대상으로 하는 자연과학과 그 목적·성격·방법 등에서 다르지만, 과학화를 지향하는 사회과학과 행정학은 때로는 자연과학의 원리와 방법들을 빌려서 사용하기도 한다.

현대 행정학은 윌슨(W. Wilson)이 정치 영역과는 다른 영역으로서 행정에 대한 연구의 필요성을 주창한 1887년을 그 기점으로 해서 1세기를 넘게 연구·발전해 왔다. 하나의 학문으로서 행정학의 역사가 일천한 이유도 있겠지만 지금도 행정학의 정체성(identity)과 적실성(relevance)이 무엇인가에 대한 질문은 여전히 과제로 남아 있다. 최근 학제 간 연구나 다학문성 또는 학문 융합이라는 트렌드가 중요하게 대두되고 있기는 하지만, 행정학은 다른 학문과의 관계에서 그 소재(locus)를 어디에 둘 것이며, 연구 초점(focus)을 무엇으로 할 것인가에 대한 고민은 여전하다. 또한 행정학은 이론성과 규범성뿐만 아니라 과학성과 기술성도 함께 추구해야 하는 과제를 안고 있다. 그리고 보편성과 특수성, 가치 개입과 가치 중립의 문제를 함께 다루어야 하는 성격을 지닌다.

특히 응용과학으로서 행정학은 사회 현상과 행정 실제에 대한 올바른 진단과 이해를 통해 문제 해결(problem-solving)에 도움을 줄 수 있는 처방성을 지향해야 한다. 예를 들면, 최근에 라이프스타일, 인구구조, 사회문화적 사조, 글로벌 경제환경, 첨단기술 기반의 사회 시스템 등의 급속한 변화에 의해 새롭게 대두되고 있는 융합화(convergence) 현상에 따른 필요(needs)와 욕망(desire) 및 그에 따른 역기능에 대한 사회적·정치적 처방성이 요구되는 이치와 관련된다. 이와 같은 맥락에서 이 장에서는 행정학의 학문적 성격, 행정학의 성립과 발달 과정, 주요한 행정이론들의 변천 내용, 그리고 행정학 연구의 방향에 도움을 주는 다양한 접근 방법에 대해 이해를 해 본다.

Chapter 02

행정학의 이해

제 1 절 행정학의 학문적 성격

일반적으로 하나의 학문이 하(學)으로서 성립하기 위해서는 연구자, 연구 대상, 연구 성과로서의 이론 등을 필요로 한다. 행정학은 여러 사회 현상 중 행정 현상을 연구 대상으로 하는 학문 분야이다. 행정 현상을 과학적·이론적으로 연구하고 하나의 학문 분야로서 체계화하기 시작한 것은 19세기 말에 와서의 일이다. 그 이후 행정학의 발달 과정에서 다양한 이론이 독특한 패러다임을 형성하면서 정립되어 왔다. 하나의 분과 학문으로서 행정학은 다음과 같은 성격을 지니고 있다.

1. 행정학은 사회과학의 한 '분과 학문'이다

14세기의 과학적 발견 이후 학문 분야는 자연과학, 인문학, 사회과학 등으로 구분되어 왔다. 사회과학은 인간과 사회를 대상으로 연구하는 학문 분야이며, 행정학은 사회 현상의 일부인 행정 현상을 그 연구 대상으로 한다. 또한 행정학은 하나의 분과 학문으로 성립할 수 있는 요건인 고유한 연구 주제, 체계적인 이론, 뚜렷한 개념적 경계, 독립된 학과 등을 갖추고 있다. 이 때문에 최근에 와서 학문 간 · 영역 간 경계의 완화로 상호 융합적 접근이 이루어지고 있는 가운데 행정학은 정치학, 경제학, 경영학, 사회학 등과 같이 사회과학의 한 분과 학문에 속한다고 할 수 있다.

2. 행정학은 '응용과학'이다

행정학은 사회과학의 분과 학문이면서 응용과학적이고 실용적인 성격이 매우 강하다. 행정학은 수학, 물리학, 생물학, 화학과 같은 순수한 기초과학이 아니라 공학, 의학, 경영학과 같은 응용과학에 속한다. 행정학은 정치학, 법학, 사회학, 경제학, 경영학, 인류학, 지리학 등 다른 기초적인 분과 학문들이 이루어 놓은 이론과 지식을 바탕으로 행정 현상을 이해하고 설명하며 문제 해결을 지향한다.

특히 행정학은 사회문제와 공공문제를 해결(problem-solving)하기 위해 다양한 대안 중에서 의식적이고 합리적인 대안의 선택을 강조하며, 인간 행위의 의미있는 결정을 도출해 가는 사회적 구상(social design)의 성격을 지닌다. 이렇게 볼 때, 행정학은 행정문제와 사회문제를 해결하기 위해 그것의 본질(what)과 방법(how)을 동시에 추구하는 실천적이고 처방적인 학문 분야이다.

3. 행정학은 '과학'과 '기술'의 영역을 동시에 포함한다

과학이란 관찰 가능한 현상을 이해(understanding)하여, 기술(description)하고, 설명(explanation)하며, 예측(prediction)하고, 나아가서 처방(prescription)을 하는데 사용되는 객관적이고 논리적이며 체계적인 지식이자 분석 방법이라고 할 수 있다. 행정학이 과학이라고 하는 것은 행정 현상을 객관적 · 논리적 · 체계적으로 기술 · 설명 · 예측할 수 있음에 근거한다. 이러한 근거 위에서 행정학은 과학에 비유되고, 실제로 과학성을 지향해 온 것이 사실이다. 그러나 행정학은 사회문제와 공공문제를 해결하는 데 기여하는 응용과학이기 때문에 불가피하게 가치문제와 인간의 감정 및 선호(preference)가 개입하게 된다. 즉, 현실의 행정문제를 개선 · 해결하고, 바람직한 상태를 실현하기 위한 행위 양식을 규명하고 처방(prescription)하려는 기술성을 지향한다. 이러한 성향이 바로 행정학이 하나의 '기술'적 성격을 지니고 있음을 나타내는 것이다. 따라서 행정학은 과학(science)과 기술(art) 모두를 중시하며, 양자의 조화를 추구함으로써 바람직한 역할을 하게 된다.

4. 행정학은 '전문직업적'인 학문이다

학문은 그것이 지향하고 추구하는 경향에 따라 한쪽에는 지식 자체의 추구에 비중을 두는 학문과 다른 한쪽에는 지식을 응용하는 직업적 성격을 띤 학문으로 나눌 수 있다. 행정학은 과학적 지식을 추구하는 학문이기도 하지만, 실제로 공공행정에 관련된 전문행정가, 일반관리자, 행정실무가의 양성에 큰 비중을 두기도 한다. 특히 과학성을 지향하면서 사회문제와 공공문제를 해결하려고 하는 전문적인 과정이라는 점에서 행정학은 사회공학(social engineering) 또는 사회의학(social medical science)이라는 성격을 지니기도 한다. 따라서 행정학은 법학, 의학, 경영학, 사회사업학 등과 같이 전문직업성(professional)을 지니는 학문이다.

5. 행정학은 '종합학문적'인 성격을 지닌다

행정학은 다양한 인접 학문 분야의 이론과 지식을 수용 또는 원용함으로써 행정현상을 연구하고 공공문제를 해결하는 데 도움을 받는다. 행정 현상 자체가 지니는 복합적 성격과 다원적 측면 때문에 종합학문적 연구가 필요하기 때문이다. 예를 들면, 공공행정의 규범에 관해서는 철학과 윤리학, 역사적인 문제에 관해서는 역사학, 권력문제는 정치학, 관리의 문제는 경영학의 지식을 이용한다. 또한 조직과 집단의 문제는 사회학과 사회심리학 및 사회생물학에서, 조직 속의 개인의 문제는 심리학과 사회심리학으로부터, 의사 결정에 관해서는 경제학으로부터, 그리고 제도적이고 법적인 문제는 법학으로부터 유용한 지식과 이론을 빌려서 도움을 받는다. 최근 모든 분야의 경계가 무너지는 변화와 함께 학문분야 간, 기술 간, 산업 간, 시장 간의 화합적 융합(convergence)과 통섭(consilience)에 대한 화두가 큰 반향을 일으키고 있다. 종합학문이면서 응용학문인 행정학 분야 역시 문제 인식과 대안 탐색 및 처방을 위해 학제 간 또는 이론 간의 융·복합적 접근이 더욱 요구받게 된다.

■ 학제적 접근 방법(interdisciplinary approach)

학제적 접근 방법 또는 학제적 연구 방법이라고도 하며, 이는 공통의 연구 대상에 대해 다수의 이질적인 접근법이 있는 경우 여러 가지 접근 방법을 대표하는 기존 방법의 경계선을 없애고 관련된 여러 학문의 협력에 의해 그 공통에 접근하는 연구 방법을 뜻한다. 예로서, 인간 행동에 관한 연구에 여러 분야의 학문이 동원되는 것과 같다. 이와같이 어떤 목적을 달성하기 위해 각기 다른 학문의 공통점을 관련시켜서 통합하는 연구 방법을 학제적 접근 방법이라고 한다. 학제적 접근 방법으로 얻을 수 있는 이점은 첫째, 상호 상이한 학문에 공통점을 찾아 비교함으로써 새로운 것을 얻을 수 있다. 둘째, 이러한 학문 간의 공통점을 찾음으로써 각 학문 사이에 의사소통이 잘 이루어지며, 셋째, 각 학문 사이에 응용할 수 있는 범위의 확대가 가능하다.

제 2 절 행정학의 성립과 발달

1. 유럽 행정학의 성립과 전개

1) 행정학의 원류, 독일의 관방학

관방학(Cameral Sciences, Kameralismus, Kameralwissenshaft)은 16세기 중엽부터 18세기 말에 이르는 동안 프러시아(독일과 오스트리아)에서 발달한 행정사상이다. 일단의 학자들은 관방학을 행정학의 기원으로 보기도 하는 바(유훈, 1995: 51), 그 이유를 관방학이 국가의 목적 또는 이념을 실현하기 위한 합목적적인 국가

활동에 관한 이론이었다는 점에서 찾고 있다. 관방학은 정치적으로는 당시 경찰국가와 절대국가 하에서 절대군주의 지배를 위한 통치술이었고, 국력 배양을 위한 부국강병책을 탐구할 목적에서 발달했다. 또한 사회적으로는 영국의 중상주의와 프랑스의 중농주의에 대응하는 프러시아의 국가부흥학이었다. 따라서 관방학의 근본 사상은 국가가 모든 복지와 행복을 가져다 주는 '행복 촉진주의적 복지국가관'에 기초하고 있으며, 토목 · 건축 · 농업 · 상공업 · 교육 · 화폐 · 인구 등에 관한 지식과 기술을 그 내용으로 한다. 그러나 실질적으로는 관방학이 국민의 복지를 증진시키는 데 크게 기여하지는 못했다.

이러한 관방학은 빌헬름(F. Wilhelm) 1세에 의해 1727년에 프랑크푸르트(Frankfurt)대학과 할레(Halle)대학에 관방학 강좌가 개설된 때를 기준으로 하여 폰 오제(M. von Osse)를 중심으로 하는 전기 관방학과 유스티(Johann H. G. Justi)를 중심으로 하는 후기 관방학으로 구분된다. 공공복지에 대한 사상적 기초를 전기 관방학에서는 신학과 왕권신수설에 근거를 두었지만, 후기 관방학은 계몽사상과 자연법사상에 그 뿌리를 두었다. 전기 관방학에서는 학문상의 분화가 이루어지지 않았으나, 후기 관방학에서는 재정학과 구별되는 독자적인 경찰학으로 분화되기 시작했다. 또한 왕실 재정과 국가 재정이 전기에서는 미분화되어 있었으나, 후기에 오면서 점차 분화되었다.

이와 같이 관방학은 절대국가와 경찰국가의 성립에 기여한 측면도 있지만, 다음과 같은 점에서 비판받기도 한다(김규정, 1997: 45). 첫째, 관방학은 절대군주를 위한 통치술의 연구라는 한계를 벗어나지 못했다. 둘째, 관방학은 절대군주를 위해 효과적인 통치 수단을 제공하는 정치적 시녀에 불과했다. 셋째, 관방학은 정치학과 구별되는 독자적인 행정학으로 전개되지 못함으로써 정치와는 미분화 상태의 관계를 가졌다.

2) 독일의 슈타인 행정학

19세기 초 자유주의와 자본주의가 성숙됨에 따라 독일에서 새로운 국가관과 행정이론이 요구되자 슈타인(Lorenz von Stein)에 의한 행정학이 등장했다. 슈타인 행정학은 후기 관방학의 근본 개념이었던 경찰 개념을 가치 개입적인 정책 결정 및 정책 형성 기능을 담당하는 헌정(Verfassung)과 사실적 집행 기능을 담당하는 행정(Verwaltung)의 두 개념으로 분리시킴으로써 관방학을 비판하면서 등장했다. 슈타인은 헌정을 국가적 정책 결정에 참여하는 개인의 권리로 보는 반면, 행정을 개인의 복지 향상을 촉진시키는 국가활동(정책 집행)으로 파악했다. 이러한 국가활동으로서 행정을 외무행정, 군무행정, 재무행정, 법무행정, 내무행정의 다섯 부문으로 구분했다.

슈타인은 행정에 대한 헌정의 절대적 우위를 주장한 행정법학에 대해 헌정과 행정은 서로 상대적 우위에 있다고 비판하면서 독자적인 행정학이론을 형성시키려 했다. 그 결과 슈타인 행정학은 행정 기능의 증대와 독자성에 대한 인식을 제고시킴과 동시에 관방학의 한계를 뛰어넘는 행정학 체계를 이루었으며, 한편으로는 행정법학의 길을 열어놓은 것으로 평가되고 있다(최창호 · 정세욱, 1989: 7). 그러나 슈타인 행정학은 그의 사후에 더 이상의 계승 및 발전을 하지 못하고 공법학, 즉 행정법학에 매몰되어 버렸다.

3) 프랑스의 행정학

프랑스에서는 16세기부터 왕권 강화를 위한 맥락에서 경찰을 국가활동의 특정한 유형으로서 사법 · 국방 · 외교와 구별되는 국가의 안녕 질서와 국민의 복지를 위한 활동으로 보았다. 이러한 활동에 대한 학문이 18세기 이래 경찰학(science de la police)으로 대두되었다. 18세기 말에 이러한 국가작용과 활동을 가리키는 경찰(police)이라는 용어가 행정(administration)으로 대체되었으며, 이에 따라 '경찰'이라는 용어가 국내 치안 질서를 유지하는 의미로만 축소되어 사용되었다. 이 시기의 행정학은 실용적이며 구체적이고, 행정공무원이 그 임무를 수행하는 데 유용한 지식을 추구하는 것이었다. 이에 따라 행정학은 훌륭한 행정을 위한 기술(art)의 문제로 귀착되었다. 그 후 자유주의 국가의 출현과 함께 이러한 관점들과 우선순위가 수정되면서 행정학은 퇴조하게 되고, 그 대신 행정을 법적인 시각에서 보는 행정법이 압도하게 되었다.

제2차 세계대전 이후 국가 개입이 강화되면서 1960년대에는 전통적인 법학적 연구만으로 더 이상의 행정 현실을 올바르게 파악하고 이해할 수 없음을 깨닫고 새로운 연구 경향이 나타나게 되었다. 프랑스의 행정학 연구가 법적·제도적 관점에서 벗어나 새로운 지평을 연 것은 관료제의 병리 현상을 분석한 크로지어(Michel Crozier)의 『관료제 현상(*The Bureaucratic Phenomenon*』(1964)을 통해 서였다. 프랑스에서의 연구 경향은 크게 세 부류로 나뉜다. 첫째는 전통적으로 법적·제도적 접근 방법을 이어받은 공법학자들의 행정학 연구이다. 둘째는 사회학적 입장에서 행정학을 연구하는 학자군들이다(M. Crozier, J. C. Thoenig, J. L. Quermonne, P. Birnbaum 등). 셋째는 미국 행정학의 영향을 강하게 받은 학자들이다(J. Chevallier 등).

또한 이 밖에도 국립행정학교(École de National Administration: ENA) 출신의 엘리트 공무원들이 실제 업무를 담당하면서 연구활동을 하는 경우도 있다. 프랑스 행정학계의 연구 경향은 자국의 필요성에 기준을 두고 있는 자국중심주의이다. 그러나 프랑스 행정학자들은 특정한 제도나 정책이 갖는 전체적인 맥락과 의미를 강조했다. 따라서 행정이 갖는 역사적·법적·사상적 측면을 중시하며, 이 때문에 계량분석을 중시하는 미국 행정학과 차이를 갖게 된다(김진복 외, 2000: 68－70).

4) 영국의 행정학

영국에서는 절대군주 시대에도 유럽의 다른 국가와 같은 체계화된 공무원 제도가 없었으며, 국왕에 의한 정실주의가 지속되어 왔다. 1688년 '명예혁명'에 의해 군주에 대한 의회의 우위성이 확립되면서 의회의 유력한 정치가에 의한 정실주의가 성행했다. 그러나 18세기 중반부터 19세기 초에 이르는 산업혁명으로 인해 전문지식과 능률적인 행정 능력을 갖춘 공무원들이 필요하게 됨에 따라 19세기 후반부터 관료 제도의 개혁에 착수하게 되었다. 1870년에 당시 수상이었던 글래드스턴(William E. Gladstone)이 근대적인 영국 공무원 제도를 확립시킨 추밀원령(Order in Council)을 제정함으로써 공개경쟁시험에 의한 공무원 채용과 계급 제도가 정착하게 된다(박동서 외, 1995: 154－158).

그러나 영국에서는 미국과 달리 공무원 제도의 개혁 과정을 매개로 해서 행정에 대한 체계적인 연구나 교육이 시작되지는 않았다. 또한 절대군주제 하에서 독일의 관방학과 같이 대학에 바탕을 둔 새로운 학문이 나타나지도 않았다. 오히려 비교적 최근까지 대학에서 행정학에 대한 공식적인 교육을 기피하는 경향이 있었다. 영국에서 행정학의 기원은 1921년에 창설된 왕립행정학회(Royal Institute of Public Administration)에서 찾아볼 수 있다. 이 학회는 주로 실무 공무원들로 구성되어 있기 때문에 공무원 교육을 학회에서 담당하기도 했으며, 1922년부터 발간된 *Public Administration*을 통해 영국 행정학이 발전되어 왔다고 할 수 있다(조석준, 1992: 51).

또한 영국은 독일이나 프랑스와는 달리 행정을 하는 데 법률학적 지식이 지배적이라고 생각하지 않았다. 왜냐하면 법률학적 지식과 함께 역사학, 경제학, 정치학 등의 내용을 조화 있게 가르쳐야 한다고 믿었기 때문이다. 이러한 이유로 영국에서는 아직도 교양 위주의 행정학 교육이 전통으로 남아 있다. 그리고 영국 행정학은 독일이나 프랑스에 비해 상대적으로 미국 행정학의 영향을 많이 받았으며, 행정학이 형성되던 당시부터 지방자치에 관심이 높았기 때문에 정부 간 관계(Inter-Governmental Relations: IGR)를 중심으로 지방행정에 대한 연구가 비교적 심층적으로 전개되었다(이종수 외, 1997: 115−116).

1920년대부터 1960년대 말에 이르기까지의 '전통적 행정학'은 제도적 측면에 연구의 비중을 두었다. 즉, 그 기간 동안에 공공 부문의 획기적인 확대가 일어남에 따라 국가기구의 역사, 구조, 기능, 권력 관계 등에 관한 관심을 촉발시키면서 행정학의 주된 연구 대상으로 삼았다. 1970년대에는 신진 학자들을 중심으로 미국 행정학이 도입되면서 조직론과 정책학이 새로운 연구 분야로 관심을 불러일으켰다. 특히 정책학은 1970년대와 1980년대에 걸쳐 영국의 행정학계에 제도화되었다. 그리고 1990년대를 통해 영국의 행정학에는 후드(Christopher Hood)에 의해 체계화된 '신공공관리(New Public Management: NPM)'가 주된 연구 분야로 대두했다. 후드는 신공공관리의 핵심 개념을 일곱 가지로 정의했다. ① 공공 부문에서의 전문가에 의한 관리, ② 성과의 기준과 측정, ③ 산출통제의 강조, ④ 단위의 분산, ⑤ 경쟁의 강조, ⑥ 민간화, ⑦ 자원 활용에서 절약의 강조 등이다(Hood, 1991). 즉, 신공공관리의 주된 관심은 독점적 영역이었던 공공 부문에 '경쟁'의 개념을 도입하고 '관리'의 비중을 확고히 하고자 함에 있었다(강용기 외, 2014: 104−105).

2. 미국 행정학의 성립 및 발달 배경

1) 현대 행정학의 기원, 미국 행정학의 성립

현대 행정학의 기원은 일반적으로 후일 미국의 제28대 대통령(1913~1921)이 된 윌슨(Thomas Woodrow Wilson)이 1887년 발표한 「행정의 연구(The Study of Administration)」라는 논문에서 출발하는 것으로 이해하고 있다. 남북전쟁 이후 19세기 말의 미국 사회는 자본주의의 구조적 모순, 정부의 비능률, 엽관주의적 인사행정 제도에 따른 폐해 등이 만연됨으로써 그 반작용으로 정부와 사회 부문의 개혁운동이 싹트기 시작했다. 특히 공무원 제도에 대한 개혁 차원에서 전국공무원제도개혁연맹이 결성(1881년)되었고, 이어서 「펜들턴법」(Pendleton Act)이 제정(1883년)됨으로써 실적주의에 입각한 공무원 제도가 전개되기에 이르렀다.

윌슨은 행정이란 전문적・기술적 영역으로서 능률성을 추구해야 하며, 이를 위해 행정학을 하나의 독립된 학문 분과로 성립시키려 했다. 이에 따라 정책의 집행을 담당하는 행정에 대한 체계적이고 독자적 연구의 필요성, 정치와 행정의 분리를 통한 행정의 탈정치화, 그리고 행정 목적의 능률성 실현을 주장했다. 즉, 윌슨은 「행정의 연구」에서 "행정은 사무 분야와 같고, 행정은 정치의 고유 영역 밖에 있으며, 행정문제는 정치문제가 아니나"라고 하면서 행정과 경영을 동일시하는 정치・행정이원론을 주창했다.

2) 미국 행정학의 발달 배경

(1) 행정국가로의 발전

유럽보다 늦게 일어난 미국에서의 산업혁명과 남북전쟁(1861~1865)은 자본주의의 성숙을 가져왔으나 독점자본주의에 따른 빈부 격차, 노사 간의 대립, 교통・주택・교육 등의 사회문제를 심화시켰다. 이를 해결하기 위해 행정 기능의 확대・강화 현상이 나타났으며, 이는 필연적으로 행정에 대한 이론적・실천적 관심과 연구를 증대시켰고, 나아가 행정학의 발전을 촉진하는 계기가 되었다.

(2) 과학적 관리론의 영향

기계기술자였던 테일러(F. W. Taylor)는 과학적 관리론(scientific management)을 주창했다. 과학적 관리론은 최소의 노동과 비용 투입으로 최대의 성과를 산출하기 위한 방법으로 표준업무처리 절차를 마련하고, 이에 따라 시간과 동작(time and motion)을 구체화해서 적정 과업을 정하는 관리의 과학화 또는 합리적인 관리 기술을 핵심으로 한다. 이러한 과학적 관리론은 행정을 정치적으로 중립적이며 비권력적인 현상으로 이해하고, 행정관리의 궁극적 가치는 능률의 추구에 있다고 보는 능률적 · 기술적 행정학의 발전에 영향을 미쳤다. 또한 과학적 관리론을 행정에 도입함으로써 행정의 과학화와 능률화에 기여했으며, 행정 능률의 향상을 촉진시키기 위한 행정개혁운동과 행정조사운동을 자극했다.

(3) 정부의 개혁운동

미국의 제7~8대 대통령이었던 잭슨(Andrew Jackson)에 의한 엽관제(spoils system)의 실시는 정부의 부패와 비능률을 심화시켰고, 이를 극복하기 위해 정부개혁운동이 사회적으로 태동하게 되었다. 특히 실적주의(merit system)를 확립하기 위한 정부개혁운동이 야기되었으며, 그 과정에서 1881년 전국공무원제도개혁연맹이 결성되었고, 1883년 실적주의의 기초를 제공한 「펜들턴법」이 제정되었다.

(4) 행정조사운동의 전개

정부개혁운동과 과학적 관리론의 결합이라고 할 수 있는 행정조사운동은 1906년에 시정 개선을 위해 '뉴욕시정연구회'가 설립됨으로써 성과를 얻었고, 그 후 행정조사는 연방정부와 주정부의 모든 행정활동으로 범위가 확대되었다. 특히 연방정부 수준에서 태프트(William H. Taft) 대통령에 의한 '절약과 능률에 관한 대통령위원회'의 설치 · 운영(1910년), 「예산회계법」(1921년), 「직위분류법」(1923년) 등의 제정에 직접적인 영향을 미침으로써 행정의 체질 개선과 행정학의 발달을 촉진시켰다.

3. 한국에서 행정학의 전개 과정

1) 전통 사회에서의 행정 연구

행정의 역사는 가장 오래된 직업의 하나로서 인류 문명과 함께 존재해 왔다. 이는 근대 사회와 현대 사회 이전에도 행정은 우리의 일상에 존재하고 있었음을 의미한다. 한국에서 행정의 역사는 고대 단군 시대로 거슬러 올라갈 수 있으며, 역사 발전 과정에서 무수하게 명멸한 국가나 왕조들은 통치와 국정 운영을 위해 나름대로의 행정 체계와 행정 제도를 가지고 있었다. 다만 그것에 대한 관심과 체계적·과학적인 연구가 상대적으로 미흡했거나 부재했기 때문에 학문적인 접근과 지식의 축적이 이루어지지 못했을 뿐이었다.

따라서 나름대로 학문적 접근이 이루어진 한국 행정학은 독일의 관방학에 비교될 만한 조선 후기의 실학에서 시작한다고 볼 수 있다. 실학은 17세기 말부터 19세기 전반에 걸쳐 조선 사회의 현실을 개선하고 국정을 쇄신하기 위해 정치·경제·사회 전반에 걸쳐 전개되었던 개혁사상이다. 17세기 전반부터 18세기 전반에 이르는 시기에 유형원, 이익, 안정복 등으로 대표되는 경세치용학파는 토지 제도의 개혁과 과거 제도나 행정기구의 개편 등 주로 중농주의적 제도상의 모순을 개혁하고자 했다. 18세기 후반에는 홍대용, 박지원, 박제가 등으로 대표되는 이용후생 학파 또는 북학파가 주자학의 학풍을 통렬히 비판하면서 중상주의와 기술 도입을 주장해 선진 문물과 상공업의 진흥을 통한 민중의 생활의 질을 향상시키는 데 관심을 기울였다. 그리고 19세기 전반의 정약용, 김정희, 최한기 등으로 대표되는 실사구시학파는 실학을 독자적인 학문으로서 체계를 정립했다.

특히 다산 정약용(1762~1836)은 『경세유표』(1817), 『목민심서』(1818) 등의 저작을 통해 행정개혁에 대한 자신의 사상을 전개했다. 『목민심서』는 목민관인 지방관리들이 지켜야 할 윤리적인 행동강령과 목민관이 갖추어야 할 경륜을 제시한 것으로서 주로 지방행정에 관한 개혁을 그 내용으로 담고 있다. 『경세유표』는 주(周)의 예(禮)를 빌려와 조선의 예(禮)를 형성하는 데 준칙으로 삼아, 당시의 행정 제도에서 나타난 여러 가지 병폐를 치유하기 위한 방안을 제시한 것으로서 주로 중앙행정에 관한 개혁을 내용으로 하고 있다. 『경세유표』의 주된 내용은 첫째, 중앙행정기구의 개편 방안 및 관리자의 수를 1/3로 축소하는 방안, 둘째, 관리의 등용 절차의 간소화와 귀천에 따른 임용 폐지, 셋째, 행정과 관리의 감독 강화 방안, 넷째, 세제의 개혁 방안, 다섯째, 국방력의 강화 방안 등을 제시하고 있다(김진복 외, 2000: 73-74).

2) 일제 식민 기간의 행정학 연구

근대적인 의미의 행정학은 일제 강점기에 도입되었다고 할 수 있다. 20세기 초 일제의 식민 통치를 받으면서 일본이 대륙, 특히 독일로부터 영향을 받아 체계화시킨 공법 중심의 행정법학적 관점과 독일 관방학에서 유래한 국가학의 일부로 행정 연구가 있어 왔다. 그러나 20세기 초 36년 간의 일제 식민 통치 기간은 한국의 행정과 행정학의 연구를 불가능하게 한 암흑기 또는 후퇴기로 볼 수 있다. 즉, 식민 통치를 위한 일본 관료제도의 한국 이식에 따른 행정 자체의 부재는 우리의 행정 경험과 행정 실무 능력의 축적은 물론 독자적인 행정사상의 정립과 행정학의 체계화를 불가능하게 만들었다.

3) 미국 행정학의 도입과 영향

한국에서의 명실상부한 현대 행정학은 해방 이후 미국과의 교류가 빈번해지면서 젊은 행정학자들이 미국에 유학해 미국 행정학을 도입하면서 시작되었다고 할 수 있다. 서울대학교(1946년)와 부산대학교(1948년)에 행정학과가 설립되었지만 주로 행정법학적 측면에서 또는 정치학의 일부로 강의가 시작되었다. 이후 1955년에 최초의 행정학 교과서인 정인흥 교수의 『행정학원론』이 출간되었다. 이어서 고려대학교(1955년)와 중앙대학교(1956년)에도 행정학과가 설치되면서 전국의 대학교로 확산되기 시작했다. 1956년에 행정학을 연구하는 학자들의 모임인 '한국행정연구회'가 창립되었고, 이것이 1961년에는 '한국행정학회'(www.kapa21.or.kr)로 개편되었다.

1959년에는 미국 정부의 행정기술 원조계획의 일환으로 미네소타대학에서 유학을 한 소위 1세대 행정학자들을 중심으로 서울대학교 행정대학원이 설립되면서 한국에서의 본격적인 행정학 연구 기반이 마련되었다. 또한 1961년 제13회 고등고시 행정과 시험 과목으로 행정학이 필수화되었다. 이에 따라 1960년대부터 행정학 연구자들이 급속히 증가하면서 행정학이 사회과학의 한 분과 학문으로 자리를 잡아 갔으며, 행정학자들은 정부기관의 교육훈련 과정과 자문활동에 적극 참여하게 되었다. 1949년에 설립된 국립공무원훈련원에서 1959년부터 행정학 강의를 실시했으며, 이를 대체해 1961년에 설립된 중앙공무원교육원에서는 공무원 훈련을 획기적으로 확대하고 행정학 교과목을 증설했다. 1961년에 설치된 총무처의 행정관리국, 그리고 1963년에 설치된 행정개혁조사위원회는 행정학 지식의 실용화를 촉진했다(백완기, 2004: 31).

내용적으로 보면 1950년대와 1960년대 중반까지의 행정학은 주로 미국 행정학의 이론을 도입·소개하면서 POSDCoRB와 같이 행정조직 내의 기능적 관리문제에 초점을 둔 행정 원리에 관한 것이 지배적이었다. 1960년대 후반에도 주로 외국 행정이론을 소개하는 단순 모방적 단계로서 외국 이론의 타당성이나 한국의 적실성에 대해서는 크게 문제 인식을 갖지 못했다. 이 시기는 1950~1960년대 미국에서 풍미했던 비교행정론이 한국의 행정학 발전에 기여하기도 했다. 1970년대에는 유학파를 중심으로 한 신진 학자들에 의해 행태론적 접근 방법이 활발하게 도입·적용되기 시작하면서 기존의 규범적이고 서술적인 방법론에서 좀 더 과학적·실증주의적 접근 방법으로 행정학의 연구 정향이 바뀌기 시작했다. 또한 정부 주도의 사회·경제 발전전략을 뒷받침할 수 있는 발전행정론에 대한 관심이 높아졌다.

4) 한국 행정학의 토착화와 연구 방법의 다양화

1980년대에는 한국적 현실에서 외국 행정이론의 타당성이나 적실성에 대한 문제 인식을 통해 토착적인 행정이론에 관심을 가지게 되었다. 1960년대 후반 이후 주로 외국 행정이론을 소개하는 단순 모방에 대한 반성으로 한국 현실에 적합한 이론의 정립가능성과 한국 행정학의 토착화에 대해 조심스러운 탐색이 시작되었다. 이와 함께 다양한 행정학 개론서와 세부 분야별 각론서들이 활발하게 출간되었다. 이 가운데 한국행정론 등의 교과목이 개설되기 시작하면서 한국적인 행정 현상과 이론 및 한국 관료의 행태에 대한 관심이 싹트게 되었다. 또한 이 시기에는 개발 연대의 성장 위주 정부정책이 초래한 부작용에 대한 재인식과 이에 대한 평가적 노력들이 이루어졌다. 이에 따라 환경 · 산업 · 노동 · 재난 등의 다양한 사회적 문제에 대한 관심과 이론적 접근을 위한 관리과학, 정책학, 행정철학 등의 교과목이 개설되고 분과 학문으로 발전했다.

1990년대에는 지방자치제가 실시되면서 지방자치와 지방행정 및 지역에 대한 연구가 활성화되었고, 정보화 시대의 문턱에서 이와 관련된 행정정보화와 정보화 정책에 대한 연구가 활발히 이루어졌다. 또한 한국행정사, 대통령론, 딜레마이론, 신제도론, 신공공관리론, 뉴거버넌스이론, 전자정부론 등 행정학의 초점(focus)과 소재(locus) 및 접근 방법(approach)이 더욱 다양하게 분화하는 경향이 나타났다. 특히 1990년대 중반 이후, 신제도론에 근거한 연구 성과의 축적과 김대중 정부에서의 신공공관리론적 행정개혁이 추진되면서 이에 대한 연구도 활성화되었다.

2000년대에 와서는 행정학의 관심 영역이 더욱 다양화되고 분화되기 시작했다. 즉, 한국 행정 현상의 특이성에 대한 실증 연구, 한국 행정 현상과 관련한 개념 및 이론의 개발, 위기관리, 환경, 갈등, 혁신 등 다양한 행정 사례의 연구가 이루어졌다. 그리고 국제적으로도 다른 국가, 특히 아시아권에 대한 행정적 · 정책적 지원과 관련해 지역연구(area study)와 국제 개발협력 차원의 공적개발원조(official development assistance: ODA) 등에 대한 관심과 성과가 점증하고 있다.

제 3 절 주요 행정이론의 변천

1. 과학적 관리론

과학적 관리론은 테일러(F. W. Taylor)에 의해 주창되었다. 테일러는 『과학적 관리론(*The Principles of Scientific Management*)』(1911)에서 주먹구구식(rule of thumb) 관리를 대체할 수 있는 과업관리(task management)를 통해 작업 능률과 방법 및 이윤을 향상시킬 수 있는 방법을 제시했다. 그는 특히 작업 과정에서 시간과 동작 과정을 세분해 분석·검토함으로써 생산의 극대화를 얻을 수 있는 가장 최선의 방법(one best way)이 있으며, 그 방법은 과학적으로 입증할 수 있다고 했다. 이를 얻기 위한 훈련(training)과 작업분석(specific science)의 중요성을 강조했다. 따라서 과학적 관리론은 시간과 동작연구(time and motion study), 작업의 분석과 집행, 정밀한 측정 및 작업의 구체적인 분류 등을 특징적인 내용으로 포함한다. 이러한 과학적 관리 방법은 작업 능률과 생산성을 향상시켜 근로자 모두에게 이익이 되므로 그 당시의 노사 갈등을 해소할 수 있을 것으로 보았다.

이와 같은 과학적 관리법 또는 테일러주의(Taylorism)는 당시 능률을 강조하던 미국 사회에서 과학적 관리운동(scientific management movement)으로 확산되면서 19세기 후반에서 20세기 초에 걸쳐 큰 반향을 불러일으켰다. 또한 단순한 관리 방법이나 경영 방식을 초월한 당시의 사회적 이념 또는 사회철학으로 작용했다(Waldo, 1948: 49). 나아가서 과학적 관리 방법은 기업 경영의 발전에 영향을 미쳤을 뿐만 아니라 행정 분야의 기술적 전문화와 능률화에 지대하게 영향을 끼쳤다. 그러나 과학적 관리론의 입장은 인간을 경제적 욕구와 생리적 조건에 의해 지배되는 존재로 보았고 능률과 전문지식을 지나치게 강조했다. 그리고 인간을 경제적인 동물이라는 가정 하에서 다루고자 했기 때문에 기계처럼 움직이는 비인격적인 존재로 간주했다는 점에서 인간의 본성과 성격을 지나치게 단순화하기도 했다.

2. 인간관계론

인간관계론(human relations theory)은 인간의 경제적 욕구보다는 사회·심리적 욕구를 더욱 강조하는 입장으로서 과학적 관리론에 대한 반작용으로 대두되었다. 즉, 기계론적 인간관리가 아니라 인간 중심의 조직관리를 강조하면서 대두되었다. 인간관계론의 시작은 메이요(Elton Mayo)를 중심으로 하여 서부전기회사의 호손작업장에서 이루어진 호손실험(Hawthorne Experiment)에서 출발한다. 초기의 호손실험은 과학적 관리에 기초해 작업장의 물리적 조건(예: 조명도)과 생산량과의 관계를 조사하고자 한 것이었다. 그러나 전화기를 제작하는 여공들을 실험집단과 통제집단으로 나누어 실시한 조사에서 기술적·물리적 작업 조건의 변화와 작업장의 산출량(생산성) 사이에는 기대했던 것과 상이한 결과들이 발견되었다. 이후 확대된 연구는 작업장 여공들의 인간적인 요인들이 생산성에 영향을 미친다는 점을 발견하게 되었다. 이러한 조사연구는 당시의 전체 산업계로 확산되었고, 연구 결과를 토대로 하나의 접근 방법 또는 이론 체계로서 인간관계론이 등장하게 되었다.

노동자의 생산력을 결정하는 요인은 물리적이고 경제적이며 육체적인 조건보다 인간 관계의 사회심리적 요인이 더욱 중요하다는 것이었다. 즉, 누구와 함께 작업을 하며, 인간적 감정을 교류하는가, 그리고 자신의 능력을 인정받고 있느냐 하는 사회적 · 심리적 요인에 의해 생산력이 결정된다는 것이다. 어떤 리더십을 가진 관리자와 어떤 작업 파트너와 작업을 하며, 그리고 자신의 일을 통해 만족감을 얻고 있느냐의 문제가 노동자의 작업에 대한 동기 부여의 요인이라는 것이다. 그리고 작업환경의 개선은 기술적 능률성이나 이윤 또는 임금의 문제를 통해서가 아니라 동료와의 인간관계, 집단정신, 집단유대, 사회심리적 작업분위기를 통해 설명되어야 한다고 보았다.

인간관계론도 작업의 능률과 생산력을 강조하는 점에서는 과학적 관리론의 입장과 맥을 같이하지만, 기본적으로 인간 또는 인간성에 대한 해석이 다르기 때문에 능률을 추구하는 방법이 상이하다. 또한 인간의 사회심리적 측면, 민주적 과정, 인간 계발 등을 강조함으로써 행정학에서 리더십이론, 비공식적 조직이론, 집단이론 등의 발달에 크게 기여했다(백완기, 2006: 26－28). 인간관계론은 과학적 관리운동의 경우처럼 인간관계운동(human relations movement)이라는 사회운동을 불러일으켰다.

3. 비교행정론

비교행정(comparative administration)은 다양한 문화와 특정 국가의 제도에 응용될 수 있는 이론을 정립하는 것이다. 즉, 특정 국가의 행정 제도를 획일적으로 타국에 적용하는 것을 비판하고 행정이 발전하는 문화 또는 사회적 배경 등을 지역별 · 국가별로 비교 · 연구했다. 이를 통해 특정한 환경 하에서 도출된 행정의 일반적인 원리가 상이한 환경에도 적용될 수 있는 보편적 원리를 밝히고자 하는 것이다. 이러한 비교행정 연구는 미국의 비교정치에 기초하고 있다. 비교정치는 미국의 건국 초기부터 정치학자들의 주된 관심사였으며, 그것은 유럽에서 미국으로 이식된 정치 제도가 과연 잘 적용될 수 있을 것인가 하는 문제 인식에서 시작되었다. 그러나 비교정치가 본격적으로 이루어진 것은 제2차 세계대전 이후 미국이 점령국과 신생국에 민주주의를 이식 · 정착시키려는 명분으로 이들 국가의 정치 · 경제 · 사회 · 행정 등에 대한 관심을 갖게 되면서부터이다. 또한 비교 연구는 종래 선진국의 제도에 대한 접근을 지양하고 연구 대상을 서구 중심에서 신생국으로 전환했다. 정치의 발전이 행정의 발전을 가져온다는 측면에서 비교정치 연구가 비교행정의 발전에 영향을 미쳤다고 볼 수 있다.

비교행정 연구의 대표적인 학자와 이론은 리그스(Fred W. Riggs)의 '프리즘적 사랑방모형(prismatic sala model)'을 들 수 있다. 리그스는 행정의 비교 연구를 위한 모형으로 농업사회(agraria)와 산업사회(industria)를 분류하고, 경제적 기반, 사회구조, 이념 체제 등의 측면에서 두 사회를 비교 · 분석했다(Riggs, 1959: 23-116). 나아가서 농업사회와 산업사회를 기능의 분화 정도에 따라 융합사회(fused society)와 분화사회(refracted society)로 나누고, 그 중간 단계의 과도사회(transitional society)는 프리즘적 사회(prismatic society)의 성격을 갖는다고 보았다(Riggs, 1964: 3-12). 프리즘적 사회는 태양 광선이 프리즘을 통과할 때 굴절하는 것과 같이 분화되기 직전의 굴절되어 있는 사회로 비유했다.

또한 리그스는 관청(bureau)을 행정 기능이 수행되는 포괄적인 장소라는 뜻으로 사용하면서, 관청을 융합적 · 미분화 사회에서는 안방(chamber), 프리즘적 사회에서는 사랑방(sala), 그리고 분화적 사회에서는 사무실(office)로 표현했다. 리그스는 특히 발전도상국의 행정 체제, 즉 사랑방형 관료제에 관심을 두었고, 그 특징으로 고도의 이질성(heterogeneity), 기능의 중복성(overlapping), 연고우선주의(nepotism), 다분파주의(poly-communalism), 다규범주의(poly-normativism), 형식주의(formalism), 가격의 불확정성(price indeterminacy), 양초점성(bifocalism), 모순적 상용성(strong ambivalence), 권한과 통제의 분리, 부패의 제도화 등을 제시했다(김진복 외, 2000: 79-83).

4. 발전행정론

발전행정(development administration)은 가우스(J. M. Gaus)의 생태론적 접근방법을 이어받은 비교행정론을 그 기반으로 하고 있다. 그러나 비교행정론이 지나치게 환경을 강조함으로써 행정의 독자성을 과소 평가한 것에 대해 비판적 입장에서 1960년대에 새롭게 대두된 이론이다. 발전행정은 정치적 · 경제적 · 사회적인 향상을 위해 국가의 발전 목표를 설정하고 이를 달성하기 위해 행정계획을 수립하고 집행하는 과정을 의미하며, 행정 체제가 사회 변동과 환경의 변화에도 부단히 대처할 수 있도록 행정 능력을 증진시키는 것을 의미한다. 즉, 행정이 국가 발전을 능동적으로 주도 · 관리하기 위한 전략 수립 및 추진의 주체가 되어야 한다는 점에서 정책적 성격을 지니며, 국가 발전의 방향 및 과정에 대해 당위적 접근을 한다는 점에서 규범적 성격도 지니고 있다. 또한 발전이라는 동태적 과정으로 신생국이나 저발전국을 설명하고, 발전 주체인 행정관료의 미래 지향적 사고 방식과 적극적 실천성을 강조한다는 점에서 동태적 성격도 함께 지닌다.

이와 같은 발전행정의 특징으로는 다음과 같은 점을 들 수 있다. 첫째, 계획적인 사회 변동을 유도해 문화적 · 인간적 · 물리적 환경을 재형성하려는 정부활동이다. 둘째, 국민 형성, 사회 · 경제 발전 등 국가 발전 목표를 달성하려는 행정이다. 셋째, 사회 변동에 대처하기 위해 행정 체제의 능력을 증진시켜 행정의 민주성, 능률성, 합법성, 사회적 형평성, 효율성 등을 향상시키려는 노력이다. 넷째, 행정인의 미래 지향적, 창의적, 쇄신적 활동에 의해 인적 · 물적 자원을 효율적으로 관리하는 과정이다.

국가 발전을 유도하는 행정 발전이 되기 위해서는 다음과 같은 점이 고려되어야 한다. 첫째, 행정인이 고도의 전문성과 쇄신성을 갖추도록 해야 한다. 둘째, 민주성 · 합법성 · 능률성 · 사회적 형평성과 같은 발전 지향적인 행정 이념을 확립해야 한다. 셋째, 합리적인 분업구조의 확립, 의사 전달과 참여의 촉진, 통제와 조정의 강화 등 행정구조를 개선하고 체제의 적응 능력을 강화해야 한다(김진복 외, 2000: 83-87).

그러나 1970년대 이후 발전행정에 대한 학문적 관심이 점차 줄어들었다. 그 이유는 1960년대 미국 사회의 정치 · 행정환경으로 나타난 반전운동, '위대한 사회(the Great Society)' 건설의 실패, 워터게이트(Watergate) 사건 등을 효과적으로 해결할 수 있는 정부와 행정의 능력에 대한 회의가 확산되었고, 이에 대한 대안적 이론과 접근 방법의 모색이 필요했기 때문이다. 이에 따른 학문적 관심이 기존의 거시적 발전 문제에 대한 이해와 접근 방법보다는 중범위적(middle range approach)이고 제도적인 문제를 통해 적실성 있는 해결을 추구하는 방향으로 전환되었다.

5. 신행정론

신행정론(new public administration)은 기능 위주의 행정과 조직 내부의 작용을 강조하는 종래의 행정이론에 반발하는 미국의 젊은 학자들에 의해 1960년대 말부터 1970년대에 걸쳐 대두된 이론이다. 특히 왈도(D. Waldo)를 중심으로 미노브룩(Minnowbrook)회의에 참석했던 마리니(F. Marini)와 프레데릭슨(G. Frederickson) 등은 현실적합적인 새로운 이론의 필요성을 강조했다. 당시의 미국 사회는 베트남전쟁의 충격, 경기 불황, 교통 · 주택 · 마약문제, 소수민족 문제, 학생운동, 신 · 구 세대 간의 갈등과 같은 복잡한 사회문제를 시급히 해결해야 할 상황에 처해 있었다.

이러한 배경 속에서 신행정론은 전통적 이론이 능률지상주의와 조직 내적 측면의 강조, 그리고 사회적 · 경제적 약자에 대한 고려가 없다고 비판했다(김신복 외, 2000: 87). 이러한 문제를 개선하기 위해 사회적 형평(social equity), 적실성(relevance), 시민 참여와 고객지향성, 적극적 행정인의 역할, 인본주의, 반합리주의 등으로 특징되는 행정이론으로 나타났다.

제 4 절 행정학의 주요 접근 방법

1. 접근 방법이란 무엇인가?

일반적으로 특정 현상을 연구하기 위해 어떤 기본 입장을 취할 것인가? 무엇을 어떻게 연구할 것인가? 즉, 어떤 관점에서 연구 대상을 분석할 것인가 하는 점과 관련해 다양한 견해나 관점들이 고려될 수 있다(김광웅, 1976: 49-52). 즉, 특정한 연구를 위해 무엇을(what), 어떻게(how) 연구할 것인가에 관한 견해나 관점을 흔히 접근 방법(approach)이라고 하며, 이것은 그 분야의 연구활동을 안내해 주는 일종의 일반적인 전략이나 지향(orientation)이라고 볼 수 있다(Isaak, 1981: 191). 접근 방법은 여러 가지 이유로 만들어지고 사용되지만, 가장 중요한 것은 연구에 유용한 가설을 설정하는 적절한 아이디어를 제공해 주는 발견적(heuristic) 기능 때문이다. 다시 말해서 접근 방법은 그 분야의 학문 연구에 유용한 가설을 설정하는 데 좋은 아이디어를 제공해 주기 때문이다(이종수 외, 1997: 88).

이와 같이 접근 방법이란 제기할 문제와 검토할 자료를 선택하는 기준, 즉 특정 학문 분야의 연구 방법을 의미한다. 연구에서 어떠한 접근 방법을 따를 것인가는 연구자가 주관적으로 어떤 태도나 입장을 가지는가에 따라 영향을 받게 된다. 즉, 행정이 추구해야 할 가치문제에 관심을 갖는 규범적 입장, 현실 행정에 대한 과학적 · 체계적 분석에 관심을 갖는 경험적 · 실증적 입장, 그리고 가치나 규범적 질서의 실현을 위한 기술적 · 응용적 연구를 취하는 실천적 · 처방적 입장 등으로 나뉜다(김진복 외, 2000: 90). 이에 따라 연구에 사용되는 개념, 연구 방법 및 절차 등의 이론화 과정이 영향을 받게 된다. 하나의 분과 학문으로서 행정학은 다양한 접근 방법을 통해 미시적 또는 거시적 행정 현상들을 연구하고 있다. 미시적 접근 방법은 분석 수준을 개인에 초점을 두어 출발하는 반면, 거시적 접근 방법은 정치 · 행정의 체계나 구조를 분석 단위로 해서 접근하는 것이다.

행정학에서 매우 다양한 접근 방법이 사용되는 것은 다음과 같은 이유에 있다(이종수 외, 1997: 88-89). 첫째, 행정학은 응용사회과학이기 때문에 정치학이나 사회학 등 인접 사회과학 분야에서 사용되고 있는 다양한 접근 방법이 필요에 의해 행정학 연구에 사용되고 있기 때문이다. 둘째, 과학적인 연구 방법에 따른 다양한 접근 방법이 사용되며, 또한 이에 대한 대안적인 연구 방법과 접근 방법이 다양하게 제시되기 때문이다. 예를 들면, 행태주의는 과학적 연구 방법을 전제로 하지만, 역사적 접근 방법이나 현상학적 접근 방법 등은 과학적 연구 방법을 비판하면서 제시되는 대안적 접근 방법으로 사용되기 때문에 매우 다양하게 나타난다. 따라서 접근 방법은 연구자와 특정 연구 목적에 따라 다양하게 사용될 수 있지만, 다양한 접근 방법은 상호 배타적 관계에서가 아니라 상호 보완적 차원에서 행정의 연구를 위해 사용되어 왔다. 다음은 행정학 연구에서 중요하게 고려되고 있는 몇 가지 접근 방법에 대해 살펴본다.

2. 전통적 접근 방법

1) 역사적 접근 방법

역사적 접근 방법(historical approach)은 정치 · 행정 제도의 성격과 그 제도가 형성되어 온 특수한 방법을 인식케 하는 수단을 제공해 준다. 특히 행정학이 정치학으로부터 분리되기 전인 19세기 미국 정치학자들의 역사는 과거의 정치이고 정치는 현재의 역사라는 인식에 따라 정치학은 주로 역사적 접근 방법에 의해 발전되었다. 역사적 접근 방법에 의한 연구는 과거 특정 시점에서의 행정활동과 행정체제가 경험한 사실들을 이해할 수 있듯이, 오늘날의 정치 · 행정적 사건(events)들을 자세하게 묘사하려는 입장이다. 그 결과 이러한 연구는 일종의 사례연구(case study)의 성격을 띤다. 역사적 접근 방법의 기본 전제는 과거와 현재의 역사적 사실들이 다양한 방식으로 상호 연결되어 있으며, 어떠한 사회나 인간도 과거 역사와 불가분의 관계로 연결되어 있다고 본다. 따라서 과거를 잘 이해하고 설명하게 되면 현재의 문제를 좀 더 효과적으로 이해하고 해결할 수 있다고 보았다(이종수 외, 1997: 90).

이러한 역사적 접근 방법은 어떤 사건 · 기관 · 제도 · 정책 등의 기원과 발전 과정을 이해하고 설명하는 데 많이 사용된다. 특히 대부분의 역사적 접근 방법은 특정한 문명이나 사회, 특수한 역사적 사건과 정치적 인물 및 정치력에 대해 집중적으로 분석한다. 또한 특정 정당의 이념, 행정관리의 방법, 특정 사회의 지배적 가치나 사회구조의 배경과 원동력 등에 관심을 갖는다. 그러나 단순히 역사적 사건을 기술하는 데 그치지 않고, 어떤 현상의 발생 원인과 그 결과에 대한 인과 관계를 자세하게 분석하고 또한 비판적인 입장에서 의미를 부여하려 한다.

2) 법적 · 제도적 접근 방법

법적 · 제도적 접근 방법(legalistic-institutional approach)은 행정학 연구의 초기 접근 방법의 하나로서 오늘날에도 널리 사용되고 있으며, 행정 과정의 합법성과 법률에 기초해 형성된 행정 제도를 주로 서술적으로 연구하는 접근 방법이다. 예를 들면, 「정부조직법」, 「국가공무원법」, 「예산회계법」 등에 규정되어 있는 법률과 법규를 중심으로 정부조직, 인사행정, 예산절차 등을 연구하고자 한다. 원래 법적 접근 방법과 제도적 접근 방법은 초기 정치학 분야에서 달리 발전해 왔으나, 오늘날 행정학 분야에서는 양자를 함께 지칭하여 법적 · 제도적 접근 방법으로 부르고 있다.

법적 · 제도적 접근 방법에 의한 연구는 입법부 · 행정부 · 사법부 사이의 관계는 물론 각 부처 간의 관계, 중앙정부와 지방정부 간의 권한과 사무 배분 등에 대해 「헌법」과 「정부조직법」 등 관련 법규를 중심으로 이루어진다. 또한 정부의 각종 인사 제도나 예산 제도 등의 관련 법규를 중심으로 연구하는 것도 법적 · 제도적 접근 방법에 기초하는 것이다. 오늘날 행정의 많은 부분이 관련 법규나 혹은 제도에 기반을 두고 이루어지고 있어서 행정학 연구에서의 법적 · 제도적 접근 방법은 유용성이 매우 높다. 그러나 이 접근 방법은 공식적인 법률이나 제도에 초점을 두는 정태적 연구에 머물기 때문에 그 이면의 동태적 역학 관계나 작용을 설명하지 못한다는 비판을 받고 있다. 제2차 세계대전과 해방 이후 미국의 각종 정치 · 행정 제도가 무비판적으로 도입되어 오히려 제도와 실제 간의 불일치나 괴리 현상을 초래한 것은 바로 법적 · 제도적 접근 방법의 한계를 보여 준 것이라고 할 수 있다(이종수 외, 1997: 92).

3) 기능적 접근 방법

기능(function)이란 어떤 체제의 특정한 부분이 전체 체제(total system) 혹은 하위 체제(sub-system)의 구성 요소에 미치는 행위, 결과 및 효과를 의미한다. 기능적 접근 방법(functional approach)은 행정을 하나의 기능적 실체로 보고, 행정의 효율성과 생산성을 강조하면서 그것을 얻는 것은 합리적 조직구조의 개편, 기획, 예산 및 인사관리와 같은 관리 기능에 달려 있다고 본다. 이러한 접근 방법은 인간을 경제적 이윤을 추구하는 합리적 존재로 가정하고, 행정의 효율성과 생산성을 높일 수 있는 행정의 원리를 발견하는 데 관심을 두었다. 초기 연구에서는 행정의 과제를 작업 · 사람 · 장소 간의 체계적인 관계를 설정하고, 권한과 책임을 합리적으로 배열하고, 이러한 책임이 효율적으로 이행되도록 통제 장치를 마련하는 것이라고 보았다.

이러한 접근 방법에 의한 연구는 윌슨(W. Wilson)의 「행정의 연구」를 대표적으로 들 수 있다. 또한 테일러(F. W. Taylor)의 '과학적 관리', 윌로비(William F. Willoughby)의 '행정의 원리', 귤릭(Luther H. Gulick)의 'POSDCoRB', 바너드(Chester I. Barnard)의 '관리자 기능론' 등과 같은 전통적인 행정학 연구는 모두 행정의 효율성과 생산성을 강조하고 있고, 이를 위한 연구를 관리 기능적 접근 방법에 근거해 다루고 있다. 이러한 기능주의자들은 행정을 "조직의 생존을 위해 처방된 일련의 기능을 수행하는 것이며, 또한 조직역학은 행정 단위들 간의 기능적 과정과 목표 및 과업을 위한 행정 단위 간의 관계를 분석함으로써 파악될 수 있다"고 했다(윤재풍 · 정용덕 역, 1987: 97-98). 넓은 의미에서 기능적 접근 방법에는 관리 기능적 접근 방법, 체제론적 접근 방법, 생태론적 접근 방법 등이 포함된다. 그러나 관리 기능적 측면을 강조하는 학자들이 주장하는 행정 원리들은 상호 모순적인 것이며, 과학적 근거가 없다는 점에서 기능적 접근 방법은 비판을 받고 있다. 또한 행정을 외적 환경 요인, 특히 정치적 환경과 관련시키지 않았다는 점에서도 비판을 받고 있다(이종수 외, 1997: 93).

4) 행태론적 접근 방법

행태론적 접근 방법(behavioral approach)은 사회 현상을 제도나 이념을 통해서가 아니라 그 사회 현상을 일으키는 인간 행태를 관찰·분석함으로써 설명하려는 과학적·체계적인 연구 관점이다. 20세기 초 왓슨(John B. Watson) 등의 심리학자에 의해 주창된 행태주의는 1930년대 초 유럽의 사회과학자들이 미국으로 유입되어 정치·사회 현상에 대한 새로운 분석 방법으로 제시하면서 사회과학 분야에 도입되었다. 이들의 영향을 받아 당시 시카고대학의 메리엄(Charles Merriam) 교수가 행태주의적 연구 방법을 미국 정치학 연구에 응용하면서 새로운 움직임을 주도했다. 행태론자들은 조직, 제도, 법률, 절차 등이 행정의 주요한 측면이긴 하지만 이들이 행정의 실체는 아니기 때문에 행정학의 주요 연구 대상은 정치·행정 제도 내의 인간적 요인, 즉 행정인의 행태나 활동에 초점을 두어야 한다고 주장한다.

결국 행정의 과학화를 위해서는 인간 행동에 대한 실증적 분석을 통해 가치 개입적인 것은 배제하고 가치 중립적 또는 사실 판단적인 요인들만 다루어야 함을 강조한다. 행태주의가 행정학 분야에 도입된 것은 논리실증주의(논리경험주의)를 강조한 사이먼(Herbert A. Simon)이 『행정행태론(*Administrative Behavior*)』(1945)을 발표한 이후 과학주의와 논리실증주의적 행정의 연구가 널리 보급되면서부터이다. 사이먼은 행정 현상에 대한 경험적 연구와 방법론적 엄격성을 통해 행정학의 과학화를 기할 수 있다고 보았다. 특히 사이먼은 행정 현상을 의사 결정 과정으로 보았기 때문에 의사 결정에 관한 과학적 연구는 바로 행정학 연구의 요체가 된다고 보았다(이종수 외, 1997: 95-96).

이러한 행태론적 접근 방법은 다음과 같은 몇 가지 특징을 갖는다. 첫째, 사회 현상도 자연과학에서와 같이 엄밀한 과학적 연구가 가능하다고 믿는다. 둘째, 사회 현상을 관찰 가능한 객관적 대상으로 보기 때문에 인간의 주관이나 의식을 배제한다. 셋째, 지식을 얻는 방법, 즉 인식론적 근거로서 논리실증주의(logical positivism)를 신봉한다. 넷째, 인간 행태의 규칙성, 상관성 그리고 인과성을 경험적으로 입증하고 설명할 수 있다고 본다. 다섯째, 행정학 연구의 대상을 인간 행태에 두고 있기 때문에 연구를 수행할 때 가치와 사실을 명백히 구분하고 가치중립성을 지킬 것을 강조한다. 여섯째, 개념의 조작적 정의를 통해 객관적인 측정 방법과 도구를 사용하며, 자료를 계량적 방법에 의해 분석한다. 일곱째, 행태주의는 심리학 · 사회심리학 · 사회학 · 문화인류학 등 인접 학문과 관련이 깊으며, 사회과학은 행태에 공통된 관심을 갖기 때문에 통합된다고 본다.

그러나 행태론적 접근 방법은 1960년대 중반에 소장 학자들로부터 다음과 같은 비판을 받기 시작했다. 첫째, 행태주의는 인간의 외면적인 객관적 행태를 관찰하고 설명하지만, 기술을 지나치게 강조함으로써 그 행태 이면의 본질적인 의미와 문제를 파악하지 못한다. 둘째, 사회 현상이나 행정 현상의 연구에서 가치와 사실을 분리시키고 객관적 사실만을 다루고 가치 판단을 배제한 것은 비현실적이다. 셋째, 행태주의는 방법의 엄밀성에 의존한 결과 연구 대상과 범위를 지나치게 제약함으로써 중요한 사회문제에는 소홀하게 된다는 점이다.

3. 상호작용성에 근거한 접근 방법

1) 생태론적 접근 방법

생태론(ecology)은 유기체와 환경과의 상호 관계 및 작용에 관해 관심을 갖는다. 유기체는 환경으로부터 투입을 받아 생존과 체제 유지를 이루어간다. 행정도 일종의 유기체로서 정치 · 경제 · 사회 등의 환경과 상호 의존 및 상호작용하는 실체로 본다. 이에 따라 생태론적 접근 방법(ecological approach)은 행정 현상을 환경적 요인과 상호작용하는 관계에서 파악하려는 것이다. 생태론자들은 서구의 행정 제도가 후진국에서 잘 작용되지 않는 것은 사회 · 문화적 환경이 다르기 때문이라고 보고 있다. 이 때문에 생태론적 접근 방법은 행정 체제의 개방성을 배경으로 성립되며, 분석의 수준이 행위자 개인보다는 집합적 행위나 제도에 주어지고 있어 거시적 차원에서 행정 현상을 분석하고자 한다.

정치학과 문화인류학 등에서 발전된 생태론적 접근 방법은 가우스(John M. Gaus)에 의해 행정학 분야에 도입되었다(Gaus, 1947). 가우스는 행정에 영향을 미치는 환경적 요인으로서 국민(people), 장소(place), 물리적 기술(physical technology), 사회적 기술(social technology), 욕구와 사조(wishes and ideas), 재난(catastrophe), 그리고 인간성(personality) 등 일곱 가지를 들고 있다. 1960년대에 와서 리그스(Fred W. Riggs) 역시 행정 연구에서 환경의 중요성을 강조했다(Riggs, 1964). 그는 '농업사회와 산업사회'라는 비교행정 연구 모형을 제시하면서 행정의 환경 변수로서 경제적 기초, 사회구조, 이념적 요인, 통신 및 정치 체제 등 다섯 가지를 선정하고, 이들 환경 요소가 농업사회와 산업사회의 행정에 각각 어떻게 영향을 미치는가를 설명했다(이종수 외, 1997: 94).

이러한 생태론적 접근 방법은 일정한 환경적 맥락 속에서 특정 국가나 문화권의 행정을 좀 더 면밀하게 이해·설명하고 예측할 수 있게 해 준다. 그러나 생태론적 접근 방법은 행정을 외부 환경에 지나치게 의존하는 환경결정론 또는 환경종속론적 입장에서 행정 현상을 설명함으로써 행정의 주체적인 역할을 경시했을 뿐만 아니라 행정 내부의 관리적이고 기술적인 측면을 소홀히 했다는 점에서 비판을 받는다.

2) 체제론적 접근 방법

체제(system)란 독립적이면서 상호 의존적이고 상호작용하는 구성 요소들의 집합으로 이해된다. 체제론적 접근 방법은 자연 현상이나 사회 현상을 전체의 한 부분으로 본다. 파슨스(Talcott Parsons)에 따르면 모든 체제는 생존과 체제의 목적을 달성하기 위해 각기 다른 하위 체제들이 다음과 같은 네 가지의 기본적인 기능을 수행한다고 보았다(Parsons, 1966). 첫째는 환경 속에 있으면서 체제가 환경의 변화에 적응해야 하는 적응 기능(adaptation)이다. 둘째는 유형·무형의 가치를 창출하는 목표 달성 기능(goal attainment)이다. 셋째는 체제의 목표 달성을 위해 하위 체제의 활동을 조정하는 통합 기능(integration)이다. 그리고 넷째는 체제가 가지고 있는 가치 체계를 보존하고 제도화된 체제를 유지하는 잠재적 유형 유지 기능(latent pattern maintenance, 또는 latency)이다. 이러한 기능을 갖는 체제는 환경으로부터 요구(demands)와 지지(supports)라는 투입(inputs)을 받아 전환(conversion)시켜 산출(outputs)을 가져온다. 이러한 산출은 환경으로 보내지며 환류(feedback)를 통해 다시 체제로 투입됨으로써 계속적인 순환 과정(투입-전환-

산출－환류)이 이루어지게 된다.

체제론적 접근 방법(systems approach)은 오늘날 행정학 연구에서 가장 대표적인 접근 방법의 하나로서 사회 변동은 급격하게 일어나는 것이 아니라 체계적이며 발전적으로 변화한다고 본다. 이를 정치 현상과 행정 현상에 도입한 대표적인 학자는 이스턴(David Easton)이다. 이스턴은 정치 체제에 대해 다음과 같이 설명하고 있다. 정치 체제로부터 더 많은 편익을 얻기 위해 개인적 혹은 집단적으로 어떤 활동을 하게 되는 것을 요구(demand)라고 한다. 또한 세금을 내거나 국방 의무를 수행하는 등 체제에 대한 인적·물적 자원의 제공과, 그리고 그 체제의 정당성을 인정해 주는 활동을 지지(support)라고 보았다.

그리고 정치 체제의 산물은 흔히 정책으로 보며, 이러한 정책은 환경인 다른 체제 혹은 국민들의 생활에 직·간접적 영향을 미치게 되며, 이것이 환류되어 다시 정치 체제에 대한 새로운 투입이 일어나게 된다는 것이다. 그러나 이러한 체제론적 접근 방법은 체제의 균형, 안정성, 평형을 강조함으로써 현상 유지적 성격을 띠고 있어 변화와 혁신 및 발전에 대해서는 잘 설명하지 못한다는 점에서 비판을 받기도 한다.

4. 변화와 혁신을 위한 접근 방법

1) 공공선택론적 접근 방법

인간의 일상에는 항상 시간과 기회가 주어지며, 그 속에서 연속적인 선택의 과정이 이루어지게 된다. 선택 행위는 '개인의 선택' 또는 '사회적 선택'에 의해 이루어진다. 사회적 선택은 시장적 선택과 비시장적 선택으로 나뉘며, 이때 비시장적 선택을 공공선택이라고 지칭한다. 공공선택을 해야 하는 가장 큰 이유는 공공재(public goods)가 존재하기 때문이다. 공공재는 '비배제성'과 '비경합성' 등과 같은 특성으로 인해 무임승차(free ride) 행위가 나타나기 때문에 시장(market)을 통해서는 효율적인 생산과 배분이 어렵게 된다. 이에 따라 공공 부문에서의 효율적 자원 배분을 위한 방법으로서 경세학석 분석 방법의 도움이 필요하게 된다.

공공선택론적 접근 방법(public choice approach)은 1986년에 노벨 경제학상을 수상한 뷰캐넌(James M. Buchanan)을 비롯한 경제학자와 수학자들에 의해 창시되었다. 특히 공공선택론적 접근 방법을 행정학 분야에 도입한 것은 오스트롬 부부(Vincent Ostrom & Elinor Ostrom)이다. 이들은 1971년 『미국행정학회지』에 「공공선택론: 행정학 연구를 위한 또 다른 하나의 접근 방법」이라는 논문을 기고함으로써 행정 연구의 대안적 방법을 제시했으며, 빈센트 오스트롬은 1973년에 공공선택론의 관점에서 『미국 행정학의 지적 위기』를 출간했다. 또한 뮬러(D. Mueller)는 공공선택론을 "비시장적 의사 결정의 경제학적 연구 혹은 정치학에 경제학을 응용하는 연구"로 정의했다(Mueller, 1989: 1). 즉, 공공선택론은 경제학적인 분석 도구를 이용해 국가이론, 투표 행태, 정당정치, 관료 행태, 이익집단 등의 연구에 적용하고 있다. 이와 같이 정치 현상과 행정 현상을 경제학적 분석 방법을 통해 설명하고 바람직한 방향을 제시하는 연구를 공공선택론이라 한다.

공공선택론적 접근 방법은 다음과 같은 가정을 전제로 하고 있다. 첫째, 방법론적 개인주의(methodological individualism)에 기초한다. 즉, 모든 사회적 실재는 기본적으로 개인 행위의 집합이라는 가정이다. 따라서 개인을 분석의 기본 단위로 봄으로써 사회나 국가 또는 계급의 개념도 개인들의 집합 이상으로 의미를 부여하지 않는다. 둘째, 합리적 선택(rational choice)을 가정한다. 개인들은 공공재를 최소의 비용으로 향유하려고 하기 때문에 공동으로 사용하게 될 재화와 용역의 공급과 개선에는 개인들이 자발적인 의욕을 보이지 않을 것이며, 동시에 공익 추구를 위해 자발적으로 단체를 구성하지도 않을 것이라고 가정한다. 즉, 개인은 경제적이고 합리적인 존재로서 자기 중심적 이익만을 지향한다고 가정한다. 셋째, 공공재의 효율적인 생산과 공급은 제도적 장치의 마련을 통해 가능하다고 가정한다. 제도적 장치는 규칙을 통해 재화와 용역의 생산과 소비에 참여하는 사람들의 행태, 즉 의사 결정에 영향을 미치게 된다는 것이다. 그러나 전통적인 정부관료제는 공공 서비스의 생산과 공급에 바람직한 제도적 장치가 되지 못하기 때문에 정부의 각 수준에 맞는 분권적이고 다양한 규모의 제도적 장치가 마련되어야 한다고 본다.

공공선택론에서는 정부를 공공재(public goods and service)의 생산자로 규정하고 시민들은 공공재의 소비자로 간주한다. 소비자인 시민의 편익극대화를 위한 서비스의 생산 및 공급은 공공 부문의 시장경제화를 통해 가능하다고 본다. 전통적으로 공공 서비스를 독점적으로 공급해 온 정부관료제는 시민의 요구에 민감하게 반응할 수 없으며, 특히 조직화된 압력단체들의 영향에 의해 공공 서비스를 독점적으로 공급함으로써 시민의 선택을 제약 또는 억압한다는 것이다(오석홍, 1984: 141). 이러한 이유 때문에 공공 서비스의 생산과 공급에서 성과를 높이지 못하게 되는 정부실패(government failure)가 초래된다는 것이다. 따라서 공공선택론자들은 공공 서비스를 제공할 때 시민 개개인의 선호와 선택을 존중하고, 경쟁을 통해 서비스를 생산하고 공급하게 함으로써 행정의 대응성을 높일 수 있다고 본다.

이와 같이 공공선택론적 접근 방법은 의사결정자로서의 개인, 공공재와 공공 서비스의 성격, 그리고 의사 결정 구조의 분석에 초점을 두고 있다. 이 접근 방법은 공공재의 공급이라는 집단행동의 문제를 중심 대상으로 삼으면서, 특히 조직 내 의사 결정 장치의 문제를 다루고 있다. 오스트롬(Vincent Ostrom)은 공공재를 공급하는 정부조직체의 경우 다조직적 장치의 유용성을 강조하고 있으며, 이러한 제도적 장치는 각 기관 사이의 다양성을 고려한 합의와, 그리고 기관 간의 갈등을 해결할 수 있는 매커니즘을 내포하고 있다고 본다. 이러한 장치에서 가장 핵심적인 개념은 권한의 분산과 관할권의 중첩이며, 이러한 중첩되는 체계가 관련 집단의 이익에 좀 더 부응할 수 있다는 것이다(Ostrom, 1973: 73-95).

결국 공공선택론은 기존의 행정질서와 행정이론이 드러내고 있는 문제점을 극복해 보려는 하나의 새로운 접근 방법으로 활용되고 있다. 동시에 시민들의 다양한 요구와 선호에 민감하게 부응할 수 있는 제도적 장치의 마련에 관심을 나타내고 있어 민주행정의 구현이라는 관점에서 높이 평가될 수 있는 이론과 접근 방법이다.

그러나 다음과 같은 점에서 또한 비판을 받기도 한다. 첫째, 공공선택론은 현실세계가 전적으로 효용극대화를 추구하는 개인들로 구성되었다고 보며, 인간의 가치나 개인의 자유는 고려치 않고, 다만 경제적 선택만이 고려되는 것으로 보지만 이 점이 현실과 괴리가 있다는 점이다(Golembiewski, 1977). 둘째, 자유시장의 논리를 공공 부문에 도입하려 한다는 점에서 시장실패를 우려할 수 있는 한계를 가지고 있다. 셋째, 오래전부터 경쟁 시장의 논리는 그 자체가 현상 유지와 균형이론에 집착하는 것이라는 점과 공공선택론에 기초를 둔 처방책이 현실적합성이 높지 않다는 점이다.

2) 신제도론적 접근 방법

제도(institution)에 대한 연구는 정치학과 행정학 분야의 전통적 접근 방법들 중의 하나로 행태주의 이전부터 있어 왔다. 그러나 1980년대부터 제도에 대한 연구는 새로운 관심을 불러일으켰다. 새로운 관점에서의 제도론적 접근 방법(neo-institutional approach)은 기존의 제도론적 접근 방법과는 연구 대상과 방법에서 차이가 있다. 전통적인 제도 연구에서는 공식적인 사회 제도 자체를 그 대상으로 하면서 주로 제도의 속성이나 주요 기관의 권한과 기능에 초점을 두었다. 반면, 신제도론적 접근 방법에서의 제도란 일단의 규칙을 의미하며 정부활동의 결과, 즉 성과에 영향을 미치는 제도적 장치를 규명하는 데 초점을 둔다. 달리 표현하면 제도가 개인에게 미치는 영향이나 개인의 유인 체계에 미치는 제약을 분석하고자 한다. 즉, 신제도주의는 행태주의에서 중시하는 개인보다 그 개인이 처한 환경으로서 '사회적 맥락'을 더 중시한다. 물론 신제도주의가 대두되기 이전의 체계이론(system theory)이나 상황이론(contingency theory)도 환경을 중시했으나 이들은 행태주의적 관점을 바탕으로 하는 것이다. 반면, 신제도주의는 개인을 둘러싸고 있는 제도의 의미를 파악하려는 구조주의적 입장을 취한다는 점에서 기존의 환경중시이론과 다르다.

신제도주의에서 의미하는 제도는 크게 세 가지 의미로 사용되고 있다. 첫째, 제도란 인간 행동을 인도하는 '의미의 준거틀(frame of meaning)'을 제공하는 상징체계로서 특정 사회에서의 문화나 조직 자체를 의미한다. 둘째, 제도란 하나의 균형(equilibrium)이다. 즉, 개인 상호간의 선호를 이해함으로써 최적의 행동을 안정적으로 유형화(stable pattern of behavior)하는 인간들의 '관계'를 의미한다. 셋째, 제도란 개인들 상호간의 구체적인 관계에 질서를 부여하기 위해 사용하는 규범(norm)이나 규칙(rules)을 의미한다. 제도론적 접근 방법에서 사용하는 제도의 개념은 바로 이러한 의미를 지칭한다(Ostrom, 1992: 19).

신제도론자들은 생산활동에 참여하는 인간을 주어진 상황 속에서 자신의 후생이나 이익의 극대화를 위해 움직이는 합리적인 행위자로 가정한다. 그리고 정부활동의 결과는 그 활동에 참여하는 사람들의 상호작용의 유형에 따라 달라지는데, 이러한 상호작용의 유형은 행위자의 선호, 정보 처리 능력, 개인의 선택 기준 등 행위 상황(action situation)에 놓여 있는 행위자의 특성과 그들이 처한 상황에 의해 결정된다는 것이다. 행위 상황의 요소를 식별하고 이런 요소가 어떤 요인에 의해 영향을 받고 동시에 영향을 미치는가를 규명하는 것이 신제도론적 접근 방법에서 매우 중요한 부분을 차지한다.

따라서 신제도론적 입장은 행정이 인간의 복지를 증진시키는 데 필요한 조직상의 조건이나 상황에 관한 지식에 기반을 두고 있다면 행정학자와 실무자는 이러한 조건과 상황이 무엇인지를 지적할 수 있어야 하며, 각기 다른 조직적 상황으로부터 도출되는 결과를 구체적으로 명시할 수 있어야 한다고 본다. 인간의 복지에 장애가 되는 조직적 장치들의 결과는 사회적 병리로 간주될 수 있으며, 따라서 이러한 병리를 가져오는 상황들을 명시할 수 있다면 사회 병리를 야기하는 조직적 상황을 진단할 수 있다는 것이다(Ostrom, 1990: 2-3).

신제도론적 접근 방법을 통한 행정학 분야의 연구는 다양하게 이루어지고 있지만, 특히 어장, 관개 시설, 목초지, 산림, 다리, 주차장, 도로, 정부 예산, 컴퓨터 체계 등과 같은 공유자원을 공동으로 이용하는 개인들이 지면하게 되는 유인(incentives)의 문제를 다루는 데 적합하다. 공동으로 사용되면서 혼잡성이 생기거나 용량이 줄어들거나, 혹은 훼손될 수 있는 것은 공유자원으로 볼 수 있다(Ostrom, 1992: 1). 소비와 이용상의 과밀성이 초래될 수 있는 이러한 공공재적 자원들을 어떻게 관리·운영하면 가장 좋은 결과를 가져올 수 있는가를 연구하는 데 신제도론적 접근 방법이 유용하게 사용될 수 있다.

3) 거버넌스이론적 접근 방법

거버넌스이론(governance theory)이란 정부의 공공문제 해결을 위한 목표 추구 및 관리 과정에 대한 이해를 위해서는 공공 부문과 민간 부문의 행위 주체들과 이들에 의해 형성되는 연결구조망 또는 결합체를 포괄적으로 연구해야 한다는 접근 방법이다.[1] 즉, 거버넌스이론은 단순히 행정과 정부에 관한 연구는 관심 범위가 편협할 수 있기 때문에 행정 현상과 공공문제는 다양한 관련 행위 주체들이 상호작용하는 관계를 종합적으로 분석해야만 행정 및 정책의 실체에 접근할 수 있다고 본다. 이러한 인식의 변화는 그동안 정부개혁의 추진 과정 및 공공 서비스의 전달 과정에서 민간 부문과 비영리 부문의 참여가 확대되어 온 것이 배경으로 작용하고 있다. 그 결과 행정 및 정부의 효율성과 효과성은 정부와 민간 및 비영리 부문 간의 협력적 네트워크의 구축 및 관리에 의해 영향을 받게 된다고 보는 관점이다. 이에 따라 거버넌스는 '통치로부터 함께 다스리기(from government to governance)로'의 의미를 강하게 내포하고 있다.

최근에는 사회적 복잡성과 유연성에 조응하기 위한 뉴거버넌스(new governance)이론이 대두하고 있으며, 이는 세계화와 정보화에 의해 영향을 받은 것이다. 급속히 진전되고 있는 세계화에 의해 전통적인 국가 기능이 시장과 시민사회 및 국제 체계에 의해 분담되고 있고, 정보화에 의해서도 각 주체와 기능에 변화가 초래되고 있다. 이에 따라 주체 간의 관계를 재정립하고, 이를 통한 정부 효율성과 정책 효과성을 얻기 위해 새로운 접근 방법으로서 뉴거버넌스이론이 등장했다. 그러나 뉴거버넌스의 개념과 성격 및 유형 등에 대해서는 아직 합의에 접근하지 못하고 있다. 다만, 뉴거버넌스의 핵심은 공공 서비스 전달 또는 공공문제를 해결하는 과정에서 정부라는 제도적 장치에 전적으로 의존하기보다 정부와 민간 부문 및 비영리 부문 간의 협력적 네트워크를 적극 활용하는 것이라고 할 수 있다.

뉴거버넌스는 신공공관리론[2]과 마찬가지로 정부개혁을 위한 이론적 기초를 제공하고 있으며, 피터스(Peters, 1996)에 의한 네 가지 모형이 대표적이다. 즉, 전통적 거버넌스인 전통적 정부모형에 대한 대안으로 시장적 정부모형, 참여적 정부모형, 신축적 정부모형, 탈내부규제 정부모형이 그것이다. 이들 모형은 기본적으로

---

1) 거버넌스(governance)는 국정관리, 국가경영, 지배구조, 통치, 협치(協治), 망치(網治), 공치(共治) 등 여러 가지로 번역 또는 정의되고 있지만, 서술적 개념으로서 '함께 다스리기'의 의미로 이해할 수 있다.

2) 신공공관리론과 뉴거버넌스는 공공 서비스의 전달이라는 노젓기(rowing)보다 정책 결정이라는 방향잡기(steering)를 위한 도구와 방법의 개발을 중시하며, 투입보다는 산출에 대한 통제를 강조하는 측면에서 유사한 내용을 갖는다. 그러나 양자의 차이는 신공공관리론이 결과와 조직 내 관계 및 시장에서의 경쟁을 통한 소비자의 개별적 선택에 의한 조정을 강조하는 데 반해, 뉴거버넌스는 과정과 조직 간 관계 및 신뢰 · 협조 · 상호 의존 등을 강조하는 데에 있다.

'정부는 어떻게 운영되어야 하는가, 정부는 무엇을 해야 하는가', '어떤 정부가 좋은 정부인가' 등에 관해 고민한다(이종수 외, 2008: 158－160).

5. 비판행정학적 접근 방법

1) 현상학적 접근 방법

현상학적 접근 방법(phenomenological approach)은 사회 현상 또는 사회적 실재(social reality)가 자연 현상처럼 사람과 동떨어진 객체로 존재하는 것이 아니라 그 속에 참여하는 사람들의 의식・생각・언어・개념 등으로 구성된다고 본다. 그리고 사회 현상은 그들 간의 상호 주관적인 경험에 의해 이루어지는 것이기 때문에 사회과학에서 형성하는 사유 대상(thought objects) 또는 정신적 구성물은 자연과학의 그것과는 본질적으로 다르다고 강조한다. 사회 현상은 그 속에서 생각하고, 의사소통하고, 활동하는 사람들에게 특별한 의미와 현실적합성을 띠고 있다는 것이다. 따라서 행정 연구에서 실증주의나 행태주의처럼 엄격한 과학적 방법론은 행정 현상을 이해하는 데 적합하지 않다고 여긴다. 그렇기 때문에 현상학적 접근 방법은 사회과학 연구에서 경험적 관찰을 지나치게 한정시키기보다 일상생활의 상식적인 수준에서 인간 행위를 이해하고, 그 이면에 깔려 있는 동기나 목표도 포함시켜 설명한다면 인간 행위를 훨씬 더 풍부하게 이해할 수 있다고 본다(김경동, 1982: 13－14).

이와 같은 현상학적 접근 방법을 행정학 연구에 가장 적극적으로 도입한 것은 하몬(Michael M. Harmon)의 '행위이론(action theory)'이다. 행위이론은 인간의 행위가 합목적적이고 의도적이며, 인간은 그들의 활동과 관련해 그들 자신을 성찰할 수 있는 책임 있는 행위자임을 암시한다. 또한 주체와 객체 간의 상호작용 과정을 통해 조직이 창조되고 유지될 수 있으며, 행위 지향적 행정은 다른 개인들의 현실을 이해하고 공감할 수 있는 행위 지향적 개인들에 의해서만 가능하다고 본다. 또한 현상학적 접근 방법은 미시적인 인간 내면을 강조하고 가치・의미와 행정환경 내에서 이루어지는 다양한 행위를 중시하지만, 거시적 문제들도 인간의 상호작용과 이해를 통해 해결될 수 있다고 본다(Harmon, 1981: 45). 따라서 현상학적 접근 방법은 외부적 행태(behavior)에 대한 인과 관계적 설명이 아니라 행위자가 사회 현상을 어떻게 바라보며 설명하는가에 관심을 갖는다.

행정학 연구에서 현상학적 접근 방법의 원용은 과학적 연구 방법을 통해서는 파악하기 어려운 인간의 주관적 관념, 의식, 동기 등의 의미를 좀 더 적절하게 다루고 이해할 수 있는 가능성을 제시함으로써 행정 연구의 적실성을 제고할 수 있다. 그뿐만 아니라 조직문제를 파악하는 데 폭넓은 철학적 사고 방식과 준거 틀을 제공해 줄 수 있을 것이다(신두범, 1987: 110). 나아가 과학적 연구가 지향하는 가치중립적인 연구를 할 때에는 가치 비판적이고 가치 평가적인 연구를 도와 줌으로써 정책 연구에도 기여할 수 있을 것이다.

2) 신공공서비스론

1970년대 후반부터 반정부・반관료주의・반조세 등의 기치 아래 신공공관리론은 후기 관료주의적 패러다임으로 등장했다. 그러나 신공공관리론에 대한 평가는 국가와 정부가 효율성과 대응성이라는 행정 가치와 이념의 추구 과정에서 국민과 시민을 배제한 채 행정과 관료 자신들의 권력과 권한만을 강화시켜 왔다는 것이다. 이에 따라 권력과 권한을 관료로부터 시민에게로 되돌려야 한다는 것이며, 시민 중심의 공직 제도를 구축하기 위한 변화가 필요하다는 비판적 입장에서 신공공서비스론(new public service theory)이 등장했다. 즉, 신공공관리론의 오류에 대한 반작용으로 대두된 신공공서비스론은 주로 민주적 시민이론, 지역공동체와 시민사회모형, 조직인본주의와 담론이론, 포스트모더니즘 등에 기초하고 있다.

신공공서비스론이 신공공관리론과 다른 점은 다음과 같다. 즉, 신공공서비스론은 행정의 역할이 서비스의 제공(serving)에 있다고 강조한다. 반면, 신공공관리론은 정부라는 배를 두고 방향잡기(steering)와 노젓기(rowing) 중 어디에 치중해야 하는가와 같은 문제에만 관심을 두어 왔다. 이에 대해 신공공서비스론은 신공공관리론에서 강조하는 정부의 방향잡기(steering)는 복잡한 미래 사회에서 더 이상 수행하기 어렵거나 불가능하다고 보기 때문에 관료의 역할도 바뀌어야 한다고 본다(이종수 외, 2008: 163). 구체적으로 표현하면, 행정가가 책임져야 하는 것은 행정 업무 수행에서 '효율성'이 아니라 모든 사람에게 '더 나은 생활'을 보장하는 것이며, 이것이 신공공서비스론의 핵심이다(Denhart & Denhart, 2003: 4).

이러한 인식의 배경에는 21세기에 새롭게 의제화되고 있는 세계화(globalization)와 이양(devolution)이라는 두 개념이 기존의 전통적인 관료제 구조 및 국가의 기능과 역할에 큰 영향을 미칠 것이라는 새로운 거버넌스 관점이 요구되고 있다(Kettl, 2000a: 490-495).

새로운 거버넌스를 구축하기 위해서는 다음 사항들이 요구된다. 첫째, 적응의 문제로 세계화와 이양이라는 도전에 적합하도록 전통적 수직적 체계를 새로운 수평적 체계와 통합해 나가는 것이다. 둘째, 변화된 환경 속에서 효과적으로 국정을 관리할 수 있도록 정부 능력을 제고하는 일이다. 셋째, 이양과 관련된 역할의 배분 문제로서 중앙정부와 지방정부가 해야 할 일을 명료하게 분류할 필요가 있다.

이처럼 신공공서비스론은 '세계화'와 '이양'이라는 변화에 직면해 국가 능력을 제고해야 하는 역할을 부여받고 있다. 그리고 그 방향은 신공공관리론이 강조해 왔던 구매자-공급자모형 대신 다원주의적 서비스 공급모형에 입각해 개인과 지역공동체에 기초한 책임성을 진화시키는 것이다. 또한 변화대응력의 제고를 위해 중앙정부, 지방정부 및 시민단체가 역동적인 관계망을 구축하는 것이다(김태룡, 2007: 394-396).

연습 문제

1. 행정학은 사회과학의 다른 분과 학문과 어떻게 다르며, 행정학의 학문적 성격과 특성은 무엇인가?
2. 유럽 행정학과 미국 행정학은 각각 어떤 발달 배경을 지니고 있는가?
3. 행정학의 발달 과정에서 대두된 주요 이론들은 무엇인가?
4. 행정학의 과학화에 가장 큰 영향을 끼쳤다고 볼 수 있는 행태론적 접근 방법은 무엇이며, 미시적 차원에서 개인의 행태가 조직이나 사회에 미칠 수 있는 영향은 무엇인가를 토의해 보시오.
5. 최근의 신자유주의 경향과 관련하여 논의되는 공공선택론적 접근 방법과 신제도론적 접근 방법의 내용은 무엇인가?
6. 행정학의 과학성과 기술성이 의미하는 것은 무엇인가?
7. 행정학이 과학이 될 수 있는가 또는 행정학이 과학이어야만 하는가에 대해 논의해 보시오.
8. 최근의 복잡한 사회 현상 및 행정환경을 이해하는 데 도움이 될 수 있는 접근 방법 또는 이론으로서 카오스이론, 포스트모더니즘이론, 딜레마이론, 시차이론, 조절이론, 다문화이론 등에 대해 연구 및 토의해 보시오.

CHAPTER 03

정책 과정

제 1 절 정책 연구의 필요성과 의의
제 2 절 정책 과정
제 3 절 정책결정모형
제 4 절 현대 사회에서 정책의 위치

개 관

정부는 국가를 운영하기 위해 정책을 결정하고 집행하며, 정책은 국민의 생활과 국가의 발전에 지대한 영향을 미친다. 잘못된 정책 결정과 집행・평가는 국민생활의 곤란은 물론이고 인류 문명에 큰 위협이 될 수 있다. 그러나 합리적인 정책은 국가 발전을 조기에 달성할 수 있는 초석이 된다.

정책(public policy)이란 사회문제를 해결하려는 정부의 노력이라고 할 수 있다. 행정 역시 공익을 위한 정부의 기능과 역할이라고 볼 때 정책과는 어떻게 다른가? 행정이 공공을 위한 일반적 활동이라면 정책은 구체적이고 특수한 활동이라고 할 수 있다. 따라서 정책은 목표 지향적, 미래 지향적, 행동 지향적, 문제 해결 지향적인 활동이라고 하겠다.

그러나 급변하는 사회 체제, 불확실성의 증대, 다양하고 복잡한 문제의 등장 등 최근 정책을 둘러싼 환경의 변화는 정부의 정책 능력 향상과 혁신을 요구하고 있다. 이에 따라 정책학 연구, 즉 바람직한 정책 결정, 성공적인 정책 집행, 타당한 정책 평가에 필요한 유용한 지식 창출에 많은 관심이 집중되고 있다.

이 장에서는 정책이란 무엇이며, 정책이 어떤 과정을 거쳐 결정되는지, 또 정책결정모형의 각각의 장・단점은 무엇이며, 정책평가는 어떻게 이루어지는지 등에 대한 과정을 학습하게 될 것이다. 이를 통해 정책의 내용과 과정을 이해하고, 정책의 다양한 참여자의 역할과 정책의 성공적인 집행을 위한 노력을 이해할 수 있을 것이다. 이러한 정책 과정에 대한 다양한 학습을 통해 현대 행정의 이해에 이론적 토대를 제공할 수 있을 것이다.

Chapter 03

정책 과정

제 1 절 정책 연구의 필요성과 의의

1. 정책 연구의 필요성

현대는 '정책의 홍수 시대'라고 불릴 만큼 다양한 정책이 만들어지고, 집행되며, 또다시 수정 실시되거나 소멸되어 정책의 영향으로부터 자유로운 인간은 하나도 없다고 해도 과장이 아닐 정도이다. 정부의 거의 모든 활동에 정책이라는 접미어를 붙여도 어색하지 않을 만큼 정부활동은 정책과 밀접히 관련되어 있다. 오늘날 정부의 모든 활동은 궁극적으로 정책 산출을 위한 활동으로 이해할 수 있다.

지난 20세기 사회를 산업사회 · 냉전 체제 · 중앙집권적 정치 체제 · 획일성 등으로 표현해 왔으나 21세기는 정보화 사회 · 글로벌리즘 · 분권적 정치 체제 · 다양성의 사회로 빠르게 변화하고 있다(김만기, 1998: 7-9). 그 결과 정부나 지방자치단체의 정책환경도 매우 복잡·다양한 양상을 띠게 되었다. 이처럼 복잡한 정책환경에 대한 이해와 정책의제의 형성과 정책 결정, 그리고 집행과 평가 등 일련의 정책 과정에 대한 이해를 높이기 위해 정책 연구의 필요성이 제기되고 있다.

구체적으로 정책 연구의 필요성은 다음과 같이 요약할 수 있다. 첫째, 정책을 둘러싸고 오랜 기간 동안 논쟁을 벌여 왔던 정치와 행정의 관계에서, 정책 기능에 대한 역할 재정립을 위한 정책 연구의 필요성이다. 그동안 정치와 행정을 구분하는 이원론과 둘의 관계를 불가분의 관계로 보는 일원론 간의 끊임없는 논쟁의 핵심은 정책과의 관련성 여부에 있었다.[1] 하지만 오늘날에는 정치와 행정의 각 영역은 정책을 공유하고 있는 것이 현실이다. 행정과 정치가 형식적으로는 이원화되어 있지만, 행정의 정책 관련성이 강조되면서 현실적으로는 행정이 정치적 기능을 수행하고 있다. 따라서 정책에 관한 연구는 정치학과 행정학의 현실적인 간격을 줄이고 행정학이 정치와의 원활한 상호 관계 속에서 진정한 독자성을 확보하기 위해 필요하다.

둘째, 공공 부문의 양적 팽창과 질적 변화에 대응하기 위해 정책환경과 정책 과정에 대한 올바른 연구와 이해가 수반되어야 한다. 사회가 복잡하게 분화되면서 이전에 없었던 복잡한 사회문제가 대두되고, 이러한 사회문제 해결에 필요한 고도로 전문화되고 조직화된 정보가 행정부에 집중되게 되었다. 또한 현대 사회에서 발생하는 복잡한 이해 갈등 상황은 공식적인 권한을 지닌 정부의 갈등중재자로서의 역할에 대한 사회적 기대를 더욱 증폭시키고 있다. 이 같은 정부활동의 확대 경향은 정책으로 나타난다는 점에서 현대 사회에서 정부활동, 즉 행정이 사회적 환경과 요구에 제대로 대응하기 위해 정책에 관한 연구가 요청된다.

셋째, 사회적으로 바람직한 정책을 형성하고 확보하기 위해 정책 연구가 필요하다. 정책 연구의 궁극적인 목적 중 하나는 정부로 하여금 정책 목적을 달성하기에

---

1) 대표적인 정치행정이원론자인 굿노우(F. J. Goodnow)는 그의 저서 『정치와 행정』(1900)에서 정치와 행정을 구분하면서 정치는 국가의 의지를 표명하고 정책을 결정하는 것이며, 행정은 결정된 정책을 집행하는 것이라고 정의했다. 따라서 정당정치의 행정에 대한 과도한 개입은 행정의 능률을 해칠 것이라고 염려했다. 따라서 행정은 정치로부터 분리되어야 하고 또한 정치의 요체인 정책 결정 과정에서도 분리되어야 한다는 것이 그의 주장이다. 반면, 20세기 중반에 부상한 정치·행정일원론은 정책 결정이 정치의 독점적 영역이 아니며 행정도 정책 결정 기능을 수행한다는 점을 들어 일원론을 주장했다.

적절한 정책 대안을 채택할 수 있도록 돕는 데 있다. 정책연구자는 정책문제가 다양한 가치를 내포하고 있다는 점을 고려해 정책과 관련된 다양한 사회적 가치들에 대한 명확한 과학적 접근을 시도해야 할 것이다.

정책 연구의 필요성과 더불어 사회문제 해결에 대한 공공정책의 필요성과 개입에 대한 논의는 경쟁적 시장구조의 이해와 분석으로부터 찾을 수 있다. 공공재의 생산과 분배, 재화의 생산 및 소비의 과정에서 외부 효과의 발생, 일부 생산자에 의한 시장의 독점적 지배, 생산자나 소비자 간에 나뉘는 정보의 종류나 양 및 질적 비대칭성 등을 시장실패(market failure)라고 부르며, 시장실패를 치유하기 위한 정부 개입은 일반적으로 그 정당성이 인정된다.[2]

하딘(Garret Hardin)은 적절한 조치가 없는 공동재가 궁극적으로 자원의 고갈 상태를 초래한 경우를 '공유의 비극(tragedy of commons)'으로 묘사했다.

공유의 비극(tragedy of commons)

- 하딘(Hardin, 1968)은 공유의 초지에 가축을 방목할 때 방목자들은 두 가지 사실에 기초해 자신의 이익을 극대화하려고 한다고 보았다. 첫째, 초원에 방목하는 자신 소유의 가축의 수가 많을수록 가축판매 시에 자신에게 돌아올 이익이 크다는 사실을 알고 있으며, 둘째, 과다한 방목으로 인해 초지에 피해가 생긴다면 그 피해는 초지를 공유하고 있는 모든 사람에게 분산될 것이므로 자신에게 돌아오는 피해는 일부분에 불과하다는 사실을 안다는 것이다. 따라서 방목자는 계속해 방목하는 가축의 수를 늘리려는 유인을 갖게 된다.
- 문제는 초지를 공유해 사용하는 모든 방목자가 같은 생각을 하게 된다는 것이다. 결국 개개인의 이익 추구가 보장되고 모든 사람이 자유로이 초지를 사용할 수 있는 이런 체제 하에서는 초지가 제한된 자원이라는 사실을 알면서도 가축의 수를 무제한으로 늘려 결국 초지의 황폐화로 공멸하는 비극을 초래하게 된다.
- 공멸의 결과를 가져올 개개인의 행위는 도덕적인 호소나 윤리적 자각에 의해 억제될 수도 있다. 그러나 양심이나 도덕적 호소가 무기력한 이유는 다양하다.

2) 정부 개입이 문제를 해결하기보다 악화시키거나 다른 문제를 발생시키는 경우도 있다. 이러한 경우를 '정부실패'라고 한다. 정부실패에 대한 해결책으로는 작은 정부, 즉 정부 개입의 최소화가 제기된다.

첫째, 장기적으로 볼 때 도덕이나 양심을 준수하는 것이 자기파멸적이라는 것이다. 공유의 권한에 입각한 사용의 권리를 양심이나 도덕에 호소해 자제한다는 것은 장기적으로 비양심적이거나 비도덕적인 사람들이 생존경쟁에서 더 우월한 지위를 갖게 되는 결과로 이어진다.

둘째, 단기적으로 볼 때 도덕적 호소나 양심을 준수하는 사람들은 심각한 모순상태에 빠져들게 하여 정신적 고통을 겪게 된다는 것이다. 양심과 도덕에 입각한 호소는 이를 기꺼이 수용하는 사람의 입장에서 보면 두 가지 상반된 메시지가 전달되고 있는 셈이다. 양심과 도덕적 호소는 책임 있는 시민으로 행동하지 않는데 대해 공개된 비난을 가하겠다는 다분히 위협적인 요소와 다른 한편으로는 책임 있는 시민으로 행동한다면 타인은 공유의 상태를 최대한 활용해 자기 이익을 극대화시키고 있는 동안 자기만 바보처럼 그냥 있어야 한다는 사실을 전달하게 된다.

- 이러한 두 가지 상반된 메시지는 도덕적 호소를 기꺼이 수용한 사람에게 심각한 정신적 갈등을 겪게 하는 양심과 도덕의 병리 현상을 발생시킨다. 결국 공유의 상태를 최대한 이용해 개인의 이익을 증가시켜 나갈 수 있을 때 양심과 도덕에 호소해 자제를 유도한다는 것은 그 개인으로 하여금 자기의 이익에 반하는 결정과 행동을 아무런 대가도 지불하지 않고 요구하는 것과 다르지 않다.
- 결국 하딘은 문제 해결을 위해 '공유의 상태'를 제거해야 한다고 주장한다. '공유의 상태'를 제거한다는 것은 공동체 구성원 간에 '동의된 강제의 영역'을 확대해 가자는 주장으로 압축된다. 이를 위해 개인의 권리와 자유에 대한 근본적인 인식 전환이 필요하며 상호간 '동의된 강제'에 의해 인간은 더 자유로울 수 있다는 것이 하딘의 주장이다.

2. 정책의 의의

정책(policy)의 그리스 어원은 'polis'로서 원래는 도시국가를 뜻하는 말이었다. 중세 영어에서는 '공공문제에 대한 처리' 또는 '정부의 운영'을 의미하는 'policie'로 표기되었고, 근래에 와서는 "정부 · 단체 · 집단 · 개인 등에 의해 여러 가능한 대안 중에서 선택된 일정한 행동 경로 또는 행동 방법으로서 현재와 미래의 세부 결정을 해 주는 지침", "그러한 선택된 행동 대안을 달성 또는 집행하기 위해 취해지는 단일 결정 또는 결정의 집합", "바라는 목적과 그것을 달성하기 위한 수단으로 구성된 계획안" 등과 같이 다양한 의미로 쓰이고 있다(안해균, 1988: 64). 즉, 정책이라고 하는 것이 어원적으로는 정치(politics)와 같은 의미로서 정책은 정치의 영역에 속한다고 할 수 있다. 또한 정치는 국가 또는 정부의 활동이라는 사실에 착안해 볼 때 정책 역시 정부 또는 국가의 활동이라고 간주할 수 있다.

정책의 개념에 대한 국내·외 학자들의 견해는 소개해보면 다음과 같다. 라스웰(Harold D. Lasswell)은 정책을 "사회 변동의 계기로서 미래 탐색을 위한 가치와 행동의 복합체"라고 하여((Lasswell, 1951: 11－13), 정책의 특성을 계획성, 목표성, 가치함축성, 실제성을 강조한 개념으로 보고 있다(Lasswell & Kaplan, 1970: 71). 한편, 프리드리히(Friedrich, 1963: 70－79)는 정책 개념의 핵심에 목적(goal), 목표(objective), 의도(purpose)가 포함된다고 해서 목표성과 효과성을 강조하고 있다. 에치오니(Etzioni, 1968: 252)는 정책이란 "근본적인 결정으로서 전반적인 결정체계를 고려하면서 단편적인 일에 관한 구체적인 결정들 간의 관련성을 검토하는데 사용되는 것"이라고 정의하여, 정책의 근본성·거시성·총체성의 특성을 강조했으며, 드로(Dror, 1968: 12)는 정책을 "매우 복잡하고 동태적인 과정을 통해 주로 정부기관에 의해 만들어지는 미래 지향적인 행동지침"이라고 정의함으로써 정책의 공익지향성, 미래지향성, 하위 결정에 대한 지침성 등을 강조하고 있다.

이 밖에 미국의 정책연구학회에서는 "정책이란 다양한 사회문제에 내처하기 위해 고안된 실제적이고 잠재적인 정부의 계획과 행동"이라고 정의함으로써, 정책의 현실 문제 해결 지향성과 계획 및 실천성을 강조했다(Policy Studies Organization, 1972: 2).

정책에 대한 개념 정의가 이처럼 다양하게 주장되고 있어 한마디로 정의하기는 어렵지만, 각 개념들의 공통성을 종합해 볼 때 정책이란 "정치적·행정적 과정을 통해 희소자원의 가치를 정당한 권위에 따라 배분하는 것"으로 정의할 수 있다. 즉, 정책은 주로 정부활동과 관련성을 맺고 있으며 실현하고자 하는 특정한 목표가 있고 그러한 목표를 실현시키기 위한 실제적인 행동 경로를 제시하고 있다는 점이다. 또한 정책에는 정책 주체나 반영된 이익 등에 따른 복합적 구성체로 이루어진 가치 함축적인 속성이 있으며, 장기간에 걸쳐 일관성 있는 일종의 유형과 절차들을 가진다는 점이다. 그러므로 정책이란 결국 거시적이고 총체적이며 근본적인 성격을 지닌 전반적인 지침의 기능을 하는 것으로 볼 수 있다.

3. 정책의 구성 요소

모든 정책에는 공통적으로 다음의 세 가지 구성 요소가 있다.

1) 정책 목표

정책 목표(policy goals)는 '정책을 통해 달성하려는 미래의 바람직한 상태'를 나타낸다. 따라서 정책 목표는 시간적으로 미래성을 가지며, 지향하는 방향, 즉 방향성을 가진다. 정책 목표가 달성되어 나타나는 효과를 '정책 효과'라고 하며, 이는 정책 목표의 달성 결과를 나타내는 상태의 변화를 의미한다.

2) 정책 수단

정책 수단(policy instruments)은 정책 목표를 달성하기 위해 정책 주체(정부기관)가 사용할 수 있는 각종 수단이라고 할 수 있다. 정책 수단은 정책 대상자인 국민들에게 긍정적인 혹은 부정적인 영향을 주기 때문에 이를 둘러싼 이해관계자 간의 갈등은 불가피하다. 정책을 둘러싸고 야기되는 갈등이나 타협은 정책 수단을 무엇으로 하느냐에 관한 것이 핵심이며, 정책 목표에 대한 갈등은 특정한 정책 목표가 결정될 경우 그에 수반하는 정책 수단에 대한 이해관계 때문에 일어나는 것이 대부분이다.

3) 정책 대상자

정책 대상자는 정책 대상집단(policy target group)이라고도 하며 정책의 적용을 직·간접적으로 받는 집단이나 개인을 의미한다. 정책 대상집단은 정책으로 인해 혜택을 받는 수혜집단과 정책으로 희생을 당하는 정책비용 부담집단으로 구분될 수 있다. 정책비용 부담집단은 해당 정책의 집행으로 비용을 부담해야하기 때문에 정책 저항을 보이기 마련이다. 정책 희생집단의 희생을 최소화하고 적정한 보상이 주어지도록 하는 것이 정책 저항을 줄일 수 있는 방안이 될 것이다.

4. 정책의 유형

정책 개념의 다양성, 그리고 정책의 포괄적 성격 규정이 갖는 특성에 따라 정책의 유형도 정치·경제·사회적인 특성을 고려해 분류할 수 있다. 여기서는 앨먼드(Gabriel A. Almond)와 파월(G. Bingham Powell), 로위(Theodore J. Lowi) 등의 분류 방식을 중심으로 정책 유형을 살펴보았다.

1) 앨먼드와 파월의 정책 유형

앨먼드와 파월(Almond & Powell, 1978: 286-321)은 정치 체제의 산출활동이 지닌 기능적 특성을 중심으로 추출정책·분배정책·규제정책·상징정책으로 정책 유형을 분류하고 있다. 이들 각 정책 유형의 특성과 내용을 구체적으로 살펴보면 다음과 같다.

첫째, 추출정책(extractive policy)이란 징세·징병과 같이 내·외적 정책환경으로부터 인적·물적 자원을 추출하는 기능과 관련된 정책이다. 여기에서 추출물의 종류·양·추출 방법, 그리고 추출의 영향을 받는 집단 등이 정책의 중요한 내용이 된다.

둘째, 분배정책(distributive policy)은 개인·집단에게 교육이나 보건과 같은 경제적 재화와 용역·신분·지위·기회·공동체 의식 등과 같은 가치를 배분해 주는 정책을 말한다. 정책 주체가 정책환경의 구성 요소에 대해 가치를 제공(분배)한다는 점에서 정책환경으로부터 자원을 추출하는 추출정책과 상반된 기능을 수행하는 정책 유형이다.

셋째, 규제정책(regulatory policy)은 개인이나 집단의 행동에 대한 정부의 통제활동과 관련된 것으로 형벌·의무·면허 등이 주요 정책 내용이며, 인권 침해의 소지가 있다는 점에서 특별한 사유가 없는 한 법률의 형태를 띠어야 한다.[3]

---

3) 리플리(R. B. Ripley)와 프랭클린(G.A. Franklin)은 규제정책을 경쟁적 규제정책과 보호적 규제정책으로 세분화하였다(Ripley & Franklin, 1986: 74-79).

넷째, 상징정책(symbolic policy)은 국경일 제정, 역사적 인물의 부각, 정치의식의 거행 등을 통해 정치 체제의 정통성, 정당성, 신뢰감 등을 확보하기 위한 정책이다. 정치 체제에 대한 국민의 신뢰도가 높아지면 다른 유형의 정책 집행을 보다 효과적으로 할 수 있기 때문에, 정책 집행에의 순응을 높이기 위해 상징정책을 활용한다.

2) 로위의 정책 유형

로위(Theodore J. Lowi)는 정책 대상자의 범위(넓다－좁다)와 정책 대상자 간의 갈등 수준(높다－낮다)을 기준으로 정책을 유형화하는 분류 방식을 채택하여 분배정책 · 규제정책 · 재분배정책 · 구성정책 등으로 정책 유형을 구분했다(Lowi, 1972: 298－310).

첫째, 분배정책은 정부가 국민이 필요로 하는 서비스나 혜택을 특정한 사회 부문에 제공하는 것을 의미한다. 대표적인 분배정책 사례는 특정 지역에 사회간접자본(철도, 교량, 항만 등)을 설치하는 것이다.

둘째, 규제정책은 정부가 사회의 개인 · 집단의 활동에 제한을 가하는 내용의 정책으로 독과점 및 불공정 거래 규제와 같은 경제적 규제와 사회적 차별에 대한 규제와 같은 사회적 규제가 이에 속한다.

셋째, 재분배정책(redistributive policy)이란 사회의 계층이나 집단 사이의 재산 · 소득 · 권리 등의 분포 상태를 변화시키기 위한 정책으로 누진소득세, 빈민을 위한 생활보조금 지급 등이 이 정책의 예이다.

넷째, 구성정책(constituent policy)이란 정부기관의 신설이나 변경, 선거구의 조정 등 정부조직의 구조와 기능을 변화시킬 목적으로 추진되는 정책을 말한다.

로위의 네 가지 정책 유형 중에서 대상자 범위가 크고 대상자 간 갈등 수준이 가장 높은 정책은 재분배정책이다. 따라서 재분배정책의 결정과 집행은 사회집단 간 혹은 나아가 사회계급 간 광범위하고 치열한 갈등이 발생할 가능성이 높다고 볼 수 있다. 반면에 분배정책은 대상자 범위가 상대적으로 좁고 대상자 간의 갈등도 낮은 편이어서 대상 집단 간 갈등 수준이 타 정책 유형에 비해 상대적으로 낮아 좀 더 용이하게 정책을 결정하고 집행할 수 있을 것으로 예상된다.

5. 정책환경과 정책 체계

1) 정책환경

정책 체계(policy system)에서 환경은 정책 결정과 관련된 체제 외적인 일체의 요소를 말한다. 투입 → 전환 → 산출 → 환류의 정책 과정 중에서 환경은 투입 · 산출 · 환류 과정을 통해 상호작용함으로써 체제와 관련을 맺는다. 즉, 정책환경이란 정책 체계를 일종의 유기체(organism)로 보았을 때, 유기체의 생존과 성장에 영향을 미치면서 유기체와 끊임없이 상호작용하는 일체의 외부 요소를 가리킨다. 따라서 정책환경은 정책 체계에 대해 자극을 주는 영향(독립)변수이기도 하지만 동시에 정책 체계의 영향을 받는 종속변수로서 작용하기도 한다.

현대 사회에서 정책 체계를 둘러싸고 있는 정책환경을 흔히 '소용돌이의 장(turbulent field)'이라고 한다.[4] 이는 정책 체계라는 조직이 점점 자율성을 상실해 가면서, 그것의 주변 요소들과 매우 복잡한 상호 의존적 관계 속에서 생존이 영향을 받게 되는 것을 의미한다. 이처럼 정책 체계에 영향을 미치거나 영향을 받는 정책환경의 요소들은 무수히 많지만, 크게 무형과 유형의 두 가지 요소로 나눌 수 있다. 먼저 무형의 정책환경 요소로는 일반인의 정서와 사회적 통념을 형성하는 일반 사회문화, 전반적인 정치행정 분위기를 지배하고 있는 정치행정문화, 행정의 궁극적 목적인 공익, 그리고 그 사회의 사회경제적 여건이나 수준 등의 요소로 인식되고 있다. 한편, 유형의 정책환경 요소로는 정책의 개발과 구체적인 정책활동의 행위자로서 정당, 이익단체, 언론기관, 전문가집단 등이 있으며, 현대 행정에서는 NGO 활동 등으로 정책에 영향력을 미치는 시민단체 등이 정책환경의 중요한 요소로 간주되고 있다.

---

4) 소용돌이의 장(turbulent field)은 환경 내에서 격렬한 변동이 이루어지면서 환경 구성 요소 간의 의존관계와 상호작용이 증대하고 일부분의 변화가 전체에 대해 예민하고 신속하게 영향을 미치는 경우를 말한다. 혁명적 변화를 수반하는 대응적 조치를 취하지 않으면 조직 자체가 환경의 소용돌이 속에 흡수당하게 된다(안형기 · 김종수, 2007: 115).

그림 3-1 정책 체계와 환경

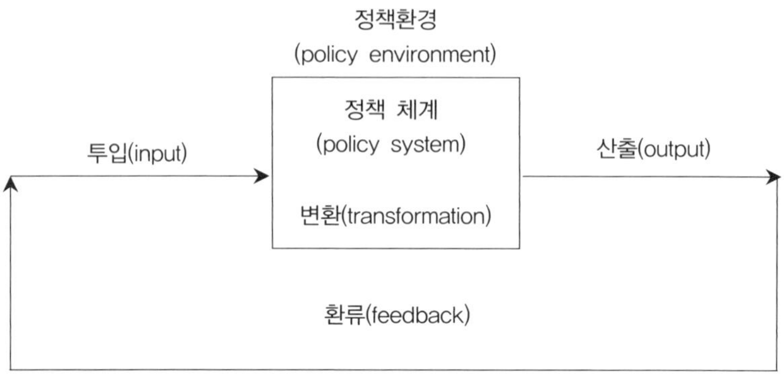

2) 정책 체계

정책 체계란 정책 자체를 포함해 그와 관련된 모든 변수를 포괄하는 의미로 이해하는 것이 일반적이다. 정책 체계의 기본 변수는 환경 변수를 포함해 정책 결정 변수, 정책 집행 변수, 피드백(feedback) 변수의 네 가지로 구분할 수 있다. 이들 정책 체계의 각 변수가 지니는 특성은 다음과 같다.

첫째, 환경 변수는 크게 사회문화와 정치문화를 포함한 문화적인 특성과 다양한 이익집단의 요구(demands)라는 두 가지 구성 요소로 설정할 수 있다. 환경 변수는 정책을 형성하게 하는 주요한 요인이 되며, 동시에 정책 집행의 대상이 되기도 하고, 정책 결과에 대한 외부 평가자의 역할을 하기도 한다.

정책 체제와 일반적인 사회문화는 언제나 상호 유기적인 관계를 맺고 있다는 점에서 일반 사회문화와 정치행정문화는 완전히 독립적일 수 없다. 따라서 정책을 형성하게 하는 환경 변수의 중요한 구성 요소 중 하나가 일반 사회문화와 정치행정문화를 포함한 광의의 문화라고 할 수 있다.

또한 환경 변수의 구성 요소 중 하나인 이익집단은 개별 이익들을 결합한 집합체로서 자신들의 이익을 충족시키는 특정 정책을 지지하거나 불리한 정책이 결정되는 것을 방해하는 활동을 하는 단체를 의미한다. 따라서 이들 이익집단은 정책 집행의 대상이 될 뿐만 아니라, 정책 결과를 자신의 입장에서 평가하는 정책평가의 주체가 되기도 한다. 특히 다원화된 현대의 민주주의 사회에서는 거의 모든 정책의 주변에는 그 정책과 관련해 특정의 이해관계를 지닌 다양한 이익집단이 존재하게 되며, 이들의 활동이 정책 과정에 강력한 영향을 미치고 있다. 따라서 이익집단의 요구(주장)는 오늘날 정책환경 변수의 매우 중요한 구성 요소가 된다.

둘째, 정책 결정 변수는 수용 장치, 정책 결정 장치, 정보저장 장치이다. 수용 장치란 정당·의회·민원창구 등과 같이 환경으로부터 제기되는 각종 사회문제의 해결 요구 및 정책적 요구들을 정책 내로 전달하는 기능을 하는, 소위 정책의제 설정의 제도적 장치들을 말한다. 정보저장 장치는 효과적인 정책 결정이 이루어질 수 있도록 다양한 정책 관련 정보와 자료를 수집·정리하고 분석해 정책 결정 장치의 요구가 있을 때 특정 정책 결정을 위해 잘 정리된 정보를 제공하는 정책참모와 같은 기능을 수행한다. 마지막으로 정책 결정 장치는 정보저장 장치의 도움을 얻어 환경이 제기한 요구를 해결하기 위한 최종적인 정책을 산출해 내는 기구를 의미하는 것으로, 이는 정책 결정 변수의 가장 중심적인 요소이다. 전통적으로 대통령·의회·정당 등이 중요한 정책 결정 장치의 기능을 수행해 왔으나, 국가에 대한 사회의 요구가 복잡하고 다양해짐에 따라 정부 각 분야의 전문성이 강조되고 있는 현대 사회에서는, 일반적으로 고위 행정 관료나 사법부의 요원까지도 각 분야에서 중요한 정책 결정 장치로서의 기능을 수행하고 있다.

셋째, 정책 집행 변수로는 집행 장치와 환경이라는 두 가지 구성 요소로 설정할 수 있다. 행정권의 확대 및 강화와 그에 따른 집행상의 재량권 증대는 정책 집행 기능의 중요성을 부각시켰다. 집행 장치란 정책을 정책환경에 실행함으로써 정책 결과를 불러오는 기구를 말하는데, 행정 체제 중에서 관료제를 그 대표적인 장치로 볼 수 있다. 그러나 의회·사법부·이익집단·자문위원회·지역사회단체 등도 정책 집행에 직·간접적으로 관여함으로써 실질적인 정책 집행 장치로서의 기능을 수행하고 있다. 이 밖에도 국민 개개인, 이익집단, 그리고 일반 국민까지를 포함한 환경은 정책의 대상으로서 정책 집행 장치의 중요한 구성 요소가 된다.

넷째, 피드백(feedback) 변수의 구성 요소로는 정책 결과, 내·외부평가 장치 등 을 포함한다. 정책 결과란 정책이 환경에 집행된 결과 환경이 그에 대해 반응하는 것으로 이해할 수 있다. 이는 특정 정책에 대한 지지나 저항과 같은 형태로 정책 체계로 재투입하기 위한 일련의 환류를 위한 구성 요소가 된다. 그리고 내부평가 장치란 산출된 정책의 타당성을 검토하고 결함이 있을 때 시정 조치하기 위해 주로 정책 집행 이전에 관여하는 기관을 말하는 것으로, 감사원, 기획감사실, 정보기관 등을 들 수 있다. 한편, 외부평가 장치란 지속적으로 정책 과정을 감시하면서 정책 결과에 대한 평가를 토대로 정책 결정 변수와 정책 집행 장치에 대해 시정이나 변경을 요구하는 기구로 공식적인 정책 체계 밖에서 존재한다. 이와 같은 외부평가 장치로는 시민단체나 이익집단, 언론매체, 정당 등이 있을 수 있다.

제 2 절 정책 과정

1. 정책 과정의 의의

정책 과정은 특정의 사회문제가 정책문제로 전환되고 문제 해결을 위한 정책 결정과 집행을 통해 환경을 변화시키고, 환경의 새로운 요구가 정책 변동으로 이어지는 일련의 과정을 의미한다.

이러한 정책 과정은 일정한 단계를 거치게 되는데, 정책 과정에 대한 학자들의 견해는 정책의 정의만큼 다양하다. 예컨대, 라스웰(Lasswell, 1975: 1－3)은 정책은 정보 → 건의 → 처방 → 발동 → 적용 → 평가 → 종결의 일곱 가지 단계를 거치면서 만들어지게 된다고 주장했는데, 이 주장은 고전적 정책 과정으로 인식되어 왔다. 존스(Jones, 1977: 12)는 문제 규명 → 정책 형성 및 합법화 → 집행 → 평가 → 종결이라는 다섯 단계의 과정을 거치면서 정책이 형성된다고 주장했으며, 앤더슨(Anderson, 1975: 26)은 의제 설정 → 형성 → 채택 → 집행 → 평가 등 다섯 단계의 과정을 거치면서 정책 형성이 이루어지는 것으로 보고 있다.

드로(Yehezkel Dror)는 정책 결정 과정 전체를 하나의 체제로 인식해 상위 정책 결정 → 정책 결정 → 정책 결정 이후의 세 단계로 정책 과정을 분류했다.

이상과 같이 학자에 따라 정책 과정에 대한 인식도 다양하지만, 그 구분된 범주가 어느 정도 공통적인 특성들을 지니는 것을 알 수 있다. 우리는 정책 과정의 주요 단계를 ① 정책의제 설정, ② 정책 결정, ③ 정책 집행, ④ 정책 평가, ⑤ 정책 종결 단계로 구분해 설명하고자 한다.

2. 정책 과정의 참여자

정책 과정의 각 단계에서 주도적인 역할을 하는 개인이나 집단을 정책 과정의 참여자라고 한다. 일반적으로 정책 과정의 참여자는 정책 과정의 참여에 대한 법·제도적 장치 유무에 따라 공식적 참여자와 비공식적 참여자로 구분할 수 있다.

1) 공식적 참여자

공식적 참여자는 정책 과정에의 참여가 법·제도적으로 보장된 주체로, 주로 정부(정책 체계) 내부에서 활동하는 입법부, 대통령, 행정부처, 사법부에 속한 사람들을 지칭한다.

2) 비공식적 참여자

비공식적 참여자는 정책 과정에의 참여가 법·제도적으로 보장되지는 않지만 그 과정에 참여해 각 정책 과정 단계에서 직·간접적인 영향을 미치는 자들이다. 비공식적 참여자에는 정당, 이익집단, 언론, 전문가 및 일반 국민이 포함된다.

다양한 참여자들은 정책 과정의 모든 단계에서 각기 다양한 방식으로 정책에 영향력을 행사하기 위해 활동한다. 정책 과정에서 어떤 참여자의 역할이 주도적인가는 그 사회의 정치사회적 특성에 따라 달라진다. 예를 들어, 정치권력이 분권화된 다원민주주의 사회에서는 정당이나 이익집단과 같은 비공식 참여자의 역할이 중요성을 갖는 반면에, 정치권력이 고도로 중앙집권화된 권위주의 사회에서는 대통령이나 행정 관료제의 역할이 상대적으로 더 큰 의미를 갖게 된다.

3. 정책의제 설정

정책 과정의 제1단계는 정책의제 설정 단계이다. 정책의제란 주어진 시점에서 정치 체제 내의 정책결정자들이 사회문제 중 일부를 자신들이 해결해야 할 문제로 인식하고 있는 것들의 목록이다.[5] 한편, 정책의제 설정이란 정책 체계의 환경으로부터 제기되는 매우 다양한 사회적 욕구와 문제들에 대해 정책 당국이나 정책결정자가 특정 사회문제의 심각성을 인식해 적극적인 해결 방안을 모색할 목적으로 제기되는 요구를 정책 체계 안으로 투입함으로써 이루어지는 것을 의미한다. 좀 더 구체적으로 정책의제 설정 과정은 사회문제 → 이슈 → 공중의제 → 공식의제의 세부 단계를 거치게 된다.

정책의제 설정의 시작은 문제에 대한 인식에서 출발하며 개인 문제가 종종 사회문제로 확대되는 과정을 밟게 된다. 이슈란 환경 내에서 대중에 의해 그 원인과 해결 방안이 토론되는 문제를 의미하는데 이 과정에서 언론의 역할이 매우 중요하다.

■ 문제(problem)

문제는 시간에 의해 초래된 불만족스러운 어떤 상태나 조건을 말한다. 달리 표현하면 실제의 상태와 선호하는 상태와의 불일치로 볼 수 있다. 문제는 보는 사람의 관점에 따라 다를 수 있으며 욕구도 다양하기 때문에 대부분 갈등을 수반한다. 이러한 갈등이 해결되지 않은 채 표면화될 때 이슈가 된다.

■ 사회문제(social problem)

사회문제는 문제 자체나 해결 방향이 사회의 많은 사람과 집단에게 영향을 미치는 문제로서 개인이나 소집단에 의해 해결될 가능성이 희박한 문제이다.

■ 이슈(issue)

사회문제들 중에서 원인과 해결책에 대해 집단들 사이에 의견의 일치를 보기 어려운 문제로서 다수의 개인이나 집단들 사이에 논쟁의 대상이 되어 있는 사회문제를

5) 정책의제란 정책담당자가 공식적으로 다루기로 결정한 정책문제이다. 콥과 엘더(Cobb & Elder, 1972)는 정부의 의사 결정 주체가 적극적으로 진지하게 고려하는 일련의 구체적이며 특수한 항목들을 의미한다고 했다. 즉, 정책의제란 무수히 많은 사회문제 중에서 정책적 해결을 위해 권위 있는 정부기관이 신중하게 공식적으로 인지한 문제이다.

의미한다.

■ 공중의제(public agenda)

공중의제는 정부에 의해 공식적으로 채택되기 이전이지만 많은 개인이나 집단의 관심이 집중되어 있으며, 대중들 사이에서 정부에 의해 해결되어야 한다고 여겨지는 의제를 의미한다. 학자들은 공중의제를 체제적 의제(systemic agenda) 혹은 토의의제(discussion agenda)라고 부르기도 한다.

■ 공식의제(official agenda)

공식의제는 정부(정치 체제) 내의 공식적 정책결정자들이 정부가 해결하기로 결심한 의제를 의미한다. 학자들은 공식의제를 제도적 의제(institutional agenda) 혹은 행동의제(action agenda)라고 부르기도 한다.

1) 정책의제 설정 과정의 중요성

정책의제 설정의 중요성은 무엇보다 정책 과정의 첫 번째 단계라는 점이다. 아무리 중요한 사회문제라고 해도 그것이 정책의제의 지위를 성공적으로 달성하지 못하면 정책적 대응을 얻지 못한다. 반면에 정책의제 설정에 성공한 사회문제는 정부의 적극적 대응에 의해 빠른 시간 안에 해결될 가능성이 높다는 점에서 정책의제 설정의 의미를 확인할 수 있다.

또한 정책의제 설정은 이후 진행될 정책 과정, 즉 정책 결정 및 집행 과정에도 의미 있는 영향을 끼친다. 대개의 경우, 정책의제가 설정되는 과정에서 이해당사자 및 정책결정자 사이에 정책대안의 논의가 상당 정도 진행되기 때문에 정책대안의 심도와 범위 설정과 같은 정책 결정 과정의 기본적인 윤곽이 이 단계에서 잡히기 때문이다. 또한 정책의제 설정 과정의 주도적인 참여자가 누구인가에 따라 집행 과정이 영향을 받게 된다. 지배적인 영향력을 지닌 이익집단이나 대통령과 같은 권력자가 주도적인 참여자일 경우, 집행 과정은 매우 순조롭게 진행될 가능성이 높다.

2) 정책의제 설정 과정의 특징

정책의제 설정 과정을 연구하는 사람들이 관심을 갖는 대표적인 의문은 '수없이 많은 사회문제 중에서 왜 특정한 일부 문제만이 정책의제로 수용되는가?'에 관한 것이다. 이 의문에 대한 대답이 많은 이론가에 의해 탐색되었다.

(1) 체제이론

이스턴(David Easton)으로 대표되는 체제이론가들은 정치 체제의 문제 해결 능력이 유한하다는 점에 착안해 정치 체제의 능력의 한계가 특정한 소수의 문제만을 정책문제로 허용한다고 설명한다. 만일 정치 체제의 능력 범위를 넘어서는 사회문제가 정책의제로 채택되면 문제 해결에 실패할 가능성이 높아 체제의 안정성을 위협하게 될 것이기 때문이다. 체제이론에 따르면 소위 정치 체제의 문지기(gate keeper)들이 자신이 선호하는 사회문제만 정치 체제 내로 들어올 수 있도록 허용한다고 설명한다.

(2) 다원주의론과 엘리트론

달(Dahl, 1956; 1958; 1961; 1972)을 비롯한 다원론자들은 다원주의 사회 내에서 활동하는 이익집단의 역할에 주목해 해당 정책 분야에서 활동하는 지배적인 이익집단이 의제 설정 과정을 주도해 사회문제 해결을 요구하는 경우, 정부는 이들 문제를 우선적으로 정책의제로 채택한다고 주장한다. 따라서 한 사회에서 어떤 사회문제가 정책의제로 채택되는 데에는 정부보다는 강력한 이익집단의 주도적 참여가 중요하다는 것이다.

다원주의자와 달리 엘리트주의자들은 의제 설정의 주도자는 대중이나 대중의 이익을 대변하는 이익집단이 아니라, 사회경제적 상위 계층을 형성하는 소수의 엘리트(elite)라고 주장한다.[6] 대중은 정책에 무관심하고 정책 과정에 무지하기 때문에 정책의제 설정 과정에 아무런 의미 있는 역할을 하지 못한다. 엘리트는 기존의 질서를 유지하고 자신들의 기득권을 유지하기 위해 의제 설정 과정에 적극 참여하고 거의 독점에 가까운 영향력을 행사한다.

6) 대표적인 엘리트 이론가로는 밀스(Mills, 1956)와 헌터(Hunter, 1953)가 있다.

(3) 무의사결정론

바크라크와 바라츠(Bachrach & Baratz, 1962)는 왜 중요한 사회문제의 일부가 종종 정책의제로 채택되지 않는가에 대한 의문을 제기하고, 권력의 양면성을 통해 이를 설명했다. 기존에 우리에게 알려진 보편적인 권력의 모습은 주요한 의사 결정에 참여해 영향력을 과시한다. 그러나 권력이 항상 의사 결정에 참여하는 방식으로 자신의 영향력을 과시하지는 않는다. 좀 더 은밀한 권력의 측면은 무의사결정(non-decision making)을 통해 나타난다. 권력자들은 사회 내에서 자신이 누리고 있는 기존의 이익이나 특권의 배분에 변화가 예상되는 문제에 대해서는 정책의제 설정 단계에서부터 이를 억압함으로써 그런 민감한 문제가 정책 결정의 단계에 이르지 못하도록 방해한다는 것이다. 따라서 아무리 중요한 사회적 문제도 권력 엘리트의 기득권을 위협한다고 인식될 경우, 의제설정 과정을 성공적으로 통과할 수 없게 된다.

3) 정책의제 설정 과정의 참여자

정책의제 설정 과정의 주요 참여자는 한 국가의 정치사회적 특징에 따라 달라진다. 민주주의가 발달한 선진국에서는 비공식적 참여자인 정당과 이익집단이 정책의제 설정 과정을 주도하지만 권위주의가 지배하는 후진국에서는 공식적 참여자인 대통령과 행정부처의 역할이 상대적으로 더욱 두드러진다.

정당의 주요 기능은 이익 결집에 있다. 즉, 정당은 국민의 이익과 요구를 결집하는 역할을 통해 국민의 정치적 참여를 촉진시키는 정치적 매개체이다. 우리나라의 경우 여당보다는 야당이 정책의제 설정 과정에 더 큰 역할을 수행해 왔다(정정길, 1997: 183-186). 한편, 이익집단은 정부를 상대로 이익을 표명하거나 압력을 가하는 방법으로 이익공동체 혹은 국민 전체의 권익 증진을 도모하는 집단이다. 우리나라는 1987년 민주화가 시작된 이래로 이익집단의 자율성이 점차 회복되면서 정책의제 설정 과정의 능동적인 참여가 확대되어 왔다.

권위주의 후진국에서는 상대적으로 최고통치자인 대통령의 역할이 두드러지는데 대통령 개인이 관심을 갖는 사회문제가 일방적 지시에 의해 공식의제로 채택되는 경우가 흔하기 때문이다.

4. 정책 결정

정책 과정의 제2단계는 정책 결정 단계이다. 정책 결정 단계란 정책문제 해결에 기여하거나 실현 가능한 대안들을 발전시키는 단계를 말하는데, 이 단계에서는 문제 해결을 위한 행동지침을 마련하거나, 정당한 절차와 규칙에 따라 제시된 대안 중 하나를 공식적으로 채택하게 되며, 정책문제 해결을 위해 필요로 하는 자원을 확보하는 활동이 이루어진다.

게이든(Gaiden, 1971: 53)은 “정책 결정이란 공적인 것으로 부각된 사회적 문제의 일방적 방향(정책)을 정하는 것”이라고 정의하고 있으며, 드로(Dror, 1968: 3)는 “정책 결정이란 다양한 각각의 구성 요소들이 상이한 공헌을 하는 매우 복잡한 동태적 과정으로서 주로 정부기관에 의해 이루어지는 장래의 활동에 대한 지침을 결정하는 것을 의미하며, 이러한 지침은 최선의 가능한 방법들을 통해 공식적으로 공익 성취를 목적으로 한다”[7]고 정의하고 있다. 결국 정책 결정이란 설정된 목표를 달성하기 위해 복잡하고 동태적인 과정을 거쳐 바람직한 정부의 미래 대안을 작성 · 선택하는 과정으로 이해할 수 있다.

이는 행정의 정책 기능을 강조하는 정치 · 행정일원론이나 발전행정론의 관점에 토대를 둔 것으로 복잡 · 다양한 이해관계의 대립과 갈등을 조정하면서 다양하게 제기되고 있는 공공문제를 합리적으로 해결하기 위해 노력하는 정부의 활동이라고 할 수 있다. 정책 결정이 이루어지는 과정을 이해하기 위해 정책 결정의 성격과 유형, 정책 결정에 영향을 미치는 요소 및 참여자, 그리고 정책 결정 과정상의 세부 단계에 대해 살펴보기로 하자.

---

7) 정책 결정의 개념과 유사한 개념으로 의사 결정이 있다. 양자 간의 관계는 집단 대 개인, 일련의 결정 대 1회의 선택, 일반성 대 특수성 등의 분별은 있을 수 있지만, 개념의 차이에 대해 일치된 견해는 없다(박동서, 1982: 114).

1) 정책 결정의 성격

정책 결정은 기본적으로 다음과 같은 성격을 지니고 있다.

첫째, 정책 결정은 정책 목표를 설정하고 정책 수단을 개발하는 과정이다. 즉, 정책 결정이란 특정의 사회문제를 해결함으로써 좀 더 바람직한 상태의 사회를 만들어 가려는 정책 목표와 그 목표를 달성하기 위한 도구로서의 정책 수단을 개발하는 일련의 과정이라고 볼 수 있다.

둘째, 정책 결정은 행동 지향적이며 동태적인 과정이다. 즉, 정책 결정은 대안을 선택하고 이것을 집행하는 일련의 활동을 통해 사회문제를 해결하고자 하는 의도적이고 행동 지향적인 속성을 지니고 있다. 그뿐만 아니라 정책 결정은 참여자·체제·문화·환경 등의 다양한 요소가 복잡하게 상호작용한다는 점에서 동태적 과정이기도 하다.

셋째, 정책 결정은 장래의 사회를 바람직한 상태로 변화시키려는 미래 지향적 속성을 가지고 있다. 즉, 어떤 특정 행동을 취해 지금 당장 현실 사회를 변화시키기보다는 장래의 집행을 위해 사전에 행동 방향을 설정하는 것이라는 점에서 불확실한 미래 상태를 염두에 두고 있다.

넷째, 정책 결정은 문제 해결을 위한 정치적 활동이다. 정책 결정은 이해관계가 복잡하게 얽힌 다양한 참여자들 사이의 대립과 갈등을 조정하고 협의해 당면한 사회문제를 정부가 합리적으로 해결해 가기 위해 노력하는 일련의 과정이라고 할 수 있다. 이러한 의미에서 올바른 정책 결정을 위해서는 다분히 정치적 기술과 문제 해결 능력이 요구된다고 하겠다.

2) 정책 결정의 참여자

현대 사회에서 국가 정책은 국민생활 전반에 걸쳐서 매우 구체적인 영향을 미친다는 점에서 정책 결정 과정에 모든 이해관계 당사자들은 좀 더 적극적으로 정책 결정 과정에 참여하려는 반응을 보이게 된다. 사회가 민주적일수록 모든 정책의 과정에 영향력을 미치거나 참여하는 구성원들이 복잡하고 다원화되는 경향이 있다.

정책 결정의 참여자에는 법 · 제도적으로 참여 권한을 부여받은 대통령 · 국회의원 · 행정관료 · 행정기관 등과 같은 공식적인 참여자와 합법적인 참여 권한은 없지만 주로 간접적이지만 다양한 방식으로 정책 결정 과정에 참여하는 이익집단 · 언론기관 · 전문가집단 · 시민단체 등의 비공식적인 참여자가 있다.

공식적 참여자를 기준으로 볼 때, 근대 입법국가에는 의회가 정책 결정의 주 기능을 담당해 왔지만 행정국가가 대세인 오늘날에는 행정부가 재량적 판단으로 정책을 결정하는 경우가 많아졌다. 행정부 관료들이 정책 결정 과정에 더 큰 영향력을 행사할 수 있는 것은 그들이 가진 전문적 기술과 지식 때문이다. 정년을 보장받는 관료들은 입법부 의원들에 비해 오랫동안 해당 분야에서 경험을 쌓고 정보를 축적할 수 있기 때문에 정책문제에 대한 더 높은 전문성을 갖출 수 있다.

비공식적 참여자 중에서는 특히 이익집단과 전문가의 역할이 정책 결정 과정에서 중요하다. 이익집단은 그들이 가지고 있는 해당 사회문제에 대한 정보와 지식, 그리고 정치적 지지를 바탕으로 정책 결정 과정에 무시할 수 없는 영향력을 행사한다. 전문가들도 자신이 보유한 전문지식을 활용한 정책분석 활동을 통해 공식적 정책결정자에게 정책대안 선정을 위한 정보를 제공함으로써 정책 결정에 상당한 영향력을 미치는 것으로 잘 알려져 있다.

3) 합리적, 분석적 정책 결정

정책학을 연구하는 사람들은 "어떻게 하면 좀 더 바람직한 정책을 만들 수 있을까?"를 고민해 왔다. 이런 노력의 결과 발전된 분야가 정책분석(policy analysis)이다. 정책분석은 정책학의 한 분야로서 좀 더 합리적인 정책 결정을 위해 필요한 정보를 창출 활용하기 위한 분석적 노력이다.

(1) 정책분석의 절차

좀 더 합리적인 정책 결정을 이루기 위한 정책분석의 주요 절차는 다음과 같다.[8)]

---

8) 합리적 정책 결정이란 정책 목표를 가장 효과적으로 달성하기 위한 최선의 대안을 탐색하고 채택하는 결정을 의미한다.

① 정책문제의 분석 및 정책 목표의 설정

합리적인 정책 결정을 위해서는 무엇보다 정책문제의 발생 원인, 그 문제를 방치했을 때 나타날 결과, 이 문제에 관련한 이해당사자의 역학 관계 등을 분석하는 문제분석을 해야 하며, 이것을 바탕으로 정책을 통해 달성하고자 하는 정책 목표(바람직한 미래 상황)을 설정해야 한다.

② 정책대안의 탐색 및 개발

수립된 정책 목표를 달성할 가능한 모든 대안을 발굴함으로써 중요한 대안이 분석 대상에서 누락되는 것을 막아야 한다. 더 많은 정책대안이 개발될수록 좀 더 합리적인 정책 결정을 내릴 수 있기 때문이다.

③ 정책대안의 결과 예측

미래에 정책대안이 집행될 경우를 가정하고 그것이 가져올 결과를 예측한다. 바람직한 대안 선정을 위해서는 가능한 정확하게 정책대안의 결과를 예측해야 하는데, 이 작업은 미래예측이라는 어려운 과정을 포함한다.

④ 정책대안의 비교 평가

각 대안이 가져올 것으로 예측된 결과를 기초로 각 대안의 장·단점을 상호 비교한다. 장·단점을 평가하기 위해서는 대안평가의 기준을 설정해야 되는데, 평가기준은 소망성 차원과 실현가능성 차원의 기준을 함께 활용한다. 소망성 차원의 대안평가 기준으로 효과성·능률성·공평성·대응성 등이 대체로 자주 활용되며, 실현가능성 기준으로는 기술적·경제적·윤리적·행정적·정치적 실현가능성 기준 등이 활용된다.

⑤ 최적 대안의 선정

대안평가 결과를 기준으로 최선의 정책대안을 선정하게 되면 합리적 정책 결정이 마무리된다.

(2) 합리적 분석적 정책 결정의 한계

좀 더 합리적인 정책 결정의 필요를 백번 인정하더라도 정책분석을 통한 합리적, 분석적 정책 결정은 현실 적용이 어려운 이상적인 정책결정모형일 가능성이 높다. 우선 정책결정자의 지식과 경험 부족, 그리고 편향된 가치관이나 편견이 합리적인 정책대안의 종합적이고 객관적인 발굴과 평가에 장애로 작용한다. 이 밖에도 정책 결정이 이루어지는 현장인 의회조직이나 행정부의 구조적 특성이 합리적 정책 결정을 방해할 수 있다(노시평 외, 2006: 255–259).

따라서 현실에서 이루어지는 정책 결정은 합리적, 분석적 노력과 함께 비분석적이고 정치적인 활동이 복합적으로 작용하는 경우가 대부분이다. 그 결과 타당성이 부족한 정책 목표가 설정되기도 하고 불합리한 정책대안이 개발되어 채택되기도 한다. 린드블롬(Lindblom, 1959)과 윌다브스키(Wildavsky, 1984) 등이 제안한 점증주의 정책결정모형은 이런 합리적 정책결정모형의 비현실성을 비판하면서 민주주의 국가에서 가능하고 바람직한 정책 결정은 기존의 정책대안과 크게 다르지 않은 대안 선택을 통해 점증적으로 정책 변동을 꾀하는 방식이라고 주장했다.[9]

4) 집단사고(group-thinking)와 정책실패

정책 결정은 한 개인의 행위가 아니라 다수가 참여하는 집단적 행위이다. 집단의 의사 결정은 가끔 상식으로 이해할 수 없는 결과를 초래하기도 한다. 특히 인물, 정보, 조직 등 모든 면에서 최고의 능력을 가진 국가 최고층의 의사 결정 과정에서 발생하는 어이없는 실수는 어떤 이유에 기인하는가를 생각해 볼 필요가 있다. 예를 들면, 재니스(I. L. Janis, 1972)의 『집단사고의 폐해(*Victims of Groupthink*)』에서 제시되는 케네디(John F. Kennedy) 대통령의 피그만(Pig's Bay) 침공 사건 또는 한국전 당시 트루먼(Harry S. Truman) 대통령의 38선 이북 진격 허용, 한국의 경부고속철 건설사업은 잘못된 정책 결정으로 심각한 정책적 실패를 초래한 사례들이다.

---

9) 점증주의 정책결정모형에 대해서는 브레이브루크와 린드블롬(Braybrooke & Lindblom, 1963)의 연구를 참조할 것. 이들은 점증주의 모형의 특징으로 대안탐색은 기존 정책과 다소 다른 대안에 국한하고, 정책대안이 초래할 결과를 일일이 예측하지 않으며, 좋은 정책이란 정책결정자의 가치를 극대화하는 것이 아닌 다양한 사회집단의 이해관계를 종합해 합의에 이르게 하는 것이라고 하였다.

케네디 정부의 쿠바 침공 사례

1961년 케네디 대통령이 집권하자 미국은 쿠바의 공산정권을 무너뜨리기 위해 쿠바 침공을 계획했다. 당시 정책 결정 과정에는 최고의 재능을 가진 고위공직자들이 참여했지만 쿠바 침공의 정당성에 대한 반대자의 의견이 무시된 채 쿠바 침공을 감행했고 결과는 실패로 끝났다. 미국은 국제사회의 비난을 받아야만 했으며 국내적으로 케네디 정부는 도덕성에 큰 흠집을 입게 되었다. 결국 이 사건 이후, 미국 정부가 체포했던 1,200명의 쿠바 난민에 대해 5,300만 달러의 배상금을 지불해야 했으며, 쿠바에는 5,000여 명의 소련군 주둔과 함께 소련의 미사일이 설치되었다.

위 사례의 경우 정책실패의 요인은 정책 결정 과정에서 집단의 구성원들이 지극히 동질적이었으며 그로 인해 합의 추구(concurrence-seeking) 행태를 보였기 때문이다. 동질성(cohesiveness)이란 그들의 출신 배경이나 추구하는 목적 또는 사고의 양태가 대단히 유사해 집단으로서의 결속력이 높은 상태를 말하며, 합의 추구 행태는 집단 구성원이 주어진 이슈에 대해 합리적인 비판을 자제하고 최대한 합의를 만들어 낼 수 있도록 노력하는 행태를 말하는 것이다. 집단이 동질성이 높고 그로 인해 심한 합의 추구 행태를 나타낼 경우, 정책 결정 시에 집단사고가 발생할 가능성이 높다. 이러한 집단사고는 응집력이 높은 집단에서 대안의 분석 및 이의 제기를 억제하고 합의를 쉽게 이루려고 하는 경향을 야기한다. 집단 구성원은 대안에 대한 충분한 분석 및 토론 없이 쉽게 합의하고 그 대안이 최선이라고 합리화하려고 한다(Janis, 1972). 결국 집단사고 결과는 조직으로 하여금 정책 결정 과정에서 비판적 사고(critical thinking)의 기회를 상실케 한다.

집단사고를 방지하기 위해서는 최고 정책결정자가 비판을 적극적으로 허용 또는 유도하고 구성원들이 지나치게 동질적이지 않은지를 점검해야 한다. 정책 결정 참여자는 각자에 대한 비평자임을 주지시키고 기존 주장의 검증을 위해 반대 입장을 고수하는 인물도 필요하다면 투입해야 한다. 또한 정책대안의 실행가능성과 효과성의 탐색 과정에서 소집단으로 나누어 독립적으로 모임을 갖고 다시 전체회의에서 검토하는 것도 집단사고의 위험을 줄이는 방법이다. 그리고 잠정적인 결정을 한 후 최종 결정을 하기 전에 모든 구성원으로 하여금 결정에 대한 최종 의문점을 제시하도록 하여 이를 신중하게 논의할 필요가 있다(Janis, 1972).

5. 정책 집행

정책 집행 단계는 결정된 정책의 추상적인 내용을 실현 가능하거나 접근 가능한 구체적인 지침으로 전환하고 정책 실현을 위한 절차와 구성체를 마련해 정책을 실천하는 단계이다. 이를 위해 결정된 정책의 해석→정책 실현을 위한 조직화→구체적인 실천의 적용 등의 절차에 따른 행정조직의 활동이 이루어진다.[10] 한편, 프레스맨과 윌다브스키(Pressman & Wildavsky, 1973: 11－15)는 정책 집행을 "목표를 설정하는 활동과 목표를 달성하는 활동 사이의 상호작용"으로 보고 "원하는 결과를 달성하기 위해 순차적인 인과 관계에 따라 이루어지는 작용"이라고 정의함으로써 목표 지향적인 행위성을 정책 집행의 특성으로 지적하고 있다. 한편, 나카무라와 스몰우드(Nakamura & Smallwood, 1980: 21－28)는 정책 집행이란 "정당한 정책명령을 실천하는 순환적 과정"이라고 주장함으로써 집행 단계의 상호의존성 및 순환성을 강조했다.

최근 정책 집행을 단순한 기계적인 과정으로 보았던 고전적인 행정모형에 대한 비판적 평가가 부상하면서 정책 집행이 정책 연구의 중요한 관심 분야로 부상했다. 따라서 여기서는 고전적 행정모형에서 정책 집행을 어떻게 보고 있는지, 그리고 그에 대한 비판은 무엇인지를 고찰한 후, 현대 행정에서 강조되고 있는 정책 집행의 중요성에 대해 좀 더 구체적으로 살펴보기로 하겠다.

1) 고전적 행정모형에서의 정책 집행

고전적 행정모형은 상명하달식 명령 체계인 피라미드형 권력구조를 기본 전제로 하고 있다. 피라미드형 권력구조에서는 고위 정책결정자에게 권한이 과도하게 집중되어 있어 일단 정책이 만들어지고 나면, 집행 공무원들의 행정 과정을 통해 일사불란하게 집행되는 것으로 간주한다. 즉, 집행 결과는 당연히 정책결정자가 의

---

10) 이러한 의미에서 드로(Dror, 1968: 188－192)는 정책 집행을 policy execution이라고 표현했으며, 번커(Bunker, 1972: 71)는 계획의 동작화(activation of plan)로 표현하고 있다.

도했던 방향으로 나타날 것이라고 가정하는 구조적 특성을 지니고 있다(Smith, 1973: 197－198). 그 결과 정책 집행의 중요성이 강조되지 않았다.

나카무라와 스몰우드(Nakamura & Smallwood, 1980: 9－10)는 고전적 행정모형에서 전제로 한 정책 집행의 특징을 몇 가지로 설명하고 있다. 그 하나는 정책목표를 달성하기 위한 적절한 수단을 강구할 수 있는 집행담당자의 능력이 정책결정자에 의해 결정된다는 것이다. 이는 정책결정자가 정책을 집행할 행정가를 결정한다는 것을 의미하며, 동시에 정책결정자가 집행 기술이나 방향까지 미리 결정하는 것을 말한다. 따라서 이미 결정된 정책은 집행 과정에서의 집행가나 상황 변수에 따른 변동 가능성이 거의 없이 정책결정자의 의도에 따라 이루어지는 것으로 간주되었다. 이는 정책결정자가 정치와 행정 두 분야 모두에서 주체가 된다는 것을 의미하는 것으로 이해할 수 있다. 즉, 정책결정자 중심의 정치와 행정은 상명하달식 지시나 명령의 형식으로 정책집행자에게 전달된다는 것을 의미한다. 그러므로 정치와 행정 사이의 협의적 관계나 집행자의 재량적 결정을 통한 집행이란 찾아볼 수 없으며, 집행 담당자는 정책지침으로 시달된 특정 지시만을 기계적으로 수행하는 역할에 그친다.

결국 고전적 행정모형에서의 정책 집행은 정책결정자가 결정하고 선택한 내용과 지시에 따라 정책집행자가 집행을 통해 정책 내용을 전달하고 수행하는 일방적 · 하향식 계층구조의 속성이 있다는 것이다. 또한 이 같은 고전적 행정모형은 정책 결정과 정책 집행 간에는 상호 구별되는 명확한 한계가 있으며, 정책결정자는 목표를 설정하고 정책집행자는 목표 달성을 위해 실행하는 상호 구별된 역할 분업을 전제로 한다. 이러한 분업 체제 속에서 정책 집행 과정에서 나타나는 일련의 결정행위는 가치중립적 · 객관적 · 기술적인 속성을 갖는 것으로 이해되었다.

■ **정책순응(policy compliance)과 정책불응(policy noncompliance)**

정책집행자 및 정책 대상 집단이 정책에서 요구하는 행태를 따르는 것을 말한다. 즉, 정책결정자의 의도나 정책 내용에 포함된 행동 규정에 대해 정책집행자나 대상 집단이 일치된 행동을 나타내는 것을 의미한다. 반대로 정책집행자 및 정책 대상 집단이 정책에서 요구하는 행태를 따르지 않는 것을 정책불응이라 한다.

■ 정책불응의 사례

최근 논란을 빚고 있는 「단말기유통법」(이하 「단통법」) 국회 통과와 관련해 정당 최초로 사과의 뜻을 밝힌 정의당이 이번에는 법 개정 운동에 나섰다. 정의당은 15일 오전 국회에서 '대한민국 국민 호갱(호구 고객) 거부 프로젝트'라는 이름으로 기자회견을 열고 "「단통법」 개정과 반값 통신비 실현을 위한 사업을 진행하겠다"고 밝혔다. '국민 호갱 거부 프로젝트'는 서민 부담을 가중시키는 정부 정책에 대응하기 위해 당 차원에서 진행하는 활동으로, 「단통법」 개정 운동이 그 첫 번째 사업이다.

정의당은 「단통법」에 '분리공시제' 조항이 포함되지 않아 소비자 부담이 늘어나는 문제가 발생했다고 지적했다. 분리공시제는 이동통신사의 단말기 지원금과 제조사의 단말기 판매장려금을 분리해 공시하는 것으로, 소비자 통신비 부담을 덜 수 있는 대안으로 꼽혀 왔다. 보조금을 투명하게 공개해 가격 거품을 줄인다는 취지다. 원래 「단통법」 고시안에는 분리공시 조항이 들어 있었다. 그러나 규제개혁위원회가 삭제를 권고하면서 무산되었다. "기업 기밀이 노출된다"면서 분리공시제를 반대한 삼성전자의 주장대로 결론이 난 것이다.

천호선 대표는 "「단통법」 논란의 원인은 분리공시제에 있고, 그 뒤에는 삼성전자와 최경환 경제팀이 있다"며 "삼성 영업 비밀이라며 분리공시제에 반대했는데, 해외에서 57만 원인 휴대폰을 국내에서 93만 원에 팔기 위한 게 영업 비밀인가"라고 비판했다. 그는 "이에 굴복한 최경환 경제팀 역시 대기업이 소비자를 우롱하는 데 앞장섰다"고 덧붙였다. (중략)

정의당은 앞으로 ▲ 휴대전화 가격차별 금지, ▲ 분리공시제 등의 조항을 추가한 「단통법」 개정안 발의해 통신비 절감에 기여하겠다고 약속했다. 오는 22일부터는 대국민 캠페인도 진행할 계획이다(오마이뉴스, 2014.10.15).

2) 고전적 행정모형에 대한 비판

가치함축성을 지닌 정책은 고전적 행정모형에서 가정한 바와 같이 단순한 것이 아니라 매우 복잡·다양한 성격을 지니고 있다. 그래서 린드블롬(Lindblom, 1959)은 정책은 합리적 선택에 의한 것이 아니라 지속적인 세부 비교를 통해 복잡하고 점진적인 과정을 통해 이루어진다고 주장하기도 한다(안해균, 1988: 380). 이 밖에 정책결정모형에 대한 서로 다른 주장들이 다양하게 제기되는 것도 정책이 그다지 단순한 방식으로 결정되고 집행되는 것이 아니라 매우 복잡하고 다양한 형태로 결정되고 집행되는 속성을 지니고 있음을 반영하는 것으로 이해할 수 있다.

이미 살펴 본 바와 같이 고전적 행정모형에서는 정책 집행이 결정된 정책을 그대로 집행하는 수단으로서의 기능만 하는 것을 전제로 하고 있다. 하지만, 정책을 집행하는 과정에서 원래의 목표를 변경해야만 하는 상황이 발생하거나 수정될 가능성은 얼마든지 있다. 특히 오늘날과 같이 빠른 속도로 변화하는 정책환경, 그리고 다양한 행정 수요에 대응하기 위해서는 정책을 집행하는 행정가의 능력과 역할이 과거 어느 때보다 강조되고 있다.

최근 변화된 정치행정환경을 고려할 때, 인간을 기계적 부속물과 같은 단순한 존재로 보고 정치와 행정을 경직되게 구별하고 있는 고전적 행정모형에 기초한 정책 집행의 개념으로는 지속적으로 변화하고 있는 행정활동을 충분히 설명해 줄 수 없다.

3) 현대 행정의 환경과 정책 집행

앞에서 살펴본 바와 같이 고전적 행정모형의 경직된 정치행정 관계에 대한 이론적 비판이 어느 정도 정책 연구의 필요성을 제기하는 역할을 해왔다. 그러나 정책과정에서 나타나는 좀 더 현실적인 문제점으로 인해 정책 집행의 많은 시행착오가 발생하면서 정책 집행의 중요성에 대한 인식이 확산되기 시작했다.

정책 집행에 관한 체계화된 연구를 본격적으로 시작한 나라는 미국이었다. 미국은 1965년에 존슨(Lyndon B. Johnson) 대통령이 사회적으로 불우한 아동들을 집중 지원하기 위한 초·중등 교육정책을 수립했고, 1960년대 말에는 각종 사회복지 정책을 적극 추진하면서 빈곤·실업·소년 범죄·여성 차별·도시문제·인종문제 등 각종 사회문제를 지닌 주요 도시에 연방정부가 직접 개입해 문제를 해결하려고 노력했다. 그러나 이러한 각종 정책이 성과를 거두지 못하고 실패로 돌아가거나 의도하지 않은 방향으로 집행되자 정책 집행에 관한 연구의 필요성이 강조되기 시작했다.

1970년 초 랜드(RAND)연구소는 정책 집행 문제를 주제로 학술회의를 개최했고, 1973년에 프레스맨과 윌다브스키(Pressman & Wildavsky, 1973)가 『집행론(*Implementation*)』이라는 저서를 출판하면서 실패한 정책 사례들을 중심으로 효율적인 정책 집행을 저해하는 요인을 분석하는 데 초점을 둔 정책 집행에 관한 연구가 확산되기 시작했다. 프레스맨(J. Pressman)과 윌다브스키(A. Wildavsky)에 의해 제기된 정책 집행 저해 요인에는 의회의 사업계획 추진 역량 부족, 국회의원이나 대통령의 제한된 임기와 재선에 대한 과도한 의식과 집착, 주 및 지방정부에 대한 연방정부 통제 능력의 부족, 모든 단계의 정부조직과 관료들 사이에서 목표의 대치 현상들이 있는 것으로 나타났다.

한편, 우리나라에서는 과도하게 집중된 강력한 통치권을 가진 대통령 중심제로 인해 소수의 정책결정자가 별다른 저항 없이 순조롭게 정책을 집행해 올 수 있었다. 그 결과 정책 집행에 대한 연구가 중시되지 않았으나 과도한 중앙집권적 정책 집행은 오히려 비효율성을 낳을 수 있다는 점에서 정책 집행에 대한 연구의 필요성이 강조되고 있다. 특히 민주주의의 발전과 지방자치의 실시로 중앙정부와 지방자치단체들이 정책 집행과 관련해 많은 문제점을 노출시키면서 정책 집행의 중요성에 대한 인식이 확산되고 있는 것은 다행한 일이다.

현대 행정에서 정책 집행은 정책 지시에 의한 일방적인 과정이 아니라 정책 목표를 달성하기 위해 정책 체계 내외의 다양한 행위자들이 상호작용 및 상호 거래작용을 해 나가는 사회정치적 과정이며, 동태적이고 순환적인 과정이다. 따라서 복잡한 현대 사회에서 성공적인 정책 집행을 위해서는 정책 목표, 동원 가능한 인적·물적 자원, 정책 집행 담당자의 자질과 능력, 집행조직의 구조적 특성, 집행절차 등과 같은 집행 체제의 내부적 요인은 물론, 정책과 관련된 사회문제 및 집단의 특성, 사회경제적 여건, 여론의 흐름과 문화적 특성, 정책 결정기관인 의회의 지원 등과 같은 집행 체제 외부적인 요인 등을 종합적으로 고려해야만 한다(안해균, 1988: 450-466).

결국 오늘날 우리 사회의 정책 체계는 고전적 행정모형이 보는 것같이 단순히 계층적인 것이 아니라 순환성의 원리에 따라 세 가지의 환경(정책 형성 과정의 환경, 정책 집행 과정의 환경, 그리고 정책 평가 과정의 환경) 중 어느 한 환경 내의 행위자와 다른 환경 내의 행위자가 상호 연계성을 가지고 집행에 영향을 미치고 있다고 할 수 있다(Rein & Rabinovitz, 1978: 307-355).

4) 정책 집행의 참여자

정책은 대통령의 지휘 감독 하에 행정부처의 공무원이 집행한다. 행정 관료들은 정책 집행 과정에 필요한 정책지침을 만들고, 집행에 필요한 인적·물적 자원을 동원하고 배분하며 정책 내용을 대상 집단에 전달하는 역할을 수행한다.

오늘날 정책 집행 과정의 참여자에서 나타난 가장 주목할 만한 변화는 이익집단, 그 중에서도 소위 비정부기구(NGO)의 역할 확대이다. 이런 현상은 1980년대 이후 뉴거버넌스(new governance) 논의가 활성화된 원인이자 결과이다. 1970년대 이후 선진 국가들은 경제 성장의 둔화와 정부 재정위기를 맞게 되었고 이는 관료제의 비효율에 대한 신랄한 비판과 함께, 민간 부문의 효율을 국정관리에 활용하자는 주장으로 이어졌다. 뉴거버넌스의 주창자들은 전통적 거버넌스(old governance) 체제에서 관료제가 독점적으로 수행해 오던 많은 정책 기능을 시장과 시민사회(비정부기구)와 공동으로 수행하는 방안을 제안했다. 그 결과 오늘날 각국에서는 다양한 정책 영역에서 NGO의 정책 집행 참여가 증가하고 있는 추세이다.

■ 비정부조직(non-governmental organization: NGO)/
비영리조직(non-profit organization: NPO)

NGO는 정부 이외의 민간단체와의 협력 관계를 규정한 유엔헌장 제71조에서 공식적으로 사용함으로써 고유명사화되었으며, 빈곤·인권·환경 등과 같은 범지구적 문제를 해결하기 위해 국경을 초월하여 활동하는 비영리 민간조직을 지칭한다. 20세기 후반에 NGO가 전 지구적으로 발전하게 된 것은 복지국가 위기, 발전의 모순, 환경 위기, 사회주의의 위기 등과 함께 경제 성장률의 상승, 정보통신기술의 발전 등의 요인이 작용했기 때문이다. 넓은 의미에서 NGO는 민간 부문의 자율적인 결사체를 의미하며, 종교단체, 학술단체, 취미활동단체, 직능단체 등 다양한 유형을 포함하지만 국가에 따라 다르게 규정하거나 사용되고 있다. NGO와 유사한 용어로는 비영리성을 강조한 NPO(non-profit organization), 자발성을 강조한 VO(voluntary organization), 사회경제적 약자인 민중조직의 PO(peoples organization), 그리고 풀뿌리 조직이라고 하는 GO(grassroots organization) 등이 사용되고 있다. 이 중에서 비영리조직은 원래 미국의 문화나 제도(예컨대, 법인 제도, 세금 제도 등)를 배경으로 만들어진 용어이며, 조직, 교육, 의료, 사회적 서비스 등의 공익적 활동을 행하는 단체나 이러한 단체를 조성하는 재단을 의미한다. 비영리법인은 국내 또는 일정 지역을 범위로 활동한다.

5) 정책 집행의 실패와 원인

일반적으로 정책의 실패는 집행 과정에서 원래 의도한 정책 목표가 달성되지 못한 상태를 의미한다(염재호 · 박국흠, 1992: 25). 한편, 호그우드와 군(Hogwood & Gunn, 1984: 198－199)은 정책 집행의 실패를 정책 집행 과정 중에 발생하는 문제로 규정하고 실패의 유형을 부집행(non-implementation)과 성공적이지 못한 집행(unsuccessful implementation)으로 구분했다. 부집행이란 집행에 개입한 사람들의 비협조 혹은 비효율로 인해, 또는 최선을 다해 집행하려고 노력했으나 극복할 수 없는 장애로 인해 정책이 의도한 효력을 발생시키지 못한 경우를 말한다. 한편, 성공적이지 못한 집행이란 정책은 적절히 집행되었고 외부 환경도 장애를 발생시키지 않았으나 정책이 의도한 결과를 내는 데 실패한 경우를 의미한다.

왜 정책 집행은 종종 실패하는가? 정책 집행의 실패에 영향을 주는 원인은 다양하겠지만 다음과 같은 세 가지 정도의 요인으로 요약해 볼 수 있다.

(1) 정책결정자 및 정책관련 집단 요인

정책결정자가 정책 집행의 성공적 추진에 얼마나 관심을 갖느냐가 정책 집행의 성공에 중요하다. 정책결정자의 관심은 정책집행자의 열의를 이끌어내고 집행에 필요한 인적 · 물적 자원의 획득이나 제약조건을 극복하는 데 영향을 준다. 정책결정자 외에 정책관련 집단의 지지와 관심이 정책 집행의 성패를 결정하기도 한다. 특히 대중매체는 사회경제적 여건 변화와 그에 대한 일반대중 및 엘리트의 인지를 연결하는 매개변수 역할과 일반대중의 관심 대상을 변화시킬 수 있다는 점에서 성공적인 집행을 위해 반드시 필요한 요인 중 하나이다.

(2) 프로그램 설계

정책 집행의 실패를 막기 위해서는 정책 프로그램이 합리적으로 설계되어야 한다. 집행의 성공을 담보할 수 있는 좋은 프로그램 설계의 특징은 첫째, 단순한 설계가 좋은 설계다. 레빈과 퍼만(Levin & Ferman, 1986: 151－162) 프로그램 설계의 복잡성은 집행의 실패를 낳을 수 있다고 보았다. 호그우드와 군(Hogwood & Gunn, 1984: 202)도 정책의 바탕을 이루는 인과관계의 연결고리가 길면 정책실패의 가능성이 높다고 보았다. 둘째, 정책이 과학적인 인과이론에 기초해야 한다. 정책이 과학적으로 증명되지 못한 취약한 인과관계 이론에 기초를 두고 설계되면 실패는 불가피할 것이다(Bardach, 1977: 251－252). 셋째, 정책 내용이 명확하게 설계되어야 한다. 정책 내용의 명확성은 정책 목표와 이를 달성하기 위한 수단이 정확하게 제시됨으로써 집행자가 해야 할 일을 명확하게 제시하는 것을 말한다. 애매하게 설계된 정책 프로그램은 집행 관료의 자의적 해석을 가능하게 만들어 정책이 본래 의도한 목표를 달성하지 못하게 만드는 원인이 되기 때문이다.

(3) 집행 체제의 능력

정책은 집행 체제, 즉 조직에 의해 집행된다. 따라서 집행조직이 정책 집행에 요구되는 능력을 갖추지 못하면 정책 집행이 실패로 귀결될 가능성이 높다. 집행 체제의 능력은 조직구조, 인적・물적 자원 등에 의존하여 결정된다. 조직구조가 특정 정책을 집행하는 데 적합한지? 여러 조직들이 특정한 정책 집행을 위해 함께 참여하는 경우에 조직 간의 갈등과 과도한 경쟁을 막고 협력을 유도하는 조정 능력이 충분히 있는지도 중요하다.

인적 자원의 경우, 적정규모의 인적 자원의 양뿐만 아니라 담당인력의 지적, 관리적 능력 및 정치적 능력 등 질적 능력도 요구된다. 물적 자원은 예산, 시간, 정보 등을 포함하는 것으로 정책 집행의 성패를 좌우한다.

6. 정책 평가

정책 과정에서 정책 평가가 지니는 가치는 이론적인 측면뿐만 아니라 실무적인 측면에서도 중요하다. 특히 '소용돌이의 장'이라 할 수 있는 현대 사회의 복잡하고도 급변하는 정책환경과 관련해 정책 평가는 아무리 강조해도 지나치지 않을 정도이다. 따라서 여기서는 그 중요성이 부각되고 있는 정책 평가란 무엇이고 그 유형에는 어떤 것들이 있으며, 이들 각 유형에 따라 추구되고 있는 정책 평가의 목적이 무엇인지를 살펴보고자 한다.

1) 정책 평가의 의의

정책 평가란 실천된 정책의 효과성을 규명하는 단계로, 구체적으로 정책의 성공이나 실패의 원인을 규명하기 위해 필요한 정보와 자료를 수집 · 처리함으로써 정책의 효과를 비교하는 활동을 말한다.

1960년대 중반 이후 미국 정부는 소외계층과 극빈자에 대한 재정지원 사업 등을 통해 실업자 · 미취학자 · 주거문제 등을 해결함으로써 위대한 사회(Great Society)를 건설하기 위해 노력했지만, 사전 준비나 세부계획 없이 의욕만 앞선 채 추진된 결과 대부분의 사업이 실패하면서 진보적 사회정책이 보수주의 정책에 밀리게 되었다. 특히 이 시기에 진보적 사회정책에 충격을 준 하나의 보고서가 있었는데, 연방정부가 천문학적인 액수의 예산을 투입해 실시한 국립 무료유아원사업이 소기의 성과를 거두지 못했다는 정책 평가를 담았다. 이 보고서는 사업에 반대했던 보수주의자들에게 공격의 빌미를 제공해 비슷한 시기에 추진된 대부분의 사회정책에 대한 공격을 강화하게 하는 요인으로 작용했다(정정길 외, 1997: 15-17).

모든 정책 평가가 이 정도의 충격적인 영향을 미치지는 않는다 할지라도 정책에 관련된 다른 많은 부분에 직 · 간접적인 영향을 미치게 된다. 정책 목표 달성을 위한 수단으로서의 정책 집행이 효과적으로 그 목표를 달성하고 있는지, 그렇지 않다면 그 원인이 무엇인지를 규명하는 활동이 정책 평가이다. 정책 목표의 달성이 어려운 원인은 정책 수단의 문제일 수도 있고 정부가 추구하는 정책 목표 자체의 문제일 수도 있다. 그러므로 정책 평가의 대상은 수단으로서의 정책 집행뿐만 아니라 목표로서의 정책 내용까지 포함되어야 한다.

이러한 의미에서 정책을 평가한다는 것은 정책 집행 후의 정책 효과의 크기나 집행 과정에서의 합리성 여부와 최선의 정책 수단을 선택했는지는 물론이고, 정책 자체의 목표가 바람직하고 현실성 있는 것이었는지에 대해서까지 평가함으로써 정책의 좋고 나쁨을 판단하는 것을 의미한다(정정길 외, 1997: 29).

정책 평가의 영역을 평가 시점과 평가 대상이라는 두 가지 변수를 이용해 나타내면 [그림 3-2]와 같이 정리할 수 있다. 즉, 특정 정책의 집행 이전의 활동은 정책 평가의 관심 사항이 아니며, 집행 중과 집행 후에 대해 주로 관심을 가지나 상

그림 3-2 정책 평가의 영역

평가 시점 / 평가 대상	집행 전	집행 중	집행 후
집행활동·경로		■■■	□□□
정책 산출		□□□	■■■
정책 결과·영향			■■■
정책 체계·절차		■■■	■■■

■ 1차적 관심 대상, □ 2차적 관심 대상.
자료: 이찬구(1997; 13).

대적으로 집행 후에 더 많은 비중을 두게 된다.

2) 정책 평가의 유형과 목적

정책 평가 유형을 구분하는 데에는 여러 가지 기준이 있는데, 일반적으로 평가 대상, 평가 주체, 평가 방법 등의 기준이 있다(정정길 외, 1997: 39－56). 평가 대상에 따른 정책 평가 유형은 정책 결과를 대상으로 하는 총괄평가와 집행 과정을 대상으로 하는 과정평가로 구분할 수 있다. 즉, 총괄평가는 정책의 효과를 알아보기 위해 실시되는 것이며, 과정평가는 정책 효과의 발생 과정을 밝힘으로써 더 나은 집행전략을 수립하는 데 목적을 둔 평가 방법이다.

한편, 정책 평가를 평가 주체에 따라 분류하면 정책의 결정과 집행을 담당하는 사람이나 이들이 소속된 조직의 다른 구성원이 평가하는 내부평가와 정책의 결정이나 집행기관 이외의 제3자가 행하는 외부평가로 나눌 수 있다. 마지막으로 평가 방법에 따라서는 과학적·체계적 평가와 비과학적·주관적 평가 유형으로 구분할 수 있다.

이상과 같은 정책 평가 유형에서 공통적으로 추구하는 정책 평가의 목적은 다음과 같다.

첫째, 정책 평가의 가장 중요한 목적은 정책을 결정하고 집행하는 데 필요한 정보를 제공하는 것이다. 즉, 정책의 집행 과정에서나 집행 결과에서 얻게 된 정보를 제공함으로써 효율적인 정책 내용이나 집행전략을 결정하고 수립하는 데 도움을 주기 위해 정책 평가를 실시한다는 것이다.

둘째, 정책 과정상의 책임성 확보를 위해 정책 평가를 실시한다. 즉, 정책 평가는 정책담당자가 정책 과정에서 행하게 되는 정책 활동 전반에 대해 국민 앞에 책임을 지도록 하는 목적을 가지고 있다.

셋째, 정책 과정에 대한 전반적인 인과 경로를 확인하고 검증함으로써 정책 효과의 변화에 대한 이론을 정립할 목적으로 정책 평가가 이루어지기도 한다. 즉, 모든 정책 과정에 내재된 변수들 사이의 인과 관계에 대한 가설을 검증함으로써 정책학의 이론적 발달에 기여하는 것이 정책 평가의 목적 중 하나라고 할 수 있다.

3) 정책 평가의 절차

과학적인 정책 평가는 상호 관련된 몇 가지의 단계를 통해 이루어져야 한다.[11] 나크미아스(David Nachmias)는 정책 평가 연구는 연속적 과정이어야 하고, 그 과정은 상호 관련된 여섯 단계로 조작되어 이루어질 수 있다고 주장하면서 그 단계로 ① 목적의 확인, ② 인과적 영향모형의 구성, ③ 적절한 연구 설계의 개발, ④ 측정과 표준화, ⑤ 자료 수집, ⑥ 자료의 분석 및 해석의 단계를 제시하고 있다(박용치, 1984: 25).

노화준(2001: 76-80)은 정책평가의 표준적 절차를 ① 형성과 협상, ② 구조화와 설계, ③ 자료의 수집과 준비, ④ 자료의 분석과 해석, ⑤ 의사 전달과 발표, ⑥ 결과의 활용 등 여섯 단계로 제시하였다. 여기서는 노화준의 여섯 단계를 중심으로 정책 평가 절차를 살펴보기로 한다.

(1) 형성과 협상

정책 평가를 시작하기 전에 평가를 담당할 평가자와 평가 결과를 활용하게 될 의뢰인 사이에 평가의 방법, 필요성, 그리고 장애 요인 등에 대해 충분한 논의가 진행되어야 한다. 평가자와 의뢰인 사이에 평가에 대한 기대와 견해가 상충되는

11) 정책 평가는 평가의 유형과 평가 결과의 활용 목적, 그리고 사용되는 평가 방법 등에 따라 평가 절차가 달라질 수 있다.

경우에는 생산적인 평가활동이 방해를 받을 수 있기 때문이다.

(2) 구조화와 설계

평가 설계에서는 논리적·윤리적·정치적·재정적 요인들과 아울러 방법론적 요구사항도 충분히 고려해야 한다. 연구 설계는 일반화의 정도와 인과관계의 타당성 정도와 관련하여 진실험설계, 준실험설계, 그리고 비실험설계 등으로 구분할 수 있다. 평가자는 내적타당도와 외적타당도를 높이기 위해 가능한 진실험설계를 해야 하지만 자료수집의 한계 등으로 준실험설계나 비실험설계에 의존하는 경우도 빈번하게 발생한다.[12)]

(3) 자료수집과 준비

자료는 일정한 계획을 수립하고 이에 따라 수집되어야 하며 상황과 정보 수요의 변화에 따라 융통성 있게 수정될 수 있어야 한다. 정책 평가를 위한 자료는 여러 가지 출처와 방법으로 수집할 수 있다. 일반적인 자료의 출처는 면접, 설문지, 관찰, 2차 자료조사 등이 포함된다.

(4) 자료의 분석과 해석

자료수집이 마무리되면 이를 체계적으로 분석하고 그 결과를 해석해야 한다. 정책 평가에서 사용하는 자료 분석 방법에는 정규분포나 t-분포를 이용한 검증방법, 분산분석법, 회귀분석법, 상관관계분석법 등이 있다. 이들 중 어떤 방법을 사용할 것인지는 평가문제의 성격, 연구 설계, 이용 가능한 자료 등을 종합적으로 고려해 결정해야 한다. 결과의 해석은 분석 결과를 설명하고 결과의 일반화 가능성 여부를 검토하는 것을 의미한다.

(5) 의사 전달과 발표

평가자는 정책 평가 결과에 대한 보고서를 작성하여 발표한다. 보고서는 평가 결과의 이용자와 효과적인 의사 전달을 할 수 있도록 작성되어야 한다. 효과적인

---

12) 사회실험의 유형과 기본 논리, 장·단점에 대해서는 노시평 외(2006: 485－507)를 참조할 것.

의사 전달은 평가의 책임을 분명히 하고 평가 관련자의 협조를 확보하며 발견된 사실과 자의적 해석을 구분하기 위해 반드시 필요하다.

(6) 결과의 활용

평가 결과는 정책결정자가 의사 결정을 내리기 전에 항상 이용 가능하도록 준비되어야 한다. 평가 결과가 여러 가지 장애로 적정히 활용되지 못한다면 평가 노력은 아무런 효용을 발휘할 수 없기 때문이다.

7. 정책 종결

정책이 집행된 후 평가 과정까지 마치면 정책은 종결되거나 새로운 정책으로 변동된다. 정책 종결은 정책의 수행을 통해 문제가 해결되었거나 다른 변화를 유도해 정책 활동을 종결・중지・수정함으로써 이루어진다. 그렇지만 정책 과정은 여기서 완전히 중단되거나 끝나는 것이 아니라, 환경의 변화 등으로 새로운 상황이 발생하고 정책에 대한 새로운 요구가 제시됨으로써 전 단계로 환류하는 순환 과정을 거치는 것이 일반적이다.

정책 과정은 지금까지 살펴본 바와 같이 정책이 결정되고 난 후 그것을 집행하고 집행 결과에 대한 평가가 이루어지는 것과 같은 일방통행식의 단계적 단일 과정으로만 나아가는 것이 아니다. 각각의 정책 단계들은 지속적으로 상호작용하면서 영향을 주고받는다. 예컨대, 정책의 성공 여부를 좌우할 요인 중 하나는 결정된 정책의 목표가 분명하게 정책집행자에게 전달되었는지 여부이다. 정책 결정과 정책 집행 과정은 완전 독립적이기보다는 기능적으로 밀접하게 상호작용하는 구조로 연결되어야 한다. 또한 정책 집행과 정책 평가, 정책 평가와 정책 결정의 각 단계도 상호간에 밀접히 관련되면서 영향을 주고받는다.

이러한 의미에서 정책의 과정을 단순히 결정 단계 → 집행 단계 → 평가 단계 → 종결 단계 → 환류 단계 등으로 일방적인 단선화의 흐름으로 보아서는 안 된다. 이 같은 과정은 정책의 전체적인 흐름을 개념적으로 이해하기 위해 만들어진 하나의 이론모형에 불과하며, 실질적으로는 모든 정책 단계가 직・간접적으로 영향을 미치며, 상호작용하는 네트워크적 순환 과정이라는 사실을 이해할 필요가 있다.

제 3 절 정책결정모형

정책결정모형이란 국가의 목표를 달성하기 위해 복잡한 동태적 과정을 거쳐 합리적인 정책대안을 작성하고 선택하는 일련의 과정과 관련한 다양한 이론모형을 말한다. 이러한 의미에서 정책결정모형은 의사결정모형과 유사한 동태적 과정을 거친다. 그러나 의사 결정은 개인을 포함한 모든 집단에서 다양한 형태로 이루어지는 포괄적 속성의 의사 결정이라고 한다면, 정책 결정은 공공문제를 해결하기 위한 정부나 자치단체 등 공공기관의 공공정책을 선택하기 위한 의사 결정이라는 차이가 있다.

정책 결정은 정책문제와 의사 결정 상황의 복잡성 때문에 하나의 특정 이론모형만으로 모든 정책 선택을 설명하고 이해하기에는 부족하다. 각 이론모형은 특정 맥락에 있는 정책 결정을 설명하는 데만 부분적인 장점을 가지고 있기 때문이다. 여기서는 일반적으로 널리 알려진 정책 결정의 이론모형들에 관해 그 핵심 내용 및 비판 등을 중심으로 간략히 검토해 보았다.

1. 합리모형

1) 합리모형의 내용

합리모형(rational model)이란 정책결정자가 고도의 합리성(rationality)과 이성(reason)에 따라 행동하고 결정한다는 가정에서 출발한다. 따라서 정책결정자는 목표를 달성하기 위해 합리적인 대안의 탐색과 선택을 추구한다고 전제한다. 합리모형은 이상적·규범적·합리적·총체적 접근 방법을 취한다. 관리과학이나 체제분석이 합리모형을 응용한 예이며, 오스트롬(Ostrom, 1971)의 공공선택이론(Public Choice Theory)도 합리모형의 변형으로 이해되고 있다.

합리모형은 정책의 목표를 달성하기 위한 가장 합리적이고 최적의 대안이 선택되도록 노력하는 데 중점을 두고 있다. 이러한 의미에서 합리모형은 더 나은 정책형성에 기여하고, 합리성의 저해 요인을 밝혀 효과적인 정책분석에 유용할 뿐만 아니라 대안 선택에 대한 합리적인 평가를 할 수 있게 한다는 점에서 효용성이 크다.

합리모형 이론을 정책 결정에 적용하기 위해서는 몇 가지 전제 조건이 필요하다(Anderson, 1979; Lindblom, 1959). 첫째, 전체 사회 가치의 우선순위와 대안 선택의 기준이 정해져 있으며, 둘째, 인적·물적 자원이 충분하며 인간, 즉 정책결정자가 대안의 결과를 정확히 알 수 있는 미래 예측 능력과 비용·편익의 효과를 계산할 수 있는 지적 능력을 가지고 최선의 대안을 선택할 수 있고, 셋째, 정책결정을 합리적으로 이끌 수 있는 정책 결정 체제가 존재한다는 것 등을 전제로 한다.

이상과 같은 전제 조건 하에서 합리모형이 지니는 특징을 살펴보면 다음과 같다.

첫째, 목표와 수단, 가치와 사실을 엄격히 구별하며 목표나 가치는 고정되어 있는 것으로 인식한다. 둘째, 정책 결정에서 문제의 발견·진단·대안의 비교 및 평가·선택이 순차적으로 이루어질 뿐만 아니라, 목표 달성을 위한 모든 대안의 탐색이 가능하며, 각 대안들의 효과도 완전히 분석될 수 있는 것으로 본다. 셋째, 계량분석을 통해 모든 질적인 효과까지도 수량적으로 표현할 수 있다. 넷째, 정책 목표나 가치를 완전하게 달성할 수 있는 대안을 추구하고 가장 합리적인 최적 대안을 선택하는 활동으로 인식한다.

2) 합리모형에 대한 평가

합리모형은 가장 합리적인 최적의 대안 선택을 위한 정책 결정의 전제조건과 절차를 제시하였다는 기여에도 불구하고, 현실성의 결여와 같은 비판적 평가를 받고 있다. 합리모형에 대한 대표적인 비판적 평가로는 첫째, 목표를 고정된 것으로 인식해 가장 합리적인 최적의 대안을 고집함으로써 목표에 대한 합의를 곤란하게 할 뿐만 아니라, 다양한 이해관계의 정치적 조정을 어렵게 하고 있다는 점에서 현실을 무시한 지나치게 이상주의적 모형이라는 점이다. 둘째, 모든 대안의 완전한 탐색이 현실적으로 불가능하고, 미래에 대한 정확한 예측이 곤란하다는 현실적 한계를 간과하고 있다는 비판도 있다. 셋째, 정책 목표의 유동성과 정책결정자인 인간의 주관적 심리를 고려하지 못하고 있다. 넷째, 목표와 가치의 신축적인 조정을 할 수 없게 하며, 계량화할 수 없는 질적 요소에 대한 분석을 어렵게 하고 있다는 등의 한계가 지적된다.

결국 합리모형은 인간 능력에는 한계가 있다는 점, 현대 행정의 가변성과 복잡성으로 정책 목표 간 사이에도 갈등이 존재한다는 점, 그리고 정책결정자의 정보 능력에는 한계가 있다는 점을 간과했다는 비판을 면키 어렵다. 또한 추구하는 합리성을 지나치게 기술적 · 경제적 합리성으로 국한시켰으며, 완전성 · 종합성을 지나치게 강조함으로써 분석 과정에서 시간과 비용이 많이 드는 결과를 초래한다는 비판적 평가를 받고 있다.

2. 만족모형

1) 만족모형의 내용

만족모형(satisficing model)은 사이먼과 마치(Simon & March, 1958) 등에 의해 사회 · 심리적인 접근 방법으로 주장되기 시작했고, 후에는 사이어트와 마치(Cyert & March, 1963)의 연합모형으로 변천되면서 개인적 만족에서 조직적 차원의 만족으로 발전된 의사결정 이론모형이다. 만족모형은 현실적으로 의사 결정이 인간의 인지 능력 · 시간 · 비용 · 정보 등의 부족으로 인해 합리모형이 가정하는 포괄적 합리성보다는 제한된 합리성에 의존할 수밖에 없다는 것을 기본 전제로 한다. 즉, 최선의 대안보다는 현실적으로 만족할 만한 대안을 선택하게 된다는 것으로, 정책 결정 과정을 지배하는 것은 최적화의 기준이 아닌 만족화의 기준이라고 인식하는 모형이다. 이러한 의미에서 만족모형을 현실적 · 실증적 · 주관적 접근모형이라고 부르기도 한다.

좀 더 구체적으로 만족모형의 특징을 살펴보면 우선, 의사 결정 과정을 만족스러운 대안의 탐색 과정으로 인식하고 있다. 다시 말해서, 획득 가능한 몇 개의 대안을 우선적으로 검토해 현실적으로 만족할 만하다고 여겨지는 대안을 최종적으로 선택한다. 이 대안 선택 과정에서는 제한된 합리성에 근거하기 때문에 인간을 완전한 합리성이 아닌 주관적 합리성만을 추구하는 존재로, 대안의 선택도 최적의 대안이 아니라 주관적으로 만족할 만한 수준의 대안을 선택하는 존재로 인식한다. 따라서 정책 결정은 모든 대안을 평가하는 것이 아니라 현실적으로 의사결정자 능력의 한계 내에서 이루어진다고 보는 입장이다.

결국 만족모형은 인간의 인식 능력의 한계 때문에 의사결정자는 여러 가지 목표 중에서 자신과 관련이 있다고 여겨지는 극히 일부분만을 관심의 대상으로 삼는다는 것이다.

2) 만족모형에 대한 평가

만족모형은 합리모형에 비해 보다 현실적인 모형이라는 장점에도 불구하고 다음과 같이 몇 가지 비판을 받고 있다. 첫째, 인간은 환경 · 경험 · 지식의 영향을 받고, 의사 결정이 시간적 · 경제적 제약을 받는다는 점을 고려할 때, 만족이라는 기준은 지나치게 주관적이고 모호하다는 비판이 있다. 즉, 대안 탐색을 어느 정도의 심리적 만족 수준에서 멈추고, 대안 선택도 어느 정도 만족을 기준으로 해야 하는지에 대한 객관적 척도가 없다는 점에서 지나치게 주관적이라는 비판을 받고 있다. 둘째, 현실적으로 '만족할 만한 수준'이라는 기준은 대안 선택하는 과정에서 보수성을 벗어나지 못해 쇄신적 · 창의적인 문제 해결을 요하는 정책 결정에 적용하기 어렵다는 비판이다. 셋째, 사이먼(H. A. Simon)이나 마치(J. G. March)의 만족모형은 원래 개인적 차원의 의사 결정 과정을 설명하기 위해 수립된 것이기 때문에 이 이론모형을 정부조직의 정책 결정 문제에 적용하는 데 무리가 있다는 지적도 있다.

결국 만족모형은 만족에 관한 객관적 기준이 없고 현상 유지적 · 보수주의적인 성격으로 변화 지향적인 정책 결정에는 적용하기 곤란한 모형이라고 할 수 있다.

3. 점증모형

1) 점증모형의 내용

린드블롬(Lindblom, 1959: 79－88)은 합리모형의 비현실성을 비판하면서 "실제의 정책 결정 과정은 점증적이며, 점증적이어야 한다"고 주장했다. 점증주의는 미국과 같은 다원주의적 민주사회에서 시민과 정치인의 지지를 얻을 수 있는 현실적이며 바람직한 정책결정 이론모형이라는 것이다. 점증주의는 정치적 · 사회적 합리성을 토대로 계속적 · 제한적 비교 접근의 방법을 제시하고 있다. 즉, 기존의 정책이나 결정의 토대 위에서 그보다 약간 향상된 대안만을 부분적 · 순차적으로 채택하는 제한된 합리성을 전제로 실현 가능한 범위 내에서 대안을 탐색하려는 이론모형이다.

점증모형(incrementalism)은 인간 지적 능력의 한계와 정책 결정 수단의 기술적 제약성을 인정하면서 실제의 정책 결정이 언제나 합리적으로 이루어지는 것은 아니며, 정책 결정을 위한 대안의 선택이 종래의 정책에서 점진적 · 부분적 수정으로 이루어지는 '진흙탕 빠져나오기(muddling through)' 과정으로 이해하고 있다. 점증모형의 주요 내용은 다음과 같다(Lindblom, 1959; Wildavsky, 1966; Banfield, 1963; Braybrooke, 1963).

① 대안 탐색 시, 기존 정책과 큰 차이가 없는 소수의 대안만을 추출해 달라지는 부분을 토대로 대안을 선택한다.
② 대안의 분석 · 평가는 충분한 정보가 확보된 소수의 대안에만 국한한다.
③ 각 대안의 예상되는 결과도 중요한 몇 가지만 한정해서 분석한다.
④ 일단 설정된 목표도 대안의 탐색 및 선택 과정에서 재조정할 수 있다.
⑤ 대안의 탐색 · 평가 과정에서 새롭게 제기된 자료나 정보들을 재구성해 활용할 수 있다.
⑥ 한번 만들어진 정책은 이후에 대두되는 유사한 문제들을 해결하기 위해 고안되는 상이한 대안들과 비교되면서 지속적으로 수정된다.
⑦ 분석과 평가는 사후적인 성격으로 처방 혹은 치료적 성향을 지닌다.
⑧ 정책은 정부만의 산물이 아니라, 다양한 사회 구성단위들에 의해 다원적이고 안정적으로 분석되고 평가된다.

점증모형을 잘 보여주는 대표적인 정책 사례가 국가의 예산결정 과정이다. 국가 예산의 대부분은 전년도 예산에 준해서 편성되므로 전년도 예산에 비해 새해 예산이 큰 차이를 보이지 않게 된다(Wildavsky, 1984).

점증모형은 현실적인 수준에서 약간 향상된 결정에 만족하고 쇄신적·창의적 결정을 기대하지는 않는다는 점에서, 이상적·규범적 합리성보다는 다양한 이해관계자의 적절한 조정과 타협이라는 다원주의 의사 결정 원칙을 중시한다. 따라서 시민과 정치인의 요구가 수렴되거나 지지를 받을 수 있는 정치적 합리성이 강조되는 이론모형이라고 할 수 있다. 따라서 점증모형이 효율적으로 적용되기 위해서는 정치·사회의 다원적 구조 유지와 사회집단 간의 활발한 상호작용, 국가 발전을 위한 관료의 주도적 역할 배제 등의 사회적 여건이 마련되어야 한다.

점증모형의 특징을 요약하면 첫째, 정책결정자는 현재의 정책보다 약간 향상된 정책에만 관심을 가지고 한정된 수의 대안만 검토하면서, 당면한 문제들을 점진적으로 평가하고 목표와 수단을 지속적으로 재조정하면서 문제를 다룬다. 따라서 점증모형에서는 완전한 해결책이나 유일한 최적의 결정은 없고 순차적인 분석·평가를 통해 당면 문제를 점진적으로 검토한다. 결국 점증모형에 입각한 정책 결정은 장래의 사회 목표 추구보다는 현실의 구체적인 사회문제를 경감시키는 데 초점을 둔 점진적 개량주의적 성격을 갖게 된다.

2) 점증모형에 대한 평가

점증모형은 기존 정책에 약간의 수정을 가해 오류를 방지하고, 정치적 실현가능성과 정책의 안정성을 도모하여 정치적 갈등을 감소시켜 주는 데 기여한다는 점에서 장점이 있으며, 비교적 안정되고 다원화된 선진국의 정책 결정 과정에 적용하기는 용이하다. 그러나 점증모형에 의지할 경우, 합리적인 정책 결정을 회피하는 구실이 되거나 합리적으로 사회 가치의 재분배 정책을 추구하기보다는 정치적인 임기응변식 정책을 모색하는 데 경도될 우려가 있다. 그뿐만 아니라 약자보다는 강자에게 유리하고 타성적인 경향과 보수성이 강해 변동에 저항적이라는 문제점을 지니고 있어 계획 지향적인 사회나 쇄신·개혁이 요구되는 개발도상국과 같은 사회에는 부적합하다는 비판도 있다.

4. 혼합관조모형

1) 혼합관조모형의 내용

혼합관조모형(mixed-scanning model)은 규범적·이상적 접근 방법인 합리모형과 실증적·현실적 접근 방법인 점증모형의 장점을 결합시킨 절충 모형으로 현실성과 합리성을 동시에 고려하는 정책결정 이론모형으로서 혼합주사모형이라고도 한다. 이 모형을 주창한 에치오니(Etzioni, 1967: 385-392)는 모든 정책 결정에 기본적 결정과 지엽적 결정의 속성이 있다고 보았다. 따라서 정책의 기본 방향을 설정하는 근본적 결정은 합리모형을 적용하고, 특정 문제에 대한 세부적이고 지엽적인 결정은 현실적인 점증모형을 적용함으로써 합리모형의 비현실성과 점증주의의 보수성을 탈피해 양자의 장점을 결합시키고자 하였다.

구체적으로 사회적 여건이 불안정하고 급변할 경우는 합리모형을 기초로 기본적 결정을 하고, 사회 현상이 안정적일 경우는 이 기본적 결정의 범위 내에서 점증모형에 입각한 부분적·지엽적 결정을 함으로써 정책 결정에 신축성을 기하려는 것이 혼합관조모형이다. 그러므로 혼합관조모형은 상황의 안정성 정도에 따라 점증적 결정과 합리적 결정을 적용할 수 있는 융통성이 있으며, 정보의 수집·처리나 자원의 동원 능력과 같은 정책결정자의 능력 여하에 따라 관찰 범위가 결정된다는 특성이 있다.

2) 혼합관조모형에 대한 평가

혼합관조모형은 합리주의와 점증주의 모형의 장점을 결합하고 있어 정책 가치나 정책 목표 달성을 위한 합리적이고 현실적인 대안 제시로 융통성 있는 결정을 할 수 있고, 단기적인 변화에 대처하면서 동시에 장기적인 안목을 가질 수 있는 장점이 있다. 하지만 기존의 두 모형의 결합을 통한 답습에 불과해 이론적 독자성이 결여되었다는 지적이 있으며, 합리모형과 점증모형을 신축적으로 전환시키면서 정책을 결정하기란 현실적으로 곤란하다는 비판도 있다.

5. 최적모형

1) 최적모형의 내용

드로(Dror, 1964: 153－157)는 점증모형의 보수성과 합리모형의 비현실성을 비판하고 정치적 실현가능성과 경제적 합리성의 조화를 추구하기 위해 최적모형(optimal model)을 고안했다. 최적모형은 더 나은 결정을 위해 정책 결정 방법과 체제 개선이 중요하다는 인식에서 출발했다. 예컨대, 자원의 한정성, 상황의 불확실성, 정보나 지식의 한계 등은 합리성을 제약할 수 있기 때문에 초합리적 요인에 의존하는 정책 결정을 할 필요가 있음을 강조한다. 따라서 최적모형은 선례가 없는 중요한 문제와 관련된 비정형적 정책 결정을 할 때 경제적 합리성은 물론, 직관·판단력·창의력·통찰과 같은 초합리적 요인까지 고려하는 규범적·처방적 모형의 특징을 지니고 있다.

최적모형에 기초한 정책 결정은 다음과 같이 크게 네 단계로 진행된다.

① 제1단계는 정책 결정의 지식·방법·체제를 결정하는 가장 중요한 단계로 고도의 초합리성이 작용하는 초정책 결정 단계이다. 즉, 정책 결정의 최상부에서 결정이 이루어지는 단계라 할 수 있다.

② 제2단계는 합리모형에 의한 정책 결정 방법과 같은 일반적인 정책 결정 단계로 정부의 각부 장관들에 의한 정책 결정 단계이다. 보통 초정책 결정 단계와 병행되는 경우가 많다.

③ 제3단계는 결정된 정책의 집행 방법을 결정하는 후정책 결정 단계로, 결정된 정책의 집행을 위한 동기 부여의 단계이다.

④ 마지막 단계는 의사 소통과 환류를 통해 모든 단계를 연결시키는 과정이다.

최적모형의 특징을 요약하면 첫째, 대안의 선택과 탐색에서 경제적 합리성을 강조하며, 둘째, 불확실성이 높은 상황에서는 초합리적 요소를 중시하고, 셋째, 합리모형에 비해 정책결정자의 가치 기준을 더욱 중시한다. 마지막으로 정책 결정 능력의 향상을 위해 집행의 평가와 환류 기능을 강조함으로써 양적인 속성은 물론 질적 모형으로서의 성격이 강한 모형이다.

2) 최적모형에 대한 평가

최적모형은 초합리성이라는 새로운 개념을 도입해 정책 결정을 체계화하는 데 기여했고, 인간의 노력으로 정책 결정의 질이 향상될 수 있는 가능성을 제시함으로써 사회 변동기에 혁신적 정책 결정을 정당화할 수 있는 이론적 토대를 제공했다는 긍정적인 평가를 받고 있다. 그러나 정책 결정의 사회적 과정에 대한 고찰이 충분치 못하고, 초합리성의 달성 방법도 불명확해 합리모형과 마찬가지로 지나치게 이상주의적·신비주의적이라는 비판을 받고 있다.

6. 기 타

이상의 정책결정모형 이외에 연합모형, 쓰레기통모형, 공공선택모형 등이 있는데, 이 모형들의 특징을 살펴보면 다음과 같다.

첫째, 연합모형(coalition model)은 기업조직 내부의 의사 결정에 초점을 맞추어 회사모형(firm model)으로도 불리는데 사이어트와 마치(Cyert & March, 1963)에 의해 제기된 것으로, 사이먼과 마치(Simon & March, 1958)가 주장한 개인적 차원의 의사결정모형인 만족모형을 조직적 차원의 의사 결정으로 한 차원 진전시킨 것이다. 고전파 경제학에서는 기업이 합리모형에 따라 의사 결정을 한다고 전제하고 있는데 연합모형은 이 주장을 비판하였다. 연합모형은 목표가 상호 대립 관계에 있는 기업 조직 내의 하위 단위들 사이의 갈등은 협상을 통해 불완전하게 해결된다는 입장을 취한다. 또한 조직의 환경은 유동적이므로 대안의 결과를 불확실한 것으로 인식해 조직은 환경과 타협함으로써 불확실성을 회피하려는 속성이 있는 것으로 인식하고 있다.

둘째, 쓰레기통모형(garbage can model)은 코헨 외(Cohen, March, & Olsen, 1972: 1−25)가 주장한 것으로 복잡하고 혼란한 상황 속에서의 조직 결정에 초점을 둔 것이다. 쓰레기통모형은 조직화된 혼란 상태라는 조건 하에서 각양각색의 쓰레기가 우연히 한 쓰레기통 안으로 모이는 것처럼 문제의 흐름, 해결책의 흐름, 선택 기회의 흐름, 참여자의 흐름이라는 네 가지 요소가 서로 다른 시간에 쓰레기통 안으로 들어와서 우연히 동시에 한 곳에 군집하게 될 때 비로소 결정이 이루어진다는 것을 주요 내용으로 한다.

셋째, 공공선택모형(public choice model)은 전문관료가 계층적 구조를 통해 국가 목적을 능률적으로 달성할 수 있다는 윌슨(W. Wilson)식 행정관을 비판하고, 정치적 입장과 공공재 및 공공 선택을 중요시하는 정치 · 경제학적 행정관으로의 전환을 주장한 모형이다. 오스트롬과 오스트롬(Ostrom & Ostrom, 1971)은 정부를 공공재의 생산자로 규정하고 일반시민을 공공재의 소비자로 보아 일반시민의 편익을 극대화할 수 있는 서비스의 공급과 생산은 공공 부문의 시장경제화를 통해 가능하다고 보고, 시민의 공공 선택을 중시하였다.

제 4 절 현대 사회에서 정책의 위치

정책 결정은 정치의 영역이며 결정된 정책을 집행하는 일은 행정의 영역이라고 생각하는 것이 정치와 행정의 전통적인 구분 방식이었다. 그러나 실질적인 의미에서 정치와 행정은 정책이라는 정부 목표를 사이에 둔 동전의 양면과 같이, 기능적으로 매우 밀접히 연관되어 있어서 상호 분리된 채 독립적인 기능을 할 수는 없다. 특히 행정 서비스에 대한 국민의 요구가 다양화 · 세분화될 뿐만 아니라 그 내용도 매우 빠른 속도로 변화하고 있는 현대 민주주의 사회에서는 사회적 요구에 적절히 대응하는 책임행정의 구현을 위해 고도의 전문성을 지닌 관료들에 의해 개발되는 정책의 영역이 확대되고 있으며, 정책을 매개로 정치와 행정의 상호 교류가 갈수록 늘어나고 있다.

정책은 과거의 상징적 의미와는 달리 행정과 마찬가지로 현실 세계에서 국민생활과 밀접한 관련을 맺으면서 활용되고 있다. 특히 현대 민주주의 사회에서는 정치와 행정이 정책이라는 산출물과 관련해 밀접히 상호작용하게 되는데, 그 과정에 다양한 환경의 영향을 받게 된다. 정치란 이해가 다른 당사자들 간의 협상을 통해 정책을 결정해 내는 활동을 말한다. 따라서 정치 체계의 변화는 그 산출물인 정책의 특성에 영향을 미치게 된다. 그러나 정책을 산출하는 정치 체계의 활동은 그 체계가 속한 사회의 다양한 환경 요인의 영향을 크게 받는다. 즉, 정치 체계는 환경의 영향을 받아 기존 정책의 변경이나 새로운 정책을 산출하고, 산출된 정책은 집행 과정을 통해 평가되고 환류되면서 정치 체제에 대한 새로운 환경 요소로서 영향을 미친다.

일반적으로 현대 사회의 모든 조직은 환경과 상호작용하는 개방 체제로 인식되고 있다. 정치 체제 역시 외부 환경의 영향을 받아 정책을 형성하게 된다. 따라서 환경 · 정치 체제 · 정책은 상호작용하면서 유기적 관계를 형성하고 있다. 즉, 환경은 정치 체제가 산출해 내야 할 특정 정책과 관련한 다양한 정보와 자료를 정치 체제 안으로 투입하게 되고, 정치 체제는 환경으로부터 투입된 다양한 정보와 자료를 정치 체제 자체의 구조적 틀 안에서 합리적이고 체계적으로 정책이라는 결과물을 재생산해 정치 체계의 영역 밖으로 산출해 낸다. 이같이 새롭게 산출된 정책을 실현하는 과정에서 이 정책에 대한 환경의 반응을 정보나 자료로 정리해 정치 체제에 재투입하기 위한 환류작용이 환경 · 정치 체제 · 정책의 각 단계들과 상호작용하면서 이루어지게 된다.

공공정책은 그것이 정치가에 의해 결정되든지 아니면 행정가에 의해 결정되든지 관계없이 한마디로 '정부의 임무'라고 정의할 수 있다. 오늘날 행정가는 자신이 담당하는 직무를 통해 자원 배분에 초점을 두면서 정부의 임무를 수행해 간다(권희재 · 김상수 역, 1994: 207-208). 그 과정에서 많은 정부의 임무, 즉 정책들이 환경과 상호 영향을 주거나 받으면서 변경되거나 수정되어 간다. 이는 곧 입법가뿐만 아니라 행정가, 그리고 각종 다양한 이해관계자들이 정부의 임무인 정책에 영향을 미치면서 관여하게 된다는 것을 의미한다.

연습 문제

1. 정책 연구의 필요성과 대두 배경에 대해 설명하시오.
2. 로위(Thedore J. Lowi)의 정책의 유형 분류에 대해 설명하시오.
3. 정책 과정의 공식적 참여자와 비공식적 참여자의 역할을 비교 설명하시오.
4. 정책의 필요성과 하딘(G. Hardin)의 공유지의 비극에 대해 설명하시오.
5. 정책 결정의 합리성을 제약하는 요인들을 설명하시오.
6. 합리적 정책결정모형과 점증적 정책결정모형을 비교 설명하시오.
7. 정책 결정과 의사 결정을 비교 설명하시오.
8. 집단사고의 폐해를 예방할 수 있는 방안에 대해 설명하시오.
9. 정책 평가의 유형을 설명하고 각 유형의 장·단점을 논하시오.
10. 현대 사회의 환경 변동 및 조건과 정책 결정의 제약성을 논하시오.

CHAPTER 04

행정조직

제 1 절 조직의 기초 개념

제 2 절 조직이론의 변천

제 3 절 행정조직의 구조

제 4 절 조직과 인간

개 관

아리스토텔레스(Aristoteles)가 "인간은 사회적 동물이다"라고 한 말에서도 알 수 있듯이 인간은 혼자서는 살아갈 수 없다. 조직이 2인 이상이 공동의 목표 달성을 위해 노력하는 집합체라는 정의는 곧 '인간은 사회적 동물'이며 동시에 인간은 '조직적 동물'이라는 말이기도 하다. 인간이 사회 속에서 생활을 하기 위해서는 조직과 불가분의 관계 속에서 자신이 원하든 원하지 않든 조직인으로 살아갈 수밖에 없다.

사회 현상을 연구함에 있어 조직에 대한 관심과 이론적 체계화는 필수적 사항이다. 조직에 관한 연구는 그렇기 때문에 다양한 분야에 걸쳐 범학문적(interdisciplinary)으로 연구되고 있다. 우리 인간과 밀접한 상호 연관 속에 있는 조직 현상에 대한 연구를 행정 현상이라는 부분에 초점을 두고 조직 일반에 대한 이론과 공공행정의 연구와는 어떻게 연관되며 공공행정에 특수한 조직 현상은 어떠한 것인지를 고찰하는 것이 이 장에서 다루고자 하는 내용이다.

이를 위해 조직 일반에 관한 이해가 선행되어야겠다. 조직 일반에 관한 이해의 선행이라 함은 '조직이란 무엇인가?'에 대한 해답으로서의 서술이다. 조직의 정의, 조직화의 개념, 공공행정과 조직에 대한 개요, 조직 연구의 방법, 현대 사회의 조직 연구의 중요성 등에 대한 구체적 서술이다.

조직이론의 전개는 고전이론과 신고전이론, 그리고 현대이론에 관한 내용이며. 테일러(F. W. Taylor)의 과학적 관리법, 메이요(E. Mayo)의 인간 이해에 중심을 둔 인간관계론, 체제이론, 혼돈이론 등이다. 조직이론의 전개에 대한 이해는 조직 현상을 올바르게 해석하고 적절한 조직관리를 위한 것이다.

그리고 여러 학자의 다양한 조직모형에 관한 연구를 중심으로 조직 형태를 고찰한다. 특히 전통적인 조직 형태에 관한 서술과 최근의 다양한 조직모형에 관한 연구를 중심으로 현대 사회와 미래 사회의 다양한 조직 형태, 조직 내의 인간문제 등을 중심으로 조직행정 전반에 대해 개략적 고찰을 한다.

Chapter 04

행정조직

제 1 절 조직의 기초 개념

1. 조직의 의의

1) 현대 조직의 중요성

오늘날 사람들은 조직 속에서 생활하거나 조직의 영향을 받으며 살아가고 있다. 개인들은 조직을 떠나서는 살아갈 수 없을 만큼 조직과 우리 인간은 밀접한 상호 연관 속에 있다. 인간의 생애주기(life style)를 살펴보면 사람이 태어나서 성장, 발전 과정을 거쳐 죽음에 이르는 모든 과정이 조직과 밀접한 상호 관련 속에 있다는 것을 알 수 있다. 인간은 병원이라는 사회조직의 도움을 받아 이 세상에 태어나 유치원, 초등학교, 중학교, 고등학교, 대학교라는 교육기관의 도움을 받아 성장, 발전하며 졸업 후에는 직장이라는 조직과 연관을 맺고 살아가게 된다. 노년에는 연금이라는 조직 산물의 혜택을 받으며 생활하게 되고, 죽음에 이르러서는 병원과 장의조직과 관련되는 일련의 과정이 인간의 삶이다. 인간은 이와 같이 조직이란 단어와는 한시도 떨어져 살 수 없다. 그 때문에 인간 생활과 불가분의 관계에 있는 조직을 정확히 이해하고 진단해 바람직한 조직환경을 구성하는 것은 궁극적으로 인간 생활을 풍요롭게 하고 삶의 질을 개선시키는 것이다.

그러나 조직을 이해하고 진단하는 것이 결코 간단한 작업은 아니다. 조직은 진공 속에 존재하는 것이 아니고 사람을 구성체로 해서 인적 · 물적 자원과 정치, 경제, 사회, 문화 등과의 상호작용을 통해 생성 · 유지 · 발전 · 쇠퇴하는 유기체이다. 그렇기 때문에 정형화된 조직의 정의가 어렵고 복잡하고 모호해진다. 이에 조직에 대한 이해와 조직에 대한 올바른 진단을 위해 조직 일반에 관한 기초적 지식을 정리해 볼 필요가 있다.

2) 조직의 정의

조직이란 무형의 실체이기 때문에 한마디로 정의내리기는 어렵다. 그 때문에 시각이나 무엇을 강조하느냐에 따른 관점, 학문적 초점에 따라 정의가 다양해진다. 그러나 여러 학자의 조직 정의를 종합해 보면 공통적 특성을 발견할 수 있다. 조직 정의에 관한 학자들의 정의는 수없이 많지만 몇 가지 대표적 정의를 살펴보면 다음과 같다.

베버(Weber, 1947)는 "조직이란 특정한 목적을 가지고 그 목적을 달성하기 위해 구성원 간에 상호작용하는 인간들의 협동작업"이라고 했다. 베버는 조직의 환경과의 관계를 고려하지 않고 조직의 경계, 조직의 목표, 조직 구성원의 상호작용, 공식적인 구조와 과정을 중요시하는 폐쇄 체제적 관점에서 조직을 이해했다.

버나드(Barnard, 1938)는 조직 구성원에 중점을 두고 "조직이란 공동의 목표를 달성하기 위해 노력을 바칠 의욕을 지닌 두 사람 이상의 인간이 상호 의사 전달하는 집합체"라고 정의했다. 버나드(C. I. Barnard)의 정의에서 나타난 조직의 구성요소는 공동의 목표, 조직 구성원의 의욕, 의사전달 등이다. 조직이 성립하기 위해서는 조직의 공동 목표를 달성하기 위해 조직 구성원들이 노력해야 한다. 즉, 조직 구성원들이 조직의 공동 목표 달성에 기여하려는 의욕을 가지고 있어야 한다는 것이다. 조직의 공동 목표는 조직 구성원의 개인 목표와는 다른 개념이다.

셀즈닉(Selznick, 1948)은 조직을 "계속적으로 환경에 적응하면서 공동의 목표를 달성하기 위해 공식적 · 비공식적 관계를 유지하는 사회적 구조"라고 정의했다. 공식조직이란 "합리적 행동을 구조적으로 표현하는 것"이라고 정의하면서도 베버나 버나드가 주로 조직의 내적 문제를 중시한 데 비해, 조직과 환경과의 관계를 중시했다.

카츠와 칸(Katz & Kahn, 1966: 14－29)은 체제이론을 토대로 사회학의 거시적 안목과 심리학의 미시적 안목을 접목시켜 조직 현상을 분석했다. "조직이란 공동의 목표를 가지고 내부관리를 위한 규제 장치와 외부 환경 관리를 위한 적응구조를 발달시키는 인간들의 집단"이라고 했다. 이들의 조직 정의는 체제이론의 개념을 본격적으로 도입했다는 점에서 큰 의미를 찾을 수 있다.

이상과 같이 여러 학자의 견해를 종합해 조직을 정의하면 조직이란 "2인 이상 또는 그 이상의 인간이 목표 달성을 위해 의도적으로 결합한 집합체 또는 힘의 모든 체계"라고 할 수 있다. 조직이란 인간 행동으로 성립되며 개인적인 능력의 한계를 초월하는 더 큰 힘을 발휘하고자 하는 것이다. 더 큰 힘을 발휘하기 위해서는 결합된 인간의 집단이 효율적으로 운영되어야 하며, 이러한 운영을 위해 제도적 측면과 인간의 행동적인 측면이 동시에 고려되어야 한다.

이상의 다양한 정의에서 나타난 조직의 공통된 특성은 다음과 같다.

첫째, 조직은 사람으로 구성된 사회적 실체이다. 조직은 조직의 개별적인 구성원과는 별개의 실체로 존재한다. 또한 조직은 상당 기간 존속하려는 속성을 가진다.

둘째, 조직은 목표가 있다. 조직의 목표는 미래 지향적이다. 조직은 목표 달성을 위해 존재하고 조직의 목표는 다수일 수도 있으며, 구성원 개인의 목표와 조직의 목표가 상치할 수 있다. 또한 조직 목표는 영구불변이 아니며 왜곡되거나 승계될 수 있다.

셋째, 현대 사회의 조직은 대규모 조직이며 구성이 복잡해 합리성의 지배를 받는다. 조직에서의 합리성은 공식화, 분업, 부성조직, 권한의 위계질서, 조직 운영의 안정화[1] 등을 의미한다.

넷째, 조직의 목표를 달성하기 위해 조직구조(organization structure)가 발달하게 된다. 조직구조는 과업, 규칙, 권한 관계의 공식적인 체제로 볼 수 있는데, 조직은 이러한 조직구조의 분화와 통합 과정을 거쳐 조직 목표를 달성하게 된다.

다섯째, 조직은 사회적 단위로서 환경과 상호작용을 하면서 시간적 · 동태적으로 움직여 가는 지속적 활동이다. 조직은 조직환경과 구별되는 경계를 가지고 있다. 조직은 경계 밖의 환경으로부터 자원을 받아들이기도, 조직이 생산한 산출물을 내보내기도 하는 상호작용을 통해 존속 · 유지 · 발전해 가는 유기체이다. 따라서 조직에는 생애주기가 있다.

3) 조직의 유형

수많은 종류의 다양한 조직을 어떠한 기준을 가지고 유형화할 것인가 하는 문제는 조직의 비교 연구가 활발했던 1960년대 이후부터 본격적으로 연구되었다. 조직의 유형을 분류하는 것은 조직 현상의 핵심을 이루는 변수들의 본질을 밝히고 체계적 비교 연구를 통해 과학적 조직이론을 찾고자 하는 데 목적이 있다.

조직을 분류하고 유형화하는 기준과 변수는 다양하다. 조직의 목표를 기준으로 한 분류, 조직구조의 특성을 기준으로 한 분류, 조직의 환경적 특성을 기준으로 한 분류, 공식조직과 비공식조직, 영리조직과 비영리조직 등의 조직 분류, 기능에 의한 분류, 수익자에 의한 분류, 복종에 의한 분류 등으로 그 기준을 대별할 수 있다. 여기서는 아래의 몇 가지 유형론을 중심으로 조직의 유형에 대해 살펴보기로 한다.

(1) 파슨스의 조직 유형 분류

파슨스(Parsons, 1960: 4-52)는 조직을 사회적 기능에 따라 ① 적응(adaptation) 기능, ② 목표 달성(goal attainment) 기능, ③ 통합(integration) 기능, ④ 유형 유지(latent pattern maintenance) 기능, 즉 AGIL 모형으로 분류하고 이러한 기능들

1) 조직의 목표를 달성하기 위해서는 조직 운영의 보편적인 원리가 있을 수 있다고 조직 원리론자들(귤릭, 어윅, 무니, 페이욜 등)은 주창했다. 보편적인 조직 원리의 일반적 기준은 권한의 책임과 범위의 정도에 따라 계층을 구성하는 계층제의 원리, 한 사람의 상관이 몇 사람의 부하를 통솔하는 것이 가장 적합한지에 관심을 두는 통솔 범위의 원리, 조직의 구성원들은 한 사람의 상관으로부터 명령을 받고 보고해야 한다는 명령 통일의 원리, 그리고 분업의 원리(전문화의 원리), 조정의 원리 등이다.

은 경제적 조직, 정치조직, 통합조직, 유형 유지 조직들에 의해 각각 수행된다고 보았다.

카츠(D. Katz)와 칸(R. L. Kahn)은 파슨스(T. Parsons)와 마찬가지로 사회적 기능에 따라 조직을 유형화하여, 적응적 기능을 가진 경제조직은 회사, 공기업 등과 같은 조직이 해당된다. 목표 달성 기능을 가진 정치조직은 행정기관 및 권력을 배분하는 조직 등이며, 통합 기능을 수행하는 통합조직은 사법기관, 경찰서, 정신병원 등의 조직이다. 잠재적 유형 유지 기능을 가진 유형 유지 조직은 학교, 교회 등의 문화적 기관을 들 수 있다.

(2) 블라우와 스콧의 조직 유형 분류

블라우와 스콧(Blau & Scott, 1962: 42-68)은 조직 참여자의 범주를 주요 수익자(prime beneficiary) 중심으로 다음과 같은 네 가지[2]로 유형화했다. ① 조직의 일반 구성원이 주요 수익자가 되는 호혜적 조직에는 정당, 노동조합, 전문 직업집단, 클럽, 재향군인회, 종교적 종파 등이 있다. ② 사업조직은 소유자 혹은 관리자가 주요 수익자가 되는 조직으로서 산업공장, 은행, 보험회사 등 이윤 추구를 위해 운영되는 개인 소유의 기업이 이에 속한다. ③ 조직과 접촉을 하고 있는 고객이 수익의 대상이 되는 서비스 조직은 사회사업 조직, 병원, 학교, 법률상담소, 정신병원 등을 들 수 있다. ④ 일반 공중이 주요 수익자가 되는 공중조직의 예는 관청, 경찰서, 소방서 등이 있다.

(3) 민츠버그의 조직 유형 분류

민츠버그(H. Mintzberg)는 다양한 상황에 대처해 조직이 구조화되는 방식을 중심으로 단순조직(simple structure), 기계적 관료제(machine bureaucracy), 전문적 관료제(professional bureaucracy), 사업부 조직(divisional structure organization), 애드호크라시(adhocracy) 구조로 조직을 분류했다.

---

2) 인간이 특정한 조직과 관련을 맺는 유형으로 블라우(P. M. Blau)와 스콧(W. R Scott)은 ① 일반적인 구성원 자격으로 참여하는 유형, ② 조직의 소유자 혹은 관리자로서 참여하는 유형, ③ 고객으로서 관여하는 유형, ④ 일반 공중으로 관여하는 유형 등 네 가지로 분류했다.

단순조직은 한 사람의 지도자의 엄격한 감독이 특징이며, 표준화·공식화·분화 정도가 낮은 조직이다. 동적인 환경 속의 소규모 조직인 경우가 많고 조직 기술은 정교하지 않고 단순하다.

기계적 관료제는 전통적 조직 형태로 표준운영 절차에 의해 운영되는 조직이다. 계층적 질서와 책임 구분이 명확하고 직무는 반복적이고 일상적 업무가 많다. 이 조직의 장점은 관료제의 장점과 같고 규모의 경제의 이점이 있다. 우체국, 항공회사, 제철소 등과 같이 조직 규모가 크고 환경이 안정되어 있으며 조직에 대한 외부 통제가 이루어진다.

전문적 관료제는 전문적·기술적 훈련을 통해 업무가 표준화되는 조직을 말한다. 전문가들은 자신들의 업무에 대해 통제권과 재량권을 가지고, 기계적 관료조직의 특성을 포함하며 지원 스태프 부문에 전문가를 둔다. 대학, 종합병원, 사회복지기관 등이 그 형태이다.

사업부 조직(divisional structure organization)은 조직 내 기능별, 직업별, 서비스별 등 독자적인 구조를 지닌 작은 조직들이 분화되어 있는 형태이다. 사업부 간에 갈등이 유발될 수 있고 조정이 어려울 수 있다. 또한 사업부 간의 중복으로 예산의 낭비, 사업부 간에 이기주의가 초래될 가능성 등이 있다. 이 조직의 형태는 변화가 심하지 않은 조직에 적합하며 변화가 너무 심한 조직에는 적합하지 않다.

애드호크라시(adhocracy)는 동태적이고 급변하는 환경에 조직이 전략적으로 적응해 가변적으로 편성된 조직을 말한다. 위험 부담이 높을 때, 기회라고 생각될 때, 비일상적(non-routine), 비정형적(non-programmed) 상황 하에서 문제 해결을 위해 한시적으로 만들어지는 조직이다. 방송국 기획회의, 항공우주센터나 첨단기술연구소 등에서 그 형태가 나타난다.

2. 조직 목표

조직의 필수적 요소 중의 하나가 조직이 달성하고자 하는 공동의 조직 목표이다. 선정된 조직의 목표는 조직 내 의사 결정의 전제가 되며 조직의 성과를 평가하는 기준이 되는 동시에 조직의 정당성의 근거를 제공한다. 따라서 조직은 조직 목표가 없이는 존재하지 않는다고 해도 과언이 아니다. 이러한 조직 목표의 기능을 구체적으로 살펴보면 다음과 같다.

1) 조직 목표의 기능

(1) 미래지향성

목표는 장래에 달성하고자 하는 바람직한 미래의 상태를 의미한다. 조직은 바람직한 미래 상태를 실현하기 위한 노력을 해야 하고 또한 의사 결정을 해야 된다. 조직의 목표는 조직 구성원으로 하여금 미래 지향의 행동과 사고방식을 불러일으키는 작용을 한다.

(2) 계획 기능

목표의 성격이 미래지향성을 지니고 있다는 것은 계획 기능과 밀접히 연관되어 있다는 것을 의미한다. 목표를 달성하는 데 필요한 인적·물적 자원, 조직구조 등 조직관리에서 계획이 필요하고, 이러한 계획을 통해 조직의 목표가 달성될 수 있

■ MBO(Management By Objectives)

목표에 의한 관리(Management By Objectives: MBO)는 목표관리(goal management), 결과에 의한 관리(management by results), 목표 및 통제(goals and controls) 등 다양한 이름으로 불리고 있다. 목표에 의한 관리라는 말은 드러커(Peter F. Drucker)가 1954년 조직의 모든 목표를 달성하기 위해 하위 조직 단위의 여러 가지 목표를 통합하는 접근 방법으로서의 철학을 제안한 데서 비롯되었다. MBO는 1950년대에 좀 더 객관적인 업적 평가를 위한 접근 방법으로 발전되었으며, 1960년대와 1970년대 초에는 종업원의 동기 부여를 증진시키기 위한 방안으로 강조되었다. 목표의 중요성을 강조하는 MBO를 기본 관리 수단으로 활용할 때 강조할 점은 ① 조직의 목표와 개인의 목표를 통합하기 위해 참여에 의한 방법을 사용한다는 점, ② 전통적 관리 기법과는 달리 자주적 관리, 자주통제의 원리에 의해 이루어져야 한다는 점, ③ 상사는 담당자가 적극성과 창의성을 최대로 발휘할 수 있도록 권한을 위양하며 재량권을 인정해야 한다는 점 등이다. 이러한 목표에 의한 관리는 목표의 설정에서부터 출발하며 그 자체가 하나의 의사 결정을 뜻한다. 목표에 의한 관리는 목표－수단의 연쇄(means and goals chain) 관계의 논리에 근거한다.

다. 목표를 강조하면서 개발된 관리 기법을 '목표에 의한 관리(Management By Objectives: MBO)'라고 한다.

(3) 정당성의 근거

조직은 존속을 위해 정통성을 인정받아야 한다. 목표는 조직이 하는 약속이며 이 약속이 조직의 목표이다. 목표는 조직의 존재와 활동 및 임무를 정당화시켜 주는 기능을 한다.

(4) 조직효과성의 근거

조직의 목표 달성도를 조직효과성이라고 한다. 조직의 성과가 높을수록 조직의 효과성은 높다. 조직의 목표는 조직의 성공과 실패, 즉 조직효과성을 측정하는 기준이 된다.

(5) 소속감 · 일체감 부여

조직의 구성원들은 공동의 조직 목표를 달성하기 위해 협력하고 동기 유발을 하게 된다. 조직의 목표는 구성원들이 소속감과 일체감을 갖게 하는 기능을 한다.

2) 목표의 변화

조직의 목표는 조직환경과 조직의 내부 사정에 따라 변화하게 된다. 조직의 목표는 목표를 달성했거나 목표의 수행이 불가능하게 되었을 때에는 변화한다. 이를 목표승계(goal succession), 목표전환(goal diversion) 및 목표대치(displacement of goals)로 표현하고 있다.

(1) 목표승계

조직이 목표를 달성한 뒤에도 계속적인 생존을 위해 새로운 목표를 내세우는 것을 목표승계라고 한다. 조직은 한번 만들어지고 나면 그 목표가 실현된 경우에도 쉽게 해체되지 않으며 계속 존속하려 한다. 예를 들면, 미국의 산아제한협회가 1942년에 미국가족계획협회로 개칭하고 불임 치료, 혼인교육, 결혼상담 등의 목표를 추가해 활동함으로써 원래의 산아제한이라는 조직목표의 변화를 통해 존속한 경우, 미국재향군인회가 창설 당시에는 제1차 세계대전의 원정군 정신을 기념하고 보존하는 것이 목표였으나 점차 예비역 군인의 권리를 보호하고 지회별로 지역사회 봉사사업을 하는 것으로 변화한 경우 등이다.

(2) 목표전환과 목표대치

목표전환은 조직이 원래의 목표를 달성하는 것이 불가능하기 때문에 새로운 목표를 내세우는 것을 의미한다. 원래의 목표를 완수했기 때문인가 목표를 실현할 수 없기 때문인가의 차이에 따라 목표승계와 구분된다. 목표대치는 목표의 심한 왜곡 현상으로 원래의 조직 목표와 수단이 바뀌는 경우 등이다. 머튼(R. Merton)과 굴드너(A. Gouldner)는 수단으로서의 법규가 목표보다 더 중시되는 목표 대치 현상을 관료제의 병리 현상으로 지적했다(조석준, 1992: 138－159).

(3) 목표의 다원화, 확대

조직은 원래의 조직 목표가 달성되기 어려울 때 원래의 목표 이외에 새로운 목표를 추가하거나 목표의 범위를 확대함으로써 조직의 존속을 도모하려는 경향이 있다. 원래의 목표에 새로운 목표를 추가하는 것을 목표의 다원화(multiplication)라 하고, 조직 목표의 범위를 확대 해석하는 것을 목표의 확대(expansion)라고 한다.

제 2 절 조직이론의 변천

1. 조직이론의 의의

이론(theory)이란 체계적 · 논리적 · 경험적 · 실증적으로 현상을 설명하는 틀이다. 현상은 그 현상을 특징짓는 주요한 변수들이 있고, 이러한 요인 간의 관계를 논리적으로 밝힘으로써 현상을 설명하고자 하는 것이 이론이다. 조직 현상에 관한 이론적 분류는 조직의 구조, 인간, 집단, 행태, 권력, 환경과의 관계 등과 같은 조직을 구성하고 있는 주요 변수 중 어느 요소에 주로 초점을 두고 조직 현상을 설명하고 있는지에 따라 이론적 전개가 다양하게 이루어지고 있다. 여기에서는 조직이론의 전개를 왈도(D. Waldo)의 분류 방법을 원용해 고전이론(classical theory), 신고전이론(neoclassical theory), 현대이론(modern theory), 미래의 조직(future organization)의 사적 전개를 중심으로 설명했다.

왈도는 조직이론의 계보를 윌슨(W. Wilson)의 「행정의 연구(The Study of Administration)」라는 논문이 나온 1887년부터 베버(M. Weber)의 관료제가 조직이론의 출발점이 되면서 합리성 · 능률성에 입각한 경영의 합리화를 구현하려는 테일러(F. W. Taylor)의 과학적 관리법이 성장한 1930년대까지의 시기를 고전이론이라고 분류했다. 이후 조직 내 인간의 감정적인 면과 사회적인 면을 고려한 '호손 연구'(1927~1932)를 통해 조직 내 인간관계를 중시한 1940년대까지의 조직이론의 계보를 신고전이론이라 했다. 그리고 현대이론에는 첫째, 사이먼(H. A. Simon)과 마치(J. March)의 조직을 의사결정자와 문제해결자로 보고 행정 과정을 하나의 의사 결정 과정으로 파악하는 이론인 의사결정모형 이론, 둘째, 조직을 하나의 체제로 보고 조직을 전체 사회와 기능적으로 연관된 것으로 보며 체제의 유지, 변화에 초점을 둔 에치오니(A. Etzioni), 파슨스(T. Parsons)의 체제이론을 포함시켰다. 미래 조직에서는 현재의 조직 형태로서는 미래 사회의 다양한 환경 변화에 적응하기 곤란할 것이라는 전제 하에 조직환경의 급격한 변화에 적응 · 유지할 수 있는 새로운 조직 형태를 제시하고 있다. 갤브레이스(J. Galbraith) 등의 이론에서 나타나는 학습조직, 가상조직, 유기조직 등 다양한 조직 형태로 설명해 볼 수 있다.

조직이론에 대한 이와 같은 시대적 구분은 그 경계가 명확한 것도 아니며 새로운 이론과 낡은 이론이 중첩되어 있는 경우도 많다. 현대이론의 여러 가지 모형도 상호간에 엄격한 한계가 있는 것이 아니다. 1990년대에는 조직 현상에 관한 경쟁적 설명보다는 이론의 혼합적 적용이 강조되었다.

2. 고전적 조직이론(과학적 관리론)

고전적 조직이론은 베버의 국가관료제에 대한 연구와 베버리언 학파(Weberian School), 테일러와 테일러주의(Taylorism)의 조직 경영적 측면의 연구, 그리고 어윅(L. Urwick), 무니(J. D. Mooney), 페이욜(H. Fayol), 귤릭(L. H. Gulick), 레일리(A. Reiley) 등 행정관리의 원리를 중심으로 연구한 행정관리학파 이론이 포함된다. 여기서는 과학적 관리론을 중심으로 고전적 이론의 특성을 알아보고자 한다.

1) 과학적 관리론의 배경

조직이론의 출발점이라 할 수 있는 과학적 관리론(scientific management)은 테일러 이래 조직관리를 과학적으로 하여 생산성을 증대시키고자 하는 일련의 연구를 의미한다. 과학적 관리론의 대두 배경은 영국의 산업혁명과 자본주의 시장경제 체제 하에서 그 원인을 찾을 수 있다. 산업혁명 이후 공장을 기계화해서 가내 수공업 체제에서 대량생산 체제로 바꾸게 되면서 작업장의 고용 인력이 크게 확대되었다. 그 결과 조직도 급속도로 팽창하게 되었으며 대규모 조직을 효율적으로 관리할 필요도 증가되었다. 과학적 관리론은 이러한 현실적 필요성에 의해 민간 부문을 대상으로 연구되었다.

2) 과학적 관리론의 일반적 특성

테일러는 근면, 경제적 합리성 · 효율성 · 생산성에 일찍부터 관심을 갖고 기업주와 노동자는 상호 협력해야 한다고 주장했다. 그의 저서 『과학적 관리의 원칙(*The Principles of Scientific Management*)』에서 '주먹구구식(rule-of-thumb) 방법'을 반박하면서 조직 내의 직무를 수행하기 위한 '유일 최고의 방법(one best way)'을 규명할 수 있다고 주장했다. 관리자는 직무 과정의 분석을 통해 조직 직무의 모든 측면에 대한 주의 깊은 통제가 있어야만 한다고 했다. 테일러의 작업에 대한 시간 및 동작연구(time and motion study)는 가장 빠르고 가장 좋은 방법을 기준으로 표준 시간과 표준 동작을 구한다는 것이다.

과학직 관리론은 능률과 공식적 구조를 강조하고 분업을 통한 노동생산성의 증대에 관심을 두었다. 분업과 생산성 증대를 위해 조직 내의 인간이 합리적인 기계의 부속품처럼 움직여 주길 희망하는 인간관, 즉 X이론적 인간관으로 간주했다. 인간은 본래 게으르고 나태하며 단순한 본성을 지녔기 때문에 경제적 자극을 통해 생산성을 향상시킬 수 있다고 주장했다.

3) 과학적 관리론의 공헌과 비판

테일러의 과학적 관리론은 많은 비판을 받고 있지만 조직이론에 대한 공헌을 무시할 수 없다. 생산성을 증대시킬 수 있는 구체적 과학적 방법의 제시, 근로자의 동기 유발을 위한 경제적 방법의 사용, 조직 연구에서 과학적 방법의 적용 가능성을 개척했다는 점 등은 그 당시로서는 획기적인 것이었으며 현대이론의 기반을 제공했다는 점을 높이 평가할 수 있다.

그러나 과학적 관리론은 다음과 같은 비판을 받고 있다. 인간을 단순히 기계적·합리적·비인간적인 도구로 취급함으로써 오히려 자발적 생산성을 저하시킨다는 것이다. 즉, 고전적 조직이론은 연구 대상이 국한되고 연구 대상의 시야, 안목이 좁아 환경적 요인 그 밖의 조직 현상을 연구하는 다변수적인 입장에서 조직을 설명하지 못하고 그 중 몇 가지만 가지고 전체인 양 오류를 범하고 있다는 비판을 받고 있다.

3. 신고전이론(인간관계론)

1) 대두 배경

신고전이론 혹은 인간관계론은 조직 내의 인간문제에 관심을 두고 조직 현상을 연구하는 일련의 조직연구 방법이다. 세계대전 이후 정치·사회의 복잡성이 증대하고 생산성 또한 급격히 증대되면서 노사문제, 실업문제, 노동운동 등이 대두하게 되었다. 이에 조직의 과학적 관리뿐만 아니라 인간 교육의 필요성이 나타나면서 고전적 조직이론이 비판받게 되었다. 인간은 단순히 경제적 존재가 아니며, 고전적 조직이론에서 주장하는 과학이나 원리가 실용성이 없는 부분이 있다는 반성이 나타났다. 또한 조직 속에 참여한 인간은 정서적이며 복잡한 사고의 존재로서 생산성 증대를 위해서는 인간의 감정과 사회적 관심에 주의를 기울일 필요가 있다는 주장이 대두되기 시작했다. 메이요(E. Mayo), 뢰슬리스버거(F. Roethlisberger), 화이트헤드(W. I. Whitehead)의 호손 연구(Hawthororne Study, 1927~1932)가 있은 후에 널리 알려진 인간관계론(Human Relations School)은 나중에 행태주의, 개방체제이론에 영향을 미치게 된다.

2) 신고전이론(인간관계론)의 일반적 특성

신고전이론의 일반적 특성은 첫째, 조직 내의 사회적 능률이 강조되며 조직 참여자들의 주관적 만족도가 중시되고 조직 내 비공식적 관계를 강조한다는 점이다. 조직의 목표는 고전이론과 같이 생산성 증대에 있으나 생산성 증대를 위해 인간의 감정과 사회적 관심에 초점을 둔다는 점이 다르다.

둘째, 구성원의 동기 부여와 만족도를 결정하는 데 비경제적인 보상과 제재가 중요한 영향을 미친다고 본다.

셋째, 조직 내의 인간은 집단의 구성원으로서 행동하거나 반응하며 비공식집단을 중심으로 사기가 형성된다.

넷째, 원활한 의사소통, 민주적 리더십, 참여의 확대에 의한 심리적 욕구 충족 등이 능률 향상에 도움을 준다.

3) 인간관계론과 과학적 관리론의 비교

과학적 관리론을 비판하면서 인간관계론이 대두되었으나 양 이론은 상호 배타적이기보다는 유사점과 아울러 차이점도 있다. 유사점은 조직 목표와 개인 목표의 양립성을 인정한다는 점과 조직을 폐쇄 체제로 인식했다는 점, 인간을 목표 달성을 위한 수단으로 파악했다는 점이다. 차이점은 인간관에서 과학적 관리론은 합리적 경제인관에 입각하고 있는 반면에, 인간관계론은 사회적 동기를 중요시하는 사회인관에 초점을 둔다. 또한 조직관에서도 과학적 관리론은 조직을 합리적·기계모형으로 인식하고 공식적 구조·기능·역할을 중요시한 반면에, 인간관계론은 비합리성·자율성·비공식적 관계에 중점을 두면서 사회적·정서적 측면이나 대면적 관계를 중요시했다는 점이다.

4. 현대이론

현대 조직이론은 조직을 개방적 체제로서 보는 시각에서 출발한다. 외부 환경과의 상호작용을 강조하는 개방 체제 이론의 발전과 상황적합이론의 발전은 현대 조직이론에 중대한 영향을 미쳤다. 최근의 이론으로서는 조직경제학, 조직군 생태이론, 자원의존이론, 제도화이론, 혼돈이론 등을 들 수 있다. 혼돈이론(chaos theory)은 복잡하고 변동이 심한 현대 조직에서는 말할 것도 없고 극히 단순하고 한정적인 구조에서조차 체제 행태에 대한 예측과 통제가 이루어질 수 없으며, 오히려 자기 조직화 과정을 통해 무질서와 혼돈으로부터 질서와 조직화가 자생할 수 있다는 이론이다(이평원, 2000: 163). 현대 조직이론에 대한 다양한 논의가 제시되고 있지만 체제이론과 상황적합이론, 전략적 선택이론 및 자원의존이론, 그리고 혼돈이론을 중심으로 간단히 설명한다.

1) 체제이론

전통적 조직이론이 조직을 구조화 혹은 운영하는 데 있어서 합리적이고 능률적인 방법이 있으며, 모든 상황에서 조직에 적용되는 공통의 원리가 있다고 본 반면, 체제론적 접근은 상황적인 분석틀을 강조했다. 특히 개방 체제가 현대 조직 연구에 미친 중요한 의미를 간과해서는 안 될 것이다. 체제이론은 조직을 전체 사회에 기능적으로 연관된 하나의 체제로 보며 체제의 유지 변화에 관심을 두는 이론이다.

체제란 일반적으로 복수의 구성 요소 또는 변수가 어떤 관계를 가지고 상호의존성, 상호관련성, 질서, 통일성 등이 존재하면서 환경과 끊임없이 영향을 서로 주고받는 실체 내지 전체를 의미한다. 하나의 체제는 더 큰 체제의 일부이며 따라서 하위 체제이기도 하다.

체제론적 접근 방법은 행정 현상을 사회 현상이라는 전체의 한 부분으로서 행정의 본질을 규명하려는 이론 체계이다. 행정 체제도 환경과 상호작용을 반복하는 개방 체제로서의 성격을 띠고 있다. 행정 체제는 일반적 체제이론과 마찬가지로 환경으로부터 욕구, 지지, 반대와 같은 투입과 전환, 정책 산출, 행정개혁, 행정개선, 행정쇄신의 환류 과정을 그 구성 요소로 한다.

체제는 상호 연관성, 계층성, 안정과 평형의 유지, 목표 추구, 목표 사이의 우선순위(priority), 분화와 통합의 과정, 개방성을 내용으로 한다. 체제론적 접근은 연구 대상을 동태적이고 기능적으로 파악하는 데 도움을 주며, 우리의 경험을 조직화하는 데 기여하고 문제 해결에 체계적 사고를 제공한다.

현대 조직이론가들은 조직을 개방 체제로 인식하는 경향이 강하다. 개방 체제의 일반적 특징은 첫째, 외부 환경과의 상호의존성에 대해 자각하고 있다는 것이다. 둘째, 전환 과정이다. 환경으로부터 받아들인 정보를 행동, 생산품, 서비스 혹은 정책으로 전환하는 과정을 포함한다. 셋째, 전환 과정을 거친 산출물은 새로운 투입을 하는 피드백(feedback)이 있다. 피드백을 통해 체제는 새로운 정보를 받아들이고 체제를 유지하게 된다. 넷째, 투입－전환－산출－피드백의 순환주기가 있다. 이러한 계속적인 순환에 의해 조직은 생존하게 된다. 다섯째, 개방 체제는 부정적 엔트로피(negative entrophy)의 특성이 있다. 엔트로피는 시간이 지나면 분해 소멸되어 가는 경향을 말하는데, 개방 체제는 환경으로부터 더 많은 투입을 받아들이게 되므로 안정과 성장을 지속해 체제가 무질서하고 쇠약해지는 것을 막는다. 여섯째, 체제는 체제 자체를 유지 존속하려는 성질이 있으므로 안정적 상태를 유지하려는 항상성(homeostasis)이 있다. 체제가 복잡해짐에 따라 성장과 확대를 통해 체제가 안정적인 상태를 유지한다는 것이다. 일곱째, 체제는 다양한 초기 상황으로부터 다양한 경로를 통해 최종 목표를 달성할 수 있다는 이인동과성(equifinality)의 개념이 주장된다. 이인동과성의 개념을 이해함으로써 주어진 문제 해결을 위한 해결 방안을 모색하는 데 최적의 해결 방안을 찾기보다는 문제 해결을 위한 다양한 방안을 고려하게 된다(박경원 외, 1999: 62－64). 여덟째, 모든 조직 혹은 개방 체제들은 미발전된 조작 형태에서 정교하고 특성화된 방향으로 분화 혹은 특성화(differentiation)된다는 특징이 있다(정우일, 2006: 105).

2) 상황적합이론

상황적합이론(contingency theory)은 모든 상황에 적합한 유일·최선의 조직화 방법은 존재하지 않으며, 최선의 조직설계·관리 방법은 환경에 달려 있다고 주장한다. 따라서 조직의 내·외부 환경에 잘 맞는 조직이 가장 잘 적응할 수 있다고 본다. 조직과 환경 사이의 적합성에 관한 연구로는 로렌스(P. R. Lawrence)와 로쉬(J. W. Lorsch), 번스(T. Burns)와 스토커(G. M. Stalker) 등을 들 수 있다.

로렌스와 로쉬는 상황적합이론이란 용어를 사용했으며, 환경의 복잡성과 불확실성의 수준이 다르면 조직의 분화 수준도 달라진다고 보았다. 불확실성이 높은 환경 속에 놓인 조직일수록 조직 분화 정도가 높으며 이를 조정하기 위한 통합의 필요도 높아지게 된다. 따라서 조직을 효과적으로 운영하기 위해서는 조직이 환경에 조화를 이룰 수 있도록 조직구조를 적응시켜야만 한다는 것이다. 번스와 스토커는 외부 환경과 조직 내부구조 사이의 관련성을 발견하고 이에 맞는 적정한 대응 전략을 모색해야 한다고 보았다. 즉, 조직을 안정적 환경 하의 기계적 조직과 동태적 환경 하의 유기적 조직으로 구분해 조직의 내부구조가 서로 다르다는 것을 설명했다(이평원, 2000: 164; 홍용기, 2000: 176-178). 그러나 상황적합이론은 조직구조를 결정하는 요인으로 조직의 환경을 지나치게 강조했다는 점과 관리자의 임의적 선택가능성을 무시했다는 측면에서 비판을 받고 있다.

3) 전략적 선택이론과 자원의존이론

상황적합이론에 대한 비판과 더불어 창조된 환경(enacted environment)이라는 개념을 제시했던 바이크(K. E. Weick)는 관리자들이 반응하는 환경이란 관리자들 자신의 지각(知覺)으로부터 창조된 것이라고 주장한다. 즉, 경영자가 가지고 있는 경험이 환경을 직접적으로 변화시키고 영향을 미칠 수 있다는 것이다. 상황적합이론에 대한 많은 비판 가운데 가장 대표적인 이론이 전략적 선택이론과 자원의존이론이다.

전략적 선택이론(strategic choice theory)은 조직은 환경과의 관계 속에서 전략적 선택을 통해 희소한 자원을 증대시킬 수 있는 경쟁 우위를 얻고자 하며, 경쟁 우위를 가진 조직이 그렇지 못한 조직에 비해 더 나은 성과를 달성할 수 있다고 주장한다. 즉, 조직전략을 통해 자원을 증대시켜 핵심 역량을 키우고 이러한 핵심 역량은 조직에 경쟁 우위를 안겨 주고 이러한 경쟁 우위를 통해 지속적으로 더 큰 자원의 획득을 촉진시킨다는 이론이다(홍용기, 2000: 198). 그러나 전략적 선택이론은 관리자의 자율성을 강조한 나머지 환경의 영향을 무시하고 있다는 점과 전략이 구조를 결정할 수도 있지만 구조가 전략을 결정할 수도 있다는 점을 간과했다. 그리고 전략에 따라 반드시 구조가 변경될 수 있느냐에 대한 비판도 제기되고 있다(김병섭 외, 2000: 160－164).

자원의존이론(resource-dependency theory)에 따르면 조직은 생존하고 발전하는 데 필요한 자원을 환경에 의존하지만 조직이 환경적 요인을 피동적으로 받아들이지 않고 적극적으로 환경에 대처하며, 조직 내의 대내적 · 정치적 맥락에서 조직의 환경 적응을 위한 전략적 결정을 내린다고 본다. 따라서 조직이 생존 · 성장에 필요한 자원을 제공하는 다른 조직과의 의존 관계와 환경 불확실성을 감소시키기 위한 조직 간 전략의 중요성을 강조한다. 대표적인 연구자로는 페퍼(J. Pfeffer)와 샐란식(G. Salancik) 등이 있다.

4) 혼돈이론

혼돈이론(chaos theory)이란 불규칙하고 무질서한 현상의 배후에 감추어져 있는 규칙성을 찾는 이론이다. 오늘날의 사회 현상은 무질서, 불안정, 다양성, 비형평성, 비균형성 등의 특징을 갖는다. 혼돈이론에 의하면, 모든 체제는 끊임없이 요동치는 종속적인 체제들을 포함하고 있다. 환경으로부터의 위기가 증가함에 따라 환경의 분석 가능성은 떨어지고 항상성의 유지 자체가 곤란한 분기점에 이르면 변화의 방향을 예측하는 것이 본질적으로 불가능하다. 따라서 조직이 분기점에 도달하면 과거와는 다른 자기혁신적 방법으로 조직을 운영해야만 한다.

혼돈이론은 환경에 대한 조직의 수동적 적응, 구조적 타성(structural inertia)으로 인한 유지 보존 과정의 한 형태로서 관료제를 극복할 수 있는 방법으로 새로운 동태적 질서에 의한 자기조직화를 통한 혁신을 제시하고 있다. 미국의 준자율적 근무 집단(semi-autonomous work group), 연동근무제(flexible work scheduling), 일본의 연중무휴 행정 서비스 제도, 우리나라의 휴일 민원처리 제도 등이 혼돈이론을 응용한 실례들이다(이창원 외, 1997: 93-97).

제 3 절 행정조직의 구조

1. 조직구조의 의의

인간집단이 함께 작업을 할 때에는 어떤 계획된 조직이 필요하다. 특히 행정이 추구하는 바람직한 목표를 달성하기 위해서는 다수의 조직이 필요하고 또한 여러 관계가 정해진다. 그러한 관계는 명확해야 하며 누가 무엇을 하고 누가 누구에게 보고하고 결정은 어떻게 이루어지는가 하는 것은 조직에서의 기본적 질문이다. 조직 내부의 개개인이나 활동들 간의 관계가 명확하지 않으면 책임의 전가나 혼란, 권한을 둘러싸고 분쟁이 일어난다. 이를 회피하기 위해 행정관리를 위한 조직의 확립이 필요하다. 조직의 구조를 살펴보면 계선조직과 기능조직, 계선-참모조직, 위원회조직 등을 들 수 있다. 대부분의 조직은 계층제를 중심으로 하는 계선조직을 기본으로 해서 참모조직과 위원회조직을 보조적 조직으로 활용하는 하는 혼합조직 형태를 띠고 있다.

2. 조직의 구조

1) 계선(라인)조직

모든 조직은 계선조직(line organization)으로 출발한다. 계선조직은 최고경영자의 명령이 상부에서 하부로 직선적으로 전달되는 조직이다. 마치 군대의 지휘 명령의 관계와도 같이 상관의 명령이 부하에게 전달되도록 편성되어 있는 조직 형태로서 행정 관료조직의 기본적 형태이며, 페이욜(H. Fayol)이 말하는 계층제의 원리(principle of hierarchy)에 입각한 조직 형태이다.

계선조직의 장점은 첫째, 조직의 구조가 단순하며 이해가 빠르다. 둘째, 명령 계통이 단순하기 때문에 의사 결정이 신속하다. 셋째, 조직 구성원 간의 조정, 조화가 쉽고 권한 위임이 용이하다. 넷째, 조직 구성원은 조직 계층에서 그들의 지위와 위치에 대해 이미 이해하고 있으며 인식하고 있다. 다섯째, 계층제에서 구성원의 책임, 의무, 권한에 관해 분명하게 정해져 있고 다른 조직 형태보다 훈련이 용이하다는 점이다.

계선조직의 단점은 첫째, 직무의 범위가 광범위해 실행이 어려운 경우가 많고 각 부문 간의 업무의 혼란이 야기될 수 있다. 둘째, 행정 전문가의 양성이 어려우며 일반행정가로서 만능이 되어야 하기 때문에 다양한 업무 경험이 요구된다. 셋째, 계층제에 의한 부서주의로 인해 각 부서 간의 유기적인 조정이 곤란하다. 또한 의사결정자가 최고관리자 한 사람에게 독단적 결정에 대한 폐해가 있을 수 있다. 이러한 계선조직의 형태는 수직적 관계에 있는 조직들로서 정부 부처조직의 형태가 대표적 예이다.

2) 기능조직

기능조직은 테일러가 계선조직의 결함을 시정하기 위해 제창한 것으로, 관리자가 담당하는 일을 전문화하고 부문마다 다른 관리자를 두어 직업자를 전문적으로 지휘·감독하는 것이다. 계선조직이 수직적으로 분화한 계층제를 근간으로 하는 조직이라면, 기능조직은 수평적 분화를 통해 관리자가 가능한 소수의 관리 직능을 담당하도록 기능별 전문화를 기하는 조직 형태이다. 각 관리자는 담당하는 기능에 관한 한 다른 부서의 부하에 대해서도 명령하고 지휘할 수 있는 권한이 부여된다.

기능조직은 작업이 전문화될수록 관리자 자질이 있는 인원을 발견하기가 용이하므로 관리자를 짧은 시간에 양성할 수 있으며 과업이 한정되므로 그 성과에 따라 보수를 가감할 수 있다는 장점이 있다.

반면에 단점은 첫째, 각 관리자가 담당하는 전문적 기능에 대한 합리적 분할이 용이하지 않고 관리자 상호간에 권한 다툼이 발생하기 쉽다. 둘째, 수평적 분화로 인해 감독·조정이 곤란하며 지휘·명령의 통일을 기하기 어렵다. 셋째, 잘못된 업무 수행에 대한 책임 전가로 인해 조직 구성원 간의 사기 저하를 초래하기 쉽다.

넷째, 각 관리자의 전문적 분화에 의해 간접적인 관리비를 증대시키는 경향이 있는 점 등이 지적될 수 있다.

3) 계선-참모조직

계선-참모조직(line and staff organization)은 계선조직의 명령 일원화의 원칙과 참모조직의 전문화의 원칙을 활용해 조직 목적을 달성하고자 하는 형태이다. 이 조직에서 참모조직은 전문가가 계선활동에 대해 조언을 하며 문제의 조사, 연구, 기획을 담당한다. 계선관리자는 방침이 결정되면 집행에 전념할 수 있다. 참모의 권한 및 책임은 조언적 성격의 것이며 계선의 권한과 책임에의 개입은 아니다. 이 조직의 목적은 기능 특수화의 이익을 얻는 동시에 지휘 명령 통일의 원칙을 유지함으로써 권한의 상극을 배제하는 데 있으며, 조직구조의 모든 직위가 계선과 참모의 권한 관계에 의해 상호 결부되는 것을 특징으로 한다.

계선-참모조직의 장점은 계선은 참모의 권고를 받음으로써 계선의 임무 수행에 관계없는 문제에 시간을 소비할 필요가 없어서 전문적인 부문에 주력할 수 있다. 또한 소수 인물의 능력에 의존하는 데 따른 위험이 경감되고 조직이 안정되며 조직을 관리 통제하고 방침을 일관되게 응용하는 것이 용이하다는 장점이 있다.

반면에 단점은 계선조직의 책임자가 독단적인 조치를 취할 가능성이 있고 각 부문 간의 효과적인 조정이 어려워 조직 운영의 능률이 저하되고 혼란을 초래할 수 있다. 조직은 융통성보다는 경직성을 띠기 쉽다. 또한 계선은 참모의 자문적 성격을 악용해 책임을 회피하려는 경우가 많으며, 참모 부문도 계선 부문에 대해 전문적인 입장을 위임해 업무 수행에 지장을 초래할 수 있다. 계선의 집행 기능 관리자와 참모 직원 간에 불화를 초래할 수 있다는 것을 단점으로 지적할 수 있다.

4) 위원회조직

위원회조직(committee organization)은 다수 형태의 합의제 조직이다. 위원회조직에서는 계층제에 의한 의사 결정보다는 회의에 의해 의사 결정이 이루어진다. 위원회조직은 독립적인 조직이라기보다 계층제적 조직에 부속되어 그 조직을 보조하며 다수의 위원에 의해 의사 결정이 이루어진다는 점에서 독임제의 계층제와는 구분된다.

위원회조직의 목적은 부문별 의사결정자 간의 원활한 의사소통을 통해 부문 간의 수평적 조정을 꾀하는 데 있다. 위원회 조직을 계선조직을 보강하기 위해 적용하는 경우에는 참모조직과 같은 성격을 띠게 된다. 그러나 위원회조직은 부문 간의 조정을 통한 합리적 의사 결정도 도모한다는 점에서 참모조직 및 계선조직과 차이가 있다.

위원회조직의 장점은 집단토의(brain storming)의 기회를 제공하며 광범위한 의견을 종합할 수 있다는 점과 회의를 통한 의사소통의 결과 각 부문의 방침과 정책을 이해할 수 있다는 점들이다. 반면에 단점은 다양한 의견의 표출로 시간이 지연되어 낭비를 초래할 위험이 있고, 의견 통일이 없으면 부문 상호간에 친화를 해칠 우려가 있다. 또한 소수의 유력한 위원에 의해 회의가 지배될 수 있고, 그 결과 민주적 의사 결정을 하기 어렵게 된다는 점이 단점으로 제기될 수 있다.

5) 공식조직과 비공식조직

공식조직(formal organization)이란 법률이나 규칙, 직제에 의해 명문화된 제도상의 조직이다. 공식조직에서의 인간 관계는 비인격화되고 직무 대 직무의 인간관계이며 인간의 개성이나 인격은 망각되어 있는 것으로 인식된다. 비공식조직(informal organization)이란 조직원들의 공식적인 계획에 일치하지 않는, 공식조직 내에서 조직원들의 실제상 행동 유형의 선제라고 할 수 있다. 즉, 조직 구성원의 비공식적인 상호 접촉이나 친근성 등과 같은 인간 관계를 토대로 자연 발생적으로 형성된 관계를 말한다. 비공식조직에 대한 연구는 1930년대 호손 연구의 결과라 할 수 있다. 이후 뢰슬리스버거(F. J. Roethlisberger), 사이먼(H. A. Simon) 등에 의해 비공식조직 연구의 중요성이 강조되었다.

공식조직과 비공식조직의 차이점은 첫째, 공식조직이 인위적으로 형성된다면 비공식조직은 자연발생적으로 형성된다는 점이다. 둘째, 공식조직은 성문화되어 있고 제도적 · 가시적인데 반해 비공식조직은 그렇지 않다. 셋째, 공식조직이 외재적이며 합리적 능률의 논리에 근거한다면 비공식 조직은 내재적이며 비합리적 감성의 논리에 따라 형성된다. 그러나 공식조직과 비공식조직의 현저한 차이점에도 불구하고 모든 조직에는 공식조직과 비공식조직이 동시에 존재한다. 조직의 구조와 기능, 역할 관계는 공식적 측면과 비공식적 측면이 상호작용하면서 형성·유지되는 것이다.

6) 애드호크라시

애드호크라시(adhocracy) 조직은 특정 업무를 수행하기 위해 여러 분야의 사람들로 일시적으로 구성되었다가 그 업무를 완수한 뒤 해체되고 다른 업무를 위해 또다시 재구성되는 임시방편적 일시적 조직 형태이다. 애드호크라시란 '임시변통의', '그때그때의'의 의미를 지닌 adhoc와 지배를 의미하는 cracy의 합성어로서 특별임시위원회로 번역되는 용어이다. 원래의 형태는 제2차 세계대전 중의 군의 특수 임무를 수행했던 기동타격대에서 시작되었다. 베니스(W. Bennis)는 애드호크라시를 "문제 해결을 위해 다양한 전문적 지식이나 기술을 가진 이질적 집단으로 조직된 변화가 심하고 적응력이 강하며 임시적인 체계"라고 정의했다. 즉, 애드호크라시는 동태적이고 급변하는 환경에 조직이 전략적으로 적응할 필요가 있을 때, 위험 부담이 높을 때, 또는 기회라고 생각될 때, 비일상적·비정형적 문제 해결이 필요한 상황일 때 만들어지는 조직 형태이다.

애드호크라시는 첫째, 조직 내에 있는 전문가를 뽑는다. 둘째, 문제 해결을 위해 한시적으로 필요하다. 셋째, 상하 계층이 없다. 즉, 계층구조가 없기 때문에 수직적 분화가 없고 수평적 분화구조이다. 넷째, 공식화가 없다. 다섯째, 맡은바 분야별로 문제 해결에 치중해야 하기 때문에 분권화(decenteralization)가 이루어진다는 특징을 지닌다. 예를 들어, 방송국 기획회의와 같은 경우가 해당된다.

애드호크라시 조직은 고정된 계층구조와 영구적인 부서, 공식적 규칙 및 표준운영 절차(Standard Operation Process: SOP)가 없는 조직이다. 이러한 애드호크라시 조직은 구성원의 능력을 최대한 발휘하도록 함으로써 사업 내용에 따른 신속한 대처가 가능한 반면에, 권한과 책임을 둘러싸고 갈등하며 일상적 조직 형태에 익숙한 사람들이 싫어한다. 또한 목표 달성을 위해 지나친 심리적 긴장이 부담이 되기도 한다.

■ 아웃소싱(outsourcing)

외부 조달 또는 외주를 의미하는 아웃소싱은 공공기관이나 기업이 서비스를 공급할 때 외부 공급자와 상업적인 계약을 통해 업무를 대신 수행하도록 하는 것으로 비용 절약과 조직 본연의 핵심 역량의 강화에 초점을 두는 경영 기법이다. 원래 아웃소싱이라는 용어는 기업의 생산 부문에서 사용되기 시작했으나 점차 관리 부문, 인사 부문, 정보 시스템 부문으로 활용이 확대되면서 최근에는 조직의 구조조정 전략이나 수단으로 사용되고 있다. 아웃소싱은 특히 내부 자원의 측면에서 핵심사업에 집중 투자하는 대신 단순 노무, 청소, 건물관리, 직원의 복리후생, 차량 지원 업무 등과 같이 부가가치가 낮은 분야 또는 고도의 전문기술이 필요한 분야의 업무를 외부의 전문적인 기관에 맡기는 경영 기법이다. 이러한 아웃소싱은 행정 업무의 질적 개선, 비용 절감, 조직의 탄력적 운영, 업무 및 서비스의 내실화 추구 등의 장점을 가지고 있다.

7) 팀제조직

(1) 팀제조직의 의의

팀제란 상호 보완적인 소수가 공동의 목표 달성을 위해 책임을 공유하고 문제해결을 위해 노력하는 수평적 조직 단위를 의미한다. 팀제는 기능 중심, 계층별 조직구조 내에서 일과 사람이 획일적으로 정해지는 부·과제의 모순에서 탈피해 능력과 적성에 따라 탄력적으로 인재를 팀에 소속시키고 팀장을 중심으로 각자가 동등한 책임 하에 구별된 일을 하면서 고도의 업무 수행이 가능하도록 상호 유기적인 관계를 유지하는 조직구조를 말한다.

팀제의 특징은 수평적 조직구조로서 계층의 축소와 업무의 유기적 조정이 가능하고 팀원들에게 높은 수준의 자율성이 보장된다는 점이다. 또한 의사 결정 과정에 모두가 참여할 수 있는 권리를 보장받을 수 있으며, 팀원들 간에 대면적인 상호작용을 한다는 특징이 있다.

이러한 팀제의 장점은 성과를 높일 수 있고, 조직의 유연성을 제고해 탄력적 운영이 가능하며, 창조적 학습 조건의 실현과 인재 육성이 가능하다는 점이다. 이에 반해 단점은 팀 내 또는 팀 간의 갈등 현상의 유발과 감독·통제가 곤란한 점을 들 수 있으며, 보상에 대한 적절한 기준이 없고, 따라서 사기 저하 현상이 나타날 수 있다는 것이다.

한국 정부에서 팀제를 도입한 배경은 1990년대 말 IMF 관리 체제의 위기 상황을 극복하기 위해 신자유주의에 입각한 신공공관리적 정부개혁의 시도로 다양한 성과관리 체제가 도입되면서이다. 정부는 집단적 요소로 인해 야기된 책임 회피, 조직의 경직화, 부서이기주의, 의사 결정의 지연 등의 비효율적인 요소를 해소하기 위해 팀제의 자율성이나 유연성을 강조할 목적으로 팀제를 도입했다(김태룡 외, 2007: 3).

팀제 도입의 특징은 결재 단계의 축소와 팀별 파트 리더(PL)의 운영, 그리고 내부 경쟁 체제 도입에 의한 본부장 이하 전원에 대한 직위공모제, 드래프트 방식의 도입 등이다.

(2) 팀제조직의 유형

팀제는 구조와 형태에 따라 문진형, 대부대과제형, 프로젝트형, 복합기능형, 혼합형으로 분류할 수 있다(권지성, 2005).

첫째, 문진형이란 팀제 조직의 형태를 수평적으로 설계 · 운영하는 것으로서 기존의 계층제 구조를 완전히 붕괴시켜 새로운 소규모의 조직 또는 개개인의 팀원을 팀장이 직접 관장하도록 하는 운영 형태이기 때문에 계선조직보다는 기획실이나 참모 기능을 수행하는 스태프조직에 적합한 형태이다.

둘째, 대부대과제형 조직은 기존 조직 형태의 골격은 유지하면서 환경 변화에 따라 팀제의 장점만을 취한 형태이다. 대부대과제의 팀은 기존 조직의 명칭만 바꾸고 과조직을 일부 축소한 형태이기 때문에 기존의 부 단위 조직과 차이를 발견할 수 없는 것처럼 보이지만 실제로 성공적인 대부대과제의 경우 구조와 형태보다 운용 측면이 중요하며, 이는 기존의 조직과 현격한 차이가 있다.

셋째, 프로젝트형 팀제는 업무의 성격상 기존의 계층제 구조를 유지하면서 특수한 목적에 따라 프로젝트나 특수 업무를 수행하기 위해 별도로 조직하는 형태와 연구개발만을 전담하는 연구소 조직형으로 구분할 수 있다. 전자의 경우는 기존 조직은 일상 업무를 수행하도록 하는 한편, 신규 사업의 추진, 신규 상품 개발이나 시장 개척을 위해 별도의 팀을 조직하거나 사내 분사형 제도를 두는 것으로 벤처

조직 등으로 운영하는 형태이다. 따라서 기존의 조직과 별도의 팀으로 구성 운영하되 특수 업무가 종료되는 경우 팀이 해체되거나 부로 기능이 바뀔 수도 있으며, 벤처팀 같은 경우 항구적으로 조직에 두면서 조직 운영 형태 및 내용을 기존 조직과 상이하게 하는 경우도 있다.

넷째, 복합기능형은 여러 가지 기능을 한꺼번에 동시 수행할 수 있는 조직 운영의 필요성에 따라 여러 기능을 한 팀에서 동시에 수행할 수 있는 형태이다. 이는 조직 자체를 기능별로 분류하지 않고 여러 기능을 모두 수행할 수 있는 팀으로 구성하는 형태로 기존 조직에서 수용하지 못하거나 혹은 효율적으로 수행하지 못하는 목표 과제를 수행하기 위해 여러 관련 부서의 전문가들을 한데 묶어놓는 방식이다.

다섯째, 혼합형은 조직의 규모가 확대되고 복잡해지면 조직의 구성 형태와 운영도 각 특성에 맞게 변화되어야 한다는 측면에서의 형태이다. 이 경우 동일한 팀 형태로 전사적으로 통일시켜 일률적으로 운영한다면 오히려 혼란과 팀제의 장점이 상쇄되어 효과를 얻을 수 없고 팀 내의 불만을 가중시킬 수 있기 때문에 각각의 부서 특성에 따라 다양한 형태의 팀을 도입해야 한다.

(3) 팀제와 균형성과표(BSC)

성과측정 또는 성과평가란 사전에 설정된 표준, 예산 또는 목표치 등과 같은 적절한 벤치마크와 관리책임자 또는 특정 조직의 성과를 성과측정지표에 따라 비교해 측정하는 것이다. 이를 토대로 성과 배분을 결정하고 관리자에 대한 인센티브 제공 및 동기 부여를 통해 조직의 능률성과 효과성을 증진시키고 조직의 장기적인 생존과 발전을 도모하는 주요 단계로 정의된다. 이러한 경향에 맞추어 균형성과표(Balanced Score Card: BSC)는 고객 관점, 내부 프로세스 관점, 학습과 성장 관점, 재무적 관점에서 조직의 성과를 측정하고 평가한다.

팀제조직에 적합한 성과평가 시스템으로 BSC의 도입이 요구되고 있는데, BSC는 전략적 사업 단위 수준에서 전략을 수립하고 이를 실행하기 위한 도구로 사용될 수 있으며, 이를 다시 부서 수준, 팀 수준, 개인 수준의 BSC로 전개시킬 수 있다. 전략과 정렬된 팀과 개인 수준의 BSC 수립은 조직의 전략을 달성하기 위한 행동으로 전환되어 조직의 목표를 달성할 수 있다. 이와 같이 조직의 전략을 달성하기 위해 도입된 팀제조직 하에서 성과측정은 BSC의 관점별 성과측정이 유용할 수 있다.

이를 목표관리(MBO)와 비교하면 <표 4-1>과 같다.

표 4-1 MBO와 BSC의 비교

	MBO	BSC
특 징	• 상향식(bottom up) • 닉슨 행정부 도입 • 1974년 부작용 폐지 • 개별적 목표 설정과 측정	• 하향식(top down), 1992년 개발 • 미션, 비전, 전략으로부터 연계 • 균형(과거와 미래, 계량과 비계량, 내부와 외부, 과정과 결과)과 인과 관계
장 점	• 개인별 성과 보상에 적용 용이 • 단순 명료해 도입이 용이	• 조직을 전략 목표에 정립 • 성과관리를 체계적으로 지원 • 인과 관계에 의한 예측과 통제 가능
단 점	• 개별 성과 시 전사로 연계 안 됨 • 목표 설정의 공정성 미흡 • 성과 향상과 증가율의 한계성 • 과정의 통제와 미래예측 곤란	• 개념 숙지가 쉽지 않음 • 전사적 참여와 CEO의 의지가 필요 • 전문가의 도움이 필요

3. 기타 다양한 조직 형태

전통적인 조직 형태로는 급변하는 정보화 사회, 지식기반 사회에 적응하기 어렵다는 주장과 함께 현대 사회에서 미래 사회로의 환경 변화 추이에 맞는 바람직한 조직 형태란 무엇인가에 대한 해답을 얻고자 하는 연구가 활발하다. 그 중 대표적인 갤브레이스(J. R. Galbraith)와 롤러(E. E. Lawler Ⅲ), 민츠버그(H. Minzberg) 등의 견해를 빌려 다양한 조직 형태를 설명해 보고자 한다. 이것은 궁극적으로 전통적 관료제 조직모형인 기계적 조직에 비교된 개념이라 하겠다. 유기적 · 지적 조직, 수평적 분화, 정보 처리용 조직화를 특징으로 하는 학습조직, 가상조직, 네트워크조직이 주요 내용이다.

1) 학습조직

학습조직(learning organization)이란 조직을 학습 시스템으로 이해하고 조직 내에 있는 구성원들이 지식, 기술, 정보를 나누고 학습해 조직 내부의 활동으로 바꿈으로써 조직이 새로운 변화에 적응하고 살아가는 학습에 의한 조직을 말한다. 과거에는 조직의 기초가 기계적·합리적 관점에서 이해되어 왔으나 지식에 기반을 둔 기술주의 사회로 이행함에 따라 계속해서 발생하는 문제를 해결해 나가는 능력이 요구되고 있다. 또한 대규모 조직일 경우 '규모의 경제'의 편익을 누릴 수 있지만 변화에 신속하게 대처하기 어렵다는 측면이 있다. 그 때문에 급변하는 상황에서 발생하는 문제를 적극적으로 적응해 대처하기 위해서는 소규모 조직으로 갈 수도 있다는 관점에서 제시된 조직모형이다. 학습조직은 조직학습의 단일 모형은 없으나 다양한 형태로서 방향성을 제시하고 있는 이론이다.

학습조직이 되기 위해서는 분명한 사명감과 비전의 설정, 공유된 리더십과 참여, 실험을 장려하는 문화, 조직의 경계를 넘어 지식을 전파할 수 있는 능력, 팀워크와 협동을 갖추어야 한다(Goh, 1998). 학습조직은 문제 지향적 학습 과정, 집단적 학습의 강조, 의식적 학습의 자극과 규칙, 통찰력과 원리의 모든 수준에서 학습이 이루어지는 병렬적 학습이라는 점에서 그 특징이 있다(김상묵, 2000: 150).

2) 가상조직

가상조직(virtual organization)이란 말 그대로 실재의 조직이 아니라 가상의 조직을 의미한다. 가상조직은 가상의 개념을 어떻게 이해하느냐에 따라 다음과 같이 다양하게 이해되고 있다. ① 실세계(real world)와는 다른 사이버 공간(cyber space) 속의 전자 공동체로 이해하는 관점(Handy, 1995), ② 조직을 물리적 영역(physical sphere)과 지각적 영역(perceptual sphere)으로 이분화해 지각적 영역을 가상조직으로 이해하는 관점(Harrington, 1991), ③ 각 조직이 물리적으로 분산된 상태에서 전자 네트워크에 의해 실제 조직과 같이 기능하는 조직, 즉 전자 네트워크를 마치 조직으로 이해하는 관점(Davidow & Malone, 1992) 등이 있다(권기성·최진석, 1997: 158).

가상조직이란 둘 이상의 조직이 전략적 목적으로 제휴해 일정 기간 동안만 특정 목적을 달성하기 위해 만들어진 조직으로 목표가 달성되고 나면 해체되는 조직이다. 따라서 가상조직은 영속적으로 존재하는 조직이 아니다. 가상조직의 특징은 분산성(dispersion), 권한위임(empowerment), 끊임없는 변화의 수용(restlessness), 상호의존성(interdependence) 등이다.

가상조직은 과업 수행에 필요한 정보기술의 활용으로 여러 활동을 통합하는 것이 가능하게 되었으며 민간조직이 앞서 적용했다. 이 모형은 유동적이고 신축적이다. 가상조직은 어떠한 형태를 띠든 컴퓨터 네트워크상에 존재하는 가상공간을 매체로 한다는 점에서 컴퓨터 네트워크에 연결된 각각의 컴퓨터가 서로의 자원을 공유한다. 또한 사용자끼리 자유로운 의사소통이 이루어지며 네트워크에 참가하는 사람이나 집단이 다양한 자원을 서로 제공해 전체 기능을 수행하기 때문에 가상조직은 영구적이기보다는 임시적인 조직이다(김상묵, 2000: 148).

3) 유기적 조직

유기체(organism)란 일반적으로 생물체를 가리키는 말로 사용된다. 넓은 의미로는 부분 사이에 형태적 및 기능적 분화가 있으며, 그런 부문과 부문 상호간에 또는 부문과 전체 상호간에 내면적 필연성에 의해 전체로서 하나를 이루는 물질계를 지칭한다. 조직을 이러한 살아 있는 유기체로 파악하고 전통적 관료제 조직과 차이점을 가진 미래 형태의 조직을 유기적 조직(organic organization)이라고 한다. 유기적 조직은 유연성이 있기 때문에 사람들에게 스스로 변화하도록 촉진하며 변화하는 상황이나 환경에 빠르게 적응하도록 한다. 따라서 유기적 조직에서 의사 결정 권한은 조직 위계 전반에 걸쳐 분배되어 있다. 역할은 느슨하게 정해져 있어 사람들은 다양한 과업을 수행하며 지속적으로 자기 자신의 새로운 활동을 위한 숙련도를 향상시키는 데 노력한다.

기계적 조직과 유기적 조직은 구성원들의 행동하는 방식에서도 서로 다르다. 환경이 급변하는 동태적 환경에서는 유기적 조직을 보이고 있는 반면에, 안정적인 환경에 직면한 조직은 기계적 조직을 가지고 있다. 동태적 환경에서는 문서화된 규칙이나 절차가 덜 강조되며 의사 결정 권한도 분산되어 있으며 의사소통도 자유롭고 빈번히 이루어진다. 안정적 환경에서의 기계적 조직은 문서화·공식화 정도가 높고, 정보의 흐름도 상당히 제한적이며, 의사 결정 권한도 상급자에게 집권되어 있는 관료제적 특징을 보인다(홍용기, 2000: 86-87). 기계적 조직과 유기적 조직의 차이를 살펴보면 <표 4-2>와 같다.

표 4-2 기계적 조직과 유기적 조직의 비교

특 성	기계적 조직	유기적 조직
과업의 정의	좁다	넓다
형식화 정도	높다	낮다
개인의 공헌도	모호 혹은 간접적 기여	직접적, 분명
과업의 유연성	엄격, 일상적, 정형적, 비유연적	다양, 유연
기술의 전문화	개인적 전문화에 의존	보편적(집합적) 전문성
위계적 통제	높다	낮다
정보의 흐름	제한적, 하향적	자유롭게 흐름
의사소통 방식	명령, 하향적(수직적)	충고, 자문(수평적)
권한의 위치	최고층에 집중	능력과 기술에 모임
의사 결정 방식	권위적, 비민주적 방식	참여적, 민주적 방식
조직에 대한 복종	강도(높다)	강도(낮다)
갈등 해결 방식	상급자의 결정에 따름	토론, 상호 합의, 조정 방식
작업의 분화	높다	낮다
적합한 환경	안정적 환경	동태적, 가변적, 가속적 환경

자료: Kreiter & Kinick(1995: 516).

4) 네트워크 조직

네트워크 조직(network organization)은 권한의 형식적 위계보다 계약이나 동의에 의해 행동들이 조정되는 서로 다른 조직들의 집단이다(Miles & Snow, 1992). 정보화 사회에서 네트워크 조직의 필요성은 더욱 증가하고 있다. 네트워크 조직은 고도로 분권화되어 있으며 상호 영향력과 의사소통을 극대화하는 통합된 사회 체계이다. 따라서 급변하는 조직환경에 의해 만들어지는 상황에 대해 좀 더 효율적이고 적절하게 대응할 수 있다(김상묵, 2000: 145). 네트워크 조직의 기본 원리를 리프낵(Lipnack, 1995)은 공동 목적(unifying purpose), 독립적인 구성원(independent members), 자발적인 연결(voluntary links), 다수의 지도자(multiple leaders), 계층통합(integrated levels) 등으로 제시하고 있다. 네트워크 조직의 효용성은 기업들이 새로운 기술과 지식의 학습, 정당성의 획득, 경제적 성과의 향상, 자원 의존관계의 관리 등에 참여하는 것을 허용하고 사회복지 편익들을 증진시키는 것이라고 한다(김병진 외, 2000: 177).

4. 조직 분석

"조직은 인간을 구성체로 해서 공동의 목표 달성을 위해 협동하는 집합체"라는 조직 정의에서 보았듯이 조직을 개선할 경우 조직 내 사람에 대한 배려는 무엇보다 중요하다. 그러기 위해서는 합리적인 조직구조, 공평한 업무의 분담, 동기 부여를 위한 권한 및 역할의 부여 등이 초점이 된다. 이는 조직도의 분석, 직무분석, 권한 분석을 통해 달성할 수 있다. 따라서 조직도 분석, 직무분석, 권한분석의 내용을 설명하고 권한의 집중이냐 분산이냐를 중심으로 한 집권과 분권에 대해 설명하고자 했다.

1) 조직도 분석[3)]

조직도 분석은 명령계통, 계층, 감독 범위 등의 조직구조를 도표화해서 검토하는 것이다. 조직도의 종류는 형식과 내용을 중심으로 구분할 수 있다. 형식별로는 가로형 조직도와 세로형 조직도로 구분될 수 있고, 내용별로는 조직 단위의 명칭과 위치를 나타낸 조직 기구도이다. 일반적으로 조직도라고 하면 조직 기구도를 말한다. 그리고 조직 기구도에 조직 단위의 주요 기능을 써넣은 조직 기능도와 직위, 직명을 나타낸 조직 단위도 등으로 조직도의 종류를 구분할 수 있다. [그

3) 조직도란 조직의 목표를 달성하기 위해 필요한 업무의 분담과 공식적인 권한 관계를 그래픽적으로 표현한 것이다. 조직도는 조직구조의 네 가지 측면 — 권한의 위계(보고 체계), 분업, 통제의 폭, 계선 · 참모 관계 — 을 보여 주고 있다(박경원 외, 1999: 49).

그림 4-1 정부조직도

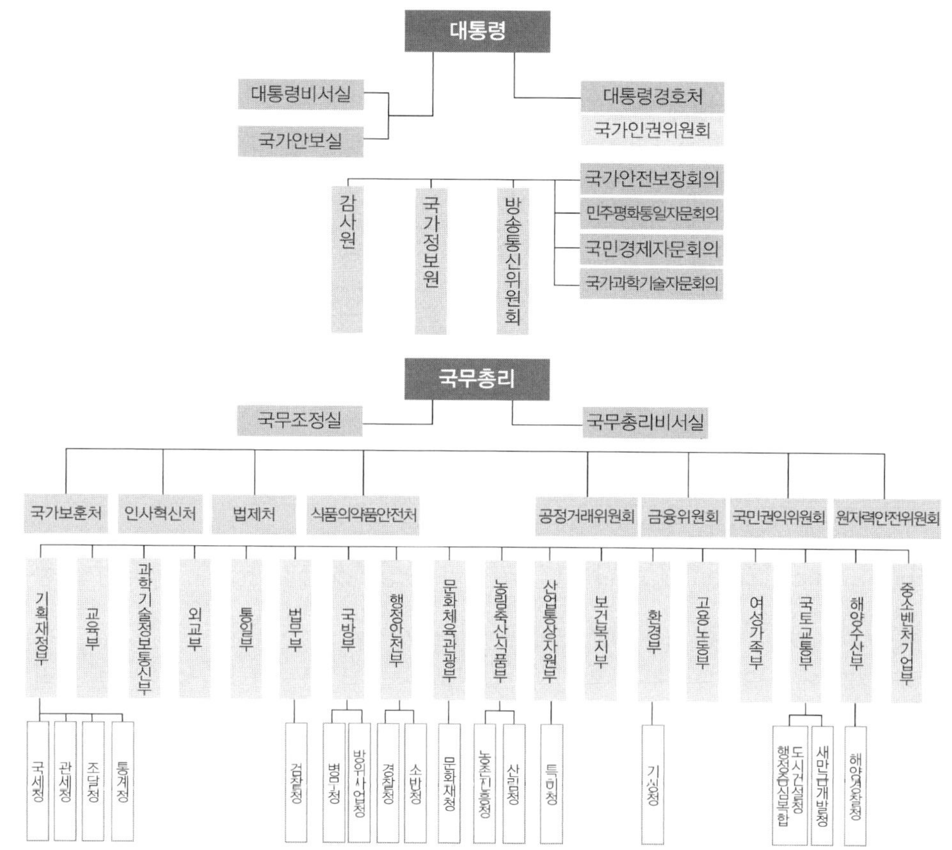

자료: http://www.gov.kr(2018).

림 4-1]의 정부조직도를 살펴보면 현 문재인 정부는 18부 5처 17청의 정부조직으로 이루어져 있음을 알 수 있다.

2) 직무분석과 권한분석

직무분석(job analysis)이란 직무에 관련된 정보를 수집, 분석, 종합하는 활동이다. 직무분석의 결과 얻은 정보는 조직 내의 인적 관리에 활용된다. 직무분석은 직무의 분담 관계를 상세히 조사해 분석 대상 조직의 부, 과, 계에서 어떤 업무를 분담, 처리하고 있는가의 실태를 명확하게 파악해 조직 개선의 정보를 얻고자 하는 것을 목적으로 하는 분석 기법이다.

권한(authority)이란 직무를 수행하기 위해 부여된 힘이며 각 직무에는 그 직무와 같은 양의 권한이 내재하고 있다. 권한은 위임될 수 있으며, 조직에서의 권한과 책임, 권한 위임의 의미는 조직의 원리들을 설명하는 근본적 개념이다.

권한은 직책에 대응해 적정하게 주어져야 한다. 이를 직책・권한 대응의 원칙이라고 한다. 그러나 현실적으로는 이러한 원칙이 지켜지지 않고 직책에 비해 권한이 적은 경우가 많다. 권한과 직책의 관계에서 조직의 기능을 올바르게 하기 위한 분석이 권한분석이다.

5. 집권화와 분권화

집권화(centralization)란 의사 결정 권한이 중앙・상급기관 또는 조직의 상층부에 집중되는 것을 말하며, 분권화(decentralization)는 의사 결정의 권한이 지방 또는 하급기관에 위임되는 것을 말한다. 집권화는 조직 규모가 작거나 신설 조직일 때, 조직의 활동이 획일성을 요구하거나 많은 비용과 예산이 소요될 때, 조직의 지도자가 강력한 리더십을 발휘하거나 부하들의 능력이 부족할 때, 또는 조직이 위기에 처할 때(이종수, 2000: 307) 조직관리에 유용하다. 그러나 과도한 집권화는 행정조직의 경직성을 초래할 수 있고 조직의 환경 변화에 적응하기 곤란하며 집권화된 관리 부서의 업무가 늦어지면 다른 부문의 능률이 저하되는 등의 단점이 제기되고 있다.

분권화는 권한의 위임을 통해 이루어지며 조직환경의 변화에 신속하게 적응할 필요가 있을 때, 최고관리층의 업무 부담을 경감시킬 필요가 있을 때 이루어진다. 분권화의 장점은 환경 변화에 신속하게 대응할 수 있다는 점과 의사 결정에서 좀 더 상세한 정보를 투입할 수 있다는 점이다. 또한 의사 결정 과정에 하급자의 참여를 허용함으로써 구성원에게 동기 유발을 하고 하위계층 관리자에게 훈련 기회를 제공한다는 점이다. 반면에 분권화의 단점은 지나친 분권화는 통솔을 어렵게 할 뿐만 아니라 의사소통이 원활하지 못하게 되며, 또한 신속을 요하는 처리에 복잡성을 가져오게 되고 불필요한 중복이 일어날 수 있는 점이다.

제 4 절 조직과 인간

1. 의 의

조직의 첫 번째 구성 요소는 인간이다. 조직 연구는 조직구조, 조직환경, 집단을 중심으로 연구하는 방법이 일반적이다. 그리고 조직의 인간 연구는 개인 수준의 연구를 말한다. 여기서는 구조, 환경, 집단에서의 인간 문제를 포함해 조직과 인간 문제로 포괄해 살펴보고자 한다. 특히 조직 내 개인의 인간관, 동기부여, 그리고 집단의 인간 문제인 리더십과 갈등관리를 중심으로 살펴본다.

2. 인간관

조직 속의 인간을 어떻게 정의하느냐에 따라 조직관리자의 관리 방안이 결정될 수 있다. 조직관리에 상당한 영향을 미치고 있는 조직 내 인간관의 연구는 조직 속에 있는 개인, 집단, 조직이 대상이 된다. 인간관에 대해서는 샤인(E. H. Schein)의 인간관 이론을 중심으로 조직 내 인간관을 살펴보았다.

샤인은 조직의 이론이나 실제 면에서 영향력을 미치고 있는 조직 내의 인간관과 관리전략에 관한 가정적 전제로서 합리적 경제인관(rational-economic man), 사회인관(social man), 자기실현인관(self-actualizing man), 복잡인관(complex man)의 네 가지 모형을 제시했다.

합리적 · 경제적 인간관의 특성은 조직 속의 인간은 경제적 유인에 의해 동기가 부여되며, 경제적 유인은 조직의 통제 하에 있기 때문에 조직 속의 인간은 조직에 의해 조작되고 통제되는 수동적 존재로 파악하는 것이다.

합리적 인간관에서 가정하고 있는 이론들은 머슬로(A. H. Maslow)의 생리적 욕구, 안전 욕구의 인간관, 맥그리거(D. McGregor)의 X이론, 아지리스(C. Argyris)의 미성숙인, 그리고 과학적 관리론과 고전적 관료제론에서 가정하는 인간관과 유사하다. 합리적 인간관에 입각한 조직관리 전략은 직무조직의 합리적 설계, 유인 체제, 통제 체제의 확립을 통한 조직 목표의 달성이라고 볼 수 있다.

사회인관은 조직 속의 인간을 사회적 존재로 인식하는 것이다. 메이요(E. Mayo)는 사회적 욕구는 인간 행동의 가장 기본적인 동기 요인이며, 대인 관계는 자아상에 의미를 부여하는 중요한 요소라고 했다(Mayo, 1945). 사회적 인간관에서 가정하고 있는 이론들은 ① 호손(Hawthorne) 실험, ② 타비스토크(Tavistock) 연구소의 석탄광산 연구 등이다.

조직 속의 인간을 사회인관으로 가정하는 경우의 관리전략은 조직 구성원의 요구, 감정, 복지에 관심을 가지고 자생적 · 비공식적 조직을 인정하고 조직 구성원의 집단적 격려에 중점을 두어야 한다.

자기실현적 인간관은 인간은 '자기실현적 존재'이며 자기 실현을 위해 부단히 노력하는 주체로 인간을 본다. 자기실현적 인간관이 가정하는 이론으로는 머슬로의 자기 실현 욕구의 인간, 맥그리거의 Y이론, 아지리스의 성숙인 등이 해당된다다.

자기실현적 인간관을 지닌 조직관리자의 전략은 조직 구성원이 자긍심을 가지고 일을 할 수 있는 도전적이고 의미 있는 과업을 부여하며, 자기통제와 자기계발을 통해 문제를 해결하도록 해야 한다. 또한 조직 구성원들이 조직 내의 의사 결정에 관여할 수 있도록 참여적 관리 방식을 채택하도록 한다.

복잡인관은 인간을 복잡한 성향을 가진 것으로 인식한다. 이 모형에 따르면 합리적 · 경제적 · 자기실현적 인간관은 지나치게 인간을 단순화하고 일반화해서 특정한 상황에 맞지 않는 경우가 많다. 그렇기 때문에 인간을 복잡한 인간관으로 보고 조직관리를 해야 한다. 복잡인관을 상정한 조직이론은 블라우너(R. Blauner)의 조직인의 소외에 관한 연구와 겔러만(S. Gellerman)의 경제적 보상에 관한 연구 등이다. 복잡한 인간관을 인정하는 관리자는 인간의 능력과 동기, 신축성 있는 대인 관계 등 여러 상황적 조건에 따라 관리전략을 결정해야 한다(윤재풍, 1986: 204-214).

3. 동기부여

동기(motive)란 행동의 계기가 되는 힘이라 할 수 있다. 동기부여(motivation)란 본질적으로 인간의 행동과 관련된 내적·심리적 개념으로서 조직 구성원으로 하여금 바람직한 행동을 유발하고 그것을 일정한 방향으로 유도해 가는 과정을 총칭한다. 인간은 자기의 욕구를 충족시켜 준다고 생각하는 목표를 향해 행동하며, 욕구를 충족시키려는 인간의 욕망과 관련된다. 이러한 욕구는 행동을 유발하고 지속시키는 힘으로서 인간의 생각이나 행위를 결정하는 데 영향을 미치며 인간의 감정이나 심리적 기능과 함께 작용해 행동을 일으키는 동기가 된다.

인간의 욕구와 동기부여에 관한 이론은 프로이트(S. Freud) 이래 다양하게 제시되어 왔다. 여기서는 동기부여에 관한 주요 이론 모형으로서 머슬로의 욕구단계이론(needs hierarchy), 허즈버그의 욕구충족 요인 이원론, 맥그리거의 X이론, Y이론, 룬트슈타트(S. Lundstadt)와 로리스(D. J. Lawless)의 Z이론, 리커트(R. Likert)의 관리체제이론, 브룸(V. H. Vroom)의 기대이론을 중심으로 서술한다.

1) 머슬로의 욕구단계 이론

머슬로는 인간의 욕구 단계를 다섯 단계로 나누고, 이 욕구의 단계가 순치적으로 발생한다고 보았다. 머슬로의 인간의 욕구 5단계는 ① 제1단계가 생리적 욕구(physiological needs): 의식주 및 휴식, 성적 욕구 등 기본적 욕구, ② 제2단계는 안전 욕구(safety needs): 안전과 보호, 경제적 안정, 질서 등에 대한 욕구, ③ 제3단계는 사회적 욕구(social needs): 인간은 사회적 동물로서 여러 집단에 소속되고 싶고 그러한 집단으로부터 받아들여지기를 원하는 욕구, ④ 제4단계는 존경 욕구(esteem needs): 본인 스스로 자신을 중요하다고 느낄 뿐만 아니라 이 감정이 다른 사람들로부터도 부여되고 인정되어야 한다. 즉, 지위, 존경, 자존심, 성공 등에 대한 욕구, ⑤ 제5단계는 자기 실현 욕구 단계(self-actualization needs): 성장, 자기 실현 등을 통해 자신의 잠재가능성을 실현하려는 욕구이다.

머슬로는 인간의 욕구는 우선순위가 있고 가장 먼저 충족되어야 할 욕구는 제1단계의 생리적 욕구라고 보았다. 낮은 단계의 욕구가 충족되고 나면 그 다음 단계의 욕구가 강하게 대두된다는 것이다. 그러나 욕구의 단계적 순차적 발현을 강조하는 머슬로의 이론은 많은 비판을 받고 있다.

그림 4-2 머슬로의 욕구 단계의 상호 관계

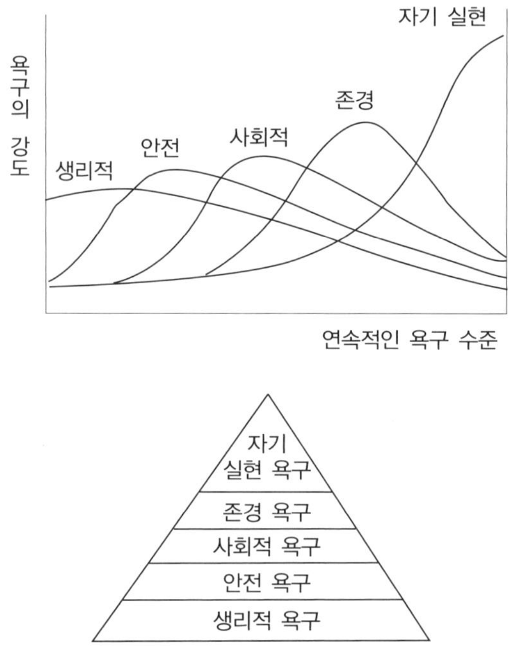

2) 맥그리거의 X, Y이론

맥그리거는 조직 내의 동기에 관해 상반되는 인간 본성을 중심으로 이론을 피력했다. X이론은 전통적 관리이론이며, Y이론은 인간 본성에 대한 새로운 가정을 제시하는 이론이다. X이론이 통제 중심의 전통적 관리전략에 관한 이론이라면 Y이론은 조직 목표와 개인 목표의 조화를 추구하는 새로운 이론이다.

X이론에 입각하면 관리자는 인간 본성을 ① 사람은 원래 게으르고 일하기를 싫어하며, ② 야망이 없고 이끌려 다니기를 좋아하며, ③ 변화를 싫어하고, ④ 자기 중심적이어서 조직의 목표에는 무관심하며, ⑤ 속기 쉽고 현명하지 못하며 사기에 넘어가기 쉽다고 가정한다. X이론에서의 관리자의 관리전략은 직원들의 행동을 감

독·통제하고 시정하는 책임을 지며 처벌·통제·위협 등을 선호한다.

Y이론의 인간 본성에 대한 가정은 ① 사람은 일을 싫어하지 않으며 정신적·육체적 노력은 휴식처럼 자연스러운 것이며, ② 외부적 통제나 처벌의 위협만이 상책이 아니며 조직 목표를 달성하기 위해 사람들은 스스로 자신을 규율하고 통제할 수 있으며, ③ 조직 목표에 기여하려는 동기는 자기 실현 욕구나 존경 욕구의 충족에 있으며, ④ 사람은 적절한 여건만 주어지면 책임을 수용할 뿐만 아니라 책임 맡기를 바라며, ⑤ 인간은 조직문제를 해결하는 데 상상력·창의력을 발휘할 수 있으며, ⑥ 사람의 지적 잠재력은 일부만이 발휘되고 있다고 가정한다. Y이론에 따르면 관리자의 관리전략은 조직 목표와 개인 목표가 조화될 수 있도록 해야 하며, 직무를 통해 욕구가 충족되고 개인이 발전할 수 있는 조직의 운영 방침을 채택해야 한다.

3) Z이론

맥그리거의 X·Y이론에 이어 Z이론이 제시되었다. 대표적 연구자는 룬트슈타트(S. Lundstedit), 로리스(D. J. Lawless), 오우치(W. G. Ouchi) 등인데 각각의 내용은 다소 상이하다. 룬드슈타트는 맥그리거 이론이 지나치게 인간 본성에 대한 가정을 단순화시켰다고 비판하면서 자유방임형, 또는 비조직형에 관한 Z이론을 제시했다. Z이론은 인간이 조직의 엄격한 규율 틀 속에서 구속받는 것을 좋아하지 않으며 자신의 개성을 가장 우선시한다고 이해한다. 로리스는 맥그리거의 X·Y이론 이외에 제3의 이론으로서 Z이론을 제시했다. X·Y이론이 절대적인 적합성을 가지는 것은 아니며 때와 장소와 조직의 특성에 따라 그 적합성이 달라지고 관리방식도 조직이 처한 상황에 따라 변해야 한다고 주장한다. 오우치는 미국식 관리를 A이론, 일본식 관리를 J이론이라 부르고, 미국 내의 일본식 관리를 Z이론이라 했다. Z이론의 관리 방식은 일종의 일본식 가족경영주의 방식으로 집단적 가치를 중요시하고, 종신고용제와 연공서열주의 관리에 중점을 두며 개인에 대한 평가는 장기간에 걸쳐 전체적으로 이루어진다. 또한 상하 의사 전달과 조정, 단체정신에 유익하다고 할 수 있는 품의제를 활용한다. 이러한 관리전략은 팀워크와 충성심, 노사 협조, 높은 생산성 등의 장점을 들 수 있다.

4) 허즈버그의 욕구충족 요인 이원론

허즈버그의 욕구충족 요인 이원론은 두 가지 가정을 제시한다.

첫째, 직무에 대한 만족감을 주는 요인과 직무에 불만을 주는 요인은 서로 구별되는 별개의 것이다.

둘째, 직무 만족으로 이끄는 요인(동기 요인)들은 성취욕, 인정욕, 직무 자체, 책임감 등이며, 반대로 사람들에게 불만을 갖게 되는 요인(위생 요인)들은 회사 정책, 경영, 감독, 대인 관계, 작업 조건 등이며, 이러한 것들은 직무의 고유한 부분이 아니고 직무와 수행되는 환경과 밀접한 관련이 있다는 것이다.

허즈버그의 이론에 의하면, 직원들에게 자기 실현을 할 수 있는 심리적 성장 기회가 주어질 때 직무에 대해 만족하며 위생 요인은 아무리 잘 되어 있어도 불만을 적게 하거나 예방하는 데 그칠 뿐 동기 유발의 효과는 없다는 것이다. 조직에서의 인간에 대한 동기 유발은 동기 유발 요인, 즉 자기 실현과 심리적 성장의 기회가 충분히 제공되었을 때 성공할 수 있다. 따라서 과업 수행이나 생산성은 그 사람의 능력이나 동기에 달려 있기 때문에 불만족스러운 위생 요인은 생산량을 저해한다는 것이다.

동기－위생이론에서 동기 요인은 맥그리거의 Y이론과 머슬로의 사회적 욕구와 자기 실현 욕구를 합친 것에 대응되는 것으로 생각된다. 반면에 위생 요인은 맥그리거의 X이론과 머슬로의 생리적 욕구와 안전 욕구를 포함하는 것에 대응된다고 할 수 있다.

5) 브룸의 기대이론

동기 부여의 내용적 차원에 중점을 두었던 머슬로의 이론과 달리 동기 부여의 과정적 차원을 중시한 브룸(Victor Vroom)은 기대이론을 주장하고 있다. 기대이론은 사람이 다르면 반응도 다르다는 입장을 취하고 있으며, 욕구가 충족되면 동기가 곧 부여된다고 보지 않고 기대 요인이 개재되고 있다는 점을 중시했다. 브룸은 통로－목표 접근법(path-goal approach)을 이용해 동기－기대이론을 구성했으며, 사람이 자발적으로 자기 행동을 취할 수 있는 통로는 다양하고 그 중의 하나를 선택하는 과정이라고 했다.

브룸 이론의 구성 요소는 ① 사람은 어떤 일에서 발생하는 결과가 여럿일 경우 그 결과들 중 특정한 어떤 것에 더욱더 매력을 느끼고 선호하며 거기에 더 많은 상대적 가치를 부여한다는 유인가(valence) 개념, ② 사람이 어떤 행위를 할 경우 어떤 결과를 초래할 것이라고 믿는 가능성, 혹은 그렇게 생각하는 주관적 확률을 말하는 기대(expectancy), ③ 직접적으로 사람이 어떤 일을 한 결과를 말하는 제1차 수준의 결과와, 제1차 수준의 결과에 의해서 초래되는 사상 혹은 결과, ④ 제1차 수준의 결과와 제2차 수준의 결과의 관계를 말하는 수단성(instrumentality)의 개념, ⑤ 사람이 인지하고 판단한 여러 가지 행동 방안이 있을 때 그 중에서 선택 방향을 정하는 역할을 하는 것을 말하는 힘(force)의 개념 등이다.

브룸은 동기 유발과 관련된 기대를 두 가지 형태로 나누었다. 기대 1은 목표 달성의 확률에 대한 기대이고 기대 2는 업무 목표를 달성한 결과로 보상을 받을 확률에 대한 기대이다. 결과 1은 개인이 가지고 있는 여러 가지 욕구의 충족을 의미한다. 조직이 제공하는 보상은 개인 욕구의 충족을 위해 사용되는 수단의 성격을 띠고 있으므로 결과 1과 결과 2는 수단성의 관계에 있다.

머슬로의 욕구단계 이론과 브룸의 기대이론을 비교해 보면 ① 동기부여상의 강도 연구에서 머슬로 이론은 욕구의 결핍을 어느 정도 지각하고 있기 때문에 사람들은 특정한 형태의 행동을 취하도록 충동을 받는다는 관점에서 동기부여를 연구한 반면, 기대이론은 이러한 욕구의 결핍을 경감시켜 주는 데 기여하는 외적 목표에 중점을 두는 것이다. ② 머슬로 이론은 동기부여의 내용적 차원에 중점을 둔 반면 기대이론은 과정적 차원을 중시했다. ③ 욕구단계 이론은 사람에게 동기를 부여하는 데에는 최선의 방법이 있다는 가정에 입각하고 있으나 기대이론은 사람이 다르면 반응도 다르다는 입장을 취하고 있다. ④ 기대이론은 욕구가 충족되면 곧 동기가 부여된다고 보지 않고 기대 요인이 개재되고 있다는 점을 중시했다는 점 등이다.

4. 리더십

리더십(leadership)이란 조직 목표의 달성을 위해 구성원이 자발적으로 적극적 행동을 하도록 동기를 부여하고 영향력을 미치며, 개인과 집단의 조정을 통해 협동적 행동을 촉진하고 유도하는 쇄신적 · 창의적인 능력, 그리고 기술 및 영향력을 말한다. 관리자의 역할은 지도자로서의 활동이라 할 수 있기 때문에 조직관리에서 리더십은 중요한 연구의 대상이 된다. 이러한 개념의 리더십은 부하에게 강요하는 권력 행사와 구분되며, 어떤 보직에 있기 때문에 법적으로 생기는 직권과도 구분되는 개념이다.

리더십의 특징은 ① 리더십은 목표와 관련된다. ② 리더십은 공식적 계층제의 책임자만이 가지는 것이 아니다. 따라서 리더십은 조직책임자의 직권(headship)과 구별되어야 한다. ③ 리더십은 지도자와 추종자(follower) 간의 관계이다. ④ 리더십은 지도자와 추종자에게 일방통행 방식으로 행동을 강요하는 것이 아니라 상호작용의 과정을 통해 발휘되는 것이다. ⑤ 리더십은 지도자의 권위(authority)를 통해 발휘된다는 것 등이다.

조직에서의 리더십의 기능은 목표 설정, 역할의 명확화, 자원의 동원, 조작화, 조직의 일체성, 적응성의 확보, 조직 활력의 통합, 조정과 통제에 있다.

1) 리더십 이론

(1) 자질론

리더십 연구에서 가장 전통적인 이론은 자질론(trait approach)이다. 자질론에서는 리더십이란 지도자 개인이 가지고 있는 성격, 동기, 가치, 기술 등과 같은 자질 및 특성에 따라서 발휘된다고 보았다. 지도자의 퍼스낼리티와 성격적 특성을 강조하는 이 이론은 리더십의 자질이 자기 개발에 의해 더욱 발전될 수 있지만 일반적으로 선천적인 것이라고 인식하고 성공적인 지도자에게서 공통적으로 나타나는 특성을 규명하려고 했다. 일반적으로 지도자의 특성, 자질은 충성심, 책임감, 성실성, 결백성, 전문적 능력, 용기, 적극성 등이다. 그러나 많은 연구에도 불구하고 지도자는 반드시 어떠한 특성을 갖추어야 하며, 그것만 갖추면 반드시 지도자가 된다는 일반 법칙적인 명제는 확립되지 않았다. 오히려 지도자는 역사적 · 문화적 · 집단적 상황에 따라 지도자가 구비해야 할 자질이 달라진다고 하는 비판을 받고 있다.

(2) 상황론

상황론(situational approach)은 리더십의 효율성이 지도자나 집단의 성격, 직무의 특징, 시간, 장소, 환경 등 상황에 따라서 달라진다는 입장을 취하면서 개인적 요인보다 사회적 요인을 중요하게 생각한다. 이 이론은 조직적 상황을 구성하는 요인들을 강조하기 때문에 상황론이라고 한다. 상황론은 조직의 목적과 기능, 문화적 배경, 부하들의 특성, 관습, 피지도자의 지도자에 대한 인식, 지도자의 개인적 특성 등이 달라지면 효과적인 리더십의 형태도 달라져야 한다고 주장한다. 상황론이 자질론을 비판하면서 제기되었으나 근본적으로 대립되는 것은 아니며, 상대적으로 보아 리더십이 자질 없이 발휘되기는 어렵다.

2) 리더십의 유형

그동안 리더십의 유형에 대해 다양한 연구가 전개되어 왔다. 특히 화이트(R. R. White)와 리피트(G. Lippitt), 탄넨바움(R. Tannenbaum)과 슈미트(W. Schmidt), 피들러(R. Fiedler), 레딘(W. J. Reddin) 등 행태과학자에 이한 실증적 · 경험적 연구를 토대로 리더십의 유형을 제기했다. 화이트와 리피트는 리더십 유형을 권위형 리더십, 민주형 리더십, 자유방임형 리더십으로 분류했다. 탄넨바움과 슈미트는 보스 중심의 권위형 리더십과 부하 중심의 민주형 리더십으로 분류하고 상황에 따라 신축성 있게 결정된다고 보았다. 피들러의 상황적응모형에서는 세 가지 요소, 즉 리더의 지위권력, 리더와 구성원의 관계, 과업구조를 상황변수로 제시하고 이러한 기준에 따라 리더십의 효율성은 상황 변수의 변화에 따라 결정된다고 주장했다. 레딘은 인간 관계 중심적 리더십 행태와 과업 중심적 행태에 효율성이라는 차원을 추가시켜 리더십 유형의 효율성 여부는 상황에 의존한다고 본 3차원적 리더십 유형을 제시했다. 레딘은 인간 관계 지향성과 과업지향성이 모두 낮은 분리형(separated style), 인간 관계 지향성이 높고 과업지향성이 낮은 관련형(related style), 과업 지향성은 높지만 인간 관계 지향성은 낮은 헌신형(dedicated style), 과업 지향성과 인간 관계 지향성이 모두 높은 통합형(integrated style)의 네 가지 유형으로 리더십을 분류하고, 여기에 효율성이라는 차원을 추가해 여덟 가지의 리더십 유형으로 분류했다.

블랜차드(Kenneth Blanchard)가 주장한 리더십의 생활주기론(life cycle theory)은 상황론의 한 형태로서 리더십의 유형을 관계성(relationship)을 강조하는 리더십과 과업(task)을 강조하는 리더십으로 나누어 생각했다. 생활주기론에서 리더십 상황에 해당하는 것은 부하들의 성숙도이다. 이 이론에 의하면 조직의 초기 미성숙한 부하를 거느린 리더는 관계성보다는 과업성을 중시하는 과업 지향적 리더십을 행사하는 것이 효과적이다. 그러나 시간이 흐르고 부하들의 성숙도가 증가하면 리더는 관계성을 강조하는 방향으로 리더십의 방향을 변화시키다가 성숙의 마지막 단계에서는 두 가지 요소를 모두 줄여가는 것이 바람직하다고 보는 이론이다.

번스(James MacGregor Burns)의 거래적 리더십(transactional leadership)과 변혁적 리더십(transformational leadership)이 있다. 거래적 리더십은 지도자와 추종자의 관계가 거래적인 것으로, 리더는 부하의 욕구나 원하는 바를 알고 있으며 지도자와 추종자의 이기적 욕구를 자극해 동기를 부여하는 형태이다. 지도자와 추종자의 관계는 사회적 교환 관계로 설명할 수 있으며, 지도자와 추종자는 업무의 완성을 서로의 욕구 충족에 대한 잠재적 수단으로 지각한다. 그 때문에 리더와 추종자는 물질적 · 심리적 만족과 성과를 상호 거래를 통해 획득한다는 것이다.

반면에 변혁적 리더십은 추종자의 도덕성을 자극해 동기를 부여하는 것으로 리더는 부하들의 신념, 가치, 욕구의 변화를 도모한다. 변혁적 리더십은 개인의 자유와 평등, 평화 등 인본주의와 같은 높은 차원의 가치에 호소해 그들의 의식을 고양하고 부하들의 자긍심을 심어 준다.

바스(Bass, 1990)는 리더십의 중요성에 대한 실증적 연구를 통해 변혁적 리더십의 네 가지 요인을 다음과 같이 제시했다(정우일, 2006: 606－609).

① 이상적인 영향력(idealized influence): 부하들에게 비전과 사명감을 제공하고 자긍심을 고취하며, 부하들로부터 존경과 신뢰를 받는다.

② 개별적 고려(individualized consideration): 부하들에게 개별적 관심을 보여주고 부하들을 독립적인 존재로 대우하고 지도와 조언을 한다.

③ 지적 자극(intellectual stimulation): 이해력과 합리성을 높이고 문제를 합리적으로 해결할 수 있도록 촉진한다.

④ 영감적인 동기부여(inspirational motivation): 매력적인 비전을 전달하고 상징을 사용해 부하의 노력을 집중시키며 미래에 대한 비전을 받아들이고 적합한 행동모형을 추구하도록 격려한다.

5. 갈등관리

1) 의 의

조직 연구에서 갈등관리의 의미와 중요성은 조직의 문제 발생과 해결, 그리고 갈등의 기능적 역할에 있다. 조직을 목표와 가치, 인지구조 등이 다른 다수의 행위자들의 협동이라고 볼 때 조직에서의 갈등은 당연한 현상이다. 갈등의 개념은 매우 다의적이다. 조직에서의 갈등은 행동 주체 간의 대립적인 마찰을 의미하지만 갈등이 조직의 생존 발전에 필요한 변동을 초래하는 원동력이 될 수 있다는 점에서 갈등의 순기능적 측면에 관심을 두었다.

조직갈등의 근본적인 양상을 살펴보면 [그림 4-3]과 같다.

그림 4-3 조직갈등의 근본적인 양상

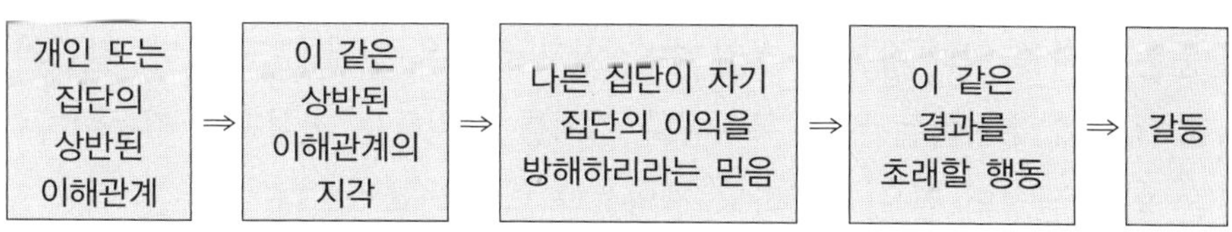

자료: Thomas(1992: 52).

2) 갈등의 정도와 유형

갈등의 수준은 개인적 갈등, 집단갈등, 조직갈등으로 나뉘며, 각 갈등의 정도는 개인 내 갈등, 개인 간 갈등, 집단 내 갈등, 집단 간 갈등, 조직 내 갈등, 조직 간 갈등으로 나뉜다.

집단 간 갈등의 유형으로는 계층적 갈등과 기능적 갈등, 그리고 계선－참모 갈등이 있다. 첫째, 계층적 갈등은 조직체의 계층 간에 존재하는 갈등으로서 경영층과 종업원들 간의 갈등이나 이사회와 경영층 간의 갈등, 그리고 상위관리층과 하위관리층 간의 갈등이다. 둘째, 기능적 갈등은 여러 부서 간의 갈등으로서 생산 부서와 영업 부서 간의 갈등이 전형적인 예이다. 셋째, 계선－참모 갈등이란 계선 부서와 참모 부서 간의 갈등으로서 비용 총체와 관련해 계선과 경리회계 부서 간의 갈등, 예산문제와 관련하여 기획실과의 갈등, 그리고 인사문제와 관련해 인사부서와의 갈등을 들 수 있다. 계선－참모 간의 갈등은 집단 간 갈등 원인이 되기도 한다. 부연하면 환경이 더욱 복잡해지고 전문성을 지닌 인력이 필요해지고 대부분의 조직에서 스태프의 역할이 중시됨에 따라 계선 부서와 참모 부서 사이의 갈등이 심화되는 예다. 계선관리자들은 참모들이 업무를 잠식해 들어와 자신들의 권한과 권력을 축소시킬 것을 두려워한다. 대부분 계선은 참모보다 조직 내 지위는 높기는 하지만 전문지식이 부족하여 권한과 지식 사이에 차이가 발생해 갈등이 촉진된다. 계선은 조직체와 동일시하고, 참모는 자기 전문 분야와 동일시하는 등 그들 사이에 준거집단이 다르고 가치관, 우선순위, 접근 방법에 차이를 보임으로써 갈등이 커질 수 있다.

3) 갈등의 순기능과 역기능

갈등은 조직을 위해 유익한 것일 수도 있고 해로운 것일 수도 있다. 갈등의 순기능은 조직이 추구하는 바의 목적이나 가치를 지원하는 건설적인 갈등이다. 즉, 갈등은 의사 결정의 질을 개선하고 창의성과 혁신을 촉진한다. 갈등은 집단 구성원들로 하여금 집단에 대한 관심과 호기심을 불러일으키고 문제점이 드러나면 긴장이 해소되는 매체를 제공한다. 갈등은 현실에 도전함으로써 새로운 아이디어의 창안을 촉진하며 집단의 목표와 활동에 대한 재평가를 촉구하고 집단의 변화에 대한 민감성을 증대시킨다. 조직 내부의 갈등은 조직의 내적 응집성과 조직 구성원의 충성심의 향상을 가져올 수 있으며, 새로운 조화와 통찰력의 향상을 볼 수 있다. 갈등이 존재함으로써 건설적인 조직 변동이 가능하고 침체로부터 벗어나 생동력 있는 조직이 된다. 갈등을 제대로 잘 관리하면 조직의 생산성을 향상시킬 수 있다.

갈등의 역기능은 조직이 추구하는 목적이나 가치를 해치는 것으로 파괴적인 갈등이다. 바람직하지 못한 갈등의 결과에는 의사소통의 지체, 집단응집성의 감소, 집단 목표보다 구성원들 간의 투쟁을 더 중요시하는 것 등이 있다. 극단적인 경우에는 집단 기능이 중단되는 경우도 있고 잠재적으로 집단의 존속에 위협이 되기도 한다. 또한 조직의 위계질서를 교란시키며 관리통제를 어렵게 할 뿐만 아니라 직원의 편협성을 조장하며 변화와 쇄신에 저항하기도 한다.

갈등은 조직 참여자들로 하여금 정체적인 사고 방식에서 벗어나 능동적 행동을 하게 하는 활력소가 될 수 있다. 갈등은 조직의 자율 조정장치에 불가결한 요소이다. 갈등은 기존의 또는 장래의 자원 배분에 변화를 야기함으로써 기능의 중요 국면을 근본적으로 바꾸어 놓을 수도 있기 때문이다. 순기능적 갈등의 부재가 정체된 사고 방식, 부적절한 의사 결정, 독재와 획일주의, 조직의 침체 등을 반영하는 것이라고 한다면 순기능적 갈등의 존재는 창조와 성장, 민주주의, 다양성, 그리고 자기 실현을 반영하는 것이라고 할 수 있다.

4) 갈등관리의 전략

조직에서 갈등관리의 전략은 역기능적 갈등의 방지와 해소, 순기능적 갈등의 조장을 위한 방법으로 생각해 볼 수 있다. 갈등의 해소 방법에는 타협, 완화, 설득, 협상, 회피, 대결, 강압 등 다양한 전략이 제기되고 있다. 일반적으로 언급되고 있는 갈등 해소의 방법은 갈등의 원인이 되고 있는 문제의 해결 방법, 갈등 당사자들이 함께 추구해야 할 상위 목표의 제시, 갈등의 원인이 되는 희소자원의 증대, 갈등 당사자에 대한 상관의 갈등 해결을 위한 명령, 갈등 당사자들이 서로의 대립되는 입장을 타협에 의해 해결하려는 협상의 방식, 인사 조치, 조직기구의 신설 등과 같이 조직구조상의 변경으로 인해 나타나는 마찰 요인의 제거, 조직 구성원의 행태 변화 등 다양하다.

갈등 방지를 위해 관리자가 유의해야 할 점은 조직 구성원들에게 현실적이고 구체적인 목표를 제시하고 각자의 활동 내용이 조직 전체의 활동과 체계적으로 결합될 수 있도록 업무명세서를 작성해 활동하고 의사 결정에 대한 명확한 지침을 제공해야 한다는 점이다. 또한 조직의 정책, 절차, 규칙 등을 정형화하고 결정과 집행 기능 사이에 정보 교환과 동의를 확보하기 위한 조치를 강구해야 한다.

갈등 상황에서 전략이란 참여자가 갈등을 효과적으로 관리하기 위해 선택하는 의도적 커뮤니케이션 방법을 말한다. 조직갈등을 연구한 다수의 학자는 갈등 해결을 위한 갈등 대응 유형을 해결 지향적, 회피, 통제, 통합전략, 분배전략 등을 제시했으며(Putnam & Wilson, 1982; Silas, 1980; Alexander, 2000), 갈등 해결의 상생(win-win) 전략을 구사하기도 했다.

■ 상생(win-win) 전략

상생 전략이란 거래 상대방과의 교류에서 서로의 장점만을 취하는 전략으로 경쟁이나 갈등 관계에서 공존하면서 상대방의 장점만이 발휘되어 양측의 장점의 합 이상의 시너지 효과(synergy effect)를 가져온다는 것이다. 이는 경쟁이나 갈등 상황에서 어느 한쪽이 이기면 패자가 되는 측은 손해를 본다는 총량 영화게임(zero-sum game)과 반대되는 개념으로 상생의 유래는 탈냉전에 따른 지역분쟁에 대비한다는 취지 아래 마련된 군사전략이다. 예를 들어, 이라크와 북한에서 동시에 전쟁이 발발할 경우 두 지역 모두에서 동시에 승리를 도모한다는 내용으로 두 지역 모두를 제압할 수 있는 규모의 전력을 항구적으로 유지한다는 것을 기조로 하고 있다. 이러한 군사전략으로서의 상생 전략이 다양한 갈등 상황에서의 해결 방안 모델로서 적용되고 있다.

연습 문제

1. 자신이 속한 조직을 예로 들어 조직 유형을 설명하시오.
2. 조직의 효과성, 능률성, 생산성 개념을 비교 설명하시오.
3. 과학적 관리론과 인간관계론의 공헌과 비판을 비교 설명하시오.
4. 체제이론의 내용과 장·단점을 설명하시오.
5. 한국 정부의 팀제 조직의 도입 배경에 대해 설명하시오.
6. 애드호크라시 조직의 효용성에 대해 설명하시오.
7. 동기부여의 내용이론과 기대이론에 대해 설명하시오.
8. 조직 내 인간관과 관리자의 관리전략의 관계에 대해 설명하시오.
9. 거래적 리더십과 변혁적 리더십 이론에 대해 설명하시오.
10. 갈등의 순기능과 역기능에 대해 설명하시오.
11. 갈등 해소를 위한 갈등관리 전략에 대해 설명하시오.

CHAPTER 05

인사행정

제 1 절 인사행정의 개념과 발달 과정
제 2 절 인사행정 제도와 기관
제 3 절 공직의 분류
제 4 절 채용과 교육훈련
제 5 절 근무성적 평정과 승진 및 보수

개 관

인사행정이란 정부의 인적자원을 관리하는 활동이나 체제를 의미하며, 정부의 목표를 달성하기 위한 수단적 성격을 지닌다. 정부의 인적자원을 어떻게 관리하느냐에 따라 정부의 목표 달성에 크게 영향을 미칠 수 있으므로 효율적인 인사행정을 수행하기 위한 학습과 도구가 필요하다. 이 장에서는 인사행정과 관련된 기초적 개념과 이론을 학습하고 구체적인 인사행정 제도를 살펴봄으로써 공익의 실현을 목표로 하는 인사행정의 기능을 이해하고 인적자원관리 능력을 고양하기 위한 방안에 대해 고찰해 보고자 한다.

인사행정에 관한 학습의 전반적인 내용은 첫째, 정부의 인사행정과 민간조직의 인사관리의 특성을 이해하면서 근대 국가에서의 인사행정이 발달되어 온 사상적 배경에 유의한다. 둘째, 인사행정 기관으로서 중앙인사기관의 성격과 기능에 대한 순기능과 역기능을 이해한다. 셋째, 공직 분류 제도의 유형과 공무원의 충원을 위한 인력계획의 수립 방법 및 임용 절차, 그리고 일련의 과정에 대한 체계적 학습이다. 2000년대 미국 정부가 장기적인 인력 수급계획에 대한 신중한 검토 없이 행한 연방 공무원에 대한 대규모 인력 감축(downsizing)은 인적 자본의 위기 상황을 가져왔으며, 이로 인해 정부의 실적 향상에도 많은 지장을 초래하게 되었다. 이를 극복하고자 미국은 인력 수급 대책을 강구하면서 인사 제도를 정부의 실적 향상과 연계시키는 데 중점을 두었다. 우리나라의 인사행정도 많은 변화와 제도 발전을 거치고 있다. 예를 들면, 전자인사관리 시스템(Personnel Policy Support System: PPSS)을 비롯해 국가인재 데이터베이스 등은 인사행정 전산화의 토대가 되었으며, 개방형 임용제, 책임운영기관제, 성과급 보수제, 개방형 직위와 공모직위, 시간선택제 공무원 등 인적자원의 효율적 관리를 위해 도입된 다양한 제도이다. 이러한 제도들이 궁극적으로 정부의 질적 향상과 연계될 수 있도록 문제점을 지속적으로 보완하고 개선하는 노력이 필요할 것이다. 특히 공무원 인사 제도는 채용, 배치, 능력 발전, 보상, 퇴직 등 임용에서 퇴직까지의 각 과정이 상호 밀접하게 연관되어 있는 점을 감안, 라이프 사이클(life cycle)의 관점에서 하나의 시스템으로 상호 연계하여 관리하는 것이 무엇보다 중요하다.

"인사가 만사다"라는 말에서 볼 수 있듯이 모든 조직에서 사람에 대한 관리가 매우 중요하고 또한 관리의 어려움도 있다. 정부조직에서의 인적자원관리는, 특히 정부정책의 효율적 목표의 달성과 매우 밀접한 관계에 있으므로 이에 대한 학습이 필요하다.

Chapter 05

인사행정

제 1 절 인사행정의 개념과 발달 과정

1. 인사행정의 개념

인사행정(public personnel administration)은 정부의 핵심적인 기능 중의 하나이다. 특히 정부의 기능이 확대되고 복잡해질수록 인사행정 혹은 정부의 인적자원관리는 더욱 중요시된다. 행정활동은 정부가 공공의 문제를 해결하기 위해 수행하는 제반 활동과 이를 효율적으로 수행하기 위한 정부조직 내의 관리활동으로 구분한다. 인사행정은 이러한 정부 내의 관리활동 중 인적자원을 관리하는 활동을 말한다(한영수 · 강인호, 2008). 즉, 인사행정이란 정부의 목표 달성에 필요한 인적자원을 관리하는 활동이나 체제로서 정부의 인적자원인 공무원을 대상으로 한다. 관리활동이란 정부활동에 필요한 인적자원을 충원하고 유지하며, 공무원의 임용 · 보수 · 승진 · 교육훈련 · 근무성적 평정 및 신분 보장 등의 여러 기능을 원활하게 수행함으로써 이들에 관련되는 절차와 규칙 및 제도를 정비하는 일련의 활동을 의미한다.

인사행정은 인적자원의 효율적 관리를 목표로 한다는 점에서 사기업의 인사관리와 유사한 점이 있다. 그러나 인사행정은 인사관리와 달리 공익의 실현을 목표로 하는 정부조직의 인력관리라는 점에서 사기업의 인사관리와는 다른 특성을 지니고 있다. 이러한 인사행정과 인사관리는 상대적 차이에 불과하며, 복잡다기한 현대 사회는 공사조직이 상호 위탁 기능을 담당한다든지 혹은 대규모 민간기업의 사회적 책임이 강조되면서 기업의 공공적 성격이 강조되기도 한다.

1) 인사행정의 과정과 중요성

인사행정은 여러 하위 기능 및 활동과 상호 순환적 연관을 맺고 있다. 인사행정의 과정은 인사행정의 목표 설정과 그 목표 달성을 위한 인력의 수급 · 활용 및 보존에 관한 계획의 수립, 인력의 형성과 배치, 활용 인력의 보존, 그리고 통제와 평가에 의해 이루어진다. 이러한 과정을 인사행정에서는 채용, 능력 발전 및 사기의 과정을 중심으로 편성할 수 있다. 여기서 인사행정의 과정은 실제 인사행정이 일어나는 순서라기보다 인사행정의 고찰 순서라는 의미의 성격으로 실제 인사행정은 동시에 수행되거나 환류되는 경우도 있다. 이를 [그림 5-1]과 같이 도식화할 수 있다.

인력계획은 정부에서 수행하고 있는 업무의 증감에 대한 예측이며, 임용은 정부조직의 외부로부터 인력을 선발해 적절한 직위에 배치하는 것을 의미하며, 필요한

그림 5-1 인사행정의 과정

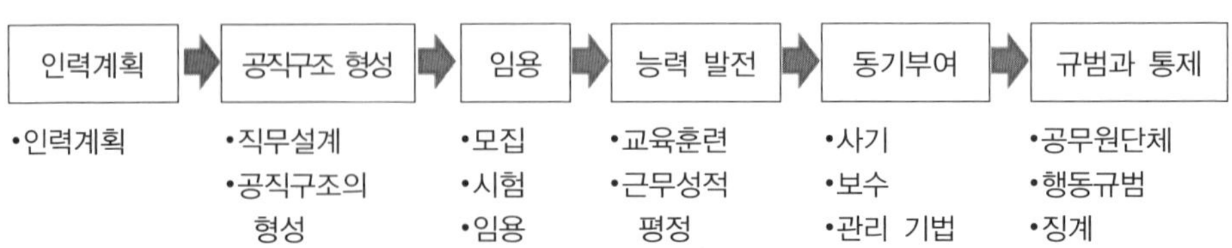

자격을 갖추었거나 갖출 수 있는 잠재력을 가진 사람들을 모집해 선발하고 적합한 직위에 배치한다. 능력 발전은 교육훈련, 근무성적 평정, 승진, 전직, 전보 및 파견 등이 주된 내용으로 활용 과정에 관련된다. 사기는 보수와 연금 등의 경제적 요인과 인간관계, 참여감 등의 사회적 · 심리적 요인 등 인력 보존을 위한 장치이며, 사기와 능력 발전은 상호작용을 필요로 하는 관계이다.

공무원의 가치관이나 태도 변화는 행정의 모든 영역에 영향을 미치며, 공무원의 역량은 국가경쟁력에 직접적인 관계에 있다. 또한 인적자원의 효율적 관리는 정부조직 전체의 성과와도 직결되며, 공무원에 대한 평가가 실추되면 통치행위도 어렵게 된다는 점에서 인사행정의 중요성을 강조할 수 있다.

2) 인사행정의 접근 방법

인사행정의 접근 방법에는 과학적 관리법에 바탕을 둔 능률적 접근법(efficiency approach)과 인간관계론적 접근법(human relations approach)이 있다. 전자는 인사행정의 이념을 능률화에 두고 외재적 통제에 중점을 두는 방법이고, 후자는 인사행정의 이념을 민주화에 두고 인간의 내재적 감정에 중점을 주는 방법이다. 능률적 접근 방법은 공무원을 단순한 기계적 생산 단위로 파악하는 데 반해, 인간관계적 접근 방법은 감정을 가진 인간으로 파악하고 있다.

인사행정 접근 방법의 전개 과정은 과학적 관리법의 기계적 능률관이 비판받게 되면서 정치 · 행정일원론과 인간관계론을 수장하게 되었고, 나아가 사회적 효용을 기준으로 능률을 평가해야 한다는 사회적 능률이론이 제시되었다. 이러한 새로운 능률적 접근 방법은 인사행정의 효율적인 활용을 강조하고, 조직의 목적과 개인의 목적을 조화시켜 원만한 업무 관계를 형성할 것을 그 내용으로 하고 있다. 또한 정보화 시대가 요구하는 수요를 충족시키고, 디지털 인사행정의 기술적 측면에서 인사행정의 각 세부 절차에서 전자정보통신과 같은 새로운 기술을 접목해 활용하는 것이다. 이를 통해 행정상의 낭비를 줄이고 새로운 부가 가치를 창출해 성공적인 인력관리를 도모하도록 하는 것이다.

오늘날 인사행정은 <표 5-1>에 나타난 바와 같이 전통적인 측면에서 능동적 · 적극적인 측면으로 변화하고 있다.

표 5-1 인사행정 체계의 비교

전통적인 인사행정 체계	21세기의 인사행정 체계
1. 이론상 단일 체계, 실제는 전략적으로 개발되지 않은 복수 체계	1. 복수 체계 인정, 체계 개발은 전략적이며 핵심적인 가치를 포함
2. 실적주의는 공무원 보호와 획일화된 균등성 초래	2. 실적주의는 실적을 장려하고 다른 능력 사이에서도 차별성 인정
3. 절차와 규칙의 강조	3. 실적과 결과 강조
4. 전문 기술에 의거한 충원 및 승진	4. 적소에 인재를 충원, 개발, 승진
5. 인력을 비용으로 간주	5. 인력을 자산과 투자로 간주
6. 평생 열정을 가진 직업	6. 핵심 가치를 공유하면서 내부, 외부 근무
7. 공무원 보호정책으로 공무원 유지	7. 공무원의 실적과 고용주의 필요에 의해 공무원 유지
8. 개인 활동에 기초한 실력평가	8. 개인의 조직에 대한 기여에 기초한 실적평가
9. 노사관계는 상호 갈등적인 목적, 적대적 관계에 기초	9. 노사관계는 노사 모두 만족하는 목적에 기초
10. 중앙인사기관이 각 기관의 인사 기능을 수행	10. 중앙인사기관은 각 기관의 인사 기능 수행이 가능하도록 지원

2. 인사행정의 발달

1) 인사행정의 발달 과정

인사행정의 제도나 기능은 절대군주제 시대부터 체계화되기 시작했다. 일반적으로 관료 제도의 발달은 절대군주제의 2대 지주인 상비군과 관료제의 하나로서 발달한 절대관료제를 말한다. 이 단계에서 관리들은 일종의 특권층을 형성하고, 신분보장과 관리가 되기 위한 엄격한 자격 요건 및 복무규율 등 오늘날 실적주의(merit system)의 단서적 형태를 확립하기 시작했다.[1]

관료 제도 발달의 제2단계는 정당관료제이다. 국왕에게 봉사함으로써 특권적 지

1) 대표적 예는 프러시아의 관료제인데 특징은 첫째, 사법관료(1700년경)와 행정관료(1748년)에 대한 시험 제도의 실적주의, 둘째, 관료의 사적 영리와 권한 남용의 금지, 관료에 대한 근무성적 평정표에 의한 엄격한 복무규율, 셋째, 고위정무관을 제외한 전 공무원의 강력한 신분보장, 넷째, 모든 업무가 문서에 의해 처리되는 형식적 문서주의이다.

위가 보장되었던 절대관료제와 달리 정치적 항쟁 이후 국민의 지지를 얻어 승리를 얻은 정당이 자신들의 조직에 충실한 관리를 임명할 수 있게 하는 엽관제 또는 정실주의 시기이다. 1688년 명예혁명 이후 영국에 출현한 정실주의(patronage system)와 1829년 잭슨 대통령이 취임한 이후의 미국 엽관제(spoils system)에서 그 예를 찾을 수 있다.

영국의 정실주의는 공직에의 임명이 정실에 따라 행해졌다는 점에서 미국의 엽관제와 유사하나 교체의 원칙이 적용되지 않았다는 점에서는 엽관제와 다르다. 영국의 경우 기득권 존중의 전통이 종신직 제도를 뒷받침하고 있으며, 내각은 일정한 임기가 있는 것이 아니므로 갑자기 사직할 경우 내각 교체로 인한 혼란을 방지하기 위해 항구적 공무원 제도가 필요했던 것이다.

미국의 엽관제를 대표하는 잭슨(A. Jackson) 대통령은 1829년 12월 연두교서에서 엽관제는 모든 관직의 내용은 이해력 있는 인간이라면 누구나 용이하게 그 임무를 수행할 수 있을 정도로 간단 명백하며, 그렇게 하도록 창설된 것이라고 발혔다. 뉴욕 주 출신 상위의원 마크(William L. Macch)는 "승자에게 전리품을 귀속한다!(To the victors being the spoils!)"라고 해서 엽관제를 호전적인 측면에서 옹호했다.

이러한 엽관 체제의 정당화의 근거는 정부관료제이 민주화에 기여하고 공무원들의 높은 충성심과 민주정치의 보탬이 되는 정당 제도의 유지에 도움이 된다. 반면에 엽관 제도가 공무원에게 끼치는 폐해적 요인으로는 경험이 없고 무능한 사람들이 정부에 들어와 행정비용의 막대한 낭비를 초래하고, 정권이 바뀔 때마다 대량적인 인력 교체가 일어나면 행정의 계속성을 잃게 되며, 공직에의 임용이 정당의 특수이익과 집권자에 대한 개인적 충성심에 달려 있어 개인적인 이익에 몰두하기 쉬운 점을 들 수 있다.

관료제도 발달의 제3단계는 실적주의 공무원제로서 실적주의의 내용은 각 나라마다 상이하다. 라이퍼(Paul P. Van Riper)는 실적주의의 3대 요소로서 능력에 의한 임용(공개경쟁시험), 공무원의 정치적 중립, 공무원의 신분 보장을 들고 있다. 오늘날 실적주의 공무원 제도는 각국에서 널리 찾아볼 수 있으며, 이는 1870년대 추밀원령 이후 영국 공무원 제도와 1883년 미국의 「펜들턴법」(Pendleton Act) 제정으로 확립되었다.

2) 엽관주의와 실적주의

(1) 엽관주의

① 개념과 발달 배경

엽관주의(spoils system)는 정당에 대한 공천권이나 인사권자의 신뢰 관계를 기준으로 공무원을 임용하는 인사 제도로서, 선거에서 승리한 정당이 모든 관직을 그 정당의 추종자들에게 정당 활동에 대한 공헌도와 충성심을 공직 임용의 기준으로 배분한다는 견해이다. 영국에서는 1688년 이후 1870년까지 정실임용제(patronage system)로서 발전했고, 미국에서는 1829년 잭슨 대통령 이후 1883년까지 엽관제로 나타났다.

정실임용제는 실적 이외의 요인인 정치성, 인연, 지연, 개인적 친분, 기타의 온정 관계가 관직 임용의 요건이 되므로 당파성이나 정치성을 기준으로 하는 공직 임용 제도인 미국의 엽관제와는 차이가 있다.

엽관제의 성립은 첫째, 민주정치의 기초가 되는 정당 제도의 유지에 기여하였다. 즉, 정당활동을 통한 정권 교체에서 그 추종자들에게 관직을 제공해야 할 필요가 생긴 것이다. 둘째, 엽관제를 통해 공직의 대중화를 실천할 수 있게 되었다. 즉, 행정활동이 단순한 것이었으므로 건전한 상식을 가진 사람이면 누구나 행정 업무를 수행할 수 있다는 인식이다. 셋째, 민주정치의 발전이다. 정책의 큰 변동이 요구될 때 이를 지지할 관료를 엽관 임용함으로써 계획사업을 추진할 수 있고, 비대해진 관료제를 민주적으로 통제할 수 있다는 점이다. 또한 조직체의 책임자와 이념을 같이하는 고위 정책결정 담당자를 엽관 임용함으로써 국민에 대한 책임정치를 실시할 수 있다는 점이다(Lutin & Settle, 1995: 222-224).

② 엽관제의 장 · 단점

엽관제의 장점은 정당 이념의 구현을 가능하게 하고, 관직의 특권화 방지와 평등 이념에 부합하게 되었다는 점이다. 또한 선거에 승리한 정당에 의한 공직의 경질을 통해 관료주의화 및 공직 침체를 방지할 수 있고, 행정의 민주화에 기여했다는 점이다. 그러나 정부의 기능이 점차 확대되고 복잡해지는 19세기 후반 상황은 관직이 더 이상 비전문적인 실습의 장이 될 수 없었으며, 엽관제로 인한 폐해가 나타났다.

엽관제의 폐해, 즉 엽관제의 단점을 살펴보면 다음과 같다. 우선 공직에 문외한을 임용함으로써 행정 능률의 저하를 야기했다는 점이다. 또한 관료의 정당 사병화로 국민에 대한 책임성 저하를 초래했고, 대량의 잦은 인력 교체로 재직자의 행정 경험을 살릴 수 없으며, 행정의 계속성도 확보 할 수 없었다. 그리고 선거의 승리에 공헌한 사람들을 임용하기 위해 불필요한 관직의 증설로 예산의 낭비를 초래할 수 있으며, 공무원의 신분상의 불안, 행정의 비중립성과 비능률성의 초래, 공직에의 임용이 소속 정당이나 충성심을 기준으로 하기 때문에 공정성을 보장할 수 없다는 점이다.

(2) 실적주의

① 개념과 발달 배경

실적주의(merit system)는 현대적 의미로는 1870년 영국의 제2차 추밀원령과 1883년 미국의 「펜들턴법」의 제정과 더불어 전개되었다. 한국의 경우도 1949년 「국가공무원법」에서 인사행정의 기본 원칙이 실적주의에 있음을 천명했다. 실적주의는 엽관주의의 비판에서 출발했으며, 인사행정의 기준을 당파성이나 정실·혈연·학벌·지연이 아닌 개인의 능력·자격·실적·교육·경험·업석에 따라 공무원을 모집하고, 임명·능력 발전 및 승진시키는 것을 말한다. 즉, 언고(nepotism)·금력·정치적 신분에 입각한 정실주의나 엽관제를 배제하고 일정한 자격(qualification)과 능력을 갖춘 사람은 누구에게나 공직 취임의 기회를 부여한다는 점에서 민주적이며 능력 본위의 인사행정 원리라고 할 수 있다. 실적주의는 엽관제의 폐해를 방지하고자 하는 소극적 성격에서 비롯된 것이나 현대 인사행정에서는 적극적 성격으로 변모되었다. 이러한 실적주의는 직업공무원제를 확립하기 위한 기반이 된다. 이러한 실적주의의 기준은 [그림 5-2]에서 나타난 바와 같다.

영국의 경우 정실주의의 극복 및 공무원 제도 개혁운동은 1853년 「트레벨리언-노스코트(Trevelyan & Northcote) 보고서」를 계기로 인사위원회의 설치로 출발

그림 5-2 실적주의의 기준

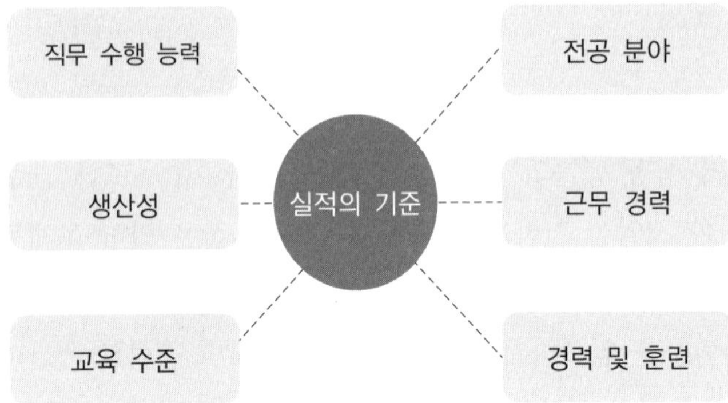

했다. 영국 공무원 제도 개혁운동은 1855년의 제1차 추밀원령을 거쳐 1870년의 제2차 추밀원령에 의해 실적주의의 제도적 기초를 확립했다. 추밀원령의 주요 내용으로서는 독립인사위원회 설치(1차), 공개경쟁시험(2차), 계급의 세분류(2차), 재무성의 인사권 강화(2차) 등을 들 수 있다.

미국은 1860년대 이후부터 공무원 제도 개혁이 주창되어 1880년대의 공무원 제도 개혁운동, 1881년 가필드(J. A. Garfield) 대통령의 암살, 실적주의 강화로 인한 공무원 정치활동 금지법인 「해치법」(Hatch Act), 그리고 1883년 연방인사법인 「펜들턴법」(Pendleton Act)의 제정으로 실적주의가 시작되었다. 「펜들턴법」의 주요 내용은 당파를 초월한 독립적 중앙인사위원회의 설치, 공개경쟁시험에 의한 임용, 제대군인에 대한 특혜 인정, 정치헌금 및 정치활동의 금지, 시보 제도의 도입, 인사위원회는 개선 건의안을 대통령을 통해 의회에 제출할 것 등이다.

실적주의의 특징은 첫째, 공직 취임의 기회 균등이다. 공직은 모든 국민에게 개방되며, 성별 · 신앙 · 출신 지역 · 신분 · 학벌 등에 의한 차별을 받지 않으며, 공개경쟁시험은 필수이다. 둘째, 정치적 중립이다. 공무원은 어떤 정당이 집권하든지 당파성을 떠나 전문적 지식, 경험에 의해 공평하게 봉사하고 특수 이익이 아닌 공익을 추구해야 한다. 셋째, 공무원의 임용 등 인사관리는 능력, 자격, 실적이 기준이며 정실이나 당파성은 배제된다. 넷째, 공무원은 법령에 저촉되지 않는 한 부당한 정치적 영향력 등으로 신분 위협을 받지 않아야 한다. 그 외 책임행정구역, 예산 절약, 법 앞의 평등, 행정의 과학화·전문화·능률화·객관화 등을 본질로 하는 점 등이다.

② 실적주의의 장·단점

실적주의의 장점은 첫째, 공직 임용의 기회를 균등히 보장해 줌으로써 민주주의적 평등 이념의 실현에 기여했다. 둘째, 시험 제도를 통해 무자격자나 정치적 부정행위를 배제함으로써 엽관의 폐해를 극복하고 행정의 능률성 제고에 이바지했다. 셋째, 공무원의 신분 보장을 통해 행정의 계속성·안정성을 확보할 수 있고, 나아가서는 행정의 전문화를 촉진시키게 되며 직업공무원제의 발전에 기여할 수 있다는 점과 예산 절약 등을 들 수 있다.

그러나 실적주의는 다음과 같은 비판을 받게 되는 단점을 지니고 있다. 첫째, 인사행정에 대한 정치적 간섭을 배제하고 정권 교체에 의한 영향을 받지 않도록 하기 위해 공무원의 신분을 보장하는 데만 중점을 두는 소극적 성격을 가졌으며 인사행정의 집권화를 초래했다. 둘째, 행정책임자가 적재적소의 인사 배치를 통해 업무를 효율적으로 처리해야 하는 행정관리적 측면이 등한시되었다. 셋째, 엽관·정실의 폐해 배제에만 급급해 지나치게 인사관리의 과학성·기술성을 강조했다. 이에 따라 법규·절차·기준에 대한 위반 여부만을 따지게 됨으로써 목적보다 수단에 치중하는 지나친 형식화·경직화를 초래했으며, 아울러 비융통성·비인간성을 가지게 되었다. 넷째, 공무원의 지나친 보호주의는 결국 관료주의·관료의 특권화 및 보수화를 초래할 수 있고 민주통제를 어렵게 한다.

인사행정에서 공무원의 신분 보상을 강력하게 하는 것이 언제나 바람직한 것은 아니며, 직무의 전문성과 자율성에 따라 비례적으로 적용되어야 한다. 우리의 경우 급변하는 행정환경에 대응할 수 있는 공무원의 전문성 제고 및 경쟁력 향상에 대한 요구가 더욱 증대되고 있으며, OECD 국가들을 중심으로 확산되고 있는 정부부문의 구조조정과 개혁이라는 측면에서 공공 부문의 인력관리의 변화에 대응해야 할 필요성도 증가되고 있다.

제 2 절 인사행정 제도와 기관

1. 직업공무원제

1) 개념과 특징

직업공무원제(career system)란 공직이 유능하고 인품 있는 젊은 남녀에게 개방되어 매력적인 것으로 여겨지며 업적에 따라 명예로운 높은 지위에도 승진 기회가 보장되어 공직 근무를 보람 있는 생애로 생각하고 평생을 공직에 바치도록 조직·운영되는 공무원 제도이다.

직업공무원제는 행정의 독자성과 안정성·계속성을 확보해 주며, 정치적 변동 시에도 공무원이 중립적 권력으로서 국가 전체의 통일성·항구성, 중립성을 유지·확보하게 할 수 있게 한다. 직업공무원제는 경력직 공무원, 즉 실적과 자격에 의해 임용되고 그 신분이 보장되는 공무원으로 평생토록 공무원으로 근무할 것이 예정되는 공무원을 말한다.

2) 주요 내용과 요건

직업공무원제는 계급제와 폐쇄형 임용 원리, 일반능력자주의, 그리고 종신고용제에 입각한 제도이다. 직업공무원제의 목적은 공직의 안정성과 우수성을 확보하고 공직의 윤리성을 확보하는 것이다. 직업공무원제의 목적에 부합될 수 있도록 우수한 인재의 확보, 신분 보장, 인적자원의 적절한 유지를 위한 인적자원의 수급을 위한 공직구조 및 관리 체계가 갖추어져야 한다.

직업공무원제가 확립되고 발전되기 위해서는 그 기반으로서 실적주의가 먼저 확립되어 있어야 하며, 민주적 공직관에 입각한 공공봉사로서 공직이 사회적 평가를 받아야 한다. 또한 경제적 차원에서도 공무원이 생활에 대한 불안감 없이 근무할 수 있도록 보수를 민간 임금 수준과 물가 변동에 대응할 수 있게 적정화시켜야 하며, 일반적 원칙에도 적합하도록 제도화되어야 한다. 그리고 유능한 젊은 인재의 채용으로 평생에 걸쳐 최고 직위까지 승진할 수 있도록 해야 한다. 이 밖에도 신분 보장, 적절한 연금 제도의 확립, 합리적인 인사 제도와 능력 발전의 교육훈련 제도의 확립, 장기적 인적자원계획의 수립 등이다.

2. 직업공무원제의 장 · 단점

직업공무원제의 장점은 첫째, 장기근무를 장려하고, 유능한 인재를 공직에 유치하고자 노력하며, 공직에의 장기근무 장려로 공직이 전문직으로 인식되고, 이로 인해 공무원의 단결심과 충성심 강화에 도움을 준다는 점이다. 둘째, 공무원의 신분보장으로 행정의 안정성 · 계속성 · 일관성을 유지 · 확보해 준다. 따라서 정권 교체나 정쟁에 의한 영향을 받지 않고 행정의 중립성 · 안정성 · 계속성을 확보함으로써 국가의 통일성을 유지할 수 있다. 셋째, 공무원의 성장 · 발전의 동기부여가 촉진되며, 더 나아가 성공감의 충족과 사기 및 능률의 제고에 도움을 준다는 점이다.

반면에 직업공무원제의 단점은 첫째, 신분 보장 및 폐쇄적 임용으로 인해 공무원 집단의 보수화 및 특권집단화될 수 있다는 점이다. 즉, 외부 인사의 중 · 고위직에로의 임용을 금지하는 폐쇄제를 채택하므로 관리직의 폐쇄화를 초래하며, 특정 분야의 전문가를 채용하기가 어려워진다. 둘째, 폐쇄적 임용과 장기 근무로 공직이 침체될 수 있고 관료주의화로 인해 무사안일 및 복지부동의 병리 현상이 유발될 수 있다. 셋째, 하위직에서 상위직으로 승진함을 원칙으로 하는 일반행정가에 의한 인사 운영 때문에 행정의 전문화 · 기술화를 저해할 우려가 있다. 넷째, 승진 적체 문제의 발생과 이로 인한 승진 과열 현상으로 인한 인사 운영상의 문제가 발생할 수 있다는 등의 단점이 제기된다.

3. 직업공무원제와 실적주의의 관계

직업공무원제가 일찍부터 발달되어 있는 영국, 프랑스, 독일 등은 실적주의를 도입해 인사 제도를 보완해 가고 있다. 직업공무원제는 실적주의와 신분 보장, 정치적 중립, 능력 중심의 공직 임용, 자격과 능력에 의한 채용과 승진이라는 점에서

비슷하다. 그러나 직업공무원제가 계급제와 폐쇄형 공무원제에 입각한다는 점(실적주의는 개방형 임용 제도), 직업공무원제가 연령과 학력 제한 등을 기본으로 기회 균등을 제한(실적주의는 능력에 따라 공무원으로 임용해 공직에 기회 균등 보장), 직업공무원제는 일반능력가주의를 지향(실적주의는 전문가주의)한다는 점에서 둘은 차이가 있다. 실적주의와 직업공무원제와의 관계는 <표 5-2>와 같다.

표 5-2 실적주의와 직업공무원제와 관계

구 분	실적주의	직업공무원제
채택 국가	미국 · 캐나다	영국 · 독일 · 프랑스 · 일본
사회적 배경	산업사회	농업사회
공직 분류	직위분류제, 개방형	계급제, 폐쇄형
중점	직무 중심: 업적성	사람 중심: 생애성
보수관	직무급	생활급
연령 제한	없음	연령 제한이 필수적
인사 배치	비신축적	신축적
행정가	전문행정가(specialist)	일반행정가(generalist)

4. 유연근무제

일과 가정의 양립, 일과 삶의 균형, 가족 친화적 사회환경 조성에 대한 요청이 증대됨에 따라 공무원의 근무 형태도 다양화할 필요성이 대두되었으며, 선진 외국에서는 오래전부터 전략적으로 유연근무제를 도입했다. 우리나라도 국가경쟁력을 제고하기 위해 유연근무제의 도입 및 활성화의 필요성이 대두되었다. 유연근무제는 직무에 특성에 따라 요구되는 근무 형태를 유연하게 변경할 수 있으므로 근무자의 일에 대한 자율성과 능동성, 창의성을 제고할 수 있다.

유연근무제는 공직생산성을 향상시키고 삶의 질을 높이기 위해 개인 · 업무 · 기관별 특성에 맞는 유연한 근무 형태를 공무원이 선택하여 활용할 수 있는 제도로서 대국민 행정서비스에 차질이 없는 범위 내에서 신청기간과 근무 유형을 정해 부서장에게 승인 신청하여 승인을 받도록 한다. 각급 행정기관장은 유연근무 이용자가 근무성적 평정, 전보, 승진 등 인사상 불이익 처분을 받지 않도록 관리하도록 한다(인사혁신처, 2018).

유연근무제의 유형에는 <표 5-3>에 나타난 바와 같이 시간선택제 근무, 탄력근무제, 원격근무제 등이 있으며, 시간선택제 근무는 일 8시간의 통상적인 근무시간보다 짧게 근무하는 형태로 1일 최소 3시간 이상, 주당 15~35시간을 근무한다. 원격근무제는 재택근무형과 스마트워크 근무형이 있다.

표 5-3 유연근무제의 유형

유 형	세부 형태	활용 방법
시간선택제 전환근무제		
탄력근무제	주 40시간 근무하되, 출·퇴근시간·근무 시간·근무일을 자율 조정	
	시차출퇴근형	
	근무시간 선택형	
	집약근무형	
	재량근무형	
원격근무제	특정한 근무장소를 정하지 않고 정보통신망을 이용하여 근무	
	재택근무형	사무실이 아닌 자택에서 근무
	스마트워크 근무형	자택 인근 스마트워크센터 등 별도 사무실에서 근무

자료: 인사혁신처(http://www.mpm.go.kr, 2018).

유연근무제의 유형 중 탄력근무제에 대해 좀 더 살펴보면 다음과 같다.

■ 탄력근무제

탄력근무제는 개인의 생체 리듬에 따른 업무 집중도를 높이기 위해 직원이 출·퇴근 시간을 선택해 근무하는 제도로 중앙부처에서 전 부서 직원을 대상으로 실시한 것은 구 중앙인사위원회가 처음이었고, 2005년부터 교통 혼잡을 피하기 위해 공공기관에 탄력근무제가 도입되었다. 탄력근무제는 출·퇴근 시간을 직원들이 자율적으로 선택할 수 있는 제도로, 재경부·여성부 등 일부 중앙부처에서 부분적으로 도입했고, 지방자치단체도 도입해 실시한 바 있다. 이 제도는 집중력 있는 업무 처리와 직원 개개인의 능력을 최대한 발휘할 수 있도록 하는 데 목적이 있다. 특히 교통 혼잡을 줄여 에너지를 절약하고 여성 공무원들은 육아 시간을 좀 더 확보할 수 있는 효과가 기대되었다.

탄력근무제는 여러 가지 면에서 긍정적인 평가를 받고 있다. 우선 직원들은 개인 시간을 활용할 수 있으며, 이는 업무 능률 향상을 불러온다. 또 필요 없는 잔업을 줄일 수 있고, 사무실 공간 활용도를 높일 수 있다는 점도 긍정적인 요소이다. 그러나 대부분 오전 업무 효율이 지나치게 떨어지고 습관성 야근자들이 속출하는 문제는 역기능적인 요인이다. 탄력근무제는 직원들의 효율적인 시간관리를 위해서는 상당히 긍정적인 정책이지만 개인에게 적정한 시간관리 능력이 없을 때는 불필요한 정책으로 전락하는 것을 피할 수 없다. 따라서 탄력근무제의 도입에 앞서 직원 개개인의 시간관리 능력의 향상부터 고려해야 하는 문제점도 제기된다. 또 탄력근무제라는 미명하에 직원들에게 과도한 업무량을 분담시키는 행위도 고려 대상이다. 적절한 휴식 없이는 완성도 높은 업무 효율도 없다는 것이다.

5. 중앙인사기관

1) 중앙인사행정기관의 의의와 형태

중앙인사기관(Central Personnel Agency)은 국가의 모든 공무원에 대한 인사 관련 업무를 총괄하는 기관을 말한다. 중앙인사기관 설치의 기능과 목적은 엽관주의 임용을 배제함으로써 공무원의 신분과 권익을 보장하고 인사행정의 공정성과 중립성을 확보하는 데 있다. 또한 인사행정의 할거주의를 방지함으로써 인사행정의 통일성을 확보할 수 있으며, 정부 각 기관의 인사행정을 지원할 수 있다. 뿐만 아니라 행정수반에게 인사행정 부문의 관리 수단을 제공하고 입법부에 인사정책을 권고할 수 있으며, 다양한 이익집단의 요구를 반영할 수 있고 이들의 지지를 확보할 수 있다(한영수 · 강인호, 2008).

중앙인사기관의 조직 형태는 독립합의형, 비독립단독형, 절충형 등이 있다. 독립합의형은 위원회형이라고도 하며, 행정부 및 행정수반으로부터 분리되어 독립된 지위에서 위원들의 합의에 의해 의사 결정이 이루어지는 형태이다. 비독립단독형은 부처형이라고도 하며, 한 사람의 기관장이 중앙인사기관의 지휘부를 구성하는 조직 형태로서 중앙인사기관은 행정부에 속해 있으며 행정수반이나 내각의 지시를 받는다. 절충형은 독립합의형과 비독립단독형 두 모형을 절충한 형태로서, 독립합의형에 비독립단독형을 가미한 형태와 독립합의형과 비독립단독형 기관으로 이원화한 형태가 있다.

중앙인사기관의 전통적 기능은 집행 기능, 감사 기능, 준입법 · 준사법 기능, 그리고 보좌 기능이 있다. 또한 중앙인사기관의 새로운 기능으로서 감독 및 자문 역할, 중재자로서의 기능, 그리고 새로운 행정관리 기법의 도입으로 중앙인사기관의 연구 및 조사 기능이 강화되고 있다.

2) 한국의 중앙인사기관

우리나라의 인사행정에 관한 기본 정책의 수립 및 운영에 관한 사무는 국회는 국회사무총장, 법원은 법원행정처장, 헌법재판소는 헌법재판소 사무처장, 선거관리위원회는 중앙선거관리위원회 사무총장, 행정부는 그동안 안전행정부 장관이 이를 관장했으나, 2014년 11월 「정부조직법」의 개정을 통해 인사혁신처를 신설함으로써 인사혁신처 장관이 이를 관장하도록 했다.

한국의 중앙인사기관의 발달과정은 고시위원회와 총무처, 국무원 사무국 및 국무원 사무처, 내각사무처, 총무처를 거쳐 행정자치부 및 중앙인사위원회(1999), 중앙인사위원회(2004), 행정안전부 및 안전행정부(2013)에서 현재 인사혁신처가 담당하고 있다.

1998년 2월 28일 정부조직 개편에 따라 총무처와 내무부를 통합해 행정자치부가 신설되었으나, 종래 총무처 인사국에서 관장하던 인사 업무는 인사복무국과 고시훈련국으로 나뉘었다가 그 후 다시 행정자치부 인사국으로 통합되었다. 김대중 대통령의 선거공약에 따라 「국가공무원법」을 개정해 대통령 직속의 독립적인 심의 · 의결기구로서 중앙인사위원회를 설치해(1999.5.24) 행정자치부 인사국의 인사기획과 업무와 급여과 업무를 이관했다. 그 밖에 채용 및 승진인사심사와 직무분석 업무를 수행하고 있으며, 21세기 지식정보화 사회를 맞이해 인사행정 분야의 개혁을 효율적으로 추진하고, 정부인적 자원 관리 기능을 보강하기 위해 인사관리심의관을 신설하는 등 중앙인사위원회의 기구와 인력을 합리적으로 조정하고자 인사관리심의관을 신설하고, 기존의 기획총괄과를 기획관리과와 정책지원과로 분리했으며, 인사심사과를 신설했다.

중앙인사위원회는 공무원의 정실 임용을 방지하고 인사행정의 공정성과 중립성을 유지하기 위해 대통령 직속으로 설치된 행정부의 중앙인사관장기관으로서 독립성을 가진 합의제 행정기관이라고 할 수 있다. 그러나 중앙인사위원회는 일부 인사 기능을 수행함으로써 정부의 인사 기능을 이원화하였다는 비판이 제기되기도 했다.

행정부 소속 공무원의 인사행정에 관한 기본 정책 수립과 인사행정 분야의 개혁에 관한 사무를 담당하기 위해 대통령 소속 하에 설치된 중앙인사위원회가 이명박 정부의 2008년 2월 정부조직 개편으로 폐지되고, 종전의 행정자치부, 중앙인사위원회, 국가비상기획위원회, 정보통신부(일부) 등 4개 부처가 통합되어 행정안전부로 바뀌었다. 2013년 2월 박근혜 정부의 출범과 함께 행정안전부가 국민 안전을 강조하는 의미의 안전행정부로 명칭을 개칭해 중앙인사기관으로서의 역할을 수행

그림 5-3 인사혁신처 조직도

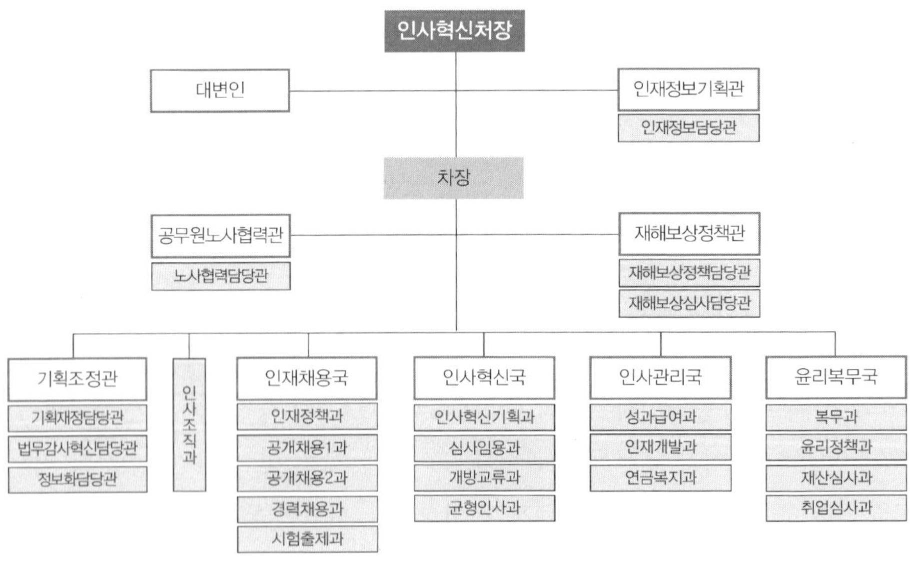

자료: 인사혁신처(http://www.mpm.go.kr, 2018).

해 왔다. 그러나 2014년 11월 정부조직 개편으로 인해 안전행정부가 행정자치부로, 2017년 출범한 문재인 정부에서는 행정안전부로 개편되었으며, 인사혁신처가 중앙인사행정기관으로서의 역할을 담당하고 있다.

인사혁신처의 조직도를 중앙인사기관의 기능을 중심으로 살펴보면 [그림 5-3]과 같다.

제 3 절 공직의 분류

1. 직위분류제

1) 직위분류제의 의의와 특징

직위분류제(position classification system)는 공직을 각 직위에 존재하는 직무의 종류와 곤란성, 책임도의 차이에 따라 수직적 · 수평적으로 분류하여 체계화하는 제도이다. 직위 분류는 직무의 종류와 곤란성 및 책임도에 따라 직군 · 직렬 · 직급 또는 직무 등급별로 분류하되, 같은 직급이나 같은 직무 등급에 속하는 직위에 대해서는 동일하거나 유사한 보수가 지급되도록 해야 한다.

직위분류제는 주관적 · 감정적 · 비합리적 요인에 의해 지배되기 쉬운 인간적 요인을 배제하고, 인력관리의 합리화를 의도한다는 점에서 산업사회에서 효용성이 높다고 할 수 있으며, 시험이나 보수 기타 인사관리의 합리화를 위한 수단으로 활용할 수 있다.

직위분류제의 특징은 다음과 같다.

첫째, 직위분류제는 직무의 성질 · 내용 · 곤란성을 표시해 주므로 어떤 지식과 기술을 가진 사람이 그 직위에 요구되는가를 밝혀 주며, 시험 · 임용 · 승진 · 전직의 합리적 기준을 제공해 준다. 둘째, 공무원의 보수 결정 기준은 다양하지만, 직위분류제를 도입하면 동일 직무에 대한 동일 보수의 원칙에 따르는 직무급 제도를 확립함으로써 보수 제도의 합리적 기준을 제시해 준다. 셋째, 근무성적을 평정하려면 공무원이 담당하는 직책의 내용을 파악해야 하는데 직위분류제는 그 직책의 내용을 용이하게 알려 준다. 넷째, 조직 단위 간의 수직적 관계와 수평적 지휘·감독 관계에서 권한과 책임의 한계를 명백히 해 준다. 다섯째, 업무 분담의 합리화와 직무분석에 의해 정원 및 사무관리의 합리적 관리에 유리하다.

2) 직위분류제 수립 과정

직위분류제를 수립·운영하는 과정은 서로 관련된 여러 단계를 거치는데, 각 단계는 다음과 같다.

(1) 계획의 수립–준비 작업 단계

계획과 절차를 결정하고 분류담당자를 결정한다. 직위 분류에 필요한 면접, 직무분석, 직무평가를 담당할 요원을 선정하고, 조직기구의 성격·기술적 가능성이나 효과 면을 고려해 분류 대상 직위를 결정한다.

(2) 직무조사 단계

분류 대상인 직위들이 직무 내용에 관한 자료 수집을 직무조사라 하는데, 이를 위해서는 직무기술서를 작성하게 된다. 직무기술서란 실제로 개개 공무원이 수행하는 직무 내용을 기술하는 것으로 공무원들에게 기술서를 배부해 기입하게 한다.

(3) 직무분석

직무분석(job anlysis)이란 전문성을 기준으로 직무의 종류를 구분하는 것으로, 직무에 관한 정보·자료를 조사·검토해 직무를 종류에 따라 수직적으로 분류하는 작업을 의미한다. 직렬의 수는 몇 개여야 하는지, 어느 정도 유사직위를 동일직렬에 포함시켜야 하는지 등에 대해 고려해야 한다(백종섭 외, 2018: 49).

(4) 직무평가

직무의 곤란도·책임도에 따른 수평적 분류로 직급·등급을 결정한다. 직무평가란 각 직위의 직무에 내포되는 곤란성·책임성의 정도에 따라 직위의 상대적인 가치 · 비중 · 수준을 결정하는 것을 말한다. 수평적 분류구조를 결정하는 작업으로서 등급 · 지급을 결정 · 형성하는 절차이다. 직무평가의 방법에는 계량적 방법인 점수법 · 요소비교법, 비계량적 방법인 서열법 · 분류법 등이 있다.

① 서열법: 직위의 가치를 전체적 · 종합적으로 평가해 상하 서열을 정하는 방법이다.

② 분류법: 직무 간의 가치를 난이도를 평가하는 기준이 되는 등급기준표(분류기준표)를 미리 작성해 놓고, 이 등급기준표에 입각해 개개의 직무를 해당 등급에 배치해 가는 방법이다.

③ 점수법: 직무의 구성 요소별로 계량적 점수를 부여해 평가해 가는 방법이다.

④ 요소비교법: 기존 직무의 평가 요소에 부여된 수치에 각 직무의 평가 요소를 상호 대비시켜 평점을 함으로써 평가 대상 직무의 상대적 가치를 결정하는 방법이다.

(5) 직급명세서 작성 단계

직군 · 직렬과 등급 · 직급이 결정되면 직급별로 직급명세서가 작성된다. 직급명세서에는 직급명, 직책의 개요, 최저 자격 요건, 채용 방법, 보수액 등이 명시된다.

2. 계급제

1) 계급제의 의의와 특징

계급제(rank-in person)는 공무원이 가지는 개인적 특성, 즉 학력, 경력, 자격을 기준으로 유사한 개인적 특성을 가진 공무원을 하나의 범주나 집단으로 구분해 계급을 형성하는 제도이다. 계급제는 공무원 개인의 신분상의 지위나 자격에 중점을 두는 계급구조를 형성하므로 특정 계급을 중심으로 공무원을 임용한다.

계급제의 특징은 폐쇄형의 인사관리 방식을 채택하고 있으며, 일반적으로 교육제도상의 계층과 밀접한 관계가 있는 4대 계급제가 확립되고 있다는 점이다. 계급간의 차이가 심하며 승진이 어렵다. 또한 고급공무원의 수가 적고 높은 학력이 요구되고 있어 고급공무원의 엘리트화의 특징이 있다.

2) 계급제의 장·단점

계급제의 장점은 다음과 같다. 첫째, 담당할 직무와 관계없이 인사 배치를 할 수 있어 종적·횡적으로 인사 배치의 신축성·융통성을 기할 수 있다. 둘째, 공무원의 능력을 여러 분야에 걸쳐 발전시킬 수 있어 유능한 일반행정가를 양성하는 데 유리하다. 셋째, 직위의 종류에 구애됨이 없이 승진할 수 있으므로 장기적·종합적 능력 발전에 이바지하며, 직업공무원제의 확립·발전을 촉진한다. 넷째, 행정계획 면·조직계획 면·조직의 발전 면에서 보면 그 효용이 장기적이다. 다섯째, 직위분류제 하에서는 고도의 전문화가 이루어지고 있으므로 전문가 간의 의사소통이나 조정이 어려운 데 반해, 계급제 하에서는 좀 더 용이하다. 여섯째, 공무원이 기구개편에 의한 영향을 받지 않으므로 신분 보장이 강하고, 따라서 행정의 안전성·계속성이 유지·확보되며 공무원의 사기가 앙양된다.

계급제의 단점은 첫째, 권한·책임이 불분명하며, 인사관리의 객관적 합리화 및 객관적 기준 설정이 곤란하다. 둘째, 인력 수급 계획의 수립이 곤란하고 행정의 전문화 및 전문행정가의 양성이 어려워진다. 셋째, 신분 보장과 폐쇄제의 인사관리 등으로 인해 관료주의화를 초래하기 쉽다. 넷째, 강한 서열의식으로 인해 상·하 간의 의사소통이 장애를 초래한다. 또한 계급 구분의 내적 경직성으로 인해 직무 지향적 동기 유발이 좌절되기 쉽다.

공직 분류의 기준으로서 직위분류제와 계급제는 그 특징과 장·단점으로 인해

표 5-4 직위분류제와 계급제의 비교

비 교	직위분류제	계급제
분류 기준	직무의 내용·책임도·곤란도⇒ 인간적 요인 배제, 직무분석과 평가 중시	개개인의 학력, 능력⇒ 능동적·창의적·행정인 강조
충원 방식	개방형 충원 방식	폐쇄형 충원 방식
시험과 임용	시험과 임용의 연계 적재적소 배치 가능	융통성↑, 시험관리 용이
임용조건과 교육훈련	업무의 전문지식과 기능⇒ specialist(전문행정가)	폭넓은 소양과 능력⇒ generalist(일반행정가)

대립적 · 배타적 관계에 있는 것이 아니라 상호 보완적 관계에 있다. 이러한 직위 분류제와 계급제의 관계를 <표 5-4>와 같이 비교해 볼 수 있다.

3. 공무원의 종류

한국의 공무원은 임용 주체에 따라 국가공무원과 지방공무원으로 분류하고, 실적의 적용과 신분 보장 여부에 따라 경력직과 특수경력직으로 구분하고 있다. 경력직 공무원이라 함은 실적과 자격에 의해 임용되고 그 신분이 보장되며, 평생토록 공무원으로 근무할 것이 예정되는 직업공무원을 말하며, 실적주의에 적합하지 않은 직을 특수경력직으로 분류하고, 경력직에 적용되는 것과는 별도로 특별한 임명 기준, 근로 조건, 징계 기준, 복무 기준 등을 적용하고 있다.

한국의 공무원의 종류를 임용 주체와 실적 및 신분 보장 여부를 중심으로 구분해 보면 <표 5-5>에 나타난 바와 같다.

표 5-5 한국의 공무원 종류

▣ 경력직 공무원(「국가공무원법」 제2조 제2항)

구 분	내 용
일반직	기술 · 연구 또는 행정일반에 대한 업무를 담당하는 공무원 ① 행정 · 기술직, ② 우정직, ③ 연구 · 지도직
	일반직공무원 중 특수업무 분야에 종사하는 공무원 ① 전문경력관
특정직	담당업무가 특수하여 자격 · 신분보장 · 복무 등에서 특별법이 우선 적용되는 공무원 ① 법관 · 검사, ② 외무공무원, ③ 경찰공무원, ④ 소방공무원, ⑤ 교육공무원, ⑥ 군인 · 군무원, ⑦ 헌법재판소 헌법연구관, ⑧ 국가정보원의 직원 · 경호공무원 등 특수분야의 업무를 담당하는 공무원으로서 다른 법률이 특정직 공무원으로 지정하는 공무원

▣ 특수경력직 공무원(「국가공무원법」 제2조 제3항)

구 분	내 용
정무직	선거, 국회 동의에 의하여 임용되는 공무원, 고도의 정책 결정 업무를 담당하거나 이를 보조하는 공무원으로서 법령에서 정무직으로 지정하는 공무원 ① 감사원장 · 감사위원 및 사무총장, ② 국회사무총장 · 차장 · 도서관장 · 예산정책처장 · 입법조사처장, ③ 헌법재판소 재판관 · 사무처장 및 사무차장, ④ 중앙선거관

	리위원회 상임위원 · 사무총장 및 차장, ⑤ 국무총리, ⑥ 국무위원, ⑦ 대통령비서실장, ⑧ 국가안보실장, ⑨ 대통령경호실장, ⑩ 국무조정실장, ⑪ 처의 처장, ⑫ 각 부의 차관, 청장(경찰청장은 특정직), ⑬ 차관급 상당 이상의 보스를 받는 비서관(대통령비서실 수석비서관, 국무총리비서실장, 대법원장비서실장, 국회의장비서실장), ⑭ 국가정보원장 및 차장, ⑮ 방송통신위원회 위원장, ⑯ 국가인권위원회 위원장
별정직	비서관 · 비서 등 보좌업무 등을 수행하거나 특정한 업무 수행을 위하여 법령에서 별정직으로 지정하는 공무원 ① 비서관 · 비서, ② 장관정책보좌관, ③ 국회 수석전문위원, ④ 감사원 사무차장 및 시 · 도 선거관리위원회 상임위원, ⑤ 국가정보원 기획조정실장, ⑥ 기타 법령에서 별정직으로 지정하는 공무원

자료: 인사혁신처(2018).

4. 고위공무원단 제도

1) 고위공무원단의 의의

고위공무원단 제도란 상위직 공무원을 중하위직 공무원과 구분해 통합적으로 관리하는 제도를 의미한다. 고위공무원단 제도는 공공 부문의 개혁이 활발한 미국, 영국, 호주, 캐나다 등의 국가가 도입하고 있다. 도입 시기 · 제도 명칭 · 제도 운영 내용 등은 각 나라별로 다르지만, 중앙인사기관이 고위관리 직위에 있는 공무원을 정부 전체적인 차원에서 통합 관리하고, 개방성 · 이동성 · 성과관리 등의 인사 운영 원칙을 통해 이들의 경쟁력과 행정 서비스의 질을 높이고자 하는 측면에서는 공통점을 가지고 있다. 즉, 기본적으로 고위공무원단 제도는 행정의 정치적 · 관리적 접근을 통합하려는 노력이다.

고위공무원단 제도 도입의 필요성은 다음과 같다. 첫째, 부처 내 임용으로 인해 부처 간 원활한 정책 조정이 이루어지지 않는 할거주의 행정문화가 있다. 둘째, 국가의 중요 정책 결정자임에도 전문적 체계적 인사관리 시스템이 구축되어 있지 않다. 셋째, 국정 운영의 핵심 자원임에도 역량을 전정부적으로 활용하지 못하고 있다. 넷째, 형식적인 성과 관리가 아니라 생산성이나 경쟁력을 향상시킬 체계적 성과관리가 필요하다는 점이다.

공직의 생산성 향상을 위해 계급제의 한계를 극복하고 장점을 극대화할 수 있는 새로운 제도적 방안으로서 고위공무원단 제도를 2006년부터 본격적으로 도입했다.

그림 5-4 고위공무원단 직위별 충원 방식

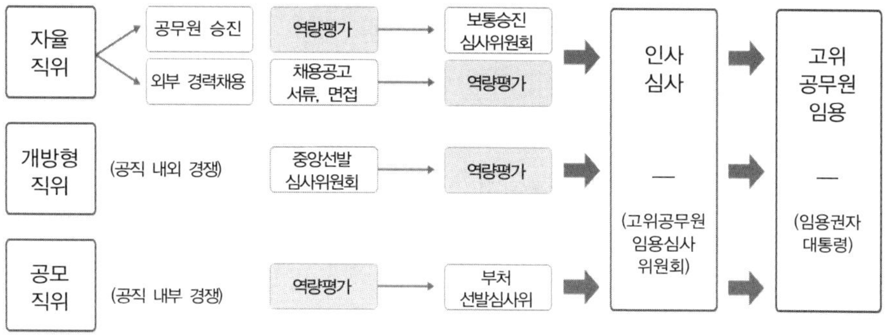

자료: 인사혁신처(2018).

이는 고위관료들의 경험과 능력 및 전문성을 활용함으로써 행정의 생산성 향상과 서비스의 질을 높일 수 있다는 전제에서이다. 우리나라 고위공무원단의 직위별 충원방식은 [그림 5-4]에 나타난 바와 같다.

2) 고위공무원단의 문제점과 대안

고위공무원단 제도가 도입된 2006년 이후 공직사회에 개방과 경쟁이 확대되고 직무와 성과 중심의 인사관리가 강화되는 등 제도 시행에 따른 긍정적 변화가 있었으나, 소속 장관의 인사자율성을 제약하고 부처의 원활한 인사 운영을 저해하는 문제점이 제기되어 일부 제도에 대한 개편이 이루어졌다.

먼저 고위공무원단 인사가 각 부처의 실정에 맞게 현장 중심으로 이루어질 수 있도록 고위공무원에 대한 소속 장관의 인사자율성의 확대이다. 대(大)부처 중심 정부조직 개편으로 부처 간 정책 통합성이 높아져 그 필요성이 낮아진 공모 직위는 규모를 축소해 각 부처 장관이 재량권을 가지고 임용할 수 있는 자율 직위의 비중을 증대시킨 바 있다. 인사혁신처 인사심사 대상이 축소되어 계급 단계별 승진심사에서 고위공무원단 승진심사에서 고위공무원단 진입 시에만 인사심사를 실시하도록 했다.

고위공무원에 대한 인사자율권의 확대 요청에 따라 구 중앙인사위원회는 2006

년 7월 고위공무원단 제도 도입 당시 미국 등 선진국의 사례를 벤치마킹해 계급을 폐지하고, 일의 중요도에 따라 직무 등급을 부여, 등급별로 보수를 차등하도록 했다. 계급과 연공서열의 관행을 타파하고 직무와 성과 중심의 합리적 인사문화를 정착시키기 위한 조치였으나, 운영 과정에서 고위직 인사를 경직시키고 계급을 세분화시키는 일부 문제점을 들 수 있다. 또한 5단계(가~마)로 세분화된 직무 등급이 새로운 계급으로 인식, 부처 내에서 실장급이나 국장급 직위 간의 이동이 제한되어 오히려 적재적소의 원활한 인사 운영이 어렵다는 것도 단점으로 지적되었다.

제 4 절 채용과 교육훈련

1. 모집과 시험

1) 모 집

모집은 공직에 취임하기를 원하는 유능한 인재를 시험에 응시하도록 유인하는 활동 절차이다. 인사행정의 3대 변수는 채용, 능력 발전, 사기 등으로 집약되며, 채용은 모집－시험－임용의 3단계로 파악된다. 적극적 모집은 유능한 인재를 민간부문이나 기타 조직에 빼앗기지 않고 공직에 흡수하는 정책이다.

적극적 모집의 방법은 인력수급계획의 수립에 기인한다. 장기적인 인력수급계획은 수요와 공급을 예측하고 실제 인력 수요를 결정해 적정 인원 수만큼 인적자원을 확보하는 데 중요한 역할을 한다. 또한 노동시장의 개척으로 공직 지망의 유인책, 대학이나 대학원생의 정부기관에서의 수습 제도 및 장학 제도의 실시 등을 들 수 있다. 그 밖에 자격 및 기준의 완화와 기회 균등, 시험의 적정성과 효율화, 모집 결과에 대한 사후평가, 공직에 대한 사회적 평가의 제고, 수습 및 위탁교육 제도의 활성화, 특정한 모집 대상에 대해서는 직접 접촉하는 등 공고 방법의 개선, 임용 절차의 신속화, 모집의 정기화 등을 들 수 있다.

2) 시 험

(1) 시험의 의의와 측정 방법

시험은 공직에서 필요로 하는 능력을 가진 유능한 적격자를 분별・선발하는 도구・수단을 의미한다. 공개경쟁 채용시험은 실적주의 확립에 기여하고 공직에의 임용 기회 균등에 의해 행정의 민주성을 확보해 주며 행정의 능률성을 보장해 준다.

시험의 효용 정도를 측정하는 방법은 신뢰도, 객관도, 난이도, 실용도, 타당도 등이다. 첫째, 신뢰도란 측정 수단으로서의 일관성・일치성을 의미한다. 동일 응시생이 동일 시험을 시간을 달리해 치른 경우 그 성적의 차이가 적을수록 그 시험의 신뢰도는 높다고 할 수 있다. 둘째, 객관도란 채점 기준의 객관화 정도를 의미하며, 시험성적이 채점자에 따라 심한 차이가 없는 것을 말한다. 셋째, 난이도란 시험의 어려운 정도를 말하는 것이다. 적절한 난이도가 유지되어야 득점자 분포가 적절히 이루어져 응시자들의 우열 순위를 충분히 파악할 수 있다. 넷째, 실용도란 시험이 지니고 있는 현실적인 이용 가치의 정도를 의미한다. 이에는 시험관리 비용의 저렴성, 시험 실시의 용이성, 채점의 용이성, 이용 가치의 고도성을 내포한다. 다섯째, 타당도[2]란 시험이 측정하려는 내용을 얼마나 정확하게 측정하고 있느냐의 정도를 의미한다. 타당도는 채용 시험 성적과 채용 후의 근무 성적을 비교함으로써 측정할 수 있다.

2) 시험의 유형

(1) 형식(방법)에 의한 분류

① 필기시험은 가장 오래되고 가장 보편적으로 이용되는 시험 방법으로서, 주관식과 객관식, 논문형・단답형・자유해답형 등이 있다.

② 실기시험은 직무 수행에 필요한 지식과 기술을 실습・실기의 방법에 의해 검증하는 것이다.

---

2) 타당도(validity)를 측정하는 방법에는 여러 가지가 있으나 대개 일반 상식에 의거하는 논리적 타당화(logical validication) 방법, 관계자나 전문가의 견해에 따르는 방법(jury's opinion), 이미 알고 있는 집단과 비교해 보는 기집단비교법(known groups) 및 독자적 기준법(independent criteria) 등이 쓰이고 있다.

③ 면접시험은 다른 시험 방법에 의해서는 측정하기 어려운 사람의 성격·자질이나 직무 수행에 요구되는 능력·적격성 등을 알아보려는 데 목적이 있다.
④ 서류심사: 응시자가 제출한 서류에 의해 적격성을 심사하는 방법이다.

(2) 목적(측정 대상)에 의한 분류

① 일반 지능검사는 사람의 일반적인 지능·능력 또는 정신적 능력을 측정하려는 시험이다. 구체적인 측정 대상으로는 언어 이해 및 구사 능력, 추리력, 수리적 능력, 기억력, 공간 파악 능력, 추상적 사고력, 상황 대처 능력 등이 있다.
② 특수 지능검사(적성검사)는 특정 분야의 지식·기술을 습득·발전시킬 잠재적 소질과 능력을 측정하려는 시험이다.
③ 성취검사(업적검사)는 후천적으로 교육이나 경험을 통해 얻은 지식·기술·실력을 측정하고자 하는 시험이다.
④ 성격검사는 사람의 성격, 특히 정서적 특성·기질, 대인 간의 반응·행동 경향을 측정하려는 시험이다. 구체적인 측정 대상으로서는 정서적 안정감, 자신감, 협조성, 활동성 등이 포함된다.
⑤ 신체검사(체력검사)는 직무 수행에 필요한 일정한 체력과 건강 상태를 측정하려는 시험이다.

2. 임용의 의의와 주요 절차

1) 임용의 의의

임용이란 모집과 선발 절차를 통해 선정된 공무원을 특정의 직위에 취임시키거나 결원을 보충하는 행위를 말한다. 임용은 외부임용과 내부임용으로 구분되며, 외부임용은 신규채용을 의미하고 외부임용은 기존의 인적자원을 활용하는 것을 말한다. 임용권자나 임용제청권자는 해당 기관의 직위 중 효율적인 정책 수립 또는 관리를 위해서 해당 기관 내부 또는 외부의 공무원 중에서 적격자를 임용할 필요가 있는 직위에 대해서는 공모직위로 지정해 운영할 수 있다.

2) 임용의 주요 절차

(1) 채용후보자명부에 등록

시험 실시기관의 장은 채용시험에 합격한 자를 채용후보자명부에 등재해야 한다. 채용후보자명부에는 채용시험에 합격한 사람을 대상으로 인적사항, 시험성적, 훈련성적 등을 토대로 순위를 기록한다. 5급 공무원 공개경쟁 채용시험에 합격한 자의 채용후보자명부의 유효 기간은 5년으로 하고, 그 밖의 채용후보자명부의 유효 기간은 2년의 범위에서 국회규칙, 대법원규칙, 헌법재판소규칙, 중앙선거관리위원회규칙 또는 대통령령으로 정한다. 다만, 시험 실기기관의 장은 필요에 따라 1년의 범위에서 그 기간을 연장할 수 있다.

(2) 추 천

시험 실시기관의 장은 채용후보자명부에 등재된 채용 후보자를 임용권이나 임용제청권을 갖는 기관에 추천해야 한다. 2~5배수를 추천하는 배수 추천제, 임용권자가 특수한 자격요건, 조건을 지정하는 특별추천제(지정추천제), 정무직, 과장급 이상 개방형직위, 공공기관장 등의 직위에 공직후보자를 국민으로부터 추천받는 국민추천제도가 있다(백종섭 외, 2018: 163). 임용권자나 임용제청권자는 추천받은 채용후보자를 임용한 때에는 그 결과를 시험 실시기관의 장에게 지체없이 알려야 한다(「국가공무원법」 제38조).

(3) 시보 및 임용

선발된 자는 공무원으로 정식 임용되기 전 최종 적격 여부를 알아보기 위한 시보기간을 거친다. 시보 기간은 5급 공무원의 신규 채용 시 1년, 6급 이하 공무원 및 기능직 공무원의 신규 채용 시 6개월의 시보 기간을 두며, 시보 기간 중에 근무성적이 양호한 경우에는 정규 공무원으로 임용한다. 예외적으로 시보 임용을 면제하거나 그 기간을 단축할 수 있다.

3. 개방형 임용

1) 개방형 임용의 개념과 도입 배경

개방형 임용 제도는 공직을 민간에게 개방하는 제도로 정부기관의 어떤 직위를 담당하게 될 사람을 임용할 때 그 기관에 소속되어 있는 내부 직원만을 고려 대상으로 한정하지 않고, 정부 내 다른 기관 소속 공무원과 정부 밖에 있는 민간인들에게까지 해당 직위를 개방해 적격자를 선발하는 것이다. 공직 개방은 개방형 직위 제도를 근간으로 특별채용 제도 · 별정직 제도 · 계약직 제도 등 다양한 고용 관계를 포괄하는 개념이며, 더 넓게는 민 · 관 간의 인사 교류도 포함될 수 있다.

1990년대 중반 이후부터 줄곧 제기된 한국 경제 · 사회의 구조적인 질적 전환 요구, 급변하는 국내 · 외 환경 변화에 대응하는 반응적 정책 필요, 국민들의 참여 욕구 및 다양한 이해를 반영하는 참여적 행정 요구, IMF 이후 야기된 국가 행정에 대한 국민 불신 극복 등의 과제를 해결해 나가면서 더 이상 공직사회 내부에서만 육성된 공무원으로는 한계를 지닌다는 인식이 팽배했다. 이에 단순한 정책자문 차원을 넘어 기업 · 학계 · 시민단체 등 민간 부문의 경험과 전문적 노하우, 다양한 시각을 정책 수립 과정에 직접 참여시켜 반영할 필요성이 증대했다. 또한 인적 구성 폐쇄성에 따른 집단사고의 위험, 계급제에 기반을 둔 연공서열과 무사안일주의 등을 타파하기 위해 외부 인력 유입과 내부 경쟁 조장이라는 충격을 가할 필요성 또한 좀 더 과감한 공직 개방을 요구하게 된 것이다.

2) 개방형 임용의 경쟁 원리

행정개혁의 이론적 토대를 제공하고 있는 신공공관리론(New Public Management: NPM)은 통제 위주의 집권적인 행정관리와는 달리 경쟁의 원리에 입각한 분권적이며 탄력적인 행정관리를 강조한다. 영국, 호주, 뉴질랜드 등 선진국에서 고위 직업공무원에 대해 계약제 임용 방식을 도입하는 등 공무원 인사관리에 경쟁과 성과를 강조하기 위해 다양한 노력을 경주하고 있는 것도 이러한 변화 추세를 반영한 것이다.

IMF 사태로 일컬어지는 국가 경제적 위기 상황에 대처하기 위해 경쟁 원리의 도입을 통한 공직사회의 생산성 제고를 위한 구조조정이 요구되었다. 이에 정부는 정부 기능과 조직 및 인력을 축소하는 한편, 외부 전문가의 공직 임용을 확대하고 연봉제와 성과상여금제를 도입하는 등 공직사회에 경쟁의 원리를 도입해 행정의 전문성과 생산성을 향상시키기 위해 공무원 제도 전반에 대한 개혁 작업을 시도하게 되었다.

특히 행정부의 국장급 이상 고위 직위에 대한 개방형 임용 제도의 도입은 폐쇄적 임용과 강력한 신분 보장을 특징으로 하는 우리나라 직업공무원제도 전통의 근간을 변화시키려는 중대한 개혁 조치라 할 수 있다.

4. 교육훈련

1) 교육훈련의 의의 및 필요성

공무원의 교육훈련은 공무원의 능력을 향상시키려는 것으로 공무원의 능력 발전을 위해 직무 수행에 필요한 지식과 기술의 습득 및 가치관·태도의 발전적 변화를 기하고자 하는 인사 기능을 의미한다.

공무원 교육훈련의 필요성은 다음과 같다. 첫째, 전문화 및 기술혁신에의 적응으로 행정환경의 급속한 변동과 유동성의 변화이다. 둘째, 행정 기능의 확대·강화 및 생산적 복시국가화의 경향이다. 셋째, 직무 수행 능력과 변화 대처 능력 습득, 공무원 사회에의 적응 능력의 요청에 의한 것이다. 넷째, 감독자가 관리자로 승진 시에 요구되는 능력 습득과 정보화 시대의 요청에 대응하는 정보화 훈련의 확대에 대한 관심사이다. 이외에 특수 직책 수행에 따른 기술 능력 습득의 필요, 새로운 가치관의 확립 등을 들 수 있다.

2) 교육훈련의 종류

공무원 교육훈련은 어떤 기준을 적용하느냐에 따라 다양하게 분류할 수 있는데, 목적별 또는 성질별로 분류하는 방법, 조직의 기능별 또는 직무 분야별로 훈련을 받는 계층에 따라 분류하는 방법, 기간을 중심으로 단기 · 중기 · 장기 훈련으로 구분하는 방법, 훈련 장소를 기준으로 직장 내에서의 훈련과 직장 외에서의 훈련으로 구분하는 방법 등이 있다.

목적별 훈련의 종류에는 신규채용자훈련, 재직자훈련, 감독자훈련, 관리자훈련 등이 있다. 소속 직장 전체의 성격과 업무 상황을 알려 주고 직무를 알려 주는 신규채용자훈련은 신입직원훈련 또는 신규채용자훈련이라고도 한다. 재직자훈련은 직무훈련 또는 전공훈련으로 현재 담당하고 있는 직무 자체에 관한 직무 수행 능력의 유지 또는 향상을 위한 훈련이다. 감독자훈련은 감독 능력의 향상을 위한 훈련이다. 관리 능력 향상훈련 또는 관리자훈련은 관리층 공무원들의 관리 능력, 즉 정책 결정과 리더십 발휘에 필요한 능력을 향상시키려는 훈련이다.

3) 교육훈련의 방법

교육훈련의 방법은 현장훈련과 현장 외 훈련으로 나눌 수 있으며, 현장훈련에는 순환보직, 실무수습, 임시대역 등이 있으며, 현장 외 훈련에는 강의, 토론, 사례연구(case study), 감수성훈련, 역할연기(role playing), 모의실험, 분임연구 등이 있다. 또한 체험식 방법에는 현장훈련(On the Job Traning: OJT), 순환보직, 시찰, 견학이 있고, 참여식 방법에는 사례연구, 회의, 신디케이트(syndicate), 감수성훈련, 대집단토의, 역할연기 등이 있다. 대집단토론의 종류에는 패널(panel: 동일 주제로 질문 불허함), 심포지엄(symposium: 다른 주제로 질문을 허용치 않음), 포럼(forum: 방청객의 질의 · 응답을 허용함)이 있다.

교육훈련의 방법에는 그 목적, 대상, 교육시설, 재정, 시기, 피교육자의 자질, 유능한 교관의 유무 등을 고려해 선택한다.

■ 나라배움터 이러닝(http://www.e-learning.nhi.go.kr)

나라배움터는 언제 어디서나 원하는 대로 학습할 수 있는 '내 손 안의 학습' 서비스를 제공하여 자기주도 학습을 지원한다. 미래 지향 공무원 양성을 위해 다양한 분야의 콘텐츠를 제공하고 있으며, 빅데이터 기반의 개인맞춤형 추천, 소통기반 협업

학습 서비스, 외부학습자원 제공 등 학습의 효과를 극대화할 수 있는 수요자 중심의 맞춤형 교육 플랫폼이다. 나라배움터는 365일 언제나, PC와 모바일 등으로 어디서나 자유롭게 학습 가능하도록 하는 all-in-one 서비스를 제공한다. 또한 공직가치 · 국정철학, 리더십, 직무역량 등 다양한 분야의 이러닝 콘텐츠 등 다양한 분야의 우수 콘텐츠 제공으로 학습의 폭을 확대하고 있다.

제 5 절 근무성적 평정과 승진 및 보수

1. 근무성적 평정의 의의

1) 근무성적 평정의 의의 및 방법

조직 구성원의 근무성적 · 능력 · 근무 수행 태도, 발전 가능성 등에 대해 체계적 · 객관적 · 정기적으로 평가하는 것을 의미한다. 근무성적 평정은 공무원의 발전을 돕고 직무 수행을 개선해 행정 발전에 기여할 수 있다. 근무성적 평정 과정에서 공무원이 일을 잘하는지 못하는지를 객관적으로 평가될 기회가 있으므로 평정 대상인 공무원이나 그 감독자가 개선할 점이 무엇인가를 알게 된다. 그래서 공무원의 능력 발전 수단이나 약점을 극복할 수 있게 해 준다. 따라서 근무성적 평정은 인적자원계획, 경력발전계획, 훈련계획의 수립에 필요한 정보를 제공한다. 이러한 근무성적에서 얻은 정보는 직원의 권익 보호, 채용시험의 타당도 측정, 상벌 목적 및 인사관리의 기준, 능률 향상, 적재적소의 배치(인사행정의 합리화), 보수 및 내부임용 결정 등에도 기준을 제시한다.

근무성적 평정 방법으로는 사실기록법이 있는데, 산출기록법, 정기적 시험법, 가점점수법이 포함된다. 상호비교법은 성적순위법, 대인비교법, 이인조비교법이 속한다. 그 밖에 분포제한법, 평정척도법, 체크리스트평정법, 도표식인 평정척도법 등이 있다.

평정 방법의 내용을 요약하면 <표 5-6>과 같다.

표 5-6 근무성적 평정 방법

평정 방법	구 분	내 용
도표식 평정척도법 (보편적 사용)	의의	한편에는 평정 요소, 다른 편에는 우열의 등급을 표시하는 방법
	장점	한번에 많은 직원을 대상, 평정의 객관성 확보, 비용 절약, 조정 용이
	단점	평정 요소의 선택이 곤란, 주관적 · 집중화 · 관대화 · 연쇄 효과 발생
강제배분법	의의	등급별로 인원을 강제 배분하는 방법
	장점	집중화 · 관대화의 폐단 방지 가능
	단점	피평정자의 수가 적고, 탁월한 인물이 없을 경우에도 강제로 배분해야 하는 모순 발생
대인비교법 (인물 비교)	의의	등급별(상 · 중 · 하)로 표준 인물 설정 후 이와 비교하는 방법
	장점	평정 용이
	단점	계량화 곤란
산출비교법	의의	일정 시간 내에 달성한 일의 양을 기준으로 평정
	특징	업무의 성질이 반복적 · 기계적인 경우에만 적용 가능
강제선택법	의의	4~5개의 체크리스트를 피평정자가 스스로 선택하도록 하는 방법
	특징	피평정자가 스스로 선택한다는 점에서 체크리스트법과 차이
업적보고법	의의	평정자의 업적을 입증하는 사실을 기록하는 방법
체크리스트법	의의	평정점수를 산출하지 않고 객관적으로 태도와 성격을 관찰할 수 있는 100가지의 목록을 채택한 후 이로써 평정하는 방법
	장점	연쇄 효과의 최소화
	단점	평정 항목이 너무 많아 평정 업무 과중

2) 근무성적 평정상 오차의 종류

근무성적 평정 과정에는 평정 결과를 왜곡시키는 여러 가지 오류가 게재될 가능성이 있다. 평정 과정에서 발생하는 오차의 종류는 다음과 같다.

① 집중화 효과: 무난하게 주로 중간 등급을 주는 현상으로 평정자들은 매우 높거나 매우 낮은 평정을 피하려는 경향이 있다.

② 관대화 효과: 하급자와의 인간 관계를 의식하거나 결과에 대한 해석 판단이 상이한 경우에는 평정 등급이 전반적으로 높아지는 현상이 있다.

③ 연쇄화 효과(halo effect): 하나의 평정 요소의 결과가 다른 평정 요소에 영향을 미치는 현상으로 피평정자의 막연한 전체적인 인상 때문에 모든 분석적인 평정 요소가 영향을 받게 되는 현상이다.

④ 규칙적 오차(systematical error): 평정자의 가치관 및 평정 기준의 차이에 의한 평정에 영향을 주어 나타나는 오차이다.

⑤ 총합적 오차(total error): 동일한 피평정자에 대한 평점과 평균치 간의 차이의 합계에 의한 오차이다.

⑥ 논리적 오차(logical error): 평정 요소 간 논리적 상관관계가 있다는 관념에 의한 오차로 어느 한 요소가 우수하면 다른 요소도 우수하다고 쉽게 판단해 버리는 경향이다.

3) 경력평정 원칙

경력의 상대적인 가치를 결정할 때 실험적인 방법을 쓴다면 이상적이나 불가능하므로 논리적인 사고를 통해 가설을 정립하는 등 연역적 방법을 쓰는 것이 보통이다. 경력평정에 쓰이는 가설의 원칙을 살펴보면 다음과 같다.

① 근시성의 원칙: 새로운 경력은 오래된 경력보다 가치가 있다는 것으로 최근의 경력을 중시해야 한다는 원칙이다.

② 습숙성의 원칙: 상위 직급의 경력을 중시해야 한다는 원칙이다.

③ 친근성의 원칙: 어떤 직무에 대해서도 유사 업무의 경력과 학력을 중시해야 한다는 원칙이다.

④ 발전성의 원칙: 학력 · 경력을 참작해 발전 가능성을 평가해야 한다는 원칙이다.

그 밖에 동일 직급 내에서의 인사 이동으로 배치전환이 있으며, 이에는 전직, 전보 및 파견근무를 들 수 있다.

① 전직: 직급은 동일하나 직렬을 달리하는 직위로의 수평적 이동, 전직시험이 필요하다.

② 전보: 동일 직급, 직렬 내에서의 보직 변경으로 시험이 불필요하다.

③ 파견근무: 소속 변경 없이 임시로 다른 기관 또는 부서에서 근무하는 임시적

배치전환을 말한다.

4) 우리나라의 근무성적 평정

각 기관의 장은 정기 또는 수시로 소속 공무원의 근무성적을 객관적이고 엄정하게 평정해 인사관리에 반영해야 하며, 근무성적 평정 결과 근무성적이 우수한 자에 대해서는 상여금을 지급하거나 특별승급시킬 수 있다. 근거는 「국가공무원법」 제51조, 제40조, 공무원성과평가 등에 의한 규정, 인사혁신처의 예규인 공무원성과평가 등에 관한 지침 등에 의한다. 우리나라의 경우 5급 이하는 근무성적 평정이 도표식과 강제배분법이 혼용되고 있으며, 4급 이상은 인사평정, 즉 전문 분야, 능력, 인품, 적성에 의해 이루어지고 있다. 평정 등급은 매우 우수 · 우수 · 보통 · 미흡, 매우 미흡의 5단계를 두고 있다. 평정의 공개성 여부는 미국이나 일본 등의 경우와는 달리 원칙적으로 비공개로 되어 있어 임상중심적 접근 방법에로의 전제가 제도적으로 봉쇄되어 있다고 볼 수 있다.

우리나라의 근무성적 평정은 그 신뢰도 · 타당도 · 객관도가 낮아 객관적이고 공정한 인사관리의 기준으로서의 활용이 곤란하다는 비판을 받고 있다. 그 주된 원인은 역산제 경향(연고 · 정실 등에 의해 총점을 우선 부여하고, 이에 따라 각 평정 요소의 점수를 맞추어 가는 경향)과 더불어 관대화 · 집중화 경향 등 평정의 오차가 원인이라 할 수 있다.

2. 승 진

1) 승진의 의의

승진이란 하위 직급에서 상위 직급으로의 이동 또는 하위 계급에서 상위 계급으로의 수직적인 상승 이동을 말한다. 따라서 수평적 이동으로서의 전직 · 전보와 구별되며, 권한 · 책임의 증대 없이 보수의 증대만이 있는 승급과도 구별되된다. 그러나 보수의 증액으로 공무원의 지위를 향상시킨다는 점에서 승진과 승급은 공통된 요소를 가지고 있다. 승진은 성공에 대한 기대감의 충족과 그에 따른 사기의 앙양,

공무원의 동기 부여 및 능력 발전의 촉진, 인적자원의 효율적 활용, 유능한 인재의 확보 및 양성 등에 기여할 수 있다.

승진임용의 종류에는 일반승진(심사승진, 시험승진), 근속승진, 특별승진, 공개경쟁승진 등이 있다. 승진임용의 방법 및 기준은 근무성적 평정·경력평정, 그 밖에 능력의 실증에 따른다(「국가공무원법」 제40조).

2) 개방제(신규채용)와 폐쇄제(승진임용)

개방제란 중·고위직의 결원을 신규채용(외부임용)에 의해 충원하는 것이고, 폐쇄제(승진임용)란 중·고위직의 결원을 승진임용(내부임용)에 의해 충원하는 것을 말한다.

개방제 공무원제의 장점으로는 외부로부터 신규채용이 허용되므로 좀 더 우수한 인재를 확보할 수 있으며 공무원의 질 향상을 가져올 수 있고, 공직의 신진대사가 활발하게 이루어져 관료제 내에 참신한 기풍을 진작시킬 수 있다. 또한 조직의 침체화 및 관료주의화 방지가 가능하고 인사관리에서 기관장이 적절한 영향력과 리더십을 발휘할 수 있다.

폐쇄적 공무원제의 장점으로는 승진 기회가 확대되어 있으므로 공무원의 사기가 높아질 수 있고, 공무원의 신분이 보장되므로 행정의 일관성과 안정성을 유시할 수 있으며, 젊은 사람이 공직을 평생의 직업으로 삼고 발전해 나갈 수 있기에 직업공무원제를 확립하는 데 유리하다.

우리의 경우 임용권자나 임용제청권자는 해당 기관의 직위 중 전문성이 특히 요구되거나 효율적인 정책 수립을 위해 필요하다고 판단되어 공직 내부나 외부에서 적격자를 임용할 필요가 있는 직위에 대해서는 개방형 직위로 지정해 운영할 수 있다.

3) 승진의 기준

승진 대상자를 선발하는 방법 또는 기준에는 근무 방법, 근무 성적, 선임 순위, 시험, 학력과 경력, 훈련성적, 상벌의 기록 등이 있다. 승진의 기준은 객관적 성격을 가진 경력과 주관적인 성격을 가진 실적으로 구분할 수 있다. 객관적 성격은 근무 연한, 학력, 경력 등이다. 학력과 직무 능력 사이에 상관 관계가 인정되는 범위 내에서는 학력에 비추어 직무 수행 능력을 예측할 수 있지만 직무 수행 능력과 관련해 타당성 있는 학력 요건을 결정하는 것이 기술적으로 매우 어렵다. 경력 또한 마찬가지이다. 객관적 기준의 장점은 객관성을 유지할 수 있고, 정실이나 불공정을 방지하거나 행정의 안정성을 유지할 수 있으며 직업공무원제의 확립을 들 수 있다. 단점으로는 유능한 인재의 등용 곤란을 초래하고, 기관장의 부하 통솔 곤란, 행정의 침체화, 관료주의화로 공무원의 질 저하 등을 지적할 수 있다.

주관적 성격을 지닌 시험 성적, 훈련 성적, 근무성적 평정 결과 등은 공무원을 승진 예정직에서 실제로 일해 보게 함으로써 그 실적에 따라 승진 여부를 결정하는 방법이다. 그러나 이 방법은 시간이 많이 걸리고 절차상 매우 복잡하며 승진이 되지 못할 경우 사기가 저하되는 단점이 있다. 이와 같은 실적에 대한 장점으로는 인사권자의 정실에 의한 개입을 방지할 수 있고, 타당성의 확보, 부하의 통솔과 새로운 지식의 습득이 용이하다는 점이다. 반면에 단점으로는 근무보다 시험 준비에 열중하게 되는 점과 장기 근속자의 사기 저하 등을 들 수 있다.

3. 보수 및 연금 체계

1) 보수 체계의 의의와 유형

보수란 공무원이 공직에서의 봉사에 대해 정부가 지급하는 금전적인 보상을 말하며, 보수 체계란 보수 지급 항목의 구성을 말한다. 보수는 봉급과 그 밖의 각종 수당을 포함한 개념이다. 봉급은 직무의 곤란성과 책임의 정도에 따라 직책별로 지급되는 기본 급여 또는 직무의 곤란성과 책임의 정도 및 재직기간 등에 따라 계급별, 호봉별로 지급되는 급여를 말하며, 수당이란 직무여건 및 생활여건 등에 따라 지급되는 부가급여를 말한다.

보수를 분류하는 유형은 다양하다. 일반적인 보수 유형 분류는 기본급의 종류와 부가급의 종류를 실질적으로 분류할 때 준거틀이 될 수 있다. 기본급은 보수 가운데서 기본적인 부분을 차지하는 것으로 공무원보수 규정에는 기본급을 봉급이라 부르고 있다. 기본급은 결정 기준에 따라 생활급, 연령급, 근속급, 자격급, 능력급, 직능급, 직무급, 업적급, 종합결정급으로 분류된다. 생활급은 생계 유지에 필요한 생계비를 결정하는 기준으로 공무원과 그 가족의 생활을 보장하기 위한 것이다. 공무원의 근속연수를 기준으로 하는 보수를 근속급 또는 연공급이라고 하는데, 근속급의 기본적인 전제는 공무원의 가치와 업무 수행의 유용성이 공무원의 근속·경험에 상응한다는 것이다. 능력급은 공무원의 능력 정도에 따라 결정하는 보수로 능력의 범위를 더욱 한정해 직무별 능력을 기초로 하는 보수를 직능급이라고도 한다. 성과급은 업적급, 능률급, 실적급, 유인급, 장려급 등으로 불리며, 직무 수행의 결과 또는 산출고를 기준으로 결정하는 보수이다. 종합결정급은 공무원의 생계비, 연령, 자격, 근속 및 경험 연수, 능력, 직무, 근무 성적, 개혁에 대한 기여 등을 종합적으로 고려해 결정하는 보수이다.

수당은 기본급을 보완하는 부가급으로 근무 조건이나 생활 조건의 특수성이 인정되는 공무원들에게 지급되는 것이다. 수당의 종류는 상여수당 가계보전수당, 특수지 근무수당, 특근수당 초과수당 등 14종이며, 이외에 정액급식비 등 실비변상 등 4종을 포함하여 18종이 보수에 포함된다.

2) 보수의 결정

보수의 일반적 수준의 결정 요인이란 공무원 개개인이 아니라 전체 보수의 최고액과 최저액을 어떻게 결정되느냐 하는 문제이다. 따라서 보수 수준을 결정할 때는 먼저 보수의 일반 수준을 결정하고, 다음에 조직체 내의 상대적 관계를 고려해 차별 수준을 결정해야 한다.

생각해 봅시다

공공기관 보수체계 확 바뀌나 …… '호봉제 → 직무급 중심개편'
직무급제 중심으로 대안 검토 …… 의견수렴·노사합의 필요

정부가 공공기관의 보수체계를 호봉제에서 직무급제 중심으로 개편하는 방안을 추진했다. 김동연 부총리겸 기획재정부 장관은 19일 제11차 공공기관운영위원회 회의에서 "직무급 중심 보수체계 개편 등 공공기관 관리체계를 전면 개편해 공공기관의 혁신을 뒷받침하는 작업을 진행중"이라고 말했다. 직무급제는 현재 맡은 직무의 성격, 난이도, 가치를 평가해서 합당한 보수를 주는 제도이다. 기재부는 "호봉제는 동일한 일을 하는데 연차가 올라가면 보수도 올라 연공성이 지나치게 강하다"면서 이를 개선하기 위해서 직무급제를 중심으로 직능급제, 역할급제 등 대안을 검토하는 것이라고 말했다. 연합뉴스(http://news.naver.com, 2018.6.19) 기사

※ 기사의 내용과 관련하여 호봉제와 직무급제 보수체계의 장・단점에 대해 논의해봅시다.

3) 공무원 연금

공무원의 연금 제도는 공무원에 대한 일종의 사회보장 제도로 그 범위와 내용은 나라에 따라 조금씩 상이하다. 오늘날 각국의 연금 제도는 퇴직금만을 대상으로 하거나 이를 주축으로 범위를 유형화하고 있다. 퇴직연금이란 공무원이 노령, 질병, 부상, 기타 이유로 퇴직하거나 사망한 경우, 또는 유족의 생계를 돌보기 위해 연금을 지급하는 제도이다.

퇴직연금의 성격에 관해서는 장기간에 걸친 성실한 근무에 대한 위로와 감사의 표시로 지급하는 공로보상설, 퇴직 후의 생활 보장을 위해 지급하는 생활보장설, 감원, 퇴직, 사망 등에 대한 위자료의 뜻으로 지급하는 위자료설, 보수의 일부가 적립되었다가 퇴직 이후에 지급하는 가치보수설 등이 있다.

(1) 연금 제도의 유효성

퇴직연금 제도는 정부와 공무원, 그리고 납세자인 국민에게 다 같이 이익을 주는 제도이다. 무엇보다 정부의 입장에서 볼 때 첫째, 퇴직 후의 생활 보장으로 재직 기간 중 근무 능률의 향상과 이직률의 저하를 방지해 직업공무원제의 정착을 가져올 수 있다. 둘째, 공무원의 채용 및 인사이동에 관한 계획을 수립하는 데 도움을 줄 수 있다. 셋째, 노후에 공무원들이 안심하고 퇴직할 수 있어 행정상의 비능률 및 국가 재정상의 손실을 예방할 수 있다.

(2) 연금 제도의 조성

연금 제도는 그 성격에 따라 기금제와 비기금제, 기여제와 비기여제로 구분할 수 있다.

① 기금제와 비기금제

퇴직연금 지급에 필요한 재원을 조달하기 위해 미리 기금을 마련하고 이 기금과 기금의 투자 운용에서 얻는 이자와 사업의 수익으로 퇴직연금에 충당하는 제도를 기금제라 한다. 반면에 비기금제는 기금을 미리 마련하지 않고 국가의 일반 세입금 중에서 퇴출연금 지출에 소요되는 금액을 세출예산에 계산하여 지출하는 제도이다.

② 기여제와 비기여제

기여제란 정부와 연금 수혜자인 공무원이 공동으로 기금 조성의 비용을 부담하는 제도이다. 반면에 비기여제란 기금 조성의 비용을 정부에서 독자적으로 부담하는 제도이다. 연금 제도는 정부와 공무원에게 다 같이 이익을 주는 제도이므로 호혜의 원칙에 충실하려면 기여제를 도입하는 것이 옳을 것이다. 인간의 능력은 정부조직이 요구하는 활동에만 필요한 것이 아니라 조직 외적인 개인적인 활동에도 소모된다는 것을 고려하더라도 노동력 상실에 대비해 정부와 공무원이 공동으로 기금을 마련한 제도가 적절할 것이다.

공무원 연금 제도의 재정 방식은 적립 방식의 기초에 의해 설계되었다. 즉, 급여 지출 비용의 예상액과 기여금·부담금 및 그 예정 운용 수익금의 합계액이 장래에 재정적 균형을 유지하기 위해 제도 초기부터 공무원연금기금을 조성해 왔다. 그러나 제도 도입 당시 2.3%의 기여율을 1969년에 3.5%, 1970년에는 5.5%, 1996년에는 6.5%, 1999년에는 7.5%, 그리고 2001년에는 8.5%로 점차 상향 조정함으로써 수정된 적립 방식에 가까운 제도로 운영을 해 왔다. 그러나 도입 이후 40여 년이 경과한 공무원 연금 제도는 성숙 단계에 들어서면서 수입·지출상 불균형 구조가 더욱 심화되어, 2001년부터는 급여 부족분 전액을 사용자(국가 또는 지방자치단체)가 보전하는 부과 방식 형태로 전환했다. 현행 공무원 연금 제도 개선책은 현행보다 공무원들이 내는 연금 보험료는 늘리고, 받는 금액은 줄여 정부의 적자 부담을 완화한다는 것이다. 공무원 연금 재정의 안정을 위해 공무원들이 내는 기여금(보험료)을 현재보다 26.7% 올리도록 했다. 이에 따라 연금 기여율은 2008년 과세소득의 5.525%에서 2009년 6.0%, 2010년 6.3%, 2011년 6.7%, 2012년 이후 7.0%로 상향 조정되었다. 공무원 연금 재정의 적자보전문제로 인해 공무원 연금 개혁의 필요성이 논의되고 있으나 공무원 노조 등의 거센 저항에 직면하고 있다.

연습 문제

1. 개방형 직위와 공모 직위에 대해 비교 설명하시오.
2. 실적주의의 배경과 그 장·단점에 관해 설명하시오.
3. 엽관주의가 공무원 사회에 끼친 영향에 대해 설명하시오.
4. 직업공무원제와 실적주의와의 관계에 대해 검토하시오.
5. 계급제와 직위분류제의 특성과 장·단점에 대해 비교 설명하시오.
6. 적극적 모집의 의의와 개방형 인사 제도와의 관계에 관해 설명하시오.
7. 교육훈련의 방법과 유형에 관해 설명하시오.
8. 근무성적 평정의 방법과 유형에 관해 설명하시오.
9. 개방형 임용 제도의 기능과 문제점에 관해 설명하시오.
10. 고위공무원단 제도 도입의 의의와 문제점에 대해 설명하시오.
11. 균형인사 제도의 내용과 성과에 대해 설명하시오.

CHAPTER 06

재무행정

제 1 절 재무행정과 예산
제 2 절 정부 재정의 구조
제 3 절 예산 제도의 변천 과정
제 4 절 예산 과정

개 관

정부의 재무관리는 일반적으로 '재무행정'이라고 부르며, 그 내용을 이루는 것은 주로 예산이다. 정부활동에서 재정(public finance)과 예산(public budget)은 실질적으로 동일한 내용을 다루기 때문에 재무행정을 한편으로 예산관리라고 부르기도 한다. 그러나 재무행정과 예산관리는 그 범위에서 약간의 차이가 있기 때문에 양자를 구분해 이해할 필요가 있다.

예산관리의 내용은 크게 나누어 예산 제도와 예산 과정이 전부라 해도 과언이 아니다. 예산 제도나 예산 과정을 학습하기 전에 알아두어야 할 것은 '예산의 원칙'이다. 그 까닭은 예산 과정을 설명할 때 예산의 원칙이 자주 인용되기 때문이다. 그런데 예산의 원칙에는 전통적 예산의 원칙과 현대적 예산의 원칙이 있다. 우리나라에서는 전통적 원칙을 주로 적용하고 이의 미비점을 현대적 예산 원칙으로 보완하고 있다는 점에 유의해야 한다.

그리고 예산 제도를 학습할 때 특히 관심을 가져야 할 점은 예산 제도의 시대적 변천이 그 시대적 상황에 크게 영향받아 왔다는 데 있다. 구체적으로 이야기하면, 품목별 예산은 입법부 우위 국가 시대의 유산으로서 행정부를 통제하는 데 그 목적이 있고, 성과주의예산은 정치·행정이원론에 입각한 행정능률론(기술적 행정학)과 행정형태론에 그 기초를 두고 있으며, 계획예산은 정치·행정일원론에 입각한 발전행정론에 그 바탕을 두고 있다. 또 영기준예산은 조직이론 중 1960년대 후반에 대두된 상황적합이론을 반영한 것이라고 분석해 볼 수 있다.

이와 같이 예산 제도의 발달 과정과 행정이론을 연관시켜 학습하면 예산 제도의 의의와 기능을 이해하는 데 많은 도움이 될 것이다.

Chapter 06

재무행정

제 1 절 재무행정과 예산

재무행정학은 정부의 세입 및 지출 활동을 모두 포괄하는 학문영역이 하나이다. 국가재정은 정부가 추진하는 정책을 담을 수 있는 그릇의 크기로 정의될 수 있다. 국가정책은 정부재정의 흐름을 통해 설명될 수 있는데, 아무리 훌륭한 국가정책이라도 이를 실행하기 위한 재정적 뒷받침이 없으면 집행할 수 없다. 예산이 반영되지 않은 국가정책이나 계획은 공언으로, 해당 정책에 대한 실행력을 담보할 수 없을 뿐만 아니라, 정책의 집행 결과로서 기대되는 효과 역시 허구에 불과하다. 따라서 정부정책의 흐름을 정확히 이해하기 위해서는 정부예산이 어떻게 결정되고, 집행되며, 환류되는지를 포괄하는 정부재정 관리에 관한 지식이 필요하다. 이때 정부예산서는 국가 정책의 실체를 재정정보를 이용해 금액 단위의 숫자로 제공하므로, 국가재정 분석은 정부정책의 실체를 분석하는 객관적인 도구로 사용될 수 있는 중요한 정보이다.

1. 재무행정의 개념과 범위

1) 재무행정의 개념

재무행정이란 국가나 지방정부 등 공공 영역의 행정 주체가 주어진 임무를 수행하는 데 필요한 재원을 동원·배분·관리하는 일체의 활동을 말한다. 국가는 국민들의 공적 욕구를 충족시키기 위해 불특정 다수의 국민들로부터 자원을 동원하며, 이를 공적으로 배분함은 물론, 집행 이후에는 자원의 동원과 배분이 정당하게 이뤄졌는지에 대한 평가와 환류 과정을 거친다. 재무행정은 이와 관련된 모든 개념과 과정을 포괄하는 학문이다.

정부는 기본적으로 국민생활에 필요한 공공재(public goods)를 생산해 제공하는 역할을 수행한다. 그리고 공공재 생산과정에서는 기본적으로 공공영역에서 활동하는 공무원들의 인건비는 물론, 재화 생산을 위해 사용되는 사업비 등의 비용이 반드시 발생하게 마련이다. 국가는 이와 같은 공공재 생산비용을 감당하기 위해 조세를 기반으로 재원을 동원하지만, 이때 동원되는 재원은 국민들이 원하는 모든 정책 수요를 충족시키기에는 턱없이 부족하다. 따라서 효율적인 국정 운영을 위해서라면, 희소한 재정자원의 효율적인 관리가 반드시 필요하다.

따라서 이를 기반으로 재무행정을 좀 더 구체적으로 정의하면, 재무행정이란 국가나 지방자치단체, 기타 공공기관 등 공공 영역이 국민들의 공적 욕구를 충족시키기 위한 공공재 생산 활동을 효율적으로 운영하기 위한 국가재정 관리 체계라 할 수 있다.

2) 재무행정의 범위

국가 내에서 이뤄지는 경제활동 영역은 크게 ① 공공 영역(public sector)과 민간 영역(private sector)으로 구분될 수 있다. 이때 재무행정을 광의로 설명하면, 국가의 경제활동 영역인 공공 영역과 민간 영역의 재정 운영을 모두 포괄할 수 있으나, 일반적으로 재무행정이라 지칭할 때의 대상적 범위는 공공 영역, 즉 정부 영역의 재정활동에 한정한다.[1)]

최근 행정의 범위와 기능이 확대 · 강화되는 행정 국가화 현상의 심화와 함께, 재무행정의 범위 역시 광범위해지고 있다. 특히 디목(Marshall E. Dimock)[2)]과 같은 학자들은 재정을 단순히 관리 기술로만 볼 것이 아니라 정책문제까지도 포함시켜야 한다고 주장했는데, 이를 기반으로 하면, 재무행정에는 재원을 관리하는 기술적 측면뿐만 아니라 국가 정책의 구체적인 실현 과정까지도 포함하는 것이 옳다. 따라서 현대적 의미의 재무행정은 재원의 취득인 조세 · 공채 · 차관 · 수수료 · 국유재산 수입, 예산의 편성 · 집행, 회계의 기록 · 검사, 구매 및 조달 등의 영역에 걸쳐 그것에 대한 관리적 측면과 정책적 측면의 양면을 포괄하는 넓은 의미의 것으로 이해되어야 한다.

2. 예 산

1) 예산의 개념

예산[3)]은 관점에 따라 여러 가지로 정의할 수 있다. 그러나 여기서는 재무행정에서 말하는 정부의 예산에 대해서만 설명하기로 한다.

---

1) 공공 부문 영역을 구체적으로 명확히 구분하는 것은 어렵다. 국가 통치구조에 따라서 공공 부문의 범위와 구조는 다르게 정의된다. 공공 부문의 범위와 구조를 정의하기 위해 적용되는 보편적인 기준 가운데 국제통화기금(IMF)의 정부재정통계지침(GFS)은 공공 부분을 비금융 공공 부문(non-financial government)과 금융공기업(financial public enterprise)으로 대분류하고, 비금융 공공부문은 다시 일반정부와 비금융공기업으로 분류한다. 또한 일반정부 부문은 초국가적 기구와 중앙정부, 지방정부, 사회보장 제도 등으로 구성된다.

2) 미국의 행정학자인 디목(Marshall E. Dimock)은 그의 저서 『공공행정(*Public Administration*)』(1969)을 통해 재무행정의 대상 영역으로서 세입의 재원, 세입예산의 균형, 자금 배분, 재정정책 결정, 예산 과정, 지출통제, 회계정책과 방법, 원가계산과 사업계획의 평가, 예산통제, 회계검사, 구매 및 조달, 국고보조금, 예산과 경제 성장 및 안정 등 13개 분야를 지적하고 있다.

3) 예산(budget)의 일반적인 의미로는 미리 필요한 금액을 계산하는 것을 말한다. 그 어원은 돈주머니라는 뜻인 고대 프랑스 말의 bougette(가죽 여행가방)에서 유래된 것이라고 한다. 영국에서는 과거부터 재무장관이 의회에서 재정에 관한 설명을 할 때 서류를 넣어 가지고 가는 가방을 budget라 했다. 그리고 재무 관련 서류를 넣은 "가방을 연다"는 말인 opening the budget는 재정연설을 뜻했다. 이런 말이 변천해 budget는 가방 속에 들어 있는 서류, 즉 오늘날의 예산을 뜻하는 말이 되었다.

일반적으로 정부예산은 회계연도라는 일정 기간의 국가의 수입과 지출에 관한 예정적 계산이라 정의된다. 예산의 주요 특징을 살펴보면, 첫째, 예산은 사전에 예상되는 수입과 지출에 대한 예정적인 계산이라는 점에서, 사후에 그 수입과 지출을 집계한 결산과 구별된다. 둘째, 정부예산은 국가의 수입과 지출에 관한 계산이라는 점에서 민간 기업 또는 가계의 예산과는 다르다. 셋째, 정부예산은 일정한 기간을 요건으로 한다. 예산에서 일정 기간이란 회계연도를 말하는데, 1회계연도 동안 발생하는 수입을 세입, 지출을 세출이라 한다. 마지막으로 정부예산은 정부가 단독으로 결정할 수 없으며, 국민의 대표기관인 의회(입법부)의 승인이 있어야 효력을 갖추게 되는 정치적인 성격을 갖는다. 현행 「정부재정법」 제33조에 따라 정부는 대통령의 승인을 얻은 예산안을 회계연도 개시 120일 전까지 국회에 제출해야 하며, 국회의 심의・의결을 통해 결정된다.

최근까지 예산의 정의와 범위는 시대와 정책환경에 따라 변화하고 있는 것도 중요한 특징 가운데 하나이다. 정부의 역할을 소극적으로 정의하던 시대에는 예산의 지출과 통제 측면을 강조해온 경향이 있으나, 최근 행정국가화 현상으로 정부 역할이 확대되면서, 정부예산에 대한 개념과 범위 역시 확장되고 있다. 현대 국가에서의 예산은 국가 목표 달성을 위해 회계연도 기간 동안의 지출활동을 정의함은 물론, 이를 가능케 할 수 있는 정책 수단(policy tool)으로서의 자원의 동원과 배분 등의 과정에 대한 사전적・성과중심 재정운용 계획으로서의 의미가 강조되고 있다. 특히 현대 정부예산은 정책 목표 달성이라는 목적과 이를 구체화하기 위해 필요한 수단으로서 예산을 연결하기 위한 계획, 관리 및 통제 등에 관한 결정을 내리는 정치・경제적 개념이 확대되고 있다.

2) 예산의 기능

예산의 개념을 여러 측면에서 설명할 수 있듯이 예산의 기능도 다양해 학자마다 그 기능을 제각기 다르게 지적하고 있다. 『정부예산론』을 편집한 하이드와 샤프리츠(Hyde & Shafritz, 1978: 1)는 예산의 정치적・관리적・경제적・회계적 기능을 강조했다. 또한 액슬로드(Axelrod, 1988: 7)는 정치적・경제적・관리적 기능을 강조한 바 있다. 여러 학자의 입장을 수렴해 공통적인 부분을 정리하면, 예산은 일반적으로 다음과 같은 기능을 수행하고 있음을 알 수 있다.

(1) 자원 배분의 효율성 제고

정부는 희소한 자원(예산)에 대한 정치경제적 측면의 배분 과정을 통해 자원 배분의 효율성을 제고할 수 있는 도구로 활용 된다. 현대 사회에서 자원 배분의 흐름은 주로 시장에 맡겨지지만, 시장의 경제 주체들은 '이윤극대화' 동기에 따라 움직이는 특징이 있다. 즉, 시장은 수요와 공급의 메커니즘을 통해 사적이익을 극대화할 수 있는 방향으로 재화의 가격과 생산량을 결정한다. 그러나 이와 같은 방식으로 재화를 생산할 경우 어떤 재화들은 사회에서 필요한 최적 생산량보다 과다 또는 과소 생산될 수 있으며, 경우에 따라서는 생산 자체가 이뤄지지 않는 경우가 있는데, 이와 같은 상태를 이를 '시장실패'라 한다. 그리고 시장실패가 발생하는 대표적인 사례가 공공재이다. 공공재는 본질적으로 '비경합성'과 '비배제성'이라는 특성을 동시에 가지므로, 시장을 통해서는 적절한 수준에서의 공급이 불가능하다. 따라서 정부는 예산 배분 과정을 통해 시장에서는 적절한 수준으로 공급되지 못하는 도로·항만·국방·복지 서비스 등의 공공재를 생산해 공급하고, 생산 과정에서 공해물질을 발생시키는 환경재화 등에는 부담금을 부과해 생산량을 줄이도록 유도한다.

(2) 소득재분배 기능

정부예산은 소득재분배 기능을 갖는다. 기본적으로 개인이 갖는 소득은 생산성과 부의 수준 등에 의해 결정되기 때문에 시장 기능에만 의지하는 경우 필연적으로 개인이 가진 능력의 차이로 인한 소득분배의 불평등 확대가 발생한다. 이를 흔히 '부익부 빈익빈' 현상이라 하며, 시간의 변화에 따라 소득불평등도는 지속적으로 커지는 특성이 있다. 소득불평등의 지속적인 확대는 '상대적 박탈감'의 지속으로 인해 사회에 부정적인 영향을 미치기 때문에, 정부는 조세나 보조금 등의 정책수단을 이용해 소득분배의 불균형 수준을 완화한다. 즉, 고소득자에게는 높은 세율을 적용하고, 저소득층에는 낮은 세율을 적용하는 누진세 제도를 사용하거나, 일정 수준 이하의 소득을 갖는 계층에는 최저생계비를 지원하는 등의 방법을 통해 소득재분배 기능을 수행한다.

(3) 재정통제 기능

예산은 국민의 대표기관인 국회가 정부를 통제하는 효과적인 수단의 하나이다. 예산은 정부가 편성하지만, 예산안은 「헌법」과 「국가재정법」에 의거 국회의 심의·의결을 거쳐야만 정부예산으로서의 지위를 갖는다. 즉, 예산은 국민이 대표기관인 국회를 통해 정부에 재정적 활동을 허용하는 형식을 취하기 때문에, 국회는 이를 수단으로 정부의 자의적 행정 독주를 견제할 수 있다. 이는 정부예산이 국민이 부담하는 조세를 기반으로 하며, 그 지출도 국민 전체에 영향을 미치기 때문이다. 또한 정부가 새로운 조세의 신설이나 변경을 하고자 하는 경우에도 사전에 국회의 동의를 받아야 한다.

(4) 정치적 기능

예산은 여러 정치단체의 주장과 이익을 조절하고 통합하는 역할을 한다. 정부예산 편성의 핵심은 자원의 동원과 배분에 있으며, 이 과정에서 정부예산으로 인한 이익 향유 집단과 비용 지불집단이 반드시 동일한 것이 아니다. 이처럼 이익을 둘러싸고 갈등이 발생하기 때문에 예산 과정은 정치적 투쟁과 협상의 과정이라고 표현될 수 있다. 바꾸어 말하면, 정부·정당·이익단체 등 정치 세력들이 예산결정과정을 통해 서로 자신들의 권리와 이익을 더 많이 확보하려고 다투는 과정에서 타협과 조정이 이루어지며, 예산은 그 결과로서의 최종 산물이다. 이와 같이 예산은 국회에서 여러 정치 세력 간에 서로 이익다툼을 하는 사이에 타협과 조정으로 이루어진 정치적 결정체이므로, 이는 곧 정치적 조절과 통합을 의미하는 것이 된다.

(5) 관리적 기능

예산은 중앙예산기관이 각 부처의 예산을 사정·조정·지도·관리한다는 점에서 관리적 기능을 가진다. 정부정책이 합리적으로 수행되기 위해서는 정책 집행을 위해 필요한 재원 규모가 미리 계산되어야 함은 물론, 그만큼의 재원이 확보될 수 있는지, 해당 사업이 그만큼의 재원을 투입할 가치가 있는지를 사전에 검토해야 한다. 즉, 중앙예산기관은 각 부처의 예산요구서를 받고 제시된 사업계획과 그 소요 자금이 과연 타당성이 있는지, 그 중요성은 어느 정도인지를 검토하는 등 사정을 하게 된다. 이 과정을 통해 각 부처의 사업계획을 승인하기도 하고 거부하기도 하며, 또 예산액을 삭감하기도 한다. 그뿐만 아니라 예산이 성립되어 배분한 후에도 각 부처의 예산 집행에 대해 관리상의 지도·통제도 가하게 된다.

3. 예산의 원칙

1) 예산 원칙의 개념

예산 원칙은 예산 운영 시 지켜야 할 규범과 준칙을 말한다. 이때 기본적으로 준수되어야 할 원칙은 능률성(efficiency)과 형평성(equity)이다. 예산은 주로 국민의 세금으로 이루어지는 것으로 편성과 사용에는 엄격한 기준과 원칙을 정해놓고 이에 따를 것이 요망된다.

전통적 관점에서 예산 원칙은 예산 공개의 원칙, 회계연도 독립의 원칙, 예산 통일의 원칙, 예산 단일의 원칙, 예산 완전성의 원칙, 예산 사전 의결의 원칙, 예산 한정성의 원칙 등이 강조되어 왔다. 그러나 이들 전통적 예산 원칙은 입법부가 행정부를 통제하기 위한 목적의 예산 원칙으로[4] 행정국가 시대에 적절하지 않은 다양한 문제들이 제기되었다. 따라서 예산 집행 시 효율성에 비중을 둔 관리 위주의 예산 원칙이 제안되었으며, 전통적 예산 원칙과 구별하는 의미에서 현대적 예산 원칙이라 한다.

현대적 예산 원칙은 계획의 원칙, 책임의 원칙, 보고의 원칙, 예산의 적절한 수단 구비의 원칙, 다원적 절차의 원칙, 재량의 원칙, 시기 신축성의 원칙, 예산기구 상호성의 원칙 등이 있다.

---

4) 전통적 예산 원칙은 19세기 입법국가 시대에 행정통제의 수단으로 사용되었다 해서 입법부 우위론 예산 원칙이라 한다. 그리고 현대적 예산 원칙은 20세기 행정국가 시대에 행정부로 하여금 예산의 효율적 관리와 적극적 행정을 수행할 수 있도록 고안된 것이므로, 이를 행정국가론적 예산 원칙이라고 부르기도 한다. 그런데 이 현대적 예산 원칙은 스미스(Harold D. Smith)가 제시한 것이라 해서 스미스의 예산 원칙이라고도 한다.

2) 예산의 원칙

(1) 공개의 원칙

정부예산은 그 편성과 심의, 집행 결산 및 회계감사에 이르기까지의 모든 과정이 국민에게 공개되어야 한다는 원칙이다. 예산 운영 시에 ① 국가의 재정 상황, 예산의 내용, 즉 일반 및 특별회계 세입 세출, 기금 운영 현황, 국고채무 부담행위, 명시이월비, 계속비, ② 예산의 심의와 결산 과정, 결산의 내용 등이 국민 또는 국민을 대표하는 국회(입법부)에 공개되어야 한다. 이 원칙은 정부가 예산을 집행할 때 부정이나 낭비를 방지하기 위한 것이다. 따라서 예산의 공개는 국민들로 하여금 정부의 예산과 재정활동을 알게 하고, 이를 기반으로 정부활동에 대한 국민통제를 가능하게 하는 데 있다(「국가재정법」 제9조). 그러나 국가 기밀과 관련된 예산, 즉 국방비의 상당부분과, 국회 · 국가정보원 · 검찰 및 경찰 등 기밀유지가 요구되는 국정수행활동에 필요한 기관의 특수활동비 등은 공개의 원칙에서 예외로 하고 있다.

(2) 회계연도 독립의 원칙

정부예산은 1회계연도를 단위로 한 세입과 세출이므로, 각 회계연도의 경비는 그 연도의 세입으로 지출해야 한다는 원칙이다. 우리나라에서는 「국가재정법」 제2조에 의거 매 회계연도는 매년도 1월 1일에 시작해 12월 31일에 종료한다. 따라서 우리나라는 단년도 회계주의 원칙을 따르고 있다.

원래 예산이란 한 회계연도에 한해서 법규범적 효력을 가지는 것이므로, 그 시효를 넘는 미사용액이 발생하더라도 원칙적으로는 이를 다음 연도에 이월해 사용할 수 없다(「국가재정법」 제3조).

(3) 통일의 원칙

정부예산은 세입이나 세출이나 모두 하나의 계정으로 통일해 관리되어야 한다는 원칙이다. 만일 특정한 세입(예컨대, 자동차세 수입)이 특정한 세출(예컨대, 도로건설비)과 관련된다 해서 국고의 계정을 거치지 않고 직접 충당시킨다면 전체적인 국가재정계획을 수립하기 어려울 뿐 아니라 각 정부사업 간에 균형 있는 지출이 불가능해진다. 이와 같은 이유로, 모든 세입(수입)을 국고의 한 계정에 일단 넣은 후 여기서 지출되어야 한다는 예산 통일의 원칙이 생겨난 것이다. 그러나 이 원칙에는 특별회계예산(「국가재정법」 제4조 제3항)과 목적세 같은 예외가 있다.

(4) 단일의 원칙

예산 단일의 원칙이란 정부의 재정활동을 손쉽게 알아볼 수 있도록, 국가의 예산을 여러 개로 편성하지 말고 하나로 묶어 단일화해야 한다는 원칙이다. 만일 예산을 여러 형태로 편성해 두면 예산 총계를 파악하기 힘들고, 또 국회에 의한 예산 통제가 어렵게 된다. 그러나 우리나라에서는 이 원칙에 대한 예외로서 특별회계예산과 추가경정예산, 정부투자기관의 예산, 기금을 인정하고 있다.[5]

(5) 완전성의 원칙

한 회계연도의 모든 국가 수입과 지출은 예산에 완전히 계상되어야 한다는 원칙이다. 즉, 조세수입을 계상할 때 징세비를 공제한 순수입만 세입으로 하는 순계 예산이 아니라, 모든 수입은 세입으로 모든 지출은 세출로 해서 예산에 계상하는 총계 예산이어야 한다는 뜻이다. 이 원칙을 총계예산주의 원칙이라고 말하며, 예산 전체를 명료하게 해서 국민과 국회로 하여금 정부예산에 대해 감독하기 쉽도록 하는 데 있다.

(6) 사전 의결의 원칙

예산은 집행되는 회계연도가 시작되기 전에 국회에서 의결되어야 한다는 원칙이다. 대부분의 국가에서 「헌법」으로 이를 규정하고 있으며, 예산이 법규범으로서의 효력을 갖기 위해서는 정부가 예산을 집행하기 전에 국회에서 반드시 의결 절차를 거쳐야 한다. 그러나 대부분의 국가는 회계연도 이전에 국회를 통한 예산의

5) 예산 통일의 원칙은 특정한 세입과 특정한 세출을 직결시켜서는 안 된다는 것이고, 예산 단일의 원칙은 여러 개의 예산을 갖지 말고 하나의 예산만을 가져야 한다는 것이다. 따라서 이 두 원칙은 그 내용 면에서 차이가 있다는 점에 유의해야 한다.

결이 이뤄지지 못한 경우를 대비한 예외를 인정하고 있다. 우리나라의 경우 「헌법」 제54조 제3항에서 "새로운 회계연도가 개시될 때까지 예산안이 의결되지 못한 때에는 국회에서 예산이 의결될 때까지 전년도 예산에 준하여 집행"할 수 있도록 하는 준예산 제도를 인정하고 있다. 다만, 그 대상은 모든 국가사무에 적용되는 것이 아니라, 첫째, 「헌법」이나 법률에 의해 설치된 기관 또는 시설의 유지·운영이며, 둘째, 법률상 지출의무의 이행, 셋째, 이미 예산으로 승인된 사업의 계속의 경우에 한정된다.

(7) 한정성의 원칙

예산은 예산안에 정해진 목적을 위해하는 정해진 금액을 정해진 기간 내에서만 사용해야 한다는 원칙이다. 우리나라의 경우, 예산의 목적 외 사용 금지에 대한 예외로서 예산의 이용과 전용이 있고, 초과지출 금지에 대한 예외로서 예비비가 있으며, 회계연도 경과 금지에 대한 예외로서 예산의 이월, 계속비 등이 있다.

이처럼 예외를 인정하고 있는 것은 전통적 원칙만을 지나치게 강조할 경우 초래할 행정의 경직성을 예방하기 위해 현대적 예산 원칙이 강조하고 있는 행정부 재량의 원칙과 시기 신축성의 원칙을 적절히 보완하고자 하는 데 있다.

제 2 절 정부 재정의 구조

1. 정부예산의 분류

정부예산은 다양한 기준에 의해 분류할 수 있다. 일반적으로 정부예산은 첫째, 정부예산을 유형별로 구분하면, 일반회계·특별회계·기금으로 분류할 수 있으며, 둘째, 예산 과정별로 분류하면 본예산·수정예산·추가경정예산·준예산, 셋째, 대상별로 분류하면 소관별·기능별·품목별 등으로 구분이 가능하며, 넷째 거래별로 분류할 때에는 총계예산과 순계예산으로 구분할 수 있다.

1) 유형별 분류: 일반회계, 특별회계, 기금

(1) 일반회계

일반회계예산은 국가재정의 중심회계로서 국세수입 중심의 일반재원을 주된 재원으로 해서 기초적이고 보편적인 정부활동에 사용하는 예산을 말한다. 흔히 일반회계는 일반적 보상 관계에 입각한 공공 서비스 공급을 위해 필요한 세입·세출 예산이 주를 이룬다. 따라서 우리가 협의로 정부예산을 이야기하는 경우는 대부분 일반회계 예산을 지칭하는 경우이다.

일반회계 예산의 수입은 거의 중앙정부가 징수하는 국세수입으로 구성되며, 소득세, 법인세, 부가가치세, 교통세, 관세 등으로 구성된다. 그리고 2018년 기준으로 가장 많은 예산액을 갖는 세입은 소득세, 부가가치세, 법인세 등의 순이며, 이 세 항목에 의한 2018년 세입규모는 203.2조 원으로 전체 국세수입예산 268.1조 원의 약 75.8%이다. 국세수입예산은 우리나라의 총 세입 중 가장 큰 비중을 차지하고 있어 국가재정 운용계획 수립 및 재원 배분 집행 시에 기초 자료로 활용되며, 재정 건전성 유지 및 국가채무관리 등의 정책 결정에 중요한 자료로 활용된다.

표 6-1 국세수입 실적(중앙정부 예산기준) (단위: 조 원)

세 목	2014년	2015년	2016년	2017년	2018년
총국세	216.5	221.1	232.7	251.1	268.1
일반회계	209.3	213.9	225.8	244	260.8
소득세	54.4	57.3	63.3	69.6	72.9
법인세	46	46	51.4	57.3	63
부가가치세	58.5	58.9	59.8	62.6	67.3
교통세	13.5	13.5	14.8	15.4	16.4
관세	10.6	9.9	8.3	9	9.4
기타	26.4	28.3	28.2	30.2	31.7
특별회계	7.2	7.3	6.9	7.1	7.3
(참고) 연도별 국가예산	355.8	375.4	386.3	400.5	428.8

자료: 기획재정부 연도별 국세수입통계.

(2) 특별회계

일반회계와 비교할 때, 특별회계예산은 재원 조달 방식과 공공 서비스의 성격상 보편적 정부활동으로부터 별도로 구분하는 것이 합리적이라고 판단되는 경우 설치하는 예산이다. 특별회계는 개별적 보상 관계를 적용하는 것이 적합한 재화 및 서비스를 대상으로 하며, 전통적 예산 원칙으로 강조되는 예산 통일의 원칙과 단일의 원칙에 예외가 된다.

특별회계는 ① 국가에서 특정한 사업을 운영하고자 할 때, ② 특정한 자금을 보유해 운용하고자 할 때, ③ 특정한 세입으로 특정한 세출에 충당함으로써 일반회계와 구분해 회계 처리할 필요가 있을 때 법률로 설치할 수 있다(「국가재정법」 제4조 제3항).[6] 중앙관서의 장은 소관 사무와 관련해 특별회계를 신설하고자 할 경우에는 해당 법률안을 입법예고하기 전에 특별회계 신설에 관한 계획서를 기획재정부 장관에게 미리 제출해 그 신설의 타당성에 관한 심사를 요청해야 한다(「국가재정법」 제14조 제1항).

예산은 예산 통일의 원칙에 따라 운영하는 것이 국가의 재정 상태의 파악과 입법부의 통제를 용이하게 한다. 그러나 예산 운영 시에는 특정한 세입을 특정한 세출에 직접 충당하는 것이 더 효율적일 경우가 있다. 이를 인정한 회계가 특별회계이다.

(3) 기 금

정부의 재정활동은 주로 일반회계, 특별회계로 구성된 예산에 의해 운용되나, 일부 사업 영역의 경우 사업의 특성상 지속성과 안정적 자금 지원이 필요하거나, 사업 추진 시 재원의 탄력적 집행이 필요한 경우가 있다. 이 경우 정부는 예산과는 별도로 기금을 조성해 운영할 수 있다.

기금제도는 1961년 기존의 「재정법」을 대체한 「예산회계법」 제정(법률 제849호)을 통해 처음으로 도입되었으며, 「예산회계법」을 대체한 「국가재정법」에서도 유지되고 있다. 현행 「국가재정법」 제5조(법률 제15342호)에 따르면, 기금은 "국가가

6) 다만, 이 경우라도 「국가재정법」 제4조 제3항에 따른 특별회계설치 근거법률에 규정된 경우에만 가능하며, 동 법에서는 이를 [별표 1]에 제시하고 있다.

특정한 목적을 위하여 특정한 자금을 신축적으로 운영할 필요가 있을 때에 한하여 법률로써" 설치할 수 있고, "세입세출예산에 의하지 아니하고 운영할 수 있다"고 규정하고 있다. 과거 기금은 엄격한 통제를 받지 않아 방만한 예산 운영이라는 비판을 받았으나, 기금 운영 규모가 지속적으로 팽창함에 따라 기금 운영의 효과성 제고를 위해 1992년 「기금관리기본법」 제정을 통해 기금 운용과 재정 운용과의 연계성을 높이고 공공성과 효율성을 조화시키려는 노력하는 등 기금 운용 제도의 개선 노력을 기울여 왔다.

「국가재정법」 하에서, 기금은 ① 세입세출예산 외로 운영되며, ② 국무회의의 심의를 거쳐, 대통령의 승인을 얻은 기금운용계획에 따라서 기금관리 주체의 책임하에 운용되며, ③ 정부는 기금운용계획안을 회계연도 개시 120일 전까지 국회에 제출해야 한다(「국가재정법」 제68조). 기금은 예산 원칙의 일반적인 제약으로부터

표 6-2 일반회계 · 특별회계 · 기금의 차이

구 분	일반회계	특별회계	기 금
설치 사유	국가 고유의 일반적 재정활동	• 특정 사업 운영 • 특정 자금 보유 운용 • 특정 세입으로 특정 세출에 충당	특정 목적을 위해 특정 자금을 탄력적으로 운용할 필요가 있을 때
재원 조달 및 운용 실태	조세수입과 무상급부 원칙	일반회계와 기금의 운용 형태 혼용	출연금과 부담금 등을 수입원으로 해서 융자사업 등 유상급부 제공
확정 절차	부처의 예산 요구 → 기획재정부의 예산안 편성 → 국회의 심의 · 의결	좌동	기금관리 주체가 계획 수립 → 기획재정부 장관의 협의 조정 → 국회의 심의 · 의결
집행 절차 (자율성)	합법성에 입각한 엄격한 통제	좌동	합목적성 차원에서 상대적으로 자율성과 탄력성 보장
수입과 지출의 연계	연계 배제	연계	연계
계획 변경	추경예산 편성	좌동	주요 항목 지출 금액의 20% (금융성 기금은 30%) 이상 변경 시 국회 의결 필요
결산	국회의 결산 심의	좌동	좌동

벗어나 탄력적인 운영이 가능하도록 특정 사업을 위해 보유·운용되는 특정 자금이라고 할 수 있다.

2) 예산 과정별 분류: 본예산 · 수정예산 · 추가경정예산, 준예산

행정부의 예산 편성, 입법부의 예산 심의 등에서 예산환경의 변화나 결정의 지체 및 생략으로 인해 절차상 다양한 종류의 예산이 필요하다. 예산에는 정기적인 예산안 제출에 의한 것인지, 아니면 이미 제출된 예산안 또는 확정 예산에 변경을 가한 것인지에 따라 본예산·수정예산·추가경정예산의 세 종류가 있고, 예산 성립 여부에 따라서 준예산이 있다.

(1) 본예산

「헌법」 제54조 제2항에 의하면 "정부는 회계연도마다 예산안을 편성하여 회계연도 개시 90일 전까지 국회에 제출하고,[7] 국회는 회계연도 개시 30일 전까지 이를 의결하여야 한다"고 밝히고 있다. 이와 같은 「헌법」 규정에 따라 매년 정기적으로 예산안을 편성·제출해 성립된 예산을 본예산이라 한다. 본예산은 예산이 사용될 회계연도의 예산으로서 최초로 편성되어 국회에 제출된 것이므로 당초예산이라고도 한다.

(2) 수정예산

정부가 국회에 예산안을 제출한 후 부득이한 사정(국내·외 정세의 변화 등)으로 그 내용을 수정하고자 하는 때에는 국무회의의 심의를 거쳐 대통령의 승인을 얻은 수정예산안을 국회에 제출할 수 있다(「국가재정법」 제35조). 따라서 국회에서 예산이 의결되기 전(심의 중)에 정부에 의해 수정된 예산을 수정예산이라 한다.

수정예산은 정부가 예산안을 국회에 제출한 후 예산안이 국회에 의해 의결되기 전에 제출된 예산이기 때문에 국회 상임위원회와 예산결산특별위원회의 심사를 받아야 한다.

---

7) 앞서 설명하였던 바와 같이 「국가재정법」 제33조에 따라 정부는 대통령의 승인을 얻은 예산안을 회계연도 개시 120일 전에 국회에 제출해야 한다.

(3) 추가경정예산

정부는 예산안이 국회를 통과해 확정된 후에 생긴 사유로 인해 이미 성립된 예산에 변경을 가할 필요가 있을 경우가 있는데, 이미 확정된 예산에 변경을 가할 필요가 있는 경우 편성하는 예산을 추가경정예산이라고 한다(「국가재정법」 제89조 제1항). 추가경정예산은 예산이 국회를 통과해서 성립된 후에 그 내용을 변경하는 것이라는 점에서 예산안이 국회에서 의결되기 전에 그 내용을 변경하는 수정예산과 구별된다. 한편, 추가경정예산은 본예산과 별도로 성립된 것이지만 본예산의 항목이나 금액을 고친 것에 불과하므로 본예산과 통산해서 집행하게 된다.

정부가 추가경정예산을 편성할 수 있는 경우는 첫째, 전쟁이나 대규모재해(「재난 및 안전관리 기본법」 제3조에서 정의한 자연재난과 사회재난의 발생에 따른 피해를 말한다)가 발생한 경우, 둘째, 경기침체, 대량실업, 남북관계의 변화, 경제협력과 같은 대내·외 여건에 중대한 변화가 발생하였거나 발생할 우려가 있는 경우, 셋째, 법령에 따라 국가가 지급하여야 하는 지출이 발생하거나 증가하는 경우이다. 다만, 정부는 국회에서 추가경정예산안이 확정되기 전에 이를 미리 배정하거나 집행할 수는 없다.

(4) 준예산

예산은 회계연도의 시작과 함께 집행되어야 하는데, 만일 회계연도 개시 전까지 예산안이 입법부에서 의결되지 못한 경우에는 예산이 없는 상태가 되므로 행정 기능을 마비시킬 우려가 있다. 이러한 무예산 상태를 미연에 방지하기 위해 「헌법」상에 해결 방법을 강구해 둘 필요가 있었다. 이와 같이 예산이 성립되지 못했을 때에 예산 집행을 가능케 하는 방법으로서 고안된 것이 준예산이다. 준예산이란 예산안이 새로운 회계연도가 개시될 때까지 국회에서 의결되지 못한 경우에 일정한 경비를 전년도 예산에 준해 지출할 수 있도록 한 제도이다. 우리나라 「헌법」에서도 준예산을 인정하고 있는데, 준예산 제도는 국회의 의결 없이 예산을 집행할 수 있다는 점에서 예산 사전 의결의 원칙의 예외에 해당한다(「헌법」 제54조 제3항).

표 6-3 예산 불성립 시의 예산 집행 제도

예산명	의회 의결	기 간	지출 항목	채택한 나라
준예산	불필요	제한 없음	한정적	우리나라 · 독일
잠정예산	필요	수개월	전반적	영국 · 캐나다 · 일본
가예산	필요	1개월	전반적	프랑스(제3, 4공화국)

이 밖에도 현재 우리나라에서는 적용되고 있지 않지만, 유사 개념으로 잠정예산과 가예산 제도가 있다. 이때 잠정예산이란 새로운 회계연도가 시작되는 날로부터 최초 수개월 분의 일정한 금액의 예산을 정부가 집행할 수 있게 허가하는 제도로 영국 · 미국 · 캐나다 등의 국가에서 운영하고 있다. 특히 영국은 회계연도가 시작되기 전에 본예산이 의회를 통과하는 일이 거의 없으므로 잠정예산을 활용하는 것이 상례처럼 되어 왔다. 또한 가예산이란 부득이한 사유로 인해 회계연도 개시 전에 예산이 의결되지 못하는 경우를 대비해 의회가 미리 1개월분 예산만 의결해 정부로 하여금 집행할 수 있게 한 1개월분 예산을 말한다. 이 제도는 우리나라에서도 과거 제1공화국 시대에 채택한 바 있다. 가예산은 의회의 의결이 있어야 한다는 점에서는 잠정예산과 매우 비슷하나 1개월분의 예산이라는 제한이 있다는 점에서 잠정예산이나 준예산과는 다르다.

3) 대상별 분류: 소관별, 기능별, 품목별 분류

(1) 소관별 분류

소관별 분류는 예산을 정부조직에 따라서 분류하는 방법이다. 우리나라는 「국가재정법」 제6조에서 정부조직을 독립기관과 중앙관서로 구분하고 있다. 이때 독립기관에는 국회, 대법원, 헌법재판소 및 중앙선거관리위원회가 포함되며, 중앙관서는 「헌법」 또는 「정부조직법」에 의거한 법률에 따라 설치된 중앙행정기관을 말한다. 이 밖에도 「지방자치법」에 의한 지방자치단체가 존재하며, 지방자치단체의 경우 광역자치단체와 기초자치단체로 구분된다.

이 분류 방법은 특히 입법부로 하여금 예산 심의와 통제를 용이하게 하고 경비 지출의 책임 소재를 명확히 할 수 있다는 장점이 있기 때문에 오래전부터 많이 이용해 온 방법 중의 하나이다.

(2) 기능별 분류

예산의 기능별 분류는 정부가 수행하는 기능을 기준으로 한 것이므로 주로 세출에 관한 분류 방법이다. 기능별 분류는 행정수반의 예산정책 수립을 용이하게 하고 입법부의 예산 심의를 돕고자 하는 의도에서 고안된 것이지만, 국민이 정부의 사업계획과 활동을 파악할 수 있도록 간편 예산형을 취하고 있기 때문에 흔히 시민을 위한 분류로 부르고 있다. 또한 이러한 분류는 장기간에 걸쳐 연차적으로 정부 활동의 변천을 쉽게 파악할 수 있고 다른 정부의 것과도 비교하는 데 도움이

표 6-4 분야별 재원배분 (단위: 조 원, %)

분 야	2016년	2017년	2018년	비 율 (2018년)
일반 · 지방행정	60	63	69	16.1%
공공질서 및 안전	17	18	19	4.4%
통일 · 외교	5	5	5	1.2%
국방	38	39	42	9.8%
교육	53	57	64	14.9%
문화 및 관광	7	7	6	1.4%
환경	7	7	7	1.6%
사회복지	113	119	134	31.2%
보건	11	10	11	2.6%
농림수산	19	20	20	4.7%
산업 · 중소기업 및 에너지	16	16	16	3.7%
교통 및 물류	20	19	15	3.5%
통신	8	7	7	1.6%
국토 및 지역개발	4	4	4	0.9%
과학기술	7	7	7	1.6%
예비비	3	3	3	0.7%
총예산	386.3	400.5	428.8	100.0%

자료: 기획재정부 분야별 재원배분 변화 비교.

된다. 현재 사용하고 있는 기능별 분류는 ① 일반 · 지방행정, ② 공공질서 및 안전, ③ 통일 · 외교, ④ 국방, ⑤ 교육, ⑥ 문화 및 관광, ⑦ 환경, ⑧ 사회복지, ⑨ 보건, ⑩ 농림수산, ⑪ 산업 · 중소기업 및 에너지, ⑫ 교통 및 물류, ⑬ 통신, ⑭ 국토 및 지역 개발, ⑮ 과학기술, ⑯ 예비비로 나뉜다. 우리나라에서는 기능별 분류를 좀 더 구체적인 기능과 사업으로 분류하고 있으며, 성질(품목)별 분류를 이용해 기능별 세출의 지출 내역을 밝히고 있다. 2018년 분야별 재원배분을 기준으로 할 때, 가장 많은 예산이 투입되고 있는 분야는 사회복지(31.2%) 분야이며, 일반 · 지방행정(16.1%), 교육(14.9%), 국방(9.8%) 등의 순이다.

(3) 품목별 분류

품목별 분류는 정부가 일을 해 가는 데 필요한 재화와 용역, 즉 급여 · 시설비 · 정보비 등 지출의 세부 대상을 중심으로 분류하는 방법이다. 정부는 다양한 예산 제도를 채택하여 운용할 수 있지만, 어떤 예산 제도를 채택하더라도 이 분류 방법을 함께 사용하지 않을 수 없으므로 오래전부터 가장 널리 사용되고 있다.

품목별 분류의 방법은 정부부처나 각 기관의 지출에 대한 통제를 목적으로 고안된 것이므로 행정부의 지출에 대한 통제가 편리하고, 회계 상의 재량행위를 상당히 억제할 수 있으며, 또한 인사관리에 필요한 정보를 제공할 수 있다는 등의 이점이 있다. 이와 같은 이점에 따라, 예산 편성, 회계검사, 결산, 사업계획 수립 등에 편리하며, 다른 예산 분류와 병행해 사용되는 것이 일반적이다.

그러나 품목별 분류 방법만으로는 ① 예산을 어떠한 목적, 사업에 사용했는지 그 전모를 알 수 없고, ② 승인된 예산 내용이 지출 대상이므로 예산환경의 변화에 대응하고자 할 때 예산 운용에 신축성이 결여될 가능성이 클 뿐만 아니라, ③ 목의 수효를 몇 개로 할 것인가는 예산 운용 면에서 통제와 신축성과의 조화의 문제가 발생할 수 있다.

4) 거래별 분류: 총계예산, 순계예산

총계예산과 순계예산의 구분은 회계 간 중복 거래되는 금액을 포함할 것인가 제외할 것인가에 따라서 구분된다. 이때 회계 간 중복을 허용하지 않은 예산을 총계

예산이라 하고, 회계 간 중복 거래되는 금액을 제외한 예산을 순계예산이라고 한다.

현행 예산 원칙은 총계예산주의를 따르고 있기 때문에 회계연도 내 일체의 수입을 세입으로 하고, 일체의 경비를 세출로 하는 총계예산이 원칙이다. 총계예산은 재정의 전반을 파악하는 것이 용이하고, 예산 집행의 책임을 명확히 할 수 있다는 장점으로 인해 대부분의 국가에서 총계예산주의를 채택하고 있다. 이때 이와 같은 원칙을 적용해 산출한 총계예산에는 동일한 재원이 회계 간 중복 계상되는 문제가 발생한다. 여기서 중복되는 부분을 차감한 예산 순액을 순계예산이라 한다.

2. 정부예산의 법률 체계

정부예산과 관련해 근간이 되는 법은 「국가재정법」이다. 또한 이 밖에도 우리나라는 정부예산의 효율적 관리를 위한 다양한 개별법을 갖고 있으며, 여기에서는 정부예산의 중추를 이루는 「국가재정법」과 「정부기업예산법」, 그리고 「공공기관의 운영에 관한 법률」에 대해 살펴본다.

1) 「국가재정법」

「국가재정법」은 우리나라 국가 예산관리에 대한 기본 토대를 이루는 중심 법률로 우리나라 정부재정을 다루는 기본 원칙은 대부분 「국가재정법」에 의해 규정되고 있다. 「국가재정법」은 국가의 예・결산, 기금 운용, 성과관리 및 국가채무 등 재정에 관한 사항을 정함으로써 국가재정의 효율적으로 운영하는 것을 목적으로 한다.

(1) 「국가재정법」의 변천 과정

우리나라의 예산 제도는 1948년 「제헌 헌법」에서 시작되었다고 볼 수 있다. 「제헌 헌법」에서는 6개의 조문을 두어 조세법률주의, 예산 과정, 예산의 사전 의결 원칙 등을 정하고 있다. 그리고 정부재정 운영에 대한 구체적인 사항들은 1951년에 제정된 「재정법」에 뿌리를 두고 있다. 「재정법」은 1962년 「예산회계법」이 제정될 때까지 10년 간 적용되었다. 1962년 재정된「예산회계법」이 제정된 것은 당시 시작된 '제1차 경제개발 5개년계획'을 효과적으로 지원할 수 있는 예산회계 제도가 필요했기 때문이다.「예산회계법」에서는 성과주의 예산제도에 대한 규정은 물론, 발생주의·복식부기 방식의 예산 제도 등의 도입을 규정했다.「예산회계법」은 2006년 9월「국가재정법」 제정까지 44년 간 적용되었다.

(2)「국가재정법」의 주요 내용

「국가재정법」은 기존의「예산회계법」과「기금관리기본법」을 통합해, 국가재정 운용의 기본법을 제정함으로써 새로운 재정 운용의 틀을 마련하는 것을 목적으로

표 6-5 「국가재정법」의 주요 내용

구 분	내 용
국가재정운용계획 수립	재정 운용의 효율화와 건전화를 위해 매년 당해 연도를 포함 5회계연도 이상의 기간에 대한 국가재정운용계획을 수립하고, 회계연도 개시 120일 전 국회 제출
성과중심 재정 운용	중앙관서의 장 및 기금관리 주체는 재정활동의 성과관리 체계를 구축해 성과계획서와 성과보고서 제출
주요 재정정보의 공포	예산, 기금, 결산, 국채, 차입금, 국유재산의 현재액 및 통합재정수지 등 국가와 지방자치단체에서 중요한 재정정보를 연 1회 이상 정보통신매체 인쇄물 등 적당한 방법으로 공표해 재정활동의 투명성 제고
회계 및 기금 간 여유재원의 신축 운용	회계 및 기금 간 전출입을 허용하되, 그 내용을 예산안 또는 기금운용계획안에 반영해 국회 제출
성인지 예·결산 제도 도입	예산이 성평등 기대효과, 성과목표, 성별 수혜분석을 포함해 분석한 성인지 예산서 및 결산서를 예·결산안 첨부서류로 국회 제출
예비비 계상한도 제한	사용 목적이 지정되지 않은 일반예비비 규모를 일반회계 예산총액의 100분의 1 이내로 제한하고, 이를 공무원의 보수 인상을 위한 인건비 충당에는 사용할 수 없도록 규정
조세지출예산서 도입	조세 감면, 비과세, 소득공제, 세액공제, 우대세율적용 등 재정 지원 추정 금액을 기능별, 세목별로 작성한 조세지출예산서를 예산안과 함께 국회에 제출
국가채무관리계획의 국회 제출	국가채무의 체계적 관리를 위해 매년 국채·차입금 상환 실적 및 상환 계획, 채무의 증감에 대한 전망 등을 포함한 국가채무관리계획을 수립해 회계연도 120일 전까지 국회에 제출

한다. 「국가재정법」은 현대 국가에서 효율적인 재정 운영에 필요하다고 판단되는 다양한 요소를 주요 내용으로 하고 있으며, 각각의 주요 내용은 <표 6–5>와 같다.

2) 「정부기업예산법」

「정부기업예산법」은 정부기업별로 특별회계를 설치하고, 그 예산 등의 운용에 관한 사항을 규정함으로써 정부기업의 경영을 합리화하고 운영의 투명성을 제고하는 것을 목적으로 한다.

「정부기업예산법」 제2조에 따르면, "정부기업이란 기업 형태로 운영하는 우편사업, 우체국예금사업, 양곡관리사업 및 조달사업"을 의미한다. 또한 동법 제3조에서는 정부기업을 운영하기 위해서는 각각의 사업별로 4개 특별회계를 설치하고, 그 세입으로써 그 세출에 충당하도록 하고 있다. 4개 특별회계는 정부부처의 형태를 지니는 공기업의 재정 운용을 위해 설치한 정부기업 특별회계의 성격을 갖는다.

본래 「정부기업예산법」은 1961년 제정된 「기업예산회계법」을 대체한 법률인데, 1961년 제정된 「기업예산회계법」에서는 교통사업, 통신사업, 전매사업, 양곡관리사업, 조달사업의 5개 특별회계 설치를 규정했으나, 7차례의 개정을 통해 2006년 개정에서 우편사업, 우체국예금사업, 양곡관리사업, 조달사업의 4개 특별회계 설치로 변경된 바 있다.

3) 「공공기관의 운영에 관한 법률」

2007년 제정된 「공공기관의 운영에 관한 법률」은 공공기관 운영에 관한 기본적인 사항과, 자율경영 및 책임경영 체제의 확립에 관해 필요한 사항을 규정하고 있다. 이를 통해 공공기관 경영의 합리화와 운영 투명성 제고가 가능하며, 이 법에 따른 공공기관들의 재정 운영에 대한 사항을 다루고 있다. 동법은 1984년 제정되어 2007년 폐지된 「정부투자기관관리기본법」과 2004년 제정되고, 2007년 폐지된 「정부산하기관 관리기본법」을 기본 골격으로 하고 있다.

「공공기관의 운영에 관한 법률」에서는 공공기관을 공기업과 준정부기관, 그리고 기타 공공기관으로 나누고 각각을 다시 세분하고 있다. 이때 공공기관의 구분 기준은 <표 6–6>과 같다.

동법에 따른 공공기관 중 기타 공공기관을 제외한 기관의 장은 매년 해당 연도를 포함한 5회계연도 이상의 중장기 재무관리계획을 수립하고, 이사회를 거쳐 확정한 후, 매년 6월 30일까지 기획재정부 장관과 주무기관의 장에게 제출해야 한다(동법 제46조). 또한 기획재정부 장관은 예산과 자금 운영에 관한 사항을 포함한 경영지침을 공기업·준정부기관 및 주무기관의 장에게 통보해야 한다(동법 제50조).

공기업·준정부기관의 예산은 앞서 설명한 경영 목표와 경영지침에 따라 다음 회계연도의 예산안을 편성하고, 회계연도 개시 전까지 그 공기업·준정부기관의 이사회에 제출해야 하며, 이에 따라 제출된 예산은 이사회의 의결로 확정된다. 만

그림 6-1 공공기관의 분류

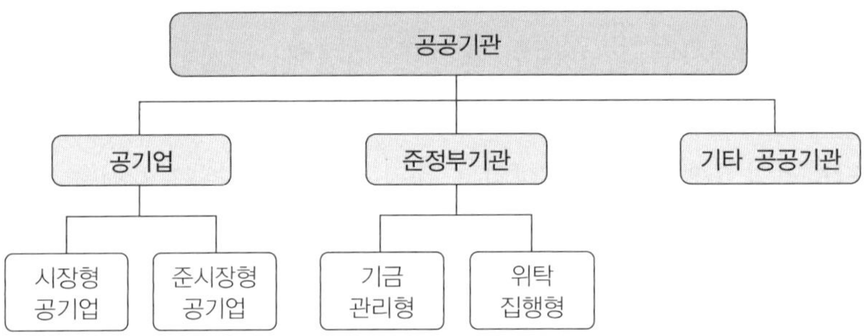

표 6-6 공공기관의 구분

구 분		내 용
공기업	시장형 공기업	자산 규모가 2조 원 이상이고, 총수입액 중 자체수입이 85% 이상인 공기업
	준시장형 공기업	시장형 공기업이 아닌 공기업
준정부기관	기금관리형 준정부기관	「국가재정법」에 따라 기금을 관리하거나 기금의 관리를 위탁받은 준정부기관
	위탁집행형 준정부기관	기금관리형 준정부기관이 아닌 준정부기관
기타 공공기관		공공기관 중 공기업과 준정부기관을 제외한 기관

일 예산 확정 이후 경영 목표의 변경 또는 그 밖의 불가피한 사유 발생으로 인해 예산 변경이 이루어져야 하는 경우 변경된 예산안을 이사회에 제출해 의결해야 한다. 또한 예산이 확정되거나 변경된 경우 공기업 및 준정부기관의 장은 기획재정부 장관, 주무기관의 장, 감사원장에게 지체 없이 그 내용을 보고해야 한다.

제 3 절 예산 제도의 변천 과정

예산 제도는 예산개혁의 결과로 새로 구성되는 예산 과정을 통틀어 지칭한다. 예산개혁이란 예산안의 편성과 심의, 예산의 집행과 회계검사의 예산 과정 중 그 일부를 의미 있게 개선하는 것을 말한다. 예산 제도를 시기별로 구분하면 통제 수단에 역점을 둔 품목별 예산제도에서 시작해 관리 중심의 성과주의 예산제도를 거쳐 계획 예산제도, 영기준 예산제도의 순서로 발달해 왔다. 정부예산이 어떤 기능에 초점을 두었느냐에 따라서 순차적인 발전 단계를 밟아왔으며, 예산개혁의 관점에서 변경되어 왔다.

표 6-7 예산 기능과 예산 제도의 변천

예산 기능	통 제	관 리	계 획	감 축
예산 제도	품목별 예산제도	성과주의 예산제도	계획 예산제도	영기준 예산제도

1. 품목별 예산제도

1) 품목별 예산제도의 성립 배경 및 주요 내용

품목별 예산제도(Line-Item Budgeting System: LIBS)는 지출 대상을 품목별로 세분화해 예산을 편성하고 운영하는 제도이다. 품목별 예산제도는 1907년 미국 뉴욕 시 보건국의 전체 예산을 품목별로 편성한 데에서 시작되었으며, 1921년 미국의 예산회계법 제정 시 정부제출 예산제도의 도입과 더불어 발달했다.

품목별 예산제도는 당초 예산 낭비와 부패 방지를 목적으로 정부예산을 효과적으로 통제하기 위한 목적에서 도입된 제도이다. 품목별 예산제도 하에서 정부예산은 지출 대상 품목별로 편성되고, 실제 지출에서도 당초 편성된 지출 항목에 따른 집행을 강제한다. 즉, 품목별 예산제도는 정부예산이 미리 결정된 각각의 세출 항목에 따라서 적법하게 지출되었는가를 효과적으로 확인하는 것에 초점을 두기 때문에, 의회에서 당초에 통과시킨 대로 예산이 지출되었는지를 관리 · 감독하기에 알맞은 제도이다.

2) 품목별 예산제도의 장 · 단점

(1) 품목별 예산제도의 장점

품목별 예산제도에서는 대체로 ① 조직별로 예산을 구분하고, ② 이를 다시 지출 대상 품목별로 세분화해서 금액을 표시한다. 일반적으로 세출 항목은 행정조직별로 '장－관－항－세항－세세항－목'으로 체계화되어 있고, '목별' 예산이 품목별 예산제도에 해당한다. 따라서 이 예산 제도 하에서는 기관별 · 품목별로 예산의 금액이 명시되어 있어 지출기관의 책임을 명백히 할 수 있고, 이에 따라 회계검사도 쉽게 이루어질 수 있다. 품목별 예산제도의 특징에 따라 이 제도가 갖는 장점은 다음과 같다.

첫째, 회계 책임을 명백히 하고 회계검사가 용이하다. 품목별 예산제도는 지출 항목에 따라 명백하게 예산을 구분해 배정하고 집행하기 때문에, 항목별 예산과 지출 현황에 대한 분석만으로도 각각의 지출이 적법하게 지출되었는지를 쉽게 확인할 수 있다.

둘째, 예산이 지출의 대상별로 표시되어 있어 편성이 간편하고 알아보기 쉽다. 품목별 예산제도는 예산을 품목별로 구분해 나열시켜 놓고 있기 때문에, 특별한 회계지식이 없이도 정부의 지출 항목과 지출 결과를 쉽게 확인할 수 있어 행정통제가 용이하다는 장점이 있다. 따라서 현대 국가예산이 다양한 예산 제도를 채택하고 있다고 하더라도 통상 이 제도를 병용해서 사용하고 있다.

셋째, 행정권의 남용을 방지할 수 있다. 품목별 예산제도는 기본적으로 예산지출에서 정부의 재량권을 인정하지 않는다. 즉, 정부가 지출하는 어떤 자금이라도 당초에 예산으로 정해둔 품목 이외에는 지출할 수 없게 하고 있다. 이에 따라 행정부의 예산 집행 시에 자유재량의 범위를 제한하고 통제를 쉽게 할 수 있으므로, 행정권 남용을 억제할 수 있다.

넷째, 품목별 예산제도 하에서는 정부예산이 항목별로 확인되기 때문에, 각 품목에 대한 구입 단가를 통일시켜 확인할 수 있다. 이를 통해 정부는 품목별로 각 구입재화의 단가를 통일시킴으로써 예산 편성의 표준화 및 능률성을 도모할 수 있다.

(2) 품목별 예산제도의 단점

품목별 예산제도는 예산통제 관점에서 다양한 장점을 갖고 있지만, 단점 또한 다수 존재한다. 품목별 예산제도의 단점은 첫째, 정책 수립에 의미 있는 자료를 제공하지 못한다. 오늘날의 예산은 행정통제와 같은 소극적 기능뿐만 아니라 성과제고, 경제 안정 등 국민경제에 영향을 주는 전략적 수단으로도 사용되고 있는데, 이 제도로는 예산의 적극적인 기능을 파악하는 데 도움을 주지 못한다. 즉, 품목별 예산제도 하에서 편성된 예산은 지출과 정책 목표 달성과의 관련성을 알기 어려워 정부 기능에 대한 정보를 체계적으로 제공하지 못한다.

둘째, 예산 집행에 필요한 신축성을 갖지 못하게 한다. 이 제도는 지출 통제를 목적으로 마련된 것이고, 또 지출 품목을 지나치게 세분하고 있기 때문에 예산 집행 시에 발생할 수 있는 정책환경 변화에 적절히 대응하기 어렵다. 즉, 예산은 예정된 수입과 지출을 금전적으로 표시하는 것이기 때문에 예산 편성 과정에서 미래의 불확실한 상황을 완전하고 정확하게 예측하는 것은 불가능하다. 따라서 예산 집행의 효율화를 위해서는 일정 수준의 신축성과 융통성이 전제되어야 하나, 품목별 예산제도 하에서는 신축적 예산 운영이 실질적으로 가능하지 않다.

셋째, 예산이 누구를 위해, 무엇 때문에 얼마나 쓰이는가에 대해서는 전혀 알 수 없다. 이 제도는 어느 품목에 얼마의 정부예산이 지출되는가에 대해서는 명백히 알 수 있게 해주지만, 정부가 어떤 사업을 추진하고 있으며, 그것에 얼마만큼의 예산이 쓰이며, 그 결과 국민에게 어떠한 이익을 가져다 줄 것인지에 대해서는 밝혀주지 못한다.

2. 성과주의 예산제도

1) 성과주의 예산제도의 성립 배경 및 주요 내용

품목별 예산제도의 가장 큰 단점은 예산 제도를 통해 정부 기능에 대한 체계적인 정보를 제공하지 못한다는 점이다. 그런데 1930년대 세계 경제대공황을 거치면서 정부의 역할이 지속적으로 확대되었으며, 1930년대 후반의 뉴딜(New Deal) 시대로부터 정부의 사업관리, 과정, 계획, 그리고 능률성에 대한 논의가 활발히 진행되면서, 성과주의 예산제도의 필요성이 제안되었다. 성과주의 예산제도(Performance Budgeting System: PBS)는 이와 같은 배경에 따라 1952년 미국의 제2차 후버위원회에서 채택을 제안했다.

성과주의 예산제도는 예산을 기능, 사업, 계획, 활동별로 구분해 예산과 예산지출에 의한 성과와의 관계를 명백하게 하기 위한 예산 제도이다. 즉, 예산 투입(in-put)과 그로 인한 산출(out-put)에 관한 정보를 기준으로 의사 결정이 이루어지는 예산 제도이다. 우리나라에서는 1961년에서 2~3년 간 일부 부처(국방부와 농림수산부)에서 사용을 시도한 바 있었으나, 5 · 16 군사 쿠데타 이후 중단되었다.

성과주의 예산제도 하에서의 예산 편성은 "업무측정량 × 단위원가 = 예산액"이라는 방식으로 이루어진다. 즉, 성과주의 예산은 지출을 필요로 하는 사업계획과 이러한 사업계획을 구성하는 주요 사업과 세부사업에 따라 단위원가에 업무량을 곱해 예산액을 책정한다.

2) 성과주의 예산제도의 장 · 단점

(1) 성과주의 예산제도의 장점

성과주의 예산제도는 첫째, 정부가 계획한 사업의 목적과 성질, 그리고 그것에 드는 비용을 파악하기가 쉽다. 즉, 이 예산 제도는 세출을 사업별로 분류하고 사업별 원가를 기준으로 편성하기 때문에 국민들이 정부가 무슨 일을 하며, 그것에 드는 비용을 얼마로 책정하고 있는지를 쉽게 알 수 있다.

둘째, 예산 편성 시에 자금 배분을 합리화할 수 있고, 예산 집행 시에도 신축성을 기할 수 있다. 이 예산 제도는 업무 측정 단위의 선정과 단위원가의 산출을 토대로 한 것이므로 예산 편성에서 자금 배분을 합리화할 수 있고, 최소의 비용을 들여 더 많은 성과를 올리려 하므로 절약과 능률을 기할 수가 있다.

셋째, 행정기관이 스스로 내부통제를 함으로써 능률적인 행정관리가 가능하다. 바꾸어 말해서 이 예산 제도는 적은 돈으로 많은 사업을 완성하려는 의지가 나타나 있으므로, 입법부나 감사원과 같은 외부기관의 통제에 의하지 않고서도 행정기관 스스로 자율적 통제가 이루어질 수 있다.

넷째, 실적(성과) 분석에서 얻게 되는 자료는 다음 회계연도의 예산에 반영할 수 있다. 이 예산 제도는 업무량이 측정 단위에 의해 표시되기 때문에 예산 집행의 실적도 객관적으로 측정할 수가 있으며, 실적분석에서 얻은 자료는 다음 연도의 예산 편성에 반영할 수 있다.

(2) 성과주의 예산제도의 단점

첫째, 수량적으로 나타낼 수 없는 업무 성과에 대한 측정 단위를 선정하기가 어렵다. 정부가 하는 사업 중에는 그 성과(실적)를 눈으로 확인할 수 없거나 계량적으로 측정할 수 없는 것도 많다. 예컨대, 정부가 많은 홍보활동비를 들여 도덕성 회복운동을 전개했을 때 그 성과는 결코 수량으로 나타낼 수는 없을 것이다. 이와 같은 성질의 공공사업에서는 타당성과 신뢰성을 갖춘 측정 단위를 찾기란 매우 어려운 일이다.

둘째, 단위원가 산출이 쉽지 않다. 단위원가는 업무 측정 단위 하나를 산출하는 데 드는 모든 경비(인건비 · 자료비 등)를 합한 것이다. 이와 같은 단위원가를 정확하게 산출하려면 고도의 회계 지식과 많은 경험을 쌓은 회계 전문가 확보가 필수 전제조건인데, 현실적으로 필요한만큼의 전문가를 확보하는 것은 쉬운 일이 아니다. 과거 우리나라에서 성과주의 예산제도를 채택하려다가 실패한 것도 바로 업무 측정 단위의 선정 문제와 단위원가의 산출 문제를 해결하지 못했기 때문이다.

셋째, 입법부에 의한 예산통제가 어렵다. 성과주의 예산은 정책이나 사업계획의 수행에 중점을 두고 있는 데다 단위원가의 산출 또한 어렵기 때문에 이에 대한 전문지식이 없는 입법부는 예산안의 심의에서나 예산 집행에 대해 검사하기란 쉬운 일이 아니다.

3. 계획 예산제도

1) 계획 예산제도의 성립 배경 및 주요 내용

1950년대부터는 행정 현상을 거시적으로 파악하기 시작함으로써 개방체계론이 등장하고, 1960년대 초에는 새 일원론의 핵심인 발전행정이론이 대두함에 따라 행정 기능이 정책 결정에까지 확대되어야 한다는 주장이 제기되었다. 또한 1960년대는 후생경제학과 정보기술 및 의사 결정 기술의 발전 등 관리과학의 발달로 인해 자원을 합리적으로 배분할 수 있는 분석 기법 등이 발달되기 시작했다. 그리고 이를 바탕으로 계획과 예산을 일치시키려는 노력 등을 배경으로 계획 예산제도(Planning Programming Budgeting System: PPBS)가 등장했다. 계획 예산제도는 미국 케네디(John F. Kennedy) 행정부의 맥나마라(Robert McNamara) 국방 장관이 국방부 예산에 최초로 도입했고, 1965년 존슨(Lyndon B. Johnson) 행정부에서 연방정부의 모든 부처에 도입하도록 했다.

계획 예산제도는 장기적 계획 수립(planning)과 단기적 예산 결정(budgeting)을 프로그램 작성(programming)을 통해 유기적으로 연계시킴으로써 정부재정 배분과 관련된 의사 결정에서 일관성과 합리성을 확보하려는 예산 제도이다. 계획 예산제도에서는 장기계획 수립과 프로그램 작성, 그리고 이를 예산 결정과 연계시키려는 노력으로, 첫째, 계획 수립(plan) 단계에서는 목표를 설정하고, 설정한 목표를 달성하기 위한 여러 가지 대안을 평가하고 선택한다. 이때 장기적인 시계를 가지고 장기간에 걸친 비용과 편익을 중요하게 고려한다. 둘째, 프로그램 작성은 결정된 계획을 실행하기 위한 구체적인 활동을 결정하는 과정으로 계획 기간 동안 기대되는 성과와 발생할 비용을 감안해 사업의 세부 시행계획을 작성한다. 이 과정에서는 비용편익분석에 입각해 정책 목표를 달성할 수 있는 다수의 경쟁 대안 가운데 가장 효과적이고 능률적인 대안을 선택한다. 셋째, 예산 결정 과정은 정책 목표 달성을 위한 대안활동에 대해 정부재정을 체계적으로 연계시키는 의사 결정 과정을 지칭한다. 계획 예산제도 하에서는 사업과 재정계획을 기초로 연도별 예산을 편성해 집행한다. 이와 같은 계획 예산제도가 발전할 수 있었던 배경은 후생경제학의 발달로 인해 비용・편익분석 기법 등 다양한 경제분석 도구가 발달할 수 있었으며, 동시에 컴퓨터의 등장으로 정보의 처리 능력이 향상되었기 때문이다.

2) 계획 예산제도의 장・단점

(1) 계획 예산제도의 장점

계획 예산제도는 다음과 같은 장점을 지닌다.

첫째, 의사 결정의 절차를 일원화할 수 있다. 계획 예산제도는 사업계획의 목적・대안・효용・소요 자원 등이 일관성 있게 연결하기 때문에 최고위층(행정수반)이 자신의 개혁 의지에 따라 의사를 결정하고 집행하기에 매우 편리하다.

둘째, 자원의 합리적 배분에 유리하다. 계획 예산제도 아래서는 그 제도 자체가 정책결정자로 하여금 어떻게 하는 것이 더 합리적인 자원의 배분일까를 반드시 생각하도록 되어 있고, 또 비용・편익분석과 같은 신뢰도가 높은 분석 기법을 통해 각종 사업계획의 우선순위를 결정할 수 있으므로 합리적인 자원 배분을 할 수 있게 된다.

셋째, 중장기계획을 추진에 유리하다. 계획 예산제도는 사업계획이 연차별로 일관성 있게 연결되어 있고, 또 그것을 추진하는 데 뒷받침이 되는 소요 자원을 합리적으로 배분할 수 있기 때문에 중장기 사업계획의 추진을 가능하게 한다.

넷째, 계획의 실시를 객관적으로 측정하고 평가할 수 있다. 사업계획이나 예산편성에서 자원 배분이 신뢰도가 높은 분석 기법으로 이루어지므로 최소한 2~3년간의 소요 경비를 예측할 수 있다. 이에 따라 각종 사업계획에 대해서도 평가가 가능하게 된다.

(2) 계획 예산제도의 단점

이상과 같이 계획 예산제도는 여러 가지 장점을 지니고 있으면서도 널리 보급되지 못했으며 10여 년 정도 유지되었다. 그 이유는 분석하는 사람에 따라 다소간의 차이는 있겠으나 이 제도에는 다음과 같은 문제점이 있기 때문인 것으로 풀이된다.

첫째, 정부의 계획과 그 성과를 계량화할 수 없는 것이 많다. 정부가 하는 모든 계획이나 행정활동을 수치로써 나타낸다는 것은 거의 불가능한 일이다. 더욱이 목표의 설정과 같은 것은 정량적인 판단이라기보다 정성적인 가치 판단과 관련된 것이다.

둘째, 사업계획의 작성에는 많은 시간과 노력, 그리고 비용이 발생한다. 사업계획안을 작성하기 위해서는 합리적 자원 배분의 분석 기법들이 요구된다. 그러나 각 행정기관은 분석 능력을 보유한 전문 인력이 부족할 뿐만 아니라, 사업계획을 분석하고 대안을 마련하는 데 드는 시간과 비용을 충당하기도 어렵다.

셋째, 사업계획 간의 우선순위를 결정할 기준을 찾기가 쉽지 않다. 하위 목표들에 대해서는 한계효용의 이론에 따라 어느 정도 우선순위를 결정할 수는 있겠으나 상위 목표들에 대한 우선순위를 결정하는 일은 쉬운 일이 아니다. 가령 국제공항 건설과 인공위성 개발 중 어느 사업을 더 중요한 목표로 정하고 추진할 것인가 하는 문제는 결코 쉬운 일이 아닐 것이다. 그래서 계획 예산제도에서 상위 목표의 결정은 거의 대부분이 정책결정자의 가치 판단, 즉 주관적 판단으로 이루어진다.

넷째, 집권화의 우려가 있다. 이 예산 제도는 모든 정보가 최고책임자의 주변에 있는 막료(참모)기관에 집중되고 일원적 처리가 이루어지므로 예산 결정에 관한 권한이 최고책임자에게 집중되는 권한의 집중 현상이 생겨날 수 있다. 이와 같은 집권화 현상은 각 부처로부터 반발을 사게 되고 의회로 하여금 거부감을 갖게 한다.

4. 목표관리 예산제도

1) 목표관리 예산제도의 성립 배경 및 주요 내용

목표관리 예산제도(Management By Objectives: MBO)는 본래 제너럴모터스(GE)나 듀퐁(Du Pont)과 같은 민간 기업에서 사용하던 조직관리 기법을 1973년 닉슨 대통령이 계획 예산제도의 결함을 보완하기위해 도입한 제도이다. 계획 예산제도는 집권적이고 막료에 의존하는 계획 예산제도의 문제점을 개선하고 결과 지향적 조직관리 제도 도입을 위한 목적을 갖고 있다.

계획 예산제도가 대체로 3~5년의 장기계획에 따른 예산 집행을 강조하는 것과 달리 목표관리 예산제도는 원칙적으로 1년을 대상으로 하며, 장기적 관점이 필요한 경우 예외적으로 3~5년의 사업을 계획한다. 목표관리 예산제도는 사업예산 투입의 결과를 강조하는 결과 지향적 예산관리 제도이면서 동시에 관리철학으로, 조직의 목표와 개인의 목표를 일치시켜 전체 목적 달성에 기여하는 예산 제도이다. 따라서 예산 과정에서 조직구성원 상하 간의 의사소통을 통한 참여관리를 중시하는 집권과 분권의 조화를 강조한다. 또한 예산 과정 전체를 통해 결과를 당초 목표의 달성과 연계하기 위해 지속적인 모니터링 과정을 수행하는 환류(feedback)를 강조해, 환류를 통해 부적절한 목표에 대하여는 지속적인 수정을 가하며, 최종 목표 달성에 필요한 자원을 투입한다.

표 6-8 목표관리 예산제도와 계획 예산제도의 차이점

구 분	목표관리 예산제도	계획 예산제도
기간	부분적이고 단기적(1~5년)	종합적이면서 장기적(5년)
권위구조	분권적(계선 의존)	집권적(막료 의존)
전문기술	일반적 관리 능력	통계적이고 고도의 관리기술
사업계획	내적이고 산출량 치중	외적이고 비용·편익에 치중
예산 범위	종합적이고 자원 배분적	부분적, 개별적, 후원적
절차	신축적	경직적

자료: McCaffery(1976: 33-39).

2) 목표관리 예산제도의 장·단점

(1) 목표관리 예산제도의 장점

목표관리 예산제도는 다음과 같은 장점을 지닌다.

첫째, 목표관리 예산제도는 조직활동을 목표에 집중시킴으로써 예산 운영의 효율성을 증진할 수 있다. 이 제도 하에서 관리자들은 조직의 목표를 정확하게 인식하며, 조직 목표를 달성할 수 있도록 하기 위한 수단과 방법을 항상 강구하도록 한다. 따라서 이 과정에서 업무계획 수립으로 인한 기획 능력이 증진된다.

둘째, 목표관리 예산제도는 계획 예산제도와는 달리 많은 업무량을 필요로 하지 않아 예산 과정에 대한 능률성 확보가 가능하다. 계획 예산제도 하에서는 대안분석을 강조하며, 다양한 분석 기법의 적용을 통해 바람직한 대안의 식별을 위해 다양한 업무를 필요로 하지만, 목표관리 예산제도 하에서는 계획 예산제도에서 요구되는 막대한 업무량과 문서작업 부담이 크지 않다.

셋째, 조직 구성원들의 참여 의식 제고, 사기 앙양, 조직관리의 민주화가 가능하다. 목표관리 예산제도 하에서는 상급자와 하급자 간의 목표 통합 과정에서 상급자와 하급자 간의 수직적 목표 갈등을 확인할 수 있고, 이를 조정하는 과정에서 민주적인 조직관리가 가능하다. 또한 조직 구성원의 의사가 조직 운영에 반영됨으로써 사기 앙양은 물론, 조직 구성원들의 참여 의식을 제고할 수 있다.

(2) 목표관리 예산제도의 단점

목표관리 예산제도의 단점은 다음과 같다.

첫째, 목표관리 예산제도는 기존의 계획 예산제도에 비해 장기적 계획 수립이 어렵다. 목표관리 예산제도는 원칙적으로 1년을 대상으로 예산계획을 세우며, 예외적인 경우 3년 내지 5년 계획을 세운다. 정부사업 중에는 장기간의 의사 결정과 계획을 요하는 사업이 많으며, 이 경우 목표관리 예산제도는 다년 간에 걸친 장기적 시계(時界) 부족의 문제가 발생할 수 있다.

둘째, 목표관리 예산제도의 가장 중요한 특징은 참여에 의한 목표 설정이나, 대부분의 정부 목표는 관련 법규에 의해 규정되기 때문에 합의에 의한 목표 설정이 쉽지 않다. 특히 목표 설정 과정에 참여하는 주체들 간의 합의에 의한 목표 설정을 위해서는 시간과 비용이 많이 소요될 수 있기 때문에, 실효성을 거두기가 쉽지 않다. 또한 조직 외부 환경 측면에서 정치 상황 변동 등 외부 환경의 변화가 발생하면 목표를 지속적으로 유지하기 곤란하다는 문제도 존재한다.

셋째, 목표관리 예산제도가 성공하기 위해서는 조직 내의 원활한 의사소통과 환류가 이루어질 수 있는 조직구조여야 하는데 비해, 대부분의 행정조직의 구조는 경직적인 경우가 많고, 내부 조직 간 할거주의의 존재 등으로 원활한 의사소통이 쉽지 않다.

넷째, 목표관리 예산제도를 위해서는 성과와 보상의 연계가 필요하나, ① 행정

조직의 특성상 성과를 측정하기 쉽지 않고, ② 성과에 따른 보상 수단의 연계가 어렵다는 한계가 존재한다. 또한 목표관리 예산제도 하에서는 목표의 자기 설정을 전제로 하기 때문에, 목표 설정 과정에서 단기적이고 가시적 성과만을 목표로 제시할 가능성이 높다.

5. 영기준 예산제도

1) 영기준 예산제도의 성립 배경 및 주요 내용

영기준 예산(Zero-Base Budgeting: ZBB)제도는 미국 텍사스 인스트루먼트(Texas Instrument)의 기업 경영자 파이어르(Peter A. Pyhrr)에 의해 개발되었으며, 1973년 미국의 카터(James Earl Carter Jr.) 대통령이 조지아 주지사 시절 주 예산 편성에 처음으로 적용했다. 카터 대통령은 그 결과 좋은 성과를 보게 됨으로써 이 제도에 관심을 갖게 되었으며, 대통령 당선 이후 1979년 회계연도 예산부터 연방정부 예산에 적용하기 시작했다. 당시 미국은 석유 파동으로 인한 자원난을 겪고 있어 연방정부 재정이 감소되었으나, 정부예산은 점증주의 예산 경향에 따라 매년 증가되어 재정적자 문제가 심각하게 대두되었다. 이와 같은 시대적 상황에 따라서 재정난 극복을 위한 감축관리(cutback management)가 필요했으며, 영기준 예산제도는 이에 부합하는 예산 제도이다.

영기준 예산제도란 예산을 편성할 때, 전년도 답습주의에 따라 점증적으로 예산을 배분하는 것이 아니라 영기준(zero-base)에서 새롭게 출발하자는 인식을 전제로 해서, 정부의 활동이나 사업을 근본적으로 새로 분석 · 평가해 예산을 편성하는 제도이다.

영기준 예산제도의 실행을 위해서는 불필요하고 낭비적인 예산을 없애고 실효성 있는 사업계획이 이루어져야 하며, 이를 위해서는 무엇보다도 실무를 직접 담당하고 있는 각 행정기관의 관리층이 예산 결정 과정에 직접 참여할 수 있는 기회가 주어져야 한다. 따라서 이 예산 제도 하에서는 계획 예산제도와 같이 상위 정책 결정자에게 예산 권한이 집중되지 않고 실무를 담당하는 하위 관리자에게 1차적인 사업의 우선순위 결정 권한이 주어진다. 또한 이것을 다시 중위 관리자의 결정을 거쳐 상위 관리자에게 차례로 올라가는 과정을 밟으며 사업의 우선순위를 결정하는 상향식(bottom-up) 결정을 하게 된다.

이상에서 살펴본 바와 같이 영기준 예산제도는 ① 이미 진행되고 있는 기존의 주요 사업일지라도 처음 제안된 신규사업인 것처럼 생각하고 평가하게 된다는 것, ② 새로 제안된 신규사업도 기존의 계속사업과 동등한 입장에서 경합적으로 자원 배분이 이루어진다는 것, 그리고 ③ 예산의 책정 과정에는 그 조직의 모든 계층의 관리자들이 폭넓게 참여하게 된다는 것 등의 특징을 지닌다.

2) 영기준 예산제도의 장 · 단점

(1) 영기준 예산제도의 장점

영기준 예산제도가 지니는 장점은 다음과 같다.

첫째, 감축관리를 통해 자원을 합리적이고 효율적으로 배분할 수 있다. 영기준 예산은 선례에 따라 답습하며 약간씩 고치는 점증주의 예산 편성의 방식에서 벗어나 자원의 합리적 배분을 이룰 수 있다. 자원 배분을 합리적으로 결정한다는 점에서는 계획예산과 근본적으로 유사하나, 영기준 예산은 불필요한 부문을 폐기하고 필요한 부문에만 자원을 할당함으로써 자원 배분의 합리성과 효율성을 기한다는 점에서 계획예산과 차이가 있다.

둘째, 계층 간의 의사소통을 원활하게 한다. 사업계획을 구체적으로 집행하는 일선책임자나 중간관리자에게 사업계획의 집행에 필요한 운영 기준과 도구 및 정보를 제공함으로써 상 · 하 계층 간의 일관성 있는 맥을 트게 한다. 다시 말해서 상 · 하 계층 간에 의사소통을 원활하게 한다.

셋째, 예산의 결정 과정에 모든 계층의 관리자를 폭넓게 참여시킨다. 사업계획의 우선순위 결정이나, 자원 배분 결정에 상하 계층의 모든 관리자가 관여하게 됨으로써 좀 더 신중한 결정을 할 수 있다. 그뿐만 아니라 더 많은 사람의 참여라는 점에서 민주적 방식이라 할 수 있다.

넷째, 다른 예산 제도와 공존할 수 있다. 영기준 예산제도의 의사 결정 단위가 조직 단위일 수도 있고 기능이나 활동일 수도 있으므로, 비교적 저항 없이 정부조직 내에 확산시킬 수 있다.

(2) 영기준 예산제도의 단점

영기준 예산제도가 갖는 다음과 같은 단점도 있다.

첫째, 실행예산을 편성하기까지에는 사무 절차가 번잡하고 많은 시간과 노력이 들게 된다. 이 제도에서는 매 회계연도마다 여러 결정 단위와 많은 양의 결정 항목을 각 관리층을 거치면서 다루어야 하고, 우선순위를 정해 예산을 책정하는 등 사무가 너무나 번잡하다. 따라서 실행예산을 편성하기까지에는 많은 시간과 노력이 들게 된다.

둘째, 새로운 사업계획을 개발하는 데는 유용하지 못하다. 영기준 예산제도는 대체로 이미 있는 사업계획을 현행의 경비 수준을 중심으로 재평가하는 데만 주력하기 때문에 새로운 사업계획을 개발하는 데는 소홀하기 쉽다.

셋째, 결정 항목에 대해 우선순위를 결정한다는 것은 쉬운 일이 아니다. 조직 단위의 책임자(국장 · 과장 등)가 아무리 자기 업무에 정통하다 할지라도 결정 항목에 대한 우선순위의 결정은 가치 판단을 필요로 하는 것이 많기 때문에 객관적으로 이루어지기 어렵다.

넷째, 법률로 예산 배정이 의무화된 사업으로 인해 자원의 합리적 배분이 의문시된다. 국가의 사업 중에는 법률로 예산 배정을 의무화하고 있는 사업이 다수 존재하며, 이러한 사업이 전체 예산에서 차지하는 비중 또한 적지 않다. 이 때문에 복잡한 과정을 거치며 애써서 마련한 정부예산안이 심의 과정에서 삭감되거나 하면 법정 예산 배정을 제외한 주요 사업에는 차질을 줄 수 있다.

미국에서는 영기준 예산제도를 효율적으로 운영할 수 있도록 하려면 일몰법(sunset law)과 같은 제도적 장치가 있어야 한다고 강조하고 있다.

<표 6-9>에서도 알 수 있듯이 각 예산 제도는 시대적 상황의 변화를 배경으로 하여 등장했다. 이상과 같이 예산 제도가 발달해 오면서 새로운 예산 제도의 등장으로 종전의 예산 제도와 완전히 대체된 것은 아니다.

새로이 등장한 제도는 종전의 제도에서 드러난 문제점을 개선하기 위해 고안된

것이므로 종전의 예산 제도의 바탕 위에 새로운 예산 제도가 성립되어 그 효용성이 돋보인 것에 지나지 않는다.

표 6-9 시대별 예산 제도의 비교

비교 사항	품목별 예산	성과주의 예산	계획 예산	영기준 예산
예산의 기능	통제 기능	관리 기능	계획 기능	평가(감축) 기능
채택된 시대	1920년대	1950년대	1960년대	1970년대
관심의 초점	정부의 지출통제	능률적 사업 진행	합리적 자원 배분	서열적 자원 배분
전망 기간	단기(1년)	단기(1년)	장기(5년 이상)	단기(1년)
예산 편성 기준	전년도 예산	전년도 예산	사업계획	영기준
예산 결정 과정	상향적	상향적	하향적	상향적
분석 초점	지출 대상	지출과 성과와의 관계	대안평가와 계량적 분석	대안분석과 예산 증감
결정권의 형태	분권적	분권적	집권적	분권적
필요한 지식	회계학(경리)	행정학, 경영학	경제학, 기획론	행정학, 기획론

6. 감축관리와 일몰법

영기준 예산과 관련이 있는 감축관리와 일몰법은 1970년대 자원난 시대를 배경으로 해서 생겨난 것들이다. 감축관리와 일몰법에 대해 간단히 살펴보면 다음과 같다.

1) 감축관리

1970년대 후반부터 미국 사회에서 진지하게 논의되기 시작한 감축관리는 기존의 특정 조직(기구)이나 사업계획을 축소 내지 폐지시켜 재정비하는 것을 뜻한다. 우리나라의 경우 감축관리는 1981년과 1994년 12월에 단행되었던 행정 기능의 축소 또는 통폐합 위주의 대대적인 정부조직 정비운동이 그 대표적인 예이다. 특히 1994년 말의 감축관리는 개방 시대에 걸맞은 이른바 세계화 정책의 일환이었다.

그러나 미국에서 전개된 감축관리는 당시 자원난 시대를 맞이해 재정의 어려움을 극복하기 위한 대책으로서 강조된 것으로, 단순히 정책이나 행정조직의 일부를 폐지 또는 축소하는 것이 아니라 자원의 낭비를 막고 행정조직의 전반에 걸쳐 효율성을 높이기 위한 정비운동이었다. 여기서 우리는 한정된 자원을 낭비 없이 효율적으로 배분하기 위해 채택된 영기준 예산과 그 맥락을 같이하고 있음을 엿볼 수 있다.

한편, 감축관리는 불필요한 사업의 폐기와 기구의 축소를 통한 예산의 절약이므로 예산의 삭감 현상은 필연적이며, 이에 따라 국민에 대한 정부의 서비스는 줄어들기 마련이다. 그래서 감축관리를 일명 삭감관리라고 부르기도 한다.

2) 일몰법

일몰법이란 특정한 정부사업이나 공공기관에 대한 법률상의 권한을 일정 기간에만 부여하고 그 기간이 경과하면 자동적으로 폐지되도록 하는 법률을 말한다. 일몰법은 글자 그대로 해가 지게 되면 햇빛이 사라지듯이 일정한 기간이 지나면 법적 효력이 저절로 없어지도록 한 법률을 말하는 것이다.

이 법 역시 영기준 예산이나 감축관리의 개발 동기에서처럼 1970년대 중반 자원난 시대에 자원의 절약과 효율적 이용을 위해 고안된 제도이다. 따라서 일몰법은 특정한 정부사업이나 공공기관에 대해 일정 기간(대개 3~7년)이 지나면 그동안 부여했던 권한을 일단 상실케 하고, 그 사업이나 기구의 유용성과 존속 여부를 재검토해 불필요한 것은 폐지하고 필요하다고 인정된 것은 새로 법률을 제정해 그 사업을 계속시킨다.

이와 같이 일몰법의 취지는 오래되어 효용이 없게 되었거나 낭비적인 사업과 기구에 대해 엄격한 제한을 가하려는 것으로 당시 많은 인기를 얻었다. 일몰법의 핵심은 자동적 종결과 주기적 재검토의 두 가지로 요약할 수 있다.

이상에서 살펴보았듯이 영기준 예산은 행정 과정인 데 비해, 감축관리는 행정개혁이고 일몰법은 입법 과정이라는 차이가 있을 뿐 세 가지 모두가 자원 배분의 효율성을 높이기 위한 수단이라는 점에서 공통점을 갖는다.

3) 우리나라에서의 예산 제도 도입, 활용 사례

우리나라에서도 성과주의 예산제도, 계획 예산제도, 영기준 예산제도를 수용하기 위한 공식적인 시도가 있었으나 번번히 실패했거나 중단되었다.

성과주의 예산제도의 경우 1963년에 일부 부처의 일부 사업에 시험적으로 적용하다가 1964년에 중단되었다. 계획 예산제도의 경우에는 국방부가 이를 도입할 목적으로 전담 부서를 두고 연구를 수행하기는 했으나 실제로 도입하지는 못했다. 당시 우리나라는 경제개발 5개년계획을 수립해 추진하는 과정에서 계획과 연계를 맺으면서 예산을 운영했기 때문에 그와 유사하다고 생각되는 계획 예산제도를 따로 도입해야 할 필요를 느끼지 못했던 것으로 지적되고 있다. 마지막으로 영기준 예산제도의 경우 1980년부터 이 제도의 도입을 검토해 오다가 1983년도 예산안 편성 과정에 영기준 방식을 제한적으로 적용한 바 있다.

제 4 절 예산 과정

1. 예산 과정의 일반론

예산 과정은 국가재정을 운용하는 일련의 과정으로, 예산 편성, 심의・의결, 집행, 결산 및 회계검사의 네 과정으로 구성된다. 이때 예산 편성과 집행 과정은 행정부가, 심의・의결과 결산 및 회계검사 기능은 국회가 맡는다. 예산은 예산안이 마련되고 의결과 집행을 거쳐 회계검사를 마칠 때까지 몇 단계를 밟게 되는 과정이 되풀이되는데, 이와 같은 일련의 과정을 예산 과정 또는 예산 절차라 한다.

예산은 해마다 한 번씩 주기적으로 편성되고 결정되기 때문에 예산 과정이라 하면 흔히 1년 간으로 보기 쉬우나 실제로는 이보다 기간이 훨씬 길다. 왜냐하면 예산 과정은 예산안을 준비하는 기간부터 시작되고 결산과 회계검사의 기간까지 포함되기 때문에 예산 과정은 1년이 아니라 3년을 주기로 순환된다. 즉, 2018년도 예산은 2017년에 행정부에 의해 편성되고, 국회에서 심의 의결된다. 이를 2018년에

그림 6-2 예산 과정

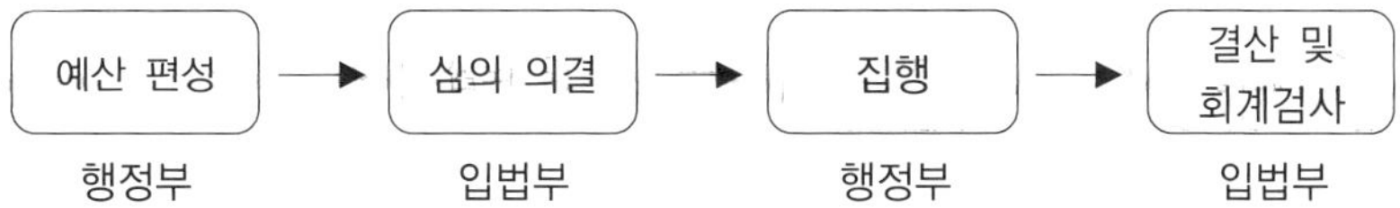

행정부에 의해 집행하고, 2019년 집행이 완료된 이후 국회와 감사원 등에 의해 결산 및 회계검사가 이루어진다. 이처럼 예산 과정은 3년을 주기로 계속해 되풀이되기 때문에 이를 예산 순환이라고도 부른다.

표 6-10 예산주기의 국면

	2013년	2014년	2015년	2016년	2017년	2018년
2014년도 예산	편성/심의	집행	회계검사			
2015년도 예산		편성/심의	집행	회계검사		
2016년도 예산			편성/심의	집행	회계검사	
2017년도 예산				편성/심의	집행	회계검사
2018년도 예산					편성/심의	집행

2. 예산 편성

예산 편성은 일반적으로 행정부가 국회로부터 행정 운영에 소요되는 재정지금을 얻어내기 위한 계획의 작성 과정으로 정의된다. 그러나 예산 편성은 단순히 각 부처의 자금 요구와 그것의 배분에만 그치는 것이 아니라 각 부처로 하여금 그들의 활동과 운영을 위한 재정계획을 수립하도록 하는 데서도 그 의의를 찾아볼 수 있다. 예컨대, 행정조직 전반의 직무를 조정한다거나, 운영경비를 증가시킨다거나, 더 좋은 사업을 발굴하고 이에 대한 실행계획을 모색하는 것과 같이 효율적 행정 운영을 유도해 내는 방법을 연구 · 검토하는 활동이 그것이다.

1) 예산안 편성 절차

예산 편성 과정에는 기획재정부를 중심으로 한 행정부, 국무회의, 국회, 대통령이 참여하며, 「국가재정법」에 따른 예산편성 절차는 [그림 6-3]과 같다.

그림 6-3 예산 편성 과정

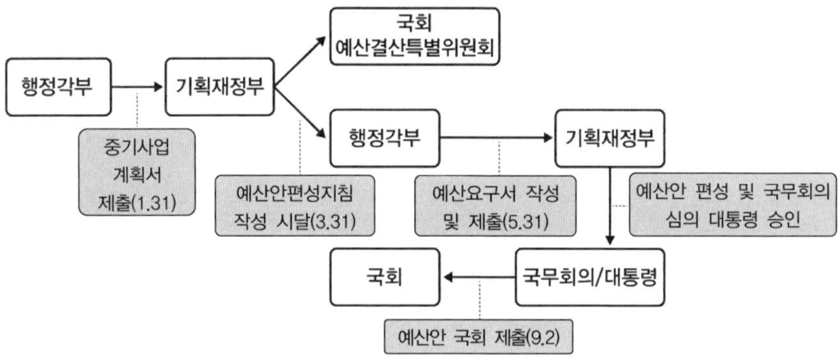

정부의 예산안 편성은 각 중앙관서의 장이 매년 초 당해 회계연도부터 5회계연도 이상의 기간 동안의 신규사업 및 기획재정부 장관이 정하는 주요 계속사업에 대한 「중기사업계획서」를 기획재정부 장관에게 제출하는 것으로부터 시작된다(회계연도 전년도 1월 31일까지). 이를 기반으로 기획재정부 장관은 국무회의의 심의를 거쳐 대통령의 승인을 얻은 익년도 「예산안편성지침」을 매년 3월 31일까지 각 중앙관서의 장과 국회 예산결산특별위원회에 보고한다.

각 중앙관서의 장은 「예산안편성지침」에 따라 익년도의 세입세출예산·계속비·명시이월비·국고채무부담행위 요구서(이하 예산요구서)를 작성해 매년 5월 31일까지 기획재정부 장관에게 제출하며, 예산요구서에는 예산 편성 및 예산관리 기법의 적용에 필요한 서류 등을 첨부해야 한다. 기획재정부 장관은 예산요구서에 따라 예산안을 편성해, 국무회의의 심의를 거쳐 대통령의 승인을 얻어야 한다. 또한 정부는 대통령의 승인을 얻은 예산안을 회계연도 개시 120일 전까지 국회에 제출한다.

이때 정부가 예산안을 국회에 제출한 후 부득이한 사유로 인해 그 내용의 일부를 수정하고자 하는 때에는 국무회의의 심의를 거쳐, 대통령의 승인을 얻은 수정예산안을 국회에 제출할 수 있다.

2) 예산의 구성

국회에 제출되는 정부 예산안은 예산총칙 · 세입세출예산 · 명시이월비 · 계속비 · 국고채무부담행위를 총칭하며, 각각의 구성은 <표 6-11>과 같다.

표 6-11 예산 총칙의 내용적 규정

	내용적 규정	관련 조항*
예산 총칙	정부가 국회에 제출하는 예산안에 관한 총괄적인 규정으로 ① 세입세출예산 · 계속비 · 명시이월비 및 국고채무부담행위, ② 국채와 차입금의 한도액, ③ 재정증권 발행과 일시차입금의 최고액 등을 규정한다.	제20조
세입세출 예산	세입세출예산은 필요한 때에는 계정으로 구분할 수 있으며, 독립기관 및 중앙관서의 소관별로 구분한 후, 소관 내에서 일반회계와 특별회계를 구분한다. 세입예산은 성질별로 관 · 항으로 구분하고, 세출예산은 기능별 · 성질별 또는 기관별로 장 · 관 · 항으로 구분한다. 그리고 예산의 구체적인 분류 기준 및 세항과 각 경비의 성질에 따른 목의 구분은 기획재정부 장관이 정한다.	제21조
예비비	예측할 수 없는 예산 외의 지출 또는 예산초과지출에 충당하기 위해 일반회계 예산총액의 1% 이내 금액을 예비비로 계상할 수 있다.	제22조
계속비	완성에 수년도를 요하는 공사나 제조 및 연구개발사업은 그 경비의 총액과 연부액(年賦額)을 정해 미리 국회의 의결을 얻은 범위 안에서 수년도에 걸쳐서 지출할 수 있다.	제23조
명시 이월비	세출예산 중 경비의 성질상 연도 내에 지출을 끝내지 못할 것이 예측되는 경우 그 취지를 세입세출예산서에 명시해 국회의 승인을 얻은 후 다음 연도에 이월해 사용할 수 있다.	제24조
국고채무 부담행위	국가는 법률에 따른 것과 세출예산금액 또는 계속비의 총액의 범위 안의 것 외에 채무를 부담하는 행위를 하는 때에는 미리 예산으로써 국회의 의결을 얻어야 한다.	제25조

* 「국가재정법」의 관련 조항을 의미함.

3. 예산 심의 의결

예산 심의란 국민의 대표기관인 국회를 통해 행정부가 제출한 예산안을 국가적 차원에서 심의·의결하는 과정을 말한다. 국회의 정부예산안 심사는 삼권분립의 원리를 적용한 견제와 균형 속에서 정치와 행정이 갖고 있는 반응성과 책임성 확보를 위해 중요한 과정이다. 국회의 예산 심의 과정을 통해 재정민주주의 실현과 민의에 의한 정책 결정 기능, 그리고 행정에 대한 감독 기능을 동시에 얻을 수 있다는 장점이 있다.

1) 예산 심의 의결 절차

국회의 예산안 심의는 소관 상임위원회의 '예비심사'와 예산결산특별위원회의 '종합심사', 그리고 '본회의 심의·의결'로 이루어진다. 국회의 예산심의권은 삼권분립의 원리를 실현하는 가장 중요한 도구로 그 중요성이 매우 크다. 국회는 예산안 심의 과정에서 그 규모 및 내용을 수정할 수 있으나, 금액을 증액하거나 새로운 비목을 설치하기 위해서는 반드시 정부의 동의를 얻어야 한다.

예산 편성 과정에는 기획재정부를 중심으로 한 행정부, 국무회의, 국회, 대통령이 참여하며, 「국가재정법」에 따른 예산편성 절차를 간략히 나타내면 [그림 6-4]와 같다.

그림 6-4 예산안 심의 절차

정부는 「국가재정법」에 의거 예산안을 편성해 회계연도 개시 120일 전까지 국회에 제출해야 한다. 이때, 예산안의 편성 및 제출은 정부만이 할 수 있다. 제출된 예산안은 국회의장이 소관 상임위원회에 회부하고, 소관 상임위원회에서는 정부가 제출한 예산안에 대한 예비심사를 실시해 국회의장에게 보고한다. 이때 본회의에서는 예산안에 대한 정부의 시정연설을 청취한다.

소관 상임위원회에 회부된 예산안은 ① 예산안 상정 → ② 제안 설명 → ③ 전문위원 검토 보고 → ④ 대체 토론(소위원회 심사) → ⑤ 찬반 토론 → ⑥ 의결(표결)의 순서로 심사한다. 이때 상임위원회의 예비심사는 예산결산특별위원회의 활동을 구속하지는 않지만, 예산결산특별위원회는 예비심사의 내용을 존중하고 있다.

예비심사를 거친 예산안을 국회의장이 예산결산특별위원회에 회부하면, 예산결산특별위원회의 심사절차가 시작된다. 이때 심사는 ① 제안 설명 → ② 전문위원 검토 보고 → ③ 종합 정책질의 → ④ 부별심사 또는 분과위원회 심사 → ⑤ 예산안조정소위원회 심사 → ⑥ 찬반 토론 → ⑦ 의결(표결)의 순으로 진행된다. 이때 예산안조정소위원회의 심사는 종합 정책질의, 부별 심사 과정에서 나타난 위원들의 질의 및 요구 사항, 소관상임위원회 예비심사 결과를 토대로 예산안을 종합 조정하고, 단일의 수정안을 마련해 예산결산특별위원회 전체회의에 보고한다. 이때 예산안조정소위원회는 부별 심의 결과 등을 바탕으로 예산안에 대한 계수 조정을 수행하고, 관례적으로 예산안조정소위원회에서 결정된 사항은 예산결산특별위원회에서 수정 없이 받아들이고 있기 때문에 국회 예산 심의 모든 과정에서 예산안조정소위원회의 권한은 매우 크다고 볼 수 있다.

예산결산특별위원회의 심사를 거친 예산안은 본회의에서 재적의원 과반수의 출석과 출석의원 과반수의 찬성으로 의결된다. 국회는 회계연도 개시 30일 전까지 의결해야 하며, 국회가 의결한 예산은 정부에 이송되어 대통령이 공고한다.

2) 예산 과정에서 국회의 역할 한계

국회의 예산 심의 과정은 예산사업이 내포할 수 있는 갈등과 분쟁 또는 이해관계를 중재하는 과정이다. 특히 미국의 경우 공화당과 민주당의 양당 체제 하에서 각 정당의 지지자들인 개별 국민들이 갖고 있는 이해관계를 예산 심의 과정에서 조정함으로써, 국가예산 운영에서 발생할 수 있는 불만을 공평하게 분배하는 역할을 수행한다.

따라서 '좋은 예산'을 만들기 위해서는 국회가 제 역할을 해야 할 것이지만, 국회의 예산심의 과정에서 내포된 다양한 요인은 예산 심의 과정을 통한 정부예산 결정에 다양하게 영향을 미친다.

(1) 당파성 변수

예산 심의는 소위원회, 예산결산특별위원회 등 국회가 효율적으로 기능하기 위한 개별 조직을 통해 수행되지만, 근본적으로 국회의 구성원들은 국회의원이며, 소수의 무소속 국회의원을 제외한 대부분은 특정한 정당에 소속되어 있다. 그리고 국회에서의 의사 결정은 거의 대부분 정당 간의 이해관계 조정을 통해 의사가 결정되는 특징이 있다.

예산 심의도 예외가 아니어서 정부예산에 대한 각 개별 정당의 입장은 우리나라 예산 심의 과정에서 가장 중요한 변수가 된다. 따라서 우리나라는 법이 정한 예산안 심의·의결 기일(회계연도 개시 30일 전) 전에 예산이 의결된 경험이 거의 없으며, 매번 예산 심의 때마다 정당 간의 대립 과정을 경험해 왔다. 물론, 정당 간의 경쟁과 협상은 현재와 같은 대의민주제 환경 하에서 민주주의를 발전시키기 위한 불가피한 선택이다. 그러나 당파성에 지나치게 의존하는 예산 심의 과정은 형식적 예산 심의를 초래하므로, 따라서 당파성과 각 의원들의 고유성의 적절한 조화가 필요하다.

(2) 시간 변수

「국가재정법」에 의해 정부의 예산 확정은 회계연도 개시 30일 전에 이루어져야 하며, 행정부는 국회에 회계연도 120일 전까지 제출해야 한다. 따라서 산술적으로 국회가 예산안을 심의할 수 있는 심의 기한은 90일이다. 그러나 실질적으로 국회는 수많은 법안의 심사와 정치적인 이유로 인해 예산 심의에 집중적으로 할애하는 시간이 대단히 한정적이다.

또한 대체로 10월과 11월에 걸쳐 실시하는 국정감사와 다양한 국정 현안문제 발생으로 인해 예산문제를 실질적으로 다룰 수 있는 시간 자원이 매우 부족한 수준인데 비해, 국회에서 다루어야 하는 예산 규모는 400조 원이 넘는 방대한 규모이다.

(3) 전문성 변수

예산결산특별위원회를 보좌하는 예산 심의에 대한 정보기구의 크기는 예산 심의가 얼마나 정확하고 정밀하게 이루어질 수 있는지를 보여 주는 중요한 지표가 된다. 미국의 경우 의회예산처(Congressional Budget Office: CBO)가 정밀한 수준의 예산 심의 정보와 지식을 제공해 준다. 이는 국회의원들은 정치인들로 예산분석에 필요한 적합한 수준의 전문성을 보유하고 있지 않기 때문이다. 반면 우리나라의 경우 전문위원들의 조력을 받고 있기는 하지만, 적절한 수준의 예산 심의를 위한 전문정보를 산출해 제공하는 데에는 한계가 있다.

(4) 예산과 정치 현안과의 연계

예산 심의 과정은 예산 과정 전체 가운데에서도 가장 정치적인 성향이 강한 단계이다. 예산 심의에 참여하는 국회의원들은 예산 심의 과정을 통해 자신의 이익을 충족시키기 위해 치열하게 노력하며, 이 과정에서 당초 의도하지 않았던 형태의 예산 결정이 이루어지기도 한다. 그동안의 예산 심의는 심의담당자들에 의한 치밀한 분석에 의하기보다는 주로 정치적인 압력이나 종전의 관습에 의한 형식적 심의가 이루어져 왔기 때문에, 합리적인 의사 결정이 이루어지기보다는 정치적 의도에 따른 예산 심의가 이루어져 왔다. 결과적으로 이는 예산과 정치 현안과의 연계를 통해 벼랑 끝 예산 심의의 관행을 가져온 주요 원인이 되어 왔다.

4. 예산 집행

예산 집행에서 행정기관의 임무는 입법부의 의도대로 예산을 지출할 때 적자재정이 되지 않게 절약하고 잘 관리해 맡은 바 책임을 다하는 일이다. 그러므로 행정부로서는 이와 같이 주어진 책임의 범위 이외에는 원칙적으로 사용할 수 없는 입장에 있다. 그러나 예기치 못한 상황 변동이 생겨날 수도 있는 일이므로 이에 대응책으로서 어느 나라에서나 행정부로 하여금 특수 상황에 한해 예산 집행상 다소간의 재량행위를 할 수 있도록 하고 있다.

이렇게 볼 때 예산 집행의 과정에는 상반되는 두 국면이 있음을 알게 된다. 그 하나는 입법부의 의도대로 행정부가 재정적인 한계를 잘 지켜야 한다는 것이고, 다른 하나는 예산 성립 후에 생겨나는 상황 변동에 대응할 수 있게 신축성을 가지게 한 것이다. 앞의 경우는 예산 집행상의 재정적 통제, 즉 지출통제를 의미하고, 뒤의 경우는 예산 집행상의 신축성, 즉 지출재량을 의미함으로써 상반된 국면을 보여 주고 있다.

1) 예산 집행상의 재정통제

행정부로 하여금 재정적 한계를 지키도록 하기 위한 통제 수단으로는 예산의 배정, 예산의 재배정, 기록과 보고에 의한 통제, 정원과 보수의 통제 등이 흔히 사용된다.

예산 배정이란 중앙예산기관이 각 중앙관서 별로 예산을 나누어 주는 것을 말한다. 예산은 의회에서 심의·의결되었다 해서 아무런 계획이나 절차 없이 바로 집행될 수 있는 것이 아니다. 먼저 중앙예산기관이 면밀한 계획을 세워 각 분기별로 할당하는 '예산 배정'이라는 절차를 반드시 거쳐야만 집행할 수 있도록 통제하고 있다. 예산 배정 제도의 목적은 다음과 같다.

첫째, 각 부처가 연도 초부터 지나치게 자금을 사용함으로써 초래될 수 있는 후반기의 자금 부족 상태를 미연에 방지하고자 하는 데 있다.

둘째, 불경기 등으로 인해 세수가 예상외로 부진해 세입이 세출보다 적을 경우를 대비해 자금 지출을 조정하려는 데 있다.

중앙예산기관으로부터 예산을 배정받은 각 중앙관서의 장은 그 예산액의 범위 내에서 다시 산하 각 기관에 대해 월별 또는 분기별로 자금을 배정하게 되는데 이를 '예산의 재배정'이라 한다.

이와 같은 예산 재배정 제도를 실시하는 목적은 각 중앙관서의 장으로 하여금 산하 각 기관의 예산 집행 상황을 감독·통제하고 재정적 한계를 엄격히 지키게 하는 데 있다.

예산 집행 과정에서 기록이나 보고 역시 재정통제 수단으로 사용된다. 우리나라에서는 각 중앙관서의 장으로 하여금 지출원인행위 보고서와 수입 · 지출에 관한 보고서, 기타 회계에 관한 보고서를 월별로 기획재정부 장관에게 보고하게 하는 한편, 매분기마다 사업집행보고서, 기타 예산에 관한 보고서를 역시 기획재정부 장관에게 제출하도록 하고 있다.

2) 예산 집행상의 신축성

예산을 집행할 때 예상하지 않던 돌발 사태로 인한 사업계획의 변경이라든가 가격 변동 등에 맞추어 적절히 예산을 집행할 수 있도록 행정부의 예산 집행에는 어느 정도의 신축성이 허용된다.

우리나라의 경우 예산 집행상의 신축성을 위한 방안으로 예산의 이용과 전용, 예산의 이체, 예산의 이월, 계속비, 예비비, 국고채무부담행위 등을 「국가재정법」에 규정해 인정하고 있다.

(1) 예산의 이용과 전용

우리나라 세출예산의 과목 구조를 보면 각 기관별로 장 · 관 · 항 · 세항 · 목의 5과목으로 분류되어 있다. 이들 예산 과목 중 장 · 관 · 항에 각각 책정되어 있는 예산액을 입법과목이라 하며, 이들 간 재원의 상호 융통을 '예산의 이용'이라 한다. 또한 각 세항 또는 목의 재원은 행정과목이라 하며, 이들 간 재원을 상호 융통하는 것을 '예산의 전용'이라 한다. 그러나 목 중에서도 인건비 · 공공요금 등과 같은 경직성 경비는 다른 비목에 전용할 수 없다.

또한, 「국가재정법」 제47조 제1항에서는 예산이 정한 각 기관 간 또는 각 장 · 관 · 항 간의 상호 이용을 원칙적으로 불허하고 있다. 이는 장 · 관 · 항 간의 예산 이용은 국회에서 확정된 사업계획을 변경하는 행위이기 때문이다. 따라서 동 조항에서는 예산의 이용을 위해 사전에 국회의 의결이 필요하다고 규정하고 있다. 반면, 세항 또는 목 간의 예산 전용은 각 중앙관서의 장이 예산의 목적 범위 안에서 재원을 효율적으로 활용하기 위한 변경이어서 행정부의 재량적 운용이 가능하다. 다만, 예산의 전용에 대해서도 그 전용 내역은 국회 소관 상임위원회와 예산결산특별위원회에 제출해야 한다(동법 제46조 제4항).

(2) 예산의 이체

예산의 이체란 「정부조직법」의 개정으로 직무와 권한의 소관에 변동이 생겼을 때 당초의 예산을 다른 기관의 소관으로 변경시키는 것을 말한다. 예산의 이체를 하고자 할 때에는 이체 받을 중앙관서의 장과 이체해야 할 중앙관서의 장이 서로 협의해 그 과목과 금액을 기록한 서류를 기획재정부 장관에게 제출해 승인을 받아야 한다. 또한 이체 결과는 감사원에 통지해야 하며, 이체내역을 국회 소관 상임위원회와 예산결산특별위원회에 제출해야 한다.

(3) 예산의 이월

예산의 이월이란 회계연도 내 지출하지 못하고 남은 예산을 다음 연도에 넘겨서 다음 연도의 예산으로 사용하는 것을 말한다. 여기에는 명시이월과 사고이월이 있다.

명시이월은 세출예산 중 성질상 그 연도 내에 모두 지출할 가능성이 없을 경우에 미리 예산으로서 국회의 승인을 얻어 다음 회계연도에 지출할 수 있도록 하는 제도이다. 그리고 사고이월은 그 연도 내에 지출원인행위를 하고 불가피한 사유로 인해 지출하지 못한 경비와 지출원인행위를 하지 아니한 부대경비의 금액에 한해서 다음 연도에 이월해 사용할 수 있게 하는 제도이다.

이월의 범위는 의결된 바에 한정되어야 하며, 단년도예산주의(회계연도 독립의 원칙)에 대한 예외로서 2년 한도로 지출할 수 있다. 이와 같은 이월 제도는 회계연도 독립의 원칙에 대한 예외로서, 인위적인 회계연도의 구분과 예산의 융통성 있는 집행이라는 이율배반적인 요청에 대한 조화의 산물에 해당한다.

(4) 계속비

계속비란 완성하는 데 여러 해가 걸리는 공사나 제조 시에 그 경비의 총액과 연부액을 정해 국회의 의결을 얻고 이를 여러 회계연도에 걸쳐 계속해서 지출할 수 있게 한 경비를 말한다.

만일 몇 년에 걸쳐 계속되는 사업 또는 공사에 관한 경비를 해마다 새로 예산을 편성한다거나 국고채무부담행위의 형식에 의할 경우 큰 불편이 있게 된다. 계속비 제도는 이러한 불편을 없애고 공사의 일관성을 확보해 사업 중단의 폐해나 예산이 낭비를 방지할 목적으로 마련된 것이다.

5. 예산 결산

결산이란 1회계연도에서 세입예산의 모든 수입과 세출예산의 모든 지출을 확정적인 계수로 표시하는 행위이며, 또한 예산에 의해 수입·지출을 한 정부의 사후적 재무보고이다. 정부의 예산 지출은 국회의 예산 심의에 의해 사전심사를 받고 다시 결산에 의해 사후심사를 받게 된다. 이와 같이 재정에 관한 국회의 감독은 예산 심의와 결산심사에 의해 비로소 완전해진다.

1) 결산의 의의

결산이 갖는 기능은 대체로 다음의 두 가지로 정리된다. 첫째는 결산을 통해 정부가 과연 예산의 범위 내에서 재무활동을 했느냐를 확인하는 일이고, 둘째는 결산을 통해 얻은 자료를 장래에 예산 과정의 효율적인 운영에 반영하는 일이다. 「국가재정법」 제56조에서는 결산이 재정에 관한 유용하고 적정한 정보를 제공할 수 있도록 객관적인 자료와 증거에 따라 공정하게 이루어져야 한다고 정의하고 있다.

예산은 1회계연도 중의 국가의 수입과 지출에 관한 예정액인데 비해, 결산은 예산 집행의 결과를 말한다. 따라서 예산과 결산은 원칙적으로 일치해야 하나 여러 가지 이유 때문에 일치하지 않는 것이 보통이다.

결산은 회계검사기관(감사원)의 검사와 확인을 거쳐 국회의 심의·의결에 의해 확정되는데, 이 확정으로써 예산 집행에 대한 정부의 책임이 해제된다. 이와 같이 결산은 예산 집행의 실적에 대한 사후 조치이므로 비록 정부에 의한 위법 부당한 지출이 있었다 할지라도 결산에 의해 그 지출행위를 무효로 하거나 취소하는 효과를 가질 수 없다.

이렇게 볼 경우 결산의 의의는 법률적이라기보다 정치적인 것이라 할 수 있다. 그렇다고 관계 공무원의 부정행위에 따르는 민사·형사 책임까지 면제되는 것은 아니다.

2) 결산의 절차

우리나라에서의 결산은 출납정리, 결산보고서의 작성·제출, 감사원의 결산 확인, 국회의 결산 심의·의결의 순서에 의해 확정된다.

결산은 수입·지출의 출납사무가 완결되어야 비로소 그 내용을 확정할 수가 있다. 따라서 1회계연도에 속하는 세입·세출의 출납에 관한 사무는 다음해 3월 31일까지 완결하도록 되어 있다. 이 기한을 출납정리 기한이라고 한다.

결산을 위해 각 중앙관서의 장은 회계연도 기간 동안의 지출과 관련된 정보를 정리한 결산보고서를 작성해 회계연도 다음 연도의 2월 말일까지 기획재정부 장관에게 제출해야 한다. 이를 기반으로 기획재정부는 국가결산보고서를 작성한 후 대통령의 승인을 받아 4월 10일까지 감사원에 제출해야 한다.

감사원은 국가결산보고서를 검사하고, 그 보고서를 5월 20일까지 기획재정부 장관에게 송부하며, 정부는 감사원의 검사를 거친 결산서를 5월 31일까지 국회에 제출해야 한다. 제출된 결산서는 소관 상임위원회에 제출되어 예비심사를 거치며, 예비심사를 거친 결산은 예산결산특별위원회에 회부되어, 전문위원 검토보고, 종합정책질의 부별심사 또는 분과위원회심사 찬반 토론 후 의결된다.

결산서는 최종적으로 본회의에 부의되어 의결되며, 결산 결과 위법, 부당한 사항이 있을 경우 정부와 해당 기관에 시정이 요구된다.

■ 점증주의 예산 편성

예산을 편성할 때 전년도 예산을 기준으로 하여 다음해의 예산을 배정하는 방법을 점증주의 예산 편성이라 한다. 예컨대, 금년도의 예산 중 직업교육사업에 100억원(기준)이 책정되어 있다면 다음해의 예산에는 이 기준보다 20%를 증액시켜 120억원으로 배정하는 것이 점증주의 예산 편성이다.

이러한 예산 편성의 방법은 주로 품목별 예산이나 성과주의 예산제도에서 관행적으로 지속되어 온 것으로 꽤 오래된 전통적인 예산 편성의 방법이다.

점증주의 예산 편성(incremental budgeting)의 장점으로는 ① 정치적 마찰을 피할 수 있고, 각 중앙관서의 반발, 저항을 극소화하며, ② 특정 부문의 예산이 급격히 증액되거나 감액되는 것을 효과적으로 방지할 수 있다.

그러나 이 편성 방법은 과거의 예산이 너무 불합리하게 편성되었을 때에는 예산 편성의 시급한 전환이 요구되는 데도 혁신적 · 합리적인 예산 편성을 저해한다는 비판이 있다.

연습 문제

1. 합리적인 예산 결정을 위한 예산의 원칙을 설명하고, 좋은 예산 수립을 위해 예산이 갖추어야 하는 조건에 대해 설명하시오.
2. 일반회계, 특별회계, 기금의 차이를 비교 설명하시오.
3. 예산의 분류 체계 가운데 예산 과정상 분류에 따라 본예산, 수정예산, 추가경정예산, 준예산의 차이에 관해 설명하시오.
4. 품목별 예산제도, 성과주의 예산제도, 계획 예산제도, 목표관리 예산제도, 영기준 예산제도의 차이를 설명하고, 우리나라에서의 적용상 문제점은 무엇인지 설명하시오.
5. 우리나라에서 성과주의 예산제도를 정착하기 위한 조건에 대해 설명하시오.
6. "예산 과정은 정치 과정"이라는 말이 있다. 이를 예산의 편성, 심의, 예산 제도의 개혁이라는 관점에서 설명하시오.
7. 예산 집행의 신축성을 확보하기 위한 다양한 제도들을 설명하고, 제도 적용에 대한 장 · 단점에 대해 설명하시오.
8. 우리나라 중앙정부의 세입세출 구조를 파악하고 재정적자에 대처할 수 있는 방안에 대해 설명하시오.
9. 우리나라의 예산 편성 과정에 대해 설명하시오.

CHAPTER 07

지방자치와 로컬 거버넌스

제 1 절 지방자치의 의의와 지방자치단체의 조직체계

제 2 절 지방자치 재정과 지방자치단체 기관 구성

제 3 절 지방의회와 지방자치단체 집행기관

제 4 절 교육자치와 자치경찰

제 5 절 지방공기업과 로컬 거버넌스

개 관

지방행정은 그 나라의 역사와 특수성 및 제반 환경의 영향에 따라 다양하게 사용되고 있다. 영·미법계에서는 지방행정이 동시에 자치행정의 의미로 쓰이고 있는 반면에, 한국이나 유럽 대륙법계에서는 자치행정을 포함해 국가의 위임행정까지도 포함해서 사용하고 있다. 광의의 지방행정은 일정 지역 내에서 시민(주민)들의 복지 증진을 위해 행해지는 전체 행정을 의미하는데, 여기에는 주민 스스로의 자치행정, 국가기관의 지방자치단체에 대한 위임행정이나 국가가 지방에서 직접 집행하는 관치행정도 포함된다. 협의의 지방행정은 일정한 지역 내에서 행해지는 행정 중 지방자치단체에 의한 행정을 의미하는데 관치행정은 여기에서 제외된다. 지방행정의 특성은 지역행정, 일선행정, 생활행정, 자치행정, 종합행정이다. 첫째, 지역행정은 지방행정이 국가 내의 일정한 지역을 단위로 해서 이루어지는 것을 말한다. 둘째, 일선행정은 지역시민(주민)의 의견을 수립해 정책을 결정·집행해 나가는 것을 의미한다. 셋째, 생활행정이란 시민(주민)의 행정 수요를 대상으로 하는 행정을 말하며, 넷째 자치행정은 지역시민(주민)이나 대표자의 책임 하에 지역사무를 자주적·자율적으로 해결해 나가는 것을 말한다. 다섯째, 종합행정이란 지방정부가 중앙부처의 행정을 종합적으로 수용한 후 이를 지역 실정에 맞게 종합적으로 조정해 나가는 것을 의미한다.

우리나라 지방자치는 1960년 4·19 학생 의거로 이승만 정권이 물러나고 장면 민주당 정부가 내각제를 실시해 본격화되는 듯했으나 실시 5개월 만인 1961년 5월 16일 이후 박정희 정권에 의해 전격 중단되었다. 그 후 30년 만인 1991년 3월 26일 기초의회 의원선거, 그리고 6월 20일 광역의회 의원선거가 실시되어 본격적인 지방자치 시대가 막을 올렸다. 2014년 6월 4일 제10기 통합 지방선거가, 2017년 5월 9일 대통령 선거와 2018년 6월 13일 지방자치단체장 및 지방의회 선거가 치러졌다.

최근에는 로컬 거버넌스가 중요시되고 있으며 각 지방자치단체들이 각종 사회단체와 공동 협력을 펼치고 있다. 이러한 배경에 주목하면서 이 장에서는 지방행정의 개념과 이념, 우리나라 지방자치단체 조직 체계와 계층구조, 자치단체의 자치권과 기능 배분, 지방자치재정, 지방자치단체의 기관 구성, 지방의회와 집행기관, 지방자치와 주민 참여 그리고 지방공기업과 제3섹터, 교육자치 및 경찰자치제 등에 관해 자세히 다루었다. 올바른 지방자치제 실시야말로 풀뿌리 민주주의의 근원임을 상기하면서 말이다.

Chapter 07

지방자치와 로컬 거버넌스

제 1 절 지방자치의 의의와 지방자치단체의 조직체계

1. 지방행정론의 연구 대상과 개념

일반적으로 지방행정론(local government administration)이란 지방정부 내에서 이루어지는 행정을 연구하는 각론을 의미한다. 지방정부의 조직, 인사, 재무, 정보, 기획은 물론 지방 업무의 분야별로 환경, 복지, 교통, 세무, 병무, 문화관광에 관한 행정을 연구하는 것으로 이해된다. 지방정부와의 협력 관계를 연구하는 지방정부들 간의 관계라든가 광역행정(regional administration)의 문제까지도 취급한다.

특히 지방행정론은 자치조직 이론, 자치인사론, 자치재정이론, 자치운영이론을 주로 연구 주제로 다루고 있으며, 지방정부 조직론에서는 지방정부의 종류를 포함해 계층구조와 사무 배분 구조 및 기능 배분 구조 등을 연구하며, 동시에 지방자치단체(지방정부)의 유형에 대해 1개 특별시와 6개 광역시, 9개 도의 광역자치정부 및 기초자치정부인 시·군·구의 2층제 연구를 비롯해 이들 지역 정부의 권한과 임무를 포함하고 있다. 그리고 지방정부의 재무행정 분야에서는 재정수입에서 의존재원과 자주재원을 연구 대상으로 한다(황윤원, 2000: 206). 2013년에는 세종특별자치시가 탄생했으며, 정부의 각 부처가 외무부, 국방부, 통일부 등만 제외하고 모두 세종특별자치시로 이주함으로써 분권화의 예를 보여 주었다.

이상을 종합적으로 정리해 보면, 지방자치란 결국 국가 내의 일정한 지역에서 그곳에 거주하고 있는 지역 주민들이 자신들의 공동체 사무를 스스로 자유의사에 따라 결정하고 해결해 나가는 일련의 과정이라고 볼 수 있다.

2. 지방자치의 구성 요소와 자치유형

1) 지방자치의 구성 요소

지방자치를 구성하는 요소는 국가, 지방자치단체, 그리고 주민 등 세 가지이다. 국가(중앙정부)라고 하는 기본 개념을 통해 지방자치라는 개념이 도출될 수 있는데, 지방자치단체는 국가라고 하는 최상위 단위를 중심으로 존재의 의미를 갖게 된다. 지방자치를 구성하는 지방자치단체는 자기가 소속된 시민(주민)들이 주어진 문제들을 자체적으로 해결해 나가는 자치정부를 의미한다. 따라서 지역 주민들은 지방자치단체라고 하는 공법인을 설립해 최상위 단위인 국가로부터 어느 정도 독립된 일정한 자치권을 넘겨받아 그 주어진 권한을 행사해 나가게 된다. 마지막으로 시민(주민)이야말로 지방자치에서 가장 핵심적 주체이다(김영기, 1999: 23-25). 왜냐하면 주민은 지방정부를 구성하는 데 독립적인 주권을 가진 기관이기 때문이다.

2) 주민자치와 단체자치

지방자치의 기본 개념에는 크게 두 가지 측면이 있다. 이 두 가지 측면의 개념이 충족되었을 때만 비로소 지방자치가 가능하다고 할 수 있다. 하나는 지방자치단체(지방정부)와 주민과의 관계로 연결된 측면이며, 다른 하나는 자방자치단체와 국가(중앙정부)와 관련된 측면이다. 우선 전자의 경우를 주민자치라고 하는데, 주민의 생활과 관련된 지방행정을 국가가 중앙정부기관에 의하지 않고 자체적으로 일정 지역 주민이나 대표자를 통해 순수히 자기들의 뜻과 책임 하에 이루어지는 것을 말한다(최창호, 2007: 374; 손재식, 1982: 20). 시민(주민)이 직접적으로 자치행정에 참여할 때를 중심으로 이해할 때는 주민자치라고 한다. 자치행정이 어디까지나 시민(주민)이 실질적 주체로서 참여하여 행해지는 것을 뜻한다.

후자의 경우는 단체자치를 의미하는데, 어느 일정한 지역을 기본 토대로 하는 지방자치단체가 국가로부터 독립된 공법인의 자격을 수여받아 독립된 법적 지위와 권한을 소유한 후 지방자치행정을 국가의 간섭을 받지 않으며스스로 자신의 문제를 해결해 나가는 것을 의미한다. 따라서 단체자치를 법률적 의미의 자치라고도 한다(김영기, 1999: 25; 김보현 · 김용래, 1982: 70).

표 7-1 단체자치와 주민자치의 본질

요 인	단체자치	주민자치
발달한 국가	독일 · 프랑스 · 일본 · 한국	영국 · 미국 · 캐나다
자치권의 근거 학설	국권설 · 수탁설	지방권설 · 고유권설
자치권의 인정 주체	국가(중앙정부)	주민
추구하는 이념	지방분권	민주주의
자치의 의미	법률적 의미	정치적 의미
주민 참여의 정도	낮음	높음
중앙통제의 정도	강함	약함
중앙통제의 수단	행정적 통제	입법적 · 사법적 통제
중앙-지방정부 관계	권력적 감독 관계	기능적 협력 관계
자치권 배분 방식	포괄적 수권 방식	개별적 수권 방식
재원 확보 방식	자주재원	의존재원
자치사무의 구분	구분함	구분 안 함
지방자치기관의 지위	자치기관 · 국가기관	순수한 자치기관
지방세 제도	부가세 제도 채택	독립세 중심
중시하는 관계	자치단체-국가의 관계	주민-자치단체 관계

자료: 김영기(1999: 29).

3. 우리나라 지방자치의 역사

1) 지방자치 시동기와 중단기(1948~1991)

민주당의 장면 정부는 「지방자치법」 제5차 개정을 통해 제3대 지방의회를 구성했다. 내각제로 제2공화국을 출범시킨 장면 정부는 제5차 「지방자치법」 개정을 통해 모든 지방자치단체장을 주민이 직접 선출하게 했다. 그러나 지방자치단체가 구성된 지 5개월 만인 1961년 5월 16일 군사 쿠데타가 발생하면서 지방자치제의 도입은 중단되었다. 박정희는 군사혁명위원회 포고령 제4호(1961.5.16)를 통해 지방의회를 해산시킴으로써 지방자치는 중단되고 같은 해 6월 6일 국가재건최고회의령 제42호와 「국가재건비상조치법」 제20조에 따라 단체장은 임명제로 바뀌게 되었다. 1961년 9월 「지방자치에 관한 임시조치법」이 공포되어 읍·면자치제를 군자치제로 전환했으며, 지방의회를 해산하고 그 기능을 상급 단체가 대행하게 했다. 지방자치단체의 장을 임명제로 했다(최창호·하미승, 2006: 680). 또한 1962년 12월 26일 개정 「헌법」에서 지방자치를 할 의사가 없음을 분명히 했고, 1972년 10월 제정된 유신헌법에서는 지방의회는 통일이 이루어질 때까지 구성하지 아니한다고 명문화함으로써 지방자치 실시에 대한 논란의 여지를 불식시켰다. 1979년 10·26 사태 이후 1991년 지방자치가 실시될 때까지 약 30여 년 간 우리나라 지방자치단체는 단순히 중앙정부의 일선기관으로 전락했으며, 자치사무의 처리까지도 중앙의 지시와 명령에 귀속되게 되었다.

그러나 1981년 개정된 「헌법」은 지방의회의 구성을 지방자치단체의 재정자립도를 감안해 순차적으로 하도록 규정했다. 그 결과 제5공화국 시기(1981~1988)는 민주적 지방 제도 재시동의 시발점이 되었다. 1987년에는 「지방자치법」 전문 개정안이 국회에 상정되었으며, 1989년 12월 30일 개정된 「지방자치법」에서는 의원선거는 1990년 6월 30일 이내, 단체장선거는 1991년 6월 30일 이내에 실시하도록 규정했다. 그러나 선거는 연기를 거듭하다 의원선거는 1991년에, 그리고 단체장선거는 1995년에 실시되었다(강용기, 2014: 91).

2) 지방자치의 부활기(1991~현재)

노태우 대통령 당시인 1991년 3월 26일 30년 만에 전국에서 기초의회 의원선거가, 그리고 6월 20일 광역의회 의원선거가 실시되어 4,303명의 기초의회 의원과 866명의 광역의회 의원이 선출됨으로써 본격적인 지방자치 시대의 막을 올렸다. 그러나 단체장 선출은 1995년 6월 27일 제2기 지방의회 의원선거에서야 실현되었다(4대 동시선거). 1999년 1월에는 「중앙행정 권한 지방이양 촉진에 관한 법률」이 제정되어 실천에 옮겨졌다. 1999년 8월에는 주민의 직접 참여에 의한 조례 제정 개폐청구권, 주민감사청구권, 지방의정기회의 2회 확대 제도 도입, 지방자치단체장과 지방의회의장단의 협의체 구성을 법제화했다.

2002년에는 제4대 기초의회 의원선거와 제3대 단체장선거가 치러지고 노무현 정부 시절(2003.2~2008.2)인 2006년 5월 31일에는 제4기 지방선거가 실시되었다. 2003년에는 지방의원의 명예직 조항을 삭제하고 2005년 8월에는 지방의원 유급제를 도입했다. 2004년에는 5년 한시법으로 「지방분권특별법」을 제정해 지방분권을 강하게 추진하기도 했다. 독립된 법률로 「주민투표법」도 제정되었으며, 2005년 1월에는 주민소송제를, 2006년에는 주민소환제를 도입했고, 같은 해 7월 1일 제주특별자치도가 출범했다(강용기, 2014: 92).

그리고 이명박 정부 시절(2008.2~2013.2)인 2008년 6월에는 「지방분권특별법」을 대체하는 「지방분권촉진에 관한 특별법」을 제정했는데, 이 법에 따라서 2010년 7월 통합 창원시가 출범했다. 같은 해 10월에는 「지방행정체제개편에 관한 특별법」이 제정되었고, 2012년 7월에는 세종특별자치시가 탄생했다. 2013년 박근혜 정부(2013.2~2018.2)가 출범했고, 다음 해인 2014년 6월 4일 제6회 지방선거가 실시되었다. 박근혜 대통령이 탄핵으로 물러나고 2017년 5월 9일 대통령 선거에서 승리한 더불어민주당 문재인 후보가 당선되어 5월 10일 취임했으며, 2018년 6월 13일 지방선거 결과 더불어 민주당의 승리로 오늘에 이르고 있다.

4. 지방자치단체의 조직체계

1) 지방자치단체의 개념과 특징

지방자치단체(local self-government)란 국가의 일정 부분을 그 구역으로 해서 그 안에 있는 모든 주민(시민)과 사물에 대해 국법이 승인하는 영역 내에서 자치권(통치권)을 소유하는 공법인 단체를 말한다. 다른 말로 자치단체, 지방자치체, 지방공공단체, 지방단체라고도 불리는 지방자치단체는 첫째, 국가(중앙정부)와는 달리 반드시 국가 내의 어느 일정한 지역을 자신의 관할구역으로 하고 있기 때문에 지역단체로서의 성격을 지니고 있고, 둘째, 법률적 권리 의무의 주체인 공법인으로서 계약을 맺음은 물론이고 재산까지 소유할 수 있다는 점에서 국가에 소속된 일반 하부 행정기관과도 차이가 있다. 셋째, 일반사법인과도 구별되는 바, 자기 관할구역 내의 주민(시민)과 단체에 대해서까지도 규제하고 세금을 부과하는 특징을 가지고 있다(이종수 외, 2014: 426; 김병준, 1998: 47).

2) 지방자치단체의 종류

우리나라 지방자치단체는 수행하는 기능에 따라서 크게 일반지방자치단체와 특별지방자치단체로 구분된다.

(1) 일반지방자치단체

일정한 지역 내에서 종합적이고 일반적인 자치 기능을 수행하는 지방자치단체를 의미한다. 여기에는 특별시 · 광역시 · 도 · 시 · 군 · 자치구가 해당되며, 이는 국가와의 관계에서 공동의 목적들을 성취하기 위해 특히 상 · 하의 계층적 구조를 형성하고 있는 것이 특징이다. 우리나라는 2층제 구조를 채택하고 있는데, 이는 특별시 · 광역시 · 도를 상급 지방자치단체(광역지방자치단체)로 하고, 시 · 군 · 자치구를 하급 지방자치단체로 하는 것을 말한다. 우리나라의 일반지방자치단체는 광역자치단체와 기초자치단체로 구성되어 있는데, 전자의 경우 1개 특별시, 1개 세종특별자치시, 6개 광역시(부산, 대구, 인천, 광주, 대전, 울산), 8개 도와 1개 제주특별자치도 등 17개 광역시로 형성되어 있다. 후자는 광역자치단체의 관할구역 안에 있다. 2018년 8월 현재 전국의 시군구는 228개이며 전국 읍면동은 3,463곳이다. 세종특별자치시가 광역자치단체이며 정부청사(각부 장관들)가 이전해 있고, 인구는 약 30만 명으로 적지만 그 상징성이 크다. 세종시청 산하에 동과 같은 기초자치단체를 두지 않고 있으며 중앙정부로부터 재정 특례도 받는다.

(2) 특별지방자치단체

특별지방자치단체는 그 구역을 비롯해 권능이나 조직 등이 특수한 경우를 지칭한다. 별도로 특별지방자치단체를 설치하는 궁극적인 이유는 특정한 지방행정 사무를 그 지역에 속한 주민에게 최대한 효율적으로 수행하고자 하는 데 있다. 현재 우리나라의 경우 지방자치단체조합을 특별지방자치단체로 인정하고 있는데, 이것은 「지방자치법」 제149조 제2항에 따라 지방자치단체의 하나나 둘 이상의 복합적 사무를 다수의 지방자치단체가 공동으로 처리하기 위해 그들 간의 합의에 따라서 성립되는 법인을 말한다(한국지방자치학회, 1999: 157). 또 다른 특별자치단체의 예로는 현재 서울시·인천광역시, 그리고 경기도가 공동으로 참여해 설립·운영하고 있는 '김포 쓰레기매립장 운영조합'을 들 수 있다.

3) 자치단체 구역의 개념과 지방자치단체의 계층구조

(1) 자치단체 구역의 개념

구역(area or district)이란 일정한 공공의 기관이나 단체의 관할권이 미치는 지역적 범위(최창호, 2008: 683) 또는 일정한 목적을 달성하기 위해 정해진 기준에 따라 국토공간을 구분해 놓은 일정한 지리상의 한계(김영기, 1999: 41)를 의미하는데 육지, 하천, 호소, 해역도 육지의 연장에 포함한다. 구역은 정해진 지리적 공간이라고 하는 차원과 통치권이 미칠 수 있는 정치적 공간이라는 차원을 지니고 있다.[1)]

1) 자치구역은 지방자치단체의 자치권이 미치는 지역적 범위를 말하고, 행정구역은 행정상의 편의를 위해 설정된 지역적 단위를 의미한다.

(2) 지방자치단체의 계층구조

[그림 7-1]에서 보는 바와 같이 우리나라 지방자치단체는 「지방자치법」 제2조 제1항에 따라서 1994년 이래 특별시와 광역시, 그리고 도와 시·군·자치구 등 2층제로 하고 있다.

우선 「지방자치법」 제3조 제2항에 따라 1개 특별시, 1개의 세종특별자치시와 6개 광역시,[2] 그리고 8개 도와 1개 제주특별자치도로 나뉜다. 시는 도의 관할구역 안에 두며, 군은 광역시와 도의 관할구역 안에 두고, 자치구는 특별시와 광역시의 관할구역 안에 두는 것으로 되어 있다. 도에는 시와 군 및 기초자치단체를 두고 있으며, 인구 50만 명 이상의 시에는 구를 두고 그 밑에 다시 동을 둘 수 있게 하고 있다. 그 밖에 동법 제3조 제3항에 따라서 도·농복합 형태의 시에는 동과 읍·면

그림 7-1 우리나라 지방자치단체의 계층구조

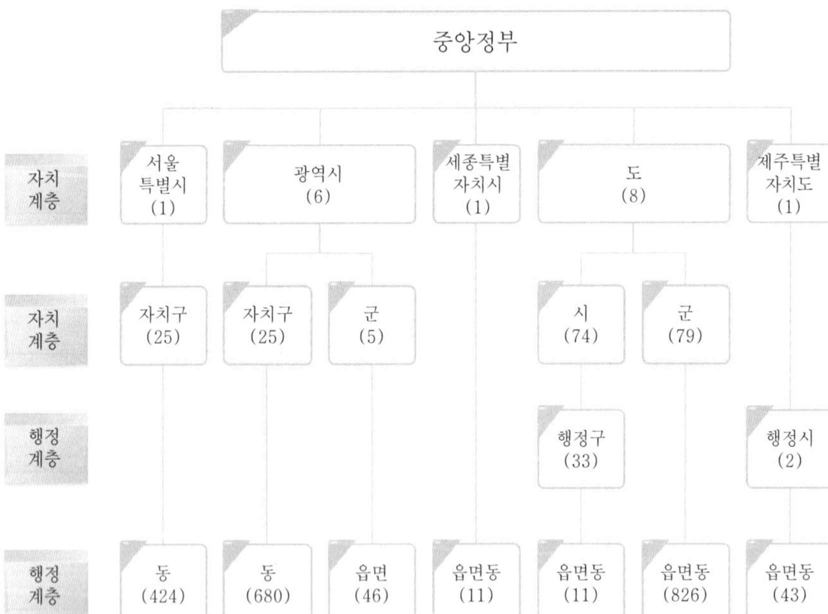

자료: 이종수·윤영진 외(2014: 426)에서 재인용.

2) 1개의 서울특별시와 1개의 세종특별자치시, 그리고 광역시는 인천광역시, 대전광역시, 광주광역시, 대구광역시, 울산광역시, 부산광역시 등 6개이다.

을 두고 자치구가 아닌 구를 두는 경우에는 그 구에 읍·면·동을, 그리고 군에는 읍·면을 하급 행정기관으로 두고 있다(한국지방자치학회, 1999: 159; 김병준, 2000: 83).

5. 자치권의 의의와 개념

자치권이란 법인격을 가진 지역적인 통치단체로서의 지방자치단체가 자신의 지역과 주민을 통치하고 주어진 관할사무를 자기의 창의와 책임 하에 해결해 나갈 수 있는 법적 능력을 의미한다(이계탁, 1984: 323). 우리나라 「헌법」 제8장 제117조 제1항에 따라 지방자치단체는 자치권에 의해 자신의 관할구역과 주민을 통치함은 물론이고 관리사무를 자신의 독창성과 책임 하에 처리해 나갈 수 있는 법적 권능을 지니게 되었다.

자치권의 내용은 일반적으로 자치입법권, 자치행정권, 자치조직권, 그리고 자치재정권으로 구분된다.

1) 자치입법권

헌법 제117조 제1항은 지방자치단체의 자치입법권을 헌법적으로 보장하고 있다. 또한 우리나라 「지방자치법」 제22조에는 "지방자치단체는 법령의 범위 안에서 그 사무에 관하여 조례를 제정할 수 있다"고 규정되어 있으며, 제23조에서도 "지방자치단체의 장은 법령이나 조례가 위임한 범위 안에서 그 권한에 속하는 사무에 관하여 규칙을 제정할 수 있다"고 규정하고 있다(임재현, 2017: 318; 최창호·하미승, 2006: 701; 이종수·윤영진 외, 2014: 433).

(1) 조례제정권

「지방자치법」 제22조와 제39조에 따르면 조례란 "지방자치단체가 법령의 범위 안에서 그 권한에 속하는 사무에 관해 지방의회의 의결로 제정하는 법"이다. 조례는 한국과 일본에서 사용하는 용어이고, 미국의 경우는 지방법(local law), 그리고 영국에서는 보조법이라는 용어를 사용하고 있다. 조례는 자치단체의 내부구조, 운영, 사무 처리, 주민의 권리나 의무 등을 내용으로 하는데, 상위법이나 상위자치단체의 조례를 위반해 제정할 수 없고 주민의 권리 제한 또는 의무 부과에 관한 사항이나 벌칙을 정할 때는 법률의 위임이 있어야만 하도록 규정되어 있다.

(2) 규칙제정권

「지방자치법」 제23조에 따르면, 규칙이란 지방자치단체의 장이 법령 또는 조례가 위임한 범위 안에서 그 권한에 속하는 사무에 관해 제정하는 법규를 말한다. 이 규칙 역시 조례와 같이 상위 법령이나 자치단체의 규칙을 위반해서는 안 된다. 조례나 규칙은 법규의 성격을 띤 것도 있고 행정규칙의 성격을 띠는 것도 있다.

2) 자치행정권

「헌법」 제117조 제1항은 자치단체에게 주민의 복리에 관한 사무를 처리할 수 있는 권리를 부여하고 있다. 또한 「지방자치법」 제94조에서 "지방자치단체의 장은 당해 지방자치단체의 사무와 법령에 의거해 그 지방자치단체의 장에게 위임된 사무를 관리하고 집행한다"고 규정함으로써 지방자치단체장의 자치사무에서 행정권을 보장해 주고 있다.

(1) 자치사무권

지방자치단체는 지방의 고유사무에 대해 스스로 권한과 책임 하에 처리해 나갈 수 있는 집행 권한을 가지는데 이를 자치사무권이라고 한다.

(2) 자치조직권

자치조직권은 지방자치단체가 자기의 조직을 자주적으로 정하는 권능을 의미한다. 즉, 자치행정을 수행하기 위한 행정조직이 국가의 간섭 없이 자기 스스로 조직을 결정할 수 있는 권능으로서 자치권 중에서 중요한 요소 중 하나이다. 자치조직권은 자치기구를 조직하는 권리와 동시에 자치기구의 내부조직을 그 지방에 필요한 구조로 형성시킬 수 있게 하는 권리이다. 우리나라 「지방자치법」 제4조 제1항에서 "지방자치단체를 폐치 · 분합하거나 그 명칭 또는 구역을 변경할 때" 관계된 지방의회의 의견을 듣게 하고, "자치구가 아닌 구와 읍 · 면 · 동의 명칭과 구역을 변경하거나 폐치 · 분합할 때에는 행정안전부 장관의 승인을 얻어 당해 지방자치단체의 조례로 정한다"고 규정하고 있는 것이 자치조직권을 설명해 준다.

(3) 자치재정권

자치재정권은 지방자치단체가 자기 사무를 수행하는 데 필요한 경비를 충당하기 위해 중앙정부의 간섭을 받지 않고 자주적으로 재원을 조달하고 지출할 뿐만 아니라 조직을 잘 관리하며 정책 목표를 달성하기 위해 자체적으로 예산을 편성하고 집행하며 관리하는 권한을 말한다.

그러나 지방자치단체는 스스로 노력을 통해 재정을 확충할 수 있도록 지방세 탄력세율, 재산과세의 과표 및 수수료 탄력 결정 등과 같은 자치재정권은 인정되는 반면, 조례를 통한 독립적인 지방세목은 설치할 수 없다. 또한 지방자치단체의 지방채 발행은 지방의회 의결 외에 행정안전부의 승인을 받아야만 한다(이종수 · 윤영진 외, 2014: 435).

(4) 자치인사권

자치단체장은 주어진 범위 내에서 부시장, 부지사, 부군수, 부구청장 등의 임면권을 가진다. 기타 공무원에 대한 인사권을 가지고 있다.

6. 공공사무의 개요와 단체사무의 유형

1) 공공사무의 개요

우리나라 공공사무는 국가사무와 지방사무로 나누어 볼 수 있다. 전자는 국가(중앙정부)가 중심이 되어 처리하는 사무이며, 후자는 지방자치단체가 처리하는 사무를 말한다. 지방사무는 [그림 7-2]의 공공사무 체계도에 자세히 나타나 있듯이 또다시 고유사무로서 자치사무와 위임사무로 대별된다.

국가기관으로서의 지위도 동시에 소유하고 있는 지방자치단체는 국가(중앙정부)로부터 국가사무를 위임받아 처리하고 있다. 여기서 위임사무는 다시 지방자치

그림 7-2 지방자치단체 사무의 분류 체계

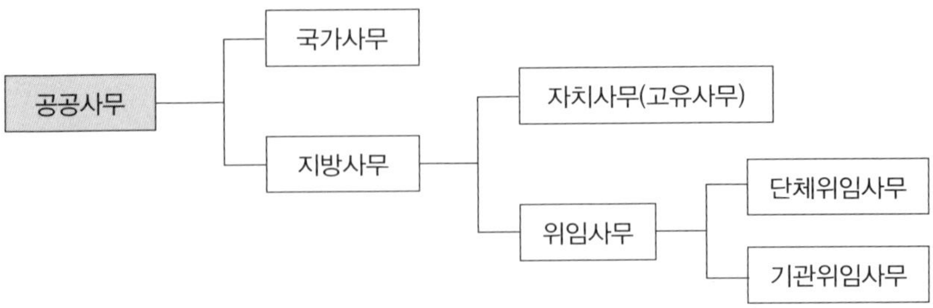

단체에게 위임하는 단체위임사무와 집행기관인 단체장에게 위임해서 처리하는 기관위임사무로 나뉜다(강용기, 2014: 233).

(1) 국가사무

국가사무는 국가 전체의 이해관계가 결부되어 있는 국가의 고유한 사무들이기 때문에 국가(중앙정부)가 지방자치단체에 위임하지 않고 직접 처리하는 사무를 의미한다. 국가사무의 처리에 소요되는 경비 전액은 국가가 부담하고 사무는 후에 국정감사의 대상이 된다.

「지방자치법」 제11조는 지방자치단체가 처리할 수 없는 국가사무를 열거하고 이외의 국가사무에 대해 법률이 허용하는 경우에만 지자체가 처리할 수 있도록 하고 있다. 「지방자치법」 제11조가 규정한 지방자치단체가 처리할 수 없는 국가사무는 ① 외교, 국방, 사법, 국세 등 국가의 존립에 필요한 사무, ② 물가정책, 금융정책, 수출입정책 등 전국적으로 통일적 처리를 요하는 사무, ③ 농림・축수산물 및 양곡의 수급 조절과 수출입 등 전국적 규모의 사무, ④ 국가종합경제개발계획, 국가하천, 국유림, 국토종합개발계획, 지정항만, 고속도로, 일반국도, 국립공원 등 전국적 규모 또는 사무, ⑤ 근로 기준, 측량 단위 등 전국적으로 기준의 통일 및 조정을 요하는 사무, ⑥ 우편・철도 등 전국적 규모 또는 이외에 비슷한 규모의 사무, ⑦ 고도의 기술을 요하는 검사, 시험, 연구, 항공관리, 기상행정, 원자력 개발 등 지방자치단체의 기술 및 재정 능력을 감당하기 어려운 사무 등이다.

(2) 지방사무

우리나라「지방자치법」제9조에는 지방자치단체가 수행해야 할 사무로서 ① 그 관할구역의 자치사무와, ② 법령에 의해 지방자치단체에 속하는 사무 등 두 가지를 규정해 놓고 있다. 동법 제9조에서 열거하고 있는 지방사무는 크게 여섯 개의 영역으로 구성되어 있다. 첫째, 지방자치단체의 구역, 조직, 그리고 행정관리 등에 관한 사무 분야인데 ① 관할구역 안 행정구역의 명칭 · 위치 및 구역의 조정, ② 조례 · 규칙의 제정 · 개폐 및 그 운영 · 관리, ③ 산하 행정기관의 조직관리, ④ 산하 행정기관 및 단체의 지도 · 감독, ⑤ 소속 공무원의 인사 · 후생복지 및 교육, ⑥ 지방세와 지방세 외 수입의 부과 및 징수, ⑦ 예산의 편성 · 집행 및 회계감사와 재산관리, ⑧ 행정장비 관리, 행정전산화 및 행정관리 개선, ⑨ 공유재산관리, ⑩ 가족관계등록 및 주민등록관리, ⑪ 지방자치단체가 필요로 하는 각종 조사 및 통계의 작성 등이다.

둘째, 주민의 복지 증진에 관한 사무 분야인데 ① 주민 복지에 관한 사업, ② 사회복지시설의 설치, 운영 및 관리, ③ 생활곤궁자의 보호 및 지원, ④ 노인, 아동, 심신장애인, 청소년 및 여성의 보호와 복지 증진, ⑤ 보건진료기관의 설치, 운영, ⑥ 감염병 및 그 밖의 질병의 예방과 방역, ⑦ 묘지 · 화장장 · 봉안당의 운영, 관리 ⑧ 공중접객업소의 위생을 개선하기 위한 지도, ⑨ 청소 오물의 수거 및 처리, ⑩ 지방공기업의 설치 및 운영 등이다.

2) 지방자치단체 사무의 유형

(1) 자치사무(고유사무)

자치사무는 지방자치단체의 존립을 목적으로 지방자치단체가 주민의 복리 증진을 위한 지방적 공공사무를 자기의 책임과 부담 하에 수행해 나가는 것으로서 본래적인 사무라는 뜻에서 '고유사무'라고도 한다. 자치사무를 수행하는 데 필요한 비용은 자치단체의 자주재원과 기타 보조금 등으로 부담하는 것을 원칙으로 한다. 또한 지방의회는 이 자치사무에 대해 폭넓게 관여할 수 있게 허용된다. 반면에 국가(중앙정부)에게는 다만 극히 한정적으로 입법심과 사후 감독만이 허용되는 특징을 지니고 있다.

(2) 단체위임사무

자치단체가 국가나 상급 자치단체로부터 위임받아 수행하는 사무를 말한다. 이 사무는 지방적이고 전국적 이해관계를 동시에 지니기 때문에 「지방재정법」 제18조 제1항에 따라 업무 수행에 소요되는 비용은 양자가 부담한다. 위임기관은 자치단체에 부담금 명목으로 보조금을 지급하는 게 원칙이며, 다른 경우에 비해 국가의 감독이 비교적 크다. 보건소의 운영이나 예방접종에 관한 사무, 국세 및 시・도세의 징수사무, 그리고 시・도의 국토 유지 및 수선사무 같은 것이 단체위임사무의 예가 된다(강용기, 2014: 236).

(3) 기관위임사무

지방보다는 전국적 이해관계가 더 큰 사무들로서 국가나 상급 지방자치단체로부터 자치단체의 집행기관에만 배타적으로 처리가 위임된 사무들을 말하며, 이 경우 위임받은 집행기관은 국가기관의 지위에 서게 된다. 따라서 이러한 사무에 대해서는 지방의회가 관여할 수 없다. 국가는 기관위임사무에 대한 강한 통제권을 가지며 그 비용도 대부분 국가가 부담한다. 기관위임사무의 종류에는 가족관계등록사무, 주민등록, 병사사무, 총선과 대선에 관한 사무, 국민투표, 경찰사무, 소방사무, 지적 등이 있다. 이것들은 사실상 국가사무라고 할 수 있다(강용기, 2014: 238; 김영기, 1999: 173).

3) 행정사무 배분의 원칙과 기준

사무 배분이란 일정한 행정구역 내의 주민에 대한 서비스의 공급을 어떤 정부 단위가 수행할 것인지에 대한 문제로서 각종의 행정사무를 각급 지방자치단체 간에 분담시켜 그 사무의 처리에 관한 권한이나 책임을 부여하고자 하는 것이다. 사무 배분은 자치단체의 계층구조와 구역의 크기, 능력, 그리고 중앙집권과 지방분권의 문제와 밀접하게 관련되어 있다.

한 국가에서 사무 배분은 중앙정부와 지방정부에 의해 분담되고 수행된다. 양자는 상호 밀접한 관계를 유지하면서 국가의 사무를 위해 협조하게 된다. 일반적으로 사무 배분 방식은 첫째는 개별적 지정 방식인데, 이것은 자치사무를 개개의 지방자치단체별, 사무 종목별로 각각 지정해 배분하는 방식이다. 주로 영국, 캐나다, 호주, 스웨덴, 덴마크 등에서 활용하고 있다. 이 유형의 장점은 상호 사무 배합이 명확하기 때문에 중복이 없고 책임의 한계가 명확해 자치행정 기능이 광범위하다는 점이다. 그러나 개별성과 특수성을 너무 강조한 나머지 통일성이 저해될 수 있고 자치단체나 의회가 개별법을 개정할 때 많은 비용과 시간이 소요된다는 것이 단점으로 지적된다.

둘째는 포괄적 위임 방식인데, 한국·프랑스·독일 등 유럽대륙에서 활용되는 것으로, 특히 사무를 자치단체에 구별을 두지 않고 포괄적으로 일괄 규정하고 법률로 금지된 경우를 제외하고는 어떤 사무든 처리가 가능하게 하는 배분 방식이다.

제 2 절 지방자치 재정과 지방자치단체 기관 구성

1. 지방자치 재정

1) 지방재정의 개념과 특성

지방자치재정은 지방자치단체의 경제 주체로서의 종합적인 활동이라고 불릴 만큼 지방자치를 하는 데 없어서는 안 될 중요한 요소이다. 지방재정의 특징을 중앙재정과 비교하면 다음과 같다.

첫째, 국가재정과는 달리 지방재정은 각각의 지역적 배경이나 환경에 따라 다양한 유형이 나타나고 자치단체의 재정자립도나 규모에 따라 상당히 다양하고 복잡한 양상을 보여 주고 있다.

둘째, 지방재정은 전체 재원의 적지 않은 부분이 특히 국고보조금이나 지방교부세 등의 도움을 받고 있어 자주성이 결여라는 문제를 안고 있다. 따라서 자치재정으로 자립할 수 있는 서울의 일부 자치구를 제외하고는 대부분이 재정난에 허덕이고 있다.

셋째, 지방재정은 탄력적이지 못하다는 점이 지적되는데, 자치단체에 들어오는 수입의 범위와 지출이 대부분 고정되어 있어 탄력성을 잃고 있다는 것이다. 국고보조금의 경우는 거의가 복지나 지역개발 부문에만 사용하도록 국한되어 있어 지방재정의 탄력성을 제한하고 있다(강용기, 2014: 334; 김영기, 1999: 183-184; 한국지방자치학회, 1999: 392-393).

2) 지방재정 수입의 종류

자치단체의 재정수입은 자치단체가 자체의 재원으로부터 자주적으로 징수하는 수입인 자주재원과 국가(중앙정부)나 상급 자치단체, 그리고 기타 지방자치단체들로부터 도움을 받는 재정적 지원인 의존재원으로 구분된다. 자주재원인 경우는 <표 7-2>에서 보는 바와 같이 지방세와 기타의 세외 수입으로 구성되는 재원이고, 의존재원의 경우는 국고보조금과 지방양여금, 그리고 지방교부금과 조정교부금 등으로 구성된다.

표 7-2 지방세의 구성

구 분	특별시·광역시세	도 세	시·군세	자치구세
일반 보통세	취득세, 레저세, 담배소비세, 지방소비세, 주민세, 재산세, 자동차세, 지방소득세, 지역자원시설세, 지방교육세(특별시분 재산세)	취득세, 등록면허세, 레저세, 지방소비세	주민세, 재산세, 자동차세, 지방소비세, 담배소비세,	등록면허세, 재산분세
특정 목적세	지역자원시설세, 지방교육세, 도시계획세, 공공시설세, 지역개발세	지역자원시설세, 지방교육세	도시계획세, 사업소세	사업소세

자료: 임재현(2017: 315); 강용기(2014: 338); 이종수·윤영진 외(2014: 442).

(1) 자주재원

① 지방세

지방세란 국가에서 징수하는 국세와는 달리 해당 자치단체가 자신에게 속한 조세의 대상들로부터 거두어들이는 보상 없는 강제세이다. 이는 보상이나 서비스의 제공 대가로 시민으로부터 받는 수수료나 이용료와 다르고 강제성을 원칙으로 한다는 데서 기부금과도 구별된다.

또한 지방세는 <표 7-2>에서 보듯이 성격에 따라 보통세와 목적세, 그리고 자치단체의 종류에 따라서 크게 특별시세·광역시세·도세·시세·군세·자치구세로 대별된다. 보통세는 취득세, 마권세, 자동차세, 농지세, 담배소비세, 도축세 등이며, 주민에게 일반적으로 부과되는 강제세이다. 목적세는 도시계획세, 공동시설세, 지역개발세, 사업소세 등으로 경우에 따라 특정한 재원을 마련해야 할 때, 그리고 특정인이나 특정도시계획 구역을 정하고 그 안에 있는 건축물이나 토지에 부과되는 조세이고, 공동시설세는 오물처리시설이나 소방시설을 건설하기 위한 목적으로 선박이나 건축물에 부과하는 것으로 역시 강제성을 띤 지방세이다. 사업소세는 환경의 개선이나 정비에 충당할 목적으로 일반사업소들에 부과되는 세금이다.

② 세외수입

세외수입이란 넓은 의미에서 사용료와 분담금·부담금, 전입금, 기부금, 지방채 수입, 재산처분에서 생긴 수입, 그리고 특별회계의 처리에서 나온 각종 수입을 의미하며, 좁은 의미에서는 넓은 의미에서의 수입 중 영업수입과 같은 특별회계상의 수입을 제외한 일반회계상의 경상적 수입만을 의미하기도 한다(김병준, 1998: 111-112).

(2) 의존재원

① 국고보조금

댐이나 교량 건설 등 국토 건설과 같은 대규모 사업은 지방자치단체가 자체의 재원만 가지고는 충당하기 어렵기 때문에 국가 전체적인 차원에서 이루어져야 한다. 국가(중앙정부)는 그 사업의 성격이나 내용 및 자치단체의 재정 상황의 난이도에 따라서 비용의 전부나 일부를 자치단체에 보조한다. 국고보조금의 특성으로는 이미 어디에 돈을 써야 할지가 정해져 있다는 점에서 특정 재원에 해당하고, 자치단체의 내부가 아닌 외부로부터 주어지는 재원이므로 의존재원에 해당한다(임재현, 2017: 317).

② **지방교부세**

지방교부세는 비교적 재정 능력이 허약한 지방자치단체에 지역 간 불균형을 시정하기 위해 국세 중의 일부를 활용해 자치단체의 행정 수행에 소요될 최소한의 비용을 보장하는 동시에 지역 간의 재정불균형을 시정할 목적으로 지급하는 보통교부세, 특별교부세, 분권교부세, 부동산교부세 등을 말한다(임재현, 2017: 318; 강용기, 2014: 340). 지방교부세는 국고보조금과는 달리 사용 용도가 지정되지 않는다. 크게 보통교부세와 특별교부세, 그리고 증액교부세로 나뉘는데, 보통교부세는 매년도의 기초재정수입액이 기준재정수요액에 미달하는 자치단체에게 미달액(재정 부족분)에 준해서 교부된다.

③ **부동산교부세**

부동산교부세는 「지방교부세법」 제3조와 제4조 제3항에 따라 「종합부동산세법」에 의한 종합부동산세 총액을 중심으로 형성된 교부세로 전액 지방자치단체에 교부된다.

④ **분권교부세**

분권교부세는 국고보조사업을 이양받은 자치단체에게 교부하는 것인데, 노무현 참여정부인 2005년 1월 1일부터 2009년 12월 31일까지 5년 간 한시적으로 운영된 것으로 2014년 폐지되어 보통교부세로 전환되었다(강용기, 2014: 341).

⑤ **조정교부금과 재정보전금**

재정력이 취약한 자치구를 지원해 주기 위해 특별시와 광역시가 징수하는 시세금의 일부를 재원으로 활용하고 있는 제도를 말한다. 시세는 취득세와 등록세의 합산액에 조례가 정하는 일정한 비율을 곱해 얻은 금액을 말하는데, 실제로 서울시의 경우를 보면 취득세와 등록세의 50%를 조정교부금의 재원으로 쓰고 있다(임재현, 2017: 321). 재정보전금은 서울특별시, 6개 광역시와 9개 도가 그 관할구역 안의 시·군이 징수한 시·도세 수입의 일부를 일정한 기준에 따라 시·군에 배분하는 재원이다. 이는 시·도세 수입의 27%(인구 50만 명 이상의 시는 47%)이다

(최창호 · 하미승, 2006: 701).

3) 지방자치단체의 재정자립도

지방재정자립도란 자치단체가 얼마만큼 스스로 자주재원에 의해 운영되어 나가고 있는가를 측정하는 지표이다. 재정자립도 산출 공식은 다음과 같다.

$$\text{재정자립도}(\%) = \frac{\text{자체수입(지방세수입} + \text{세외수입)} - \text{지방채}}{\text{일반회계 세입}} \times 100$$

자치단체는 재정자립도를 높이기 위해 국세와 지방세의 조정, 지방채나 복권의 발행 그리고 공사, 직영기업, 공단, 민자 유치 및 지방공기업 운영 등의 방법을 활용할 수 있다(강용기, 2014: 354).

2. 지방자치단체 기관 구성의 형태

기관 구성은 세 가지로 대별된다. 첫째, 의결기관인 지방의회와 집행기관이 단일 기관에 속하는 기관통합형, 양자가 각각의 기능을 달리하며 수행되는 기관대립형, 그리고 이 양자를 혼합한 절충형이 그것이다.

1) 기관통합형

기관통합형은 영국의 지방정부와 미국의 위원회형 지방정부가 활용하고 있는 방식인데, 주민 선출로 구성된 지방의회가 정책결정기관과 정책 집행 기능을 모두 담당하는 형태로서 이른바 기관단일주의 권력통합형이라고도 부른다. 따라서 국가 권력 구조에서는 의원내각제와 유사한 모형이라고 볼 수 있다(강용기, 2014: 269; 손재식, 1991: 385－394).

입법기관과 집행기관이 하나로 되어 있는 기관통합형은 모든 권한과 책임이 주민의 대의기관인 의회를 핵심축으로 완전하게 통합되고 집중되어 있기 때문에 ① 정부 형태의 민주화를 실현할 수 있고, ② 행정 업무의 원활하고 분명한 수행, ③ 기관 분립의 경우 발생하기 쉬운 대립과 마찰의 여지를 제거함으로써 행정의 안정

그림 7-3 기관통합형과 기관대립형의 모형도

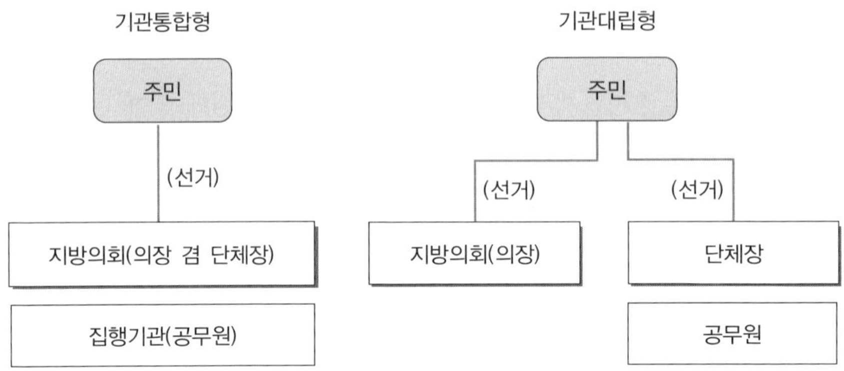

자료: 이종수・윤영진 외(2014: 429).

성 확보, ④ 정책 결정과 행정 집행의 유기적 관련성 도모, ⑤ 다수의 위원과 조화를 통해 자치행정의 신중한 운영을 할 수 있다는 장점을 가지고 있다.

2) 기관대립형

기관대립형이란 권력분립주의에 토대를 두고 의회와 집행기관의 권한을 각기 분리 독립시켜 상호 견제와 균형을 유지하는 유형을 의미한다. 이 유형은 양 기관의 상대적 지위에 따라 또다시 ① 단체장이 지방의회보다 상당히 강한 권한을 행사하는 강(强)시장-의회형 형태, ② 지방의회가 상대적으로 강한 권한을 행사하는 약(弱)시장-의회형 형태, 그리고 ③ 시장을 보좌하는 행정전문인을 수석 행정기관으로 두고 있는 강(强)시장-수석행정관형으로 크게 구분된다(제갈돈 외, 2017: 260; 김병준, 1998: 210-211). 기관대립형의 장점으로는 집행기관의 단체장과 지역 주민의 직선에 의해 선출된 의결기관의 구성원이 중심이 되기 때문에 집행기관은 의결기관의 불합리한 정치적 결정을 적절히 견제할 수 있고 비전문성까지도 보완해 나갈 수 있다는 점과 의결기관은 집행기관의 권력 남용을 방지하고 동시에 감시와 비판적 기능을 수행함으로써 이들 기관 상호간의 견제와 균형을 유지하고 민주성을 기할 수 있다는 것이다.

3) 절충형

절충형은 의결기관과 집행기관을 별도로 설치 · 운영하고 있음에도 불구하고 상호 대립시키지 않는 지방정부의 형태이다. 즉, 양자를 대립시키지 않는 점에서 기관통합형의 요소를 가지고 있고, 양 기관을 분리시키고 있는 점에서는 기관대립형의 요소를 지니고 있는 절충형이다. 지방의회가 그 산하에 소수의 소속 의원으로 집행기관의 성격을 지니는 위원회를 별도로 구성해 이 위원회로 하여금 행정문제를 처리하게 하는 의회－집행위원회형과 지방정부의 운영에서 의회의 주도권을 그대로 유지하면서 의회가 지닌 행정상의 비전문성을 전문인의 영입을 통해 해결하고자 하는 제도인 시정관리관형이 그 대표적인 예이다(김병준, 1998: 212－214; 최창호 · 하미승, 2006: 701).

3. 자치단체의 기관 구성

우리나라의 경우 집행기관과 지방의회가 상호 분리되어 견제와 균형을 유지하는 기관 대립의 구조를 이루고 있다.[3] 특히 쌍방 간의 내부적 관계에서 지방의회의 권한이 지방자치단체장의 권한에 비해 상대적으로 약한 강시장－의회형 방식을 취하고 있다. 그동안 이러한 강시장－의회형 제도 하에서 의회의 권한이 비교적 약하다는 문제점이 적지 않게 지적되어 온 것이 사실이다. 하지만 지방의회도 조사권이나 의결권, 그리고 감사권을 활용해 집행기관을 강하게 견제하고 있다는 점 또한 부인하기 어렵다(강용기, 2014: 270－275).

---

3) 한국의 지방자치단체장(시장, 군수, 구청장, 도지사)은 주민으로부터 보통, 평등, 직접, 비밀선거를 통해 선출되고 임기는 4년이며 계속해서 3선까지만 허용된다. 연이어서 3선, 즉 12년까지만 허용되고 한번 쉬었다가 다시 연이어 3선에 당선되는 것이 가능하다.

제 3 절 지방의회와 지방자치단체의 집행기관

1. 지방의회의 의의와 지위

지방의회란 지방자치단체의 의사 결정기관으로서 주민(시민)이 직접선거를 통해 선출한 지방의원들로 구성된 조직을 의미한다. 우리나라의 지방의회는 두 가지 종류로 대별되는데, 광역의회(시 · 도의회)와 기초자치단체의회(시 · 군 · 자치구의회)가 그것이다. 지방의회는 두 가지의 본질적 의의를 가지고 있는데, 하나는 반드시 주민으로부터 직선을 통해 선출된 지방의원으로 구성되어야 한다는 것이고, 다른 하나는 자치단체의 중요한 의사를 다루며 결정하는 기관이라야 한다는 점이다. 동시에 지방의회는 헌법기관이며 지방자치단체의 의사기관일 뿐만 아니라 주민대표로 이루어진 합의제 기관에 해당한다.

2. 지방의회의 권한

1) 의결권

일반적으로 지방의회의 의결권이란 지방자치단체의 의사 결정을 위해 지방의회에 부여된 권한을 말한다. 지방의회의 본질적 기능이 자치단체의 의사와 정책을 결정하는 것이기 때문에 의결권이야말로 지방의회에 주어진 가장 핵심적인 권한이다. 하지만 중요한 것은 이 의결권은 자치단체의 모든 사항에 대해 허용되는 것이 아니라 다만 가장 기본적이며 중요한 사항에만 한정되고 있다는 사실이다. 우리나라 「지방자치법」 제39조 제1항이 명시하고 있는 중요한 의결 사항들에는 ① 조례의 제정 및 개폐, ② 예산의 심의 및 확정, ③ 결산의 승인, ④ 법령에 규정된 것을 제외한 사용료, 수수료, 분담금, 지방세, 가입금의 부과와 징수, ⑤ 기금의 설치 및 운용, ⑥ 중요 재산의 취득 및 처분, ⑦ 공공시설의 설치 및 처분, ⑧ 법령과 조례에 규정된 것을 제외한 예산 외 의무 부담이나 권리의 포기, ⑨ 청원의 수리와 권리, ⑩ 외국 지방자치단체와의 교류협력에 관한 사항, ⑪ 기타 법령에 의해 그 권한에 속하는 사항 등이 있다(제갈돈 외, 2017: 264; 강용기, 2014: 279).

2) 행정감사권과 조사권

우리나라 「지방자치법」 제41조는 지방의회로 하여금 자치단체사무에 관해 매년 한 번씩 감사를 실시하도록 규정하고 있다. 시 · 도의 경우는 14일이며, 시 · 군 · 자치구의 경우는 9일의 기간 내에서 허용된다. 또한 자치사무 중 특정 사안인 경우 본회의 의결로 본회의나 위원회를 통해 조사할 수 있도록 되어 있다.

3) 보고와 질의 응답권

「지방자치법」 제42조는 지방의회가 자치단체장이나 관계 공무원에 대해 필요한 경우 의회에 나와 행정 처리 상황을 보고하도록 요구하거나 질의 응답하도록 하고 있고 동시에 단체장이나 관계 공무원은 의회나 위원회의 요구가 있는 경우, 출석 · 답변해야 하도록 규정하고 있다.

4) 선거권과 피선거권 및 자율권

「지방자치법」 제48조는 지방의원 중에서 시 · 도의 경우 의장 1인과 부의장 2인, 그리고 시 · 군 · 자치구의 경우 의장 및 부의장 각 1인을 무기명 투표로 선출할 수 있는 권한을 지방의회에 부여하고 있다. 따라서 지방의회는 선거권과 인사권도 가지고 있다. 그 밖에 내부 유영에 관한 규칙 제정 권리와 내부조직권도 가지고 있다. 특히 외부로부터 어떤 간섭이 없이 스스로 결정하며 규율하는 자율권도 가지고 있다.

5) 청원 수리와 심사권

지방의회는 주민의 난제들을 해결해 주는 대변기관으로서 자치단체의 공무에 관해 청원을 수리하는 권한을 가지고 있다. 「지방자치법」 제73조에 따라 의회에 청원하고자 하는 주민은 지방의회 의원의 소개를 통해 청원서를 제출할 수 있다. 지방의회 의장은 이 청원서를 접수 후 소관 위원회나 본회의에 회부해 심사해 타당한 청원은 의견서를 첨부해 자치단체장에게 송부하고 단체장으로부터 그 처리의 결과에 대해 정정 보고를 받는 절차로 구성되어 있다.

6) 의안 발의 및 표결권

지방의회는 지방 업무의 범위 내에서 의안을 발의·토론하고, 심의 및 처리하게 된다. 이때 의원들은 표결권을 통해 찬성·반대 및 기권의 의사 표시를 한다.

3. 지방의회의 조직과 운영 및 기능

1) 지방의회의 구성

「지방자치법」에 따라 보통, 평등, 직접, 비밀선거로 지방의회 의원을 선출하고, 의장, 부의장, 위원회, 사무국과 사무직원으로 의회를 구성하도록 규정하고 있다.

(1) 의장과 부의장

특별시, 광역시, 도의회 의원인 경우 의회 의원 중에서 의장 1인과 부의장 2인이 선출되고 시·군·자치구의회의 경우는 각각 1인씩의 의장과 부의장이 무기명 투표에 의해 선출된다. 의장과 부의장의 임기는 각 2년이고 자치단체장의 임기 중 의장단이 1회 교체하게 되어 있다. 「지방자치법」 제49조 규정에 따라서 의장은 의회를 대표하고 의사를 정리하며 질서 유지를 포함해 사무를 총괄적으로 감독한다. 의장의 유고 시에는 부의장이 의장의 직무를 대행하며(「지방자치법」 제51조), 의장과 부의장이 법률을 위반하거나 이유 없이 직무를 수행하지 않는 경우 지방의회는 불신임 결정을 할 수 있다. 이 불신임 의결은 재적 의원의 4분의 1 이상의 발의와 재적 의원 과반수의 찬성으로 행해지는 바, 결과에 따라 의장과 부의장은 그 직에서 해임된다(「지방자치법」 제56조).

(2) 위원회

지방의회는 조례가 정하는 바에 따라서 위원회를 둘 수 있다. 이 위원회는 소관

표 7-3 시 · 군 · 자치구(기초의회) 상임위원회 설치 기준

구 분	설치 가능한 상임위원회(운영위원회 포함)
의원 정수 41인 이상	5개 이내
의원 정수 31인 이상~40인 이하	4개 이내
의원 정수 13인 이하	3개 이내

의안 업무와 청원 등을 심사해서 처리하는 상임위원회와 특정한 안건을 그때마다 일시적으로 한정해서 처리하는 특별위원회 등 두 가지가 있다. 위원회 위원은 본회의에서 선임되고 위원장 1인과 의원의 신분을 가진 간사 1인을 둔다. 위원회의 수는 당해 지방의회의 조례로 정해지며 일반적으로 내무위원회, 경제산업위원회, 건설 · 도시위원회, 교육 · 사회위원회가 설치된다. 광역자치단체와는 달리 기초자치단체에서는 상임위원회 수를 <표 7-3>에서 보는 바와 같이 제한하고 있다.

(3) 사무처와 직원

조례에 따라 시 · 도의회는 사무처를 설치하고 있다. 우선 「지방자치법」에 따라 시 · 군 자치구 의회는 사무국(자치구 · 시의회)이나 사무과(군의회)를 둔다. 의회 의장은 사무처장 · 사무국장, 그리고 사무과장에게 명해 의회사무를 처리하게 한다. 직원의 정수도 조례로 정해 사무직원은 의회 의장의 추천에 따라 당해 자치단체장이 「지방자치법」 제91조에 따라 임명하고 법률이 정한 것 이외에는 직원의 임용, 보수, 신분 보장, 징계 등은 「지방공무원법」의 적용을 받고 있다.

4. 지방의회 의원의 권리와 의무 및 금지 사항

「지방자치법」에 따라 지방의회 의원은 주민의 보통, 평등, 직접, 비밀선거에 의해 선출되는데 주민의 대표자로서 여러 가지 의무와 권리가 따르게 된다. 그러나 지방의원에게는 국회의원이 가지고 있는 면책특권(「헌법」 제45조) 같은 것이 인정되지 않고 있다. 지방의원의 직무 수행과 관련해 다음과 같은 권리와 의무 및 금지 사항들이 규정되어 있다. 우선 그 권리에는 ① 임시회의 소집요구권, ② 회의 출석권, ③ 발언권, ④ 의안제출권, ⑤ 동의제출권, ⑥ 표결권, ⑦ 임시회의 소집과 회의재개요구권, ⑧ 청원소개권, ⑨ 징계자격심사 요구권, ⑩ 모욕에 대한 징계요구권 등이 있다. 그리고 그 의무로는 ① 청렴과 품위 유지의 의무, ② 직권 남용과 겸직 · 겸업 금지의 의무, ③ 규율 준수와 복종의 의무, ④ 회의 출석 의무 등이 있다. 또한 금지 사항에는 ① 지방자치단체와 영리행위 금지, ② 이해관계에 있는 안건 참여 금지, ③ 모욕 및 사생활에 관한 발언 금지, ④ 의사 진행 및 발언 방해 금지 등이 있다.

■ 지방의원의 유급제

지방자치제도 시행 이후 명예직으로 운영되던 지방의원 제도는 2006년 1월 1일부터 유급제를 시행하게 되었다. 2006년 최초로 정해진 광역의원의 연봉은 가장 적은 3,960만 원(전남)에서 가장 많은 6,804만 원(서울)까지, 기초의원 연봉은 1,920만 원(충북 증평)에서 3,804만 원(서울 서대문)까지 다양하게 책정되었다(강용기, 2008: 296). 특히 2008년의 경우 대부분의 지방의원의 연봉을 대폭 인상함으로써 시민들로부터 많은 비난을 받기도 했다. 따라서 그 당시 안전행정부에서는 일정액을 정해 그 이상 인상하지 못하도록 권고했다. 그러나 이 같은 유급제가 지방의원들의 전문성 제고와 자질 향상을 통한 의정 활성화와 책임감 강화 등 본질적 취지와 목적을 충족하지 못한 채 예산만 낭비하고 있다는 시각이 많다.

5. 집행기관의 개념과 지위

통상적으로 집행기관이란 지방자치단체에서 행정에 관한 의사를 결정하고 이것을 외부에 표시하는 권한을 갖는 기관을 의미한다. 그리고 이 자치단체 집행기관은 자치단체의 장, 보조기관, 소속 행정기관 및 하부 행정기관 등으로 구성된다. 집행기관은 당해 자치단체를 위한 사무의 영역 내에서 자치단체 의사를 결정하고 표시하는 권한을 가진 기관으로서 의결기관인 의회와 쌍벽을 이루고 있다. 일반적으로 자치단체 집행기관의 종류로는 시 · 도지사와 시장, 군수, 구청장과 같은 자치단체장과 부시장, 부지사, 부시장, 부군수, 부구청장 등의 보조기관, 그리고 소속 행정기관, 하급 행정기관 등이 있고, 교육이나 학예자치단체의 집행기관으로는 교육감과 부교육감, 하급 행정기관인 시 · 군교육청 등이 있다.

6. 지방자치단체장

우리나라에서도 지방자치가 중단된 지 꼭 30년 만인 1991년 초대 지방의회 의

표 7-4 한국의 지방자치선거 현황

선거 횟수	선거일	선거 구분		투표율 (%)	비 고
		지방의회 의원	지방자치단체장		
1952년 (제1회)	1952.4.25 1952.5.10	• 시읍면 의원 선거 • 도의원 선거		90.7% 81.2%	전시 중 전시 중
1956년 (제2회)	1956.8.8 1956.8.13	• 시읍면 의원 선거 • 시 · 도의원 선거	• 시읍면장 선거	79.5% 86.0%	수복 이후 수복 이후
1960년 (제3회)	1960.12.12 1960.12.19 1960.12.26 1960.12.29	• 시읍면 의원 선거 • 시 · 도의원 선거	• 시읍면장 선거 • 시 · 도지사 선거	78.9% 67.4% 75.4% 38.3%	4 · 19 이후 4 · 19 이후 4 · 19 이후 4 · 19 이후
1991년 (제4회)	1991.3.26 1991.6.20	• 시군자치구의원 선거 • 시 · 도의원 선거		55.0% 58.9%	30년 만 30년 민
1995년 (제5회)	1995.6.27	• 시군자치구의원 선거 • 시 · 도의원 선거	• 시군자치구청장 선거 • 시 · 도지사 선거	68.4%	동시선거
1998년 (제6회)	1998.6.4	• 시군자지구의원 선거 • 시 · 도의원 선거	• 시군자치구청장 선거 • 시 · 도지사 선거	52.6%	
2002년 (제7회)	2002.6.7	• 시군자치구의원 선거 • 시 · 도의원 선거	• 시군자치구청장 선거 • 시 · 도지사 선거	48.8%	동시선거
2006년 (제8회)	2006.5.31	• 시군자치구의원 선거 • 시 · 도의원 선거	• 시군자치구청장 선거 • 시 · 도지사 선거	51.3%	동시선거
2010년 (제9회)	2010.6	• 시군자치구의원 선거 • 시 · 도의원 선거	• 시군자치구청장 선거 • 시 · 도지사 선거		동시선거
2014 (제10회)	2014.6.4	• 시군자치구의원 선거 • 시 · 도의원 선거	• 시군자치구청장 선거 • 시 · 도지사 선거	56.8%	동시선거
2018 (제11회)	2018.6.13	• 시군자치구의원 선거 • 시 · 도의원 선거	• 시군자치구청장 선거 • 시 · 도지사 선거	60.2%	동시선거

원선거가 치러졌다. 1995년 6월 27일에는 단체장의 제5기 공선제가 실현되어 광역자치단체장 15명과 기초자치단체장 230명이 직선으로 선출되었다. 제6기는 1998년, 제7기는 2002년에, 제8기는 2006년에 각각 선거가 실시되었다. 그리고 9기는 2010년에, 그리고 2014년 6월에는 제10기와 2018년 6월 13일 지방선거가 실시되었다.[4]

지방자치단체장 피선거권자는 지방선거의 선거권이 있는 자로 선거일을 기준으로 해서 만 25세 이상인 자이되, 선거일 현재 계속해서 90일 이상을 그 해당 지역에 주민등록이 되어 있는 경우라야 한다. 또한 단체장의 임기는 「지방자치법」 제95조에 따라서 4년이며 3번(12년)까지만 연임이 허용되어 있고, 임기의 개시는 전임자의 임기 만료일의 다음날부터 적용하도록 되어 있다.

1) 단체장의 지위

당해 지방자치단체를 대표하는 단체장은 자치단체의 목적을 실현하는 최고 집행기관으로서 지방자치단체의 일반적 행정사무(교육, 과학, 그리고 체육 제외)를 총괄하는 지위를 가지고 있다. 자치단체의 장은 여러 가지 지위를 지니고 있는데 그 중 일부만 소개하면 다음과 같다. ① 자치단체 수장으로서의 지위, ② 국가행정기관의 책임자로서 지위, ③ 지역문제 해결 및 조정자로서의 지위, ④ 기획가 또는 지원자로서의 지위, ⑤ 지방의회의 견제·감시기관으로서의 지위, ⑥ 자치단체의 최고 행정기관으로서의 지위 등이 그것이다. 이와 같은 여러 지위 중에서도 지방자치의 근본 정신을 살리기 위해서는 수장으로서의 지위가 가장 중요시되고 있다(제갈돈 외, 2017: 258; 한국지방자치학회, 1999: 299－301).

2) 단체장의 권한

우리나라는 일반적으로 지방자치단체장은 강시장－의회형(이른바 기관대립주의)을 채택하고 있어서 당해 지방자치단체를 통할·대표하며 법령에 근거해서 위임된 사무를 관리하고 집행하는 광범위한 권한을 소유하고 있다. 그 중 몇 가지 주요한 권한만 열거하면 ① 대표권 및 사무통할권, ② 사무의 관리집행권, ③ 사무의

4) 2018년 6·13 지방선거 투표율은 60.2%를 기록했다. 사전투표율 또한 20.14%를 보여주었다.

위임, 위탁권, ④ 직원의 지휘, 감독 및 인사권, ⑤ 사무조직권, ⑥ 행정청과 자치단체지도 및 직무이행명령권, ⑦ 시·도지사에게만 인정되는 권한, ⑧ 재정에 관한 권한, ⑨ 지방의회에 관한 권한, ⑩ 선결처분권, ⑪ 입법에 관한 권한 등이 있다(강용기, 2014: 270; 안용식 외, 2000: 259-272).

7. 지방자치단체의 보조기관

지방자치단체는 당해 기관의 업무를 원활하게 수행해 나가기 위해 보조기관과 소속 행정기관, 그리고 하부 행정기관을 설치하고 있다. 자치단체장의 보조기관은 단체장의 권한 행사를 내부적으로 보조해 주는 입장에 있을 뿐 단체장의 의사를 결정한다거나 나아가서 외부적으로 어떠한 권한을 갖는 것은 결코 아니다. 따라서 단체장의 보조기관이라고 함은 시·도에서 부지사와 직원, 시·군, 그리고 자치구에서는 부시장·부군수, 그리고 부구청장 및 직원을 의미한다. 좀 더 구체적으로는 부단체장, 각 부서의 실·국·과·담당, 그리고 소속된 공무원 등을 지칭하는 것이라고 이해하면 된다.

1) 보조기관

(1) 부단체장

현행 「지방자치법」은 특별시와 광역시에 부시장, 도에 부지사, 시에 부시장, 군에 부군수, 자치구에 부구청장을 두도록 규정하고 있다. 서울시의 부단체장은 제1행정부시장과 제2행정부시장, 그리고 정무부시장 등 3인의 부단체장을 두고 있는바, 전자 2인은 정무직 국가공무원 신분이고, 후자는 정무직 지방공무원으로 보하게 되어 있다. 경기도의 경우는 제1행정부지사와 제2행정부지사, 그리고 정무부지사로 구성되는데, 전자 2인은 일반직 국가공무원인 관리관으로 보하고, 정무부지사는 별정직 1급에 해당하는 지방공무원으로 보하되 경기도지사의 제청으로 행정안전부 장관을 거쳐 대통령이 임명하나 정무부지사의 경우는 자치단체 조례로 정하고 있다(강용기, 2014: 274; 안용식 외, 2000: 278). 부단체장들은 단체장을 보좌하며 직원들의 담당사무를 감독할 뿐만 아니라 때에 따라서는 단체장의 직무를 대리하기도 한다.

(2) 행정기구

「지방자치법」은 자치단체의 행정사무를 분장하기 위해 요구되는 행정기구를 두되, 광역자치단체에서는 대통령령의 범위 내에서 당해 자치단체 조례로 하고, 기초자치단체는 광역자치단체장의 승인 하에 당해 자치단체의 조례로 정한다고 규정하고 있다.

(3) 지방공무원

이처럼 행정기구가 조직되면 당해 자치단체의 비용으로 지방공무원을 임용한다. 지방공무원의 임용은 대통령령의 범위 내에서 당해 자치단체 조례로 정하며, 공무원의 임용과 시험 등은 「지방공무원법」에 따른다.

2) 소속 행정기관

일반적으로 소속 행정기관에는 직속기관, 사업소, 출장소, 그리고 합의제 행정기관이 있다.

(1) 직속기관

지방자치단체는 「지방자치법」 제113조에 따라 필요한 경우에 대통령령과 그 소관 사무의 범위 안에서 조례가 정하는 바에 따라 자치경찰기관(제주특별자치도), 소방기관, 교육훈련기관, 보건진료기관, 시험연구기관 및 중소기업지도기관 등을 직속기관으로 설치할 수 있다. 조례에 따르는 경우는 행정안전부 장관의 승인이 필요하고 장관은 사전에 중앙행정기관의 장과 협의해야 한다.

(2) 사업소

자치단체는 「지방자치법」 제114조의 범위 내에서 상수도와 같이 별도의 기관에서 업무를 수행하는 것이 더 효율적이라고 판단될 때에는 대통령령의 범위 내에서 당해 자치단체 조례로써 사업소를 설치할 수 있다.

(3) 출장소

자치단체는 「지방자치법」 제115조에 근거해 원격지 주민의 편의를 위해 소관 사무를 분장 수행할 필요가 있거나 특정 지역의 개발 촉진을 위해 필요한 경우는 대통령이 정하는 바에 따라 출장소도 설치할 수 있다. 따라서 이것은 사실상의 사무 분담을 의미한다고 볼 수 있다.

제 4 절 교육자치와 자치경찰

1. 교육자치

1) 교육자치의 개념과 원리

일반적으로 지방교육자치란 교육의 자주성, 전문성, 정치적 중립성을 보장해 일정한 지역 내의 실정과 민의에 따른 교육을 구현하는 것이라고 알려져 있다.

교육자치의 원리는 다음과 같이 네 가지로 정리할 수 있다.

첫째, 지방분권의 원리이다. 즉, 지방의 실정과 특수성 속에서 교육이 실시되어야 한다.

둘째, 분리 독립의 원리이다. 교육이란 일반행정으로부터 독립되어 독자성을 보장받아야 한다.

셋째, 전문적 관리의 원리이다. 교육은 행정으로부터 벗어나 그 자체가 전문적인 지식과 기술을 갖춘 요원들에 의해 관리되어야 한다.

넷째, 주민통제의 원리이다. 교육자치는 원래가 주민들의 요구에 부응하기 위해 발전된 것이므로 그 심의와 결정 및 집행에 그들이 최대한 참여해야 한다(강용기, 2014: 285-286; 최창호·하미승, 2006: 690-691).

2) 한국의 교육자치

우리나라 교육자치는 시 · 도 단위로 나뉘어 실시되고 있다. 일반행정기관인 지방의회, 자치단체장, 그리고 교육위원회와 교육감이 각각 설치되어 기능하고 있다. 즉, 상호 분리하는 절충제로 운영되고 있다. 하지만 이 제도는 통합과 분리의 모든 폐단을 포함하고 있어서 현재 이 제도에 대한 논란이 매우 크다. 그래서 2006년 7월 1일 출범한 제주특별자치도의 경우는 교육위원회를 지방의회에 흡수 · 통합했다(최창호 · 하미승, 2006: 690−691).

2. 자치경찰

1) 자치경찰제 도입의 배경

우리나라는 1945년 일제로부터 해방된 이후, 미군정기인 동년 10월 21일 국립경찰을 창설했으며 2018년 기준 73주년을 맞는다. 1950년에는 민족 간의 분쟁에 의한 6 · 25라는 한국전쟁을 겪은 후 강력한 중앙집권 체제를 유지하기 위해 대륙법계 법제에 바탕을 둔 국가경찰제를 유지해 왔다(곽영길 · 신현기, 2014: 165−170).

경찰권이 중앙에 집중된 결과 지방 주민들의 요구나 의사가 충분히 반영되지 못했을 뿐 아니라 지역 실정에 맞는 치안정책을 펴지 못했다고 평가된다. 더욱이 국가경찰 체제만으로는 주민들의 점차 고도화되고 있는 치안 욕구에 충분히 대응하기 어렵다는 점에서 자치경찰제가 도입되어야 한다는 주장이 꾸준히 호응을 얻었다. 그 결과 2006년 7월 1일 제주특별자치도가 도 차원에서 국내 유일하게 자치경찰제도를 전격 도입했다. 그러나 나머지 광역 혹은 기초자치단체에 자치경찰제를 도입하기 위한 법안은 제17대 국회 만료와 함께 폐기되고, 제18대 국회가 새로운 자치경찰법(안)을 본격 논의했으나 특별한 성과를 내지 못했다. 이어서 2013년 2월에 출범한 박근혜 정부에서도 기초자치단체 차원에서 자치경찰제를 도입한다는 이전 정부안을 유지 및 논의했으나 어떤 결과도 없었으며, 2017년 5월 출범한 문재인 정부가 광역단위 자치경찰제 도입을 주요 국정과제 중 하나로 선정하고 대통령 소속 자치경찰위원회를 중심으로 도입 방안을 본격 논의 중이다.

2) 자치경찰제 도입의 필요성

노무현 참여정부는 2005년 11월 3일 제17대 국회에 정부의 자치경찰법(안)을 제출하면서 "지방행정과 치안행정의 연계성을 확보하고 지역 특성에 적합한 주민생활 중심의 치안 서비스를 제공함으로써, 주민의 복리를 증진하기 위한 지방자치단체의 종합 행정력을 높이는 한편, 국가 전체의 치안 역량을 강화할 수 있는 제도적 기반을 마련하기 위해 시 · 군 · 자치구에 자치경찰 제도를 도입하려는 것"이라고 밝힌 바 있다. 이명박 정부의 자치경찰제(안)은 도입 단위를 시 · 군 · 자치구에 자치경찰대를 설치하는 것이었고, 박근혜 정부의 자치경찰제 논의도 거의 같은 선상에서 논의되다가 중단되었다. 2017년 5월 출범한 문재인 정부의 경우 새 정부 인수위원회 역할을 했던 국정기획자문위원회는 지난 7월 활동을 마치면서 100대 국정과제 중 열세 번째로 '국민의, 국민을 위한 권력기관 개혁'이 들어 있었고, 그 주요 내용에 '광역단위 자치경찰제 도입' 과제를 제시했다. "2018년부터 자치경찰 관련 법률을 제 · 개정하고, 2019년 시범 실시를 거쳐 2020년 전면 실시"라는 구체적인 플랜까지 제시하고 대통령 소속 자치경찰위원회가 구체화를 위한 논의 중이지만 최종적인 정부안 모델은 논의 중이다.

3) 경찰청 경찰개혁위원히의 자치경찰제 도입(안)

경찰청 경찰개혁위원회는 다음과 같이 전국 시 · 도에 자치경찰 조직을 신설하되, 시 · 군 · 구와의 연계성을 강화하도록 한다는 권고안을 제시했다. [그림 7-4]를 보면 이는 자치경찰제 이원화(안)으로서 73년 동안 유지된 국가경찰제를 그대로 둔 채, 별도로 광역시 · 도에 자치경찰제를 새로이 도입하는 모델이다. 특히 2006년 7월 시행된 제주자치경찰제 모델에다가 몇 가지 수사권만 새로이 부여한 것으로 모양 바꾸기에 불과한 것으로 평가된다.

그림 7-4 경찰개혁위원회의 자치경찰제 조직도(안)(2017)

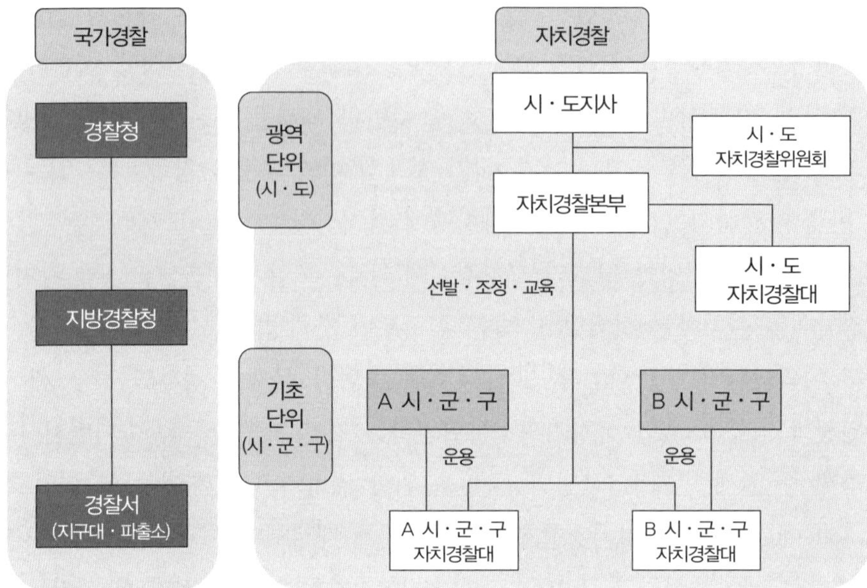

자료: 서울특별시, 서울시 특별사법경찰 10년 자치경찰제로의 전환을 위한 발전 방안 연구 보고서(2017: 258).

4) 서울시 자치경찰제 모델안

서울시 자치경찰제 모델을 제시한 것은 적지 않은 의미를 지니고 있는데, 특히 전국 17개 광역시 · 도 중 가장 큰 광역시이기 때문이다. 실제로 전국 광역시 · 도들 중 서울시가 제시한 자치경찰제 모델에 대해 그 지지도가 90%를 넘기도 했다.

(1) 서울특별시 자치경찰모델(안)

서울시 자치경찰제 모델에서는 국가경찰 중 지방경찰청 이하 조직을 자치경찰로 전격 '전환'하는 것이 바람직하다는 입장을 밝혔다(2018년 2월 6일). 자치경찰을 추가로 신설할 경우 막대한 예산이 소요되고, 국가경찰 전체 권력이 비대해지는 동시에, '자치분권'이라는 근본 취지에도 맞지 않는다는 점에 주목할 필요가 있다.[5] 반면 경찰청 경찰개혁위원회는 "현재 국가경찰을 유지하되 자치경찰을 추가

5) 서울특별시, 서울시 특별사법경찰 10년 자치경찰제로의 전환을 위한 발전 방안 연구, 연구보고서 2017.

로 신설해야 한다"고 주장하는 입장이다.

(2) 서울시 자치경찰모델안의 출발

2017년 발표된 경찰청 경찰개혁위원회의 자치경찰제모델 권고안은 17개 광역 시・도 중 가장 부자인 서울특별시도 불가능하기 때문에, 예를 들어 서울시지방경찰청 조직을 서울시로 그대로 '전환'하는 것이 필요하다는 점이다. 이러한 주장에 따르면 향후 자치경찰은 '도입'이 아니라 '전환'이어야 한다고 주장한다. 여기서 '전환'이란 제주자치경찰제는 제주국가경찰청을 그대로 두고 새로 도입한 것이다. 제주자치경찰제는 자치경찰이 아니라 무늬만 자치경찰이라는 비판을 12년 간 받아

그림 7-5 국가경찰과 자치경찰 조직 분리모델(안)

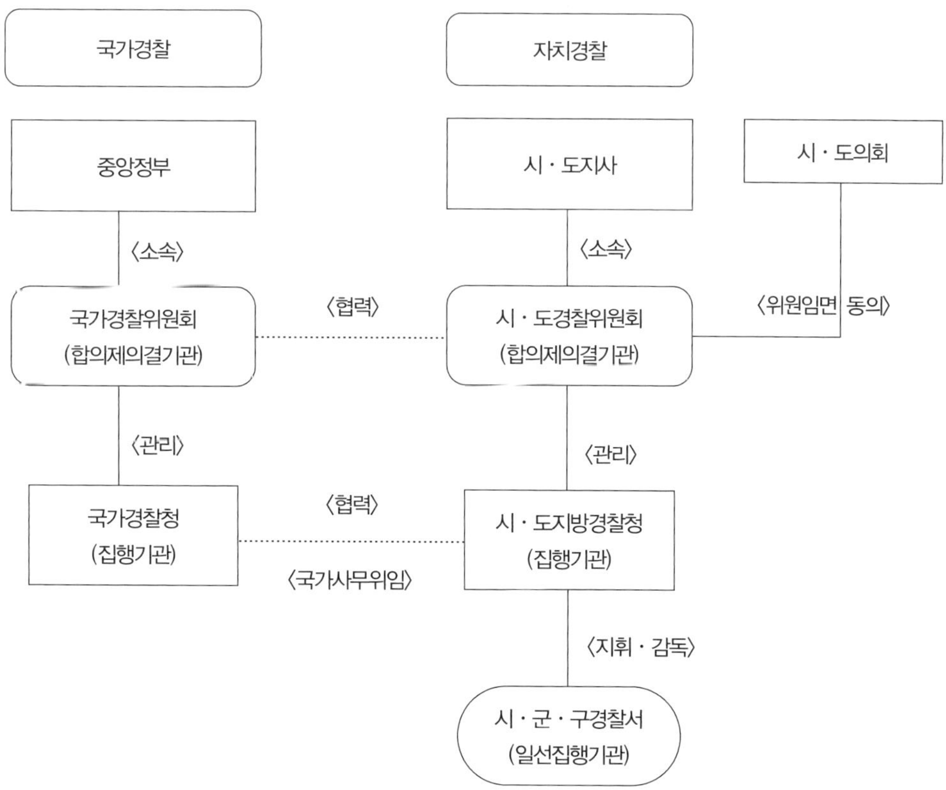

자료: 서울특별시, 서울시 특별사법경찰 10년 자치경찰제로의 전환을 위한 발전 방안 연구(2017: 258).

온 만큼 이제는 '전환'을 통해 다른 방향으로 바꾸는 것이 필요하다. 이 점에서 서울시 자치경찰모델안이 만들어진 출발점이었다. 서울시 자치경찰제모델안은 서울지방경찰청을 완전히 서울시 자치경찰제로 '전환'하는 방안으로 서울지방경찰청이 산하 경찰서와 지구대/파출소를 서울시장에 소속되게 하자는 주장이다.[6]

제 5 절 지방공기업과 로컬 거버넌스

1. 지방공기업과 제3섹터

1) 지방공기업의 의의와 운영기준

지방공기업은 지방자치단체(지방정부)가 지역 주민(시민)의 복리 증진을 목적으로 직접 설립해 운영하거나 법인을 설립해 경영하는 기업을 말한다. 따라서 지방공기업의 세 가지 요소는 첫째는 경영 주체가 지방자치단체라는 점, 둘째는 지역 주민의 복리 증진을 목적으로 한다는 점, 셋째는 공기업의 사업 성질은 어디까지나 기업이라는 점이다. 지방공기업의 주체는 국가나 일반 민간이 아닌 지방자치단체라는 점에서 국가공기업이나 일반기업과 구별되고 자치단체가 경영 주체가 되지 않는 자치단체 투자 기업과도 구별된다(김병준, 1998: 341).

국가공기업이나 자치단체(지방정부)가 운영하는 지방공기업을 불문하고 모든 공기업은 공공성과 기업성의 조화가 목적이다. 공기업은 민간 영역에만 맡겨둘 경우 독점성으로 인해 막대한 문제가 발생할 수도 있는 특성을 지닌 서비스나 재화를 직접 공공 부문이 나서서 생산하고 공급하겠다는 것이며, 또한 기존의 관료조직을 활용하기보다는 기업적 성격을 띤 별도의 법인을 세워서 운영·관리해 보겠다는 것이다. 정리해 보면 지방공기업은 일반 기업에서와 같이 최대의 실적을 추구하며 인사나 조직관리에서도 최대한 탄력성을 발휘해 나가면서 그 관리 주체를

6) 대통령 소속 자치경찰특별위원회(안)은 2018년 8월 기준으로 자치경찰제 도입을 위한 최종안에 관해 논의 중에 있다.

여전히 자치단체라는 공공기관에 묶어둔 채 공공성과 기업성을 기하자는 것이다(김병준, 1998: 342).

2) 지방공기업의 분류

(1) 경영 형태에 따른 분류

① 지방직영기업

1992년 우리나라 「지방공기업법」의 개정을 통해 생겨난 것으로 정부부처나 행정기관의 형식으로 자치단체가 직접 설치해서 경영하는 것을 말한다. 공기업 특별회계와 독립채산제로 운영되며, 특히 자치단체의 해당 공무원과 행정조직을 직접적으로 경영에 투입·활용하기 때문에 공공성을 최대한 살릴 수 있다는 장점이 있다. 하지만 운영상 경영의 자주성이 부족하고 책임 의식이 약할 수밖에 없다는 단점도 있다. 지방직영기업의 예는 상수도와 하수도 사업 같은 공영개발사업이 있다.

② 지방공사와 지방공단

1980년에 도입된 기구로서 자치단체가 법인을 설립해 경영하는 지방공기업을 의미한다. 자치단체가 전액의 자본금을 출자해 경영하는 것을 원칙으로 하고 있으나 필요한 경우에는 그 자본금의 2분의 1을 넘지 않는 한도 내에서 민간 부문의 자본금을 받아 공동 출사·운영할 수도 있도록 허용되어 있다. 의료원이나 도시개발, 그리고 시설관리 등이 그 대표적인 예이다. 공사는 민간자본과 합작으로 하며 공단의 경우는 공공단체가 전액 단독으로 출자해서 이루어진다.

(2) 사업의 종류에 따른 분류

우리나라 지방공기업은 1993년 4월 개정된 「지방공기업법」에 따라 상수도사업, 공업용수사업 등 전체 15개 사업을 종류에 따라 당연 적용 사업으로 명시하고 있다.

또한 임의 적용 사업은 자치단체의 조례가 정하는 바에 따라서 임의로 적용되는 사업을 의미한다. 도축장 사업, 통운사업 등 6개 사업 이외에도 경상비의 50% 이상을 경상수입을 통해 충당할 수 있는 사업도 공기업으로 경영할 수 있도록 조례

표 7-5 지방공기업의 유형

<table>
<tr><th>경영 형태</th><th colspan="2">지방공기업 유형</th><th colspan="2">지방자치단체 출자 영역</th><th>사 례</th></tr>
<tr><td>직접경영</td><td colspan="2">지방직영기업</td><td>100%</td><td rowspan="3">전액출자</td><td>각 지역 상수도, 하수도, 공영개발,
지역개발기금 등</td></tr>
<tr><td rowspan="4">간접경영</td><td colspan="2">지방공단</td><td>100%</td><td>각 지역 시설관리공단, 환경공단, 경륜공단</td></tr>
<tr><td rowspan="2">지방
공사</td><td>전액출자형</td><td>100%</td><td>서울메트로, 부산교통공사, 인천교통공사,
김대중 컨벤션센터, 통영관광개발공사 등</td></tr>
<tr><td>혼합출자형</td><td>50% 이상</td><td rowspan="2">혼합출자</td><td>경기평택항만공사, 고양도시공사,
태백관광개발공사, 제주관광공사 등</td></tr>
<tr><td colspan="2">주식회사 ·
재단법인</td><td>50% 미만</td><td>서울관광마케팅(주), (주)벡스코,
(주)아름다운 인재관광, (주)강원심층수 등</td></tr>
</table>

자료: 강용기(2014: 359) 재인용.

가 허용하고 있다.

2. 제3섹터의 개념과 현황

1) 제3섹터의 개념과 현황

원래 제3섹터는 공공 부문과 민간 부문이 혼합된 영역을 의미하는 개념으로 쓰였는데, 국가와 지방자치단체와 같은 순수한 공공 부문을 제1섹터, 민간기업 부문을 제2섹터로 보고, 공공 부문과 민간 부문이 혼합된 부문은 제3섹터라고 부른다(강용기, 2014: 369). 한국지방자치학회(1999: 471)는 "지방자치단체와 민간이 공동으로 출자해 경영하는 기업으로서 하나의 지방자치단체가 25% 이상 출자한 「지방공기업법」, 「민법」, 「상법」상의 법인"이라고 규정하고 있다.

우리나라에서 제3섹터가 본격적으로 사용된 것은 1990년대부터인데 자치단체들은 개발사업을 추진하는 과정에서 부족한 재원을 보충하기 위한 수단으로 제3섹터 방식에 큰 관심을 보이기 시작했다. 1992년 12월 「지방공기업법」 제53조 제2항이 규정한 자치단체의 출자 비율 50% 이상을 개정해 25% 이상 50% 미만을 출자한 경우, 「민법」과 「상법」에 의해 법인을 설립하도록 해서 제3섹터가 활성화되도록 하는 법적 근거를 마련했다. 1993년부터 제3섹터가 우리나라에 본격적으로 생겨나기 시작해서 1998년에는 전체 간접경영사업 110개 가운데 30개가 주식회사형 공기업(제3섹터)이 되었다(이규환, 1999: 579-580; 강용기, 2014: 365).

2) 제3섹터의 문제점

많은 장점에도 불구하고 제3섹터는 다음과 같은 문제점도 지니고 있다.

첫째, 수익성과 경제성의 유지 문제이다. 만약 자치단체가 민·관과 공동으로 출자해 설립한 회사가 적자에 빠지거나 도산한다면 그 부담이 최종적으로 자치단체 주민(시민)들에게 돌아오게 된다.

둘째, 민간업자와의 갈등문제이다. 자치단체들이 수익사업을 증대하기 위해 제3섹터라는 방식을 통해 기존의 영세 민간업자들이 운영하던 부문까지 침투해 이들과 갈등을 유발시킬 수 있다. 그 실례로 대구 남구청의 쓰레기 봉투 제작과 대구경북 플라스틱사업 협동조합 간의 갈등이 있었고, 경기도 부천시와 경북 영천시가 각각 주유소와 휴게소를 설립함으로써 민간업자들과 갈등을 빚은 사례가 있다(강용기, 2014: 366).

3) 제3섹터의 활성화 대책

제3섹터 활성화 방안으로서 제3섹터 사업에 공무원의 파견 범위를 투명하게 설정하는 것이 중요하다. 동시에 국가의 정책적 지원이 늘어나야 함은 말할 것도 없고, 특히 제3섹터 사업에 대한 공공기관으로부터 너무 지나친 통제는 그 원래의 취지를 저해할 수도 있다는 단점 때문에 어느 정도는 민주적 통제 수준을 설정해야 한다는 주장도 설득력이 있다. 또한 민간의 활동 범위를 크게 침해하지 않는 범위 내에서 제3섹터 사업 영역은 최대한 넓히면서 제3섹터에 대한 관심도를 계속해서 넓혀 나가는 일도 요망된다.

3. 로컬 거버넌스

1) 거버넌스

국정관리·거버넌스(governance)란 사전적 의미로 통치하다 혹은 지배하다를 의미한다. 주로 권력적 지배를 다루는 거번먼트(government)에 비해 거버넌스는 비권력적이며 비강제력에 기초한 개념으로 조정이나 통제 및 관리라는 의미로 사용된다(강용기, 2014: 113). 쿠이만(Jan Kooiman)은 향후 우리가 살아야 할 새 세기의 특징을 역동성(dynamics), 복잡성(complexity), 다양성(diversity)의 세 가지라고 특징짓고(Kooiman, 1994), 역동적이고 복잡하며 다양한 오늘날의 정치사회를 어떻게 민주적이고 효과적으로 관리할 수 있느냐에 주목했다. 특히 새 세기에는 낡은 식의 옛 정부(the old-style government)가 새로운 거버넌스로 대체되어 가고 있다고 하는데, 도대체 새 시대의 거버넌스란 무엇을 의미하는 것인가? 이에 대해 UNDP는 "거버넌스란 한 국가의 여러 업무를 관리하기 위해 정치, 경제 및 행정적 권한을 행사하는 것을 뜻하며, 시민과 여러 집단이 자신들의 이해관계를 밝히고 그들의 권리를 행사하며, 자신들의 의무를 다하고, 그들 간의 견해 차이를 조정할 수 있는 복잡한 기구와 과정 등의 제도로서 구성된다"고 정의한 바 있다(UNDP, 1997).

거버넌스는 국가뿐만 아니라 민간기업과 시민사회 조직을 모두 포함하고 있는 관계로 사실상 국가를 초월한 의미도 지니고 있다(노정현, 2000). 거버넌스와 관련해 우리의 가장 큰 관심은 국가(정부)가 국민 다수가 원하는 요구에 대해 얼마나 신속, 정확, 적극적, 그리고 효과적으로 봉사하느냐 하는 점이다. 거버넌스의 사전적인 의미는 지금도 "국가 원수나 지배자가 주권을 행사해 국토 및 국민을 지배함"이라고 알려져 있으나 탈근대화 행정을 연구하는 학자들은 거버넌스를 두 가지의 큰 방향으로 접근하는 바, 첫째는 법규에 의한 접근(prescriptive approach)이며, 둘째는 법규 등에 제한이 없는 접근(descriptive approach)이다(노정현, 1997).

거버넌스는 민간기업과 시민사회를 받아들임으로써 국가(정부)를 초월하는 의미를 가지는데, 이 세 가지 분야는 지속 가능한 인간 개발(sustainable human development)을 위해 서로가 필요 불가결한 관계로 연결되어 있다고 볼 수 있다. 이렇게 연결된 관계 속에서 국가(정부)는 서로에게 도움이 되는 정치적·법률적 환경을 창출하며, 민간기업은 여러 가지 직장과 취업 기회를 생성시키고, 시민사회는 정치와 사회와의 상호작용을 촉진한다. 이는 시민사회가 여러 단체를 경제 사회 및 정치활동에 참여하도록 동원시킴으로써 가능해진다. 이러한 원리는 중앙정부 차원에서뿐만 아니라 지방자치 차원에서도 적용되어 2000년대를 전후해 로컬 거버넌스가 활발하게 논의되었다.

2) 로컬 거버넌스의 도입

로컬 거버넌스(local governance)의 용어는 영국 지방정부의 목적과 역할이 변화되기 시작하는 초기의 개념을 이해하기 위해 스토커(Gerry Stoker)가 처음으로 사용했다고 알려져 있다(이은구 외, 2003: 6). 지방정부가 중앙집권적 정치 · 행정 체제를 벗어나 변혁의 물결 속에서 주체적, 능동적으로 대응하기 위해서는 로컬 거버넌스 개념을 도입해야 한다는 주장이 2000년대 들어와서 활발해졌고(오재일, 2003), 그 결과 구체적인 성공 사례들이 보고되고 있다. 그러나 로컬 거버넌스의 도입을 통한 지역사회 혁신을 위해서는 지역민들의 위기의식, 혁신 지도부 구성, 비전 제시 등이 반드시 요구된다(오재일, 2003).[7]

3) 로컬 거버넌스의 개념과 참여 주체 및 특징

(1) 개 념

로컬 거버넌스는 지방정부와 지역기업, 학계, 비정부기구(NGO), 언론 등 지역사회 구성인자 간 협력적 네트워크 구축을 의미하는 것으로, 지방자치나 행정을 지방정부가 일방적으로 주도해 나가는 방식과는 상당한 차별성을 갖는 것으로 이해된다. 지방자치단체의 정책 과정은 중앙정부, 주민, 다른 자치단체와의 협력을 통해 이루어질 수밖에 없는 것이다(이종수 외, 2014: 434). 로컬 거버넌스란 위에서 설명된 거버넌스의 개념을 어느 지방에 적용하는 것이다. 즉, 로컬 거버넌스는 어느 지방에 한정되는 관계로 그 범주와 규모가 매우 제한적일 수밖에 없다. 특히 시장의 역할과 규모가 작다 보니 정부나 시민사회단체와 같은 영역의 영향력이 상대적으로 크게 느껴지는 특징도 지니고 있다.

---

7) 남현호, 광주 연합뉴스, 2003.5.6(www.naver.com)의 자료를 활용했다.

(2) 참여 주체

로컬 거버넌스의 참여 주체에는 지방정부와 행정관료, 시장과 기업인, 언론과 시민단체, 지역정치인과 지역정당, 전문가단체, 이익집단 등이 포함된다. 일반적으로 지역사회에 큰 영향을 미치는 정치인은 단체장, 국회의원, 지역의회 의원 등이다. 특히 이익집단의 경우는 국가 권력의 다원화와 함께 영향력이 점차 커지고 있다(강용기, 2014: 114). 최근 이익집단과 정부, 그리고 이익집단 상호간에 갈등이 커지고 있어 그 조정이 난해한 문제로 부상하고 있다. 그러나 갈등은 반드시 나쁜 것만은 아니고 이를 지혜롭게 잘 조정한다면 조직 발전을 위한 기회로 활용될 수 있을 것이다.

연습 문제

1. 지방자치의 3대 구성 요소를 설명하시오.
2. 지방자치단체의 개념과 계층구조를 설명하시오.
3. 자치입법권과 자치재정권에 관해 설명하시오.
4. 자치사무와 단체위임사무에 관해 설명하시오.
5. 지방재정의 개념과 특성을 설명하시오.
6. 자주재원과 의존재원의 차이에 대해 비교 설명하시오.
7. 지방의회의 조직과 기능에 관해 설명하시오.
8. 우리나라 교육자치와 자치경찰제에 관해 설명하시오.
9. 지방공기업의 개념과 설립 이유 및 운영 기준을 설명하시오.
10. 제3섹터의 개념과 문제점을 설명하시오.
11. 거버넌스와 로컬 거버넌스의 개념과 특징에 대해 설명하시오.

CHAPTER 08

행정정보화와 전자정부

제 1 절 지식정보화사회의 대두

제 2 절 행정정보와 행정정보 체계

제 3 절 행정정보화와 전자정부

제 4 절 정보화정책

제 5 절 미래 새로운 전자정부

개 관

현대 사회는 천연자원 및 생산성이 중시되던 산업사회에서 지식 · 정보가 부와 권력의 핵심이 되는 지식정보화사회로의 변혁이 가속화되고 있다. 지식정보화사회에서는 노동이나 자본보다 지식 · 정보가 국가경제와 사회 발전의 핵심 요소가 되며, 국가경쟁력은 지식과 정보의 생산, 가공 및 활용에 의해 좌우된다.

21세기 지식정보화사회에서는 정보통신기술의 발전으로 모든 국민이 정보와 지식을 공유하고 자유롭게 교환함으로써 다양하고 창의적인 활동, 편리한 생활, 투명한 민관 관계의 실현이 가능해지고 있다. 이처럼 지식정보화사회는 발전과 성장 가능성을 기대하게도 하지만, 기대하지 않은 또는 예상되는 다양한 변화에 대응하는 정책과제를 수반하게 된다. 초고속정보통신망의 구축, 정보 리터러시(literacy)의 향상, 작지만 효율적인 전자정부의 운영, 인구 고령화 시대에 부합하는 행정정보 시스템의 개발, 인공지능, 빅데이터, 클라우드, 지식정보화사회에 부합하는 법·제도의 정비 등과 같은 국가적 정보 인프라 구축 및 사회구조의 변화 대응적인 정책 추진이 필요하게 된다.

또한 지식정보화로 인해 지금까지 경험하지 못했던 다양한 정치·사회·경제적 문제를 발생시키기도 하며, 그 사회적 영향도 커지고 있다. 예컨대, 정보통신망을 활용한 정보 교환과 상거래가 활발하게 이루어지면서 개인 정보의 침해, 정보 보안, 지적재산권 보호문제 등과 같은 분야에서 사회적 이슈가 제기되는 것을 들 수 있다.

이와 같이 지식정보화사회의 사회환경과 행정의 전반적인 상황을 포함해 다루어지는 것이 행정정보화와 전자정부 분야이다. 급속한 정보통신기술 혁명을 경험하고 있는 우리 사회의 동태적 관점에서 행정정보화와 전자정부를 학습하는 것은 거시적 관점에서 현대 행정을 이해하는 데 많은 도움이 될 것이다.

Chapter 08

행정정보화와 전자정부

제 1 절 지식정보화사회의 대두

1. 지식정보화사회의 의의

지식정보사회라는 용어는 '정보화사회', '정보사회', '디지털 혁명' 등과 같은 다양한 용어와 혼용해서 사용되고 있으며 분명한 개념이 정립되어 있지 않다.[1] 지식정보사회의 개념은 단순히 컴퓨터 · 인터넷 등과 같은 정보통신기술의 발달만으로

1) 정보사회에 대한 정의에 대해 오브리언(O'Brien, 1986)은 정보사회의 특성을 경제활동 영역의 변화로 보아 "정보사회는 경제활동의 영역이 상품의 제조에서 정보와 지식을 제조하는 영역으로 이동하고, 전문화된 정보와 새로운 기술의 효율적 이용에 관한 분야는 각광을 받는 사회"라고 설명하고 있다. 동일한 맥락에서 벨(Bell, 1973)은 정보사회를 '후기산업사회(post industrial society)'라고 명명하면서 "이 사회는 정보와 지식이 사회적 · 경제적 교환 수단으로서 중요한 역할을 하는 사회"라고 정의함으로써 정보가 사회에서 갖는 의미 변화를 중요시했다(이용규, 2002: 312-313).

정의할 수 없다. 지식·정보가 무엇이며, 그것이 우리 사회에서 어떻게 이해되고 수용되어야 하는가를 검토함으로써 사회 전반의 변화를 포함한 종합적인 의미로 이해되어야 한다. 이 때문에 지식정보사회를 명확히 정의하기가 쉽지 않다. 여러 학자의 다양한 정의를 종합해 정보화 사회의 특징을 살펴보면 다음과 같이 정리된다.

첫째, 지식정보사회는 정보 수요, 생산 및 유통이 기하급수적으로 증가하면서, 이들을 수용하기 위한 새로운 매체와 정보기술이 빠르게 발달·확산되는 사회를 말한다. 즉, 국민의 생활, 사회, 경제 등 전반에 영향을 주는 지식 및 정보자원의 활용이 중요시되는 사회를 지칭한다(강홍렬·최선희, 2005: 42).

둘째, 지식정보사회는 사회적 가치의 총량이 눈에 띄게 증가하고, 이 중 정보의 가치와 비중이 상대적으로 커지는 사회이다. 나아가 이러한 정보 가치의 증식과 정보기술의 사회적 확산은 사회를 이끌어 오던 기존의 원리들을 전면적으로 수정하게 되는 이른바 새로운 사회적 특징과 원리들이 출현하고 있다.

셋째, 지식정보사회는 이러한 변화에도 불구하고 사회적 생산과 분배를 둘러싼 사회적 관계의 성격은 기본적으로 크게 변하지 않으며, 오히려 사회 시스템의 통합과 외연적·내포적 확장으로 말미암아 가치의 배분 및 재배분을 둘러싼 국가 간·계층 간 갈등과 경쟁은 오히려 심화되는 사회이다(오철호, 2002: 20).

지식정보사회는 지식·정보가 사회 전반의 부가 가치 창출에 핵심적인 역할을 하면서, 사회 구성원의 가치와 행동 양식을 지배하는 사회이다. 지식정보사회에서는 지식·정보가 개인, 기업 및 국가 경쟁력의 원천인 동시에 최고의 상품이며, 정보통신산업 및 관련 서비스 부문의 고용이 확대되어 지식노동자의 수가 대폭 증가하면서 경제사회 모든 부문이 고도화된다. 따라서 지식정보사회는 모든 국민이 다양한 ICT 네트워크를 통해 정보와 지식을 공유하고 자유롭게 교환함으로써 창조적이고 다양한 활동, 교류 등의 기회가 확대되고, 정보통신기술의 혜택을 풍요롭게 향유하며 고도의 성장 발전이 가능한 사회라고 할 수 있다.

우리나라 행정정보화의 발달 단계를 명확히 구분하기는 어렵지만, 개괄적으로 보면 컴퓨터가 행정에 미치는 파급 효과에 따라서 1970~1980년대의 전산화 단계, 1990년대의 정보화 단계, 2000년대의 지식정보화 단계, 2000년대 이후 지식정보 고도화 단계로 구분해 볼 수 있다.

2. 지식행정 패러다임의 등장

지식정보사회에서 지식을 새롭게 창조·활용하지 않을 경우 조직이든 개인이든 자칫 정체될 수 있다. 지식에 대한 관심과 지식관리의 요구 증대는 정보화사회 이후의 사회적 진전 가능성을 반영한다. 행정은 정책 과정에서 지식·정보를 활용한다. 투입된 지식·정보는 정책 결정에 국한되지 않고, 집행, 평가 및 환류활동과 연관되며(Cleveland, 1986), 지식행정은 전자정부를 비롯해 미래 지향적인 행정모형에 대한 하나의 대안으로 삼을 수 있다. 그러나 행정에서 지식 또는 정보관리의 실제 및 이론적 관심에 비해 실천적 노력은 미흡했다(Henry, 1974). 또한 정보의 경우, 행정 과정의 부산물로 여겨졌던 까닭에 소관 조직이 정보를 독점하는 봉건주의적 형태를 띠며, 조직 역량 및 반응성의 저하라는 문제를 초래하기도 했다(Davenport, Eccels, & Prusak, 1992: 57-59).

지식행정으로의 변화는 사회 진화적 맥락에서 살펴볼 수 있다. 즉, 지식사회의 행정모형으로서 지식행정은 기존 관료제 성질이 지식화하는 과정에서 새롭게 변화될 수 있음을 의미한다. 따라서 지식행정은 지식사회를 설계하고, 지식 창출, 형식화, 전파, 활용 등 지식관리를 통해 가치 창출을 극대화하는 행정이다(오철호 외, 2002: 67). 정부활동에 영향을 주는 행정지식은 세 가지로 구분된다.

첫째, 문제 정의 및 해결에 관련된 지식이다. 정부가 해결해야 할 문제를 정책의제로 도출해 정책 목표를 설정하고, 대안을 탐색·비교·평가해 정책으로 채택하는 활동에 관한 지식이다.

둘째, 제도 구축과 운영에 관련된 지식이다. 지식활동의 조장·촉진을 위한 제도적 인센티브로서 지적재산권의 보호를 들 수 있다. 또한 지식활동 주체 간의 상호작용 과정을 제도화 또는 시스템화하고, 법과 제도를 정비하는 등과 관련된 지식이 해당된다.

셋째, 전략적 방향에 관한 지식으로서 그 유용성을 통해 국민에게 만족을 제공한다. 이는 정부 지식의 공유와 확산, 국민의 욕구(needs) 파악, 공유된 비전 설정 등을 통해 나타난다(삼성경제연구소, 1997: 79-81).

지식행정은 기본 원리, 조직 구성원, 기술, 권력, 조직, 프로세스, 행정문화, 인프라 등의 측면에서 기존의 관료적 행정과 대조를 이룬다. 과학적 합리성과 전문지식을 근간으로 불확실성과 문제 해결 능력이 강조된다. 따라서 지식행정은 분석・해석・예측 등의 기능이 크게 요구되고 있고, 권위적이고 통제 지향적인 관료주의적 패러다임으로부터 벗어나 고객 위주, 결과 중심, 현장 처리 능력, 가치 창출, 책임성, 능동적 서비스 등을 강조하는 새로운 패러다임으로 형성되어 가고 있다(Barzely, 1993).

3. 지식정보사회의 행정환경 변화

1) 멀티미디어 및 인공지능・빅데이터 기반 행정혁신 여건 성숙

정보통신기술(ICT)의 발달에 따라 새로운 온라인(online) 공간[2]이 형성됨으로써 새로운 형태의 커뮤니케이션, 비즈니스, 교육, 거래 및 오락 등의 활동이 일어나고, 기존 사회와는 다른 가치관과 문화를 추구하는 사람들이 전자적 사회공동체를 형성하고 있다. 즉, 온라인 공간은 컴퓨터 통신 네트워크 체계, 인간의 활동 체계, 문화 체계가 결합된 공간이라 할 수 있다. 지식정보사회에서는 정보통신이 멀티미디어화되면서 현실 공간에서 이루어지는 모든 행위가 온라인 공간에서도 가능해진다.

멀티미디어화에 수반된 정보통신 혁명은 미디어 융합을 진전시키면서 사회환경을 개선하고 인간의 지적 창조활동을 비약적으로 활성화시키고 있다. 이와 더불어 멀티미디어 기능을 통해 VOD(video on demand), 원격교육, 원격의료, 홈쇼핑, 전자신문, 전자출판 등 다양한 정보 접근과 활용이 실현되고 있다. 이러한 새로운 정보 이용 기술의 보급으로 교육・연구・의료・복지・유통, 행정 등 모든 분야에서 서비스의 질적・양적 향상을 도모할 수 있다. 또한 기존의 산업구조 변화, 새로

2) 온라인 공간 또는 가상공간이라는 용어로 사용되고 있는 cyberspace의 개념을 어원 측면에서 살펴보면, cyber의 어원은 그리스어 kybernan(조절, 통제)으로서 정보의 흐름과 통제를 전자공간의 핵심 개념으로 보고 있다. Space는 물리적 공간의 한계를 초월함과 동시에 물리적 공간의 특성인 가시화(visualization)와 현실감(realization)을 강조하는 개념이다. 이 두 개념을 종합하면 cyberspace는 멀티미디어 정보의 원활한 흐름과 조절을 통해 실시간 공유를 가능케 함으로써 현실 공간에서 이루어지는 모든 행위의 재현(virtual reality)이 이루어지는 공간을 말한다(하원규 외, 1997: 6).

운 정보통신산업의 개발을 초래함으로써 일종의 사회혁명이라고 할 만큼 큰 변화를 통해 지식·정보에 대한 국민의 생활의존도가 더욱 높아지게 된다.

특히 최근의 정보통신기술의 발전 속도는 가히 기하급수적으로, 현재는 이전에 찾아볼 수 없었던 다양한 영역의 신기술이 행정정보 체계와 전자정부 영역으로 확대되고 있다. 특히 2011~2014년 가트너 그룹(전자정부 컨설팅 그룹)이 발표한 10대 기술의 흐름 및 변화상을 살펴보면 <표 8-1>과 같다.

2011년에서 2014년 사이의 정보기술 변화의 흐름을 살펴보면 크게 세 가지의

표 8-1 가트너 선정 10대 기술의 변화 흐름(2011~2014) 및 변화상

	2011년	2012년	2013년	2014년	힘의 결합
1	클라우드 컴퓨팅	미디어 태블릿 그 이후	모바일 대전	다양한 모바일 기기 관리	① 모이는 힘 (Converging Forces)
2	모바일 앱과 미디어 태블릿	모바일 중심 애플리케이션과 인터페이스	모바일 앱과 HTML5	모바일 앱과 애플리케이션	
3	소셜 커뮤니케이션 및 협업	상황 인식과 소셜이 결합된 사용자 경험	퍼스널 클라우드	만물인터넷	
4	비디오	사물인터넷	사물인터넷	하이브리드 클라우드와 서비스 브로커로서의 IT	
5	차세대 분석	앱스토어와 마켓 플레이스	하이브리드 IT와 클라우드 컴퓨팅	클라우드/클라이언트 아키텍처	② 파생되는 충격 (Derivative Impact)
6	소셜 분석	차세대 분석	전략적 빅데이터	퍼스널 클라우드의 시대	
7	상황 인식 컴퓨팅	빅데이터	실용분석	소프트웨어 정의	
8	스토리 지급 메모리	인메모리 컴퓨팅	인메모리 컴퓨팅	웹스케일 IT	
9	유비쿼터스 컴퓨팅	저전력 서버	통합 생태계	스마트 머신	③ 미래 혼란 (Future Disruption)
10	패브릭 기반 컴퓨팅 및 인프라스트럭처	클라우드 컴퓨팅	엔터프라이즈 앱스토어	3D 프린팅	

힘의 결합으로 볼 수 있다. 특히 소셜, 모바일, 클라우드, 정보 통합을 종합적으로 아우르는 디지털 정보화 사업생태계가 강조되는 가운데, 첫째, 사용자 중심의 모바일－소셜－클라우드－정보가 결합된 힘(conversing forces)의 출현이다. 이는 다양한 모바일 기기를 중심으로 이용 행태, 사용자 환경 등이 이전의 시대와는 다르게 언제 어디서든지 다채널/크로스 플랫폼 형태의 애플리케이션을 통해 흩어져 있던 소셜/정보가 결합되어 더 큰 힘으로써 작용될 수 있도록 하는 상호 운용성의 증대를 의미한다.

둘째, 이러한 결합의 힘으로 파생되는 충격(derivative impact), 즉 사용자 중심으로 기술과 정보가 결합되면서 이를 지원하기 위한 개발, 운영, 제어 등에도 변화가 진행되어 왔으며 앞으로도 큰 변화가 예상된다. 이러한 상황에서 필연적으로 이용자, 소비자 중심의 결합된 기술환경에 따라 ICT 가치사슬이 새롭게 변화되고 재고될 필요가 있으며, 웹스케일 ICT, 즉 거대한 클라우드 서비스에서 발생하는 모든 일이 가능하도록 수많은 서비스 제공자가 대응되는 극한 수준의 서비스 전달 체계로서 데이터센터, 웹 기반 아키텍처, 프로그램을 통해 새로운 운영 방식, 빠른 처리, 협업적 조직환경과 학습 문화(개발/운영 역량 향상의 기반) 등이 중요하게 변화되고 있다.

셋째, 이러한 결합의 변화로 인해 새로운 미래에 대한 분열(future disruption), 즉 이전에 생각할 수 없었던, 스마트 머신[3]의 등장이라든지 3D 프린터를 통한 기회와 비용 절감[4] 등의 변화를 보여 주고 있다. 또한 인공지능(artificial intelligence, AI) 알파고(구글), 왓슨(IBM) 등 기존의 상념을 넘어서는 고성능의 AI의 출현으로 인해 이전에는 불가능하였던 인간의 감성과 욕구를 이해하는 단계로 도약하고 있으며, 행정영역에 대량의 공공 디지털 빅데이터(big data)가 축적, 활용될 수 있는 잠재력이 더욱 강화되고 있는 추세이다. 따라서 빅데이터와 AI 기술의 결합으로 행정의 합리성과 과학성 제고, 그리고 지역, 계층 및 상황별 맞춤형 공공서비스 제

3) 스마트 머신의 등장은 자동 운송 수단, 로봇 도우미, 네트워킹 가능한 산업용 기계, 언어 구사 가능한 도우미, 개인비서 등 인공지능 발전 및 활용 확대를 가져오고 있다.

4) 3D 프린터를 통해 빠르고 반복적인 프로토 타입과 모델 제작, 단기 제조업이 새로운 사업 기회로 등장하고 기술, 물질, 실제 제작 비용의 감소, 지적재산권 및 저작권의 문제 등을 줄일 것으로 예상되며, 이러한 변화의 조짐은 현재도 진행형이다.

공이 가능한 단계로 변화하고 있다.

■ 빅데이터(big data)

빅데이터란 기존의 정보처리 시스템으로서는 수집, 저장, 관리, 분석할 수 없을 정도로 방대하게 늘어난 데이터로 정의될 수 있으며, 이러한 대량의 정형 또는 비정형 데이터의 집합으로부터 가치를 추출하고 결과를 분석하는 기술을 빅데이터 분석(big data analytics)이라 부른다. 가트너 그룹(Gartner, 2012)은 거대한 용량(volume), 다양한 형태(variety), 그리고 매우 빠른 속도(velocity)의 세 가지 요건이 갖추어졌을 때 빅데이터로부터 중요한 정보와 의사 결정을 위한 유용한 의미를 도출해 낼 수 있다고 보고 이를 디지털 환경의 지식자산이라고 했다.

2) 네트워크의 확산

컴퓨터 시스템이 급속한 발전을 거듭한 결과, 정보 처리를 전적으로 중앙 메인 컴퓨터가 행하던 종전의 '수직형'에서 개인용 컴퓨터(PC)가 중앙 컴퓨터 못지않은 고도의 처리 능력을 갖는 '수평 · 분산형'으로 기본 틀이 바뀌면서 인터넷 등 정보통신 네트워크의 이용이 일반화되고 있다(박태견, 1995: 158).

네트워크 환경에서는 정보통신 부문의 급속한 기반 확대, 기술혁신에 의한 정보의 신속한 전달, 저장의 대용량화, 전달 영역의 광역화 등으로 저렴한 가격에 정보를 자유롭게 유통할 수 있게 되었다. 또한 실시간(real-time) 공유가 가능해지고, 정보 생산의 효율성, 신축성, 정보의 질적 개선 및 새로운 형태의 정보 창출이 가능하게 되었다. 네트워크 환경은 지리적으로 널리 분산 · 확산됨으로써 정보에 접근하는 관련자의 수가 증대되고, 데이터가 다양한 네트워크 연결을 통해 사용자에게 전달된다. 단순한 정보 시스템이나 통신과 같은 물리적인 연결을 넘어 거래나 인간 관계의 네트워크까지 형성되고, 경제활동이 수요의 다양화, 공급의 네트워크화 등에 의해 독립단독형(stand-alone)에서 연결형(connected & networked)으로 전환되었다. 또한 정보의 교환과 적절한 처리가 가능해짐에 따라 수요자와 공급자가 만나는 방식으로 전환됨으로써 정보 이용이 촉진되고, 정부통신망을 통해 정보를 주고받는 유기적인 관계가 형성되었다. 개인, 기업, 정부 등 국가사회의 각 주체들은 기능적으로 통합되어 네트워크를 형성하게 되며 정보통신망은 네트워크 형성에 대단히 중요한 수단이 되었다.

기업들 간에 유기적인 네트워크화가 촉진될 뿐만 아니라 정부나 교육기관 등 공공 부문에서도 네트워크를 통한 조직 발전이 활발히 이루어지고 있다. 지식정보사회에서 조직은 복잡하고 불안정한 환경에 직면하게 되면서 정보를 가공하고 가공한 정보에 의존해 의사 결정을 내려야 할 필요성이 크게 증가한다. 또한 불안정한 환경은 조직의 핵심 능력을 최대한 발휘할 수 있도록 조직 간 네트워크 관계를 적극적으로 모색하도록 한다. 점차 경쟁이 심화되고 있는 환경 속에서 조직이 생존하고 발전하기 위해서는 조직의 핵심 능력을 함께 모을 수 있는 협력 관계를 형성하게 된다(하재룡 · 김영대, 1997b: 159). 이러한 협력 관계의 변화는 '네트워크에 의한 행정(governance by network)'으로 개념이 변화 발전하고, 이러한 정부의 모습은 정부－민간 협력의 증대, 협력적 정부(jointe-up government)의 네트워크 관리 능력, 연결 기술 이용, 행정 서비스의 제공을 통한 국민들의 선택 기회 확대 등으로 점차 발전해 나가게 된다(최영훈 외, 2014: 46).

더불어, 앞으로의 정부는 온라인 위주의 행정 서비스 구현을 넘어서, 발전된 지능정보기술(AI 및 데이터 활용)을 통해 국민 중심으로 행정 서비스가 개인 맞춤형 서비스(personalized service) 형태로 제공되며, 국민이 합리적 판단을 실시간으로 가능해 하는 최적화된 정부 서비스 지원을 목표로 국민과 함께 국정운영을 실현하는 '지능형 정부'로 변화 발전하고 있다. 이에 문재인 정부의 지능형 정부는 '스스로 진화하는 WISE 정부'를 천명하고, WISE로 대변되는 네 가지 목표, ① 마음을 보살피는 정부(wonderful mind-caring government), ② 사전에 해결하는 정부(innovative problem-solving government), ③ 가치를 공유하는 정부(sustainable value-sharing government), 그리고 ④ 안전을 지켜주는 정부(enhanced safety-keeping government)를 추진 중에 있다(행정안전부, 2017).

3) 전자상거래 가속화

지식정보사회에서 인터넷의 급격한 확산과 함께 네트워크를 기반으로 한 전자상거래의 도입이 가속화되고 있다. 전자상거래(Electronic Commerce: EC)는 간단히 말해 조직 간(Business to Business: B2B) 또는 조직과 개인 간(Business to Consumer: B2C)의 상품 및 서비스 거래에 필요한 모든 정보를 컴퓨터 및 통신 네트워크를 이용해 교환하고 거래하는 방식을 말한다. 나아가 "조직의 목표를 수행하기 위해 적절한 전자적 방법과 절차를 사용하여 모든 형태의 비즈니스 활동을 수행하는 절차"(Kalakota & Whinston, 1996)라고 이해되기도 한다. 즉, 전자상거래는 거래의 전자화를 목표로 하는 것이 아니라, 중요한 정보를 전부 디지털화해 시스템에 저장하고 필요에 따라 여러 장소에서 이용할 수 있도록 하는 것이라 할 수 있다.

전자상거래는 최종 소비자와 공급자 간의 거래를 촉진시키는 전자공간이라 할 수 있다. 따라서 전자상거래의 확산은 네트워크를 통해 유통되는 각종 정보를 신속하게 입수하고 효율적으로 활용함으로써 신속한 사업 거래, 자료와 정보의 교환, 조직 변화를 가능하게 함으로써 기업의 생산성 향상에 이바지할 것이다. 엄청난 물량의 거래가 가능해지고, 다양한 성격의 거래 자료를 축적, 분석, 통제할 수 있기 때문에 조직은 효율성을 제고하고 비용을 감소시키는 동시에 빠르고 정확하며 편리한 서비스를 제공할 수 있게 된다. 이러한 전자 상거래의 효율성은 국내적 거래만이 아닌 국제적 거래로 확대되어 발전하고 있으며, 정부의 행정 서비스 또한 전자조달 시스템의 전자 쇼핑몰(e-shopping mall) 형태, 즉 공공 부문에서도 전자상거래를 통한 조달 업무가 확대되어 시행되는 등 좀 더 효율적이며 투명한 방식의 거래가 점차 확대되어가고 있다.

4) 고객 지향적 행정

지식정보사회에서 삶의 질 향상에 대한 국민의 욕구가 점점 증대되고, 정보와 지식에 대한 욕구, 문화와 여가생활에 대한 욕구, 사회복지와 환경에 대한 관심 등이 증대되고 있다. 이러한 환경의 변화는 행정에 새로운 변화를 요구하고 있다. 과거의 공급자·제공자 중심의 관리에서 수요자 중심으로, 생산성 중심의 관리에서 고객만족 중심의 관리로 변화하고 있다.

고객 지향적 정부란 기존의 공급 위주 행정 중심적 정부의 관행에서 벗어나 민간 부문의 자율성을 중시하고 일반 국민의 요구에 적극적으로 부응할 수 있는 수요 중심의 행정을 펼치는 정부를 의미한다(한국전산원, 1996: 8-9). 지식정보사회에서 정부는 산업사회에서와 같이 기업활동과 국민생활을 규제하는 규제자의 역할이나 경제개발계획 등을 기획하고 추진하는 선도자의 역할보다는 기업이나 국민들이 지식과 정보를 활용해 생산성 향상을 기할 수 있게 하는 조정자(coordinator) 또는 촉진자(facilitator)로서의 역할이 더 중요하다.

지식정보사회에서 정부는 산업사회에서의 정부가 수행해 오던 정책 수립 및 집행 업무와 대국민 행정 서비스에 기업의 경영 기법을 도입함으로써, 정책기획의 전문성과 대국민 행정 서비스의 고객지향성을 동시에 추구할 수 있게 된다. 이를 위해 개별 공무원의 지식・정보의 축적 및 공동 이용을 용이하게 함으로써 정책기획의 정확성과 집행의 효과성을 높이는 조직적・문화적 틀을 마련할 수 있다.

한편, 지식정보사회에서의 행정은 정부 서비스의 생산 및 전달 과정 전반에 지식과 정보를 원활히 활용하고, 정부와 국민 간의 상호작용 방식이 정보통신망을 이용해 행정정보 체계로 통합됨으로써 고객인 국민의 입장에서 편리하고 효율적인 행정 서비스가 제공된다. 이를 통해 행정 서비스의 내용과 절차가 간소화됨으로써 적은 비용으로 양질의 행정 서비스를 국민들에게 더욱 신속하고 편리한 서비스의 제공이 가능하게 된다.

이러한 변화는 특히 지능형 정부로 대변되는 새로운 협치(new governance)의 개념으로, 즉 관료제 중심의 관리와 통치의 개념을 넘어서 정부와 국민, 시민과 사회, 기업과 소비자 간의 상호 호혜적이고 상호 보완적인 관계성이 강조되는 거너번스 시대로의 변화를 가속화하고 있다. 특히 이러한 변화는 고객 지향적 행정의 중심이 효과적으로 지능정보기술(AI 및 빅데이터 등)을 활용할 수 있는 국민 중심의 전자정부의 필요성을 증대시키고 이른바 뉴거버넌스의 등장과 궤를 같이하고 있다(김신곤・조재희, 2013; 송효진・황성수, 2014; 행정안전부, 2017).

제 2 절 행정정보와 행정정보 체계

1. 행정정보의 개념과 특징

행정정보란 행정 과정에서 획득·생성되어 체계적으로 축적·가공·유통·활용되는 제반 지식, 자료 또는 메시지로서, 행정의 주체 및 객체의 의사 결정이나 행동을 위해 사용될 수 있는 의미 있는 내용이라고 할 수 있다. 행정정보는 공공부문의 행정이 갖는 독특한 성격으로 인해 일반 정보와는 다른 여러 가지 특성을 갖게 된다. 행정정보의 주요 특성은 다음과 같다(하미승, 1997: 59−63).

첫째, 행정정보는 공공의 이익을 추구하는 것을 그 기본적인 목적으로 한다. 즉, 행정정보는 공공재이기 때문에 시장가격을 형성하지 않는 것이 대부분이다. 그래서 가격을 지불하지 않는 사람도 행정정보의 혜택을 볼 수 있다. 그리고 다른 부문에 미치는 외부 효과가 크며, 이런 성격으로 인해 시장의 실패가 존재한다(공공성).

둘째, 행정정보에는 외교, 안보, 도시계획에 관한 정보 등과 같이 정부만이 보유할 수 있는 것들이 많이 있다(독점성).

셋째, 행정정보는 더 많은 법적 규제를 받는다. 개인정보, 도시계획정보 등 보호되어야 할 정보가 많기 때문이다. 그리고 정보의 수집에도 법적 근거를 요한다. 즉, 법령에 의해 수동적·강제적으로 수집된다(법적 제약성).

넷째, 정치에 대한, 그리고 정치로부터의 영향이 크다. 정보의 생산, 유통, 공개 여부 등에 관해 정치적 이해 관계가 따르며, 국민이 영향을 받는 정도가 민간의 경우보다 크다(정치적 함축성).

다섯째, 행정정보의 경우, 행정−민간 간, 중앙−지방 간, 국내−국제 간 정보 교환과 확산의 필요성이 민간 정보보다 더 크며 광범하다고 볼 수 있다(상대적 광역성).

여섯째, 행정정보는 민간정보와는 달리 그 수집·활용이나 정보 시스템 운영 시에 능률성만을 중요시해서는 안 된다. 물론 능률성도 중요한 고려 요소이나 그보다는 민주성, 책임성, 공정성, 형평성, 분배 정의, 서비스 제공 등 능률 외적인 요소가 더욱 중요한 고려 사항이다(탈능률성).

■ 클라우드 컴퓨팅(Cloud Computing)

클라우드 컴퓨팅이란 온라인 네트워크상에서 어디서나 자유롭고(ubiquitous), 편리하게(convenient), 또한 원하는 내용을 빠르게 공유하여(shared) 사용할 수 있도록 하는 웹 기반 컴퓨팅 기술이다. 클라우드(cloud)라 불리는 공유된 공간(shared pool)은 항상 준비되어 있어 손쉽게 연결해 필요한 데이터나 프로그램을 최소한 관리 노력 또는 서비스 제공자(업체)와의 교호작용(interaction)을 통해 언제든 필요할 때마다 다양한 매체들로, 예를 들어 노트북 컴퓨터, 스마트 기기(휴대폰 또는 태블릿)로 불러들여 사용할 수 있는 컴퓨팅 기술을 의미한다. 일반 공중 누구나 접근(access)이 가능한 공용 클라우드(public cloud)부터 기업 등 내부 이용자들만이 공유하는 사설 클라우드(private cloud)까지 다양한 범위로 사용되고 있으며, 최근 들어서는 정부기관들이 IaaS(Infrastructure as a Service: 서버, 스토리지, 네트워크 등의 자원을 서비스로 제공받아 사용하는 형태)에 대한 관심이 증대되면서 ICT 인프라/전자정부 향후 서비스로서의 논의가 활발하게 이루어지고 있다(자료: National Institute of Standards and Technology, U.S. Department of Commerce, Special Publication 800－145).

2. 행정정보 체계의 개념과 특성

1) 행정정보 체계의 개념

행정정보 체계(Public Management Information System: PMIS)는 정책의 형성・집행, 행정관리 업무의 수행, 대국민 행정 서비스 제공 등 행정 과정 전반을 지원하기 위해 각종 정보를 산출・제공해 주고, 특정 행정 업무를 컴퓨터에 의해 직접 처리해 주는 시스템이다. 나아가 행정정보 체계는 국가의 정보관리와 관련된 제반 정책 및 제도를 구축・시행하는 일까지도 포괄하는 종합적인 개념이다. 한마디로 "행정을 위한 모든 정보 체계" 또는 "정보에 관한 모든 행정 체제"라고 할 수 있다. 행정정보 체계의 개념을 구체적으로 설명하면 다음과 같다(하미승, 1997: 63－65).

첫째, 행정 과정에서의 정보 지원 체계이다. 행정 과정 전반에 걸쳐 어떤 의사결정이나 행동을 위해 필요한 자료나 정보를 수집·분석·해석하고 제공하는 모든 정보 체계를 말한다. 여기에는 정책정보 체계, 관리정보 체계, 운영정보 체계가 포함된다.

둘째, 행정 업무 전산화 시스템이다. 행정기관 내부의 일반사무나 대민 행정 서비스 업무를 컴퓨터에 의해 자동으로 처리해 주는 시스템을 말한다.

셋째, 정보 관련 정책 및 제도이다. 행정정보의 투입·산출 및 분배 과정에서 발생하는 여러 가지 문제, 그리고 사회 및 산업의 정보화 과정에 수반되는 복잡한 과제들을 해결하는 데 필요한 모든 정책과 제도, 그리고 법적인 대응 체제를 의미한다. 여기에는 개인 정보의 보호, 정보 공개 및 보호, 컴퓨터 범죄 방지, 소프트웨어 보호, 정보화에 따른 실업문제 해결, 국민의 정보 리터러시 향상, 정보산업 육성, 지역정보화, 국제정보화 등에 관련된 정책 추진과 제도 형성 및 법령 제정 등이 포함된다. 행정정보 체계는 이와 같은 종합적인 정보 체계 개념을 바탕으로 행정의 영역과 특성까지를 고려한 새로운 요소들을 추가한 좀 더 광범위한 정보 시스템 개념이라고 할 수 있다.

2) 행정정보 체계의 기본 구조

행정의 개방화 측면에서 개인·조직·사회 등으로 행정 대상의 범위가 확대되고, 기술적 측면에서는 하드웨어(H/W), 소프트웨어(S/W) 및 시스템 등의 정보통신기술이 발달하면서, 행정정보 체계의 개념이 확대·발전되고 있다. 행정정보 체계는 발달의 정도에 따라 협의의 행정정보 체계와 광의의 행정정보 체계로 나누어 볼 수 있다(박연호, 2000: 430-434).

(1) 협의의 행정정보 체계

행정정보 체계는 조직의 계층에 따라 필요한 정보를 제공하기 위해 피라미드 구조를 이룬다. 하나의 조직은 각 계층에 따라 특별한 정보를 요구하며, 행정정보 체계도 이에 따라 설계·운영된다. 이와 같은 협의의 행정정보 체계는 전산자료 처리 체계(Electronic Data Processing System: EDPS), 관리정보 체계(Management

Information System: MIS), 의사 결정 지원 체계(Decision Support System: DSS), 전문가 체계(Expert System: ES) 등으로 구성된다.

(2) 광의의 행정정보 체계

광의의 행정정보 체계는 행정의 개방화와 정보통신기술의 고도화에 맞추어 사회를 중심으로 한 사회·행정정보 체계로 확대 발전한 개념이다. 이것은 행정조직의 능률성과 효과성을 추구하는 행정정보 체계를 바탕으로 하면서 민간정보 체계의 개념을 가미한 종합적 개념으로 발전한 형태라고 할 수 있다. 광의의 행정정보 체계와 협의의 행정정보 체계를 비교하면 다음과 같은 차이가 있다.

첫째, 광의의 행정정보 체계는 그 대상 범위가 공공기관만이 아니라 민간 부문과 시민까지 포함된 종합정보 체계의 성격을 띤다. 둘째, 광의의 행정정보 체계는 목적 면에서 조직의 효과성이나 능률성보다 사회적 효과성과 대응성을 중시한다. 셋째, 광의의 행정정보 체계는 구조 면에서 수직적 관계보다 수평적 관계를 더 중시한다. 넷째, 광의의 행정정보 체계는 수행 내용 면에서 관리 중심에서 서비스 중심으로 변하게 된다.

광의의 행정정보 체계는 기존의 조직 내 정보 체계를 기본으로 해서 조직 간 의사 결정 체계로의 확대와 대민 서비스 측면에서 공동활용 데이터베이스 시스템 및 부가가치통신망(Value Added Network: VAN) 등을 이용한 행정 서비스 체계로 확대가 이루어진 것이다. 따라서 광의의 행정정보 체계의 구조는 기존의 수직적 구조인 조직 내 정보 체계와 수평적 관계를 중요시하는 분산의사 결정 체계(Distributed Decision Making System: DDMS), 공동활용 데이터베이스 관리 체계(Data Base Management System: DBMS) 등으로 이루어져 있다.

3) 행정정보 체계의 특성

행정정보 체계는 일반적인 관리정보 체계가 가지는 공통적 특성을 가질 뿐만 아니라, 행정정보 체계만의 독특한 특징도 갖는다. 행정정보 체계의 기본적 특징은 다음과 같다.

첫째, 행정정보 체계는 그 자체가 목적이 아니라 행정의 효과성·능률성과 함께 사회적 효율성 · 대응성을 달성하기 위한 지원 수단이며 도구이다. 둘째, 행정정보 체계는 공공 부문에서뿐만 아니라 민간 부문, 나아가 국민까지도 활용하는 정보 체계이다. 셋째, 행정정보 체계는 자연 형성적 시스템이라기보다는 인위적으로 설계된 인공적 시스템이다. 즉, 인간이나 조직의 설계에 의해 생성되는 시스템이다. 넷째, 행정정보 체계의 구조는 수직적 관계보다는 수평적 관계가 중요시되며 수행 업무는 관리적인 내용보다는 정책 결정 지원과 서비스 지원을 중요시한다. 다섯째, 행정정보 체계는 기계적 요소와 인간적 요소, 즉 조직적 · 관리적 요소 및 정책적 · 제도적 요소가 상호 유기적으로 결합된 종합 시스템이다. 여기서 종합 시스템이라 함은 하나의 단일 구조가 아니라 많은 하위 시스템들이 결합해 통합된 전체 시스템을 말한다. 행정정보 체계를 설계 · 개발 · 운영하려면 이상과 같은 특성을 충분히 이해하고 고려해야 할 것이다.

제 3 절 행정정보화와 전자정부

행정정보화는 행정의 여러 분야에 정보통신기술을 보편적으로 활용하고 종래의 제도 · 관행을 재평가해 대국민 서비스의 획기적인 개선과 행정 운영의 질적 향상을 도모하는 것을 목적으로 하는 것이다. 이러한 의미에서 행정정보화는 새로운 시대에 대응할 수 있는 간소하고 효율적인 행정의 실현, 국민 중심의 행정 실현, 국민이 신뢰할 수 있는 행정의 실현 및 국민에게 질 높은 행정 서비스의 제공을 위한 중요한 수단이 된다(한국전산원, 1999: 5). 이러한 행정정보화는 우리나라 전자정부의 근간으로 발전하게 되어 현재의 스마트 정부를 추구하는 단계에까지 이르게 되었다(최영훈 외, 2014).

1. 우리나라의 행정정보화 과정

1) 정보기술 도입 · 기반 조성 단계

1967년 경제기획원의 통계국에서 컴퓨터를 처음으로 도입한 이후 1979년「행정업무 전산화 추진에 관한 규정」이 제정되었다. 1978년부터 1982년까지 제1차 행정전산화사업이 시작되어 각종 통계 및 보고서 작성 위주의 전산 처리가 가능해졌다. 1983년부터 1986년까지 추진된 제2차 행정전산화사업은 인사 · 급여, 연금, 출입국관리 등의 단위 업무를 수작업에서 컴퓨터로 대체하는 것을 중심으로 추진되었다. 이 단계의 행정정보화는 주로 부처별 단위 업무의 전산화를 통한 행정 능률 향상에 집중되었다.

2) 행정정보화 확산 · 발전 단계

우리나라의 행정정보화는 국가기간전산망사업을 범국가적 전략사업으로 추진하면서 본격적으로 확산 · 발전되기 시작했다. 1986년「전산망 보급 확장과 이용 촉진에 관한 법률」의 제정에 근거해 추진된 국가기간전산망사업은 행정망, 교육연구망, 금융망, 공안망, 국방망이라는 5대 전산망을 중심으로 추진하면서 구체화되었다.

1987년부터 1991년까지 진행된 제1차 행정전산망사업 기간 중에는 데이터베이스의 구축 등 전국적 대민 서비스 체제를 구축하기 위한 6대 우선 업무로 주민등록관리, 부동산관리, 고용관리, 자동차관리, 통관관리, 경제통계관리가 개발되었고, EDI형 통관자동화, 국세정보통합관리, 토지종합전산망, 여권민원전산망 등 11개 중점 업무에 대한 시스템이 개발되었다. 전산망사업은 대민 행정 서비스의 편의를 제고했고 개별 부처의 업무 통합을 위한 정보화가 이루어지게 되었다. 이 사업을 통해 민원이 폭증하는 사무에 대해 행정 업무 처리 절차가 간소화되고 신속해졌으며 국가통계 정보의 구축으로 초보적 수준이기는 해도 정보 공개 및 검색 업무가 가능해지는 성과를 달성했다.

이를 토대로 1992년부터 1996년까지 계속된 제2차 행정전산망사업은 행정 능률의 향상, 대민 서비스 개선, 공무원의 의식 개혁 등을 달성함으로써 궁극적으로 행정의 경쟁력 제고 및 국가경쟁력의 강화를 목표로 했다. 이 사업의 7개 우선 추진 업무에는 국민복지, 우체국 종합서비스, EDI형 통관 자동화, 산업재산권 정보관리, 기상정보관리, 물품목록관리, 어선관리가 채택되었다. 1994년 이 사업의 수정계획에서는 행정정보의 공동 체제를 구축하고 대민 서비스의 개선과 행정 능률의 제고를 위해 네트워크 구축에 역점이 주어졌다. 특히 새로운 사회간접자본으로서 정보통신 기반의 조기 구축을 위해 1995년부터 2015년까지 45조 원을 투자해 초고속정보통신망을 구축하는 '초고속정보통신 기반 구축 종합 추진계획'을 수립해 국가 최우선 정보화사업으로 추진하기 시작했다.

3) 전자정부의 구현 단계

새로운 정보통신기술의 변화를 적극적으로 반영하고 급증하는 행정 수요에 효과적으로 부응하기 위해 기존의 행정전산망사업과 행정사무자동화사업을 통합해 1996년에는 「정보화촉진기본법」에 의거한 '정보화촉진 기본계획(1996~2000)'을 수립했다. '정보화촉진 기본계획'은 정부의 국제경쟁력 제고를 위해 전자정부 구현을 위한 행정정보화 등 10대 과제를 추진하는 것을 내용으로 하고 있다. 이에 따라 행정정보화가 "작지만 효율적인 전자정부의 구현"으로 변화되었으며, 행정정보의 공동 활용, 전자문서 교환 시스템의 구축, 열린 정부 서비스 등 실질적인 전자정부의 구현을 위한 행정정보화 촉진 시행계획이 추진되었다. 한편, 2001년에는 경제적 · 지역적 · 신체적 또는 사회적 여건으로 인해 생활에 필요한 정보통신 서비스에 접근하거나 이용하기 어려운 자에 대해 정보통신망에 대한 자유로운 접근과 정보 이용을 보장함으로써 이들의 삶의 질을 향상하게 하고 균형 있는 국민경제의 발전에 이바지함을 목적으로 「정보격차 해소에 관한 법률」이 제정되었다(임지봉, 2008: 254).

정부는 정보화촉진기본계획을 수정 · 보완한 2002년까지의 정보화촉진 기본계획으로 'CYBER KOREA 21'을 수립했다. 'CYBER KOREA 21'에서는 정보화를 통한 창조적 지식기반 국가 건설의 기틀 마련과 국가 경쟁력 및 국민 삶의 질을 선진국 수준으로 향상시키는 것이 비전으로 제시되었으며, 전자정부 구현을 국정 10대 과제 중 하나로 채택했다.

4) 전자정부의 구현 단계를 넘어 스마트 전자정부로의 진입

2014년 현재, 「전자정부법」 제2조에 나와 있는 전자정부의 정의를 살펴보면 "정보기술을 활용하여 행정기관 및 공공기관의 업무를 전자화하여 행정기관 등의 상호간의 행정 업무 및 국민에 대한 행정 업무를 효율적으로 수행하는 정부"라 기술하고 있다. 따라서 일차적으로는 정보통신기술을 활용해 정부 업무 및 대민 서비스를 전자적으로 처리하고 다양한 행정 서비스를 온라인화함으로써 행정 서비스 체계의 일원화 및 고객 접근성·편의성 증진을 하기 위한 것이라 볼 수 있다. 그러나 이러한 효율성 측면의 증대를 통해 궁극적으로 대국민 서비스 개선 및 정부의 생산성·투명성을 향상을 도모하고자 하는 것이 전자정부의 주요 목적이라 할 수 있다. 전자정부 구현의 단계를 넘어 스마트 전자정부로 진입하게 되면서, 3회 연속 UN 전자정부 평가에서 세계 1위(2010년, 2012년, 그리고 2014년)의 자리에 오르게 되었다.

이러한 전자정부의 유형은 크게 서비스 당사자별 유형과 제공 기술별 전자정부 유형으로 나누어 살펴볼 수 있다. 첫째, 서비스 당사자별 전자정부의 유형은 ① G2C(Government to Citizen, 정부 대 시민): 인터넷 민원창고(민원24), 종합국세서비스(홈택스), 온라인 구인워크넷 등, ② G2B(Government to Business, 정부 대 기업): 온라인 전자조달서비스(나라장터), 기업지원단일창구(G4B), 전자통관서비스(UNIPASS) 등, 그리고 ③ G2G(Government to Government, 정부 대 정부): 정부 업무관리 시스템(온-나라), 행정정보 공동이용, 정부통합전산센터 등으로 나눌 수 있다. 둘째, 제공 기술별 전자정부 유형들은 ① e-Gov(컴퓨터, 인터넷): 다양한 행정 서비스를 온라인화함으로써 언제 어디서나 고객의 접근과 이용이 가능한 서비스를 제공, ② m-Gov(모바일): 모바일 기반의 전자정부 서비스로 휴대용 단말기를 통해 정부와 관련된 각종 업무 및 정보를 언제 어디서나 이용할 수 있도록 서비스를 제공, ③ T-Gov(TV): TV 기반의 전자정부 서비스로서 디지털 방송의 양방향 TV(ITV) 기능을 이용해 TV를 통해 민원처리 등의 전자정부 서비스를 제공, 그리고 ④ u-Gov(RFID 등 유비쿼터스 기술): 유비쿼터스 전자정부는 언제, 어디서나 필요한 정부 서비스를 제공받는 고도화된 전자정부의 궁극적인 서비스를 제공으로 나눌 수 있다.

2. 전자정부의 구현

전자정부는 정보통신기술을 활용한 행정의 전반적인 역할 방향의 정립, 행정 구조와 과정의 개혁 및 행정 기능의 개혁을 달성할 수 있는 하나의 구체적이고 대안적인 정부 형태로 제시되고 있다. 전자정부란 단순히 정보통신기술을 행정 업무에 적용함으로써 행정의 역할 및 기능을 좀 더 효율적으로 수행하는 행정부 내부만의 개혁이 아니라 정부와 사회 전반의 관계가 근본적으로 재정립되고 그 안에서 새로운 정부의 역할이 모색되는 대외적인 변화를 수반하는 지식정보사회에서의 행정의 새로운 패러다임(new paradigm)으로 이해해야 한다(정보통신정책학회, 1999: 35－37).

전자정부는 미국 클린턴(Bill Clinton) 정부가 출범하면서 "국민들의 삶의 질을 향상시키고 경제에 활력을 불어넣는 데 정보기술을 사용하고자 한다"고 발표한데서 유래된 개념으로 궁극적으로 국민 지향적이고 효율적인 열린 정부를 구현하는 것이다. 이와 같은 맥락에서 전자정부는 첫째, 국민 지향적 정부로서 행정 서비스의 이용에 대한 편의성 제고와 사생활 보호를 통한 국민의 행정 서비스에 대한 만족 극대화를 추구한다. 둘째, 효율적 정부로서 행정 서비스의 내용과 절차의 간소화를 통한 생산성 향상과 정부의 경쟁력 제고를 추구한다. 셋째, 열린 정부로서 정보통신기술을 바탕으로 국민과 정부 간에 쌍방향적인 의사소통이 원활히 이루어지는 투명한 정부를 추구한다.

우리나라의 전자정부 구현은 행정정보화 사업을 전자정부 구현으로 변경한 것으로서 정보통신기술을 활용한 행정 능률 향상의 지원 수단에서 작고 효율적인 정부 구현 수단으로 전환한 것이다.[5] 정부는 행정, 복지 등 파급 효과가 큰 분야로부

5) 전자정부 구현의 취지와 핵심적인 기본 이념을 간단히 요약하면 '정보기술을 이용한 정부혁신'과 '정부가 국민을 정부의 고객으로 이해하는 고객 지향적인 열린 정부'라 할 수 있다. 즉, 국민을 정부의 고객으로 생각하여 국민의 편에서 여러 전자적 기술을 이용해 정부와 국민이 편리한 상호 커

표 8-2 서비스 사용자에 의해 창조되는 전자정부의 특징

구 분	기존 전자정부 서비스	향후 전자정부 서비스
서비스 내용 결정자	- 개발자	- 사용자
사용자 지위	- 단순 서비스 수요자 - 수동적	- 적극적인 서비스 창조자 - 능동적
개발자 지위	- 서비스 소유자	- 사용자의 서비스 창조 지원자
서비스 수준	- 범주화된 맞춤 서비스	- 사용자 개개인 완벽하게 일치된 맞춤 서비스
유연성	- 낮은 유연성 - 이미 정의된 서비스만 이용 가능	- 높은 유연성 - 플랫폼에 자유로움
연계 가능성	- 사전 정의된 서비스만 연계	- 사용자가 자유롭게 서비스 연계 가능
서비스 발전 속도	- 느림 - 개발자가 요구 사항 파악 후 개발해서 제공	- 빠름 - 사용자가 계속해서 스스로 서비스를 발전시킴

자료: 권순동(2007: 22)에서 재인용.

표 8-3 MB 정부 전자정부 추진(2008~2012년)

핵심 분야	추진 과제
1. 국민 편의 증진(7)	행정정보 공동 이용
	주민서비스 통합 시스템 구축
	국가대표 포털 구축
	온라인민원 서비스 선진화
	다부처 복지정보 연계
	법령 정보 체계 구축 ISP
	웹 표준화 및 접근성 강화
2. 경제 활성화(3)	기업경쟁력 지원 체계 구축
	물류/무역정보망 통합
	AEO 통합관리시스템 구축 * AEO(Authorised Economic Operator) : 수출입 안전관리 우수 공인업체

뮤니케이션을 이루고자 하는 것이 전자정부 구현의 기본 이념 중의 하나이다(권기현, 1997: 171-172; 임지봉, 2008: 248-250).

3. 사회안전 강화(7)	디지털 가축방역 체계 구축
	기상관측자료 공동 활용
	국가안전정보 서비스 구축
	사회적 약자 지원 체계
	화재대응 시스템 시범 구축
	항공구조 대응 시스템 구축
	실종자 시원 확인 관리 체계
4. 행정 효율 제고(13)	국가공간 정보 체계 구축
	범용통계조사 시스첌 구축
	디지털행정 협업 체계 구축
	외교정보 통합 관리 체계 구축
	온라인 국민소통 시스템 구축
	차세대 전자인사관리 시스템
	전자여권 판독 시스템 구축
	온나라 시스템 고도화 확산
	지역정보 서비스 전달 체계 개선
	전자문서 유통 시스템 확충
	글로벌 영상회의 시스템 도입
	형사사법 통합정보망 추가 개발
	시·군·구 시스템 고도화 추가 개발
5. 신기술 선도(1)	스마트폰 기반의 모바일 전자정부 구축
6. 정보화 기반 강화(11)	전자정부 표준 개발 프레임워크 구축
	국가 EA 기반의 행정 서비스 통합
	전산자원 동합 선분기술 지원
	국가자원 개방, 공유 체계 구축
	IT 기반 스마트 업무환경 구축
	통합센터 재난복구 시스템 구축
	국가정보통신 기반 고도화 지원
	정부 디렉토리 시스템 확충
	전자정부통합망 접속환경 개선
	자동차 일괄 압류 해제 시스템 구축
	나눔포럼 구축

7. 정보보호 체계 강화 (8)	차세대 통합인증 체계 구축
	인터넷관 업무망 분리
	비밀관리 시스템 구축
	보안관제센터 구축
	공공 I-PIN 확대 보급
	정보보호 기반 조성
	범정부 DDoS 대응 체계 구축
	전자문서 진본성 확보

터 정보화를 추진해 국가 전반의 효율성을 제고할 수 있도록 하기 위해 업무 수행 방식과 절차를 정보화로 전면 재설계해 작고 효율적인 전자정부 구현을 적극 추진하고 있다. 전자정부 추진의 기본 목표는 행정부 내의 유사 업무 중복 수행, 늦은 업무 처리 속도, 부서 간 협조 체제 미흡 등 비효율적 요소를 제거해 행정의 생산성을 향상하고 민원 서비스를 획기적으로 개선함과 동시에 행정 처리 과정 공개를 통한 행정의 투명성 제고 등에 있다(정보통신부, 1999: 201).

우리나라 정부의 행정 서비스에 2008년 당시 웹 2.0의 활용은 초기 단계 수준에 있었지만(권순동, 2008: 1-24), 이후 공공 서비스 분야에 사회 네트워크(social network)의 활용이 모색되고, 이를 위한 활용 방안은 사용자 중심의 맞춤형 서비스, 국민 참여와 공유 서비스, 부가가치 높은 통합 서비스, 지역사회 문제 해결의 조정자 서비스 등이 발전되어 오면서, 이명박 정부 시절에는 7대 핵심 분야 50개 추진 과제들로 구체화되고 발전하게 되었고(<표 8-3> 참조), 2017년 9월 현재 전자정부 2020 기본계획에 따라 5대 전략분야, 12개 중점 추진과제 및 30개 핵심사업을 추진 중에 있다([그림 8-1] 참조).

현재 우리나라 전자정부의 추진 성과를 살펴보면, 전자정부 서비스 이용이 계속적으로 증가해 2007년 전자정부 서비스 이용률이 41.1%에서 2012년 51.2%로 증가했으며, 정부종합 민원포털 서비스인 민원24의 이용 건수는 2008년 18,247천 건에서 2009년 25,710천 건으로 대폭 증가했으며, 국민신문고를 통한 국민제안 건수도 2005년 16,085건에서 2008년 57,851건으로 그 제안 건수가 증대되었다. 또한 나라장터를 통한 조달 규모는 2007년 56조 원에서 2009년 85조 원으로 늘어났으

그림 8-1 전자정부 2020 실행계획

전략(5대)		중점 추진과제(12개)	핵심사업(30개)
정부서비스 Re-디자인	1	All-Digital 민원행정 서비스 구현	❶ 부동산 안전거래 통합지원시스템 구축 ❷ 출입국, 외국인정보 공동이용 체계 구축 ❸ 소비자 피해구제 등 종합지원시스템 구축
	2	모바일 완결 전자정부서비스 정착	❹ 차세대 모바일 전자정부 新서비스 구축
	3	지능정보 기반 개인맞춤형 통합서비스(MeGov) 구축	❺ 개인맞춤형 행정서비스 통합제공 ❻ 사회보장정보시스템 서비스 확대 ❼ 종합취업정보 및 연관정보 포털
	4	국민참여 DIY 열린마당 (Open DIYard) 구축	❽ 국민주도형 공공서비스 개발을 위한 민관협업 플랫폼 구축 ❾ 클라우드 PaaS 기반 국민 소프트웨어 확대 적용
인지 · 예측 기반 지능행정 실현	5	지능정보 기반 지능형 의사결정 체계 구축	❿ 지능형 행정 빅데이터 기반 질의응답큐레이션 시스템 구축 ⓫ 민원 빅데이터 정책활용 기반구축 및 확산 ⓬ 교통카드 빅데이터 통합정보시스템 구축 ⓭ 국가자금세탁 위험평가시스템 구축
	6	모바일 · 클라우드 기반 범부처 협업 통합 행정 구축	⓮ 범정부 행정협업/지식경영체계 구축 ⓯ 정부지식공유활용 기반 고도화 구축
	7	데이터 전자정부 기반 조성	⓰ 국가 데이터관리 체계 개선 ⓱ 행정정보공유 확대를 위한 범정부 정보유통허브 구축
산업과 상생하는 전자정부 新생태계 조성	8	지능정보 기반 전자정부 新서비스 개발 · 확산	⓲ u-서비스 모델 발굴 및 확산 ⓳ ICT 기반 공공서비스촉진사업
신뢰기반 미래형 인프라 확충	9	선제적 정보보안 강화	⓴ 지능기반 적응형 보안시스템 구축 ㉑ 전자정부 인증 프레임워크 구축
	10	클라우드 기반 행정정보 인프라 강화	㉒ 클라우드 기반 범정부 정보지원 통합 ㉓ 제3정부통합전자센터 구축 ㉔ 국가융합망 기반 구축
	11	과학적 사회안전망 구현 확대	㉕ 긴급 신고전화 통합체계 구축 ㉖ 통합 재난안전체계 구축 ㉗ 생활환경 안전정보 통합제공시스템 구축 ㉘ 상황인지 기반 사회안전 서비스 구축
글로벌 전자정부 질서 주도	12	전자정부 해외 수출 및 국제협력 확대	㉙ 전자정부 해외진출 지원사업 ㉚ 권역별 전자정부 협력센터 확대 구축

사료: 행정안전부(2017), 전자정부 2020 실행계획.

며, 온라인 민원신청의 경우는 2008년 1,199종에서 2009년 1,820종으로 증대되었다. 더불어 온라인 전자 발급의 서류의 종류 또한 2008년 188종에서 2009년 500종으로 대폭 증가했으며, 행정정보 공동 이용 대상 종수도 2004년 24종에서 2009년 82종으로 증가했다. 그뿐만 아니라, 출입국 심사 시간도 전자출입국 시스템 도입 전 평균 13분 40초였던 것이 도입 후 10~15초로 단축되는 등 다양한 부문에서 전자정부의 구현으로 인해 국민의 편의가 증대되는 모습을 나타내 왔다.

이러한 성공적 전자정부의 구현은 결과적으로 앞서 언급한 바와 같이 2년마다 실시되는 UN 전자정부 평가에서 우리나라가 전체 192개국 중 1위로 평가된 기록이 2010년 이후 연속 3회 유지되어 명실 공히 전자정부 부문 세계 1위 국가로 공인받아 왔고(행정자치부, 2014), 최근 2016년과 2018년의 UN 전자정부 평가에서는 연속 3위의 세계 전자정부 선도국가의 면모를 계속 유지하고 있다(행정안전부, 2018).

표 8-4 우리나라 UN 전자정부 평가 결과

구 분		2005년	2008년	2010년	2012년	2014년	2016년	2018년
전자정부발전지수		5위	6위	1위	1위	1위	3위	3위
	온라인 서비스	0.97 (4위)	0.82 (6위)	1.00 (1위)	1.00 (1위)	0.97 (3위)	0.94 (5위)	0.98 (4위)
	정보통신 인프라	0.67 (9위)	0.69 (10위)	0.64 (13위)	0.83 (7위)	0.93 (2위)	0.85 (2위)	0.84 (3위)
	인적 자본	0.97 (14위)	0.98 (10위)	0.99 (7위)	0.94 (6위)	0.92 (6위)	0.88 (18위)	0.87 (30위)
온라인 참여지수		0.87 (5위)	0.98 (2위)	1.00 (1위)	1.00 (1위)	1.00 (1위)	0.94 (4위)	1.00 (1위)

자료: 한국정보화진흥원(2015). 2014 국가정보화 백서 & UN 전자정부 평가보고서 2016/2018.

3. 지식기반 사회의 지식관리 행정

1) 지식관리의 의의

정보는 조직화 또는 구조화된, 그리고 의미를 부여받은 데이터로서 정보 시스템의 현재 또는 과거 상태를 말한다. 반면, 지식은 예측가능성 및 인과 관계를 설정하며, 나아가 무엇을 할 것인지에 대한 진단적 의사 결정을 가능하게 해 줌으로써 정보 이상의 의미를 갖게 된다. 따라서 지식을 어떻게 발굴 · 창조 · 관리해 새로운 부가 가치를 창출하고 경쟁력을 확보해 나갈 것인가에 초점이 맞추어지면서 관리 패러다임도 지식관리 중심으로 전환되고 있다. 즉, 정보기술의 급속한 발달로 산업사회 패러다임이 정보사회 패러다임으로 이행하면서 정보화가 행정의 주요 과제가 되었으며, 그동안 정보사회에 대한 논의가 활발히 진행되어 왔다.

지식은 데이터와 정보의 단계를 거쳐 창출된다. 현실 세계에서 생성 · 제공된 수많은 데이터가 분석 과정과 의미 파악을 통해 정보로 산출된다. 정보는 일정한 규칙이나 약속 및 파일링(filing)을 통해 체계화되어 데이터베이스 형태로 구축 · 활용되면서 가치평가가 이루어진다. 여기서 가치가 있다고 판단된 경우에는 지식의 단계로, 그렇지 못한 경우에는 정보 쓰레기로 버려진다. 그리고 전략적 가치분석과 인지적 처리 경로를 거쳐 지식으로 생성된다. 이와 같은 지식화 과정을 효율적으로 관리 · 활용함으로써 부가 가치 창출 및 경쟁력의 확보에 기여하는 활동이 지식관리이다(이종수 외, 2007: 531).

2) 지식관리와 지식정책

행정조직의 지식관리란 지식을 공무원이나 조직 차원에서 적극적으로 창출하고, 이를 효율적으로 조직 내 다른 구성원들과 공유하며, 조직 내 지식창고에 체계적으로 저장해 지식기반 행정을 가능케 하는 일련의 과정이다.

전자정부에 의한 정보행정은 정보관리와 정보화정책을 근간으로 한다. 지식화는 정보화의 발전적 형태인데, 단순히 정보기술 인프라에서 벗어나 인간적 요소에 의한 세련되고 정교한 수준의 정책이다. 이런 맥락에서 지식화정책은 정보화정책의 진화선상에서 그려지며, 지식사회에 부합되는 정부활동으로 상정할 수 있다. 따라서 지식기반 사회로의 이행과 함께 부각되는 지식화정책은 우선 경제와 문화의 발전을 위해 지식 기반이 필요하다는 맥락에서 강조된다. 이처럼 지식의 공급과 수요의 두 측면에서 사람들의 생활 수준을 질적으로 향상시키는 것이 지식기반 사회의 궁극적인 목표가 된다.

3) 지식기반 사회의 정부 역할

지식기반 사회에서 정부 역할은 시장실패의 조정 역할을 넘어 지식의 개발·확산·활용을 담당하는 경제 주체와 이를 둘러싼 환경으로서 금융 시스템, 기업 지배구조, 노동시장 구조, 교육 수준, 법·규제 등을 포함해 국가 혁신 시스템의 장애 요인, 즉 시스템 실패를 조정하는 역할로 확대되고 있다.

지식기반 경제로의 이행과 지속적인 발전을 위해서도 정부는 이에 적합한 모습으로 변모해야 한다. 지식정부는 산업사회에서 정부가 수행해 오던 정책 수립 및 집행 업무와 대국민 행정 서비스에 지식경영 기법을 도입함으로써, 정책기획의 전문성과 대국민 행정 서비스의 고객지향성을 동시에 추구할 수 있게 된다.[6] 지식기반 국가에서는 부가가치 창출의 근원인 지식자본의 축적과 활용을 위한 국가적 자원 배분이 중요하며, 이러한 관점에서 다음과 같은 정부의 역할이 강조된다(정보통신정책연구원, 1999: 17－30).

첫째, 정부는 지식경영을 직접 도입·실행함으로써 민간의 지식경영을 촉진하고, 나아가 지식기반 국가의 기본 원리에 입각한 정부의 운영 원리와 모델을 스스로 개발해야 한다. 정부의 지식경영 도입은 정부와 직접적으로 관계하는 여러 민간 부문의 지식경영을 선도할 뿐만 아니라, 정부와 국민 간의 상호작용이 고객 지향적 방향으로 전환하는 데 획기적인 계기를 마련해 줄 수 있다.

둘째, 개인과 기업의 지식 수준이 향상될 수 있도록 국가적 지식 기반과 여건을 정비해야 한다. 정부는 개인이나 조직의 지식이 사회적으로 확산될 수 있는 형태로 변환되고 이용자가 이에 쉽게 접근할 수 있는 국가 지식관리 시스템을 구축하고 그 관리자의 역할을 담당해야 한다. 현대의 지식경영은 정보기술을 바탕으로 하므로 지식 활용을 위한 기반 조성은 초고속정보통신망의 구축과 정보산업의 육성 등 정보화를 위한 기반 구축을 포괄한다고 볼 수 있다. 또한 모든 국민에게 정보화 교육을 받을 수 있는 기회를 제공하고, 지식기반 경제로의 이행에 장애가 되

6) 지식경영에 의한 정책 수립과 집행이란 개별 공무원의 지식 축적과 지식의 공동 이용을 용이하게 함으로써 정책의 효과성을 높이는 조직적·문화적 틀을 말한다. 한편, 지식경영에 의한 민원행정은 정부 서비스의 생산 및 전달 과정 전반에 지식과 정보가 원활히 활용되고 정부와 국민 간 상호작용 방식이 전자적 서비스 전달 수단으로 통합됨으로써, 고객인 국민의 입장에서 편리하고 효율적이며 투명한 행정 서비스가 제공되는 것을 의미한다.

는 과거 산업사회형 법·제도를 정비하는 등 제도 개선에 힘써야 한다. 명시적인 법과 제도의 개선과 함께 관행과 관습의 개혁도 중요하다. 산업사회는 생산 양식의 특성상 분업과 특화에 기초하고 있다. 분업과 특화는 기관 간·영역 간 지식 교류 및 인적 교류를 억제하는 성향이 있어 일반적으로 산업사회는 폐쇄적이고 경직된 조직문화를 가지고 있다. 이러한 조직문화는 개인 간, 조직 간 지식과 정보의 자유로운 유통과 활용에 장애 요인으로 작용해 지식기반 사회의 발전을 저해할 가능성이 크다. 따라서 정부는 개방적이고 유연한 조직문화가 정착될 수 있도록 분위기 조성에 앞장서야 한다.

셋째, 정부는 불확실성이 높은 지식기반 경제에서 기폭제와 같은 역할을 하면서도 다양한 이해집단 간 조정자로서의 역할, 그리고 중소기업에게는 컨설턴트의 역할 등 지식기반 경제의 촉진자(facilitator) 역할을 수행해야 한다. 과거 정부에게는 기업의 독과점 행위, 불공정 거래행위 등에 대한 규제자의 역할이 중요했으나, 최근에는 정부·기업 간의 협력을 통한 경쟁력 제고가 중요한 이슈로 등장하고 있다.

넷째, 정부는 시장 경쟁을 촉진하는 역할을 지속적으로 수행해야 한다. 지식 기반 경제에서 기업의 지식 역량은 결국 시장에서 평가받게 되므로, 기업의 지식 역량 확충을 촉진하기 위해서는 개방적인 시장정책과 정책의 중립성이 중요하다. 또한 정부는 생산자와 소비자 간의 정보 비대칭성(information asymmetry)을 완화시킴으로써 기업들의 지식 경쟁을 더욱 촉진할 수 있을 것이다.

제 4 절 정보화정책

1. 정보공개 제도

1) 정보공개의 개념

가장 좁은 의미에서의 정보공개 제도란 공공기관이 직무상 작성 또는 취득해 관리하고 있는 정보와 기록들을 국민이 청구할 경우 심사를 거쳐 열람·사본·복제 등의 형태로 공개하도록 하는 제도를 말한다. 이러한 개념은 정보공개법의 제정을 통해 실현된다. 가장 넓은 의미에서의 정보공개 제도는 앞의 개념 이외에 공공기관이 자발적으로 또는 법령의 규정에 의해 의무적으로 보유하고 있는 정보를 제공하는 것을 모두 포함하는 개념이라고 할 수 있다.

2) 우리나라의 「정보공개법」

우리나라에서는 1996년 「공공기관의 정보공개에 관한 법률」이 제정되어 1998년 1월 1일부터 시행됨에 따라 국민의 알 권리를 충족시킴은 물론 정보 공개에 의한 정부의 투명성과 정보의 자유로운 흐름을 제도적으로 보장받게 되었다.

「정보공개법」에 의하면, 정보 공개는 개인은 물론 법인·단체 등을 포함한 모든 국민과 국내에 주소를 두고 있는 외국인뿐만 아니라 학술·연구를 위해 일시적으로 체류하고 있는 외국인도 청구할 수 있다. 정보 공개의 대상은 공공기관이 직무상 작성 또는 취득해 관리하고 있는 문서, 도면, 사진, 필름, 테이프, 슬라이드 및 컴퓨터에 의해 처리되는 매체 등에 기록된 사항을 대상으로 하고 있어 공공기관에서 보유 중인 일반문서, 대장, 장부, 간행물 등 모든 기록물이 대상이 된다. 그러나 해당 정보가 공개됨으로 인해서 발생할 수 있는 국가, 국민, 개인 또는 공공의 이익을 중대하게 해칠 우려가 있는 정보는 비공개 정보로 규정해 정보 공개를 제한하고 있다.

지식정보사회에서 정보 공개는 현재와 같이 청구에 의한 공개에만 초점이 맞추어져서는 정보 공개의 취지를 충분히 반영할 수 없다. 전자공간상에서 정보 공개를 확대하고 공공기관이 보유하고 있는 정보를 디지털화하는 것은 국민의 알 권리를 보장하는 것뿐만 아니라, 국민이 정부의 정보에 대한 접근을 확대하는 것이기 때문에 반드시 필요하다. 따라서 기존의 문서 위주의 정보 공개에서 디지털 정보의 제공으로 정보 공개 방식을 전환할 필요가 있다. 정부 정보의 공개 및 접근을 포함하는 전자적인 정보 공개는 정부의 다양한 접근 방법의 제공을 바탕으로 국민이 언제 어디서나 원하는 정보 및 서비스를 받을 수 있다는 것을 의미한다.

2. 개인정보 보호

1) 개인정보 보호의 개념

개인정보 보호는 프라이버시 보호의 한 부분이기 때문에 프라이버시의 개념 변화에 따라 그 의미가 변천되어 오고 있다. 프라이버시 권리는 19세기 말부터 과학기술의 발전, 산업화에 따른 도시화, 특히 대중매체의 도색적 경향의 결과 개인의 사적 영역과 비밀이 침해될 소지가 커짐에 따라 보호의 필요성이 대두되었다.

현대 지식정보사회에서의 개인정보는 한 사람의 모든 것을 판단할 수 있는 중요한 척도가 되고 있다. 즉, 한 개인에 관한 정보를 소유하게 되면 그 사람의 사회적 · 경제적 지위와 기호 및 선호하는 상품까지도 파악할 수 있게 되어 한 사람을 판단하는 제2의 인격적 가치를 갖게 되었다. 따라서 개인정보의 침해 문제는 개인의 사생활 침해뿐만 아니라 다양한 환경 내에서 개인의 사회적 상호 관계를 침해하는 것이다. 그러므로 현대 사회에서의 개인정보 보호 개념은 타인이 자신의 정보를 소유하는 것을 방지하는 소극적인 개념뿐만 아니라, 자신에 관한 정보의 수집, 이용 및 공개 등에 관한 조건들을 본인이 결정할 수 있고, 자신의 개인정보에 대한 열람 및 정정 등을 요구할 수 있는 권리를 인정하는 적극적인 개념으로 변화하고 있다.

2) 우리나라의 개인정보 보호 제도

정보사회의 도래는 정보기술을 통한 경제 및 행정의 생산성을 제고하며, 이러한 정보사회의 기본 단위가 되는 정보는 가치를 가진 자원으로서 사회적 · 경제적으로 핵심적 역할을 수행하고 있다. 공공 부문에서는 행정 서비스의 전자화와 개인에 대한 교육 · 고용 등 복지 행정 기능의 확대로 인해, 민간 부문에서는 고객관리의 강화, 신용 거래 확대 등과 관련한 업무 처리의 전산화로 인해 개인 정보의 수집 · 사용이 크게 증대하고 있다. 특히 공공 부문에서 1983년 '국가기간전산망 기본계획'에 따른 행정 · 금융 · 교육 · 연구 · 공안전산망 등 5대 국가기간 전산망 구축사업은 행정정보의 디지털화와 업무의 정보화를 가져왔다. 또한 1987년부터는 국민의 일상생활과 직접 관련된 주민등록, 부동산, 자동차 등의 업무를 중점 개발해 주민등록 업무, 부동산 업무, 자동차 관리 업무 등의 경우 3,700여 개 일선 기관 간 통신망을 상호 연결해 지역 간·기관 간의 정보 유통 체계를 확립했다.

우리나라는 공공기관의 컴퓨터에 의해 처리되는 개인정보 보호를 위해 1994년 「공공기관의 개인정보 보호에 관한 법률」을 제정했다. 그 적용 대상은 국가행정기관·지방자치단체 및 기타 공공단체 중 대통령이 정하는 공공기관으로서, 민간 부문은 직접적인 적용을 받지 않고 개인 정보를 처리할 때 공공기관의 예에 준해서 보호 조치를 강구하도록 했다.

우리나라의 개인정보 보호 체계는 공공 부문과 민간 부문으로 나뉘어 그 법적 근거 및 추진 체계를 달리하고 있다. 공공 부문은 개인 정보 보호에 관한 일반법으로서 「공공기관의 개인정보 보호에 관한 법률」이 있으며, 전자정부법 및 주민등록법 등의 개별법에 개인정보 보호에 관한 규정이 흩어져 있다. 한편, 민간 부문은 일반법적 기능을 담당하는 「정보통신망 이용 촉진 및 정보 보호 등에 관한 법률」이 있으며, 「신용정보의 이용 및 보호에 관한 법률」(1995년), 「통신비밀보호법」(1993년), 「정보통신기반보호법」, 「위치정보의 보호 및 이용 등에 관한 법률」, 「금융실명거래 및 비밀 보장에 관한 법률」(1997) 등의 개별법에 개인 정보에 관한 규정이 있다. 기타 개별 법률에서 해당 분야의 개인정보 보호에 관한 조항을 일부 포함하고 있다.

2011년 9월 30일부로 「개인정보보호법」이 본격적으로 시행되면서 그동안 분산되어 있던 법 체계를 일원화해, 공공 및 민간의 모든 개인정보 처리자(350만 개 사업자), 컴퓨터 파일뿐만이 아니라 종이문서에 기록된 개인 정보까지 보호 범위에 포함하며, 개인정보 유출 통지 의무화, 집단분쟁 조정 도입, 단체소송 도입, 국무총리 소속 위원회에서 대통령 소속 개인정보보호위원회로 격상하는 등 온라인과 오프라인을 아우르는 기본법으로 시행되고 있다(이윤식, 2013: 360−361).

3) 정보 보호와 전자정부

국내·외적인 환경의 변화는 기존 정부의 관리작용에 대해 '관료 중심의 관리'에서 '국민을 우선하는 관리'로, '생산성 중심의 관리'에서 '고객만족 중심의 관리'

로의 근본적인 전환을 야기하고 있다. 이러한 변화를 가장 효과적으로 가능케 하는 수단이 바로 정보기술(IT)이며, 이를 정부 부문에 적용한 결과물이 바로 전자정부이다.

전자정부는 일반적으로 "업무 방식을 정보화에 합치되도록 쇄신해 모든 업무 처리를 전자화함으로써 행정기관 상호간 및 행정기관과 국민·기업 간의 사무에 전자적 신속성·편리성·효율성을 제고할 수 있는 정부"로 이해된다. 우리나라의 「전자정부법」 제2조에서는 전자정부를 "정보기술을 활용하여, 행정기관의 사무를 전자화함으로써 행정기관 상호간 또는 국민에 대한 행정 업무를 효율적으로 수행하는 정부"로 정의하고 있다.

정보 보호의 중요성을 공공, 민간, 국가 차원에서 살펴보면 다음과 같다. 첫째, 공공 부문에서 정보 보호는 전자정부 성패의 핵심 요소이다. 전자정부는 국제적인 모범 사례이지만 정보 보호의 안전성이 훼손될 경우에는 국민 신뢰의 저하, 사회적 혼란 등이 초래된다. 따라서 공공 분야에서의 개인 정보 침해에 대비한 사전 대응이 필요하다. 둘째, 민간 부문에서의 정보 보호는 경제적 손익과 직결된다. 인터넷 침해사고, 개인정보 유출사고 등 정보화 역기능은 국가 경제에 막대한 손실을 야기한다. 셋째, 국가 정보 보호는 사회 기초질서 유지의 필수 조건이다. 금융, 교통, 에너지 등 국가 주요 기반시설에 대한 침해 사고 발생 시 국가 또는 사회적 재난으로 발전할 가능성이 존재한다.

이러한 관점에서 정보 주체의 개인정보가 안전하게 처리된다는 신뢰를 갖게 하는 것이야말로 국민들로 하여금 안심하고 전자정부에 접근하게 하는 원동력이 되며, 결국 개인정보의 충분한 보호는 전자정부의 활성화의 선결 조건이 된다. 따라서 연계 및 통합화로 이행되는 전자정부의 고도화에 따라 요청되는 개인정보 보호 관련 법제의 정비와 기술 발달에 적절히 대응하면서 전자정부 시대에 적합한 좀 더 개선된 개인정보 보호 제도의 정착이 시급하다. 또한 정보 공개를 할 때는 개인정보 보호를 제한 기준으로 설정하는 등을 통해 정보의 활용 및 공개 측면에서의 가치를 개인정보 보호의 의의와 균형을 이루도록 적정화하고 이를 전자정부 실현에 부합하게 구성해야 한다.

이를 위해서는 제도적·관리적·기술적·인식적 차원에서 개인정보의 오·남용을 막을 수 있는 종합적 대처 방안이 요구된다. 먼저 제도적 대책으로는 통합 「개인정보보호법」 제정, 개인정보 사전영향평가제 도입, 관련 조직 · 인력 · 예산의 확충 등이 요구된다. 둘째, 관리적 대책으로는 개인정보 관리 내 · 외부 상시 점검 체계 마련, 수준 진단 프로그램 적용 · 확산, 개인정보 침해에 따른 구제 기능 강화, 웹모니터링 강화 등이 필요하다. 셋째, 기술적 대책으로는 정보 이용 시 기술적 보안 강화, 주민번호 대체 수단 보급, 개인정보 보호 종합관리 시스템 구축, 신기술에 대한 심도 있는 연구 등이 필요하다. 넷째, 개인정보 관리책임관(Chief Privacy Officer: CPO) 및 담당자 교육 의무화, 기관별 교육 활성화를 위한 지원 강화, 체감형 홍보 강화, 경각심 고취를 위한 담당자 처벌 강화 등이 요구된다.

3. 지적재산권 보호

1) 지적재산권의 개념

지적재산권(intellectual property rights)은 전통적으로 산업적 또는 영업적 소유권인 '산업재산권'과 문학적 또는 예술적 소유권인 '저작권'의 두 가지 유형으로 크게 분류되어 왔다. 산업재산권이 산업상의 기여를 보호의 본질로 하는 데 대해 저작권은 산업상의 영역이 아닌 문화 영역에서의 정신적 기여를 보호의 본질로 하고 있다. 그러나 오늘날에는 이에 더해 컴퓨터 소프트웨어 및 반도체 칩 설계권, 영업비밀 등을 포함한 더욱 넓은 개념으로 받아들여지고 있다. 이에 따른다면 지적재산권은 "인간의 지적 창작물에 관한 권리와 영업상의 신용, 산업 질서 유지를 위한 표지에 관한 권리를 총칭하는 것"을 의미하게 된다. 일반적으로 지적재산권은 문학, 예술, 과학작품, 산업활동 등 인간의 지적 창작활동의 결과로 생기는 모든 무형의 소산물에 대한 권리라고 할 것이다(정진섭 · 황희철, 1995: 51－52).

종래의 지적재산권은 개인이 가지는 하나의 사적 재산권으로 인식되었으나, 세계가 글로벌 경제로 돌입함에 따라 최근에는 지적재산권이 개인적 관심사에서 국가적 관심사로 바뀌면서 지적재산권의 부당한 침해를 이유로 한 국가가 다른 국가를 상대로 협상을 요구하거나 혹은 WTO에 제소해 그 해결책을 모색하는 등 지적

재산권의 보호 문제가 국제적으로 매우 중요한 관심사로 대두되고 있다.

또한 기존 우리나라 저작권 보호 체계는 「저작권법」과 「컴퓨터프로그램보호법」 이원화 형태로 인해, 저작권 보호 및 공정한 이용을 촉진하는 공공정책 노력과 대외적 통상 협상에서 효율적으로 대처하는 못하는 문제점을 나타내게 되었다. 이러한 문제의 해결 노력의 일환으로 2008년 「정부조직법」 개편 시 통합되어 지적재산권 보호의 일관성 유지 및 효율성 제고에 도모하게 되었다. 이후 「컴퓨터프로그램보호법」은 2009년 4월 22일 법률 제9625호를 통해 「저작권법」으로 통합되었다(이윤식, 2013: 414).

2) 지적재산권의 종류

산업재산권이란 발명 상표 등 아이디어와 기술 자체를 보호하기 위한 것으로 특허권, 실용신안권, 의장권 및 상표권으로 세분화되며, 저작권은 저작권과 저작인접권으로 구분된다. 특허권은 새로운 산업적 발명에 대해 발명자가 그 발명의 독점적 실시권을 보유하는 배타적 지배권을 의미하며 보호 기간은 20년이다. 특허를 등록하려면 신규성, 상업상 이용가능성, 진보성이란 기본 요건을 갖추어야 하지만, 공공질서나 선량한 풍속을 해칠 위험이 있거나 공중위생을 저해하는 경우는 특허 인정을 받을 수 없다.

실용신안권은 물품의 형상, 구조 등에 관한 실용적인 고안을 보호 대상으로 하며, 발명보다 기술 수준이 낮은 고안을 보호하기 위한 것이다. 실용신안권의 존속기간은 출원일로부터 15년 간이다. 의장권은 물품의 형상, 모양, 색채 또는 이들의 결합으로 시각을 통해 미감을 불러일으키는 것을 대상으로 하며, 물품의 겉모습에 드러난 미적 창작이나 디자인을 말한다. 예를 들면, 코카콜라 병의 독특한 형태가 대표적인 의장권이다. 의장권은 창작한 물품에 대한 권리라는 점에서 실용신안권과 같으나, 의장권이 미적 과제의 해결을 목적으로 함에 비해 실용신안권은 기술적 과제의 해결을 목적으로 한다는 점에 차이가 있다. 예를 들면, 같은 육각형 연필이라도 구르는 것을 방지한다는 면에서는 실용신안권으로, 미적인 면을 고려했다면 의장권으로 보호받을 수 있다.

상표란 생산자나 판매업자가 자기의 상품을 다른 상품과 식별하기 위해 사용하는 표지를 말한다. 상표는 상품에 관한 표지로서, 그 본질이 창작에 있는 것은 아니지만, 상표로 등록하기 위해서는 최소한 다른 상품과 구별할 수 있는 식별력을 가져야 한다. 상표권은 등록일로부터 10년 간 존속하는데 다른 산업재산권과는 달리 등록을 갱신하면 영구적으로 독점 사용이 가능하다.

저작권은 창작과 동시에 자연히 권리가 발생하며, 저작권의 보호 대상은 저작물이다. 저작자의 권리를 보호하고 저작물의 공정한 이용을 통해 문화 발전에 이바지함을 목적으로 「저작권법」이 제정되었다. 저작물이란 표현 수단과 형식에 관계없이 사람의 정신적 노력에 의해 얻은 학문과 예술에 관한 창작물을 말한다. 저작물이 되기 위해서는 일정한 성립 요건이 필요하며, 그 중 가장 중요한 것은 창작성으로서 기존의 다른 저작물을 모방하지 않은 것이어야 한다. 저작권은 심사와 등록 후에 비로소 권리를 인정하는 특허권과는 달리 창작을 완료함과 동시에 자연히 그 권리가 발생한다.

저작권과 비슷한 것으로 저작권에 밀접한 저작인접권이 있다. 이것은 배우(영화·연극 등)와 같은 실연자의 실연에 대한 권리, 음반 제작자의 음반에 대한 권리, 방송사업자의 방송에 대한 권리를 가리킨다. 보통 저작권의 존속 기간은 국제협약이나 각국의 「저작권법」에 따라 다르지만, 우리나라의 경우에 저작권은 저작자의 사망 후 50년 간, 저작인접권은 실연, 방송 등을 실시한 때부터 50년 간 보호한다.

제 5 절 미래 새로운 전자정부

급변하는 행정환경 속에서 미래 새로운 전자정부도 새로운 행정패러다임을 담은 새로운 모습으로 변화하고 있다. '신공공관리 패러다임(new public management paradigm)'으로 대변되던 이전의 전자정부는 국민 중심의 '공공 가치 관리 패러다임(public value process management paradigm)'으로 나아가고 있다. 즉, 첫째, 기존의 성과달성 중심의 제한된 방식의 전자정부가 보다 적극적인 국민 참여와 정책 디자인 방식의 전자정부 거버넌스로 체계가 변화되면서 국민 개개인이 주인의식을 가지는 방향의 공공가치가 고취되며, 둘째, 신뢰를 잃은 몰인격적 관료 중심의 전자정부 기반에서 비판 실용주의적 실천이 배양된 거버넌스 기반으로 전진하게 될 것이고, 이를 통해 정부는 스스로에 대한 내유외강적 자기 통제력이 배양될 것으로 예상되고 있다. 셋째, 국민에게 무감각했던 전자정부 의식이 섬세한 주인의식을 겸비한 거버넌스 철학으로 변모하게 되어 다양한 정부 핵심 가치들이(효율성, 효과성, 투명성, 책무성) 함께 공존하며 국민의 감정까지 살필 수 있는 방향으로 새로운 패러다임의 변화가 나타나고 있다(김병준 외, 2015)([그림 8-2] 참조).

그림 8-2 새로운 전자정부 패러다임

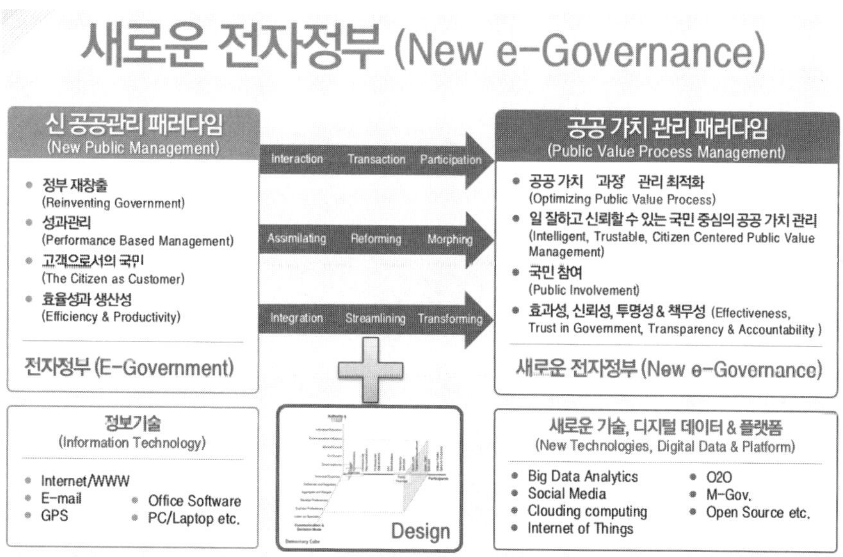

자료: 김병준 외(2015). 전자정부 패러다임 변화 연구: 미래정부의 기능과 역할 전망. 한국정보화진흥원.

연습 문제

1. 새로운 행정환경으로서 지식정보사회의 의의와 특징에 대해 설명하시오.
2. 정보화의 역기능의 발생 원인과 문제점에 대해 설명하시오.
3. 지식정보화 사회의 행정환경에 대해 설명하시오.
4. 행정정보의 개념과 특성에 대해 설명하시오.
5. 빅데이터(big data)와 클라우드 컴퓨팅(cloud computing)을 설명하시오.
6. 전자정부와 지식정부의 개념 및 특성을 설명하시오.
7. 지식기반사회에서의 정부 역할에 대해 설명하시오.
8. 개인정보 보호 제도의 법적 근거에 대해 설명하시오
9. 지적재산권의 개념과 유형에 대해 설명하시오.
10. 우리나라 전자정부의 발전 단계를 설명하시오.

CHAPTER 09

공무원 노사관계

제 1 절 공무원 노사관계의 의의 및 특징
제 2 절 공무원 노사관계 제도의 발전
제 3 절 우리나라의 공무원 노사관계 제도
제 4 절 노사분쟁의 관리

개 관

일찍부터 근대적인 노조와 단체교섭 제도를 정착시켜 온 서방 선진 국가에서도, 공무원노조와 단체교섭 제도는 민간에서보다 훨씬 후에야 허용되었다. 거의 대부분의 국가에서 공무원의 단체교섭은 정치적으로나 법적으로 부정적인 평가를 받아 왔다. 그러나 20세기 중반 이후 각국에서는 공무원노조의 조합원 수가 급증했는데 이러한 현상은 공무원의 노조 설립과 단체교섭을 허용하는 법률 제정과 함께, 공무원들이 노동조합을 통해 자신의 보수와 여타의 근로 조건을 개선할 수 있다고 믿기 시작했기 때문이다.

이제 대부분의 선진 산업국가에서는 공무원들에게 단결권과 단체교섭권을 허용하고 있으며, 제한적이긴 하지만 민간 수준의 단체행동권을 인정하고 있는 국가들도 있다. 그 결과 20세기 후반부터는 공무원노조의 노동운동이 쇠퇴하는 민간노조 운동을 견인하며 주도 세력으로 등장하고 있다.

우리나라에서는 오랫동안 현업 공무원을 제외한 대부분의 일반직 공무원에게 노동기본권을 엄격히 금지해 왔으나 IMF 경제위기를 겪으면서 경제 회복을 위한 노동계의 협력을 이끌어 내기 위한 1998년 '경제위기 극복을 위한 사회협약'에서, 공무원노조의 전(前) 단계 조직인 '공무원직장협의회'의 설립을 허용하고, 이후 점증적으로 노동조합의 설립과 참여를 허용할 것을 결정했다. 이후 「공무원의 노동조합 설립 및 운영 등에 관한 법률」(이하 「공무원노조법」)이 2004년 12월 말 국회를 통과함에 따라 2006년 1월부터 공무원의 노조 설립과 단체교섭이 합법적으로 인정되었다.

이 장에서는 공무원노조와 단체교섭이 지니는 의의를 살펴보고, 공무원 단체교섭에 관련된 제도의 특징과 외국의 사례를 검토함으로써 우리나라 공무원 노사관계의 현황과 발전적 방향을 고찰해 보고자 한다.

Chapter 09

공무원 노사관계

제 1 절 공무원 노사관계의 의의 및 특징

1. 노사관계의 일반적 개념

'노사관계(labor-management relations)'는 제2차 세계대전 이후 우리에게 매우 친숙한 용어가 되었지만 여전히 정확한 의미와 보편적 개념이 확립되지는 못하고 있는 형편이다. 본래 노사관계는 고용주와 피고용자의 관계(employer-employee relations)로 해석되기도 하고, 때로는 경영자와 노동조합과의 관계(union-management relations)를 강조하는 경우도 있다. 그러나 19세기 말을 기점으로 빈곤이나 실업과 같은 사회문제가 크게 부각되고 노조의 세력이 강화되자, 정부가 노사문제에 적극 개입하게 되면서 오늘날 노사관계는 노동자(노동조합), 사용자 그리고 정부의 3자 관계로 이해하는 것이 보편적이다.

일반적으로 노사관계란 "노동 조건이나 기타 경영적인 여러 가지 문제에 대해 사용자와 노동조합이 대등하게 교섭하는 관계"를 말한다. 좀 더 구체적으로는 "근로자들이 근로 조건의 유지·개선을 위해 노동3권, 즉 단결권, 단체교섭권, 단체행동권을 행사하는 것"을 의미한다.

2. 공무원 노사관계의 특수성

공무원 노사관계는 민간 부문 노사관계와 유사한 점도 있지만, 공무 관계에서 규정된 특수성을 동시에 갖고 있다. 공무원노조는 민간 노동조합과 마찬가지로 근로자(공무원)의 근로 조건의 유지·향상에 그 목적이 있다고 할 수 있으나, 공무의 특수성, 사회적 역할 기대 및 권력 구조적 위상 등 실제 운영 면에서 민간 노동조합과 구별되는 특성을 지니게 된다.

1) 공무원 신분의 특수성

오랫동안 공무원은, 사용자인 국가(혹은 정부)와 근로관계를 맺고 있는 것이 아니라 국가기관 그 자체라고 간주되어 '노동자(근로자)'로 인정되지 않았으나, 현재에는 공무원을 노동자로 인정하고 있는 것이 보편적인 추세이다.

그러나 공무원의 「노동법」상의 지위가 '노동자'임을 인정하더라도 공무원을 민간노동자와 동일하게 취급할 수는 없으며, 그 지위의 특수성을 인정하지 않으면 안 된다. 공무원은 '국민 전체의 봉사자'로서의 지위에 있을 뿐만 아니라, 근무의 직접적인 상대방이 국가 또는 지방자치단체이며 국가 기능을 담당하는 지위에 있기 때문에 민간기업체의 노동자와는 다른 특수한 지위에 있다고 보아야 한다는 것이 일반적인 견해이다.

2) 공무원 노사관계 사용자의 특수성

공무원 노사관계의 사용자는 이익을 목표로 하는 기업이 아닌, 공익을 추구하는 국가 또는 지방자치단체이다. 따라서 단체행동으로 인해 정부활동의 연속성이 침해되면 국민생활에 미치는 영향이 민간 부문의 그것과 비교할 수 없을 정도로 크다. 이런 이유로 대부분의 국가에서는 정부활동의 연속성을 보장하고, 국민생활의 안녕을 확보하기 위해 공무원의 단체행동권을 부인하거나 상당 정도 제한하고 있다.

3) 노사 대항적 요소의 취약

공무원 노사관계에서는 민간 노사관계에서 발견되는 사용자와 근로자 사이의 명확한 대결 양상을 찾기 힘들다. 물론 정부조직 내의 상급자와 하급자 사이에 서로 대립되는 입장을 취하는 경우가 있으나, 본질적으로 공무원 노사관계의 사용자는 국민이며 모든 공무원은 '피고용인'이라고 할 수 있다. 따라서 공무원 노사관계는 민간에 비해 노사 대항적 요소가 약하기 때문에 노사관계의 운영을 무책임하게 만들고 '노사 담합'으로 이어질 가능성에 대한 우려가 존재한다.

생각해 봅시다

공무원 연금 '셀프개혁'키로 … 당 경제혁신특위 '반발'

안전행정부가 향후 공무원 연금 개혁을 주도하기로 했다. 사실상 '셀프개혁'이라는 비판도 나온다. 그간 공무원 연금 개혁을 주도했던 새누리당 경제개혁특별위원회는 이 같은 결정에 반발하며 활동 중단을 시사하는 등 정부・여당 내에서부터 잡음이 일고 있다. 청와대와 정부, 새누리당은 29일 서울 삼청동 총리공관에서 당・정・청 실무회의를 열어 공무원연금을 정부안을 중심으로 논의하기로 했다. 안전행정부가 공무원노조 등의 의견을 종합해 안을 만든 후 당정 협의를 통해 최종 결정하는 방식이다. 이 같은 결정은 그간의 논의 과정과 결을 달리한다. 그동안 새누리당과 청와대는 개혁의 대상인 '공무원'이 이해 관계와 밀접한 공무원연금을 직접 개혁할 수 없다고 보고, 당 내 경제혁신특별위원회를 신설해 개혁안 마련에 주력했다. (중략)

그러나 지난 22일 당 개혁특위와의 공조를 통해 발표된 한국연금학회의 연금개혁안이 공무원 집단의 강력한 반발에 부딪히면서 개혁 주체를 둘러싸고 당・정・청 간의 핑퐁게임이 시작됐다. 당 경제혁신특위는 변함없는 개혁 의지를 나타냈으나 문제는 이에 힘을 실어줄 당 지도부였다. 당내에서는 공무원 연금 개혁 필요성에 공감하면서도 공직사회의 반발이 거세지자 절충론과 속도조절론이 제기되었다. 이날 당・정・청 회의 결과도 이러한 기류를 반영한 것으로 여겨진다. 공무원 연금 개혁안을 만들어 왔던 당 경제혁신특위는 활동 중단을 선언하는 등 즉각 반발하고 있다.

이한구 위원장은 이데일리와의 통화에서 “더 이상 우리가 작업할 이유가 없다”고 말했다. 그는 “공무원 연금 개혁안에 대해 좀 더 여론 수렴을 한 뒤 최종안을 내려고 했는데 정부가 더 이상 못 기다리고 엇박자를 냈다”며 “정부가 개혁안을 주도하면 일정은 빨라질 수 있지만 사실상 하나마나한 내용이 되거나 공무원 집단의 혜택을 늘려주는 쪽으로 갈 수 있다”고 우려했다. 관건은 정부가 만들어낼 개혁안이 얼마나 ‘개혁적’일 수 있느냐이다. 공무원 스스로 자신의 허리띠를 조이는 것과 다름없기 때문이다. 일각에서는 공무원 연금 개혁을 빌미로 공무원에게 호주머니만 더 늘려 주는 꼴이 되는 것이 아니냐는 우려의 목소리도 나온다. 실제로 정부는 공무원 직급에 관계없이 보수를 대폭 인상하는 보수 체계 개편안을 검토하고 있는 것으로 알려졌다 (이데일리, 2014.9.29).

4) 국민 전체의 관심 대상

공무원 노사관계는 공무원 노사 당사자 간의 문제에 그치지 않고, 국민 전체의 관심사가 된다는 특징이 있다. 왜냐하면 국민이 공무 수행의 대상인 동시에 공무원의 보수를 제공하기 때문이다. 따라서 공무원 노사관계는 그 형성과 발전에 일반 국민들의 여론에 크게 영향을 받는다. 달리 말하면 공무원 노사관계는 민간기업 노사관계와는 달리 대단히 높은 ‘정치성’을 띤다고 할 수 있다.

5) 근로 조건의 법정주의

민간 부문의 근로 조건은 기본적으로 당사자 간의 자주적이고 자율적인 계약에 의해 결정되지만, 공무원의 근로 조건은 원칙적으로 법령에 의해 결정되며 따라서 노동시장의 일반적 메커니즘(수요-공급에 따른 가격 결정)이 작동하지 않는다. 예를 들어, 임금 교섭의 경우, 임금 결정에 대한 재량권이 정부 교섭대표가 아닌 국회와 예산책임 부서에 있기 때문에 공무원노조는 교섭대표를 우회해 국회 또는 실질적인 정치적 권한을 지닌 정부부처와 임금 교섭을 성사시키려는 노력을 강화하게 되고, 이는 궁극적으로 공무원노조의 ‘정치활동’ 강화로 귀결된다.

6) 높은 조직률과 산별 노조 특성

공무원노동조합은 조직률 면에서 민간 부문에 비해 월등히 높은 특징을 갖는 것이 일반적이다. 전 세계적으로 민간 부문 조직률은 20세기 후반에 하락 추세를 보이고 있는 반면에, 공무원노조 조직률은 지속적인 증가 추세와 함께 높은 수준에서 안정적인 상태를 유지하고 있다. 또한 공무원노조는 근무 조건이 동일한 단일 업종으로 구성되기 때문에 산별 노조의 성격을 띠는 경우가 많다.

3. 민간과 공무원의 노사관계 제도 비교

현재 각국이 도입·운영하고 있는 공무원 노사관계 제도의 대부분은 민간 부문의 경험과 제도를 모방한 것이다. 그러나 정부와 기업은 여러 가지 측면에서 서로 다르며, 따라서 노사관계에서도 민간과 구별되는 접근 방법이 요구된다.

던롭(Dunlop, 1958)은 한 사회의 노사관계 제도가 당사자, 규칙, 이념, 그리고 환경 등의 네 가지 기본적인 요소로 구성된다고 보았다. 여기서는 던롭의 모형을 기초로 이념, 규칙, 노사관계의 당사자 등 세 가지 측면을 중심으로 공사 부문 간 노사관계 제도의 차이를 비교해 보고자 한다.

1) 노사관계의 이념

20세기 들어 각국이 추구해 온 민간 부문 노사관계 정책의 주요 목적은 "단체교섭의 제도화를 통해 고용주의 횡포로부터 종업원을 보호하는 것"이었다. 이를 위해 각국의 의회는 노조 설립과 단체교섭 활성화를 위한 법률을 지속적으로 제정해 왔다. 민간 부문과 공무원 노사관계의 주요 이념은 각각 다섯 가지로 다음과 같이 요약될 수 있다.

민간 부문 노사관계의 주요 이념
1. 단체교섭은 노사 갈등을 줄이고 경제활동을 촉진하기 위한 제도이다.
2. 모든 노동자는 노동조합에 가입(혹은 가입을 거부)할 자유를 지닌다.
3. 노사 교섭권은 상호 균형을 이루어야 한다.
4. 극히 예외적인 경우가 아니면, 단체교섭 과정에서 공익보다 당사자 이익을 우선적으로 고려해야 한다.
5. 노조는 민주적 조직이므로 노조 지도자는 궁극적으로 조합원에게 책임을 져야 한다.

공무원 노사관계의 주요 이념
1. 단체교섭은 공공 의사 결정을 위한 합법적인 수단이므로 공무원에게도 단체교섭권은 기본적 권리로서 인정되어야 한다. 2. 공무원은 노조에 가입(혹은 가입을 거부)할 자유를 가진다. 3. 노조의 교섭권은 노조의 대표권과 상응해야 하지만, 경영권과 대등해야 한다는 것을 의미하지는 않는다. 4. 특정한 상황이나 조건 하에서는 당사자 이익보다 공익이 우선되어야 한다. 5. 노조는 민주적 조직이므로 노조 지도자는 궁극적으로 조합원에게 책임을 져야 한다.

자료: Perry & Anderson(1994: 15–16).

두 부문 간의 노사관계 이념의 차이점을 요약하면, 공무원 단체교섭에는 민간과는 달리 '경제활동의 촉진'과 같은 고도의 도구적 정당성이 존재하지 않는다. 따라서 공무원의 단체교섭 제도의 도입은 '공공 의사 결정을 위한 기본적 권리의 보장'과 같은 규범적인 요구에 의존하고 있다. 또한 공무원 노사관계의 이념은 "특정한 상황에서는 당사자 이익보다 공익을 우선할 수 있다"는 점에서 민간 부문과 구별된다.

2) 노사관계의 규칙

노사관계의 규칙은 노사관계 제도를 규율하는 법률적 환경을 의미한다. 공사 부문의 단체교섭을 둘러싼 법률적 환경은 ① 단체교섭의 범위, ② 노동쟁의 해소, ③ 노조 보호 장치, ④ 초급관리자의 교섭권 등과 관련해 차이가 있다. 이를 구체적으로 살펴보면 다음과 같다.

(1) 단체교섭의 범위

단체교섭의 범위는 노사 간에 합법적으로 협상할 수 있는 쟁점의 범위를 의미한다. 민간 부문에서 교섭 쟁점은 ① 의무 조항, ② 허용 조항, ③ 금지 조항 등으로 구분해 다루는 것이 일반적이다.[1] 민간 부문에서는 보통 임금, 노동 시간, 그리고

1) 의무 조항은 고용주가 반드시 교섭요구에 임해야 하는 의무 주제이며, 허용 조항은 반드시 교섭할 의무는 없으나 당사자의 합의에 의해 교섭이 가능한 주제이며, 금지 조항은 그 주제에 대해 합의하는 것이 원천적으로 위법이기 때문에 양자가 합의한 경우에도 효력을 발생할 수 없도록 정한 주제이다.

여타의 다양한 고용 조건들이 가능한 교섭 쟁점으로 간주되고 있다.

한편, 공무원의 경우 종업원 권리와 공익 사이의 균형을 유지하기 위해 교섭 쟁점의 범위를 보다 엄격하게 제한하고 있다. 따라서 임금이나 연금과 같은 각종 복지 제도가 교섭 대상에서 제외되는 경우가 있으며, 유니온 숍(union shop)이나 실적주의 인사 원칙 등에 대한 교섭도 금지하고 있는 것이 일반적이다.

(2) 노동쟁의 해소

단체교섭 당사자 간에 교섭 쟁점에 관한 합의가 순조롭게 이루어지지 못해 교섭이 중단되는 경우가 발생하는데 이를 노동쟁의의 발생이라고 부른다. 이 경우, 노동쟁의를 해소하기 위해 다양한 방법을 동원하게 된다. 공무원과 민간 부문 간에는 노동쟁의를 해소하는 방법에도 큰 차이가 있다.

민간 부문에서는 파업권(단체행동권)을 노동쟁의를 해소하기 위한 필수적이고 효과적인 수단으로 간주한다. 파업이 발생하면 노사 양측 모두는 임금과 생산 손실의 비용을 감수해야만 하기 때문에, 가능한 조속히 노동쟁의 상태를 해소하기 위해 적극적으로 나서게 된다. 따라서 파업권이 광범위하게 인정되고 있는 민간 부문의 단체교섭에는 노동쟁의 해소를 위한 별도의 절차를 마련할 필요가 상대적으로 적다.[2)]

반면에 공무원의 단체행동은 줄곧 부정적으로 이해되어 왔다. 그러나 오늘날 대부분의 국가에서는 공무원의 단체행동권을 전적으로 금지하거나 허용하는 극단적인 방법보다는 분쟁을 신속하게 해소하기 위한 다양한 절차를 파업권에 대한 보완책으로 도입하고 있다. 이 방법들 중에서 대표적인 것이 알선, 사실 수집, 중재이다(이에 관해서는 제4절에서 자세히 설명했음). 이런 방법들은 민간 부문에서도 종종 활용되고 있지만 공무원 단체교섭에서 그 유용성이 더욱 크다고 할 수 있다.[3)]

---

2) 우리나라 「노조법」 제45조는 조정전치주의를 정하고 조정 절차를 거치지 아니하면 쟁의행위를 할 수 없도록 규정하고 있다. 노사 당사자는 노동쟁의가 발생하면 상대방에게 서면으로 통보하고 쟁의행위를 하기 위해서는 노동위원회에 조정을 신청해야 한다.

3) 미국의 경우 22개 주에서 교섭 교착 상태의 해결책으로 강제중재 제도를 의무화하고 있고, 의무화하지는 않지만 이 제도를 허용하고 있는 주도 14개나 된다(Dilts, Deitsch, & Rassuli, 1992).

■ 노동쟁의(labor dispute)

노동조합과 사용자 혹은 사용자 단체 간에 임금, 근로 시간, 복지, 해고 기타 대우 등 근로 조건의 결정에 관한 주장의 불일치로 인해 발생한 분쟁 상태를 말한다. 이 경우 주장의 불일치는 당사자 간 합의를 위한 노력을 계속해도 더 이상 자주적 교섭에 의한 합의가 곤란한 상태를 말한다. 노동쟁의는 단체교섭이 결렬되면 사실상 발생하게 되지만, 「노조법」상으로는 노동관계 당사자 중 어느 한쪽이 상대방에게 서면으로 통보한 때부터 객관적으로 존재한다.

■ 쟁의행위(industrial action)

쟁의행위란 파업, 태업, 직장 폐쇄, 기타 노동관계 당사자가 그 주장을 관철할 목적으로 행하는 행위와 이에 대항하는 행위로서 업무의 정상적인 운영을 저해하는 행위를 말한다.

■ 단체행동(collective action)

단체행동이란 근로자 측의 입장에서 자신의 주장을 관철할 목적으로 행하는 파업, 태업 등의 쟁의행위와 쟁의행위 외의 가두시위, 집회, 완장 착용 등을 모두 포함하는 개념이다. 쟁의행위와 그 밖의 단체 행동을 구별하는 기준은 노무 제공을 거부함으로써 업무의 정상적인 운영을 저해하는지 여부인데, 단체행동은 그 행위가 반드시 업무의 정상적인 운영을 방해하지 않는다는 점에서 쟁의행위보다 넓은 개념이다.

(3) 노조 보호 장치

노조 보호 장치는 노동조합의 지위를 보호하기 위한 일종의 계약 절차로서, 노조가 교섭 단위 내의 전체 구성원을 배타적으로 대표할 수 있어야 한다는 논리를 반영하고 있다. 노조가 강제적으로 조합원 가입과 조합비 징수를 할 수 있는지 여부는 노조 보호(union security)의 중요한 조건으로 간주되어 왔는데, 노조가 이런 능력을 가질 경우 조합비를 내지 않고 노조가 제공하는 혜택만 누리려는 무임승차자(free-rider) 문제를 해결할 수 있기 때문이다.

노조 보호 장치가 확고할수록 노조는, 사용자와 관계에서 좀 더 대등한 교섭력을 갖출 수 있다. 민간 부문에서는 다양한 노조 보호 장치가 개발되었으며 노사 간의 합법적인 단체교섭 쟁점으로 인정되어 왔다(<표 9-1> 참조).

표 9-1 노조 보호 장치의 종류와 특징

보호 정도	유 형	고용주 의무	종업원 의무	공무원단체교섭에서의 활용
최대	클로즈드 숍 (closed shop)	조합원만을 고용하고 고용 유지	고용 조건으로 조합원 지위 유지	금지(민간에서도 불법)
	유니온 숍 (union shop)	시보 기간 이후의 고용조건으로 조합원 신분 요구	노조 가입과 고용 기간 동안 조합원 신분 유지	대체로 금지
중간	조합원 신분 유지	협약 유효 기간 동안 조합원 신분을 유지하도록 요구	협약 유효 기간 동안 노조원 지위 유지 협약 말에 '탈출' 허용	빈번히 활용
	에이전시 숍 (agency shop)	종업원에게 노조 가입을 요구하거나 조합비와 대등한 노조의 서비스 비용을 지불하도록 요구	노조에 가입하거나 조합비와 가입비에 해당하는 비용 지불	활용 빈도 증가
	공정한 몫	노조 가입 혹은 단체교섭 비용 지불 요구	노조 가입 혹은 종업원 대표 소요비용 지불	에이전시 숍 대체 절차로 활용 증가
최소	체크오프 (check-off)	종업원 본인 승인 하에 매월 조합비 공제, 노조에 송금	조합비 월급 공제 자발적 서명	보편적 활용

자료: Gershenfeld & Gershenfeld(1983).

한편, 공무원노조에서 노조 보호 장치는 훨씬 제한적으로만 인정되고 있다. 예를 들어, 미국에서는 민간 부문에서 보편적으로 인정되고 있는 유니온 숍(union shop)을 공무원노조에 대해서는 거의 허용하지 않고 있다.

■ 에이전시 숍(agency shop)

노조 가입 여부와 관계없이 모든 종업원에게 조합비를 징수하는 제도이다. 이 제도는 노조에 가입하지 않은 근로자들이 조합비 납부의 의무를 회피하는 반면에, 노조가 제공하는 편익은 조합원과 마찬가지로 향유하려는 소위 무임승차 심리를 예방하는 동시에 노조 가입률을 높임으로써 노조보안을 강화할 수 있는 방법이다.

■ 조합원 신분 유지(maintenance of membership)

일단 단체협약이 체결되면 기존의 조합원은 물론이고 단체협약이 체결된 이후에 가입한 조합원도 협약 유효 기간 동안 조합원 자격을 유지하도록 의무화하는 제도이다.

(4) 초급관리자(supervisor)의 교섭권

민간 부문의 경우 고용 · 해고 · 승진 · 징계권을 행사하는 관리직에 대해서는 교섭권을 엄격히 제한하는 것이 일반적인 경향이다. 반면 공무원 노사관계에서는 초급관리자(supervisor)의 교섭권 허용에 한층 유연한 태도를 보여 주고 있다.[4)]

3) 노사관계의 당사자

던롭(Dunlop, 1958: 7)은 노사관계의 주요한 당사자로 ① 사용자(사용자단체), ② 노동자(노동조합), ③ 노동자, 기업, 노사관계에 관심을 가진 정부조직들, 그리고 당사자 ①과 ②에 의해 설립된 민간 전문기관을 포함시켰다.[5)]

민간 부문의 노사관계는 노사 간 양자 관계라는 견해가 지배적이다. 따라서 정부나 민간 전문기관은 노사 간에 극단적인 갈등이 발생하는 경우에만 제한적으로 노사관계에 개입할 수 있으며, 그 경우에도 양자가 합의한 규칙에 의거하도록 하고 있다. 그 결과 민간 부문 당사자의 역할은 명확히 정의되어 있으며 역할 간에 갈등 발생의 소지도 그만큼 적다. 한편, 공무원 노사관계에서는 노 · 사 · 정 이외에도 입법부, 납세자, 이익집단, 그리고 언론기관 등의 다양한 주체들이 당사자로 간주된다. 공동체 다자주의(community multilateralism)로 불리는 이러한 공무원 노사관계의 특징은 노사 당사자주의를 매우 어렵게 만든다(Juris & Feuille, 1973).

또한 공무원 노사관계에서는 정부 사용자들 사이의 역할 갈등 가능성이 매우 높다. 노사관계 주무부서가 아닌 정부기관(예를 들면, 국회나 예산부서 등)이 단체교섭에 개입하는 경향이 높아, 노조가 입법부나 언론에 직 · 간접적인 로비를 통해 자신들이 원하는 협약안이 단체교섭에서 채택되도록 압력을 가하는 경향이 뚜렷하다.[6)] 노사관계의 사용자가 정부 내의 여러 부서에 분산되어 있을 때 노사관계 당

---

4) 미국의 88개 공무원노조 관련 법령을 분석한 더글러스(Douglas, 1987)는 단지 27%의 법령만이 초급관리자의 단체교섭권을 부인했고, 이 중 30%는 초급관리자를 위한 별도의 노조를 구성하도록 했으며, 나머지 43%는 일반 노조가 초급관리자를 위한 교섭을 수행할 수 있도록 허용하고 있다고 보고했다.

5) 여기서 노사관계의 당사자는 단체교섭의 당사자와는 다른 개념이다. 단체교섭의 당사자는 단체협약의 체결을 목표로 하는 단체교섭의 책임이 있는 법적 당사자로, 근로자 측 당사자는 근로자 개개인이 아니라 노동조합이다.

6) 주어리스와 피울(Juris & Feuille, 1973)은 이런 현상을 공동체 다자주의(community multila-

사자 간의 역할 갈등은 더욱 증가된다. 특히 행정부 교섭대표가 최종적인 예산결정권을 가지고 있지 못한 경우가 대부분이기 때문에 순조로운 교섭 타결이 방해받는 경우가 드물지 않게 발생한다.

제 2 절 공무원 노사관계 제도의 발전

1. 국제적 경향

공무원노동조합과 단체교섭 제도는 민간에 비해 상대적으로 늦게 정착되었다. 민간 부문에서는 단체교섭이 제도화된 뒤에도, 정부는 상대적으로 높은 임금과 안정적인 고용을 보장하는 대신 공무원의 노조 가입과 단체교섭을 허용하지 않았다. 이 시기에 공무원들은, 비록 정부가 일방적으로 근로 조건을 결정했지만 결과적으로는 민간에 비해 양호한 근로 조건을 누릴 수 있었으므로 정부를 '선량한 사용자'로 인식했으며, 정부와 우호적인 협력 관계를 유지할 수 있었다.

그러나 자본주의 경제 발전으로 민간경제 부문의 생산성이 급속히 향상되고, 근로자의 단결 및 노동 보호를 위한 법률 제정으로 근로 조건이 급속히 개선되자 두 부문 간의 근로 조건의 우열이 역전되었으며, '선량한 사용자'로서의 정부 이미지도 급속히 퇴색되었다. 동시에 전체 국민에게 다양한 복지 서비스를 제공하는 적극적인 복지국가의 요구가 증대되면서, 공공 서비스 수요가 증대되고 이를 충족시키기 위한 정부 규모의 확대가 불가피해졌으나 한정된 예산 범위 내에서 공공 서비스의 수요 증가에 부응하기 위해서는 서비스의 경제적 효율성 증대에 관심을 기울이지 않을 수 없게 되었다. 그 결과 정부는 효율적인 공공 서비스의 공급을 위해 공무원의 임금 인상을 억제하기 시작했다.

다른 한편으로 정부는 국민경제 전체의 견지에서 물가 인상을 억제하고 경제적인 안정을 꾀하기 위해 소득정책을 펴게 되었는데, 민간 부문의 임금 인상 억제책

teralism)와 구별해 정부 다자주의(government multilateralism)로 지칭한다.

의 하나로 공무원의 임금 인상을 제한했다. 이러한 원인들로 인해 공무원의 근로 조건이 상대적으로 열악해지자, 공무원들도 임금 및 근로 조건의 향상을 위해 노조를 조직하고 정부를 상대로 단체교섭을 요구하게 되었다.

노동운동 초기에 대부분의 나라에서는 공무원의 단결을 불법으로 규정하는 억압적인 통제정책을 시행했으나, 결국에는 단결권과 단체교섭권을 법적으로 인정하게 되었다. 현재 많은 나라에서 공무원들은 민간 근로자들보다 더 잘 조직화되어 있으며, 그들의 근로 조건을 결정하는 데 영향력을 증대시켜 가고 있다(Tiziano, 1987: 1－6).

2. 각국의 공무원 노사관계 제도 발전

1) 미 국

미국에서도 공무원 노사관계 제도는 민간 부문과 같이 순조롭게 발전되지 못했다. 민간 노사관계는 1935년 「와그너법」(Wager Act)의 제정을 계기로 빠르게 제도화되었지만, 공무원노조의 활동의 집단행동을 허용하기 시작한 것은 그보다 20여 년 후인 1960년대 초의 일이다.[7)]

(1) 억압기(1960년대 말까지)

주권 원칙(sovereignty principle)은 초기 미국 공무원노조의 성장을 억압한 핵심적인 이념의 하나였다. 루스벨트(T. Roosevelt) 대통령과 태프트(W. H. Taft) 대통령은 주권 원칙을 내세워 공무원의 노조 설립을 허용하지 않았다(Kearney, 1992). 공무원 인사 제도의 발달도 공무원노조의 정당성을 약화시켰다. 민간노조

---

7) 미국 연방공무원에게 단결권을 보장한 최초의 법률은 1912년의 「로이드－라폴렛법」(Lloyd-LaFollette Act)이다. 그러나 이 법은 단체교섭권을 보장하지는 않았다. 민간 노동자들은 1935년 제정된 National Labor Relations Act(NLRA)에 의해 최초로 단체교섭권을 부여받았다. NLRA가 1947년 Labor Management Relations Act(LMRA)로 개정되고, 1959년 다시 Labor Management Reporting and Disclosure Act로 재개정되는 과정에서 연방 및 주정부 공무원은 법률의 적용 대상에서 배제되었다. 공무원의 단체교섭권은 그 이후에 인정되었으며 정부 수준마다 이질적으로 규정되었다. 연방정부 수준에서는 1962년 케네디 대통령의 대통령령(Executive Order) 10988호가 연방공무원에게 단체교섭권을 처음으로 부여했다.

와 단체교섭은 노동자의 고용 안정을 도모하고 임금, 근로 시간, 근로 조건 등을 개선하는 주요한 수단으로 간주되었으나, 정부에서는 이 같은 쟁점의 대부분이 실적주의 개혁과 같은 인사 제도의 발달로 자연스럽게 해소되었다.

1883년 제정된 「팬들턴법」(Pendleton Act)은 지식 · 전문성 · 공정성을 강조하는 실적주의 인사 제도를 발전시켰으며, 직위분류제의 도입은 중립적이고 효율적인 고용 풍토를 조성하는 데 일조했다. 1912년 제정된 「로이드-라폴렛법」(Lloyd-LaFollette Act)은 부당 해고로부터 공무원을 보호하는 조항을 신설했는데, 이후 40여 년 간 이 법률은 연방공무원에게 민간 노동자들이 누리지 못한 강력한 고용 보장 혜택을 제공했다.

1967년 이전까지 주 및 지방정부 공무원의 노조 설립과 가입은 1892년 메사추세츠 대법원의 판례(McAduliffe v. The City of New Bedford)에 의해 억압되었다. 이 판결에서 주대법원은 공무원 노사관계의 사용자는 종업원(공무원)에게 고용의 전제 조건으로 단결권 포기를 요구할 수 있다고 판시했다.

(2) 성장기(1960~1970년대)

1960년대와 1970년대에 공무원노조의 성장을 촉진한 요인들은 복잡하고 다양하지만 대체로 ① 정부 규모와 역할의 증대, ② 민간 부문의 경험, ③ 공공 부문 법률 환경의 변화, ④ 사회 변화와 혼란 등 네 가지 요소로 요약할 수 있다(Kearney, 1984: 11). 그 중에서도 공무원노조가 민간노조와 대등한 관심을 받기 시작한 결정적인 계기는 연방공무원의 단결권을 보장한 1962년 케네디(J. F. Kennedy)의 대통령령 10988호이다. 그러나 이 조치만으로는 공무원의 노동운동을 보장하기에 충분하지 않았다.[8] 1969년 닉슨(R. Nixon)의 대통령령 11491호는 노사관계 프로그램을 관리할 연방노사관계협의회(Federal Labor Relations Council)와 연방서비스교섭분쟁위원회(Federal Service Impasse Panel)를 설치해 교섭 분쟁을 해결하도록

8) 이 규정에 따라 연방공무원의 교섭대상 쟁점은 주나 지방정부 공무원이나 여타의 비영리기구 혹은 민간 근로자의 그것에 비해 상대적으로 협소하게 규정되었다. 예를 들어, 연방공무원은 봉급과 부가급여에 대한 단체교섭이 허용되지 않았으며 정치활동도 크게 제한되었다. 봉급과 부가급여는 대통령과 의회에서 일방적으로 결정하도록 했다. 파업권은 금지되었으며 연방공무원의 노조 가입을 강제하는 일체의 노조 보호 장치도 허용되지 않았다.

함으로써 그동안 공공관리자가 독점해 온 공무원 노사분쟁 해결 과정에 제3자 개입을 허용했다. 한편, 1975년 포드(G. Ford)의 대통령령 11838호는 단체교섭 범위 및 고충처리 절차의 적용 범위를 대폭 확대함으로써 공무원 노사관계의 지평을 한층 넓혔다.

1978년 제정된 「공직개혁법」(Civil Service Reform Act: CSRA)은 공무원 노사관계를 대통령의 통제에서 독립시키고 법률적 기반을 제공했다. 일명 「연방서비스노사관계법령」(Federal Service Labor Management Relations Statute: FSLMRS)으로 불리는 이 법의 제7장(Title VII)이 연방정부의 노사관계를 규율하게 된 것이다.[9] CSRA는 연방공무원의 노조활동과 인사관리에 구조적인 변화를 가져왔다. 이 법에 의해 신설된 연방노동관계청(Federal Labor Relations Authority: FLRA)은 적정 단체교섭 단위 결정과 선거 감독, 배타적 교섭기구 인준, 교섭 기구의 결정에 대한 이의 신청 처리, 청문회 개최, 그리고 부당노동행위에 대한 처리 등의 역할을 수행했다(Shafritz et al., 1992: 346－347).[10]

한편, 연방정부와는 달리 50개 주와 수많은 지방정부의 노사관계 법률환경은 매우 복잡하다. 주와 지방정부 공무원의 단체교섭을 규율하는 법제가 각 주마다 그리고 각 지방정부마다 다르기 때문이다. 이미 언급한 바와 같이 1967년 이전까지 주 및 지방정부 공무원의 노조 설립과 가입은 1892년 매사추세츠 대법원의 판례에 의해 통제되었으나, 1959년 위스콘신 주에서 최초로 지방정부 공무원의 단체교섭을 의무화하는 법률을 제정한 이래로 현재까지 23개 주정부에서 소속 공무원에게 단체교섭권을 부여하는 법률을 채택하고 있다(Bennett & Masters, 2003). 그러나 나머지 27개 주는 공무원의 단체교섭권을 보호할 법적 장치를 갖추지 않고 있으며, 이 중 일부 주의 공무원들은 조례, 주지사 명령, 혹은 제한적인 주법에 의거해 단체교섭을 진행하고 있다(Kreisberg, 2004).

요약하면 이 시기에는 공무원 단체교섭을 둘러싼 법률환경 변화에 힘입어 공무

9) 마스터스와 올브라이트(Masters & Albright, 2003: 176)는 FSLMRS에 대해 "노조는 극히 제한된 교섭범위를 갖게 되었으며 파업권도 없고 (사용자의 동의 없이) 교섭결렬 상태를 해소할 중재를 요청할 권한도 없었으며, 아무런 노조 보호 장치도 얻지 못했다"고 주장했다.

10) 이 기구는 민간 부문에서 National Labor Relations Board(NLRA)가 수행하는 기능을 공공 부문에서 수행한다고 볼 수 있다.

원노조가 크게 성장했다. 1960년에 100만 명 남짓하던 조합원수가 1978년에는 600여만 명으로 증가했으며, 공무원노조 조직률 기준으로도 같은 시기 12.8%에서 39.4%로 변화해 300% 가까이 증가했다(하재룡, 2009: 12).

(3) 정체기(1980년대 이후)

1981년 발생한 항공관제사 총파업은 미국 공무원노조를 약화시키는 직접적인 계기가 되었다. 공무원들은 노조의 존재 가치에 의구심을 갖기 시작했으며, 자신들의 권리를 보호할 제도로서 노조보다 입법 절차에 더 많은 신뢰를 보이기 시작했다.[11)]

레이건(R. Reagan) 행정부에서 급속히 확산된 공무원노조 무용론은 클린턴(B. Clinton) 행정부에서 잠시 누그러지는 듯했다. 클린턴 대통령은 효율적인 국정관리를 위해 노조와의 협력이 중요하다는 점을 강조하면서 대통령령 12871호를 통해 국가파트너십협의회(National Partnership Council: NPC)를 창설했으며, 모든 연방정부 부서에서 노사 파트너십을 진작시키기 위한 종합적인 계획을 수립했다(Albright, 2004). 노사 대표로 구성된 NPC는 행정부의 노사관계에 관해 대통령을 자문하도록 했다. 더 나아가 대통령령 12871호는 모든 연방부서가 노조와 파트너십을 구축하도록 요구했다. 클린턴 대통령은 이 명령을 통해 "연방정부 노사관계를 변화시켜 사용자, 종업원, 그리고 종업원이 선택한 노조대표들이 동반자 역할을 할 수 있어야만 정부개혁에 필요한 종합적인 변화를 계획하고 실행할 수 있다"고 주장했다(Clinton, 1993: 1).

이후 약 7년 간 미국 공무원 노사관계는 비교적 안정되었다. 많은 부서의 사용자들은 단체교섭의 범위를 넘어서는 쟁점들에 관해서도 적극적으로 노조대표와 협의하는 태도를 보였다. 그러나 이후 집권한 부시(G. Bush) 행정부의 정책은 크게 달라졌다. 취임 직후 부시는 대통령령 13203호를 발효시키고, NPC를 해체하는 동시에 노조와 파트너십을 유지하도록 한 클린턴 행정부의 훈령을 폐기했다(Thom-

---

11) 헥셔(Heckscher, 1988)는 노조가 제공할 것으로 기대했던 공무원의 고용 보호 기능을 공무원 인사제도가 대신 제공하고 있다고 주장했다. 종업원 경영참여 제도의 활성화도 노조를 통한 단체교섭의 효용성을 감소시켰다. 소식의 의사 결정 과정에 종입원의 참여를 허용하는 프로그램이 관료화되고 통제된 단체교섭보다 훨씬 우호적으로 인식되고 있다.

pson, 2007). 2001년 여름 부시 대통령은 정부혁신을 위한 관리의제(Management Agenda)를 발표하고 관리유연성 및 관리자 권한 강화, 그리고 정부를 경쟁에 노출시킬 것을 천명했다(Office of Management and Budget, 2001).[12] 이 모든 조치는 공무원에 대한 관리자의 통제를 강화함으로써 조직성과를 개선할 수 있다는 신념에 기초를 두고 있었다.

부시 대통령은 2001년 9·11 사태 이후 연방공무원의 단체교섭권을 더욱 약화시켰다. 운송안전부(Transportation Security Administration) 소속 공무원의 단체교섭권을 박탈했으며(Tobias, 2004), 신설하는 국토안전부(Department of Homeland Security) 공무원에게 「연방공무원노사관계법」이 정한 권리를 인정하지 않았다(Naff & Newman, 2004). 한편, 2002년 1월 발효된 대통령령 13252호는 법무부 산하의 여러 부서를 FSLMRS의 보호 대상에서 제외시켰으며(Pynes, 2004), 2003년 1월에는 국가안보를 이유로 National Imagery and Mapping Agency 소속 공무원의 단체교섭권을 부인했다. 부시 행정부에 의해 조성된 적대적인 노사관계 분위기를 틈타 많은 연방부서들은 유사한 조치들을 취했다.

그 결과 미국 전체 공무원노조의 조직률은 1990년대 이후 약 20년 간 36~37% 선에서 정체되었다(하재룡, 2009: 16-27).

(4) 공무원노조의 변화(1960~2000년대)

1960~1970년 기간 동안 공무원을 포함하는 공공 부문 노조의 조합원 수는 약 93만 명에서 약 408만 명으로 4배 이상 증가했다. 이후에도 조합원 수는 꾸준히 증가하여 민간노조가 주도해 오던 미국 노동운동을 1995년에는 공무원노조를 포함하는 광의의 공공 부문 노조가 주도하게 되었다. 전체적으로 볼 때, 1950년대 이래 노조의 전국 조직률은 지속적으로 감소해 1995년에는 14.9%까지 감소했다. 민간 부문 노조의 조직률 감소는 더욱 심각한데 1970년에 22.2%이었던 것이 1995년에는 10.4%로 낮아져 25년 간 50% 이상 감소했다.

12) 구체적으로 부시 대통령은 연방공무원이 수행해 온 업무에 대해 민간 계약자들의 경쟁 참여를 허용하도록 했으며, '본질적으로 정부의 업무로 분류되지 않는' 업무의 약 50%(약 425,000개 직위)를 민간에 이양하도록 조치했다(Tobias, 2004).

반면에 공공 부문 조직률은 1970년에 32.5%에서 1995년에 37.8%로 증가했다. 더욱 극적인 변화는 전체 노조원 수에서 공공 부문 노조에 소속된 노조원 수의 비중인데, 이 비중은 1970년에 불과 19.2%였던 것이 1995년에는 42.3%로 25년 간 2배 이상 증가했다. 2000년 이후에도 민간과 공공 부문 노조의 대조적인 조직률 경향은 그대로 유지되고 있다(<표 9-2> 참조).

표 9-2 민간과 공공 부문 노조원 규모 비교(2000~2006)

연 도	민간 부문 노조원 수(천 명)	공공 부문 노조원 수(천 명)
2000	9,219	7,115
2001	9,148	7,157
2002	8,800	7,346
2003	8,452	7,324
2004	8,205	7,267
2005	8,255	7,430
2006	7,981	7,378

자료: Bureau of Labor Statistics(2007).

2) 영 국

(1) 억압기(1940년대 이전)

영국 정부는 19세기 초까지 노동자의 단결을 엄격히 통제했다. 이러한 탄압 일변도의 노조정책은 1824년의 「단결금지철폐법」(Combination Laws Repeal Act)의 제정과 함께 변화하기 시작했으며, 마침내 1871년 「노동조합법」(Trade Union Act)의 제정으로 노동자의 단결권이 보장되었다. 그러나 공무원에 대해서는 이보다 훨씬 늦은 1927년에 제정된 「노동쟁의 및 노동조합법」(Trade Disputes and Trade Unions Act)에 의해 일부 공무원에 대해서만 단결권을 제한적으로 보장했다.[13]

13) 이 법은 국왕이 고용한 공무원에게만 단결권을 보장했다.

(2) 성장기(1940~1960년대)

1946년 제정된 「노동조합 및 노동쟁의법」은 공무원을 포함한 전체 공공 부문 근로자에게 민간 부문 노동자와 동등한 수준의 단결권을 보장했다. 현재 영국은 군인, 경찰을 제외한 모든 공무원에 대해 단결권, 단체교섭권 및 단체행동권을 제한하는 어떤 법률도 갖고 있지 않다. 다만 경찰과 군인에 대해서는 파업을 법으로 금지하고 있다.

그러나 단체행동을 금지하는 법률이 없음에도 불구하고 공무원의 쟁의행위가 발생한 경우는 거의 없다. 영국의 공무원들은 직무에 대한 전통적인 자각과 중재 제도에 의한 분쟁 해결이 가장 합리적이라는 태도를 지니고 있기 때문이다. '노사 자치주의(voluntarism)'를 중시하는 영국의 노사관계 전통은 공무원 노사문제도 노사 당사자에 의해 해결되는 것이 옳다는 인식을 확산시켜, 분쟁 해소도 강제중재로 해결하는 경우는 거의 없다.

■ 노사자치주의

노사자치주의란 노사가 자유로운 단체교섭에 의해서 단체협약을 체결하고 그것을 통해 노사 간의 자치규범을 만들며 노사관계를 자주적으로 형성하는 것을 의미한다. 이를 위해 노사는 각자의 자유와 자주성을 존중받아야 하며 그것은 다른 어떠한 세력으로부터 침해당해서는 안 된다. 이런 이유 때문에 각국은 단체협약에 법적 효력을 부여하고 일단 성립된 단체협약을 준수하도록 노사 쌍방에게 의무를 지우고 있다.

(3) 조정기(1970~1980년대)

그러나 1970년대 이후 노사관계의 법적 장치가 강화되면서 영국에서도 노사자치주의 원칙이 약화되고 있다. 특히 1980년과 1982년 「고용법」(Employment Act)과 1984년 「노동조합법」(Trade Union Act)은 노사관계의 세력 균형을 사용자 쪽에 유리하도록 조정했다. 1970년대 이후 「노사관계법」의 개정은 공무원의 단체행동권에 상당한 영향을 주고 있다. 특히 1982년의 「고용법」은 합법적인 노동쟁의의 범위를 축소함으로써 공무원을 포함한 노동자의 단체행동권을 크게 제약하고 있다. 그 결과 정치적 목적을 가진 파업과 관련된 노동조합이나 노동자의 법적 면책 특권이 인정되지 않게 되었다.

3) 프랑스

1884년 제정된 프랑스 「노동법」은 민간 노동자에게만 단결권을 인정하고 공무원의 단결권을 인정하지 않았다. 프랑스 공무원의 단결권이 법적인 보장을 받게 된 것은 "누구든지 자신의 권리와 이익을 옹호할 수 있으며, 또한 자기의 선택에 따라 조합에 가입할 수 있다"고 규정한 1946년의 제4공화국 헌법 전문에 의해서였다. 그리고 같은 해 제정된 「공무원법」도 공무원의 단결권을 인정한다고 규정했다. 현재 프랑스에는 공무원노동조합총연맹(U.G.F.F), 체신노동조합연맹(F.P), 기독교공무원노동조합총연맹(C.G.S.C.F), 전국교원노동조합연맹 등이 있다.

한편, 프랑스에는 단체교섭권이라는 법적 개념이 존재하지 않는다. 그러나 단결권의 승인이 단체협약 체결권의 승인을 함축하고 있는 것으로 해석되고 있으며, 협약체결권이 단체교섭권에 해당되는 것으로 간주된다. 1946년 이전까지는 공무원의 쟁의행위가 전면적으로 금지되었으나 현재에는 공화국보안대, 경찰관, 교도소 직원, 특정 항공요원, 내무부 통신 직원 등의 특수 공무원을 제외한 그 밖의 공무원에 대한 쟁의행위를 금지하는 법률은 없다.

4) 독 일

독일에서는 공공 부문 근로자를 관리(Beamte), 사무원(Angestellte) 및 노무원(Arbeiter)으로 분류하고 관리에 대해서는 단체교섭권과 단체행동권을 허용하지 않지만, 사무원과 노무원에 대해서는 민간 노동자와 동등하게 노동3권을 인정하고 있다. 절대군주 체제의 확립과 함께 등장한 독일 관리제도는 군주에 대한 관리의 절대적 충성 의무와 이에 대응한 특권적 신분을 속성으로 한다. 그러나 독일 관리의 대부분은 노동조합에 가입하고 있고 관리와 사무원, 노무원을 구별하는 전통적 사고 방식은 점차 약화되어 가고 있다.

바이마르공화국 헌법 제15조는 "누구에게나 또 어떠한 직업에 대해서도" 단결의 자유가 인정된다고 규정하고 있으며, 제130조 제2항은 "모든 관리는 단결의 자유가 보장된다"고 규정하고 있었다. 그 후 이러한 헌법정신은 서독기본법 제9조 제3항에 계승되어 "근로 조건과 경제 조건의 유지 및 개선을 위해 단결을 조직하는 권리는 누구에게나 또 어떠한 직업에도 보장한다. 이 권리를 제한하거나 방해하려는 약정은 무효이며, 이를 위한 조치는 위법이다"라고 규정하고 있다.

그리고 1953년 제정된 「연방관리법」 제981조 제1항에서도 "단결의 자유에 의해 관리는 노동조합 또는 직업별 단체를 결성하는 권리를 갖는다. 관리는 별도 법률의 규정이 없는 한, 소속 노동조합 또는 직업단체에 대표권을 위임할 수 있다"고 규정하고 있으며, 또 동조 제2항에서는 "공무원도 노동조합 또는 직업단체를 위한 활동으로 인해 근무상의 처분, 기타 불이익한 대우를 받지 아니한다"고 규정하고 있다. 따라서 단체교섭권과 단체행동권과는 달리 관리의 단결권은 명백하게 보장되고 있다.[14)]

독일에서도 영국과 마찬가지로 노사자치주의 원칙에 의해 대부분의 노사쟁의는 당사자에 의해 해결되고 있으며 강제중재를 활용하는 경우는 거의 없다.

5) 일 본

1945년에 제정된 일본의 「노동조합법」은 공사 구분 없이 모든 근로자에게 단결권을 허용했으며, 경찰관, 해상보안청 근무자, 소방관, 교도관에 대해서만 예외적으로 단결권을 금지했다. 1946년 제정된 헌법도 공무원에게 노동3권을 보장했으나 이후 미국의 점령정책이 변화하면서 공공 부문 노동자에 대한 단결권에 많은 제한이 가해졌다. 정령 제201호는 헌법이 보장한 단체교섭권과 단체행동권의 보장을 공무원에게는 예외로 한다고 규정했다. 이에 따라 1948년 제정된 「공공기업체 등 노동관계법」, 1949년 제정된 「노동조합법」, 1948년 개정된 「국가공무원법」, 1950년의 「지방공무원법」은 공공 부문 노동자의 노동3권을 크게 제약했다.

일본의 공무원 노사관계 제도는 현업직, 비현업직, 그리고 특수직 공무원 등의 구분에 따라 각각 상이한 제도를 적용하고 있다.

---

14) 독일에서는 모든 관리에 대해 단결권을 보장하고 있으며 관리의 신분 또는 직무의 성질에 따른 특별한 유보 조항이 없기 때문에 심지어 경찰까지도 노동조합을 결성할 수 있다.

(1) 현업 공무원

일본에는 현재 우정성, 인쇄국, 조폐국, 국유임야사업국 등 4개의 현업청이 있으며, 이들 기관에 근무하는 현업 공무원에게는 단결권과 단체교섭권이 보장되고 있다. 단체교섭 대상 사항으로는 ① 임금 및 기타 급여·근로 시간·휴게·휴일·휴가에 관한 사항, ② 승직·승급·강급·전직·면직·휴직·선임권 및 징계에 관한 사항, ③ 근로에 관한 안전, 보건 및 재해에 관한 사항을 규정하고 있다. 그러나 공공기업체의 관리 운영에 관한 사항은 단체교섭의 대상에서 제외되며 쟁의행위도 금지되고 있다.

(2) 비현업 공무원의 노사관계

비현업 공무원에게도 단결권은 인정되며 공무원은 직원단체를 구성할 수 있다. 그러나 경찰 직원 및 해상보안청, 교도소 직원, 그리고 소방 직원에게는 예외적으로 단결권을 인정하지 않고 있다. 공무원은 직원단체를 통해 임금 등 근로 조건 향상을 위한 교섭을 할 수 있다. 그러나 이 교섭은 단체협약을 체결할 권리를 포함하지 않기 때문에 단체교섭권에 근거한 단체교섭은 아니다. 한편, 지방공무원은 법령, 조례, 지방공공단체의 규칙 또는 규정에 저촉되지 않는 범위 내에서 서면에 의한 협정을 체결할 수 있다. 교섭 사항에 대해서는 특별한 제한이 없지만 관리 운영에 관한 사항은 교섭의 대상이 되지 않는다. 일반직 국가공무원의 쟁의행위는 금지되어 있다.

(3) 특수직 공무원의 노사관계

특수직 공무원, 즉 경찰 직원 및 해상보안청, 교도소 직원, 그리고 소방 직원에게는 단결권이 인정되지 않는다.

제3절 우리나라의 공무원 노사관계 제도

1. 공무원 노사관계 제도의 발달

우리나라는 1948년에 제헌헌법이 제정되고 1953년에 「노동조합법」 등 노사관계 법률이 제정됨에 따라 노동자의 단결권이 보장되어 왔으나, 공무원의 단결권은 법적으로 많은 제한을 받아왔다. 우리나라의 공무원 노사관계에 관한 주요 입법 과정을 시대별로 구분해 살펴보고자 한다.

1) 제1 · 2공화국(1948~1960년)

제헌헌법은 공무원의 노동3권에 대해 특별한 제한을 두지 않았다. 1953년 제정된 「노동조합법」도 현역군인 · 군속 · 경찰관리 · 형무관리 · 소방관리 등 특수공무원을 제외한 모든 공무원과 민간 노동자의 단결권을 보장했다. 한편, 같은 해 제정된 「노동쟁의조정법」은 단순 노무종사 공무원 이외의 일반 공무원의 쟁의행위를 금지했다. 또한 1947년에 제정된 「국가공무원법」은 공무원의 정치활동과 공무 이외의 일을 위한 집단행동을 금지했다.

2) 제3공화국 · 유신정권기(1961~1979년)

5 · 16 군사정부는 1961년에 「국가공무원법」을 개정해 공무원 전체에 대해 단결권을 금지했으나, 1962년에는 이 법을 재개정하여 현업 공무원에 한해 단결권을 인정했다. 같은 해 12월 국가재건최고회의는 헌법 개정을 통해 공무원의 노동3권을 제한하는 규정을 신설함으로써, 이전까지 「국가공무원법」, 「지방공무원법」, 「교육공무원법」 등 하위 법률을 통해 규제되었던 공무원의 노동3권 유보를 헌법에 명문화시켰다.

1963년의 「노동조합법」 개정에서는 군인, 경찰 등에 대한 노조 가입 · 결성의 제한 규정을 삭제하는 대신 "공무원에 대하여는 따로 법률로 정한다"(제8조 단서)고 규정해 공무원에 대한 단결권 제한을 「공무원법」에 위임했다. 또한 「노동쟁의 조정법」 개정을 통해 일반 공무원에 대한 쟁의행위 금지 규정을 삭제함으로써 「공무원법」에서 일률적으로 노동3권을 규율하게 되었다. 그리하여 1963년 전면 개정된 「국가공무원법」은 "공무원은 노동운동 기타 공무 이외의 일을 위한 집단적 행위를 하여서는 아니 된다. 다만 각령으로 정하는 사실상 노무에 종사하는 공무원은 예외로 한다"(제66조)고 규정해, 이때부터 우리나라는 '사실상 노무에 종사하는 현업 공무원'에게만 단결권을 인정하게 되었다.

1972년 10월 이른바 '10월 유신'을 추진한 박정희 정권은 「노동관계법」, 「공무원관계법」 등을 정비하면서 공무원의 노동3권을 더욱 엄격히 제한했다. 유신헌법은 공무원 노동3권에 대한 제한 규정은 구 헌법과 같이 유지했으나, 단체행동권에 대한 특별 제한 내지 금지 대상에 공무원을 포함시킴으로써 이제까지 예외적으로 노동3권을 보장받아 왔던 공무원에 대해서도 단체행동권을 제한 또는 금지할 수 있게 했다.

3) 제5 · 6공화국 · 문민정부(1980~1997년)

제5공화국 헌법은 유신헌법의 소위 법률 유보 조항을 삭제하고 일반 노동자에게 노동3권을 최대한 보장할 의지를 보였으나, 공무원의 노동3권에 대한 규정은 유신헌법과 별반 달라진 것이 없었다. 오히려 공무원, 기타 주요 사업체에 종사하는 노동자의 단체행동권 제한 규정에 방위산업체 종사자를 추가함으로써 규제를 더욱 강화했다. 또한 1981년 개정된 「노동쟁의조정법」은 공무원 등의 쟁의행위 금지 조항을 신설해 쟁의행위를 전면 금지했다.

1987년 6 · 29 선언 이후 개정된 헌법에서 정부는 단체행동권의 규제 완화 및 공무원 노동3권 보장의 규정 방식을 변경하는 방법으로 다소나마 국민의 기본권을 강화하고자 했다. 개정 헌법은 일반 노동자의 노동3권 보장 조항에서 "다만, 단체행동권의 행사는 법률이 정하는 바에 의한다"고 한, 구 헌법의 단서 조항을 삭제하고 구 헌법이 부정해 온 공무원의 노동3권 보장도 원칙적으로는 인정하는 방향으로 개정되었다. 그러나 헌법 개정 후에도 공무원의 노동관계 조항의 개정 정비가 따르지 않아 유신헌법 이래의 규제 내용은 그대로 유지되었다.

4) 국민의 정부 이후(1998년 이후)

공무원 노사관계에 관한 정부의 입장 변화가 조금씩 감지된 것은 문민정부에서부터였다. OECD에 가입하고 국제노동기구(ILO)의 회원국이 되면서 외부로부터 공무원의 노동기본권 보장을 요구하는 압력이 점증했으며, 국내 노동운동단체들도 이를 강력히 요구했기 때문이다. 문민정부에서는 연구회 등을 통해 공무원의 노동권 보장 방안을 연구했으나 실제적인 법률로 제정되지는 못했다.[15]

(1) 공무원직장협의회의 설치

공무원의 노동권 보장이 실질적으로 이루어진 것은 1998년의 일이다. 소위 IMF 외환위기에 처한 우리 사회는 노사정위원회를 통해 '경제위기 극복을 위한 사회협약'을 체결해 전대미문의 경제 위기를 극복하고자 했다. 협약 체결 당시 노사정은 공무원에 대한 단계적 노동기본권 허용에 합의하면서 노동조합 전 단계의 결사체로서 직장협의회를 우선 허용하는 데에 동의했다.

1999년 1월 1일부터 시행된 「공무원직장협의회 설립 및 운영에 관한 법률」은 공무원의 근무환경 개선·업무 능률 향상 및 고충 처리 등을 위한 직장협의회의 설립 및 운영에 관한 기본적인 사항을 규정하고 국가기관·지방자치단체 및 그 하부기관에서 근무하는 공무원은 직장협의회를 설립할 수 있도록 보장했다.

직장협의회를 설립할 수 있는 공무원의 범위는 6급 이하의 일반직 공무원 및 이에 준하는 연구·특수직렬의 일반직 공무원, 특정직 공무원 중 6급 이하의 외무공무원, 기능직 공무원, 고용직 공무원, 일반직 공무원에 상당하는 별정직 공무원으로 한정했다. 다만 「국가공무원법」과 「지방공무원법」에 의해 노동조합 설립이 가능한 사실상 노무에 종사하는 공무원과 지휘·감독의 직책이나 인사·예산·경리·물품 출납·비서·기밀·보안·경비 또는 자동차 운전 기타 이와 유사한 업무에 종사하는 공무원은 협의회에 가입권을 배제시키고 있다.

직장협의회의 협의 사항으로는 ① 당해 기관의 고유한 근무환경 개선에 관한 사항, ② 업무 능률에 관한 사항, ③ 소속 공무원의 공무와 관련한 일반적 고충에 관

15) 공무원노동운동사에 관해서는 김영수·박재범(2013)을 참조할 것.

한 사항, ④ 기타 기관의 발전에 관한 사항이 포함된다. 기관장은 직장협의회가 문서로 명시해 협의를 요구한 경우 이에 성실히 임해야 하고, 협의회와 문서로 합의한 사항에 대해서는 최대한 이의 이행에 노력해야 한다.

직장협의회와 노조는 여러 가지 점에서 상이하지만 가장 중요한 차이는 노조가 단체교섭을 통해 합의한 단체협약이 법적 강제력을 지니는 반면에, 직장협의회의 합의 사항은 그것이 지켜지지 않을 경우에도 이를 강제할 수 있는 장치가 마련되어 있지 못하다는 점이다.

직장협의회 설립 현황을 살펴보면, 2004년 가입자 수가 16만 명에 이르는 등 지속적으로 증가 경향을 보여 왔으나, 2006년 「공무원노조법」 시행 이후 활동이 급격히 위축되어 2013년에는 가입자 수가 24,654명까지 줄었다. 2017년 말 현재 전국의 직장협의회 수는 161개, 가입자 수는 34,604명으로 집계되고 있다(행정안전부, 2018).

(2) 공무원노동조합의 합법화

「직장협의회법」을 제정한 직후부터 노사정위원회는 2년여 기간 동안 공무원의 노동기본권 보장에 관한 논의를 벌여 이 결과를 정부에 전달했다. 2002년에 노사정위원회의 논의를 근거로 마련된 정부의 「공무원조합법」(안)이 국회에 제출했으나 법 제정으로 이어지지는 못했다. 이후 다시 노동부가 주도하여 재입법이 진행되어 2004년 말 마침내 「공무원노동조합법」이 법제화되었으며, 1년 간의 입법예고 기간을 거쳐 2006년 1월부터 발효되었다. 이로써 헌정 사상 최초로 일반 공무원의 단결권과 단체교섭권이 구체적인 법률에 의해 보장받게 되었다.

법률 제정 과정이 순조롭게만 진행된 것은 아니었다. 이 과정에서 공무원단체들은 공무원노조의 합법화를 반기면서도 한편으로는 노동3권의 완전 보장, 독소 조항의 개정 등을 요구하며 입법 반대 입장을 강력히 표명했으며, 다수 시민도 여전히 공무원노조의 출범에 우려를 갖고 있었다.

(3) 법 시행과 단체교섭의 개시

「공무원노조법」이 제정되어 시행된 이후에도 1년여 동안 '전국공무원노동조합'

(이하 전공노) 등 공무원노조들은 노동3권의 완전한 보장, 노조 가입 범위 확대 등을 요구하며 노조 설립 신고 거부 투쟁을 전개했다. 그러나 최대 조합원을 보유한 '공무원노동조합총연맹'이 2006년 하반기 노조 설립 신고를 마쳤으며 정부에 중앙교섭을 요구했다. 이를 계기로 각급 기관 단위에서도 공무원 노사 간 단체교섭이 시작되었다. 2006년 5월 군산시가 단체교섭을 처음으로 시작 하였으며, 8월부터는 전국 39개 노조가 참여한 중앙교섭이 개시되어 2007년 12월에 최초로 중앙정부와 공무원노조 간 단체협약이 체결되었다. 교섭 타결에 약 15개월이라는 적지 않은 기간이 소요된 것은 복수의 노조가 교섭에 참여함에 따라 창구 단일화에 많은 시간이 소요되고, 단일 노조라 할지라도 비교섭 사항에 대한 노사 간 이견차가 커 합의까지 상당 시간이 지체되기 때문이다.[16]

제2차 중앙교섭은 2008년 9월 개시되었다. 그러나 교섭참가 20여 개 노조가 교섭창구 단일화에 합의하는 과정에서 어려움을 겪으며 2009년 8월에서야 교섭요구안을 정부 측에 제출할 수 있었다. 그러나 이번에는 고용노동부가 교섭참여 노조 중 하나인 '전공노'를 법외노조로 규정하고 교섭위원 교체를 요구하였다. 결국 '전공노'의 노조지위에 대한 법원의 판결이 유보되면서 제2차 중앙교섭은 진전을 보지 못하였다.

한편, 지방자치단체의 단체교섭은 2006년 5월 군산시를 필두로 꾸준히 진행되었으며 2010년까지 단체협약 체결은 총 161건이었다. 그러나 대부분의 지방자치단체에 노조가 설립되어 있다는 점과 협약유효 기간이 1년임을 감안할 때 단체교섭은 크게 활성화되지 못하고 있는 것으로 판단된다. 그 주된 이유는 공무원 단체교섭의 실효성에 대한 의구심 때문인 것으로 보인다. 공무원의 보수와 근로조건의 결정이 궁극적으로 법률에 의해 정해지는 현실에서 교섭을 통해 얻을 수 있는 것이 많지 않다는 인식이 지배적인 까닭이다. 따라서 단체교섭보다는 정책협의를 통해 근무여건을 개선하려는 경향이 있다(고용노동부, 2015: 41－43).

2006년 공무원노조의 설립이 합법화된 이래로 2009년을 예외로 한다면 노조가입자 수는 꾸준히 증가해오고 있으며,[17] 2016년 현재 전국에는 150개 공무원노동

16) 「공무원노조법」 제정 이후 진행된 단체교섭에서 단체협약 체결에 걸린 기간은 평균 184.6일이었고, 최장기는 경남도청의 557일(2006.10.20~2008.4.29)이었다.

조합이 설립되어 있고 조합원 수는 198,505명에 이른다. 6급 이하 공무원 중 노동조합 가입 대상 인원이 30만 3천여 명임을 감안하면, 공무원 노동조합의 조직률은 65.5%에 이르러 민간 부문의 9.1%에 비해 대단히 높은 수준을 보이고 있다(고용노동부, 2017).

표 9-3 공무원노조 조직 현황(2008~2016)

연 도	노동조합 수(개)	노조원 수(명)	조직률(%)	가입대상자 수(천 명)
2008	95	215,537	72.1	299
2009	95	158,910	53.1	299
2010	96	164,147	55.6	295
2011	99	165,566	56.1	295
2012	110	164,683	55.8	295
2013	122	179,615	60.9	295
2014	125	184,260	61.6	299
2015	144	192,831	64.1	301
2016	150	198,505	65.5	303

자료: 고용노동부(2017), 전국노동조합 조직현황.

2. 공무원 노사관계 제도의 주요 특징과 쟁점

1) 우리나라 공무원 노사관계 제도의 특징

이미 앞에서 기술한 바와 같이 공무원 노사관계는 민간 노사관계와 다른 여러 가지 특징을 가지고 있다. 여기에서는 특별히 우리나라 「공무원노조법」에 나타나는 공무원 노사관계의 제도적 특징들을 중심으로 논의하고자 한다.

(1) 노조 설립의 최소 단위

「공무원노조법」(제5조 제1항)은 국회・법원・헌법재판소・선거관리위원회・행정부・특별시・광역시・도・시・군・구(자치구) 등을 노조 설립의 최소 단위로

17) 2008년 대비 2009년의 소식률이 9% 감소한 것은 전국공무원노조가 공무원이 아닌 자(해직자)를 노조 가입 및 활동을 허용하였다는 이유로 2009년 10월 법외노조로 전환되었기 때문이다.

규정하고 있다.[18] 노조 설립의 최소 단위를 법률로 제한한 목적은 공무원노조가 근로 조건을 중심으로 한 공무원의 사회·경제적 지위 향상을 그 목적으로 하고 있다는 점을 고려해 근로 조건을 결정할 수 있는 법적인 권한을 가진 자를 노동관계의 상대방으로 함으로써 불필요한 교섭을 방지해 국민·주민에게 미치는 불편을 최소화하고 공무의 안정적 운영을 확보하며 공무원 노사관계의 안정을 도모하는 데 있다(한국노동교육원, 2007: 99).

(2) 노동조합의 가입 범위

「공무원노조법」(제6조 제1항)에서는 공무원노조에 가입할 수 있는 공무원의 범위로 ① 6급 이하의 일반직 공무원 및 이에 상당하는 연구 또는 특수기술 직렬의 일반직 공무원, ② 특정직 공무원 중 6급 이하의 일반직 공무원에 상당하는 외무행정·외교정보 관리직 공무원, ③ 기능직 공무원, ④ 6급 이하의 일반직 공무원에 해당하는 별정직 공무원 및 계약직 공무원, ⑤ 고용직 공무원을 열거하고 있다.

동시에 제6조 제2항에서는 비록 제1항에 속하더라도 ① 다른 공무원에 대해 지휘·감독권을 행사하거나 다른 공무원의 업무를 총괄하는 업무에 종사하는 공무원, ② 인사·보수에 관한 업무를 수행하는 공무원 등 노동조합과의 관계에서 행정기관의 입장에 서서 업무를 수행하는 공무원, ③ 교정·수사 그 밖에 이와 유사한 업무에 종사하는 공무원, ④ 업무의 주된 내용이 노동관계의 조정·감독 등 노동조합의 조합원으로서 지위를 가지고 수행하기에 적절하지 아니하다고 인정되는 업무에 종사하는 공무원은 노동조합에 가입할 수 없다고 규정하고 있다.

공무원노조는 「공무원노조법」 제정 당시부터 노조 가입 범위가 과도하게 좁게 제한되었다는 점을 지적하며 법 개정을 요구해오고 있다.

(3) 복수 노조 허용과 교섭창구 단일화

「공무원노조법」은 하나의 설립 단위에 조직 대상을 같이하는 복수의 노동조합의 설립을 허용하고 있다. 그러나 단체교섭을 수행할 교섭 창구는 단일화하도록

18) 이는 그 미만 단위(국회도서관, 지방·특별법원, 지방선관위, 행정 각부, 읍·면·동 등)에서는 노동조합 설립을 할 수 없으나 그 이상의 단위에서는 자유로이 설립할 수 있다는 것을 의미한다.

요구하고 있다.

교섭창구 단일화 절차는 정부 교섭대표가 노동조합으로부터 교섭을 요구받은 때에 이를 공고해 관련된 노동조합이 참여하도록 하고, 이 공고 기간 내에 교섭에 참여한 노동조합이 둘 이상인 경우 합의에 따라 교섭위원을 선임하되 합의하지 못한 때에는 각자의 조합원 수에 비례해 교섭위원을 선임하도록 정하고 있다. 교섭창구가 단일화되지 않은 경우, 정부 교섭대표는 교섭을 거부할 수 있다(「공무원노조법」 제9조 제4항).

그러나 교섭참여 노조 간 갈등으로 교섭위원이 선임되지 못할 경우에 대비한 방법이 없어 교섭이 지연되는 문제가 자주 발생하고 있으며, 교섭창구 단일화 이후에도 단체협약원이 여전히 각 교섭참여 노조 대표자에게 있기 때문에 일부 노조가 협약체결을 반대하는 경우 문제가 발생할 수 있다.

(4) 단체교섭 대상

「공무원노조법」(제8조 제1항)은 "조합원의 보수, 복지 그 밖의 근무 조건에 관한 사항"을 교섭 대상에 포함시키고 있으나, "법령 등에 의하여 국가 또는 지방자치단체가 그 권한으로 행하는 정책 결정에 관한 사항, 임용권의 행사 등 그 기관의 관리 · 운영에 관한 사항"(시행령 제4조 각 호)은 교섭의 대상에서 제외하고 있다.

이 규정의 취지는 국가 또는 지방자치단체의 정책 결정에 관한 사항 및 해당 기관의 관리 · 운영에 관한 사항이 노사가 배타적인 권한을 가지고 결정할 수 있는 성질의 것이 아니라 궁극적으로 선거에 의해 국민들로부터 책임을 지게 되는 자가 배타적으로 행사하는 성질의 것이기 때문에 노사 간의 교섭의 대상이 될 수 없다고 보기 때문이다.

(5) 단체협약 효력의 한계

「공무원노조법」(제10조)은 단체협약으로서의 효력을 부인하는 사항, 즉 '비효력 사항'을 규정하고 있는데, 그 구체적 내용을 보면 "법령 · 조례 또는 예산에 의해 규정되는 내용과 법령 또는 조례에 의한 위임을 받아 규정되는 내용은 단체협약으로서의 효력을 가지지 아니하나 정부 교섭대표는 단체협약 중 동 내용에 대해 이행될 수 있도록 성실히 노력해야" 한다고 규정하고 있다.

이 규정도 단체교섭 대상의 제한에서 나타난 것과 같은 맥락에서 이해할 수 있다. 즉, 법령・조례 또는 예산을 결정하는 일은 대체로 선거에 의해 국민들로부터 선출되는 공무원(입법부 의원)의 배타적 권리이기 때문에, 노사 간 정상적인 단체교섭의 결과 단체협약으로 정해지더라도 그 효력이 부인될 수 있다는 것이다. 그러나 법적 효력의 무효에도 불구하고 성실하게 이를 이행하도록 규정함으로써 단체협약의 성실한 이행 노력을 강조하고 있다.[19]

(6) 쟁의행위 금지 및 직권중재

민간과 달리 공무원 노사관계에서는 단체행동권이 인정되지 않는다. 「공무원노조법」(제11조)은 "노동조합과 그 조합원은 파업・태업 그 밖에 업무의 정상적인 운영을 저해하는 일체의 행위를 하여서는 아니 된다"고 규정하고 있다. 공무원의 쟁의행위를 금지하는 이유는 국민 또는 주민 전체의 봉사자로서의 지위의 특수성과, 직무의 공공성에 부합하지 않고 공무를 제공하지 않을 경우 국민 전체 또는 주민 전체에게 중대한 영향을 줄 수 있다고 간주되기 때문이다.

따라서 공무원 노사 간에 단체교섭이 결렬되어 노동쟁의가 발생하는 경우, 노동관계 당사자는 '공무원노동관계조정위원회'에 조정 또는 중재를 신청할 수 있다. 조정 신청을 받은 위원회는 조정을 개시해 조정안을 제시하나 당사자 중 일방이 이를 거부해 결렬된 경우, 직권으로 중재 회부를 결정, 중재재정으로 단체협약을 대신하도록 규정하고 있다.

2) 우리나라 공무원 노사관계 제도의 주요 쟁점

2006년 1월부터 효력을 발생하고 있는 「공무원노조법」은 법안이 국회에 상정되기 전부터 공무원단체로부터 비판의 대상이 되었다.[20] 현행 「공무원노조법」을 둘

---

19) 따라서 공무원 단체교섭을 통해 체결된 단체협약은 대부분 '노력의 의무'를 부과하는 수준으로 작성된다는 특징을 가지고 있다. 또한 비교섭 사항에 대해서는 단체협약과 별도로 구속력이 없는 '정책건의서'를 작성하여 정부교섭대표에게 이행을 요구하는 경향을 보인다.

20) 2007년 말에 타결된 정부중앙교섭의 단체협약에는 "공무원의 노동기본권 신장을 위해 경제사회발전노사정위원회에 '(가칭)공무원노동관계특별위원회'를 설치하고, 관련 법령 및 제도에 대해 포

러싼 주요 쟁점을 구체적으로 살펴보기로 하자.

(1) 노조 가입 대상의 제한

「공무원노조법」은 일반직 공무원의 가입 대상을 6급 이하로 규정하고 있을 뿐 아니라 다른 공무원에 대해 지휘·감독권을 가진 자, 인사·보수에 관한 업무를 수행하면서 노동조합과의 관계에서 행정기관의 입장을 취하는 자, 교정·수사 등의 업무에 종사하는 자, 그리고 기타 노동조합원의 업무 수행에 적절하지 않다고 인정되는 자에 대해 노조 가입을 제한하고 있는데, 공무원노조는 이러한 가입 제한이 지나치다는 점을 지적하고 있다.

이런 노조 가입 제한 규정을 적용할 경우, 6급 공무원 중 노조 가입이 허용되지 않는 공무원의 수는 약 3만 8천 명으로 시·군·구의 93%, 광역시·도의 18%, 중앙부처 공무원의 32%에 이른다는 것이다(은수미, 2006).

(2) 교섭 권한 위임 제한

민간 부문 노조는 원칙적으로 상급 단체 가입의 자유가 보장되고, 교섭권 강화를 위해 교섭 권한을 상급 단체와 법률 전문가에게 위임할 수 있는 반면에, 「공무원노조법」(제9조)은 교섭위원 구성을 대표자와 조합원에 한정함으로써 상급 단체와 법률 전문가에게 교섭 권한을 위임할 수 없도록 하고 있는데, 이것이 공무원노조의 교섭력을 약화시키고 있다는 노조 측의 비판이 있다.

(3) 비교섭 대상의 명문화

공무원노조 측은 「공무원노조법」에 명시된 비교섭 대상에 대해서도 문제를 제기하고 있다. 민간 부문을 규율하는 일반 「노조법」은 비교섭 사항에 대해 명문으로 규정하지 않고 노사 자율의 원칙에 맡기고 있는데 반해, 「공무원노조법」(제8조 제1항)에서 명문으로 비교섭 대상을 규정하는 것은 노사 자율의 원칙에 위배된다는 것이다.

괄적으로 논의하도록 건의할 것"을 합의하고 있다.

(4) 교섭 창구 단일화와 사용자의 교섭 거부

「공무원노조법」은 복수 노조를 허용하는 한편, 노동조합 간 교섭 창구는 단일화하도록 하고 있다는 사실은 이미 지적했다. 현행 법령은 교섭위원 선임과 관련해 노동조합 간 합의에 따르되, 합의에 이르지 못한 경우 조합원 수에 비례해 정하도록 규정하고 있다. 나아가 사용자는 교섭 창구가 단일화될 때까지 교섭을 거부할 수 있다.

그러나 교섭위원 선임과 관련해 조합원 수의 공개 거부 혹은 조합원 수 부풀리기 등이 발생할 경우 객관적으로 조정·중재할 수 있는 방법이 없어 교섭 기간이 장기화되는 문제점이 발생하고 있다.[21] 결국 교섭 창구 단일화는 조항은 단체교섭을 회피하고자 하는 사용자로 하여금 노노 간 갈등을 부추기고 사용자의 교섭 의무를 회피하게 만들 수 있다는 개연성 때문에 제도적 개선의 목소리가 높다.

(5) 단체협약의 효력

민간의 경우 노사 간 자율 교섭의 원칙상 「근로기준법」의 수준을 상회하는 단체협약의 효력은 「근로기준법」에 우선한다. 그런데 공무원의 임용 및 해고 등에 관한 대부분의 사항은 법령, 조례, 예산 및 그 하위 규정 등에 의해 규율되고 있어서 기존의 법령, 조례, 예산 및 하위 규정보다 상위하는 내용으로 단체협약이 체결되더라도 그 단체협약은 효력을 발생하지 않는다.

노동계는 사용자인 정부가 일방적으로 정하는 규범이라는 점에서 그 성질상 '취업규칙'에 준하는 성격을 갖고 있는 법령, 조례, 예산 및 하위 규정의 효력이 단체협약의 효력보다 우선시되는 현 제도는 「노동법」의 일반 원칙에 반한다고 주장한다.

---

21) 외국의 경우, 교섭 단위의 결정과 창구 단일화를 위한 각 노동조합 조합원 수의 판단에 대해 당사자 간 이견이 있을 경우, 중재기구가 이를 판단해 주고 있다. 이에 비해 우리나라 「공무원노조법」은 당사자 간의 합의와 교섭에 의해서만 결정하도록 규정하고 있어 입법적 보완이 요구되고 있다.

제4절 노사분쟁의 관리

1. 분쟁 해소 방식의 유형

1) 교섭 교착 분쟁의 개념과 유형

노사 교섭의 당사자가 교섭 사항에 관해 합의점을 찾지 못하는 경우, 교섭은 교착 상태(노동쟁의)에 빠지게 된다. 이 경우 교착 상태를 해소하기 위한 다양한 방법이 활용될 수 있다.

(1) 교섭 교착의 개념

공무원 단체교섭 제도가 정착되면 고용 조건에 영향을 미치는 더 많은 쟁점이 노사 간 교섭을 통해 합의점을 찾게 될 것이다. 그러나 단체교섭을 통해 쟁점이 순조롭게 해소되지 않은 경우에는 교섭 관계가 악화되고, 그 결과 교섭 중단 내지는 교착 상태가 초래된다. 일반적으로 교섭 교착(bargaining impasse)은 "정상적인 협상 절차가 완전히 소진된 이후에도 계속적으로 합의에 도달하지 못한 상태"라고 정의된다.

(2) 교섭 교착 분쟁의 유형

노사관계의 교섭 교착 분쟁에는 대개 세 가지 유형이 존재한다. 첫째, 대표성 문제로 인한 분쟁, 둘째, 고충 혹은 권리에 관한 분쟁, 셋째, 단체교섭 혹은 이해 갈등으로 인한 분쟁이 그것이다(Smith et al., 1974: 767). 이러한 분쟁을 해소하는데 실패하게 되면 공무원들은 합법적으로든 혹은 불법적으로든 파업이라는 강제적인 수단을 동원할 개연성이 높아진다. 공무원 파업이 발생하면 필수적인 서비스의 공급 중단으로 인해 시민들이 불편을 겪게 된다. 따라서 공공관리자들은 교섭 결렬로 인한 분쟁을 효율적으로 해소할 수 있는 대안적 장치를 개발하게 되었다.

2) 분쟁 해소 방식

공무원 파업의 대안으로 제시된 분쟁 해소 절차는 크게 제3자 개입 방식과 그 밖의 방식으로 구분할 수 있다.

(1) 제3자 개입을 통한 분쟁 해소 방식

교섭 교착 상태(노동쟁의)가 발생하면 단체교섭 과정이 일시적으로 중단된다. 분쟁에 관련한 당사자들은 협상을 계속하려고 하지만, 불신과 반목으로 대화가 불가능한 수준에 이르게 된다. 이 상황에서는 교섭 당사자들만으로는 상호 수용할 수 있는 해결책을 발견하기 어렵다. 파업으로 인한 국민의 불편을 최소화하기 위해 정부는 제3자 개입을 통한 세 가지 분쟁 해소 절차를 활용할 수 있다. 조정, 사실 수집, 그리고 중재가 그것이다.

① 조정(mediation)

조정은 분쟁을 해소하기 위한 가장 성공적인 장치이며 동시에 가장 자주 활용되는 방식이다. 조정위원의 일차적인 목표는 쟁점이 된 사항에 대해 노사 당사자가 대화를 계속할 수 있는 분위기를 조성함으로써 쟁점에 관한 양측의 견해차를 좁히는 데 있다(Becker, 1976: 321). 또한 조정위원은 당사자가 수용할 수 있을 분쟁 해소의 공식을 제시하고자 노력한다. 그러나 그는 해결책을 강제할 어떠한 권한도 가지고 있지 않기 때문에 조정의 성공 여부는 조정위원의 논의, 교섭, 그리고 설득 기술에 달려 있다.

② 사실 수집(fact finding)

사실 수집은 조정보다 한 단계 더 공식화된 절차이다. 노사 대표가 준사법적 성격을 지닌 공청회에서 중립적인 제3자(사실 수집가)에게 각자의 입장을 개진하고 공청회가 종료되면, 사실 수집가는 분쟁 쟁점에 관한 양자의 입장을 정리한 보고서를 작성하게 된다. 보고서에서 사실 수집가는 공청회에서 드러난 사실들을 근거로 해결책을 제시하게 된다. 따라서 사실 수집의 목적은 분쟁 속에 숨겨진 사실(facts)을 발견해 냄으로써, 분쟁 해결을 위한 공중의 압력을 조성하는 데 있다.

공무원 노사관계에서 사실 수집은 조정 절차 이후에도 해소되지 못한 교착 상태를 해결하기 위한 절차로 광범위하게 활용되고 있다.

③ 중재(arbitration)

중재 절차는 노사 간의 이해 분쟁을 해소하는 최종적인 절차이며 가장 효과적인 제3자 개입 제도로 알려져 있다. 분쟁 중인 당사자가 조정을 통해서도 합의에 도달하지 못할 경우, 중재를 요청할 수 있다. 중재는 사실 수집과 매우 유사하지만 사실 수집과는 달리 강제력을 지닌다. 최종적인 중재 결정은 분쟁 해결의 원칙을 수립하고 노사 당사자가 이에 반드시 결정에 따르도록 강제한다. 중재활동은 기본적으로 사법적 절차에 따라 수행된다. 일반적으로 3인의 위원으로 구성되는 중재위원회는 공청회를 개최하고 분쟁의 양 당사자 혹은 교섭 결렬의 당사자에게 증거를 제출하도록 요구하고, 그 증거를 기초로 중재 결정을 내리게 된다(Lester, 1984: 204－210).

원칙적으로 파업권이 인정되지 않는 공무원노조는 사용자와의 교섭력 균형을 이룰 수 없기 때문에 교섭력의 불균형을 해소하고 경영자와 대등한 협상을 위해서는 법률이 정한 의무적인 중재 절차가 필요하다고 주장되어 왔다. 그리하여 많은 국가의 공무원노조들은 대체로 중재를 의무화하는 법률 제정을 지지해 왔다(Delaney & Feuille, 1985: 22).

(2) 그 밖의 대안들

제3자 개입 방식이 공무원 파업을 완전히 예방하는 데 충분하지 못하기 때문에 새로운 분쟁조정 절차의 개발이 요구된다. 아직은 실용화되지 못하고 있지만 아이디어 차원에서 개발 중인 몇 가지 대안을 소개하면 다음과 같다.

첫째, 시민투표 방식이다. 시민투표는 유권자들에게 분쟁의 쟁점을 설명하고 이에 관한 공식적인 투표를 실시하는 방법이다. 이 방법은 시민 참여의 기회를 확대하고 노사 간 합의가 유권자가 규정한 공익에 일치해야 한다는 신념을 강조한다. 그러나 이 방식의 약점은 ① 복잡한 쟁점을 투표에 부치는 데 따른 기술적인 문제, ② 투표로 인한 해결 시간의 지체, ③ 노사관계 절차와 이해 분쟁을 정치화하는 데에 따른 위험, ④ 예산결정권을 일반 시민에게 위임하는 것을 꺼리는 공공관리자의 태도 등이다(Midwest Monitor, 1980: 4-5).

둘째, 입법부 인준을 의무화하는 방식이다. 이 방식은 입법부로 하여금 모든 협약 및 협약장치에 대해 검토하고 인준하며 거부권을 행사할 수 있도록 규정함으로써 단체교섭에 관한 입법부의 권한을 강화하는 방법이다. 대의기관인 입법부가 노사 분쟁의 해결에 최종적인 책임이 있다고 가정하는 것이다.

셋째, '업무 중단 없는 파업'을 강제하는 방식이다. 이 방식은 업무가 계속되는 상태에서 고용주와 종업원에게 경제적 손실을 감수하도록 강제하는 방식이다. 이 방식에 의하면 일단 파업이 발생하면 공무원과 사용자의 임금 일부에 대해 지급을 중단하고 만약 '정해진 기간 내에' 파업이 종결되면 보류되었던 임금을 양 당사자에게 즉시 지불하지만 그렇지 못할 경우에는 임금의 일부를 민간자선단체나 연구기관에 기부하도록 하는 방식이다(Bernstein, 1971: 459-475).

넷째, '제한된 파업권'을 통해 분쟁을 조정할 수도 있다. 역사적으로 공무원의 파업을 법적으로 금지한 조치는 제대로 지켜지지 않았다. 교착 상태가 발생하면 공무원들은 주저 없이 파업을 강행했다. 따라서 일부 국가에서는 공공 서비스의 계속적 공급을 보장하기 위해 공공 서비스의 유형을 ① 필수적인(essential), ② 반필수적인(semi-essential), 그리고 ③ 비필수적인(nonessential) 것으로 구분하고, 필수적인 서비스 분야의 공무원(경찰, 소방관, 군인, 병원근로자 등)에 대해서는 일체 파업을 허용하지 않고 강제중재를 통해 해결하고 있다. 반면에 덜 필수적인 서비스에 종사하는 공무원들의 파업권은 비교적 광범위하게 허용하고 있다.

2. 분쟁 해소 방식에 대한 평가

1) 조 정

일반적으로 조정의 장점으로는 ① 당사자 간 자발적 해결을 돕고, ② 교육적 과정으로 활용할 수 있으며, ③ 양 당사자의 문제 해결 능력에 대한 확신을 제고하고, ④ 비용이 저렴하며, ⑤ 합의에 도달하는 시간이 적게 들며, ⑥ 공식적인 공청회나 문서 등을 준비하지 않고 양 당사자 간의 좀 더 비공식적인 상호작용을 활용하며, ⑦ 공공 서비스의 공급 중단과 같은 사태들을 발생시키지 않는다는 점이 지적되고 있다(Bowers, 1977: 5－10).

그러나 조정 절차는 당사자가 합의에 이르도록 압력을 가하는 데는 효과가 제한적이며, 조정 이후에 사실 수집 절차를 이용할 수 있다는 사실이 조정을 통한 문제 해결 가능성을 감소시킨다는 비판도 있다.

2) 사실 수집

사실 수집의 장점은 '감정'보다는 '사실'을 강조하고, 공개된 교섭 과정의 공정성을 확보할 수 있다는 데 있다. 강제적인 권고안을 포함하는 사실 수집 절차는 양 당사자가 합의에 이르도록 효과적인 압력을 가할 수 있다. 그러나 그 결정이 이해 분쟁의 당사자가 아니라 제3자에 의해 이루어진다는 점에서 강제중재와 유사하며, 이 사실이 사실 수집 절차의 유용성을 감소시킨다.

3) 중 재

강제중재는 공무원 노사관계에서 중요한 분쟁 예방책으로 간주되어 왔으나 그 구조와 결과는 많은 비판을 받고 있다. 중재 절차에 대한 중요한 비판 내용으로는 ① 입법부 권한위임의 위헌성, ② 중재 판정의 적절한 기준 규정 결여, ③ 대의제적 정부 및 공공책임성 이념과의 충돌, ④ 내부규정의 침범, ⑤ 지불 불능 상태에서 내려진 중재 판정의 효력 부재 등이 거론된다. 강제중재 절차의 효용성에 관한 많은 의문에도 불구하고, 이 제도가 단체교섭의 교착으로 인한 분쟁을 종식시키는 데 유용한 방법이라는 사실에는 대체로 동의가 이루어져 있다.

3. 우리나라 공무원 노사분쟁 조정제도

우리나라는 「공무원노조법」 제11조를 통해 공무원노조의 단체행동권을 전면 유보하고 있다. 한편, 동법 제12조는 공무원 노사관계에서 분쟁이 발생하는 경우, 분쟁조정의 일차적인 책임을 중앙노동위원회에 부여하고 있으며, 제14조는 공무원

분쟁조정을 전담할 '공무원노동관계조정위원회'의 신설을 규정하고 있다.

'공무원노동관계조정위원회'의 구성을 살펴보면 "위원회는 공무원 노동관계의 조정 · 중재를 전담하는 7인 이내의 공익위원으로 구성"하며 공익위원의 위촉에 관해서는 "공무원 문제 또는 노동문제에 관한 지식과 경험을 갖춘 자 또는 사회적 덕망이 있는 자 중에서 중앙노동위원회 위원장의 추천과 고용노동부 장관의 제청으로 대통령이 위촉"하도록 했다.

단체교섭 과정을 중심으로 분쟁 해결 절차를 좀 더 자세히 살펴보면, 우선 노사간에 분쟁이 발생하는 경우(단체교섭 결렬 시) 당사자 일방 혹은 쌍방은 중앙노동위원회에 조정을 신청할 수 있으며(제12조 제1항), 이 경우 '공무원노동관계조정위원회'가 지체 없이 조정 절차를 개시하도록 하고 있다. 조정위원회는 조정안을 작성해 이를 관계 당사자에게 제시하고 그 수락을 권고하는 동시에 그 조정안에 이유를 붙여 공표할 수 있으며 필요할 때에는 신문 또는 방송에 보도 등 협조를 요청할 수 있다(제12조 제2항, 제3항).

관계 당사자가 조정안의 수락을 거부해 더 이상 조정이 이루어질 여지가 없다고 판단되는 경우에는 조정위원회가 조정의 종료를 결정하고, 이를 관계 당사자 쌍방에게 통보해야 한다. 한편, 당사자가 조정안을 수락하면 조정위원 전원이 '조정서'를 작성하고 관계 당사자와 함께 서명, 날인한다. 조정서의 내용은 단체협약과 동일한 효력을 가지며, 그 해석 또는 이행 방법에 관해 조정위원회가 제시한 견해는 중재재정과 동일한 효력을 가진다.

한편, 조정이 실패한 경우에는 조정위원회 전원회의 의결로 중재 회부를 결정할 수 있다.[22] 중재는 조정과는 달리 일단 판결이 이루어지면 구속력을 갖는다. 관계 당사자는 중재재정이 위법하거나 월권에 의한 것이라고 인정하는 경우에는 중재재정서의 송달을 받은 날로부터 15일 이내에 중앙노동위원회 위원장을 피고로 행정소송을 제기할 수 있다. 이 기간 내에 행정소송을 제기하지 아니한 때에는 그 중재

22) 조정 이후의 쟁의조정 절차로서 중재는, 이외에도 단체교섭이 결렬된 상태에서 관계 당사자 쌍방이 함께 중앙노동위원회에 중재를 신청하는 경우에도 개시될 수 있다. 「노동법」에서는 전자를 직권중재(강제중재)라고 하고 후자를 임의중재라고 하며 노동쟁의의 자주적 해결 원칙에 따라 임의중재를 원칙으로 한다. 현행 「노동법」에서는 필수공익사업의 노동쟁의에서 직권중재를 인정하고 있으나 그 위헌성 여부가 문제가 되고 있다.

재정이 확정된다. 확정된 중재재정의 내용은 단체협약과 동일한 효력을 가진다.

그림 9-1 우리나라의 공무원 노사분쟁 조정 절차

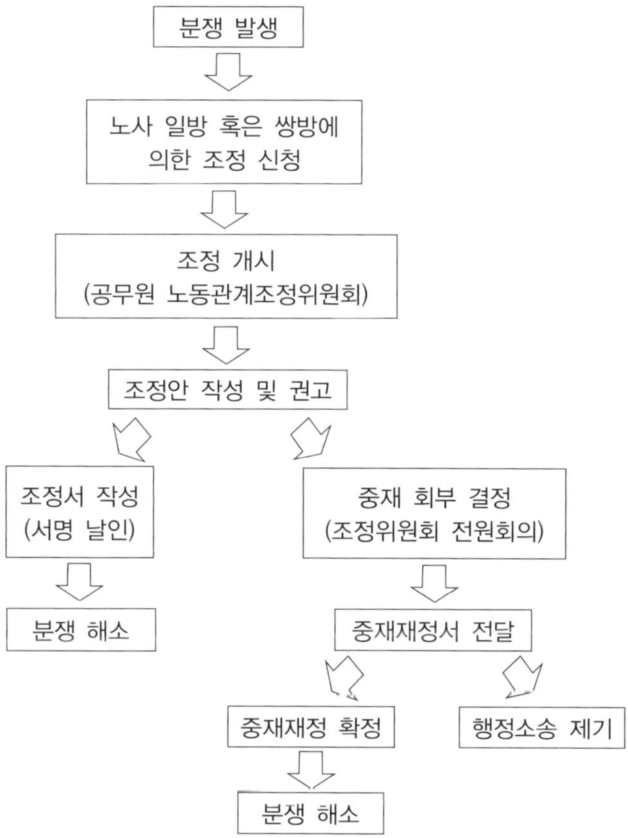

연습 문제

1. 우리나라 정부가 오랫동안 공무원의 노동3권을 유보해 온 주요한 원인을 설명해 보시오.
2. 공무원과 민간의 노사관계는 어떤 점에서 차이가 있는지 설명해 보시오.
3. 공무원 단체교섭의 교착 해소를 위한 제도적 장치를 알아보고 그 특징을 설명하시오.
4. 노조 보호(union security) 장치의 의의와 유형을 설명하시오.
5. 공무원직장협의회와 노조의 기능적 차이를 비교해 보시오.
6. 1980년대 이후 민간 부문 노동운동의 쇠퇴 원인과 공무원노동운동이 활성화된 원인을 설명하시오.
7. 공무원노조에 파업권을 인정해야 한다는 주장에 대해 자신의 의견을 밝혀 보시오.
8. 공무원 노사관계의 특성 중 노사 대항적 요소가 미흡하다는 주장에 대해 자신의 의견을 말해 보시오.
9. 우리나라 공무원 분쟁조정 절차의 문제점을 논하시오.
10. 우리나라 공무원 단체교섭의 발전 방향에 대해 논하시오.

CHAPTER 10

행정개혁과 행정책임

제 1 절 행정개혁의 의의

제 2 절 행정개혁의 과정

제 3 절 행정개혁의 장애와 극복 방안

제 4 절 한국 정부의 행정개혁 전개 과정

제 5 절 행정책임

개 관

행정개혁은 무엇이며, 또한 행정책임은 무엇인가? 행정개혁과 행정책임은 어떤 관계인가? 양자는 보완의 관계인가, 아니면 갈등의 관계인가?

행정개혁은 조직 내부와 외부의 환경적 변화에 따른 대응 차원에서 이루어지는 행정 체제의 바람직한 변화를 의미한다. 행정개혁은 행정 체제의 내부와 외부로부터 제기되는 낡은 구성 요소들을 창조적으로 파괴함으로써 새로운 행정 체제를 만들어 내는 일련의 과정으로 묘사될 수 있다. 이때 행정 체제라는 개념 속에는 전통적 의미의 관리 기능은 물론 정책 기능이 포함되는 것을 말한다. 행정개혁은 국민들에게 더 많은 서비스를 제공해 주는 바람직한 변화의 과정 및 결과이다.

이런 맥락에서 행정개혁은 새로운 대통령이나 정부가 들어설 때마다 외치는 단골 캐치프레이즈이다. 행정이 공공성(public)을 주장하면 할수록 행정개혁은 강조되기 마련이다. 이유는 행정개혁이 행정의 공공성을 담보하는 유일한 제도적 장치라는 인식 때문이다.

행정책임은 행정 연구와 실제(field) 모두에서 우리가 다루어야 할 근본적인 주제이다. 행정책임은 구체적으로 말해서 관료들이 도덕적, 윤리적, 기술적, 그리고 법규적 기준에 따라 행동해야 하는 하나의 의무이다. 이것은 공공성에 관련된 특정의 직무나 일을 수행할 때 관료들이 갖고 있는 소명의식과 같은 것이다. 처벌이나 책임 때문에 어쩔 수 없이 일(work)하는 수동적인 자세가 아니라 능동적이고 긍정적(positive)인 자세에서 일하는 소명의식이 바로 행정책임의 핵심적인 요소이다. 국민들에게 좀 더 큰 행정 서비스를 제공해 줄 목적으로 행해지는 행정개혁이 어느 정도 소기의 성과를 거두기 위해서는 행정개혁에 대해 관료들의 책임 있는 자세, 즉 행정책임을 소명의식으로 생각해 행정개혁을 추진해야 한다.

행정개혁이 올바르고 바람직한 방향으로 나아가기 위해서는 행정개혁의 내용이 여론이나 언론, 그리고 NGO를 포함한 시민단체들에 의해 끊임없는 피드백(feedback)을 받으면서 책임(행정책임)지는 인프라 구조가 필요하다. 이러한 인프라 구조 속에서 가장 중요한 것이 행정책임이다. 행정개혁이 무엇을 할 것인가(what to do), 그리고 어떻게 일을 수행할 것인가(how to do)의 문제를 다룬다면 행정책임은 결과물(output)을 갖고 피드백의 문제를 태클한다. 어떻게 보면 피드백을 하는 문제가 행정개혁에서 더 중요할 수 있다. 피드백을 올바로, 그리고 제대로 해야 똑같은 시행착오(trial and error)가 반복되지 않는다. 이승만 정부에서 시작된 행정개혁이 문재인 정부에 이르기까지 수많은 시행착오를 범한 것 역시 어떻게 보면 행정책임의 문제를 제대로 이행하지 않고 행정개혁에 대해 피드백한 결과가 아닌가 생각해 볼 수 있다.

이런 점에서 행정개혁과 행정책임은 행정학에서 가장 중요한 개념 중의 하나인 공공성의 문제를 해결하기 위한 동전의 양면성을 갖고 있기 때문에 상호 보완의 관계로 유지・발전시켜 나가야 한다. 행정개혁이 과정(process)이라면 행정책임은 결과(outcome)의 문제이다. 이유는 과정과 결과는 서로 뗄레야 뗄 수 없는 상호불가분성의 관계를 갖고 있기 때문이다. 행정개혁과 행정책임 역시 같은 논리로 설명된다.

Chapter 10

행정개혁과 행정책임

제 1 절 행정개혁의 의의

1. 행정개혁의 개념

행정개혁의 개념과 필요성에 대해 학자마다 다양한 견해를 나타낸다. 이종수(2005)는 행정개혁을 "정부개혁이나 정부혁신으로 보면서 행정개혁의 범주에 관리와 정책이 모두 포함"된다고 한다. 이도형 · 김정렬(2007)은 행정개혁의 범주에 구조 · 과정 · 행태 등 관리적 요소는 물론 정책 변화나 정책혁신 같은 새로운 정책 아이디어의 재창안을 포함시키고 있다. 따라서 관리의 변화와 정책의 변화를 상호 유기적으로 결합하는 것이 행정개혁의 실질적 성과의 창출에 유리하다.

김정렬 · 한인섭(2008)은 행정개혁을 광의의 개념으로 본다. 그들은 "행정과 정부 또는 행정개혁과 정부개혁을 동일시하는 매우 넓은 의미"로 행정개혁을 보고 있다. 행정개혁은 다양한 측면에서 제기되는 대내·외 변화 압력에의 대응 차원에서 이루어지는 행정 체제의 바람직한 변동을 뜻하는 것이다. 따라서 행정개혁은 행정 체제의 내부로부터 끊임없이 혁신하여, 낡은 구성 요소들을 창조적으로 파괴함으로써 새로운 행정 체제를 만들어 내는 일련의 과정으로 묘사될 수 있다. 이때 행정 체제라는 개념 속에는 전통적 의미의 관리 기능은 물론 정책 기능이 포함되는 것을 의미한다.

케이든(Caiden, 1969, 1982)은 행정개혁이란 "저항을 무릅쓰고 행정적 변형을 인위적으로 유도하는 것"이라 정의한다. 그는 행정개혁은 인위적·도덕적 특징을 갖고 있다고 본다. 인위적이란 의미는 설득, 논증, 제재를 통해 상대방의 변화를 이끌어 낸다는 의도적·계획적 성격을 갖고 있다. 이것은 단순히 점진적 변화만으로는 환경의 변화에 적절히 대응할 수 없기 때문에 개혁은 급진적·혁신적 성격을 내포할 수밖에 없다고 본다. 도덕적이란 의미는 행정적인 과오와 병폐를 제거함으로써 현재의 상태를 개선시키는 의미를 갖고 있다.

이와 같은 학자들의 다양한 개념 정의를 토대로 해서 행정개혁을 정의하면 행정의 비전과 목표를 달성하기 위한 의도적·인위적 노력을 말한다. 여기서 의도적·인위적 노력이란 비전－목표－전략의 과정을 일관되게 만들어 가기 위해 기술, 기법 등 다양한 요소의 투입을 통해 가장 효율적인 결과물을 산출하는 것을 말한다.

2. 유사 개념과 비교

행정개혁이라는 용어는 각 정부마다 다르게 사용한다. 대체로 개혁이라는 용어를 선호하지만 노무현 정부는 혁신이라는 용어를 사용했다. 혁신은 새롭게 변화시킨다는 의미를 갖고 있다. 과거의 잘못된 행정 관행, 현실과 괴리되는 제도·규정, 효율성이나 생산성과 거리가 먼 구조적·행태적 측면을 새롭게 고쳐 나가는 변화의 의미를 내포하고 있다. 이명박 정부는 개혁과 혁신이란 말보다 선진화란 말을 주로 사용했다. 선진화란 개혁, 혁신, 구조조정, 민영화 등 여러 가지 의미가 복합적으로 내포되어 있다.

문재인 정부는 적폐청산이라는 용어를 사용한다. 이것은 이명박 정부나 박근혜

표 10-1 유사 개념의 비교

구 분	개 혁	혁 신	적폐청산
의미와 특성	기존 조직이나 체제의 재편 최소화	창조적 파괴, 지속적 변화	글로벌 스탠더드 지향, 공정 성장
목표	경쟁국가	정부 재창조	소득주도 성장, 혁신 성장
추진 계기	경제 위기와 정권 교체	세대 교체와 지배 이념의 변화	공정한 경제를 지향해 대기업과 중소기업의 상생발전
대표적 사례	대처와 레이건의 행정개혁	클린턴과 노무현의 정부혁신	문재인 정부
분석의 초점	구조와 체제	과정과 행태	구조, 과정, 행태
추진 수단	민영화, 탈규제, 정부 감축	기업식 정부, 지식행정, 성과관리	규제 완화 성과관리
집행 방식	하향식	상향식과 하향식 조화	상향식과 하향식 조화
성과와 함의	단기적 효과	장기적 효과	단기와 장기의 조화

자료: 개혁과 혁신은 김정렬·한인섭(2008: 6).

정부 10년 간 각 분야의 잘못을 바로잡아 이를 올바른 방향으로 되돌려 놓겠다는 의미가 내포되어 있다. 정치, 경제 사회 문화, 국방 등 다양한 분야에서 적폐청산이라는 이름 아래 과거의 잘못을 바로 고쳐 나가는 작업을 추진하고 있다.

제 2 절 행정개혁의 과정

행정개혁의 과정은 크게 개혁 필요성의 인식 단계, 입안 단계, 시행 단계, 그리고 평가 및 환류 단계로 이루어진다.

1. 필요성의 인식 단계

개혁 필요성의 인식은 운영 성과가 예상 또는 기대 수준에 도달하지 못할 때 발생하며 이러한 성과상의 차이는 개혁을 통해 문제를 해결할 수단을 강구하게 만든다(Robey, 1986: 467). 현실 수준(성과)이 기대 수준(기준)에 미달하는 불일치를 발견하고 개혁의 필요를 확인해 그에 관한 합의를 형성하는 단계이다. 필요성의 인식 단계에서는 불일치라는 문제를 지각하는 것, 관련자들의 지각 차이를 조정해 합의를 이끌어 내는 것, 지각되고 합의되지만 의견의 일치를 보지 못한 문제에 대해 개혁의 필요성을 확인하는 것 등이 중요한 행동 과제가 된다.

개혁의 필요성 여부는 현상에 대한 정확한 진단이 선행되어야 한다. 잘못 진단된 현상에 대한 결점을 고치기 위한 개혁의 수행은 상황을 더 악화시키게 될 것이다. 부정확한 처리는 하지 않은 것보다 더 나쁜 결과를 초래하기도 한다. 정확한 진단은 경험과 판단에 의존하게 되는데 행정 전문가들은 진단을 위해 과학적 기법을 사용하고 자신의 천부적 재능을 이용하기도 한다(Caiden, 1974: 338).

2. 입안 단계

개혁의 필요가 확인된 다음에는 개혁의 실천 방안이 모색된다. 입안 단계에서는 기준과 실적 사이의 차질을 해소시킬 수 있는 대안을 탐색해 채택한다. 입안 단계에서는 미래에 대한 행동계획을 미리 세워야 하기 때문에 미래의 무계획성을 극복하고 개혁에 수반되는 위험을 최소화하기 위한 노력을 기울여야 한다. 개혁안은 실현가능성(feasibility)과 소망성(desirability)을 고려해야 할 뿐 아니라 조직 내적 관점에서 벗어나 조직 외적 관점에서도 검토되고, 또 개혁의 영향을 받는 이해 당사자의 광범위한 참여를 바탕으로 작성되어야 한다. 또한 개혁안은 복수로 작성되는 것이 좋으며 가능한 결과의 탐색을 통해 최적 대안을 선택해야 한다.[1)]

---

1) 계획의 입안 단계에서 나타나는 합리성의 제약 요인으로는 첫째, 미래예측의 곤란성, 둘째, 계획에 대한 인식 부족, 셋째, 기술과 지식의 부족, 넷째, 시간적 제약, 다섯째, 비용의 과중, 여섯째, 개인적 창의성의 위축, 일곱째, 수정의 불가피성 등이다.

3. 시행 단계

입안된 개혁을 현실화하는 단계에서는 먼저 개혁 실현의 행동 주체를 선정 또는 조직하고 필요한 지지와 인적·물적 자원을 동원해야 한다. 개혁을 입안할 때는 시행 단계에서 발생할 모든 사태를 예측하기 어려울 뿐 아니라 예측했던 상황이 개혁을 실현하는 동안에 변동될 수 있다. 그러므로 개혁의 시행은 상황 변화에 적응할 수 있는 융통성을 지녀야 한다. 시행 과정에서 표준운영절차(Standard Operating Procedure: SOP) 같은 형식에 얽매여서는 안 된다. 이러한 표준운영절차는 관료제 조직의 일상적 업무 수행에서는 효율적 수단이기도 하지만 지나치게 사용하면 오히려 비능률을 초래할 우려가 있으며(안해균, 1987: 46), 나아가 새로운 정책 및 쇄신적인 정책을 집행하는 데 방해물이 될 수 있다.[2]

4. 평가 및 환류 단계

평가 단계에서는 행정개혁의 집행 상황과 성과 등을 분석·평가해 그 결과를 개혁 과정의 적절한 단계에 환류시키거나 새로운 개혁 과정을 촉발하는 정보를 제공한다. 평가작업은 개혁이 원래의 처방대로 실현되었는가를 확인하는 목적도 있지만 평가의 궁극적 목적은 평가의 결과를 환류시킴으로써 행정개혁 활동을 촉진 또는 개선하려는 것이다. 평가 결과의 환류는 진행 중인 개혁활동을 수정하거나 새로운 개혁활동을 유발하려는 것이기 때문에 평가·환류의 작용은 개혁 과정의 흐름을 순환적인 것으로 만들어 가는 역할을 한다.

행정개혁의 평가 대상은 행정개혁의 모든 사업이나 프로그램이 평가 대상이 될 수 있다. 입안 단계에서 처방한 개혁의 목표가 제대로 성취되었는가를 알아보기 위해 개혁의 목적 기준과 실적을 비교·분석하는 것이 평가 단계의 기본적 임무라

---

2) 표준운영절차는 과거의 경험에 기초한 것이고 관료들이 익숙해져 있는 문제 해결 방법이므로 새로운 정책을 집행한다는 것은 관료 자신들의 성향 및 행태가 변화되어야 한다는 것을 의미하는 것인데 그러한 변화는 쉽게 일어나는 것이 아니기 때문이다. 표준운영절차의 이러한 문제점은 정책 집행의 구체화 과정인 세부사업계획을 선택할 때 쇄신적인 사업계획보다는 익숙한 사업계획을 채택하려는 경향에서도 나타난다.

고 할 수 있다. 또한 목표 실현에 영향을 미치는 개혁의 과정, 전략, 기술, 자원, 개혁의 장기적 영향, 개혁 추진자의 구성, 개혁 목표 등도 모두 평가 대상이 될 수 있다.

개혁 과정의 실제에서 평가활동이 진행되는 시기와 그 기능 역시 매우 복잡하다. 개혁 과정이 진행되고 있는 동안에도 각 단계의 활동을 수시로 평가해 시정 조치를 취하는 것이 보통이다. 이처럼 개혁의 실행 결과 및 그 목표의 달성도를 객관적으로 평가하기란 쉬운 일이 아니다(안해균, 1986: 10).

평가와 함께 개혁의 제도화 과정(a process of institutionalization) 역시 개혁 집행 후 이루어져야 할 단계이다. 이 단계는 변화를 전 체제의 나머지 부분에 확산시키고 개혁의 성과를 유지하는 것이며(Burke, 1987: 58), 조정을 통해 구체제의 가장 유용한 요소들을 신체제에 흡수시켜 개혁의 공고화(Preston, 1984: 6)를 이루는 단계이다. 개혁을 통해 이루어지는 새로운 제도나 구조는 변화의 수용을 돕는 절차와 기법들을 정비하게 되며 또 여러 집행정책의 변화를 이끌어 낸다(Easton, 1988: 126－127).

제 3 절 행정개혁의 장애와 극복 방안

1. 행정개혁의 장애

행정개혁의 장애는 개혁을 직접 좌절시키거나 저항을 야기할 수 있는 상황적 조건 또는 환경적 요인을 말한다. 즉, 정치적 요인, 문화적 요인, 그리고 조직의 구조적 요인을 말한다.

1) 정치적 요인

행정개혁이란 정치적 과정일 뿐 아니라 사회의 정치적 성격과 직접적으로 관련되어 있다. 따라서 행정개혁의 성공은 어떻게 정치적 상황을 잘 파악하고 접근하느냐에 달려 있다. 갈등, 혼란, 충돌이 심한 정치적 환경 속에서 개혁에 필요한 지지를 동원하기 어렵다. 경제 발전의 행정 주도 또는 국가 주도를 집착하는 세력과 민간 주도를 지지하는 세력과의 충돌, 정부구조의 기능 분립적 관성과 협동적 정부의 요청 등은 모두 개혁의 장애 요인이 된다. 권위주의적 지배 체제에서 연유한 정치적 혼란 역시 개혁의 추진력을 약화시키고 개혁의 정당성마저 확보하기 어렵게 만든다(오석홍, 1996: 64).

2) 문화적 요인

사회 내의 문화적 요소와 가치 체계는 연관되어 있어 행정조직에 중요한 장애가 될 수 있다. 문화적 다양성, 즉 많은 이질적 문화와 복수 인종을 가지고 있는 국가에서는 국민의 협력을 얻기 힘들다. 이들은 행정적 하위문화도 역시 다양하기 때문에 개혁에 대한 반응도 다양해지기 마련이다. 언어의 중요성도 인식하지 않을 수 없다. 언어란 사상의 표현이다. 따라서 언어가 다양한 인도의 경우에는 의사 전달에 큰 애로가 생긴다. 또 언어가 나타내는 개념, 예컨대 이념, 전설, 종교적 교리 등은 개혁에 대해 상이하게 반응한다.

문화는 사회적 행동의 표준화된 메커니즘과 그런 행동의 상징적 혹은 비상징적 산물로 구성되어 있으며, 신념과 행동규범을 갖는 어떤 문화라도 한번 생성되면 그 신념과 규범에 일치하도록 문화는 그 구성원의 태도와 행동에 영향을 미친다. 따라서 어떤 구체적 변화가 이러한 문화적 신념이나 규범과 갈등을 일으키게 될 때 문제가 되며, 이러한 갈등의 정도가 크면 클수록 변화에 대한 저항과 장애는 커진다.

3) 조직의 구조적 요인

(1) 복잡성

조직 내에서 전문화된 직업의 수가 많을수록 그 조직은 더욱 복잡하게 되며, 전문성의 정도나 특정한 역할로 분화된 정도가 높을수록 그 조직도 더욱 복잡하게 된다. 조직의 복잡성(complexity)은 다양한 직업적 특성에 기인한 조직 구성원의 상이한 관점과 가치 기준으로 인해 조직개혁을 위한 대안의 선택을 곤란하게 만든다. 복잡하고 규모가 큰 조직의 넓은 의사소통 통로 역시 의사 전달의 정확성과 신속성을 저하시켜 저항과 장애 요인이 된다.

(2) 집권화

조직의 정책결정 권한이 소수에 집중되면 과두제의 철칙(iron law of oligarchy)에 의해 이들 소수는 조직이나 구성원의 이익보다는 자신의 지위 유지를 더 중시하게 되며 개혁에 반대적인 경향을 띠게 된다. 그것은 조직활동의 개혁이 조직 내의 정권 배분에 변화를 초래하기 때문이다(Katz & Kahn, 1987: 714). 고도의 집권화(concentration)는 구성원의 정책 결정에 참여를 제한하는 경향이 있으며, 이러한 참여 제한은 개혁에 필요한 다양한 정보의 수집을 곤란하게 하고 구성원의 동의를 얻기 어렵기 때문에 저항을 유발하게 된다. 따라서 조직에서 집권화의 정도가 높을수록 개혁과 변화율은 낮아지게 된다.

이와 같이 고도의 집권화는 조직 개혁에 대해 장애 요인으로 작용하지만 개혁의 시행 단계에서는 오히려 유리하게 작용할 수 있다. 즉, 고도의 집권화는 합의에 이르는 의견 조정을 용이하게 하고 역할 갈등과 모호성을 감소시킴으로써 개혁의 실행에 유리할 수 있다.

(3) 공식화

공식화(formalization)란 조직의 구성원이 그의 직무를 수행할 때 따라야 할 조직 내의 특정한 규칙이나 절차를 강조하는 것을 의미한다. 조직의 구성원은 그의 직무를 수행하는 데 조직의 규범과 관련해 행위의 일관성을 강화시켜 나가며 조직의 절차는 고정되고 가치를 부여받으며 선례는 조직의 법적 체계의 일부분이 된다. 따라서 조직 개혁이 조직 내의 확립된 제도를 무시하게 되면 개혁의 저항과 장애 요인이 된다. 따라서 공식화의 정도가 높을수록 조직도 규칙과 절차를 강조하며 조직의 개혁률은 낮아지게 된다.

(4) 계층화

행정조직은 수평적으로 분업화되고 수직적으로는 각 계층이 설정 · 구분되어 하나의 피라미드 형태를 이루고 있다. 따라서 조직 내에서 계층과 신분의 차가 클수록 일상적 정책 결정에는 도움이 된다고 할 수 있으나 자신의 지위가 평가 절하될까봐 개혁에 부정적인 태도를 취하게 된다. 관료조직은 보수성으로 인해 외부의 변동에 대해 민감하게 대처하지 못함으로써 발전 목표의 추구에는 항상 제약 내지 저항이 수반하게 된다.

4) 자원 및 능력상의 한계

자원과 능력의 부족은 가장 현실적인 개혁 실패의 원인이 된다. 개혁에 필요한 자원이 부족하거나 동원 불가능한 자원을 필요로 할 경우에 조직은 자원 획득의 능력의 부족으로 개혁의 장애를 초래할 수 있다.

(1) 정보의 수집 및 분석 능력의 부족

정책 결정에 관한 고전적 합리모형은 인과 관계에 관한 지식을 확보하고 있다는 전제 하에서 성립한다. 그러나 현실적으로 정책결정자는 특정 문제의 해결에 필요한 모든 정보를 알 수 없을 뿐 아니라 알고 있다 하더라도 관련된 모든 정보를 수집한다는 것은 불가능하며 수집된 정보의 정확성 역시 문제가 된다. 따라서 정보 수집은 과학적 방법을 사용한다 하더라도 미래에 대한 불확실성을 완전히 제거한다는 것은 불가능하며 불확실성에 대한 두려움은 개혁의 장애가 된다.

(2) 시간의 제약

시간 부족, 잘못된 시간 선택, 미래 예측의 실패 등 시간 관련 요소가 개혁의 장애가 되는 일은 너무나 흔하다(오석홍, 1990: 64). 이와 같이 시간적 제약 하에서는 참여의 범위가 제한되고 제한된 수의 대안만이 고려되며 정보의 수집도 제약을 받기 때문에 개혁에 대해 비공개적이고 즉흥적 결정을 초래하게 된다. 이 모든 것이 조직 개혁의 장애 요인으로 작용한다.

(3) 인적 자원에 따른 제약

개혁의 필요성은 인식하되 문제를 제기하고 개혁을 추진하고자 하는 개혁 담당자들은 언제나 부족하기 마련이다. 조직의 결점을 들추어내고 이를 적극적으로 개혁하고자 나서기를 좋아하는 사람은 별로 없으며, 설사 있더라도 개혁안을 작성하는 데 필요한 일반적 지식의 결여로 인해 곤란을 느끼게 된다. 특히 개혁에 필요한 지식이 비밀로 유지되는 경우엔 개혁 담당자는 외부와 고립하게 되며, 그들의 지식은 경험적 유대를 상실하게 됨으로써 더욱 강한 개혁 장애로 나타나게 된다.

2. 장애 극복 방안

개혁 추진자는 장애의 원인과 증상에 대해 그 강도를 정확하게 진단해 극복 방안을 제시해야 한다.

1) 강력한 리더십

조직이 효과적으로 변화하기 위해서는 전략적 지위에 있는 사람이 진실로 변화의 필요성을 느껴야 하며, 강력한 리더십 없이는 효과적 조직 변화는 불가능하다. 모든 조직 변화에서 강력한 리더십이 조직 변화로 나아가기 위한 전제 조건이라 할 수 있다. 따라서 변화는 최고 관리자로부터 시작되어야 하며, 조직의 관리자가 변화의 문제점을 항상 인지할 수 있도록 환류 장치를 확립하는 것이 중요하다. 이처럼 강력한 리더십은 집권화와 계층화의 정도가 높은 조직일수록 그 중요성이 크다고 할 수 있다.

2) 동기 부여

조직의 구성원에 대한 적절한 동기 부여는 변화를 촉진한다. 왜냐하면 인간이 일정한 행동을 하도록 하는 근원이 바로 동기(motive)이기 때문이다(민진, 1996: 178). 그러나 동기는 개인에 따라 매우 다양하며, 그렇기 때문에 개인과 상황에 따라 적절한 동기 부여가 이루어져야 한다. 먼저 구성원에게 의미 있는 보상이 주어져야 한다. 또한 조직 변화에 필요한 지식과 기술은 구성원의 능력과 경험의 범위를 벗어나서는 안 된다. 그렇지 않은 경우에는 변화의 시작부터 불안을 느끼게 되며, 이것은 변화를 주도하고자 하는 노력을 차단하게 된다.

3) 비공식조직의 활용

비공식조직은 공식조직의 경직성을 완화시켜 조직에 신축성을 부여해 주고 공식조직 지도자의 능력을 보완해 주며 조직 내의 원할한 의사소통을 도와 주는 기능을 한다. 또한 구성원의 유대와 협조를 통해 업무의 능률을 향상시키고 구성원의 사기를 진작시킨다. 이처럼 구성원의 사기는 공식조직보다 비공식조직이 좌우하는 만큼 행정개혁의 추진자는 이 점에 유의해 개혁을 추진해야 할 것이며, 특히 비공식 조직의 의견도 고려할 필요가 있다(김종찬, 1992: 16).

4) 교육훈련

변화란 새로운 것을 추구하기 때문에 언제나 새로운 것에 대한 불안으로 인한 저항을 받게 되는데, 이러한 저항을 극복하는 데에는 교육훈련이 중요한 역할을 한다. 교육훈련은 새로운 가치관과 적극적 태도 형성에 도움을 줌으로써 변화를 쉽게 받아들이게 할 뿐 아니라 변화에 필요한 새로운 지식과 기술을 습득케 함으로써 변화를 실천하는 데 도움을 준다.

5) 참 여

시민 참여는 관료조직의 정책결정과 집행에 그 정책과 관련된 시민들, 즉 정책으로 인해 영향을 받게 될 시민들을 되도록 많이 참여시키고자 하는 제도이다. 시민을 개혁 과정에 참여시키는 것은 변화에 대한 저항을 이해 또는 적극적 지지로 바꾸는 데 가장 효과적인 운영 기법의 하나로 개인의 직접적 참가뿐 아니라 공익집단을 활용하거나 또는 여론을 환기시켜 개혁을 집행하는 것도 좋은 방법이다(이종범, 1996: 167). 이와 같은 변화의 모든 과정에 대한 참여의 확대는 변화에 대한 구성원의 합의를 용이하게 함으로써 저항을 가장 효율적으로 감소시켜 주는 역할을 한다.

6) 행정 PR

행정개혁에 대한 불완전한 정보나 부족한 정보는 국민을 불안하게 만들며 불신풍조를 조장한다. 변화가 어떻게 수행되어야 하며, 변화된 상황에서 어떻게 대처해야 하며 변화의 목표가 무엇인가에 관해 변화에 관련된 사람이 충분한 논의를 거쳐 이해하게 된다면 저항은 줄어들 것이다. 또한 행정 PR은 일방적이어서는 안 되며, 반드시 변화에 관련된 사람들에게 자기 의견을 진술할 기회가 보장되어야 한다. 이렇게 함으로써 개혁 담당자는 그들이 전혀 예기치 못했던 반대 이유를 인식할 수 있는 환류 장치를 갖게 되며, 이를 통해 개혁안에 대한 재평가와 대안의 기회를 갖게 된다.

7) 개혁 시기 선택

개혁가는 주의 깊게 고려한 여러 가지 요소를 기초로 해서 변화를 시작하는 시기를 선택해야 한다. 그러나 변화에 대한 충분한 준비를 할 수 있도록 시간적 여유를 주면 변화에 대한 저항이 줄어들 것이라는 주장에는 한계가 있다. 경우에 따라서 또는 대상에 따라서 시간적 여유는 오히려 저항력을 강화시킬 수도 있다. 원래 행정개혁은 정치적 성격을 내포하고 있으므로 정치적 환경이 행정개혁에 알맞다고 생각되는 시기에 개혁을 단행함으로써 정치적 반발 내지 저항을 약화시킬 수 있다.[3)]

8) 법과 제도의 정비

행정개혁은 국민으로부터의 개혁에 대한 강한 요구를 통치권이 강한 의지로써

3) 역대 정부의 행정개혁이 주로 정부 출범 초기에 집중된 이유도 바로 여기에 있다. 1993년 집권한 김영삼 대통령은 즉위 초기에 12 · 12 사태를 주도한 군의 비공식조직인 하나회를 해체시켰으며, 부처 간 기능 조정, 그리고 금융실명제 등의 개혁 조치를 강하게 밀어붙였다. 1998년 IMF 위기 속에 대통령에 취임한 김대중은 한국 경제를 위기 속에서 구출하고자 은행 및 재벌 등 경제와 관련된 개혁 조치를 많이 쏟아냈다. 2003년 집권에 성공한 노무현 대통령은 우리 역사 바로세우기 등 주로 경제 외적인 조치, 즉 북한과의 관계 개선이라든가 미국 및 일본에 대해 한국의 자주권 지키기 등에 관련된 개혁 조치를 만들어 냈다. 2008년 집권한 이명박 대통령은 광우병 파동으로 인한 촛불시위 등으로 취임 6개월 동안 국정수행이 어려웠으나 6개월이 지난 후에는 5대 국정지표, 20개 국정과제, 그리고 세부 100개 사업을 분야별로 나눠 일을 추진했다.

쟁점 검토와 토론: 개혁에 대한 저항과 극복을 위해 어떻게 해야 할까 ?

【서울=뉴시스】 전진환 기자 = '공기업개혁 어떻게 할 것인가?'를 주제로 새누리당 경제혁신특위 공기업개혁분과 공청회가 열린 19일 오후 서울 여의도 국회 도서관 대강당에서 양대노총 공공부문 공동대책위원회 회원들이 개혁 반대 구호가 적힌 종이를 들고 침묵시위를 하고 있다. 2014.09.19. amin2@newsis.com 2014-09-19

Q & A

받아들여 개혁의 목표와 정책, 그리고 프로그램이 마련되어 여론의 수렴을 통해 수정 · 보완되어 시행되는 일련의 과정을 거치게 된다. 그러나 행정개혁의 성과가 어떤 사업의 일과성이 아닌 계속성을 지니기 위해서는 잘못된 법률과 제도의 정비가 필요하다.

제 4 절 한국 정부의 행정개혁 전개 과정

1. 이승만 정부의 행정개혁

이승만 정부는 3차에 걸친 정부구조를 개편했다(김운태, 1986: 281-290). 제1차 개편은 1949년 3월 보건부가 신설되었으며, 동년 12월 「외자구매처임시조치법」에 의해 대통령 직속 하에 외자구매처가 신설되었다. 동년 12월에 「귀속재산처리법」에 의해 국무총리 직속 하에 귀속재산의 관리처분기관인 관재청이 설치되고, 임시관재총국은 폐지되었다. 그리고 동년 12월에 국무총리 직속 하에 임시외자관리청이 설치되었다. 1950년 4월 구「황실재산처리법」에 의해 대통령 직속 하에 임시황실재산관리위원회가 신설되었다. 1952년에는 재무부 전매국을 전매청으로 승격시켰다.

제2차 개편은 1954년 11월의 제2차「헌법」 개정에 의해 국무총리제가 폐지되고, 대통령 책임제를 더욱 강화했다. 1955년 2월에는 정부조직법의 개정으로 대폭적인 기구 개편이 있었다.[4] 이 시기의 개혁은 그 규모가 매우 크고 또한 중요한 것으로 그 주요한 특징은 국무총리제의 폐지에 따르는 대통령 중심의 권력 체제의 정비, 행정수반의 막료와 보조기관의 재정비, 그리고 동란 이후의 부흥과 경제정책의 종합적 기획 조정을 위한 기구로서 부흥부를 신설한 것이다. 그리하여 중앙행정기관은 12부 2실 3청 1위원회가 되었다.

제3차 개편은 1958년 3월「원자력법」에 의해 원자력원이 대통령 직속기관으로 설치되었다. 감찰원을 다시 감찰위원회로 개칭했다.

이승만 정부의 행정개혁은 일차적으로 국가의 건설, 국민 통합을 위한 국가기구의 형성과 기본적 기능 위주로 이루어졌으며, 그리고 그 후에는 행정의 간소화라는 원칙을 따랐다. 이와 더불어 이승만 정권은 장기 집권을 위해 내무, 치안 등 억압적 사회 질서 유지 기능과 반공을 빌미로 한 국방 기능을 6 · 25 전쟁 이후 더욱 강화하는 조치를 취했다.

2. 박정희 정부의 행정개혁

1961년 5월 16일 박정희 소장을 중심으로 한 군부는 군사혁명위원회를 국가재

4) ① 외무부 장관이 수석 국무위원이 되었다. ② 대통령실이 대통령 비서실로, 부통령실이 부통령 비서실로 개편되었고, 한편 국무총리실이 폐지되었다. ③ 국무총리제의 폐지에 따라 그 소속기관이었던 총리처는 국무원 사무국으로, 공보처는 대통령 소속 하의 공보실로, 법제처는 법무부 소속의 법제실로, 기획처는 부흥부의 기획국, 관재청은 재무부의 관재국으로 흡수되었다. ④ 부흥부가 신설되고 보건부와 사회부가 통합하여 보건사회부로 되었다. ⑤ 해사위원회를 해체해 상공부 장관 소속하에 해무청을 신설했다. ⑥ 외자구매처와 임시외자관리청은 부흥부 외청인 외자청으로 통합되었다. ⑦ 감찰위원회를 폐지하고 감찰원으로 개편했다.

건최고회의로 개편하고, 5월 20일에는 혁명내각을 조직함으로써 2년 7개월 간에 걸친 군정이 시작되었다.

박정희 정부는 출범 초기부터 정당성의 결여로 인한 정치적 기반은 취약할 수밖에 없었다. 국민들의 정치적 저항과 학생 시위는 계엄령이나 위수령의 발동 또는 그 밖의 외재적 강제에 의해 다스렸다. 정치와 행정은 점차 권위주의를 지향해 나갔으며, 이것은 헨더슨(G. Henderson)이 말한 소용돌이 정치(the politics of vortex)의 서막을 알리는 신호탄이었다(Henderson, 1968: 4-6). 이러한 과정 속에서 박정희 정부는 대규모 행정개혁으로 국민들이 공감하는 성과를 창출해 국민의 지지를 이끌어 내는 전략을 구사했다.

따라서 5·16 이후 박정희 정부는 권력기구와 통치 방식의 기본적 변화, 경제개발 5개년계획의 착수, 군(軍)의 현대화된 조직관리 방식의 도입 등을 통해 1961년 10월 2일 대규모의 정부기구 개혁인 10·2 개혁이 실현되었다. 10·2 개혁의 핵심은 첫째, 행정의 능률화, 둘째, 기획과 집행의 분리, 셋째, 통제 기능의 제도화, 넷째, 부서 통폐합, 다섯째, 행정 체계의 단일 집중, 여섯째, 사업 관청의 관리 강화, 일곱째, 국토개발사업의 촉진, 여덟째, 중간관리기관의 강화를 기하는 것이며 박정희 정부에서 대통령은 명실상부한 행정권의 수반이었다. 박정희 정부는 대통령중심제를 채택하면서도 부통령을 두지 않고, 내각책임제적 요소인 국무총리를 두었다. 국무총리에 직접 소속되는 중앙행정기관으로는 부총리, 경제기획원, 총무처, 법제처, 원호처, 원자력원 등이다.

박정희 정부는 정치보다는 행정적·경제적 효율성을 강조하며 강력한 통치 체제를 구축했다. 유신 체제 출범 이전까지 행정개혁의 특징을 요약하면 다음과 같다.

첫째, 기구 개편에서 합목적성을 띠었다. 혁명공약과 정책 목표에 따라 기구 개편이 있었다.[5)]

둘째, 행정개혁의 참여자는 법률적 배경을 가진 사람은 제외되고, 군인·행정학

5) 반공을 위해 중앙정보부를, 국민 도의 향상을 위해 국민재건운동본부를, 구악 일소를 위해 혁명검찰부와 혁명재판소를, 국가 경제 발전을 위해 경제기획원, 국토건설청, 건설부, 철도청, 노동청, 울산계획개발본부 등을 설치했고, 행정관리 효율화를 위해 조달청, 기획통제관실, 행정관리국을 설치했다.

자·실무 공무원 등이 참여했다.

셋째, 기존 행정관리국과 함께 행정조사위원회가 설치됨으로써 행정개혁이 전문적으로 다루어지게 되었으며, 또 제도화되었다. 아울러 고도 경제 성장을 통한 목표 달성을 위해 많은 기구가 설치되었다.

넷째, 국가 발전에서 행정의 주도적 역할이 강조되었으며, 행정기구 및 기능이 다원화되고 전문화되었을 뿐 아니라 정책의 기획 입안과 계획 수립을 위한 참모조직이 많이 설치되고 그 기능이 강화되었다(김수영, 1996: 384). 따라서 이 시기의 행정개혁은 발전 행정적, 집권 지향적이면서도 정보가 일정 기관(중앙정보부)에 의해 통제되는 경향을 보여 주었다.

다섯째, 행정개혁이 고도의 중앙집권화를 지향함으로써 외부 통제 장치는 그 기능을 원활하게 수행할 수 없었으며, 이익집단과 언론의 투입 기능 역시 상당 부분 제약되었다.

여섯째, 국가 발전을 경제 부문에만 초점을 맞춤으로써 불균형 발전전략을 채택할 수밖에 없었으며, 이로 인해 파생된 빈부 격차, 주택난, 가치관의 혼란, 산업화 초기 단계에서 나타나는 도시의 빈민가 형성 등은 박정희 정부에 크나큰 부담을 안겨 주었다.

유신 체제가 후반으로 갈수록 박정희 정부는 장기 집권 체제의 유지로 인해 행정개혁의 추진력은 떨어질 수밖에 없었다(오석홍, 1995: 259-260).

첫째, 정부 주도형 개발정책을 추진하기 위해 전반적으로 행정기구와 예산, 그리고 공무원 규모의 증가를 가져왔다. 그 결과 강력한 중앙집권화, 기획 기능의 강화, 각종 규제의 설치 및 시장 개입, 지방자치의 유명무실화 등의 현상이 나타났다.

둘째, 행정개혁위원회가 정식 정부기구로 설치되어 중앙행정기관, 지방자치단체, 정부투자기관에 대한 전문적 분석과 연구를 통해 개선 방안을 제시하게 됨으로써 행정개혁의 집권화, 과학화, 제도화의 길을 열어 주었다.

셋째, 국회의 행정부 견제 기능이 약화됨으로써 청(廳)을 비롯한 국(局)의 수가 대폭 증가했으며, 정부 위원에 실장 및 국장도 포함시켰고, 보조기관도 위탁받은 범위 내에서 행정기관이 될 수 있게 했다.

넷째, 행정기구에 융통성과 전문성을 기하기 위해 도입된 담당관 제도와 차관보 제도는 이에 대한 인식 부족으로 점차 계선기관으로 바뀌는 본말이 전도되는 현상을 가져왔다(김종찬, 1983: 248-249).

다섯째, 새마을운동과 유신 이념에 대한 정신교육을 중심으로 공무원 교육훈련은 지속적으로 강화되었으며, 행정 전반에 걸친 서정쇄신운동은 관료제의 강화에 따른 반대급부적 성격을 띠고 있었다.

여섯째, 행정 체제의 경직성과 비민주성에도 불구하고 농촌 개발을 비롯한 사회개발 부문과, 경제, 외교, 안보 등의 부문에서는 성과를 거두었다.

3. 전두환 정부의 행정개혁

1980년 8월 27일 전두환 국보위(국가보위비상대책위원회) 위원장이 제11대 대통령에 선출되었다. 비상계엄 하에서 정부는 개헌 작업에 박차를 가해 7년 단임제 · 대통령 간선제를 규정한 개헌안을 작성해 동년 10월 22일 국민투표를 거쳐 동년 10월 27일 제5공화국 「헌법」으로 공포함과 동시에 국회와 정당을 해산시켰다. 「헌법」에 따라 국회를 대신해 국가보위입법회의가 구성되어 「정치풍토쇄신법」, 「언론기본법」, 「정치자금법」, 「국가보안법」, 「집시법」, 「사회보호법」, 「노사협의회법」, 「대통령선거법」, 그리고 「국회의원선거법」 등 215건의 법률을 제정 · 개정함으로써 제5공화국의 제도적 기반을 구축했다(이신행, 1987: 460).

1981년 2월 시행된 제12대 대통령 선거에서 전두환 대통령이 당선되었다(한승주, 1992: 24-26). 12 · 12 사건, 5 · 18 광주민주화운동 등을 거치면서 전두환 정부는 출범 초기부터 「헌법」과 체제의 정통성에 대한 도전 가능성을 안고 있었다.

전두환 정부는 1981년 10월 15일 '10 · 15 행정개혁'을 단행했다. 개혁의 목표는 1980년대 행정환경에 능동적으로 대처하기 위해 '간소한 정부'와 '깨끗한 정부'를 구현해 정부 역할을 재정립하는 데 있었다(총무처, 1982: 26-183). 개혁의 기본 방향은 첫째, 정부 간의 범위를 축소해 자율적이고 민주적인 행정을 구현하고, 둘째, 행정의 질차를 간소화함으로써 행정의 능률화를 도모하며, 셋째, 불요불급한 상위 기구를 축소, 조정함으로써 예산의 낭비적 요소를 제거해 국민 부담을 경감시키고, 넷째, 대국대과제의 구현으로 조직 규모를 적정화함으로써 결재 단계를 축소하며, 다섯째, 인력의 소수 정예화로 행정의 전문화를 기하는 데 두었다.

행정개혁의 구체적 내용은 첫째, 국가기획 및 심사분석 기능의 통합, 행정 개선에 관한 조사 · 연구 기능과 집행 기능을 통합해 유사 · 중복된 기능을 합리적으로 배분 · 조정했으며, 상위직이 과다한 상위기구를 정비했다.

둘째, 계선기관화된 차관보 제도의 운영 실태를 점검하고 무분별하게 설치되어 파행적으로 운영되는 담당관 제도를 선별적으로 정비함으로써 제도의 취지와 실제 운영 간의 괴리를 해소했다. 각 부처 차관보의 수를 2인 이내로 조정해 당시 20명의 차관보를 12명으로 축소했다.

셋째, 부처의 내부조직에 중복된 기능이 많고 실(室)이 부처 간에 경쟁적으로 증설되어 상위직을 증가시키게 되고 소국소과 현상이 현저하던 점을 시정했다. 이로써 201국(局) 중에서 41국(20.4%)이 감축되어 160국으로 조정되었으며, 부처별 평균 국(局) 수는 5.7개에서 4.6개로 축소되었다.

넷째, 특별지방행정기관의 중간 감독기구를 광역화 또는 대표 지청제로 개편 · 운영함으로써 불필요한 중간층을 없애고 일선기관의 자율성과 책임성을 동시에 제고했다. 이에 따라 5개 지방원호청과 8개 지방체신청이 폐지되었으며, 11개 지방병무청, 7개 지방국토관리청, 22개 전매지청으로 광역화 · 통합되었다.

다섯째, 기관의 규모, 관할구역과 담당 직무에 비해 직급이 과도한 지위 또는 다른 소속기관의 유사한 직위에 비해 직급이 심히 불균형한 직위와 관련되는 기관장의 과도한 직급은 하향 조정하고 인사 교류의 원활을 위해 부처 내 기관장 등 2, 3급 직위 간의 직급을 합리적으로 배분했다. 적정한 통솔 범위가 없거나 단순한 형식적 기능 수행으로 설치의 필요성이 희박한 부기관장은 폐지했다.

여섯째, 지방자치단체의 조직 정비를 통해 본청과 구청, 시 · 도와 시 · 군, 군과 읍 · 면 · 동 간의 조직 계층구조 상호간에 권한과 사무를 적정 배분하고 일선기관을 중점적으로 보강해 현지성과 봉사성을 크게 신장했다.

상기와 같은 전두환 정부의 '10 · 15 행정개혁'의 주요 특징은 다음과 같다(안문석, 1995: 41-42).[6]

첫째, 1963년 형성된 이래 계속 팽창되어 온 행정조직과 인원을 처음으로 축소 · 정비시켰다는 중요한 의미를 가진다.

둘째, 권력 기반 구축이라는 정치적 동기가 내재하고 있었으나 강력한 정치적 리더십의 주도적 역할이 개혁 목적의 달성을 가능케 했다.

셋째, 국가보위비상대책위원회가 1980년 사회 각 부문에 걸쳐 추진한 대규모의 광범위한 개혁작업이 전개되면서 개혁 지향적 분위기와 사회 긴장이 행정개혁에 대한 저항을 감소시켰다.

넷째, 이전의 정부에서 존속했던 행정개혁위원회가 개혁의 추진 세력이 되지 못하고 폐지되면서 그 업무가 총무처 장관 소속 하의 행정조사연구실로 축소·이관되는 아이러니 현상이 발생했다.

다섯째, 개혁안의 작성과 개혁작업의 추진에 특별위원회나 외부의 참여 없이 행정관리국을 중심으로 하는 총무처 관료가 담당했으며, 각 부처의 행정관리 담당관이 참여했다.

여섯째, 정부 기능의 합리적 분석에 입각한 중앙행정기관의 재편성은 이루어지지 않았다.

4. 노태우 정부의 행정개혁

노태우 정부는 집권 초기 여소야대(민정당, 평민당, 민주당, 공화당)로 인해 정국 운영에 어려움을 겪었다. 노태우 정부는 정국 운영의 주도권을 잡기 위해 인위적 정계 개편을 추진했다. 3당 합당(1990.2.15)으로 인해 여소야대의 정당 체제는 일거에 여대야소 체제의 양당 체제로 변화되었으며, 그것은 노태우 정부가 정국 운영의 주도권을 잡을 수 있는 계기가 되었다. 노태우 정부는 새로운 행정 수요에 대한 대응, 과거 권위주의의 청산, 민주화, 환경의 변화에 신축적으로 대응하지 못

6) 전두환 정부의 행정개혁이 박정희 정부의 행정개혁과 매우 유사하다. 그것은 군사 쿠데타의 일반적 속성에 기인하는 것이지만, 특히 전두환 정부의 주체 세력이 바로 박정희 정권에 의해 육성되고 성장해 온 후계자적 성격을 띠고 있다는 점에서 더욱 그렇다. 첫째, 개혁이 사람에 대한 숙청에서 시작해 관료조직의 통폐합으로 이어진다는 점, 둘째, 행정개혁이 비슷한 기능과 권한을 가진 국가보위비상대책위원회와 국가재건최고회의를 중심으로 시작되었다는 점, 셋째, 모든 행정조정이 권력기관 또는 정보기관을 통해 이루어졌다는 점 등이다.

하는 기구의 폐지 등이 행정개혁을 하는 논거로 활용되었다.

노태우 정부는 국회의 권한을 대폭 강화했으며, 이로 인해 사회 전반적 민주화와 더불어 다양한 이익집단, 그리고 언론이 점차 활성화되었다. 제한적이나마 정치 과정의 민주화와 다원화가 싹트기 시작했다. 그런가 하면 민간기업을 도외시한 기존의 국가 주도적 국가 발전전략에 대해서도 점차 회의가 일기 시작했다. 이런 국가-사회 관계의 재편 과정 속에서 한국 관료제는 적지 않은 충격에 휩싸이면서 전환기적 상황을 맞이하게 된 것이다(김호진, 1996: 317-321).

행정개혁 역시 확고한 짜임새를 보이지도 못했고 가시적 효과를 거둘 수 없었다. 1988년 5월 행정개혁위원회가 다시 설치되어 1년 2개월 간 활동했지만 위원회 구성상의 문제, 구조개혁에 치중한 나머지 행태 개혁이 도외시된 점, 행정의 민주화를 위한 노력이나 적극성이 결여된 점, 개혁안 마련에의 시간적 단기성, 대통령의 국정 전반에 관한 이념과 비전의 결여 등의 비판을 받았다.

첫째, 행정부 내의 개혁을 이끌어갈 개혁 주체 세력이 존재하지 못했다. 또한 과거 정권에서 행정의 원동력이었던 정보기관의 조정이 거의 사라졌으며, 청와대의 조정도 현저하게 축소된 시기였다(안문석, 1995: 44).

둘째, 행정기구 개편의 취지는 새로운 행정 수요에 대한 대응, 시대에 맞지 않은 기구의 정비 외에 과거 청산 및 행정의 민주화를 포함해 사회의 민주화를 반영하는 시대적 사명감을 띠고 있었다.

셋째, 행정개혁위원회가 정부기구 축소를 권고했으며, 정부 역시 이에 대한 화답으로 '작은 정부'를 지향한다고 언론에 홍보했지만 노태우 정부 5년 간 실제 정부기구와 인력은 팽창되는 현상[7)]이 발생했다(안문석, 1995: 44).

넷째, '민주 발전을 위한 제도 개선'과 '공정 · 균형 발전을 위한 제도 개선' 등 행정관리 개선사업은 민주화와 지방화를 지향해 이루어졌다.

다섯째, '새질서 · 새생활 운동'은 민간 주도의 국민운동으로 승화되지 못하고 정부 차원의 운동으로 끝나고 말았다. 그러나 부패를 근절하거나 줄이는 시책 가운데 과거 전두환 정부 시절의 대대적인 일제 숙정 같은 프로그램은 포함되지 않았

7) 노태우 정부 5년 간 16만 명의 공무원이 증가되었으며, 상위직 증설 비율은 하위직의 경우보다 높았는데 1급 직위가 60여 개나 증설되었음은 '작은 정부' 지향과는 상반된 결과이다.

으며 교화적인 활동이 늘어나는 특징을 보여 주었다.

여섯째, 지방행정 차원에서 지방자치의 물꼬를 트는 부활 조치가 이루어졌다. 1961년 5·16 쿠데타로 중단되었던 지방자치제를 30여 년 만인 1991년 지방의회 의원선거를 통해 다시 복원하는 조치이다. 이것은 민주주의의 제도화에 한 걸음 다가가는 행정개혁으로 평가받을 수 있다.

5. 김영삼 정부의 행정개혁

김영삼 정부는 권력의 주인이 국민이라는 의미에서 문민이라는 단어를 선호했다. 문민정부의 지배적인 정치·행정 이념은 변화와 개혁이었고, 그것은 군부 권위주의의 유산을 청산하고 민주화 및 세계화의 과정 속에서 한국 사회의 틀과 규범을 재구성 또는 재창조하는 데 역점을 두었다. 당시의 정국 운영 역시 이러한 개혁 논리에 따라 이루어졌으며, 그 여파로 한국 정치의 내포와 외연이 크게 바뀌었다(김호진, 1996: 324).

문민정부의 기구 개편은 1960년대의 정부 주도형 개발전략으로서는 국가 경쟁력을 강화할 수 없다는 명분에서 이루어졌다. 그리고 과거의 정부기구 개편이 확대 지향적이었다는 것과 내조적으로 축소 조정의 기조 하에서 이루어졌다는 점이 특징적이다.

주요한 행정개혁은 다음과 같다. 1993년 4월 20일 대통령 직속기관의 행정쇄신위원회가 설치되었고, 조직 개편을 포함한 행정개혁 전반을 주도했다. 1차 조직 개편은 '작고 강력한 정부'의 구현을 위한 개혁 의지를 조기에 가시화한다는 차원에서 행정환경의 변화로 존치 필요성이 현저히 감소한 동력자원부와 상공부를 통합해 상공자원부를 신설했으며, 문화부와 체육청소년부를 통합해 문화체육부를 신설했다. 이런 과정으로 2개 부처가 폐지됨에 따라 총 139명의 공무원 정원이 감축되었다.

1차 개편에 이은 2차 기구 개편의 특징은 부처별 자율 개편 방식에 따라 추진되었다. 부처 통폐합 등 대규모로 조직 체제를 개편하기보다 조직 내부 사정을 잘 아는 각 부처가 스스로 문제점을 진단해 감량 개편(안)을 마련하도록 했다. 2차 개편에는 28개 부처가 참여해 1실, 3국, 11심의관, 35개과의 하부 조직을 감축하고 정원 212명을 축소했다(박동서, 1995: 118).

1994년 12월에 단행한 중앙행정기구 개편은 대폭적 · 획기적인 것이었다. 국정 전반에 걸친 세계화의 실현을 위해서는 정부 부문부터 생산성을 높여 나가는 것이 무엇보다 중요하다는 판단 아래 혁명적[8] 정부조직 개편을 단행했다. 그 내용은 첫째, 민간 주도의 경제 운용 기조 아래 경제기획원과 재무부를 통폐합해 재정경제원을 신설했다. 둘째, 사회간접자본 부문의 상호 연계 체제의 구축을 위해 건설부와 교통부를 통합해 건설교통부를 신설했다. 셋째, WTO 체제의 출범에 따라 상공자원부를 통상산업부로 개편했다. 넷째, 21세기 정보화 사회에 대비해 체신부를 정보통신부로 개편했다. 다섯째, 국민 복지정책 기능의 강화를 위해 보건사회부를 보건복지부로 개편했다. 여섯째, 녹색사회의 도래에 따른 환경 기능을 강화하기 위해 환경처를 환경부로 격상시켰다(박동서, 1995: 120).

이 밖에도 경제기획원 산하의 공정거래위원회를 총리 직속의 준중앙행정기관으로 독립시켜 위상과 기능을 강화했으며, 국무총리 행정조정실의 정책조정 기능을 강화시켰고, 농림수산부의 경우 WTO 체제에 대비한 농업의 개방 대응 능력 강화를 위해 기능을 조정 · 보강했다. 본격적인 지방자치 시대를 맞이해 내무부의 지방통제 기능을 축소하는 등 각 부처의 내부구조를 축소 · 조정했다. 이러한 일련의 기구 조정에 따라 3급 이상 장관까지의 고급공무원 35명을 포함한 1천여 명의 공무원이 감축되었다. 1부 1처의 폐지 등에 따라 중앙행정기관은 2원 13부 5처 15청 2외국이 되었다.

김영삼 정부의 행정개혁은 역대 정부의 행정개혁과 비교해 몇 가지 점에서 높게 평가된다. 그 중 전례 없는 과감한 개혁과 개혁 과제의 선정 시에 상향식 접근법을 택해 고객 중심의 행정개혁을 시도했다는 점을 들 수 있다. 김영삼 정부의 행정개혁은 행정규제 완화와 국민 편의 위주의 행정 개선, 부패 방지, 행정관리, 지방자치를 통한 분권화 및 개혁 등의 분야에서 가시적 성과를 거둔 것이 사실이다. 그러나 조직 개편은 외과적 수술의 차원을 넘어서지 못했고, 규제 완화를 통한 작은 정

8) 당시 일간지에서 경제기획원의 폐지를 놓고 '혁명'이라는 표현을 사용했다. 개편 결과에 따라 1만여 명의 공무원이 자리를 이동했고, 1천 명이 공직을 떠나게 되었다.

부의 이상 구현은 관료제의 기득권 수호 본능에 부딪혀 사실상 좌절되었다(김호진, 1996: 332). 실제로 집권 초기의 개혁정책에 대한 평가와 그 이후의 평가 사이에 존재하는 극단적인 양극화 현상은 김영삼 정부의 개혁 실체를 확연하게 드러내 보였다.

6. 김대중 정부의 행정개혁

김대중 정부의 개혁 목표는 IMF 관리 체제로 인한 위기를 극복하는 것이 가장 시급한 목표가 되었다. 외환위기를 조기에 수습해야 한다는 절박감으로 인해 이와 관련한 시장 경제, 민간 주도, 기업가적 관리, 경쟁과 개방 등 능률성 위주의 개혁을 추진했으며, 그 주요 내용은 다음과 같다.

첫째, 공기업의 민영화를 포함한 공공 부문의 개혁을 핵심 과제로 선정했다. 또한 공공 부문의 개혁을 전담하는 기획예산위원회(1999년에 기획예산처로 개편)를 신설해 공기업 민영화를 공공 부문 개혁의 핵심 과제로 추진했다.

김대중 정부는 1998년 7월에 108개 공기업 가운데 38개의 기업을 즉시 민영화하고, 34개는 점차적으로 민영화하며, 9개는 합병, 그리고 21개는 구조조정을 거칠 것이라고 발표했다. 공기업의 구조조정에서는 매각(11개 대상, 매각 수입 24조 3,000억 원), 인력 감축(4만 2천 명), 업무의 민간위탁(1,500건), 자회사 정리(77개 대상) 등이 이루어졌다(정정길 외, 2008: 134-135).

둘째, 규제 개혁에 초점을 맞추고 있다. 김대중 정부는 출범 이후 효율적이고 일관성 있는 규제 개혁을 추진하기 위해 이전 정부에서 다원화되어 있던 규제 개혁 추진 기구를 일원화해, 1998년 4월 대통령 직속으로 규제개혁추진위원회를 설치했다. 규제개혁위원회는 행정 규제의 분류 및 판단 기준을 마련하고 이 기준에 따라 각 중앙행정기관이 운용 중인 법령상 기존 규제에 대한 건수 조사를 실시했다. 이 조사 결과 1998년 4월 당시 기존 규제의 수는 총 1만 1,125건이었다. 또한 '모든 규제를 전면 재검토'한다는 방침에 따라 제1단계 조치로 기존 규제에 대한 일제 정비작업에 착수했다. 규제 한 건 한 건에 대해 전문가 심사소위원회, 분과위원회, 본회의 3단계 심사를 거쳐 전체 규제 1만 1,125건 중에서 5,430건(48.8%)를 폐지하고 2,411건(21.7%)을 개선했다(정정길 외, 2008: 135).

셋째, 정부산하기관 개혁에 큰 관심을 기울였다. 정부산하기관은 법적 근거, 수행 내용, 조직 규모 등에 따라 형태가 매우 다양하고 기관의 수도 매우 많았다.[9] 이에 김대중 정부는 정부산하기관에 대한 종합적 관리 체계를 마련하고 경영 효율성과 책임성을 높이기 위해 「정부산하기관관리기본법」(안)의 제정을 추진했는데, 동 법률은 노무현 정부에서 국회를 통과(2003년 12월)해 2004년부터 시행되었다(정정길 외, 2008: 136).

넷째, 기금 개혁에 초점을 맞추었다. 기금 제도가 국가 재정의 투명성을 저하시키고 재원의 효율적 배분을 저해한다는 문제점이 지적됨에 따라 국민의 정부 출범 이후 공공 부문 개혁의 일환으로 기금 제도 개선의 필요성이 제기되었다. 이에 따라 1999년도와 2001년도에 2차에 걸쳐 「기금관리기본법」을 개정해 기금도 예산과 마찬가지로 국회의 심사를 받도록 제도화했다. 또한 목적 달성 등으로 인해 존치의 필요성이 낮거나 사업이 중복되는 기금을 정비하고 기존에 개별적으로 이루어지던 각 기금의 운용에 대한 점검 및 평가 체제를 강화하기 위해 '기금정책심의회'와 '기금운용평가단'을 신설하는 등 기금관리 제도의 개선을 추진함으로써 기금 운용의 투명성과 효율성을 확보하고자 노력했다. 아울러 공공 기금과 기타 기금으로 구분하던 것을 폐지해 기금으로 일원화했다(정정길 외, 2008: 136－137).

이와 같은 김대중 정부의 개혁정책의 특징은 다음과 같다.

첫째, 신자유주의적인 개혁을 추진하면서도 복지주의를 강조해 정부－시장 관계에서 상충적인 이해와 요구가 정책 과정에 동시에 투입되었다. 그러나 실제적으로 정부의 행정개혁에 영향을 미친 것은 영미식의 신자유주의 모델이라고 할 수 있다. 이것은 무엇보다도 김대중 정부가 신자유주의적 정책을 대변하고 있는 IMF의 요구를 구제 금융의 대가로 그대로 받아들였다는데서 알 수 있다. 이러한 기조 하에 김대중 정부가 추진한 4대 부문, 즉 노동, 금융, 기업, 공공 부문의 개혁은 한국

9) 기획예산처가 발표한 자료에 따르면 2002년 말에 약 50여 개의 정부산하기관이 있었다. 그러나 수많은 정부산하기관을 부처가 개별법에 따라 산발적으로 관리함으로써 예산 운용 등에서 기관 간 형평성의 문제가 제기되고 방만한 경영 사례도 지적되어 종합적 · 통일적 관리 체계가 필요했다.

사회를 급격하게 신자유주의적 모델로 편입하게 했다.

둘째, 공공 부문의 경우 행정 조직의 간소화, 공기업 민영화, 경영 혁신 등을 개혁의 핵심으로 삼고 전력 산업과 철도 및 통신사업에서 개혁이 이루어졌다. 구조조정은 중앙정부뿐 아니라 지방정부 및 공기업과 같은 곳에서도 광범위하게 진행되었다.

셋째, 정부산하기관에 대한 개혁이 이루어졌다. 이는 그동안 공공 부문의 개혁은 공기업 분야에 초점을 맞추었으나 외환 위기 이후 본격적으로 신자유주의적인 행정개혁의 논의가 공공 부문 전반에 걸쳐 확산된 것에서 기인한다고 해석된다. 이러한 개혁 과정에서 노동자들의 불만이 증대해 파업이 일어났지만 대부분의 노조가 실리를 택함으로써 민영화는 정부안대로 진행되었다. 그 결과 노동 세력 간의 분열이 초래되었으며, 실업이 증가했다.

넷째, 정부-시장 관계의 측면에서 재벌에 대한 구조조정 압박을 강화했다. 즉, 대기업 업종 간 빅딜(big deal), 계열사의 축소, 기업의 재무구조 개선, 소유와 경영의 분리 등과 같은 정책을 추진했던 것이다. 그러나 이러한 대기업의 구조조정 과정에서 불가피하게 많은 실직자가 양산되었고, 미국식 개혁 모델에 따르면서 노동시장의 유연성을 강조했기 때문에 노동계의 불만이 커지게 되었다. 결과적으로 김대중 정부의 정부-시장 관계는 자본과 노동 양측 모두로부터 저항을 받는 상황에 직면하게 되었다.

다섯째, 공무원 수의 감축, 공기업의 민영화, 정부산하기관의 축소를 통해 작은 정부를 구현했다. 그러나 외환위기 이후 초기에 감축된 인력이 다시 증가하는 현상이 발생함으로써 의문으로 남아 있다(정정길 외, 2008: 137-139).

7. 노무현 정부의 행정개혁

노무현 정부는 서울이나 수도권보다는 지방에 많은 관심을 나타내면서 지역 균형 발전이라는 정책 기조 속에서 행정개혁이나 정부 혁신을 추진했다. 노무현 정부의 행정개혁 특징을 요약하면 다음과 같다.

첫째, 2003년 4월에 정부혁신지방분권위원회를 설치하고 이를 중심으로 행정조직 개편을 추진했다. 조직개편안은 2003년 7월 정부혁신지방분권위원회가 단계별 전략, 추진 과제, 일정 등을 담은 '행정개혁 로드맵'을 발표함으로써 구체화되었다. 노무현 정부는 대대적인 조직 개편보다는 일을 중심으로 한 개편을 통해 정부의 효율성을 높이는 것이 더욱 효과적이라고 판단했다. 정부 개편은 필요에 따라 소폭으로 했고, 개편 내용의 대부분은 정부 규모의 증가로 이어졌다.[10]

둘째, 사업별 예산 제도를 도입했다. 지난 50여 년 간 예산의 편성·집행·결산에 사용하던 품목별 투입 중심의 예산 제도는 예산 낭비를 억제하는 긍정적 효과가 있었으나 사업이 지나치게 세분화되어 정책 우선순위에 입각한 재원 배분에 효과적이지 못하다는 비판이 제기되어 왔다. 노무현 정부는 이러한 문제점을 해결하기 위해 자율과 분권, 책임과 성과를 지향하는 개혁 방향에 부합하는 사업별 예산 제도(program budgeting system)의 도입을 추진했다.

셋째, 고위공무원단 제도를 도입해 공무원 인사 제도를 획기적으로 개혁했다. 이 제도는 경쟁과 충원의 다원화를 통해 범정부적 차원에서 인재를 활용하고, 직무와 성과를 중심으로 한 인사관리를 통해 정부의 역량을 강화하기 위한 방안으로 여러 선진국에서 사용되었다.

2005년 12월에 「국가공무원법」 개정을 통해 도입된 고위공무원단 제도는 2006년 7월 중앙부처 및 지방의 실·국장급 국가공무원 1,582명으로 구성되어 있으며, 각 부처 장관은 이들 가운데 적임자를 직급 및 부처에 관계없이 임용하도록 대통령에게 제청할 수 있도록 했다(정정길 외, 2008: 182－183).

노무현 정부의 행정개혁의 평가는 첫째, 정부조직 개편은 기구 개혁보다는 다면평가제의 실시, 고위공무원단의 구성, 성과주의에 대한 강조 등 조직의 기능과 운영 시스템에 중점을 두었다. 김대중 정부와 마찬가지로 노무현 정부가 조직의 기능 및 운영 시스템의 개선에 중점을 두게 된 것은 과거 정부들이 조직의 신설 혹은 폐지라는 기구 개편을 중심으로 한 행정개혁에 치중하게 되었다는 점에 대한

10) 노무현 정부에서 이루어진 주요 행정부처의 개편은 법제처 및 국가보훈처가 장관급으로 격상되었으며, 행정자치부의 외청으로 재난관리 전담기구인 소방방재청이 신설된 것, 과학기술부 장관이 부총리로 격상된 것, 재정경제부·외교통상부·행정자치부·산업자원부 등 4개 기관에 복수차관제가 도입된 것, 방위사업청이 신설된 것, 그리고 여성부가 여성가족부로 확대 개편된 것 등을 들 수 있다(정정길 외, 2008: 179－180).

반성에서 나온 것이라고 할 수 있다.

둘째, 노무현 정부는 '작고 효율적인 정부'를 지향하는 과거 정부들의 조직 개편 방향과는 달리 감축 지향적 조직 개편은 거의 고려하지 않고 있다. 오히려 조직 내부 개혁과 참여를 중시한 나머지 '일 잘하고 봉사하는 정부'를 강조하고 '규모 감축(down sizing)'보다는 '적정 규모(right sizing)'라는 캐치프레이즈를 내걸었다. 그러나 신중한 검토 없이 조직을 신설하고 공무원을 증원하는 것이 능력 있는 정부를 의미하지 않는다는 점에서 긍정적인 평가만 있는 것은 아니다.

셋째, 행정개혁의 이념적 측면에서 보면 노무현 정부는 김대중 정부가 신공공관리에 입각해 행정개혁을 추진했던 것과는 달리 참여와 지역 균형 발전을 강조한다는 점에서 뉴거버넌스적 측면에서 행정개혁을 추진했다.

8. 이명박 정부의 행정개혁

2008년 2월 25일 취임한 이명박 대통령은 정부조직의 대폭 축소와 각종 행정개혁을 선언했다. 우선 2008년 2월 새 정부조직 개편을 위한 각 부처 직제 등 관련 법령을 심의·의결하고, 중앙행정기관을 2원 18부 4처 18청 4실에서 2원 15부 18청 3실 5위원회로 개편했다.

우선 2008년 2월 새 정부조직 개편을 위한 각 부처 직제 등 관련 법령을 심의·의결하고, 중앙행정기관을 2원 18부 4처 18청 4실에서 2원 15부 2처 18청 3실 5위원회 총 45기관으로 개편했다.

동시에 기획재정부는 공기업 선진화추진위원회를 열고 공기업의 선진화를 위해 민영화, 통폐합, 기능 조정 등 개혁 조치를 추진했다(<표 10-3> 참조).

이명박 정부의 행정개혁에 대한 평가는 첫째, 노무현 정부에서 정무 기능과 장기전략·기획 역량이 취약하다는 인식을 근거로 이명박 정부는 행정개혁을 단행했기 때문에 정치적 지지 확보와 장기적·거시적 관점의 국정 운영 방향의 설정 및 조율 기능 강화를 위해 국정기획수석을 신설했다. 이것은 분산보다는 조정이나 통합의 방향에서 국정 운영이 결정되는 장점을 갖고 있다.

둘째, 행정개혁은 예산 절감의 차원에서 제도 개선과 시스템 구축에 중점을 두었다. 행정개혁으로 인해 2008년에는 2조 원 내외, 그리고 2009년에는 18조 원 수준의 예산을 절감을 가져왔다.

셋째, 지방자치단체에 대한 평가는 행정안전부의 합동평가로 일원화되었다. 그동안 중앙부처에서 개별적으로 실시해 온 지방자치단체에 대한 평가는 부처마다 평가 기준, 방법 그리고 결과가 상이해 평가의 신뢰성, 실효성, 그리고 객관성의 문제가 제기되어 왔기 때문에 지방자치단체 평가제도 개선을 국정과제로 선정해 합동평가로 일원화했다.

9. 박근혜 정부의 행정개혁

2013년 2월 25일 취임한 박근혜 대통령은 국민 행복 및 희망의 새 시대를 열어가겠다는 국정 비전으로 출발했다. 박근혜 정부는 창조경제를 통해 고용을 창출하고 국민들의 장래에 대한 불안감을 해소하며 공정한 시장경제 질서를 확립하는 데 노력을 기울이겠다고 국민들에게 약속했다. 특히 신뢰받는 정부의 구현을 목표로 개방 · 공유 · 협력을 통한 정부 3.0 달성을 위해 국민 행복을 추구하는 데 박근혜 정부는 관심을 갖고 있다.

중앙행정기관은 종전(이명박 정부) 15부 2처 18청 2원 3실 7위원회에서 박근혜 정부 들어와서는 17부 3처 17청(행정중심복합도시건설청 포함)으로 바뀌었다가 정부 출범 2년 만에 17부 5처 15청으로 개편하였다. 박근혜 정부의 행정개혁 특징을 요약하면 다음과 같다.

첫째, 글로벌 환경 및 국가안전의 변화에 탄력적 · 신축적으로 대응하기 위해 조직의 신설 및 폐지이다. 신설(2부 신설)된 부(部)는 미래창조과학부와 해양수산부이다. 또한 식품의약안전청을 폐지(1청 폐지)하고 식품의약안전처를 신설(1처 신설)했다. 특임장관실을 폐지(1실 폐지)하고 국가안보실, 대통령경호실, 그리고 국무총리비서실을 신설(3실 신설)했다.

둘째, 책임총리제의 실시 및 국무총리실의 확대 · 개편이다. 중앙부처의 업무를 조정하는 국무조정실을 국무조정실과 국무총리비서실로 개편했다. 지식경제부를 산업통상자원부로 개칭하면서 외교통상부의 업무 중 통상 업무가 산업통상자원부에 추가되었다. 국민의 안전을 중요하게 생각한다는 명분으로 행정안전부를 안전행정부로 개칭했다.

셋째, 미래창조과학부와 해양수산부 등 중앙행정기관이 3개(부 및 처) 더 늘어났지만 행정 효율화를 통한 공통 부서 인력 감축, 한시기구 폐지 등을 통해 공무원 정원은 오히려 지난 정부보다 총 99명이 감축되었다. 또한 필요 최소한도의 하부 조직 설계 기준에 맞춰 각 부처가 기관장의 정책 의지에 따라 자율적으로 조직을 설계하도록 했다.

넷째, 국무총리 산하에 안전과 인사를 총괄하는 국민안전처와 인사혁신처가 신설되어 국무총리의 권한과 책임이 크게 확대되었다. 국무총리 산하에 국민안전처가 신설되고 외청인 소방방재청과 해양경찰청을 흡수했다. 소방방재청[11]은 중앙소방본부로, 그리고 해양경찰청은 해양경비안전본부로 이름이 바뀌게 된다. 대통령비서실에도 재난안전비서관을 두어 청와대와 정부의 연결고리 역할을 하도록 했다. 해양경찰청이 해체되어 국민안전처 산하의 해양경비안전본부로 개칭 이전되었고, 또한 국민의 안전을 위해 행정안전부에서 안전행정부로 바뀌었던 안전행정부의 안전 업무가 국민안전처로 이관되었다. 이로 인해 안전행정부는 행정자치부로 개칭되어 정부혁신 및 지방자치 관련 업무를 담당한다. 아울러 교육부 장관이 교육, 사회, 그리고 문화분야를 총괄하는 부총리를 겸임하게 되었다.

그런데 2013년 2월 25일 출범한 박근혜 정부는 집권 4년 만에 대통령 5년의 임기를 채우지 못하고 탄핵으로 물러났다.

10. 문재인 정부의 행정개혁

2017년 5월 9일 제19대 대통령 선거에서 당선된 문재인 대통령은 조기 대선으

---

11) 소방직은 국가직 소방공무원과 지방직 소방공무원으로 나뉜다. 중앙소방본부에 근무라는 소방공무원은 국가직이며 그 외 17개 시 · 도에 근무하는 지방직 소방공무원은 지방직이다. 17개 시 · 도에 근무하는 소방공무원은 국가직으로 전환되고자 많은 노력을 해 오고 있다. 이번 조직 개편에서도 이 문제가 관심의 대상이었다. 여당과 야당 모두 소방안전세가 도입되면 17개 시 · 도에 근무하는 지방직 소방공무원을 예산이 허용해 주는 범위 내에서 국가직 소방공무원으로 단계적으로 허용해 주기로 했다.

로 인해 이전 정부들과 달리 대통령직 인수위원회 없이 출범한 최초의 정부였으며, 선거결과 확정 직후 바로 대통령 임기가 시작되었다. 문재인 정부는 대통령직 인수위원회가 없기에 이를 대신할 국정기획자문위원회를 설치하여 운영하였다.

국정기획자문위원회는 2017년 7월 19일 국정운영 5개년 계획을 발표하였다. 5대 국정지표, 20대 국정전략, 그리고 100대 국정과제이다. 5대 국정지표로는 첫째, 국민이 주인인 정부, 둘째, 더불어 잘사는 경제, 셋째, 내 삶을 책임지는 정부, 넷째, 고르게 발전하는 지역, 다섯째, 평화와 번영의 한반도이다.

문재인 정부의 행정개혁 특징을 요약하면 다음과 같다.

첫째, 「정부조직법」 개정안의 의결을 통해 미래창조과학부가 과학기술정보통신부로 바뀌고, 행정자치부가 행정안전부로 개편되면서 동시에 국민안전처 역시 폐지되어 이의 기능이 행정안전부로 이관되었다. 또한 차관급이었던 중소기업청이 장관급으로 격상되어 중소벤처기업부가 되었다. 박근혜 정부에서 17부 5처 15청이었던 것이 문재인 정부에서는 18부 5처 17청으로 정부조직이 변경되었다. 소방청이 다시 행정안전부로 소속 변경되었으며, 세월호 사건으로 해양경찰청에서 해양경찰본부로 격하되었던 해양경찰본부가 다시 해양경찰청으로 명칭이 바뀌면서 해양수산부 소속이 되었다.

둘째, 통일관련 정책의 변화이다. 그런데 문재인 정부 들어와서는 남한과 북한은 2018 평창 동계올림픽을 계기로 대화의 필요성을 절감하고 있었다. 2018년 4월 27일 판문점에서 문재인 대통령과 김정은 국무위원장의 제1차 남・북 정상회담으로 나타났다.

셋째, 권력기관의 변화이다. 즉, 국가권력기관인 국가정보원, 검찰, 그리고 경찰의 개혁이다. 문재인 대통령은 개혁대상 1순위로 권력기관인 국가정보원, 검찰, 그리고 경찰을 선정하였다. 이들 기관의 개혁 핵심은 권력기관을 정치로부터 완전히 독립시키는 것이다.

넷째, 경제정책의 변화이다. 문재인 정부의 경제정책은 재인과 경제의 약자로 대표되는 제이노믹스(Jaein+Economics)이다. 정부의 역할은 정부 주도로 일자리를 만들고, 가계소득을 늘려주는 방식으로 경제성장을 추진하겠다는 전략이다.

문재인 정부에 대한 평가는 정치, 경제, 사회, 그리고 문화 등 각 분야의 국정운영을 통해 향후 구체적 평가가 이루어져야 할 것이다.

제 5 절 행정책임

1. 의 의

행정책임은 행정연구와 실제(field) 모두에서 우리가 다루어야 할 근본적인 주제이다(엄석진, 2009: 19). 구체적으로 말해서 관료들이 도덕적, 윤리적, 기술적, 그리고 법규적 기준에 따라 행동해야 하는 하나의 의무이다. 이것은 공공성(公共性, public)에 관련된 특정의 직무나 일를 수행할 때 관료들이 갖고 있는 근본적 자세이다. 반대로 관료들이 관계된 직무나 작업을 성실하게 이행하지 않았을 때는 비판의 대상이 된다는 말이다. 행정책임은 관료들이 자기 주관 하의 생활 영역에서 일어나는 모든 사태에 대해 책임을 지기 때문에 책임은 행위의 주체자에게 한정되지 않는다(이광종, 2005). 관료조직에서 상관이 하급자의 행위에 대해 책임을 지는 것은 바로 이러한 경우이다.

2. 유 형

행정책임은 다양한 유형으로 나눌 수 있다. 한승주는 행정책임을 정치적(political) 책임성, 행정적(administrative) 책임성, 전문적(professional) 책임성, 그리고 민주적(democracy) 책임성으로 나눈다(한승주, 2013: 30). 엄석진은 계층적 책임성, 법적 책임성, 전문가적 책임성. 그리고 정치적 책임성으로 행정책임을 구분한다(엄석진, 2009: 23). 차경은은 행정책임을 명시적 책임(explicit responsibility)과 암시적 책임(implicit responsibility), 객관적 책임(objective responsibility)과 주관적 책임(subjective responsibility), 그리고 정치적 책임(political responsibility)과 기능적 책임(functional responsibility)으로 나눈다(차경은, 2009: 89).

여기서는 행정책임을 법적 책임, 윤리적 책임, 그리고 책무적 책임으로 구분하기로 한다.

첫째, 법적 책임(accountability)이다(엄석진, 2009: 24). 법적 책임이란 법의 범위 내에서 이행되는 책임을 말한다. 이것은 행위의 결과가 법의 요구에 부합되어야 하는 책임이다. 그렇기 때문에 법적 책임은 공식성(formality)를 강조한다. 공식성을 강조하다 보니 법적 책임은 공식 조직의 명령 계통을 따르는 계층적 질서 속에서 나타난다. 즉, 법적 책임은 공식적 관계(formal relationship)를 강조하기 때문에 타인과 공유될 수 없을 뿐 아니라 다른 사람을 대신해서 나 자신이 책임을 질 수 없다는 것이다.

둘째, 윤리적 책임(responsibility: 응답적 책임, 도의적 책임, 도덕적 책임)이다. 윤리적 책임은 개인적이고 도덕적인 의미(personal and moral connotation)를 내포하고 있기 때문에 반드시 공식적 역할이나 지위(formal role and status)에 관계될 필요는 없다. 윤리적 책임이기 때문에 타인이나 부하의 행위에 대해서도 책임을 지며, 법적 요구도(legal requirement)에 충족되어도 책임을 지는 경우가 있을 수 있다. 관료들은 자기 행위가 법적으로는 책임 추궁의 대상이 되지 않아도 그 행위에 대해 도덕적으로 책임을 지는 경우가 있을 수 있다는 것이다. 여기서 윤리적 책임은 공유(shared)되는 성격을 띠고 있다. 즉, 윤리적 책임은 조직 내에서 상·하로 확산된다. 윤리적 책임의 기준은 주로 국민의 도덕심이나 여론이기 때문에 국민의 요구에 대한 대응성(responsiveness)이 그 핵심을 이룬다(엄석진, 2009: 24).

셋째, 책무적 책임(의무적 책임: liability, obligation)이다(차경은, 2009: 89-90). 윤리적 책임이나 법적 책임이 행위의 결과로 제3자에 대해 지는 책임인 데 반해, 책무적 책임은 관료들이 맡은 바 직무가 작업을 수행해야 한다는 의미에서 직무에 대한 책임이다. 어떠한 일을 수행해야 할 의무를 책무적 책임이라고 한다. 공무를 성실히 집행하고, 상급기관의 지시를 준수하는 것은 책무적 책임의 대표적인 사례이다. 따라서 관료들은 책무적 책임을 수행하기 위해 자기의 능력, 지식, 기술, 자원 등을 최대한으로 활용할 것이 요구된다. 여기서 주의할 점은 책무적 책임이라고 해서 작업과 그것에 대한 의무감만으로 구성되는 것이 아니다. 여기에는 관료들의 가치판단도 중요한 책임의 기준이 된다. 따라서 책무적 책임은 관료들의 가치 판단에 따라 달라질 수 있다.

3. 기 준

첫째, 이념(ideology)이다. 행정책임을 물을 수 있는 기준이 명확하게 설정되지 않았을 때에 제일 먼저 생각할 수 있는 것이 민주성, 효과성, 능률성, 중립성 등과 같은 행정 이념이다(이광종, 2005: 99−106). 행정 이념 중에서도 무엇을 먼저 고려해야 할 것이냐는 그 시대의 시대정신에 따를 수밖에 없다. 예컨대, 일반적으로 유럽이나 미국 같은 서구 사회에서는 민주성이 다른 이념보다 우선시될 수 있다.

둘째, 공익(public interest)이다. 공익이 무엇이냐 하고 물으면 이것이 공익이다 하고 딱 꼬집어서 말하기는 어렵다. 공익은 그 개념이 모호하기 때문에 이를 남용하거나 악용될 가능성이 많다는 것을 잊어서는 안 될 것이다. 여기서는 공익의 개념을 단순화시켜 보자. 공익은 소수자나 특수한 계층의 이익이 아니라 불특정 다수의 이익이 공익에 가깝다고 해석하는 것이 타당할 것이다. 이런 공익을 행정책임의 분야에 적용하면 하나의 기준으로 작용하게 된다.

셋째, 법규나 프로그램에서 세시된 명백한(명문화된) 기준이다(이광종, 2005: 83−84). 행정책임을 1차적으로 물을 수 있는 기준은 법규나 프로그램에서 명시적으로 표현하고 있는 절차, 수속, 직무 내용 및 목표액이다. 관료들은 자기의 책임을 다하기 위해 우선 명문화된 기준에 합치될 것이 요구된다. 여기서 주의를 요하는 것은 명문화된 기준을 형식적으로 해석할 것이 아니라 법의 정신을 토대로 실질적으로 해석해야 한다는 점이다.

넷째, 클리이언트(고객)의 요구이다. 행정 업무가 특정의 고객에 대한 봉사를 목표로 하고 있을 때, 이러한 고객의 요구나 희망은 행정책임의 기준이 된다. 다만 특정 고객들의 요구는 불특정 다수의 고객의 요구와 조화되거나 최소한 중립성을 띠고 있어야지 갈등을 일으켜서는 안 된다. 많은 행정 업무는 특정의 고객을 갖기 마련인데, 이때 고객의 요구는 행정책임의 기준이 된다는 것이다.

4. 행정책임을 보장하는 방법: 행정통제

행정책임을 보장하는 방법으로서 행정통제는 첫째, 행정 스스로 효율성 및 능률성을 확보하는 내부통제, 둘째, 행정 밖의 기관들이 민주성을 확보하기 위한 차원에서 행하는 외부통제가 있다. 전자(내부통제)의 경우, 국민들에게 불편을 주는 또는 잘못된 행정행위, 즉 법에 어긋나는 불법적·비효율적·비능률적인 행정행위를 사전이나 사후에 방지하는 것을 목적으로 한다. 후자(외부통제)의 경우, 국민들의 올바른 목소리를 행정에 담아내기 위한 민주성을 어떻게 확보하느냐의 문제로 귀결된다(최승범, 2002a: 174－177).

1) 행정의 효율성 및 능률성 확보: 내부통제

첫째, 목표 성취에 대한 감사 및 평가 제도이다(이광종, 2005). 행정 목표나 프로그램의 성취 여부를 분석하고, 평가하는 행위는 중요한 내부적 통제의 하나이다. 평가기관을 기관 내에 설치할 수도 있으며, 기관 밖에 설치할 수도 있다. 그러나 평가의 공정성과 객관성을 확보하기 위해서는 업무담당기관의 자체평가는 피하는 것이 좋다. 예컨대, 과거 경제기획원에서 담당하고 있는 심사분석 업무는 이러한 제도의 좋은 사례라 할 수 있다.

둘째, 감사원의 감사 제도이다(이광종, 2005: 303－321). 이것 역시 두 가지로 나눌 수 있다. 하나는 회계검사이다. 회계검사는 예산 집행상의 합법성 여부를 검사하는 행위로서 검사의 대상은 회계 기록이다. 즉, 공금이 법률이 정하는 목적에 따라 지출되었으며, 지출 과정이 법적 절차에 부합되고 있는가를 따지는 행위라고 할 수 있다. 여기서 회계검사는 지출의 합법성을 최고로 중요시한다. 회계검사기관은 영국이나 미국에서는 의회에 소속되고 있어 행정에 대한 외재적 통제로 사용되고 있으나, 우리나라에서는 행정부에 소속되고 있어 내재적 통제로 사용되고 있다. 검사 사항은 필요적 검사 사항과 선택적 검사 사항으로 구분되고, 검사의 판결로서는 변상 판정, 징계 및 문책 처분의 요구, 시정의 요구, 개선의 요구 및 고발 등이 있다. 다른 하나는 직무감찰이다. 직무감찰이란 공무원의 비위로부터 행정 운영의 비능률과 비합리성을 제거함으로써 행정 운영의 개선을 가져오려는 통제행위라

할 수 있다. 따라서 직무감찰은 합법성보다는 합목적성과 능률성을 더욱 강조한다.

셋째, 공직윤리이다(김종근, 2013: 12－17). 공직윤리란 법규나 상부의 지시 또는 명령에 의해 이루어진 규범이 아니고 공무원들이 직무상 스스로 발전시켜온 윤리적 기준이라고 할 수 있다. 따라서 공직윤리는 자발적이고, 자율적인 행동 기준이다. 그러나 윤리라는 의미에서 단순한 관례나 선례와는 다르다. 윤리는 좀 더 바람직한 방향으로 나가는 규범성을 띠고 있고, 또 바로 이러한 성격 때문에 행정통제의 수단으로 논의되는 것이다.

넷째, 지방정부의 장 및 상급기관의 지휘 · 감독이다(최승범, 2002b: 185－195). 지방자치제의 실시로 선출된 지방정부의 장에 대해 상급기관이 행정을 지휘, 감독한다는 것은 법치행정을 확보한다는 의미에서 논리적으로 당연하다. 상급기관의 행정수반은 지휘, 감독권을 효율적 · 능률적으로 수행하기 위해 산하에 사정담당기관, 민정비서실 등의 보좌기관을 거느리고 있다. 이들이 하는 일이란 관료들의 불법, 부정, 부당행위를 색출, 방지하는 것이다.

2) 행정의 민주성 확보: 외부통제

(1) 입법통제

입법통제에는 질문 · 조사권, 법률제정권, 그리고 예산의 심의 · 결정권이 있다(이광종, 2005: 249－260).

첫째, 질문 · 조사권이다. 행정부에 비행, 부정, 과오가 있다고 판단될 때 조사위원회를 구성해서 조사활동을 할 수 있고, 관계관을 불러 질의할 수 있다. 그 밖에 임명에 대한 동의권, 해임건의안 및 탄핵권 등을 들 수 있다.

둘째, 가장 중요한 것이 법률제정권이다. 의회는 행정이 의존해야 할 법률을 제정함으로써 행정활동의 한계를 정해 준다. 의회의 의사를 초월한 행정이란 있을 수 없다.

셋째, 예산의 심의 · 결정권이다. 의회는 행정부가 편성, 제출한 예산안을 삭감, 증액 또는 신비목을 설치함으로써 행정에 대한 강력한 통제권을 행사한다. 의회는 예산심의권 이외에도 기채동의권, 예비비 지출 승인권, 긴급재신치분에 대한 승인권을 가지고 있다.

(2) 사법통제

사법통제에는 두 가지가 있다(이광종, 2005: 261-267). 하나는 행정 업무의 수행 상 시민의 권익이 침해되었을 때 법원에 소송을 제기함으로써 권익을 구제하는 경우이다. 다른 하나는 행정부가 발한 명령의 위헌 또는 위법 여부를 심사함으로써 나타나는 통제행위이다.

(3) 민중통제: 국민이 직접 행정을 통제하는 것

첫째, 정당과 압력단체이다(백완기, 2006). 행정부의 정책에 대해 정당, 즉 여당이나 야당은 다 같이 통제 기능을 수행한다. 또 압력단체는 주로 분야별, 예컨대 노동·환경 등 전문가적인 입장에서 행정부에 영향력을 행사함으로써 통제 기능을 수행한다. 그런데 이들 압력단체는 자기들의 이익만을 추구함으로써 사회 전체의 이익이나 국가의 이익에 역행하는 통제 기능을 행사할 수도 있다.

둘째, 주민 참여이다. 주민 참여는 주민이 자기들의 의사를 행정에 반영시키기 위해 행정에 참여하는 것을 말한다.

셋째, 선거이다(백완기, 2006). 국민은 선거를 통해 자기들이 원하는 대통령이나 자치단체의 장을 선출할 수 있고, 원하지 않는 사람들을 경질할 수 있다. 이러한 의미에서 선거는 행정통제의 수단이 된다. 예컨대, 국민발안, 국민소환, 국민투표도 국민에 의한 행정통제이다.

넷째, 여론이다. 여론은 정당, 매스컴, 언론기관, 지식인 등에 의해 형성되는데, 이러한 여론은 정책의 수립과 수정에 영향력을 행사한다. 아무리 훌륭한 정책이나 프로그램이라도 여론을 등지고는 성공할 수 없다.

(4) 옴부즈맨 제도

① 필요성 및 근거

본래 옴부즈맨(ombudsman) 제도는 스웨덴에서 발생해 노르웨이 덴마크를 거쳐 이제는 많은 나라에서 채택, 실시되고 있다. 나라마다 옴부즈맨 제도를 채택할 때 스웨덴의 제도를 그대로 이식하는 것이 아니라 그 나라의 사정 여하에 따라 변형시키면서 채택하고 있기 때문에 옴부즈맨 제도도 다양한 형태를 지니고 있다. 즉, 옴부즈맨의 소속 문제, 권한, 고충처리절차, 조직구조 등에서 서로 다르다는 것이다.

오늘날 세계 각국에서 옴부즈맨 제도가 행정통제의 수단으로 논의되고 있는 것은 행정의 재량 영역(discretionary area)이 넓어짐으로써 국민의 권리 침해 가능성이 커진 데 있다. 특히 옴부즈맨 제도가 행정통제의 수단으로 환영받고 있는 것은 기존의 여러 가지 통제 수단이 국민의 고충 처리를 빠르고 속시원히 처리하는 데 불충분하고 비능률적이었기 때문에 새로운 제도의 필요성으로 인해 나타나게 되었다(백완기, 2006).

② 목 적

옴부즈맨의 설립 목적은 어느 나라나 거의 대동소이하다. 그것은 행정권의 남용이나 부당행위로 국민의 권리나 이익이 침해되었을 때에 그것을 신속하게 구제하자는 취지를 갖고 있다. 나라마다 제도상의 차이가 있다면, 그것은 침해된 권리를 구제하는 방법상의 차이일 뿐 목적상의 차이는 아니다(백완기, 2006).

③ 특 성

첫째, 옴부즈맨에게 고발할 수 있는 행위는 불법행위로부터 부당행위, 비능률, 부정행위, 태만, 과실, 결정의 편파성, 신청에 내한 불응답 등에 이르기까지 다양하다. 따라서 고발의 대상이 되는 행위는 불법행위뿐 아니라 공직의 요구에서 이탈된 모든 행위라고 할 수 있다.

둘째, 옴부즈맨은 기존의 행정 결정이나 행정행위를 무효화시키거나 취소할 수는 없다. 아무리 불법성을 띤 행위라 할지라도 옴부즈맨이 그것을 직접 취소시키거나 무효화시킬 수 없다는 것이다. 물론 예외적인 경우가 있기는 하나 일반적으로 옴부즈맨이 할 수 있는 것은 불평과 고발의 대상이 되는 행위를 조사해서 이유 있다고 생각할 때에 시정 조치를 담당기관에 건의할 수 있을 뿐이다. 그러나 시정 조치의 건의는 판단의 객관성, 능력, 탁월한 지식 및 그들의 사회적 위신에 기초하고 있기 때문에 행정에 미치는 영향력은 대단하다(백완기, 2006).

셋째, 불평의 처리 과정은 직접적이고 신속하다. 조사상 필요하면 행정기관으로 하여금 문서를 제출케 하고 설명을 하게도 한다. 모든 판단의 결과는 반드시 시민에게 직접 알려 주게 되어 있다. 시민의 불평이 이유 없다고 판단될 때에도 그 이유를 알려 주게 되어 있다. 불평이 이유 있다고 판단될 때에는 행정기관의 사과로부터 결정의 철회, 취소 및 보상의 반대급부까지 이른다. 물론 위에서 설명한 대로 행정기관으로 하여금 자기의 건의를 받아들이라고 명령하거나 강요할 수는 없지만 설득할 수는 있다(백완기, 2006).

넷째, 의회의 기관이지 행정부의 기관은 아니다. 스웨덴에서 처음 발생할 때에 국왕의 기관이었지만, 의회의 권한이 강화되면서부터는 의회기관이 되었다. 의회기관이라 해서 의회가 옴부즈맨의 활동을 지휘, 감독할 수 있다는 뜻은 아니다. 의회기관이라고 하는 것은 의회가 옴부즈맨을 임명할 권한만 가지고 있다는 뜻이다. 옴부즈맨은 정치적으로 독립된 기관이며, 동시에 불편부당의 기관이다(백완기, 2006).

5. 통제 과정

첫째, 기준의 설정이다. 기준은 위에서 말한 행정책임의 막연하고 추상적인 기준에서부터 그때그때 상황에 따른 구체적인 기준이 있을 수 있다. 흔히 통제하면 목표나 계획에 실적을 일치시키는 과정이기 때문에 조직의 목표가 통제의 기준으로 가장 많이 사용되고 있다.

둘째, 전략적 지점(strategic points)의 선정이다. 조직의 운영 과정을 전부 통제한다는 것은 능력이나 시간적으로 사실상 불가능하고 또 그럴 필요성도 없다. 여기서 전반적인 운영 상황을 개괄적으로 파악할 수 있는 전략적 지점을 선정하는 것이다. 어느 점이 전략적 지점인가의 문제는 상황에 따라 또는 조직의 목표에 따라 결정되어야 하기 때문에 획일적으로 답변할 수는 없다. 그러나 전략적 지점을 선정하는 데는 다음 네 가지 요소, 즉 적시성, 경제성, 포괄성, 균형성이 고려되어야 한다고 지적되고 있다(백완기, 2006).

셋째, 업무 진행 및 결과의 해석, 평가이다. 통제 과정의 세 번째 단계는 업무 진행과 실적을 이미 설정된 기준과 비교해 그 차이 여부를 확인하고, 그 차이의 발생 원인을 분석하는 것이다.

6. 시정 조치

업무 진행 과정 중 잘못이 발견되거나 또는 실적이 기준에 미달될 때에 시정 조치를 취하게 된다. 첫째, 물리적 또는 외적 상황을 조절하는 것이다. 목표와 실적 간의 차이가 작업 조건의 변화나 예기치 않았던 장애에 의해 나타날 때에 이러한 작업환경을 개선하는 것이다.

둘째, 부하에 대한 명령과 그들의 훈련도 및 선임문제를 재검토한다. 실적이 기준에 미달하는 경우, 흔히 부하 직원의 자격 결핍을 비롯해 적절치 못한 명령 또는 부하 직원의 업무에 대한 훈련 및 경험의 부족에서 연유되는 경우가 허다하다는 것이다. 이 경우 명령 내용을 수정 또는 취소시키고, 기술이 부족한 직원은 훈련을 통해 기술을 습득시키고, 부적격한 사람은 적격자로 대치시켜야 한다(백완기, 2006).

셋째, 계획 자체를 수정하는 것이다. 이미 세워진 계획이 외부 환경의 변화로 그 실현이 불가능하거나 또는 계획 자체의 기준이 너무 높아 실현성이 희박할 때에 계획 자체를 수정하는 것이다. 즉, 외부 조건의 변화에 따라서 계획도 수정해 간다는 것이다. 그리고 외부 조건의 변화가 없이도 계획이 처음부터 잘못 세워진 경우가 있는데, 이 경우도 계획을 수정해 나가야 한다는 것은 말할 것도 없다(백완기, 2006).

넷째, 동기 부여를 강화시키는 것이다. 실적이 기준에 미달한 경우는 조직 구성원이 최선을 다하지 않음으로써 나타나는 수도 있다. 이때 최고관리층은 경제적 또는 심리적 유인 체계(incentive system)를 세워 강력한 동기를 유발시키는 것이다.

연습 문제

1. 행정개혁의 개념과 유사 용어를 비교 설명하시오.
2. 행정개혁의 목적과 필요성에 대해 설명하시오.
3. 행정개혁의 전개 과정에 대해 설명하시오
4. 행정개혁의 저항 원인과 극복 방안에 대해 설명하시오.
5. 행정개혁의 조직구조적 장애 요인에 대해 설명하시오.
6. 한국 정부의 행정개혁의 특징에 대해 논하시오.
7. 역대 정부의 행정개혁 내용과 성과를 설명하시오.
8. 행정책임의 의의와 유형을 설명하시오.
9. 행정책임의 보장을 설명하시오.
10. 내부통제와 통제 과정을 설명하시오.

참고문헌

[국내 문헌]

강성철 외(1998, 2014). 『새인사행정론』, 서울: 대영문화사.

강신택(1995). 『재무행정론』, 서울: 박영사.

강용기(1999, 2008, 2014). 『현대지방자치론』, 서울: 대영문화사.

______외 (2001). 『새내기를 위한 행정학』, 서울: 대영문화사.

______(2014). 『새내기를 위한 행정학』, 서울: 대영문화사.

강충호(2000). "공공부문의 단체교섭 실태조사," 미간행 논문.

강태호(1985). 『70년대 이후의 아시아와 한반도』, 서울: 한겨레.

고숙희 외 공역(1998). 『미래의 국정관리』, B. Guy Peters 저, 서울: 법문사.

곽영길 · 신현기(2008). "참여정부의 자치경찰법(안)에 관한 역사적 고찰," 『자치경찰연구』, 1(1)(여름, 창간호). 한국자치경찰학회.

권기성 · 최진석(1997). "가상조직에 대한 정체성 고찰," 『한국행정학회보』, 31(4): 155-168.

권순동(2007). "Social Network 활용 현황과 공공서비스 적용 방안," 『정보사회에서의 IT 현안과 과제』, 한국정보사회진흥원.

권정호 외(2008). 『인간관계와 리더십』, 서울: 양서원.

권희재 · 김상수 역(1994). 『정책이란 무엇인가?』, R. L. Lineberry & I. Sharkansky 저, 상원내 출판부.

김경동(1982). 『사회과학방법론』, 서울: 방송통신대학출판부.

______(1995). 『한국사회변동론』, 서울: 나남출판.

김광석(2007). "전자정부의 법적 과제," 『미국헌법연구』, 18(1), 미국헌법학회.

______(1999) 『한국의 NGO』, 서울: 동명사.

김광웅(1976). 『사회과학연구방법론』, 서울: 박영사.

______(1983). 『행정과학서설』, 서울: 박영사.

김규정(1994, 1977, 1999). 『행정학원론』, 서울: 법문사.

김기태(1996). 『행정학』, 서울: 대왕사.

김도훈 외(1988). 『행정학개론』, 서울: 대영문화사.

김동훈(1995). 『지방의회론』, 서울: 박영사.
김만기 편(1998). 『2000년대에 대비한 정부조직의 혁신』, 서울: 대영문화사.
김명수 · 박준(1995). 『공공감사론』, 서울: 대영문화사.
김문성(2000). 『행정학의 이해』, 서울: 박영사.
김병섭 외(2000). 『조직의 이해와 관리』, 서울: 대영문화사.
______(2008). 『휴먼조직론』, 서울: 대영문화사.
김병준(2000). 『한국지방자치론』(제2판), 서울: 법문사.
______외(2015). 『전자정부 패러다임 변화 연구: 미래정부의 기능과 역할 전망』, 한국정보화진흥원.
김상묵(2000). "지식정부의 바람직한 조직모형 검토," 『한국행정학회 동계학술대회 발표논문집(1)』: 139-165.
김상호(1999). 『공공부문의 단체교섭에 관한 연구』, 한국노총 중앙연구원.
김석준 외(2000). 『뉴거버넌스 연구』, 서울: 대영문화사.
김성호 · 안영훈 · 이효(1998). 『자치경찰제의 준거틀과 모형설계』, 한국지방행정연구원.
김수영(1996). 『총합 행정개혁론』, 서울: 법률계.
김영기(1999). 『지방자치행정론』, 서울: 대영문화사.
______(2000). 『지방자치제의 이해』, 서울: 대영문화사.
김영성 외(1998). 『행정학원론』, 서울: 대영문화사.
김운태 외(1994). 『한국정치론』, 서울: 박영사.
______(1996). 『한국행정사』, 서울: 방송대학교출판부.
김재기(1999) 『행정학』, 서울: 법문사.
김정렬 · 한인섭(2008). 『행정개혁론』, 서울: 법문사.
김정형 · 송건섭(1999). 『행정학 강의』, 서울: 형설출판사.
김종근(2013). "책임행정에 관한 공직윤리 연구," 『한국지방정부학회 2013 하계학술대회 발표논문집』, 1-31.
김종찬(1983). "한국 행정기구 개혁에 관한 연구," 『강남논총』, 제10집, 강남대출판부.
______(1992). "행정개혁의 본질에 관한 연구," 『강남논총』, 제22집, 강남대출판부.
김종표(1997). 『신지방행정론』, 서울: 법문사.
김중규(2000). 『뉴밀레니엄 행정학』, 서울: 성지각.
김진복 외(2000). 『행정학개론』, 서울: 형설출판사.
김태룡(2007). 『행정이론』, 서울: 대영문화사.
김판석 · 권경득(1999). "지방자치단체의 인사제도 개혁," 『한국행정학회보』, 33(1): 99-118.

김한배 · 박혜자 · 오세윤 · 이원장 · 이용호 · 이정용 · 황영호(2001). 『행정학개론』, 서울: 대왕사.

김학로(1994). 『지방행정의 이론과 실제』, 서울: 박영사.

김행범(2000). 『신행정학원론』, 서울: 금정출판사.

김호진(1996). 『한국정치체제론』, 서울: 박영사.

나성린 · 전영섭(1995). 『공공경제학』, 서울: 학현사.

남현호, 광주 연합뉴스, 2003.5.6(www.naver.com).

노광표 · 하재룡 · 홍주환(2007). 『소통과 협력을 통한 공무원 노사관계 발전적 패러다임 구축과 대국민 서비스 강화 방안』. 서울특별시 · 서울특별시공무원노동조합.

노사정위원회(2000). 『합의 사항 이행 현황』. 제67항.

대외경제정책연구원(2004). 『일본의 지역경제 활성화 추진에 관한 연구, 재정경제부 특구 운영의 성과에 관한 용역보고서』.

동아일보, YS 지지율 초기 94%: 요즘 조사 못할 수준, 1998년 2월 23일자 5면.

마틴 A. 레빈, 메리 B. 싱거(1997). 『선진 행정의 길』, 서울: 삼성경제연구소.

문태훈(1994). "한국 정부조직의 변천과 개편 방향," 노정현 외(공편), 『행정개혁론: 이론과 실제』, 서울: 나남출판사.

문화일보, IMF 사태로 물거품된 신한국 창조, 1998년 2월 13일자 5면.

민 진(1996, 2014). 『조직관리론』, 서울: 대영문화사.

박경원 외(1999). 『조직이론 강의』, 서울: 대영문화사.

박광주(1985). "집정관적 신중상주의 국가론," 한국정치학회(편), 『현대 한국의 정치와 국가』, 서울: 법문사.

박동서(1982, 1991). 『한국행정론』, 서울: 법문사.

______(1991). 『한국행정의 개혁』, 서울: 법문사.

______(1993). 『인사행정론』, 서울: 법문사.

______(1995). "정부조직의 개편－1994년 12월," 『행정논총』, 33(1), 서울대학교 행정대학원.

______(1997). 「한국행정론』, 서울: 박영사.

박동서 · 김광웅 · 김신복(1995). 『비교행정론』, 서울: 박영사.

박연호(2000). 『행정학원론』, 서울: 박영사.

______(2000). 『새행정론』, 서울: 대영문화사.

______ 외(1985). 『조직관리론』, 서울: 법문사.

박영미(2000). "지식정부의 복지정보시스템 구축," 『지식정부 구현을 위한 전략과 과제』, 한국행정학회.

박영범 · 이상덕(1990). 『공공부문의 노사관계』. 한국노동연구원.
박영희(1995). 『재무행정론』, 서울: 다산출판사.
박영희 · 김종희(2006). 『신재무행정론』(제2개정판), 서울: 다산출판사.
박용치(1996). 『행정학』, 서울: 고려원.
______ 역(1984). 『공공정책평가론』, 서울: 고려원.
박응격(1984, 1995). 『행정학강의』, 서울: 박영사.
______(2000). 『지방행정론』, 서울: 신조사.
박의경(1999). "독일의 지방자치와 지방의회, 그 구성과 원동력," 『지방포럼』, 1999년 9 · 10월호.
박천오 외(2000). 『인사행정의 이해』, 서울: 법문사.
박태견(1995). 『앨고어 정보초고속도로』, 서울: 길벗.
방석현(1993). 『행정정보체계론』, 서울: 법문사.
배득종(1996, 2005). 『신재무행정』, 서울: 박영사.
백완기(1982) 『한국의 행정문화』, 서울: 고려대학교출판부.
______(1992). 『행정학』, 서울: 박영사.
______(1994). 『민주주의 문화론』, 서울: 나남출판.
______(1998, 2000, 2006). 『행정학』, 서울: 박영사.
______(2004). 『신판 행정학』, 서울: 박영사.
백종섭 외(2018). 『인사행정론』, 서울: 창민사.
베르너 바이덴 펠트, 신현기 외 공역(1998). 『독일통일백서』, 서울: 한겨레신문사.
소병희(1993). 『공공선택의 정치경제학』, 서울: 박영사.
손봉숙(1985). 『한국지방자치연구』, 서울: 삼영사.
손재식(1991). 『현대지방행정론』, 서울: 박영사.
송 복(1997). 『한국 사회의 갈등구조』, 서울: 경문사.
송태수 외(2007). 『공무원 노사관계의 이해』. 한국노동교육원.
송희준 · 박기식(2000). "지식정보사회의 정부 역할," 『지식정부 구현을 위한 전략과 과제』, 한국행정학회.
신대순(1996). 『행정학원론』, 서울: 진명출판사.
신두범(1987). 『행정학』, 서울: 박영사.
신무섭(1993, 2007). 『재무행정학』, 서울: 대영문화사.
신윤표(1997). 『행정학』, 서울: 박영사.
신현기(2000). 지방자치제도 발전 방안, 『2000년도 의회실무 과정』, 서울시 공무원교육원.

______외(2017). 『서울시 특별사법경찰 10년 자치경찰제로의 전환을 위한 발전방안 연구 보고서』, 서울특별시.

신현기 · 임종헌(2011). "자치경찰제의 전국확대 실시 가능성에 대한 연구," 『자치경찰연구』, 한국자치경찰학회.

심익섭(1997). "기초의회의 의정활동 활성화 방안," 『한국지방자치학회보』, 9(3).

심정근 · 정기섭 역(1996). 『영기준예산: 경영효율화를 위한 혁명적 수법』, Peter A. Pyhrr, *Zero-Base Buudgeting*, 서울: 광암문화사.

安達智則(2004). 『자치체 '구조개혁' 비판: 'NPM행혁'에서 시민의 자치체로』, 東京: 旬報社.

안문석(1995). "문민정부의 행정개혁," 『한국정책학회보』, 4(1), 한국정책학회.

안병만(1993). 『한국정부론』, 서울: 다산출판사.

안병영(1994). "한국 관료제의 전개 과정," 안해균(외), 『한국관료제의 전개 과정』, 서울: 다산출판사.

안용식 · 강동식 · 원구환(2000). 『지방행정론』, 서울: 대영문화사.

안해균(1986). "행정개혁의 이론화를 위한 한 시론," 『행정논총』, 24(2), 서울대학교 행정대학원.

______(1986). 『현대 행정학: 행정의 기본 개념과 원리』, 서울: 다산출판사.

______(1987, 1988). 『정책학원론』, 서울: 다산문화사.

앤서니 기든스(1999). 『현대 사회학』, 서울: 을유문화사.

______(2000). 『제3의 길』, 서울: 생각의 나무.

엄석진(2009). "행정의 책임성," 『한국행정학보』, 43(4): 19-45.

오석홍(1984). "현대 행정학의 두 가지 반발적 기류: 공공선택론과 신행정학," 『행정논총』, 22(2), 서울대학교 행정대학원.

______(1990). 『조직이론』, 서울: 박영사.

______(1995). 『한국의 행정』, 서울: 경세원.

______(1995). 『행정개혁론』, 서울: 박영사.

______(1996). "개혁실패의 원인," 『행정논총』, 32(2), 서울대학교 행정대학원.

______(2000). 『인사행정론』, 서울: 박영사.

______(2004). 『행정학』, 서울: 박영사.

오성호(1998). 『지방정부와 인사자치』, 서울: 자유기업센터.

오창섭 · 이재호(2000). 『쉽게 풀어 쓴 행정학』, 서울: 대영문화사.

오철호 편(2002). 『정보통신기술과 행정』, 서울: 대영문화사.

오희환(1993). 『3섹터의 활성화 방안』, 한국지방행정연구원.

우양호 · 정명주(2007). "주민의 정보격차가 행정정보 서비스 만족과 성과에 미치는 영향: 기초자치단체 전자민원 서비스를 중심으로," 『한국거버넌스학회보』, 14(2).
유민봉(2006). 『한국 행정학』, 서울: 박영사.
유종해(1982, 2000). 『현대행정학』, 서울: 박영사.
유해종(1996). 『행정학』, 서울: 박영사.
유 훈(1993). 『재무행정론』, 서울: 법문사.
______(1995, 1998). 『행정학원론』, 서울: 법문사.
윤영진(1998, 2006). 『새재무행정론』, 서울: 대영문화사.
윤용희(1995). 『지방자치행정법』, 서울: 법문사.
윤재풍(1985). 『조직학원론』, 서울: 박영사.
______(2014). 『조직론』, 서울: 대영문화사
윤재풍 · 정용덕 역(1987). 『행정학: 구상과 문제 해결』, 서울: 박영사.
이광종(2005). 『행정책임론: 책임과 통제』, 서울: 대영문화사.
이광택(1994). "공공부문 노동관계법의 개선 방향," 『김치선박사 고희기념논문집』.
이규환(2000). 『도시행정론』, 서울: 법문사.
이기우(1991). 『지방자치행정법』, 서울: 법문사.
이달곤(2004). 『지방정부론』, 서울: 박영사.
이도형 · 김정렬(2007). 『비교발전행정론』, 서울: 박영사.
이동기(2000). "지식정부를 위한 지식 창출의 의미," 『지식정부 구현을 위한 전략과 과제』, 한국행정학회.
이상희(1982). 『지방행정론』, 서울: 계명사.
이성복(1995). 『도시행정론』, 서울: 법문사.
이승종(1997). "지역주민 참여의 활성화 방안," 『한국지방자치학회보』, 9(2).
이신행(1987). 끝내 풀지 못한 정통성 시비, 『신동아』, 동아일보사, 12월.
이용규(1996). 『행정정보체계론』, 서울: 박영사.
______(2004). 『사용자 중심의 행정정보 시스템』, 서울: 박영사.
이정식(1986). 『현대 한국정치사: 제2공화국』, 서울: 성문각.
이종범(1996). "행정개혁과 저항: 행정쇄신위원회 3년간 활동을 중심으로," 『행정과 정책』, 제12호. 고려대 행정문제연구소.
이종수(2000, 2009). 『행정학사전』, 서울: 대영문화사.
______(2005). 『정부혁신의 메커니즘과 전략』, 서울: 대영문화사.
이종수 · 윤영진 외(1996, 1997, 2007, 2008, 2012, 2014). 『새 행정학』, 서울: 대영문화사.

이종수 · 윤영진 · 곽채기 · 이재원 외(2014). 『새행정학 2.0』, 서울: 대영문화사.
이종훈(1997). 『공기업 노사관계의 주요 쟁점과 정책대응』, 한국노동연구원.
이창원 외(1997). 『새조직론』, 서울: 대영문화사.
이철수(1996). 공공부문 노동관계에 관한 일 고찰, 『노동법연구』, 제5호.
이철수 · 강성태(1997). 『공공부문의 노사관계법』, 한국노동연구원.
이홍배(2005). "일본 구조개혁특구의 특징과 시사점," 『자치행정』, 3월호.
임도빈(1997). 『지방조직론』, 서울: 박영사.
______(2018). 『행정학: 시간의 관점에서』, 서울: 박영사.
임성한(1994). "한국 정치와 관료주의," 『탈냉전 시대와 새로운 정치질서』, 동곡 김하룡 박사 정년기념논문집 간행위원회(편), 서울: 산호출판사.
임정덕 · 최병호(1996). 『지방화 시대의 지역산업정책: 패러다임 변화 속의 지역의 역할과 기능』, 서울: 비봉출판사.
임재현(2017). 『지방행정론』, 서울: 대영문화사.
임지봉(2008). "우리 전자정부법제의 현황과 개선 방안," 『세계헌법학연구』, 14(1), 국제헌법학회.
임희섭(1995). "경제발전의 논리와 문화 발전의 논리," 『문화정책논총』, 제7집, 한국문화정책개발원.
입법조사연구(1997). "행정개혁의 이념과 방향에 대한 소고," http://www.nanet.go.kr/nal/3/3-1-1/lib3112.htm
장병구(1993). 『지방재정론』, 서울: 형설출판사.
장은주(2003). "동북아 시대 정부 역할의 제고: 한국과 일본의 지방분권화 개혁," 『한국행정학회 추계학술대회 발표논문집』.
장지호(1981, 1995). 『지방행정론』, 서울: 대왕사.
전종섭(1987). 윤재풍 · 정용덕(역), 『행정학』, 서울: 박영사.
제갈돈 외(2017). 『행정학개론』, 파주: 법문사
정보통신부(1999a). 『정보화 역기능 방지 종합대책(안)』.
______(1999b). 『정보화에 관한 연차보고서』.
______(1999c). 『CYBER KOREA 21』.
정보통신부 · 한국정보보호센터(2000). 『개인정보보호지침 해설서』.
정보통신정책연구원(1999). 『지식기반국가 건설을 위한 정부개혁』.
______(2000). 『국가지식경영을 위한 전략 수립과 정보화정책의 재조명』.
정보통신정책학회(1999). 『전자정부의 구현과 행정효율성에 관한 연구』.

정세욱(1990). 『지방행정학』, 서울: 법문사.
______(1996). 『정부관계론』, 서울: 법문사.
______(1997). 『한국지방자치의 과제』, 서울: 법문사.
______(1999). 지방자치제 실시 50년의 변천과 지방의 역할 변화, 『지방포럼』, 9·10월호.
정우일(2006a). 『공공조직론』, 서울: 박영사.
______(2006b). 『리더와 리더십』, 서울: 박영사.
______ 외(2010). 『글로벌시대의 행정학』, 서울: 도서출판 오래.
정정길 외(1997). 『정책평가』, 서울: 법영사.
정진섭·황희철(1995). 『국제지적재산권법』, 서울: 육법사.
정철현(1998). 『행정학개론』, 서울: 법문사.
정헌주(1985). 민주당 정부는 과연 무능했는가?, 『신동아』, 4월호.
조경호·하재룡·주재복(2002). "공공부문 단체교섭과 동반자적 협력규칙 모색," 『정부학연구』.
조석준(1968). "한국 군사정부 하에 있어서의 두 개의 행정개혁에 관한 비교연구," 『행정논총』, 6(2), 서울대학교 행정대학원.
______(1985). "국(局) 설치의 입법 사항화: 정부조직 개편과정의 설계," 『행정논총』, 23(1), 서울대학교 행정대학원.
______(1986, 1993). 『조직론』, 서울: 법문사.
______(1992). 『한국행정학』, 서울: 박영사.
조선일보, 이명박 정부 국정과제, 2008년 10월 8일자, 1면.
조재승(1995). 『지방자치의 기초이론』, 서울: 세문사.
조창현(1993). 『지방자치론』, 서울: 박영사.
______(1996). 『지방재정론』, 서울: 박영사.
진두범(1987) 『행정학개론』, 서울: 박영사.
진종순 외(2016). 『조직행태론』, 서울: 대영문화사.
차경은(2009). "우리나라의 행정책임문화 확보방안," 『한국행정사학지』, 24: 83-107.
총무처(1982). 『행정개혁사: 10·15 행정개혁을 중심으로』.
______(1987). 『정부조직변천사』.
______(1997). 『신정부혁신론』.
최석영(1990). "세계 환경전략의 현황과 전망," 『외교』, 제13호.
최승범(2002a). "한국의 지방관료제: 자율, 통제와 책임성." 『한국행정학보』, 36(1): 173-192.
______(2002b). "지방정치의 민주성과 지방행정의 책임성 확보를 위한 내적 조건," 『정부

학연구』, 8(1): 159－200.
최영훈 외(2007). 『전자정부론』, 서울: 대영문화사.
최창집(2001). 『이해행정학』, 부산: 부산대학교출판부.
최창호(1995). 『지방자치학』, 서울: 삼영사.
______(1999). 『새 행정학』, 서울: 삼영사.
최창호 · 정세욱(1989). 『행정학』, 서울: 법문사.
최창호 · 하미승(2006). 『새행정학』, 서울: 삼영사.
최홍기(1992.11). "집단이기주의의 용광로인가," 『한국논단』.
秋山幹男 · 三宅弘 · 奧津茂樹 저, 최호준 역(1994). 『정보공개』, 서울: 교보문고.
하마다 준이치 지음 · 이문호 역(1995). 『정보법』, 서울: 장산.
하미승(1997). 『행정정보체계론』, 서울: 법문사.
하원규 · 전재호 · 최남희 · 김동환(1997). 『전자공간 시대의 정보통신정책학』, 대전: 한국전자통신연구원.
하인리히 숄러, 김해룡 역(1994). 『독일지방자치법연구』, 서울: 한울아카데미.
하재룡(2000). "공공부문의 협력적 노사관계 유지 방안," 『선문대학교 사회과학논집』, 3: 400－425.
______(2000). "공공부문 노조가 근로자의 임금 결정에 미치는 영향," 『한독사회과학논총』, 10(2): 169－193.
______(2000). "공공부문과 민간부문의 노사관계 비교," 『한국정책과학회보』, 4(2): 179－207.
______(2000). "공무원 노사관계의 발전 방향," 『한국정책학회 2000년도 하계학술대회 발표논문집』, 299－317.
______(2004). "공무원 단체교섭과 분쟁해소 절차," 『한국사회와 행정연구』.
______(2005). "공무원 노사협력 증진 방안에 관한 연구," 『한국사회와 행정연구』.
______(2006). "공무원 분쟁해결기구의 개혁 방향," 『정책분석평가학회보』.
하재룡 · 김영대(1997a). "인터넷 전자상거래의 정책적 이슈," 『한국정책학회 하계학술대회 PROCEEDING』.
______(1997b). "정보통신 기술의 발달과 네트워크조직의 출현," 『한국행정학보』, 27(1).
한국전산원(1996). 『전자정부 개념 정립 및 구현 방안에 관한 연구』.
______(1999). 『일본의 행정정보화 추진 기본계획과 시사점』.
한국전자통신연구원(1997a). 『전자공간 시대의 정보통신 정책학』.
______(1997b). 『정보정책 기반 연구(Ⅱ)』.
한국정보문화센터(2000). 『정보통신 용어해설집』.

한국지방자치학회(1999). 『한국지방자치론』, 서울: 삼영사.
한부영(1997). 『현지에서 본 독일지방자치제도』, 한국지방행정연구원.
한세억(2000). "지식정부의 구조와 기능," 『지식정부 구현을 위한 전략과 과제』, 한국행정학회.
한승주(2013). "공무원의 주관적 책임성," 『한국행정학보』, 47(1): 25-45.
한영석(1991). "행정개혁과 저항," 『사회과학연구』, 건국대 사회정책연구소, 제1집.
한영수 · 강인호(2008). 『인사행정론』, 서울: 형설출판사.
한영환(1992). 『국가발전과 행정』, 서울: 아세아문화사.
한원택(1992). 『도시 · 지방행정론』, 서울: 법문사.
______(1995). 『지방행정론』, 서울: 법문사.
행정개혁위원회(1989). 『행정개혁에 관한 건의』.
행정자치부(1998). 『전자정부의 비전과 전략』.
행정차치부 자치경찰제실무추진단(2008). 『자치경찰제 추진 중간보고서, 2004-2007』.
홍용기(2000). 『조직론』, 서울: 형설출판사.
황상재 외(1999). 『커뮤니케이션혁명과 정보화 사회』, 서울: 법문사.
황윤원(1996). 『재무행정론』, 서울: 법문사.
______(2000). 『행정학원론』, 서울: 형설출판사.
황재민(1995). "지방화 · 세계화시대의 산업구조 및 산업단지," 『지방화와 국가전략』, 제일경제연구소.
21세기위원회 편(1994). 『21세기의 한국』, 서울: 서울프레스.
21세기정책연구소(2004). "구조개혁특구의 가능성," http://www.21ppj.org

[국외 문헌]

Almond, Gabriel A. & Powell, Jr. G. Bingham(1978). *Comparative Politics: System, Process, and Policy*, 2nd ed., Boston: Little, Brown and Company.
Anderson, James E.(1975). *Public Policy-Making*, New York: Praeger Publishers, Inc.
Bach, Stanley & George, Sulzner(1974). *Perspective on the Presidency*, Lexington, Mass.: D. C. Heath and Co.
Baechler, Jean(1995). *Le capitalisme*, Paris: Editions Gallimard.
Barton, Rayburn & Chappell, Jr., William L.(1985). *Public Administration: The Work of Government*, Glenview, IL.: Scott, Foresman and Company.
Barzelay, Michael(2001). *The New Public Management: Improving Research and Policy*

Dialogue, California: University of California Press.

Becker, H. A.(1976). Mechanism for Resolving Collective Bargaining Impasses in Public Education, *Journal of Collective Negotiation*, 5: 319–329.

Bernstein, M. C.(1971). Alternatives to Strike in Public Labor Relations, *Harvard Law Review*, 85: 459–475.

Blau, Peter M. & Scott, W. Richard(1962). *Formal Organization*, San Francisco: Chandler Publishing Company.

Borgatta, Edgar F.(1992). *Encyclopedia of Sociology*, New York: Macmillan Publishing Company.

Bowers, M. H.(1977). New Frontiers of Public Sector Labor Relations, *Arizaona Review*, 26: 5–10.

Brookshire, M. L. & Holly, J. R.(1973). Resolving Bargaining Impasses Through Gradual Pressure Strikes, *Labor Law Journal*, 24: 662–670.

Brubaker, Rogers(1984). *The Limits of Rationality: An Essay on the Social and Moral Thought of Max Weber*, London: George Allen and Unwin.

Bunker, Douglas R.(1972). Policy Science Perspectives on Implementation Process, *Policy Science*, Vol. 3.

Burke, W. W.(1987). *Organization Development: A Normative View*, Mass.: Addison-Wesley Publishing Company.

Cahen, G.(1911). *Les Fonctionares, leur action corporative*, Paris.

Caiden, Gerald E.(1969). *Administrative Reform*, Chicago: Aldine Publishing Company.

______(1971). *The Dynamics of Public Administration: Guideline to Current Transformations in Theory and Practice*, New York: Holt, Rinehart, and Winston, Inc.

______(1974). Development Administrative Capacity and Administrative Reform, *International Review of Administrative Science*, 38(1).

______(1982). *Public Administration*, 2nd ed., Calif: Palisades Pub.

______(1991). *Administrative Reform Comes of Age*, Berlin: Walter de Gruyter & Company.

Cayer, N. J.(1956). *Public Personnel Administration in the United States*, St. Martin's Press.

Chauhan, D. S.(1979). The Political and Legal Issues of Binding Arbitration in Government, *Monthly Labor Review*, 102: 35–41.

Chevallier, Jacques(1983). *Communication Administration-Administré*, Paris: Presses Universitaires de France.

______(1986). *Science administrative*, Paris: Presses Universitaires de France.

Cunningham, James V.(1972). Citizen Participation in Public Affairs, *Public Administration Review*, 32(4).

Cohen, M., March, J. & Olsen, J.(1972). A Garbage Can Model of Organization Choice, *Administrative Science Quarterly*, 17(1).

Crozier, Michel(1964). *The Bureaucratic Phenomenon*, London: Tavistock.

Cyert, Richard M. & March, James G.(1963). *A Behavioral Theory of the Firm,* New Jersey: Prentice－Hall.

Dahl, Robert(1947). The Science of Public Administration, *Public Administration Review*, 7(1).

Delaney, J. T. & Feuille, P.(1985). Collective Bargaining, Interest Arbitration, and Delivery of Police Services, *Review of Public Personnel Administration*, 5: 21－36.

DeLeon, Linda & Denhardt, Robert B.(2000). The Political Theory of Reinvention, *Public Administration Review*, 60(2).

Denhart, J. V. & Denhart, R. B.(2003). *The New Public Service: Serving, Not Steering*, New York: M. E. Sharpe.

Dimock, Marshall E.(1936). The Criteria and Objectives of Public Administration, in Gaus, J. M., White, L. D. & Dimock, M. E.(eds.), *The Frontiers of Public Administration*, Chicago: University of Chicago Press.

Dimock, M. E. & Dimock, G. O.(1969). *Public Administration*, New York: Holt, Rinehart and Winston.

Douglas, J. M.(1987). Collective Bargaining and Public Sector Supervisors: A Trend Toward Exclusion?, *Public Administration Review*, 47: 485－497.

Dror, Yehezkel(1964). Muddling Through: Science or Inertia?, *Public Administration Review*, 24(3).

______(1968). *Public Policy Making Reexamined*, San Francisco: Chandler Publishing Co.

Dunlop, J.(1958). *Industrial Relations Systems*, New York: Henry Holt.

Dye, Thomas R.(1966). *Politics, Economics, and the Public Policy Outcomes in the American States*, Rand-McNally.

Lutrin, E. Carl & Settle, Allen K.(1985). *American Public Administration: Concepts and Cases*, 3rd ed., Englewood Cliff, New Jersey: Prentice-Hall, Inc.

Easton, K.(1988). *Information Technology and Organizational Change*, London: Taylor & Francis Ltd.

Eggertsson, T.(1990). *Economic Behavior and Institutions*, Cambridge: Cambridge University Press.

Elcock, Howard(1994). *Local Government*, London: Routledge.

Etzioni, Amitai(1961). *A Comparative Analysis of Complex Organizations: On Power, Involvement and Their Correlates*, New York: The Free Press.

______(1967). Mixed-Scanning: A 'Third' Approach to Decision-Making, *Public Administration Review*, 27(5).

______(1968). *The Active Society: A Theory of Societal and Political Processes*, New York: The Free Press.

Freeman, R. B.(1986). Unionism Comes to the Public Sector, *Journal of Economic Literature*, (24): 41－86.

Freeman, R. B. & Valletta, R. G.(1987). The Effect of Public Sector Labor Laws on Collective Bargaining, Wages and Employment, *NBER Working Paper Series* #2284, National Bureau of Economic Research, Washington, D.C.

Friedrich, Carl J.(1963). *Man and His Government*, New York: McGraw-Hill.

Gaus, John M.(1947). *Reflections on Public Administration*, Alabama: University of Alabama Press.

Gerhart, P. F.(1969). The Scope of Bargaining in Local Government Labor Negotiations, *Labor Law Journal*, 20: 545－552.

______(1973). *Political Activity by Public Employee Organization at the Local Level: Threat or Promise*. Chicago: International Personnel Management Association.

Gerschenfeld, G. & Gerschenfeld, W.(1983). The Scope of Collective Bargaining, in J. Ravin et al.(eds.), *Handbook on Public Personnel Administration and Labor Relations*, New York: Marcel Dekker.

Godine, M. R.(1951). *The Labor Problem in the Public Service*. MA: Harvard University Press.

Gold, C.(1976). *Employer-Employee Committee and Worker Participation*, New York State School of Industrial and Labor Relations. New York: Cornell University

Press.

Golembiewski, Robert T.(1977). Public Administration as a Developing Discipline Part I, *Perspectives on Past and Present*, New York: Marcel Dekker.

Gulick, Luther H.(1937). Science, Value and Public Administration, in L. Gulick(eds.), *Paper on the Science of Administration*, New York: Inst. of Public Administration.

Hampton, William(1991). *Local Government and Urban Politics*, London: Longman.

Harmon, Michael M.(1981). *Action Theory for Public Administration*, New York: Longman.

Hechscher, C. C.(1988). *The New Unionism: Employee Involvement in the Changing Corporation*, New York: Basic Books.

Hellriegel, Don & Slocum Jr., J. W.(1974). *Organizational Behavior*, Mason, OH.: South-Western.

Helsby, R. D.(1973). A Political System for a Political World in Public Sector Labor Relations. *Labor Law Journal*, 24: 504-511.

Henderson, G.(1968). *Korea: The Politics of the Vortex*, Boston: Harvard University Press.

Hogler, R. L.(1988). *Public Sector Strikes: Employee Rights, Union Responsibilities and Employee Prerogatives*, International and Personnel Management Association, Washington D.C.

Hood, Christopher(1991). A Public Management for All Seasons?, *Public Administration*, 69.

Hyde, Albert C.(1972). Performance Appraisal in Post Reform Era, *Public Personal Management*, 11(4).

Ingrassi, A. F.(1979). Reflections on the New Labor Law, *Labor Law Journal,* 539-544.

Isaak, Alan C.(1981). *Scope and Methods of Political Science: An Introduction to the Methodology of Political Inquiry*, Homewood, Illinois: The Dorsey Press.

Jackman, R.(1988). Local Government Finance and Microeconomic Policy, in S. J. Bailey & R. Paddition(ed.), *The Reform of Local Finance in Britain*, London: Routledge.

Janis, I. L.(1972). *Victims of Groupthink*, Boston: Houghton Miffin.

Jones, Charles O.(1977). *An Introduction to the Study of Public Policy*, 2nd ed., North Scituate, MA: Duxbury Press.

Jones, B.(2006). Crossing the Digital Divide: Integrating Traditional and Virtual Organizing. *Social Policy*, 36(3).

Juris, H. A. & Feuille, P.(1973). *Police Unionism*, MA: Lexington.

Kalakota, R. & Whinston, A. B.(1996). *Frontiers of Electronic Commerce*, Addison-Wesley.

Kalberg, Stephen(1980). Max Weber's Types of Rationality, *American Journal of Sociology*, 85(5).

Katz, Daniel & Kahn, Robert L.(1966, 1978, 1987). *The Social Psychology of Organizations*, New York: Wiley.

Kearney, Richard C.(1992). *Labor Relations in Public Sector*, New York: Marcel Dekker.

Kettl, Donald F.(2000a). The Transformation of Governance: Globalization, Devolution, and the Role of Government, *Public Administration Review*, 60(6).

______(2000b). *The Global Public Management Revolution: A Report on the Transformation of Governance*, Washington D.C.: Brookings Institution Press.

Kilpatrick, F. P. et al.(1984). *The Image of the Federal Service*, Washington D.C.: The Brookings Institution.

Kochan, T. A., Mironi, M., Ehrenberg, R. G., Baderschneider, J., & Jick, T.(1979). *Dispute Resolution Under Fact-Finding and Arbitration: An Empirical Analysis*, New York: American Arbitration Association.

Kramer, L.(1962). *Labor's Paradox*. New York: Wiley.

Kreitner, R. & Kinicki, A.(1995). *Organizational Behavior*, Chicago: Irwin.

Lasswell, Harold D.(1951). The Policy Orentation, in Daniel Lerner(ed.), *The Policy Science*, Stanford: Stanford University Press.

______(1975). Research in Policy Analysis: The Intelligence and Appraisal Functions, in Fred I. Greenstein & Nelson W. Polsby(eds.), *Handbook of Political Science, Vol. 6, Policies and Policymaking*, Reading, MA: Addison-Wesley Publishing Co.

Lasswell, Harold D. & Kaplan, A.(1970). *Power and Society*, New Haven: Yale University Press.

Latham, Earl(1956). The Group Basis of Politics, in Heinz Eulau, Samuel J. Eldersveld, & Morris Janowitz(eds.), *Political Behavior*, New York: Free Press.

Lawson, E.(1979). Address to the 28th Annual Conference of the Association of Labor Relations Agencies. reported at *101 Labor Relations Reporter*, 387.

Leavitt, H. J. & Whisler, Thomas L.(1958). Management in The 1980's, *Harvard Business Review*, 36.

Lester, R. A.(1984). *Labor Arbitration in State and Local Government: An Examination of Experience in Eight States and New York City*, Princeton, N.J.: Industrial Relations Section.

Lindblom, Charles E.(1959). The Science of Muddling Through, *Public Administration Review*, 19(1).

Lipnack, J.(1995). The Organization of the Future: The Network. http://www.netage.com/TNI/Publication/Articles/articles-solutions-sume15.html.

Lowi, Theodore J.(1972). Four Systems of Policy, Politics, and Choice, *Public Administration Review*, 32(4).

March, James G. & Simon Herbert A.(1958). *Organizations*, New York: John Wiley & Sons, Inc.

Mayo, Elton(1945). *The Social Problem of Industrial Civilization*, Boston: Harvard University Press.

Midwest Monitor(1980). *Alternative Impasse Procedures in the Public Sector*, Midwest Center for Public Sector Labor Relations, Bloomington, IN, Nov./Dec. 1−8.

Miles, E. & Snow, C. C.(1992). Causes of Failure in Network Organizations, *California Management Review*, (Summer): 52−72.

Miller, M. E.(1964). Comments on Theoretical Models, Illustrated by the Development of Conflict Behavior, *Journal of Personality*.

Miller, M. E. & Dollard, J.(1964). *Social Learning and Imitation*, New Haven.

Milton, Musicus(1964). Reappraissing Reorganization, *Public Administration Review*, 24(2).

Minogu, Martin, Charles, Polidano, & Hulme, David(ed.)(1999). *Beyond the New Public Management: Changing Ideas and Practices in Governance*, Northamption, M.A.: Edward Elgar Publishing, Inc.

Mintzberg, Henry(1979). *The Structuring of Organizations*, Englewood Cliffs, New Jersey: Prentice-Hall.

Montgomery, John D.(1967). *Sources of Administrative Reform: Problems of Power, Purpose and Politics*, Bloomington: Indiana University Press.

Morgan, David R. & England, Robert E.(1988). The Two Face of Privatization, *Public*

Administration Review, 58(6).

Morrow, William L.(1975). *Public Administration, Politics and Political System*, New York: Random House.

Mosher, Frederick C.(1963). Careers Services in the Public Service, *Public Personnel Review*, 24.

Mueller, Dennis(1989). *Public Choice*, Cambridge: Cambridge University Press.

Nakamura, Robert T. & Smallwood, Frank(1980). *The Politics of Policy Implementation*, New York: St. Martin's Press.

Nigro, Felix A.(1984). *Modern Public Administration*, 6th ed., New York: Harper & Row.

Nigro, Felix A. & Nigro, Lloyd G.(1994). *The New Public Personnel Administration*, Itasca, Illinois; F. E. Peacock Publishers, Inc.

Ostrom, Elinor(1990). *Governing the Commons: The Evolution of Institutions for Collective Action*, Cambridge: Cambridge University Press.

______(1992). Institutions and Common-Pool Resources, *Journal of Theoretical Politics*, 4(3).

Ostrom, Elinor, Gardner, R. & Walker, J. M.(1994). *Rules, Games, and Common Pool Resources*, Ann Arbor: University of Michigan Press.

Ostrom, Vincent(1973). *The Intellectual Crisis in American Public Administration*, Ala.: Alabama University Press.

Ostrom, Vincent & Ostrom, Elinor(1971). Public Choice: A Different Approach to the Study of Public Administration, *Public Administration Review*, 31(2).

Parsons, Talcott(1960). *Structure and Process in Modern Societies*, Glencoc, Ill.: The Free Press.

______(1966). *Societies: Evolutionary and Comparative Perspectives*, New Jersey: Prentice-Hall.

Perry, J. L. & Anderson, J.(1994). Comparing Public and Private Sector Labor Relations, in J. Rabin et al.(eds.), *Handbook of Public Sector Labor Relations*, New York: Marcel Dekker.

Peters, B. Guy(1996). *The Future of Governing: Four Emerging Models*, Lawrence: Kansas University Press.

Policy Studies Organization(1972). *Policy Studies Journal*, Vol. 1(Autumn).

Posner, Marshall(1984). Privatization: The Frontier between Public and Private, *Policy Studies*, 5.

Powell, Norman J.(1956). *Personnel Administration in Government.* Englewood Cliffs, New York: Prentice-Hall, Inc.

Pressman, Jeffrey L. & Wildavsky, Aaron B.(1973). *Implementation*, Berkeley: University of California Press.

Preston, Michael B.(1984). *The Politics of Bureaucratic Reform*, Urbana: University of Illinois Press.

Price, James L.(1968). *Organizational Effectiveness*, Homewood, Ill: Irwin.

Rein, Martin & Rabinovitz, Francine F.(1978). Implementation: A Theoretical Perspective, in Walter D. Burnham & Martha W. Weinberg(eds.), *American Politics and Public Policy*, Cambridge, Mass.: MIT Press.

Rico, L.(1964). Organizational Conflict: A Framework for Reappraisal, *Industrial Management Review*, Winter, 67.

Riggs, Fred W.(1959). Agraria and Industria: Toward Typology of Comparative Administration, William J. Siffin(ed.), *Toward the Comparative Study of Public Administration*, Bloominton: Indiana University Press.

______(1964). *Administration in Developing Countries: The Theory of Prismatic Society*, Boston: Houghton Mifflin Co.

Robbins, Stephen P.(1990). *Organization Theory*, 3rd ed., Englewood Cliffs, New Jersey: Prentice-Hall.

Robey, Daniel(1986). *Designing Organization*, Homewood: Richard D. Irwin.

Schneider, B. V. H.(1988). Public Sector Labor Legislation-An Evolutionary Analysis, in B. Aron et al.(eds.), *Public Sector Bargaining*, 2nd ed., Bureau of National Affairs, Washington, D.C.

Scholler, Heinrich(1990). *Grundzuge des Kommunalrechts in der BRD*, C. F. Juristischer Verlag.

Schuster, M.(1979). A Research Model of Labor-Management Productivity Program Effectiveness. *Academy of Management Proceedings*. 39th Annual Meeting. Atlanta. GA. August 8－11, 246－250.

Shafritz, Jay M.(1981). *Public Personnel Administration*, New York: Praeger.

Sharfritz, Jay M., Riccucci, N. M., & Rosenbloom, D. H. & Hyde, A. C.(1992). *Per-*

sonnel Management in Government, 4th ed., New York: Marcel Dekker.

Simon, Herbert A.(1945). *Administrative Behavior*, New York: The Free Press.

______(1976). *The Administrative Behavior: A Study of Decision-Making Processes in Administrative Organization*, New York: Macmillan.

Smith, T. B.(1973). The Policy Implementation Process, *Policy Science*, 4.

Smith, R. A., Edwards, H. T., & Clark, Jr. R. T.(1974). *Labor Relations Law in the Public Sector: Cases and Materials*, Indianapolis: Bobbs-Merill.

Starr, Paul(1987). *The Limits of Privatization*, Washington D.C.: Economic Policy Institute.

Stefan, Klein(1996.9). *Electronic Commerce and the Internet*, CALS Pacific Korea '96.

Taylor, Frederick W.(1911). *The Principles of Scientific Management*, New York: W. W. Norton.

Tendler, Judith(1997). *Good Government in the Tropics*, Baltimore and London: Johns Hopkins University Press.

Thomas, K. W.(1992). Conflict and Negotiation Process in Organization, in M. D. D Dunnette(ed.), *Handbook of Industrial and Organizational Psychology*.

Tiziano, T. et al.(1987). *Public Service Labour Relations*. Geneva: ILO.

Urban, Michael E.(1982). *The Idology of Administration: American and Soviet Cases*, Albany: State University of New York Press.

Waldo, Dwight(ed.)(1953). *Ideas and Issues in Public Administration*, New York: McGraw-Hill.

______(1948). *The Administrative State*, New York: The Ronald Press Co.

Weber, Max(1978). *Economy and Society*, Berkeley, California: University of California Press.

Wilson, Woodrow(1887). The Study of Administration, *Political Science Quarterly*, 2(1).

Zimmerman, Joseph F.(1995). *State-Local Relations*, 2nd ed., Connecticut: Westport Publishers.

찾아보기

ㄱ

가상조직 185
가예산 266
가족주의 64
갈등관리 203
갈등의 순기능 202
갈등의 역기능 203
갈등 해결 204
감독자훈련 238
감사 제도 462
감축관리 40, 286
개방 체제 173
개방형 임용 236
개방화 52
개인적 갈등 201
개인정보 보호 377
개혁의 제도화 과정 434
객관도 233
객관적 책임 459
거래적 리더십 200
거버넌스 343
결산 299
경력직 229
경력평정 241
경세치용 81
경제적 조직 163
경제적 환경 55
경찰권 336
경험적 검증가능성 24
계급제 218, 227
계선조직 176
계선-참모조직 178
계속비 291, 298
계획 예산제도(PPBS) 278
고객 지향적 정부 357
고도의 집권화 436
고령화사회 58
고위공무원단 제도 230
고유사무 315
고전적 조직이론 169
고전적 행정모형 132
공·사행정이원론 23
공·사행정일원론 22
공개경쟁승진 243
공개경쟁 채용시험 233
공개의 원칙 258
공공기관 271
공공사무 315
공공선택 97
공공선택론적 접근 방법 98
공공선택모형 154
공공선택이론 145
공공성 340
공공 영역 252
공공재 97, 255
공기업 271
공기업 민영화 451
공무원 교육훈련 237
공무원 노사관계 388

공무원노조 388
공무원의 단체행동권 389
공무원직장협의회 410
공식의제 123
공식적 참여자 121, 128
공식조직 179
공식화 436
공유의 비극 54, 111
공유의 상태 112
공유자원의 관리 54
공익 44, 461
공적 가치 27
공중의제 123
공중조직 163
공직윤리 463
공행정 26
과두제의 철칙 436
과정평가 141
과학기술 혁명 40
과학적 관리론 44, 84, 169
과학적 관리의 원칙 169
관대화 효과 240
관료제 27
관리자훈련 238
관리적 기능 256
관방학 74
관직이권주의 66
광역자치단체 310
광역행정 305
교섭 교착 419
교섭창구 단일화 415
교토의정서 37
구성정책 116
구역 311
국가결산보고서 300
국가공기업 340
국가공무원 229
국가관료제 169
국가기간전산망사업 364
국가사무 315, 316
국고보조금 321
국고채무부담행위 291
국민추천제도 235
국정관리 343
국제화 34
국제환경조약 37
군사혁명위원회 442
권위주의 64
권위형 리더십 199
권한 190
규제정책 115, 116
규칙적 오차 241
규칙제정권 314
균형성과표(BSC) 183
그린 라운드(GR) 36
근린자치 60
근무성적 평정 239
근속승진 243
기계적 관료제 164
기계적 능률 44
기계적 조직 187
기관대립형 324
기관위임사무 318
기관통합형 323
기금 262
기금제도 247, 262
기능별 분류 268
기능적 접근 방법 93
기능적 행정학 23
기능조직 177
기대이론 196
기본급 244
기업식 340
기여제 247

기초자치단체 310

ㄴ

난이도 233
내부임용 234
내부통제 462
내부평가 141
네트워크 조직 187
네트워크 환경 355
노동쟁의 394
노동쟁의 해소 393
노사관계 387
노사관계의 규칙 392
노사 담합 389
노사자치주의 404
노조 보호 장치 394
논리실증주의 24
논리적 오차 241
누진세 제도 255
뉴거버넌스 102, 137
능력급 245
능률성 44

ㄷ

다운사이징 40
다원주의 124
다자간 협상의제 36
단년도예산주의 298
단위원가 277
단체교섭 419
단체교섭 당사자 393
단체교섭의 범위 392
단체교섭 활성화 391
단체위임사무 318
단체자치 307
단체행동 394
대부대과제형 182
대응성 460
대집단토론 238
데이터베이스 관리 체계 362
데이터베이스 시스템 362
독립합의형 222
독점성 28
동기 부여 193, 438
동기 요인 196
동의된 강제 112
동질성 131

ㄹ

로컬 거버넌스 345
리더십 198
리우환경회의 36

ㅁ

마이크로트렌드 53
만족모형 147
멀티미디어화 352
메가트렌드 53
면접시험 234
명시이월비 291
명시적 책임 459
모집 232
모험주의 62
목표관리 예산제도(MBO) 280
목표대치 167
목표승계 166
목표에 의한 관리(MBO) 165
목표의 다원화 167
목표의 달성도 45
목표의 확대 167

목표전환 167
무의사결정 125
문민정부 449
문진형 182
문화 60
문화적 다양성 435
민간 영역 252
민주성 47
민주적 책임성 459
민주형 리더십 199
민중통제 464

ㅂ

발전기능설 20
발전행정 88
발전행정론 24
방법론적 개인주의 98
배수 추천제 235
법률제정권 463
법적 규제 27
법적·제도적 접근 방법 92
법적 책임 460
법치주의 56
베버리언 학파 169
변혁적 리더십 200
보수 244
보조기관 333
복잡인관 192
복합기능형 183
본예산 264
봉급 244
부가가치통신망 362
부단체장 333
부동산교부세 322
부집행 138
부하 배증의 법칙 31
분권교부세 322
분권화 35, 190
분류법 227
분리 독립의 원리 335
분배정책 115, 116
분산의사 결정 체계 362
비공식적 참여자 121, 128
비공식조직 179
비교행정 86
비기금제 247
비기여제 247
비독립단독형 222
비영리단체 56
비영리조직 41, 137
비정부기구(NGO) 56, 137
비정부조직 41, 137
비판적 사고 131
비현업 공무원 407
빅데이터 354

ㅅ

사무 배분 318
사법통제 464
사실 수집 420, 423
사실정향주의 63
사업부 조직 164
사업소 334, 335
사업조직 163
사전 의결의 원칙 259
사행정 26
사회과학 72
사회문제 122
사회인관 192
사회자동화 33
사회적 구상 72
사회적 능률 44

사회적 자본 57
사회적 형평성 49
사회적 환경 56
사회적 효율성 28
사회적 후생 28
사회정보화 33
사회 정의 48
산업재산권 381
산업정보화 33
3분정책 59
상대적 박탈감 255
상대주의 62
상생 전략 204
상표 381
상호의존성 173
상황론 199
상황적합이론 174
생애주기 159
생태론 95
생활급 245
서류심사 234
서비스 조직 163
서열법 227
선거권 327
선진화 430
선택 행위 97
성격검사 234
성과주의 예산제도(PBS) 276
성과측정 183
성과평가 183
성취검사 234
성취주의 62
세계화 34, 52
세외수입 321
세입세출예산 291
소득불평등 255
소용돌이의 장 139
수당 244
수용 장치 119
수정예산 264
수혜집단 114
순계예산 268
슈타인 행정학 75
스마트 머신 354
스마트 사회 57
스마트 전자정부 366
승급 242
승진 242
시간 및 동작연구 169
시간선택제 근무 221
시민사회 137
시민투표 방식 421
시보기간 235
시장실패 55, 111, 255
시정 조치 465, 467
시행 단계 433
시험의 효용 233
신고전이론 170
신공공관리 78
신공공관리론 104
신공공서비스론 104
신규채용자훈련 238
신뢰도 233
신제도주의 100
신중앙집권화 32
신체검사 234
신행정론 49, 89
실기시험 233
실사구시학파 81
실용도 233
실용신안권 381
실용적 합리성 46
실적주의 215
실질적 합리성 46

실학 81
실행예산 285
쓰레기통모형 153

ㅇ

아웃소싱 40, 181
압력단체 464
애드호크라시 164, 180
업무 배증의 법칙 31
에이전시 숍 395
엔트로피 173
엘리트주의자 124
여론 464
역사적 접근 방법 91
역할연기 238
연고주의 65
연공급 245
연금 제도 246
연방공무원의 단체교섭권 402
연방노사관계협의회 399
연방서비스교섭분쟁위원회 399
연쇄화 효과 241
연합모형 147, 153
엽관주의 214
영기준 예산제도(ZZB) 283
예비심사 292, 293
예산 253
예산결산특별위원회 293
예산 결정 278
예산 공개의 원칙 257
예산 과정 288
예산 단일의 원칙 257, 259
예산 배정 296
예산 사전 의결의 원칙 257
예산 심의 292
예산심의권 292
예산안 288
예산 완전성의 원칙 257
예산요구서 290
예산 원칙 257
예산의 이용 297
예산의 이월 298
예산의 이체 298
예산의 전용 297
예산 재배정 제도 296
예산 제도 269, 273
예산 집행 295
예산 집행상의 신축성 297
예산총칙 291
예산 통일의 원칙 257
예산 편성 289
예산 한정성의 원칙 257
온라인 공간 352
옴부즈맨 제도 464
완전성의 원칙 259
왕립행정학회 78
외부임용 234
외부통제 462
외부평가 141
요소비교법 227
욕구단계 이론 193
욕구충족 요인 이원론 196
운명주의 65
원격근무제 221
위생 요인 196
위원회조직 178
위임사무 315
유급제 330
유기적 조직 186
유비쿼터스 전자정부 366
유엔인간환경회의 36
유연근무제 220
유일 최고의 방법 169

유형 유지 조직 163
윤리적 책임 460
응용과학 72
응용학문 74
의결권 326
의결기관 325
의안 발의 328
의존재원 320
이론적 합리성 46
이슈 122
이용후생 81
이익집단 118, 125
이인동과성 173
인간관 191
인간관계론 85, 170
인공지능 354
인력계획 210
인사행정 209
인터넷 민원창고 366
일몰법 287
일반능력자주의 218
일반승진 243
일반주의 66
일반지방자치단체 310
일반회계예산 261
임용 234
입법기관 323
입법부 인준 422
입법통제 463
입안 단계 432

ㅈ

자기실현적 인간관 192
자연환경 41
자원의존이론 175
자유방임형 리더십 199
자율권 327
자주재원 320
자질론 198
자치경찰제 336
자치권 313
자치사무 315, 317
자치사무권 314
자치인사권 315
자치입법권 313
자치재정권 315
자치정부 306
자치조직권 314
자치행정권 314
작은 정부 39
잠정예산 266
장기계획 수립 278
재무행정 252
재분배정책 116
재정보전금 322
재정수입 320
재정자립 319
재정통제 기능 256
재직자훈련 238
쟁의행위 394
저작권 보호 체계 381
저작인접권 382
저출산율 58
적폐청산 430
전략적 선택이론 174
전략적 지점 466
전문가주의 66
전문적 관료제 164
전문적 관리의 원리 335
전문적 책임성 459
전문직업성 73
전보 242
전자상거래 356

전자정부 53, 366
전직 242
전통적 거버넌스 137
전환 과정 173
절대군주제 212
절충형 223, 325
점수법 227
점증모형 149
점증주의 예산 편성 300
정당관료제 212
정보공개 제도 375
정보저장 장치 119
정보통신 혁명 352
정보통신기술 352, 353
정보혁명 38
정보화촉진 기본계획 365
정부기업 271
정부실패 55
정부예산 254
정부의 임무 155
정실임용제 214
정실주의 213
정적 인간주의 65
정책 112
정책 결정 단계 126
정책결정모형 145
정책 결정 변수 119
정책 과정 120
정책 대상자 114
정책 대상집단 114
정책대안 129
정책 목표 114
정책분석 128
정책불응 133
정책비용 부담집단 114
정책 수단 114
정책순응 133
정책실패 131
정책의 유형 115
정책의제 122
정책의제 설정 122
정책 종결 144
정책 집행 변수 119
정책 집행의 실패 138
정책 체계 117, 118
정책 평가 139, 140
정책환경 117
정치기능설 20
정치적 기능 256
정치적 성격 28
정치적 중립성 48
정치적 책임성 459
정치조직 163
정치·행정이원론 22
정치·행정일원론 23
제1의 공리 44
제3섹터 342
제3의 기술혁명 33
제3의 물결 33
제3자 개입 방식 421
제이노믹스 458
제한된 파업권 422
제한된 합리성 147
조례제정권 313
조사권 327
조정 420, 422
조정교부금 322
조직갈등 201
조직구조 176
조직도 분석 188
조직 목표 164
조직의 복잡성 435
조직 잔여자 163
조합원 신분 유지 395

종신고용제 218
종합심사 292
종합학문 74
주먹구구식 방법 169
주민자치 307
주민 참여 464
주민통제의 원리 335
준사법권 29
준예산 265
준입법권 29
준정부기관 271
중앙인사기관 222
중재 절차 421, 423
지능검사 234
지능형 정부 356
지방공기업 340
지방공단 341
지방공무원 229, 334
지방공사 341
지방교부세 322
지방교육자치 335
지방분권의 원리 335
지방사무 315, 317
지방세 320
지방의원 제도 330
지방의제 21 37
지방의회 326
지방자치단체 306, 310
지방자치재정 319
지방재정자립도 323
지방정부 305
지방직영기업 341
지방행정론 305
지방화 35
지속 가능한 개발 37
지속 가능한 발전 42
지식관리 373
지식정보사회 53, 349
지식정부 374
지식행정 351
지식화정책 373
지역 균형 발전 453
지적재산권 380
지출통제 296
직무감찰 462
직무분석 189, 226
직무조사 226
직무평가 226
직속기관 334
직업공무원제 218
직위분류제 225
집권화 190
집단갈등 201
집단사고의 폐해 130
집단토의 179
집중화 효과 240
집행기관 323, 325

ㅊ

참여 확대 47
창조된 환경 174
채용후보자명부 235
책무적 책임 460
책임성 47
책임총리제 456
청원 수리 327
체제론적 접근 방법 97
체제이론 124, 172
초고령사회 58
초급관리자의 교섭권 396
초정책 결정 단계 152
초합리성 152
총계예산 268

총계예산주의 269
총괄평가 141
총합적 오차 241
최선의 방법 44
최적모형 152
추가경정예산 265
추출정책 115
출납사무 300
출장소 334, 335

ㅋ

클라우드 컴퓨팅 360

ㅌ

타당도 233
탄력근무제 221
통일의 원칙 258
통합조직 163
퇴직연금 246
특별승진 243
특별지방자치단체 310, 311
특별추천제 235
특별회계예산 262
특수경력직 229
특수직 공무원 407
팀제조직 181

ㅍ

펜들턴법 48, 216
평가 단계 433
평등성 28
평정상 오차 240
폐쇄형 임용 218
포디즘 40
표결권 328
품목별 분류 268
품목별 예산제도(LIBS) 273
프로젝트형 팀제 182
피드백 173
피드백(feedback) 변수 119
피선거권 327
필기시험 233

ㅎ

학습조직 185
학제적 접근 방법 74
한정성의 원칙 260
합리모형 145
합리성 45, 145
합리적 인간관 191
합리주의 62
합법성 43
합의제 행정기관 334
합의 추구 131
항상성 173
해치법 48, 216
행위이론 103
행정 가치 42
행정감사 327
행정개혁 236, 429, 430
행정 과정의 민주화 47
행정관리설 20
행정관리학파 169
행정국가 29
행정국가 현상 40
행정기구 334
행정문화 60
행정의 개념 20
행정의 경영화 26
행정의 공개성 · 투명성 47

행정의 과학화 94
행정의 반응성 47
행정의 중립성 63
행정 이념 42
행정적 책임성 459
행정전산화사업 364
행정정보 359
행정정보 체계 353, 360
행정정보화 350, 363
행정조사운동 80
행정책임 459
행정 체제 172
행정통제 462
행정 PR 440
행정학의 과학화 24
행정행태설 20
행정환경 52
행정활동 209
행태론적 접근 방법 94
혁신 430
현대성 40
현상학적 접근 방법 103
현업 공무원 407
현장훈련 238
협동행위 27
형식적 합리성 46
형식주의 65
형평성 48
호손실험 85
호손 연구 171
호혜적 조직 163
혼돈이론 175
혼합관조모형 151
혼합형 183
환경문제 36, 41
환경 변수 118
환경오염 36
환경위기 54
환경정책 41
회계검사 462
회계연도 독립의 원칙 257, 258
효과성 45
후기산업사회 53
후정책 결정 단계 152

AGIL 모형 162
WISE 정부 356
X이론 194
Y이론 194
Z이론 195

저자 소개

신승춘
국민대학교 대학원 행정학 박사
미국 오리건대학교(University of Oregon) 방문연구교수
현재 강릉원주대학교 자치행정학과 교수 겸 사회과학대학장

하재룡
미국 템플대학교 정치학 박사
미국 템플대학교 정치학과 초빙교수, 선문대 사회과학대학장, 행정대학원장, 국제교류처장
현재 선문대학교 행정학부 교수 겸 부설 노동정책연구소장

신윤창
고려대학교 대학원 행정학 박사
미국 오리건대학교(University of Oregon) 방문연구교수
현재 강원대 삼척캠퍼스 행정학과 교수

신현기
독일국립뮌헨(München)대학교 행정학(정책학 전공) 박사
한세대학교 교무처장, 학생처장, 행정고시 출제위원
현재 한세대학교 경찰행정학과 교수 겸 기획처장

최미옥
국민대학교 대학원 행정학 박사
서울대학교 한국행정연구소 선임연구원, 국방부 평가위원, 인천대학교 학술연구교수
현재 환경행정연구소장

장덕희
고려대학교 대학원 행정학 박사
스크립스코리아 항체연구원 연구실장, 고려대학교정부학 연구소 연구교수
현재 한국해양과학기술원 해양정책연구소 선임연구원

김병준
미국 Virgina Tech 행정학 박사
공공기관 경영평가위원, 한국정보화진흥원 자문위원
현재 국민대학교 행정정책학부 교수

개정 4판
현대 행정의 이해

펴낸날 제1판 제1쇄 2002년 2월 5일
제2판 제1쇄 2009년 2월 25일
전정 3판 제1쇄 2015년 2월 25일
개정 4판 제1쇄 2019년 2월 1일
지은이 신승춘 외
펴낸이 임춘환
펴낸곳 도서출판 대영문화사
주소 (본사) 사무실: 경기도 고양시 일산서구 주화로 70
우신프라자 307호 (우) 10387)
(본사) 물류센터: 경기도 고양시 일산서구 덕산로
107번길 68-50 (우) 10205)
등록 1975년 12월 26일 제3-16호
전화 (31) 913-3062, (031) 914-3884~5
팩스 (031) 913-3839
홈페이지 http://www.dymbook.co.kr

ISBN 978-89-7644-727-2
값 28,000원